田余慶［著］

田中一輝・王鏗［訳］

北魏道武帝の憂鬱

皇后・外戚・部族

京都大学
学術出版会

本書は，
北京大学歴史学系出版経費の
補助を受けて刊行された。

北魏道武帝の憂鬱

——皇后・外戚・部族

著者　田余慶氏紹介

田余慶《でんよけい》氏は中国史学者・北京大学《ぺきんだいがく》歴史学系元教授にして、私の恩師でもある。『拓跋史探《たくばつしたん》』日本語版上梓にあたり、謹んで日本の読者に田余慶氏について紹介したい。

田余慶氏の原籍は湖南省湘陰県《こなんしょうしょういんけん》にあり、一九二四年二月一一日に陝西省南鄭県《せんせいしょうなんていけん》（現在の漢中市《かんちゅうし》）で生まれた。湘雅医学院《しょうがいがくいん》（貴陽《きよう》・重慶《じゅうけい》）、西南聯合大学《せいなんれんごうだいがく》政治系（昆明《こんめい》）にて学んだのち、一九五〇年に北京大学史学系を卒業した。この後、北京大学文科研究所助教、歴史系助教・講師・教授を歴任し、系主任、系学術委員会主席、校学術委員会・学位等委員会の委員や、雲南大学《うんなんだいがく》・雲南民族学院・安徽大学《あんきだいがく》の名誉教授、国務院学位委員会歴史学科評議組、国家古籍整理与規劃小組、国家社会科学基金組学科評議組等のメンバーなどをつとめた。

田余慶氏は当初中国近代史を専攻、金毓黻《きんいくふつ》氏と『太平天国史料』を共編し、「中国近代史資料叢刊」の編集にも参加した。後に中国古代史の研究・教育に転じたが、その重点は秦漢魏晋南北朝《しんかんぎしんなんぼくちょう》時代の政治史にあり、本科生（学部生）・研究生（大学院生）に「秦漢史」・「魏晋南北朝史」・「中国古代史史料学」・「中古門閥政治」を講じた。さらにアメリカのスタンフォード大学（一九八五～一九八六）、日本の京都大学（一九九三）等の海外の大学・研究機関にて、講義・研究した。

田余慶氏は長きにわたって秦漢魏晋南北朝史研究に従事し、一連の成果を残した。氏は大学用の歴史教科書『中国史綱要』（翦伯賛《せんはくさん》主編）の編纂に参加し、「秦漢魏晋南北朝」部分の執筆を担当した。この教科書は厳密な体系と洗練された内容を誇り、一九八八年には国家教育委員会の大学優秀教材特等奨を受賞し、修訂を経て、今もなお北京大学歴史学系の通史教材に用いられている。『東晋門閥政治』（北京大学出版社、一九八九年初版、二〇一二年第五版）、『秦漢魏晋史探微』（中華書局、一九九三年初版、二〇〇四年重訂、二〇一一年第三版）、『拓跋史探』（生活・読書・新知三聯書店、二〇〇三年初版、二〇一一年修訂版）の三著も、田余慶氏の代表的著作である。

『東晋門閥政治』は魏晋南北朝の士族政治を中心的な研究対象とする。魏晋南北朝という時代において、中国政治史には重大な変化が発生し、「士族」あるいは「門閥」と呼ばれる階層が興起した。この階層の政治的権勢・経済的基盤・文化的特徴や漢唐間におけるその栄枯盛衰については、それ以前に陳寅恪《ちんいんかく》・周一良《しゅういつりょう》・唐長孺《とうちょうじゅ》などの中国の学者や、欧米・日本の多くの学者が、様々な角度から各種の論述をなし、それらは後進にとって重厚な基礎となった。田余慶氏のこの新著は、士族門閥政治研究を大きく進展させることとなる。本書は「釈〝王与馬共天下〟」・「論郗鑒――兼論京口重鎮的形成」・「庾氏之興和庾・王江州之争」・「陳郡謝氏与淝水之戦」・「門閥政治的終場与太原王氏」・「劉裕与孫恩――門閥政治的掘墓人」の諸章、及び全書の総括としての「後論」により構成される。多くの章・節は、論文のかたちで先行発表されたものであるが、それらが一書にまとめられたことで、中古門閥政治の全体的・体系的な考察が、いっそう鮮明になった。

東晋《とうしん》（江左）におけるいくつかの僑姓大士族の浮沈・盛衰が考察の主軸であるが、士族層各家族の個別的研究にとどまらず、氏がとった主な方法は、正統的な政治史的アプローチであり、すなわち、家族・集団・人物・事件、それらの皇帝権力との関係をめぐって展開する。しかし最終的には、政治史的考察は構造・体制の問題、すなわち、その特徴・盛衰を規定する「門閥政治」に帰結する。西晋末年の宗室である東海王《とうかいおう》司馬越《しばえつ》と名士王衍《おうえん》の協力関係は、後の東晋元帝《げんてい》司馬睿《しばえい》と琅邪《ろうや》出身の王導《おうどう》の協力関係の前触れと見なされる。当時流伝された「王と馬と天下を共にす（王与馬共天下）」という諺の背後には、東晋士族と皇権の共同統治局面の形成があった。琅邪王氏の後を継ぎ、潁川《えいせん》庾氏《ゆし》・譙国《しょうこく》桓氏《かんし》・陳郡《ちんぐん》謝氏《しゃし》等の家族の有力者も、程度こそ異なるものの、司馬氏との皇権共有政治を行った。門閥と皇権が「天下を共に」したことは、東晋において最も基本的な政治上の特徴を構成した。思うに伝統的な士族研究では、従来「婚宦」というモデルを有し、婚姻あるいは遷官を手がかりとした。前者は社会史的観点から、閉鎖的な通婚圏が士族の高貴な身分をいかに維持したかを検討するものであり、後者は制度史的観点から、士族の仕官特権が高級官職の独占という現象をどのように引き起こしたかを解明する試みであった。『東晋門閥政治』は動態的政治史の観点から、門閥が、主力軍や軍鎮に対するコントロールのような、その政治的・軍事的勢力によって、いかに皇権と同等となり、さらには皇権を超越しさえしたかという点を精密に提示した。

こうした基礎の上に、田氏はさらに推論する。東晋門閥政治という構造の形成条件には、「成熟し、影響力のある社会階層、すなわち士族の存在」、「権威を喪失し一定のアピール力を残すだけの皇統の存在」という諸要因、及び「民族矛盾の非常な先鋭化」という外部要因があったと。この三つの条件のうちの変化が、それぞれに東晋（江左）門閥政治に相応の変化を引き起こし、ひいてはこの時代の歴史に影響するという、マクロな認識を田氏は提示したのである。

第一の条件、すなわち漢晋間の士族が既に発展を果たし、影響力を有する存在となったことに対し、田氏は「後論」部分において多方面の概観を示された。その中で「由儒入玄（儒学から玄学《げんがく》への文化的変化）」現象の解明は注目に値する。いくつかの「大門閥」が興起する過程において、その家族の学術は、全て儒学から玄学へという過程を経ていた。儒学を旨とする家族が玄学に染まらなければ、その家族から著名な士人を生み出すことができず、したがって家族の名声を維持し続けることができなくなる。この説は啓発的である。ある階層の興起が、意外にも新興の哲学思想と切っても切れない関係にあったのである。第二の条件、すなわち一旦低落しながらも依然として存在し続けていた皇統とその集権行政体制は、一つの可能性——皇権が将来復興する可能性を残すこととなった。南朝に入り、皇権の復興は現実のものとなり、門閥は明らかに衰退していった。この変動について、田氏は流民の武装により組織された北府軍《ほくふぐん》の特殊な役割について深く考察した。北府軍の部将から身を立てた二流士族の劉裕《りゅうゆう》は、武力によって皇位を奪取し、東晋王朝のみならず、門閥政治それ自体を終結させた。門閥の形成時には「由儒入玄」が発生し、門閥の衰退は軍人が推進した。「文」・「武」の両要素のコントラストは啓発的である。東晋の流民武装の問題は、本書の大きな部分を占めている。文化的な士族に頼るだけでは、東晋政権を支えることはできない。両晋において、北から南に移ってきた流民には、武装するものが多くあらわれたが、江左政権はこれを吸収・利用し、少数民族（胡族）の侵入を防ぐ北辺の軍事的障壁とした。京口《けいこう》軍鎮の北府軍や襄《じょう》陽《よう》軍鎮などは、全てこれに該当する。これに基づき、田氏は東晋門閥政治の基本的な特徴を、「皇帝は何もせず、門閥が実権を握り、流民が軍事力を担当する」と概括した。東晋一代の政争は、往々にして流民の武装、流民のボスと関係すると田氏は指摘する。流民武装の問題は、東晋門閥政治と有機的に連携したものであった。

士人階層——彼らは既に文化的な士族に変化していた——の存在、皇権と集権的官僚体制の存在という、これら二つの要素は、北方の少数民族が巨大な政治的動乱を引き起こしていたときにあって、中国史の連続性の要でもあった。所謂「五胡乱華（五胡による中華の動乱）」は、秦漢以来固有の歴史をたどってきた中国にとって巨大な衝撃であった。しかし田氏は、「民族の矛盾が大変先鋭であった」ことが門閥政治の三条件の一つであったと強調しており、これは、門閥政治の出現において、外的要因も決定的な意義を持っていたことを意味する。次のように推論してもよかろう。もし外部の少数民族の衝撃がなく、華夏（中原）の政権がその内在的な政治機構に基づき前進するだけであったならば、秦漢の集権体制におけるこうした政治・制度や文化上の基本的特徴は、さらに大きな程度で維持が可能となり、門閥政治は必然的な現象とはならなかったであろうと。「門閥政治」という用語には、田氏によって特定の意味が付与され、特に「門閥と皇権の共同統治」を指すということを指摘しておかなければならない。門閥政治は「一種の特定の条件下において出現した皇権政治の異常形態である。その存在は一時的なものであり、それは皇権政治に由来し、次第に皇権政治に回帰したのである」。「厳密な意味での門閥政治は江左における東晋時代にしか存在せず、これ以前の孫呉《そんご》や、これ以後の南朝はこれと異なり、北方に至っては、門閥政治が出現することは遂になかった」。中古時代の皇権の伝統は、これによって十分に強調されている。

前世紀（二〇世紀）の中国史時代区分研究において、郭沫若《かくまつじゃく》に代表されるマルクス主義学派は唯物史観を採り入れ、原始社会・奴隷社会・封建社会・資本主義社会・共産主義社会等の概念を用い、中国史を論述した。郭沫若は戦国から清に至るまでの二千年を、地主階級が支配する「封建社会」と見なし、魏晋南北朝時代は「士族地主階級」が支配的地位を占めたとする。さらに若干の中国の学者は「魏晋封建論」を主張しており、秦漢は奴隷社会であり、封建社会は魏晋《ぎしん》に始まり、魏晋の「士族地主」より始まるとした。こうした五時代区分論は、「経済史観」と言うべきであろう。日本の学者である内藤湖南《ないとうこなん》・宮崎市定《みやざきいちさだ》らは、中国史を古代・中世・近世の三段階に区分した。「中世」はすなわち六朝《りくちょう》（魏晋南北朝）時代、「貴族政治」の時代であり、唐宋《とうそう》の間に終結し、「唐宋変革」によって近世に進むとした。この「三段階論」の時代区分は、「文化史観」と認識されており、西欧史の古代・中世・近代の三段階時代区分を参考にしたものである。おおよそ、「五種類の生産様式」をもって中国史を解釈するにせよ、あるいは「三段階論」をもって中国史を解釈するにせよ、いずれもかなりの程度には西欧の歴史を参照している。

この他にも、前世紀初頭に、中国現代史学の創始者である梁啓超《りょうけいちょう》は、その名著『中国専制政治進化史論』において、秦《しん》以下二千年を全て専制集権時代と断じている。ではこの場合六朝はどう見るべきであろうか。梁氏の見方によれば、まず「六朝時代のみ、特に貴族階級が存在し」たが、しかし「六朝時代は貴族が存在していたと言うべきではあっても、貴族政治が存在していたと言うべきではない。それは専制政体の進化を少しも損ねるものではなかった」という。この見方は、「六朝貴族論」と大きく異なる。もし六朝が「貴族政治」と認定できないのであれば、「唐宋変革論」の主要論点、すなわち唐宋間の君主独裁が貴族政治に取って代わったという、欧州近代史を参照したこの論点は、大いに疑わしいものとなる。こうした認識において、唐宋間の政治変遷の幅は、「唐宋変革論」が述べるほど大きいものではなく、政治体制の根本的な転換を構成する程度には至らなかったことになる。

梁啓超の「専制政治論」は、現代的政体理論を十分に参考としていながら、中国史史料にも立脚したものであり、中国の学者が中国歴代の歴史を学び尽くしたのちに自ら感得したところを示しており、外部的視角に基づいた観察とは当然異なる。一方で田余慶氏が門閥政治を皇権政治の「異常形態」と見なすにとどまることは、梁氏の見方と、非常に同工異曲の点がある。国外における各種の「貴族制」理論について、『東晋門閥政治』においては彼らが「一般的には中国古代につとに形成されていた皇権政治の伝統という歴史的背景をあまり重視しておらず」と言うだけであり、異議を提示したものの、具体的な説明はしていなかった。二〇一三年初、田余慶氏が取材を受けたときに、正面から次のような質問が寄せられた。

最近、数名の魏晋史研究者がたまに述べられることですが、日本の中国六朝史研究の核心思想は貴族制論であり、中国の学術界の、実証研究と理論総括の二つの側面における唯一のこれに対する回答は、今に至るまで『東晋門閥政治』しかなく、この意味で『東晋門閥政治』は中国の魏晋史学界の重大な理論問題における日本の学術の伝統との最初の対話と言えます。しかし、書かれている限りでは、『東晋門閥政治』は貴族制の問題に言及することはなく、また理論的分析の形態をとったわけでもないために、本書の、日本の学術の伝統との対話という性質に対して、史学界の理解が不足しているように感じられます。このように申し上げて間違いないでしょうか。先生は門閥政治が漢唐の間の皇権政治における一時的な異常形態であり、短期間の間奏曲に過ぎず、加えて本質的に皇権政治を否定するものではなかったことを強調されましたが、これは、明らかに貴族制社会の学説に回答されるものとなっています。先生の東晋政治についての分析は、こうした漢唐の社会と政治の連続性についての理解に基づいているのでしょうか。もし魏晋以降の社会と政治が真に皇権政治から離脱したのでなければ、漢晋の間における変化の局面は、中国社会を新たな方向に向けるには不十分であったと言えるのではないでしょうか。ひいては皇権政治と制度とは、依然として活力に富んでいたとも言えるのではないでしょうか。

田余慶氏は次のように答えた。

私が現在までに知った国外の研究者の貴族政治についての論説は、……中国古代史に西欧史の枠組みを当てはめたために、歴史の上下左右への連係を困難にしていると思います。……数千年数百年踏襲された専制皇権思想と制度とは表現形式を換えることが可能であり、逆に異なる外殻のうちに存在し、あるいは利用され続けることもあり得ます。皇権という要素を過度に軽んずれば、数家の門閥、数名の人物の舞台上における活動を重視する一方で、それらと皇権との相互作用を抹殺し、それらが皇権に仮託して活動したという実態をも抹殺することで、洋の東西を問わず貴族政治と呼び習わされる現象を出現させることになります。……中国古代史を通じて皇権は至高であり、皇権専制制度は歴史を進める中心でありました。王朝が交代し、制度の外観が異なり、さらには後に皇帝制度までもが覆されても、皇権統治の思想と機構は、実際には社会という身体の骨髄に保存され、歴史を形成する遺伝子となったとも言えるのです。（鍾鑫《しょうしん》整理「田余慶談門閥

政治与皇権」、『東方早報』上海書評、二〇一三年一月六日）

この取材における、質問者の「中国の学術界の……唯一の回答」という言葉は、百年前の梁啓超による「六朝時代は貴族が存在していたと言うべきではあっても、貴族政治が存在していたと言うべきではない」という論述を見落としているようである。つまりこの百年間において、梁啓超・田余慶という、六朝時代を「貴族政治」の時代ととらえなかった二人の中国の学者がいたのである。

田余慶氏は門閥政治を皇権政治の異常形態で、皇権政治に由来し、また次第に回帰していくと論じたが、この論述は、後学に「変形―回帰」という視点を与えた。二千年にわたる中国の政治体制は若干の基本的特徴をあらわしていたが、これらの特徴は既に静態的・不変的なものでも、また直線的に発展するものでもなく、多くの時点において上下・左右に激しく揺れ動き、各種の「異常形態」を出現させたのである。しかしこれらの動揺は、最終的には中国政治の中軸線に「回帰」していく。この「中軸線」は、専制皇権・中央集権・官僚政治・儒家的イデオロギーなどを含んでいる。魏晋南北朝政治史研究は、「変形―回帰」という視点に立脚し、関連する政治・制度・文化や民族といった現象に対し、新たな解釈モデルを発展させるという、一種の可能性を有している。

『東晋門閥政治』は公刊の後、幾度も受賞の栄に浴した。多くの書評において、「本書は田氏の多方面における造詣の結晶であり、魏晋南北朝史研究が到達した新しい深度と高度をあらわすものである」（陳蘇鎮《ちんそちん》「東晋門閥史研究的新成就――読『東晋門閥政治』」、『史学史研究』一九八九年第四期）、「国内の門閥政治についての研究が体系化・理論化の方向へ邁進しはじめた」（卜憲群《ぼくけんぐん》「『東晋門閥政治』介評」、『中国史研究動態』一九九〇年第二期）、「本書は従来の婚姻・仕官に注目して士族を論ずるという方式を超越し、動態的発展の角度から、細密な考証・精緻な見解をもって士族研究の新局面を打開し、近年の士族研究においてまれに見る好著であり」、理論の創造と細緻な考証の「両者が有機的に結びつく模範」となる（祝総斌《しゅくそうひん》「評田余慶著『東晋門閥政治』」、『歴史研究』一九九三年第一期）などと評されている。また台湾の学者である劉増貴《りゅうぞうき》氏による本書に対する好意的な書評があり（『新史学』第一巻第二期、一九九〇年六月、台北）、日本の学術雑誌『東方』にも「画期的な東晋政治史研究」（一九九二年一〇月、第一三九号。著者川合安《かわいやすし》氏）という題で、本書の紹介がなされている。

『秦漢魏晋史探微』は、田余慶氏の一九七九年から一九八九年にかけての論文計一九篇を収録したものである。これらの論文は秦漢魏晋史上の重大問題を扱い、田氏個人による新見解が提示されている。このうちの「説張楚――関于〝亡秦必楚〞問題的探討」は、秦漢《しんかん》交替期の楚地における反秦事件から深い分析を進め、秦政権・陳《ちん》勝《しょう》政権と漢政権の間の関係を通じて、この時期における政治的発展についてのマクロな趨勢を解明された。「論輪台詔」は、漢武帝《ぶてい》の帝国拡大政策から「守文（文治主義）」政策に転化する過程を考証したものであり、衛太子《えいたいし》（戻太子《れいたいし》）を筆頭とする「守文」勢力と法家主義勢力の矛盾についてが、本論文の考察の中心線であり、非常に新味がある。「秦漢魏晋南北朝人身依附関係的発展歴程」には、次のような推論が示されている。「人身的従属関係が出現し始める段階において、専制政権の関与が引き起こした従属関係の発展の遅さも、中国封建社会の長期性に影響した数多くの原因の一つである」と。これは中国古代社会の性質や時代区分問題にも繋がる主張であり、とりわけ専制政治と人身的従属関係との関係についての分析は、「門閥政治は皇権政治の異常形態である」という氏の主張と相呼応する。「漢魏之際的青徐豪覇」・「曹袁闘争与世家大族」は、曹氏政権の草創期における、世家大族・黄巾《こうきん》の残党・地方豪族等の政治勢力との複雑な矛盾・闘争を描いたものである。「『隆中対』的再認識」・「李厳興廃与諸葛用人」・「蜀史四題」では蜀漢政治史を考察する。千古に名高い「隆中対」の戦略思想の根拠・来源や実現の可能性について評価・分析を進め、諸葛亮《しょかつりょう》の「荊州・益州を領有する」という戦略目標は、実現の可能性に乏しかったと指摘する。大臣である李厳《りげん》の盛衰を通じて、諸葛亮の人材活用政策の実態、すなわち荊州《けいしゅう》の劉備《りゅうび》勢力・劉璋《りゅうしょう》勢力と土着勢力といった集団間の関係をいかに処理したかを示した。この着眼点は諸葛亮を「人を知り善く任ず」、「賞罰分明たり」と賞賛する伝統的な観点よりも高度なものである。従来の孫呉史の研究者は、おおよそこの政権を孫氏集団と江東大族の結合と見ていたが、本書所収の「孫呉建国的道路」・「曁艶案及相関問題――兼論孫呉政権的江東化」は、孫氏の淮《わい》・泗《し》集団と江東大族がかつて先鋭的な対立や相互の敵視といった状況を経験していたことを提示し、両勢力の最終的な同盟・協力は、後の逼迫した情勢が発展した結果であって、初めからそのような関係にあるわけではなかったと指摘している。

視線を北朝や拓跋族が建設した北魏《ほくぎ》政権に転じ、次々に発表された田氏の論文は、九〇年半ば以降に執筆されたものであるが、当時田氏は既に八〇歳に達しており、本書の完成は生半可になしうるものではない。関連論文は二〇〇三年出版の『拓跋史探』にまとめられた。北魏史の研究において、漢化・制度改革・均田制《きんでんせい》・士族・六《りく》鎮《ちん》の乱といった、言わば人気のあるテーマについて、重視し研究する者は数多く存在する。しかし拓跋《たくばつ》史の研究、とりわけ拓跋族が部族から国家政権に発展した初期の過程に関する研究は、史料の不足により、相対的にずっと薄弱であった。このように史料が不足する方面において、本書は一連の新鮮な問題を提起している。

田氏の討論は、具体的な細部、すなわち「子貴母死（子貴《とうと》ければ母死す）」制度から始まり、ここから「部族解散」等一連の問題を導き出すというものであった。これらは全て、拓跋集団が草原部族連合から中央集権的専制国家に向かう過渡期において、拓跋族がどのような問題に直面し、いかにしてこれらの問題を解決し、さらには草原部族から国家に転化する際の法則的な現象をいかに発掘するかという、一つの主題にまつわるものであった。

北魏の「子貴母死」制度について、従来の学者の討論は少なすぎるというほどではなかったが、拓跋初期の歴史において、旧君が妻を殺害し新君を立て、その新君は生母を持たなかったなどという現象は見られず、見られるのは逆に強力な母后であり、新君は母后の保護に頼ることで、ようやく君位を強固にできたという、この点に注目したものはなかったのである。少なくとも北魏の先祖である桓帝猗㐌《かんていいた》の祁皇后《きこうごう》以来、拓跋には強い女性が輩出した。道武帝拓跋珪《どうぶていたくばつけい》の母親である賀太后《がたいこう》は、このような強い女性の一人であり、その支持がなければ、道武帝は君位を獲得・保有することはできなかった。これは拓跋部が既に「母強立子（母強くして子を立つ）」という歴史的な伝統を形成していたことを証明している。拓跋族を構成する七族十姓は、血縁が近く、ゆえに「百代にわたって通婚しなかった」のであり、婚姻は外部の部族から娶《めと》る形で行われ、その姻族は往々にして拓跋族と部族連合を組織した。拓跋部は部族連合の領袖であったが、その君后の部族と母后の部族も、相当程度の実力を有していた。道武帝の母后は賀蘭部《がらんぶ》の出身であり、道武帝の后は独孤部《どっこぶ》の出身であった。道武帝は当然ながら賀蘭部・独孤部出身の母后と妻后に頼り、自身の部族連合の領袖としての地位を支えることができた。しかし集権体制が建設され、専制君主へ発展すると、母后・母族を排除し、母族が拓跋政権の内部運営、特に君位継承に関与する権勢を取り除く必要が生じた。道武帝は独孤部の劉貴人《りゅうきじん》（劉皇后）に死を賜ったが、このとき彼は漢武帝の、「その子を立てようとしてその母を殺し、婦人に国政に参与させず、外戚に政治の壊乱を起こさせなかった」という前例を引用し、その正当性を証明したのである。しかし、表面上彼は古い漢武帝の故事を継承したが、実際には夫人の国政への参与（歴代の「母強立子」の慣例）や、外戚による政治壊乱（歴代の外戚部族による拓跋君位継承への関与）という事情があった。田氏の見解によれば、「子貴母死」制度の実態と淵源は、まさしくここにあったという。これは部族連合から国家に至るという、特定の発展段階において出現した、特殊な政治的問題であった。

北魏国家が形成される過程において、道武帝はさらに「部族解散」の挙に出た。この措置については、多くの研究が本書の前後においても存在していた。そこでよく見られた一つのアプローチは、「分土定居《ぶんどていきょ》」の方面から「部族解散」を論じるというもので、解散されたのは部族の組織であって、その目的は部族の紐帯を打破し、これらの部族における貴族と平民をともに行政的に編制することで、拓跋族政権下の編戸斉民としたと見なすものであった。こうした認識は合理的であり、また時代の状況にかなったものである。現在の山西省北部《さんせいしょう》（もと代北）のいくつかの地域では、なおも代北時代の旧姓を受け継ぐ住民を見いだすことができ、かつ彼らのわずかながらの集住現象も見られ、これは当時の部族の分土定居を連想させる。しかし、こうした通説的な解釈とは別の手段で、当時の特殊な背景にさらに近づく考察はできないであろうか。本書の独創性は、「部族解散」と「子貴母死」の二者が、完全に同じ背景を有していたと主張した点にある。田氏は道武帝が政権を樹立する過程における、彼の主要な対戦者を詳細に考察し、次のような事実を発見した。拓跋窟咄を除いて、道武帝の敵手のほとんど全てが拓跋族と代々姻戚関係にあった外戚部族であり、道武帝の妻族である独孤劉氏諸部や、母族である賀蘭賀氏諸部、祖母族である慕容《ぼよう》諸部もこれに相当する。このことはさらに、道武帝の創業における主要な障害が、拓跋部の外戚部族であり、外戚部族を打倒することで、ようやく自家の王権を強化できたことを証明する。さらにいわゆる「部族解散」は、主として道武帝がいくつかの外戚部族を、撃破した後に分割し、かつ強制移住・定住させ、その部族大人の特権を取り消すことを指していた。当然、解散された部族には、その駐留地の附近に居住し、本来部族連合の一員であったいくつかの部族が含まれていたが、真っ先にその衝撃に遭遇したのは彼らではなく、拓跋王族の外戚たちであった。このように見れば、「部族解散」の背景と目的は、「子貴母死」と内在的に一致する。ならば「子貴母死」が后族の政治干渉や動乱の発生を防ぐためのものであったという主張は、「部族解散」の考察により強化されたこととなるであろう。田氏はさらに視野を広げ、より多くの現象を、「子貴母死」と関連づけた。例えば風俗史の方面において、烏桓《うがん》族の「怒れば父兄を殺害するものの、その母は殺害しなかったが、これは母に族類があり、父兄が復讐しないためである」という習俗は、拓跋族の母后と妻后の権勢についての理解を助けるものとなろう。史学史の方面における、北魏の若干の史案（国史事件）について、史官が初期拓跋史を記述するに際して直書と曲筆とが絡み合っていたこと、また政治史の方面における、北魏の中・後期の政治史上の母后専権の問題など、全て「子貴母死」と各種の関係を有していたのである。

以上を要するに、本書は『東晋門閥政治』の政治史の方法、すなわち集団・事件・人物を考察する方法を、北朝民族史研究に適用し、継続・発展させたものである。東晋政治史についての田氏の研究が、最終的には構造の問題、すなわち「門閥と皇権の共同統治」という政治構造に帰結するのと同様に、『拓跋史探』において運用される、民族史と政治史を結合させるという方法、拓跋初期の政治史についての考察も、いくつかの構造の問題に向かっているのである。具体的に言えば、草原部族が国家に進化するという問題において、ある部族とその他の部族間の姻戚・同盟・共生等の関係は、国家形成過程に対する重大な影響力をもった。ひいては国家と王権の誕生の後においても、こうした影響は各種の形式を伴い、多くの方面においてあらわれていくのである。

中国国家の起源についての研究は、一貫して先秦《せんしん》史研究において人気のあるテーマの一つである。最近数十年間にある先秦史研究者が提起したことであるが、中国の学者は一度は階級闘争から国家の起源を解釈したものの、夏《か》・商《しょう》(殷《いん》)・周《しゅう》の国家形成においては激烈な階級闘争というものは見いだされず、かえって各部族間の同盟・対抗や征服がとりわけ活発であることに、十分に注目する必要がある。中国北方少数民族の政治史に対しても、国家形成の法則を探求するに際しての、今ひとつの検討すべき空間が存在する。『拓跋史探』の方法と結論とは、国家という敷居を跨いだ際の、関連各部族の政治闘争のモデルとなり、新たな研究の模範を提供し、多くの連想を啓発し得るのである。

『拓跋史探』の関連書評は、「筆者は独特の思考角度から出発し、最終的には本来皇室内部のことに属する『子貴母死』制度と、一見すると少しも関係ないように見える部族解散問題とを結びつけるに至った。この結合は二つの問題の相補的な解明を可能にしたものと言えよう」(胡宝国《こほうこく》「在題無剰義之処追索——読『拓跋史探』」、『読書』二〇〇四年第六期)、「(『拓跋史探』は)細密な思考を通じて、一見孤立した歴史的現象の間の密接な関係を捕捉し、拓跋の百年にわたる歴史過程に影響する重要な糸口を発見し」、「北魏初期の歴史、ないしは北魏史全体に対する認識を深めるための新たな道を切り開いた」（侯旭東《こうきょくとう》「田余慶著『拓跋史探』評介」、『中国学術』二〇〇五年第一輯）と評され、また「多くの問題を提起した著述」であり、洞察力と、困難なことでもたやすく遂行し、複雑なものを簡単なものに変える精錬の能力を示したとの評価も受けている（楼勁《ろうけい》「探討拓跋早期歴史的基本線索――田余慶先生『拓跋史探』一書読後」、『中国史研究』二〇〇五年第二期）。

田余慶氏の学生であった羅新《らしん》教授は、『拓跋史探』は老境に入ってからの著作であるために、課題選択・分析や文章の面において『東晋門閥政治』を超越することはできなかったが、深刻な時代経験や歴史への回顧を凝縮しており、さらに「『東晋門閥政治』の楽観・昂揚とは異なり、『拓跋史探』には未来に対する懸念や過去の歳月に対する感傷が浸透している。前者は一九八〇年代の知識人の情熱や希望をあらわしているが、後者は楽観的な情緒が打ち消された後の沈鬱な思惟に淵源を発している」と評した（「推薦『拓跋史探』」、『南方周末』二〇〇八年七月六日）。田余慶氏の絶対多数の業績が、全て客観的な学術の成果であることは疑いないが、一国の人間としてその国の歴史を論じているのであり、あるときには寥々たる数語、あるいは微細な箇所ながら、羅新教授が言うように、歴史を回顧する中での個人的な時代経験がにじみ出ているのである。

『東晋門閥政治』の末尾において、次のような一文がある。

北方か南方かを問わず出現したこれらの事情は、全て歴史における表面的な事情に過ぎない。歴史の運動における勝者は、ある胡族、あるいは別の胡族ではなく、また江左の門閥士族や二流士族でもなかった。歴史の運動過程が完結すると、彼らは全て歴史から消失していった。残された、真に価値のある歴史の遺産は、江南において開発された土地と創造された文化であり、北方における民族の進歩と融合であった。これらこそが人民の業績、歴史の核心なのである。

この一文が書かれたのは一九八〇年代であり、ちょうど「プロレタリア文化大革命《ぶんかだいかくめい》」が終息して間もないときであって、中国の学者は紆余曲折の時代が過ぎ去ったことを喜び、未来に対して熱い希望を抱いていた。田氏の上述の総括には、歴史が遂に紆余曲折を克服したという確信が込められている。しかし一九九〇年代に執筆された拓跋史の諸論文は、既にそうではなくなっている。拓跋史上の、天意や人倫に悖《もと》る、母を脅迫し妻を殺害し、「子貴母死」を行うといったやり方について、田氏は「残酷」・「野蛮」という語を多用し、「文明が野蛮に育まれた」ことに深い悲哀の感情を吐露され、さらには次のような沈痛な感慨と祈りの言葉を述べられている。

野蛮が文明を育むという人類の進化過程において、一部族・一社会の集団が進化の過程のある段階を終えて凱歌を高らかに奏でたとき、彼らは精神的にやはり重苦しさに耐え、彼らの残酷な行為により残された魂の苦痛を隠していたかもしれない。我々は拓跋の歴史に重苦しさを感じ、烏桓の歴史に重苦しさを感じ、さらに我々自ら経験した歴史をも含めた、全人類の歴史に重苦しさを感じ、そうして歴史の進歩を祈り求めていくのである。

数十年来の風雨・波濤を経て、その見るところ・思うところは、あるときには微妙なかたちで、田余慶氏の古史に対する分析・論述の中に体現された。例えば「論輪台詔」は、漢王朝の政争がほとんど流血を伴い、漢の武帝が流血をもって政策転換のための道を切り開いたと評し、「曁艶案及相関問題」では、孫呉が受益階層を育成して統治機構を充実させたが、当時の官僚選任が玉石混淆となり、責任者である曁艶《きえん》が時代の趨勢をわきまえず、腐敗を容認しなかったために、結果として悲惨なこととなったと評している。このように細微な点は、長編の歴史考証においては寥々たる数語に過ぎないとはいえ、中国の読者にはかえって納得のいくものであり、当然日本の読者に向けても、あらかじめそれを示すのを妨げるものではない。

日中双方の学術面での交流は、日増しに深く、頻繁になってきている。『拓跋史探』日本語版は、日本の読者の、中国の歴史学の発展に対する理解を深めるであろうし、また日本の読者からの評価も、中国の学界に裨益するところがあろう。

二〇一三年九月二二日、藍旗営の寓居にて

閻《えん》　歩《ほ》　克《こく》

前言

本書に収録した拓跋史《たくばつし》の諸論考は、私がここ数年の間に書き上げたものである。拓跋の歴史を研究して得られた見解を記録したものなので、〔中国語の原稿は〕『拓跋史探《たくばつしたん》』と名付けることとした。いくつかの問題を掘り出し、なにがしかの情況を分析して、少しばかり知識を増やすことができたと思うが、資料不足は否めず、当方の能力も至らぬゆえ、全てが正確であるとは言いがたい。今回の出版に先立ち、既発表の論文をかなり増減・改訂したが、基本的な構成はもとのままであり、「道探し」の段階であるという点も変わらない。

拓跋史の研究については、先人が既に少なからぬ仕事をなしてきた。私は彼ら先駆者の足跡をたどり、躊躇《ちゅうちょ》しながら進んだに過ぎない。ただ近年来新資料がさほど出現しなかったため、歴史学界のこの方面への研究の情熱は明らかにかなり冷え込んでしまっていた。私なりに微力を尽くすことで、少しでも多くの志ある人たちの興味をかき立て、探究の道をともに歩んでいくことができればと思う次第である。

五胡十六国《ごこじゅうろっこく》という、「破壊性がとりわけ突出した時代」が終焉を迎えられたのは、つまるところは五胡が日に日に融合していき、その中核部分が続々と農耕地域に侵入し、漢族文明に次第に同化されたためであって、このことは今日の歴史学界の共通認識であると言えるだろう。しかし、かくも長い過程が、終結しそうで尽きぬ段階にあって、どうして他の部族ではなく拓跋部が、五胡諸勢力の死を促し、新しい時代の誕生を促すような役割を担当することになったのであろうか。これは拓跋部や北魏政権の歴史的位置づけに関わってくる問題である。

代北地域《だいほく》に進み入り活動していた初期の拓跋部と、彼らが作り上げた代国とは、おおよそ五胡十六国の出現と歩みを同じくする。その発展の程度はその他の胡族に及ばず、歴史家は五胡十六国の序列に代国を並べなかったが、かえってこの時期において唯一地域が比較的固定され、年代・世系が明らかとなり、また五胡十六国とは別の、歴史が完備している一「胡」、別の一「国」となった。拓跋部は百年余りにわたって代北の地で生まれ育ち、大がかりな移動がなく、北方での混戦にもあまり参加しなかったので、発展・成長と自己改善のための安定した環境を得ることができた。その結果、機に乗じて勃興し、代北を出て、十六国時代を終結させるという歴史上の任務を請け負い、続く隋唐の局面を開く過程において決定的な役割を果たしたのである。以上が拓跋部と北魏に対するおおよその歴史的位置づけである。拓跋部の代北における百年余りの発展がなければ、北方を統一していく担当者はあらわれず、また比較的安定した北魏《ほくぎ》政権もなかったのであり、後の隋唐《ずいとう》時代も到来しなかったであろうことを私は強調しておきたい。元《げん》の胡三省《こさんせい》は『資治通鑑《しじつがん》』巻一〇八の、北魏が尊号を称し、皇始《こうし》と改元したとする文の注釈を作った際に「拓跋珪《たくばつけい》が立ち上がり南北の形勢は決定した。南北の形勢が決定してしまった以上、最終的には南は北に併合されるのである。ああ、隋よりのち、名を当代に称揚されたる者は、代北の子孫が十のうち六、七を占めてしまった。なのに氏族の弁証など、いったい何の役に立とうか」と歎じた。胡氏が慨嘆した点こそ、まさしく私の関心の対象——拓跋史という歴史上の背景に他ならない。

代北拓跋の建国前史を考察する切り口として、私は北魏後宮における「子貴母死」制の形成と変遷（本書第一章　初出は『国学研究』第五巻、北京大学出版社、一九九八年）というテーマを選んだ。道武帝《どうぶてい》は拓跋の皇帝権を確立・強化するため、長子が君位を継承するという継承順序の安定化をはかり、あろうことか自身の妻を惨殺するという「子貴母死（子貴ければ母死す）」なる制度を施行した。そしてこの人倫に悖《もと》る制度は、意外にも北魏政権に至っても終始存続していたのである。これは道武帝個人が「創設」したのではなく、深遠な拓跋社会の内部に背景があろう。推測するに、拓跋の部族連合におけるその他の部族との関係は複雑であり、何らかの禍根を残していたために、以後の北魏の歴史において「子貴母死」という、奇妙な制度を生み出したのではあるまいか。とはいうものの私は直接的で明確な証拠を見つけ出すことができず、回り道しながら探究する他になかった。

寓意・隠喩による資料のいくつかは、部族連合時代において、拓跋の君長の妻あるいは母が非常に注目される人物であり、また彼女らの属した部族が往々にして彼女らを通じて、拓跋部内の大事、特に君位継承を制御したことを示している。拓跋部族連合の維持、拓跋部の連合における君長の地位の強化にあたっては、通常拓跋の后あるいは母后に頼り、また后あるいは母后の外戚部族、すなわち妻族と母族に頼らねばならなかった。これが先述した禍根の中身であるが、その過程は相当に紆余曲折しており、曖昧ではっきりしない場合もある。拓跋の成長・進化や拓跋珪の建国・皇帝自称に伴い、拓跋部は体制において、以前のように外戚部族にしたがうことはもはやできなくなかったが、一方では外戚部族を頼りにする后と母后に対して、効果的に制約を与えなければならなかった。この両方面の禍根が完全に取り除かれたとき、皇帝権はようやく安定化し得たのである。これは先に皇位継承者の生母（未来の母后）を抹殺して初めて彼が皇位を継承できるという、極端な措置の誕生を招き、それによって次第に「子貴母死」制度が形成されていったのである。

拓跋部はどのようにして外戚部族の束縛、とりわけ君位継承への干渉から逃れ、拓跋の部族連合の君長から専制皇帝の地位へと変貌を遂げたのであろうか。これには強い力に頼る他なく、常々戦争にうったえなければならなかった。強大な外戚部族が拓跋の母后を通じて拓跋の運営に干渉することが、長らく伝統となっている以上、彼らが削減・制御されなかったならば、拓跋部の自主的な君位継承を甘受したりはしなかったであろう。

道武帝の建国に際しては、外界には真剣に対処しなければならない強大な敵がなく、真に手を焼いたのは、かえって彼の母族や妻族といった外戚部族であり、ひいては彼自身の母・妻であった。この現象は私をはっと悟らせた。道武帝は戦争という手段を用いて「部族解散」を行ったが、最初にその対象となったのは母族の賀氏と妻族の独孤であって、これは偶然の現象ではなかったであろう。部族連合の束縛を打破し、特に外戚部族の君主権に対する牽制からのがれ、帝国の樹立を有利に進めること、それがこの行為の直接的かつ喫緊の原因であった（部族使役といった類の、より根源にある社会的動機は、当時にあってはまだ二義的なものであったらしい）。私はこれについて、本書第二章で賀蘭部族の解散問題を（原論文は『歴史研究』一九九七年第二期所収）と第三章で独孤部族の解散問題を（原論文は『慶祝鄧広銘教授九十華誕論文集』、河北教育出版社、一九九七年所収）を論じることで考察した。その結果、「子貴母死」制度と部族解散は無関係に見えるが、中身は共通しており、「子貴母死」が実際には部族解散の後続の措置であったと確信するに至った。

道武帝拓跋珪という人物の歴史的な役割は、概して言えば、残酷な「子貴母死」制度や部族の強制解散といった、極めて野蛮な手段を用いながら、拓跋部を文明に招き入れた――拓跋部が北方の混乱の収束を主導した、ということに尽きる。

北魏は過酷な「子貴母死」制度を打ち立て外戚の専権や母后の政治干渉を防いだが、にもかかわらず馮太后《ふうたいこう》が数十年権力を独占しながら、粛清されなかったという事例が出現したのであり、これは難解な現象であった。馮太后には頼るべき強大な外戚がなく、彼女が長期にわたって権力を壟断し、しばしば勝ったのは、いくつかの偶然の要素を除いては、主として彼女が十分かつ巧妙に「子貴母死」制度を利用して相手に掣肘を加え、陰険・悪辣な策を弄したためである。彼女は名義上は皇太后であったが、北魏においては皇位継承者の生母ではなく、「子貴母死」制度においてあらかじめ処理される人物であったわけでもなかったため、彼女はかえってこれによって権力を掌握する機会を獲得したのである。彼女が以後北魏の政治面において多くの功績を立てたため、彼女の後宮における多くの悪辣な所業に対しては、後世の歴史家の関心はさほど大きくはなく、したがって人々の論議も引き起こさなかった。

部族解散・「子貴母死」・馮太后専権といった、時系列上、全く繋がらない大事を一絡げにして、拓跋部族の歴史の総体的な背景に置いて考察しても、結局空白が多すぎ、それでいて事柄が複雑に絡み合い、手掛かりを探すのは容易ではなくなる。そこで私は「『子貴母死』制度研究の構想問題について（関于子貴母死制度研究的構思問題）」（本書補論、『学林春秋』二編上冊、朝華出版社、一九九九年、原題「我与拓跋歴史研究」）を執筆し、自身の構想を分析し、このテーマでの研究方法を伝えることで、読者にこたえることとした。

第四章「代北地域における拓跋と烏桓の共生関係――『魏書』序紀関連史実の解析」（原論文は『中国史研究』二〇〇〇年第三期・第四期所収）は、分量も、扱う問題も比較的多い。この研究を通して私は次のような現象に関心を持つようになった。烏桓《うがん》人は両漢以来、鮮卑《せんぴ》に先んじて代北に至った移民であり、拓跋部が陰山《いんざん》及び代北地域に進駐したのは、後漢《ごかん》の末にあたり、烏桓に比べて遅かった。烏桓の西遷の時間は長く、その人数も多かったが、文献では彼らの形跡はたまたま出現するだけで、またすぐに姿を見せなくなり、その詳細・経緯がわからなくなっている。彼らは結局拓跋が代北を開拓するという事業においてどのような位置を占め、どのようにあらわれ、どのような役割を果たしたのであろうか。こうした問題を解決するには、史実の深い探究と細かな分析を待たねばならず、既成の明確な答えはなかったのである。

烏桓族は拓跋が属する鮮卑族とともに東胡《とうこ》族に属し、風俗を同じくし、言語も通じたが、長らく独自の発展を遂げており、相互に統属することはなかった。烏桓は早くも漢代において突騎として名を馳せたが、部族の凝集力を欠いていた。拓跋は後に部族連合を形成して自ら君長の地位を占めたが、顕著な軍事力は形成していなかった。こうした拓跋・烏桓の双方の長所・短所は、あたかも相互に補い合うことができるかのようであった。二つの部族は幽州《ゆうしゅう》・并州《へいしゅう》北部にてそれぞれ東から西へ、西から東へ浸透し、代北地域に集まり、一方では交流し、一方では衝突したが、生存空間の争奪のために生死を賭けた闘争を進めたという事実は見られない。二つの部族は相互に補い合い、基本的には同一の空間・範囲にて共生し、拓跋を主導とする百年余りにも達する融合の過程を実現した。拓跋は烏桓との共生環境において発展・成長したが、烏桓は次第に拓跋に吸収され、烏桓そのものの歴史は長期にわたって拓跋に蔽われ、史書の中にて忘れ去られたと判断できる。

正史のあらわすところでは、王沈《おうちん》『魏書《ぎしょ》』・范曄《はんよう》『後漢書《ごかんじょ》』以後、烏桓についてのまとまった記載はなく、「切れ端」しか見当たらない。私は拓跋・烏桓の関係を探究していたときに『魏書』序紀《じょき》を手掛かりとし、関連する零細な資料を史書の合間から抽出し、調査・組み合わせを行い、問題を分割し、それを第四章の各節にて論じた。これらの節は独立して行論するべきであり、〔全てが〕尽く相連なっているというわけではないが、多くの問題に関係し、拓跋・烏桓を繋げ、両部族の共生関係の各方面を形作ることとなった。私は、拓跋が代北を経営し、北方を統一する歴史を一方で叙述しながら、烏桓の方に適切な評価を与えなかったことは、事実に符合しないと考える。代北烏桓の状況を理解することは、拓跋史についての認識を豊富にすることにもなる。私はさらに序紀やその他のところで見られる烏桓の零細な資料は、その全てが貴重と言え、その中から多くの歴史的情報を解読することができると考えられるが、しかし、私にはまだ一つ一つをはっきりさせることはできなかった。

十六国の歴史は入り乱れて複雑であるが、巨視的に見れば簡単とも言える。ある胡族が機に乗じて決起し、北方の政治的衝突に介入し、国を建てて帝号を称し、一時的には強大さを誇ったが、後継の民族による数次にわたる衝撃や、内部の分裂を経て、間もなく瓦解に向かうのである。後にはこれにかわって別の胡族があらわれるのであり、その過程も大体同じである。拓跋は、百年余りにわたる烏桓との共生において自身を鍛え、育成し、中原進入時に充実していた力量や、多い経験や広い見識を自身に備えさせることで、試練に耐えたのである。もし拓跋がこうした過程を経ることなく、猗㐌《いた》・猗盧《いろ》のように、晋《しん》王朝が衰えたことを契機として、代公・代王の名義をもって、劉淵《りゅうえん》・石勒《せきろく》とともに天下を争い、国を建て帝号を称したとすれば、劉淵・石勒と同様に、間もなく崩壊し、十六国を「十七国」に変えるだけであったと言えるであろう。

烏桓との共生において経験を積み重ねた拓跋部は、生命力が強く、凝集力に富み、変化への対応に巧みとなった。これは各胡族が急に興り急に滅んでいったことを比較しても特異といえ、たとえ衰退した後であっても、これと匹敵し取って代わり得る相手はあらわれなかった。六鎮《りくちん》の乱の衝撃は、十六国中の如何なる胡族国家の交代がもたらした社会的動揺にも劣るものではなかったが、引き続いて起こった如何なる勢力も、部族や文化の方面から見れば、拓跋から生まれ変わり、拓跋から発生したものであって、拓跋とは強い継承関係があるのであり、これに先立つ五胡の交替とは異なるのである。まさにこうした原因により、五胡と同時に興起した拓跋鮮卑は、五胡とは大いに異なる歴史的地位を得たのである。

拓跋と烏桓の共生関係についての考察は、一時期の、代北地域における二種類の主要な部族の相互影響関係について言及したものに過ぎない。実のところ、拓跋と匈奴、拓跋と各部鮮卑、拓跋と各種雑胡、拓跋と高車《こうしゃ》等の部といった、各々の二者関係は、全て共生関係を経ており、それぞれの現象が一様ではなく、歴史的影響に各々深浅があっただけである。時間の長短にかかわらず、共生関係の最終的な結果は民族の融合であった。魏晋《ぎしん》時代の各種雑胡は全て、共生する各部族の関係が、依然として不安定であった状況のもとで、当時の人々によって与えられた暫時の名称であり、月日の経つうちに、全ての雑胡は民族融合によって雑胡としての特定の名称を喪失した。雑胡の出現と消失は、ともに共生現象という概念の枠組みの中で解釈できる。また歴史を見渡せば、拓跋は烏桓等の部を自身と融合させたが、一方では漢族との共生にも向かい、最終的に漢族と融合する道をも歩んだことになろう。しかし、これはあくまで巨視的な見方である。民族関係を観察することは、結局は歴史の特定の時期と関連させなければならず、その過程を無視して結果だけを見ることはできない。十六国の乱世においてはとりわけこのようであった。第五章では拓跋と烏桓の共生関係について論じたが、まさしくこの過程に着目したものである。十六国の後には、北魏のような、長期にわたり安定した段階が出現しなければならず、それによってようやく必要な条件を形作り、隋唐に向けての架け橋となることができたのである。拓跋と烏桓の共生関係は、まさにこうした方面から、北魏という長期間安定した時代の、民族の内包と基礎を作り上げたのである。

私はまた拓跋の歴史を探究し、繰り返し『魏書』序紀について考え、また序紀を繰り返し検証することで、次第に序紀という資料は簡略であり、少なからず著しい附会や粉飾の点があるものの、総じてその正確度は高く、信憑性も比較的高いと感じるようになった。これにより、魏収《ぎしゅう》『魏書』は誤りが多いが、文字のない時代の拓跋の古史が、かえってこうした貴重な資料をどうして残し得たかという問題が生ずることとなった。これは史学史の問題となる。元来、序紀は拓跋の先人が残した史詩『代歌《だいか》』の資料が、翻訳・整理されて『代記《だいき》』となったというように、幾度も変遷を被った史料に基づいて作られたものであろう。これは道武帝の統治の初期やそれ以前の拓跋の歴史の資料の主たる来源である。『代歌』の整理は「燕魏之際」、すなわち道武帝初期のことであり、そのときに音律の調節（『代歌』の編集やそのバックグラウンドミュージックをつけること）を担当していた漢族士人は鄧《とう》淵《えん》であって、その鄧淵はちょうど国史『代記』の撰述をも担当していた。鄧淵は自らが知悉する『代歌』の口碑史料を主要な根拠として利用し、『代記』を完成させたが、これは自然のなりゆきであり、かつ比較的理解しやすいことでもあった。『代歌』・『代記』は一つは詩歌であり、一つは史書であって、体裁は異なり、叙述方法にも差があったが、素材は同一であったため、内容は極めて似ていたはずである。

鄧淵は冤罪によって死去し、彼の残した初期の国史である『代記』は、建国以前の拓跋史や道武帝の初期の歴史を含んでおり、以後崔浩《さいこう》による国史編纂に部分的ながら根拠とされたが、崔浩の国史問題はさらに大きな冤罪を引き起こし、千古にわたって議論された困難な案件となった。崔浩の罪名はその編纂した国史が「国悪を暴露し〔暴揚国悪〕」、「備わってはいるが〔道義的に〕正しくはない〔備而不典〕」ということであったが、近現代の人々は、道武帝の母后賀蘭氏《がらんし》〔賀皇后・賀太后〕がレヴィレート婚によって昭成帝《しょうせいてい》の妻となり子を生んだことが、人倫に反する諸事を引き起こしたと見なしている。この説はこれに先立つ諸家の説に比べて新味に富み、私もこの説に賛同している。しかし私には、これ以外に、拓跋初期の歴史における父・妻の殺害、不孝や乱倫、母后の専権・陰謀といった諸事も、人倫に反することの中に含まれるはずであり、これらは遊牧部族において常に出現しており、見慣れた后母・兄嫁との結婚などに比べても、さらに不都合であり、議論を引き起こすように思われた。崔浩の罪のもととなったという歴史事実は鄧淵『代記』に起源し、鄧淵『代記』のこれらの事実は『代歌』よりとられた。本来は拓跋部族内において鮮卑語で歌われていた『代歌』の、伝播の範囲は基本的に鮮卑人の間に限られており、また歌詞は必ずしも写実的ではなく、曖昧な故事に過ぎなかった可能性もある。『代歌』は政府が漢字で書いた『代記』に変化し、史実の記録となり、その「不典」・「国悪」などが漢人社会にて暴露されるのは避けられなかった。以後崔浩はこれに基づいて国史を編纂し、その意向に迎合する者がさらにこれを石に刻んで大衆に示すことで、支配者の怒りに触れたのであり、史書を編纂した漢族士人鄧淵・崔浩らの人々は自然にその衝撃の犠牲の代表者となったのである。

『代歌』は拓跋史の、まだ粉飾を被っていない原始の素材を含み、極めて貴重な資料を保存しているので、史学研究者は幸いとした。しかし鄧淵・崔浩はこれを根拠として史書を編纂し、このために二次にわたる国史の獄を引き起こしたのであり、かえって北魏一代における史学の不振の要因となった。

本章第五章「『代歌』・『代史』と北魏国史——国史の獄の史学史的考察」（原論文『歴史研究』二〇〇一年第一期所収）はこうした分析のもとに執筆したものであり、『代歌』・『代記』を魏収『魏書』序紀の来源と見た。私はこの論文が、千古にわたって議論された崔浩国史の一案件について、証言としての作用を起こすことを望んでいる。魏収が『魏書』編纂に際して見た『代歌』・『代記』という史料は、崔浩らの人々がかつて引用したことのあるものでしかあり得ず、また既に幾度も删除や改訂を経ていたものであるが、残余の部分の明確さ・正確さは依然として相当に高かった。今日史料が乏しい状況においては、これらの史料をしっかり理解する他になく、また序紀中に載せられていないものの、他所にてなおも存している、ごくわずかな部分を発掘することで、少なからぬ成果を挙げ、貧弱に過ぎる拓跋史の内容を豊富にすることができるのである。これによって私はさらに、『魏書』序紀に対する増補・集釈・考証・研究を含めた、序紀の整理を行うことは、歴史学界がさらに拓跋史を探索するにあたっての重要な課題となるとも考えるようになった。

本書第六章「文献にあらわれる代北東部の若干の拓跋史跡の検討」（原論文は『燕京学報』新一三期、北京大学出版社、二〇〇二年所収）は、可能な限りたくさんの拓跋史と関係する史料を利用するための方法論的考察である。この論文は文物・遺跡そのものの考察ではなく、拓跋の故事の形跡追究であって、文献中の、史家に無視されてきた史料を用いて拓跋の歴史の証拠とし、その中から価値のあるものを探し出そうと考えたものである。こちらの願い通りになるか否か、なおも検証を待っているところである。また本書第七章には拓跋初期にわずかながら伝世した『猗盧之碑』残石の拓本や関連する題辞二件を載せ、大まかながら分析を行い、読者の研究に供しておいた（原論文は『中華文史論叢』第八二輯所収）。

年老いてから拓跋史というテーマに取り組んだことから、私は、自分の意志に力が及ばず、とても困難が多いことを痛感し、さらに史料の不足や、結論を下しがたいことにも気づかされた。あるときには捕らえた問題の傍証が少なくはなく、結論もぼんやりとうかがえたが、またあるときには、追求してきた結論にたどりつくほどの直接的な証拠に欠けたため、推測を交えざるを得なかった。これは本来史学の論文が慎むべきことである。こうした状況に遭遇した際、私は大体は証拠が乏しい点があることを指摘しておき、それによって読者が注意し、自主的に思考を行うことを期待することにしている。このため本書はいくつかの箇所で論理的には論点先取という欠点をやむを得ず有しているのであり、いくらかの不安は禁じ得ない。『韓非子《かんぴし》』顕学に「検証していないのに確言することは、愚《ぐ》である。信憑性に疑問があるのに依拠することは、誣《ふ》である」とある。「愚誣」の学を、私は深く戒めている。本書において論述した見解、設定した仮説は多いが、このうちあえて明確に断定したものは比較的少なく、これはできるだけ「愚誣」を避けたためである。しかし問題が提起される以上、それが合っているか間違っているかを問わず、誰かが引き続いて探究してくれるであろうし、そうすれば結果が出てくるかもしれない。こうした考えは私を勇気づけてくれた。

拓跋史研究には特殊状況があり、それはいくつかの、疑われるが決め手を欠く問題の存在である。すなわち、拓跋史研究が必要とする直接の史料的根拠は「不典」・「国悪」と見られ、史諱として当時の史臣が故意に削り、塗りつぶした可能性があるため、完全に実証によって解決することはほとんど不可能であるという問題だ。少なくとも現在はまだこうした状況にある。拓跋の史実におけるこうした「曖昧な場所」は、我々に識別の難しさを思い知らせるものであるが、ならばこうした状況であえて探究を進める必要は奈辺にあるのであろうか。

実のところ中国の古史には、多くの「曖昧な場所」があり、拓跋史に限ったことではなく、もし全て投げ捨てて探究しないのであれば、永遠に混沌としたままであろう。ここ百年来の新史料の発見・出土は、古史に多くの開拓を行わせるのであり、これは古史の新問題の発見と識別の主要な経由地である。しかし新史料は至るところにあるのではなく、史家の広闊な視野と鋭敏な眼光は、多かれ少なかれ史料の不足を補うことができるであろう。既知の史料に対する透徹分析と繰り返しの検証は、認識を増進させることができる。陳寅恪《ちんいんかく》氏による非常に多くの貢献のうち、新史料に由来するものは必ずしも多くはなく、その多くは極めて深い史学の素養や、精緻な思考に基づき、古くさいものをしりぞけて新しいものを生み出し、普段見慣れているような、もとより無関係な史料の中から、これらの内在的な関係を見つけ出し、新しい問題を提起し、高い境地の新解釈を行い、古史における、多くの曖昧なところをはっきりさせるというものであり、これは古史の研究方法として私に極めて大きなヒントを与えてくれた。多くの先学は開拓精神に富み、一時代の思潮を代表して、それぞれ風格を備えていた。彼らの研究成果は必ずしもその全てが定説となっているわけではないが、彼らは多く龔自珍《きょうじちん》の「学風を作るだけで師にはならない（但開風気不為師）」という治学理念に則しており、学問に行き止まりはないという普遍的な真理を信じ、崇高な学術の気概を顕示しており、これは我々が歴史を修める際の規範となっている。まさしくこれに啓発され、私はいくつかの難問に対する探究を継続しているのである。

　以上の認識に基づき、私は本書の見解を、確実な結論とすることなく、主として拓跋史を観察する際の一つの構想として、読者に献上する。読者の思考や共同追求を促進し、できるだけ古史の、こうした曖昧なところを少しずつ識別し、長い時間をかけて種々の知識や道理によって全面的に理解することを私は希望する。果たしてこのようにできれば、たとえ私のいくつかの具体的な見解が間違いと証明され、別の見解に取って代わられても、たいへんよいと思われる。実のところ、本書に提示されている多くの論証と見解は、もとより先人がさきにこの問題を提起し、私はその続きで研究したに過ぎない。もしかしたら私の間違いは、逆に後の人間が前進する新たな出発点となり得るかもしれない。研究とは、自分の力を出し尽くすだけで、他のことは気にしないものである。あるいはこれは、「成功するとその手段や条件を忘れてしまう（得魚忘筌）」ということわざで解釈できるかもしれない。

華北地図

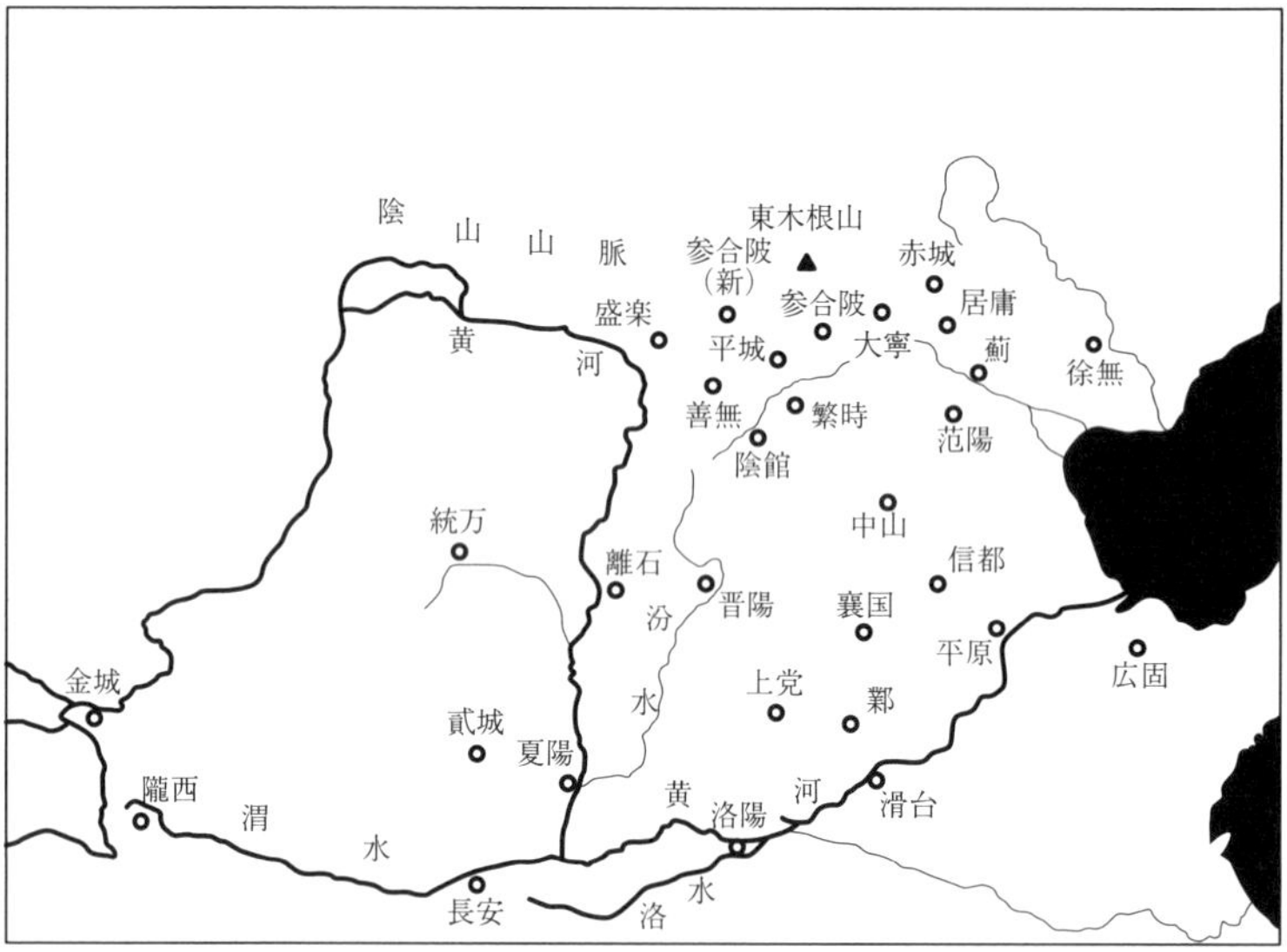

凡例

一、本書は田余慶『拓跋史探〈修訂本〉』（生活・読書・新知三聯書店、二〇一一年）の邦訳である。原書『拓跋史探〈修訂本〉』には附録として、曹永年「関于拓跋地境等討論二題〈摘録〉」・滕昭宗「『魏書』所見的若干烏桓姓氏〈摘録〉」の二篇が収録されているが、今回の翻訳では除外した。

二、固有名詞・難読漢字にはルビを附した。

三、人名や詳細説明を要する箇所には訳注を加えた。原注・訳注は統一の通し番号を用い、訳注部分のみ冒頭に〔訳注〕と表記した。

四、原書『拓跋史探〈修訂本〉』本文の引用漢文は、原則として現代日本語に翻訳した。ただし行論上原漢文の掲載の必要が認められる部分については、鉤括弧「　」内にてまず現代日本語訳を、その後の丸括弧（　）内に原漢文をそれぞれ掲載した。漢文の引用が短いなど、特に訳の必要はないと認められる部分については、鉤括弧内に原漢文のみを掲載した。漢文の引用が長文にわたり、かつ原漢文の掲載の必要が認められるなどの場合は、現代日本語訳・原漢文を併記した。原注の引用漢文についてもこれに準ずる。

五、本文・原注・訳注とも、固有名詞・漢文などの漢字は新字体を優先的に使用した。

六、翻訳・引用した漢文の版本について、標点本が存在するものに関しては、原書『拓跋史探（修訂本）』所引漢文との字句の異同に限り、標点本に依拠した。句読点に関しては、現代日本語訳の文脈を優先し、適宜変更した。参照した標点本は次の通り。

書名　版本
『魏書』　中華書局、一九七四年（標点本）
『北史』　中華書局、一九七四年（標点本）
『史記』　中華書局、一九五九年（標点本）
『漢書』　中華書局、一九六二年（標点本）
『後漢書』　中華書局、一九六五年（標点本）
『三国志』　中華書局、一九五九年（標点本）
『晋書』　中華書局、一九七四年（標点本）
『宋書』　中華書局、一九七四年（標点本）
『南斉書』　中華書局、一九七二年（標点本）
『周書』　中華書局、一九七一年（標点本）
『隋書』　中華書局、一九七三年（標点本）
『旧唐書』　中華書局、一九七五年（標点本）
『新唐書』　中華書局、一九七五年（標点本）
『資治通鑑』　中華署局、一九五六年（標点本）
『水経注』　陳橋駅校証『水経注校証』、中華書局、二〇〇七年
『水経注疏』　段煕仲点校・陳橋駅復校『水経注疏』、江蘇古籍出版社、一九八九年
『史通』　浦起龍点校『史通通釈』、上海古籍出版社、一九七八年
『元和郡県図志』　賀次君点校『元和郡県図志』、中華

書局、一九八三年

『読史方輿紀要』台湾商務印書館、一九六八年

七、既に現代日本語訳が存在する史料を訳注にて引用する場合は、引用元の体裁のまま引用した。

八、本文中、簡単な捕足説明を要する箇所には、亀甲括弧〔 〕内に説明文を記した。原注もこれに準ずる。

九、「子貴母死」など、原書『拓跋史探（修訂本）』にて頻出する術語については、各章最初の登場箇所に「子貴母死（子貴ければ母死す）」のように、丸括弧内に書き下しもしくは日本語訳を附し、二箇所目以降では丸括弧部分を省略した。

一〇、原書『拓跋史探（修訂本）』では「部族」、「部落」等の用語の使い分けがあったが、翻訳では「部族」に統一した。

一一、本書の第一～三章の章題は、原文の日本語訳ではなく、本書の内容に即して変更した。

一二、本書の第一～七章において、内容が重複する箇所は、二度目の登場箇所を削除した。

一三、原書の第四章にあたる「『子貴母死』制度研究の構想について」は、章の内容全体が特に第一章と重複するので、今回の翻訳では末尾に「補論」として掲載した。

一四、原書『拓跋史探（修訂本）』の「代北地区拓跋与烏桓的共生関係――『魏書』序紀有関史実解析」・「文献所見代北東部若干拓跋史跡的探討」「関于拓跋猗盧碑及拓本題記二則」には、修訂本に再録するにあたり、補注を附しているが、本書第四章「代北地域における拓跋と烏桓の共生関係――『魏書』序紀関連史実の解析」の補注は一点を除いて全て本文に統合し、第四章の補注一点及び第六章「文献にあらわれる代北東部の若干の拓跋史跡の検討」第七章「拓跋猗盧残碑及び拓本に関する題辞二篇」の補注に（補注）として追加した。

一五、本文に関係する地図・石碑拓本等の図を十数点掲載した。

図の出典については本書末尾の「挿図出典一覧」に掲載した。

また第二章「部族解散とは何のための施策だったか　一——賀蘭部族解散問題」の末尾に「系図2-2　賀蘭（賀）氏系図」を、第三章「部族解散とは何のための施策だったか　二——独孤部族解散問題」の末尾に「系図3-1　独孤（劉）氏系図」を、それぞれ掲載した。

一六、翻訳にあたり章扉の図を新たに入れ、それらの出典は扉裏に掲載した。

目　次

【カバー図版】
雲岡石窟：https://commons.wikimedia.org/wiki/File: 云冈石窟 05-CNSX-352-001.jpg
魏書太祖紀『百衲本二十四史』（台湾商務印書館、一九三四年）第一六巻

第一章　なぜ「子貴母死」は制度になったか

——部族国家の構造変化が必要とした「歴史と伝統の転換」の苦痛

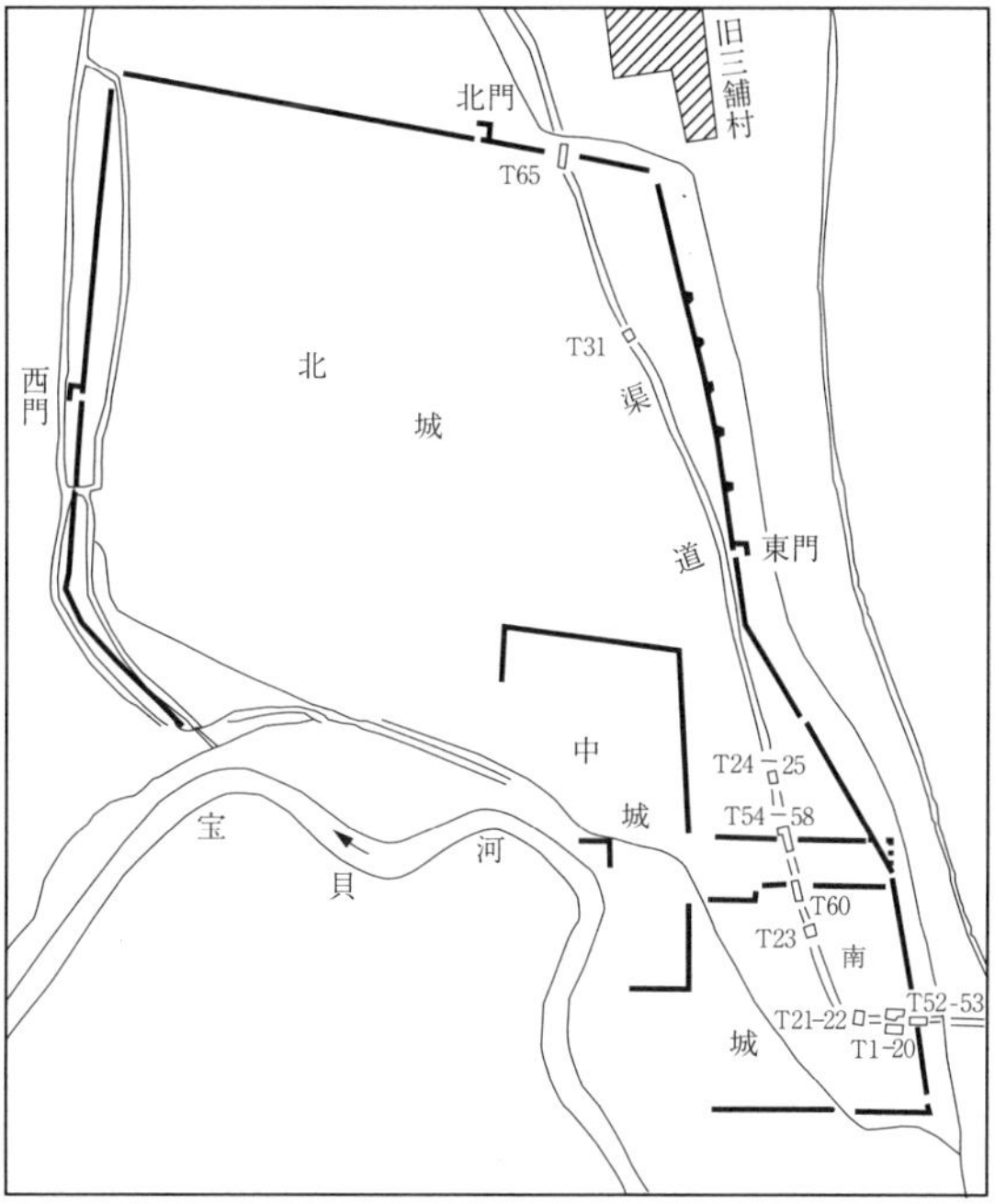

道武帝は、皇子が立太子されるとその生母を殺害するという奇妙な慣習——「子貴母死（子貴ければ母死す）」を創出した。なぜ彼は、かくも理不尽で、かつ残酷な慣習を作り上げたのであろうか。それを著者は部族解散と関連づけて解明していく。図は拓跋部の本拠地であった盛楽遺址。

内蒙古文物考古研究所「内蒙古和林格爾県土城子古城発掘報告」(『考古学集刊』第 6 集、1989 年)より製図。

魏収《ぎしゅう》『魏書《ぎしょ》』(1)は「子貴母死（子貴《とうと》ければ母死す）」の事例を多く載せている。すなわち後宮にて子が生まれ後嗣（皇太子）に立てられようとすると、その母は皆死を賜ったという。私は拓跋《たくばつ》史研究の切り口として、この「子貴母死」問題をとりあげて考察した。そこで見いだされたのは、それにより「子貴母死」が臨時の措置ではなく、拓跋部族の初期の君位継承が動乱や母系部族の利害衝突などを引き起こした、という事実に根ざしたものであったということである。道武帝拓跋珪《どうぶていたくばつけい》時代(2)に国家が構造変化を起こし、強大な影響力を備えたそれまでの拓跋の歴史・伝統を、「子貴母死」を行うことで転換させ、あわせてこれを制度として完成させたのである。この文脈にしたがって拓跋の歴史を分析すれば、道武帝が行った「部族解散」という施策の性質が全て「子貴母死」の制と相通じることが分かる。表面上両者はあまり関連しないように見えるが、同様の社会的・歴史的背景があったことを看取できるのである。また、文明太后馮氏《ぶんめいたいこうふうし》(3)の地位強化と権力独占も、「子貴母死」制度を利用したものであった。歴史の過程を見渡せば、拓跋部族を母体として生まれ変わった「子貴母死」は、一種の制度であり、さ

（1）〔訳注〕『魏書』とは北魏史研究の基本史料であり、北斉時代の史家魏収により編纂された。魏収は北魏以来の史書編纂を総括する形で、北斉天保《ほくせいてんぽう》五年（五五四）に『魏書』一三〇巻を完成させたが、当時よりその内容に関しては極めて評判が悪く、「穢史《わいし》」と称された。『魏書』の成立に関しては、尾崎康「魏書成立期の政局」（『史学』第三四巻第三・四号、一九六二年）、佐川英治「東魏北斉革命と『魏書』の編纂」（『東洋史研究』第六四巻第一号、二〇〇五年）参照。

（2）〔訳注〕拓跋珪（三七一～四〇九）は拓跋部の大人であり、北魏の建国者である。三八六年二月に代王に即位し、同年四月に魏王となる（北魏の建国）。その後周辺部族と戦いながら勢力を拡大し、登国一〇年（三九五）には鮮卑慕容部の建てた後燕の軍を参合陂の戦いで破り、中原進出を開始する。天興元年（三九八）に皇帝に即位し、中原支配を進めるが、晩年は精神に異常を来すようになり、天賜六年（四〇九）に次子清河王拓跋紹に殺害される。永興二年（四一〇）に烈祖宣武皇帝と追尊されたが、泰常五年（四二〇）に諡号が道武皇帝に、太和一五年（四九一）に廟号が太祖に改められた。

（3）〔訳注〕文明皇后馮氏（四四二～四九〇）は北魏の皇后・皇太后であり、馮太后とも呼ばれる。父は五胡十六国の一つであった北燕《ほくえん》（漢人王朝）の天王馮弘の子であったが、北魏の秦・雍二州刺史となった。娘である馮氏は後に文成帝の貴人となり、やがて皇后となる。和平《わへい》六年（四六五）に文成帝が崩ずると皇太后となり、北魏の実権を掌握するようになった。

らには一種の文化現象であって、その形成と変遷は、拓跋部族がその社会発展の過程において受けてきた精神的な苦痛そのものであったことが、はっきりと分かるのである。

盛楽《せいがく》時代[4]の拓跋部の歴史については、文献は簡略で、考古資料は今もなお少ない。本章で言及するテーマについても、いくつかの段階では、実証的な方法を用いて一つ一つについて確たることを言うのは難しい。そのため、限られた史料を使用して仮説を立て、あわせてこれを推理分析で補い、曖昧な状況の中でその近似を求め、盛楽時代の拓跋部の社会の側面を描写するという一種の試みを行うこととしたい。

周一良《しゅういつりょう》氏はかつて、「拓跋氏が中原に入る以前の旧制は、全てその子を太子に立てた場合、母妃は先んじて死を賜り、孝文帝《こうぶんてい》[5]の代に至っても母はこれによって殺害された。しかし北方のその他の少数民族にこうした風俗があったとは聞かれず、かつ遊牧部族は封建王朝に比して母后専権が発生しにくいので、その来源については今後の研究を待ちたい」[6]〔傍点訳者〕と述べた。周氏は「子貴母死」は拓跋の旧制であったが、その来源は不明であると認識している。本章では、盛楽時代の、遊牧していた拓跋部がどうして母后専権を発生させ、それによってどうして拓跋の情勢を動揺・不安定化させたのかという問題を検討し、拓跋部が平城において帝業を打ち立てたときに、どうしてかくも残酷な「子貴母死」の制を作り出さねばならなかったのかという問題について考察する。その淵源を探究することについて、わずかながら自分の見解めいたものはあるが、結論を先に言えば、なおも曖昧な状況の中にいるようであり、周氏の疑念に対して、回答できたかどうかは分からないままである。

「子貴母死」について、『魏書』皇后伝(7)の史臣曰条には、「鉤弋《こうよく》夫人は年若く子も幼く、漢の武帝《ぶてい》(8)はゆえに非常の策として行ったが、北魏の時代にはそのまま常制となったこと、それが子貴母死である。矯枉《きょうおう》の義も、行き過ぎがあったのではないか。高祖《こうそ》〔孝文帝〕は最終的にその過失を改めたが、(9)それにはまことに理由があったので

(4)『魏書』序紀によれば、神元帝力微・穆帝猗盧・烈帝翳槐・昭成帝什翼犍の各条には皆盛楽にいて盛楽城を築いたという類の記載がある。本章で称する盛楽時代とは、広く神元帝から昭成帝に至るまで、及び道武帝が平城に遷都する以前の期間を指すものである。『魏書』の記載には、定襄盛楽と雲中盛楽の区別があり、拓跋が初期に駐留した地点に変化があったことが分かる。このことは目下考察が待たれる問題であり、本章で称する盛楽時代はこれを曖昧にしているが、こうした区別をあえてしないこととする。〔訳注〕この問題に関しては、松下憲一「『定襄之盛楽』と『雲中之盛楽』――鮮卑拓跋国家の都城と陵墓」(『史朋』第四〇号、二〇〇七年)参照。

(5)〔訳注〕北魏第六代皇帝拓跋宏(四六七~四九九)。延興元年(四七一)に皇帝に即位したが、しばらくは馮太后が実権を掌握していた。太和一四年(四九〇)に馮太后が亡くなるのと前後して親政を開始し、洛陽遷都や朝廷における鮮卑語の使用禁止などの、いわゆる漢化政策を断行する。

(6)周一良『魏晋南北朝史札記』(中華書局、一九八五年)の「王玄威与婁提哀悼献文帝」条(三七八-三八一頁)参照。

(7)魏収『魏書』皇后伝は散佚しており、後人が『北史』やその他の史書をとって補ったものである。皇后伝に列せられている道武帝以前のいわゆる帝・后は、全て道武帝が追封したもので、本来は部族の酋長とその妻に過ぎなかった。本章では叙述の便のため、『魏書』の称謂を襲用することとしたい。

(8)〔訳注〕前漢第七代皇帝劉徹(前一五六~前八七)。当時前漢がモンゴル高原の遊牧国家である匈奴に対して軍事的に劣勢であったことを嫌い、匈奴に対して数次にわたる大規模な遠征を実行し、匈奴を撃破して東アジアにおける覇権を確立した。内政においても五銖《ごしゅ》銭《せん》の発行や塩・鉄・酒の専売などの諸政策を断行し、前漢の最盛期を現出した。吉川幸次郎『漢の武帝』(岩波書店、一九八六年)参照。

ある（錡弋年稚子幼、漢武所以行権、魏世遂為常制、子貴母死。矯枉之義、不亦過哉。高祖終革其失、良有以也）」とある。皇后伝に載せられている北魏後宮の諸制度は他の王朝では滅多に見られないものであり、「子貴母死」はその最も重要な項目であったため、史臣は特に表記し、あわせて譴責《けんせき》の意を述べたのである。

『魏書』太宗紀には、「初め、帝（明元帝《めいげんてい》）(10)の母の劉貴人《りゅうきじん》が死を賜り、太祖（道武帝）は帝に、『昔漢の武帝はその子を立てようとしてその母を殺し、婦人に国政に参与させず、外戚に政治の壊乱を起こさせなかった。汝《なんじ》は皇統を継ぐべきであり、ゆえに私は遠く漢の武帝と同じく、長久の計をなしたのである』と告げた（初、帝母劉貴人賜死、太祖告帝曰、『昔漢武帝将立其子而殺其母、不令婦人後与国政、使外家為乱。汝当継統、故吾遠同漢武、為長久之計』）」とある。ここでは道武帝が「漢典（漢人の典籍・故事）」にのっとって「子貴母死」を作ったとされ、前掲の皇后伝の史臣の所論は、これに基づいて発されたものである。

『魏書』皇后伝 道武劉皇后条には、「北魏の故事では、後宮で子が生まれ後嗣となる際には、その母は皆死を賜った。太祖の末年、后は旧法に基づいて薨去した（魏故事、後宮産子将為儲貳、其母皆賜死。太祖末年、后以旧法薨）」とある。いわゆる「故事」、いわゆる「旧法」とは、実のところ同一事である。ここでは、劉貴人（死後に劉皇后の称が贈られた）が拓跋の「故事」・「旧法」によって死去したと言われており、道武帝が「漢典」にのっとって作った新制によって死去したとは言われておらず、太宗紀とは異なっている。

以上がすなわち『魏書』に見られる「子貴母死」の原因についての主要な史料であり、その中でこの制度についての根拠とされているのは、「漢典」と「旧法」の二説である。「漢典」の説については、道武帝が基本的に遊牧民族の習俗で統治していたときに、これが意識されていたとはやや信じにくいことではあるが、全く根拠がないとも言い切れないため、一定の考慮はすべきであろう。拓跋の「旧法」の説にも問題はあり、道武帝以前の百年余りの歴史において、「子貴母死」の実例は一つも見られないのであり、清の考証学者である趙翼《ちょうよく》はこれについて早くから疑った。[11] しかし、「旧法」の説が『魏書』に繰り返し出現している以上、これについても解釈を行う必要があろう。

まず「漢典」の説を見てみよう。これは漢の武帝・鉤弋の故事である。晩年の武帝の目には、前九一年の戻太子《れいたいし》の叛乱〔巫蠱《ふこ》の乱〕[12] という痛恨の出来事がはっきりと焼きつけられていた。戻太子には強大な外戚衛氏《えいし》がおり、これが大きな災いをもたらす要因となった。衛氏一族はこの案件に坐して非常に多くの死者を出した。[13] その後、武帝は鉤弋夫人の子を太子に立てようとしたが、「その歳が幼く母が若く、女主がほしいままに国家を乱すこと

（9）皇后伝にあるように、孝文帝は皇子恂を皇太子に立てたときにこの制を改めようとしたが、文明太后に阻まれて行えず、恂の母である林皇后は「旧制」によって死去した。さらに皇太子恪を立てる際にも、この制が廃止されたとは聞かれない。しかし当時の恪の母である高皇后は後宮の内紛により死去したのであり、「子貴母死」の事実は存在せず、したがって「高祖は最終的にその過失を改めた（高祖終革其失）」の真実性については断言できない。本章第五節（三）を参照。

（10）〔訳注〕北魏第二代皇帝明元帝拓跋嗣（三九二～四二三）。天興六年（四〇三）に斉王となる。天賜六年（四〇九）に父である道武帝拓跋珪を殺害した清河王拓跋紹を討ち、皇帝に即位する。

（11）趙翼『廿二史箚記』巻一三「『魏書』紀伝互異処」条は皇后伝の劉皇后が旧法によって死を賜ったことを引き、「しかし本紀・列伝を見ると、道武帝以前にはこうしたことがなかったことが分かる。……立太子に先んじてその母を殺す例は、実に道武帝から始まる。『魏書』全文を確認しても、道武帝以前にはこうした例は見当たらない。しからば皇后伝は何を根拠に魏の故事と言っているのであろうか」と言う。趙翼の疑問には道理があるが、ここで止まってしまっており、具体的な解釈を行っているわけではない。

（12）〔訳注〕前漢征和二年（前九一）に首都長安で発生した叛乱。当時武帝の寵愛を受け、権勢を振るっていた酷吏江充《こうじゅう》が、政敵の皇太子劉拠《りゅうきょ》（戻太子《れいたいし》）を陥れるため、皇太子が武帝に対する巫蠱（呪殺）を行っていると主張し、呪いの人形を捏造し、巫師に掘り当てさせ、皇太子を追い詰めていった。これに対して皇太子は江充を捕縛・殺害し、そのまま叛乱を起こした。離宮の甘泉宮《かんせんきゅう》に滞在していた武帝が急遽引き返し、長安西郊の建章宮《けんしょうきゅう》にて平定の指揮を執ると、皇太子軍は敗れ自殺した。これに伴い生母の衛皇后も自殺し、一族も多くが処刑されたが、ことの発端が江充にあったことが判明すると、武帝は江充の一族を処刑した。

（13）この案件における衛氏家族の死者は、皇后・戻太子以外に、衛皇后の姉・娘・息子の嫁・孫・外孫などが含まれている。拙稿「論輪台詔」（『秦漢魏晋史探微』、中華書局、一九九三年）参照（三九頁）。

を恐れたため、長く躊躇《ちゅうちょ》していた」。武帝は鉤弋を殺害し、それによってその子は立つことを得たのであり、これがすなわち昭帝《しょうてい》である。昭帝の母方のおじの家の「趙氏には官位にいた者はなく、趙父（昭帝の外祖父）だけが追封された(14)」。北魏道武帝が太子の母を太子の皇位継承の前に殺害したケースは、漢の武帝と同じである。漢の武帝は外戚家族を死後の憂患とし、それによって太子の母を殺害したが、道武帝がこれを引用して自らの鑑《かがみ》とした以上、彼にも外戚に関係する具体的な懸念があったことになろう。このことは次節にて考察する問題である。

　道武帝は「漢典」を恣意的に利用し、国を建てた後もそれを子孫に残すほど高い文明程度に到達していたのであろうか。そうではあるまい。現行（今本）の『魏書』太宗紀はかすかに残っていた隋《ずい》の魏澹《ぎたん》『魏書』(15)からとられた可能性があるが、魏澹は「道武帝は文字を識らない野蛮出身であり、典誥《てんこう》を学んだことはなかった（道武出自結縄、未師典誥(16)）」と言っている。現行（今本）『魏書』官氏志《かんしし》にも、道武帝について、「古《いにしえ》の純質にのっとろうとし、官号を制定するごとに、多くは周・漢の旧名によらず、……皆黄帝《こうてい》・少昊《しょうこう》の雲・鳥の義に擬《なぞら》えた(17)」とある。道武帝の本性が拓跋の古にのっとり周・漢の制度を排することにあり、それが戦争を重んじて文徳を無視した(18)という彼の行動と一致していることが分かる。このように立ち後《おく》れた文化の状態は、いわゆる「遠同漢武」と完全に相反するものである。そのため、「遠同漢武」云々が、道武帝本人の子を立てる際にその母を殺害するという認識の来源や直接の根拠であったとは見なしがたい。

　しかし、道武帝の身辺には次第に漢族士人が集まるようになり、その中でも著名な者には、比較的早い時期としては燕鳳《えんほう》(19)・許謙《きょけん》(20)・張袞《ちょうこん》(21)、やや遅れては崔玄伯《さいげんぱく》〔崔宏《さいこう》(22)〕が挙げられるが、彼らは多かれ少なかれ漢文化をもって道武帝に影響を及ぼすという役割を演ずることとなった。張袞・崔玄伯の本伝には、彼らが『史記《しき》』・『漢書《かんじょ》』の故事を道武帝に説き、道武帝に重んじられたとする記載がある。太祖紀に、登国《とうこく》一〇年（三九五）の参合陂《さんごうは》の戦役に際し、道武帝は慕容宝《ぼようほう》の軍を大いに破り(23)、「捕虜の中から才識のある賈彝《かい》・賈閏《かじゅん》・晁崇《ちょうすう》らを抜擢し、謀議

(14)『漢書』外戚伝　鉤弋趙婕妤条。
(15) 中華書局標点本『魏書』太宗紀の校勘記参照。
(16)『隋書』巻五八 魏澹伝。『魏書』序紀には、「文字を作らず、木に記号を刻みつけた（不為文字、刻木紀契）」とあり、同書刑罰志には、「言葉で約束し、記号を刻んで事柄を記した（以言語約束、刻契記事）」とあるが、ともに同じ意味である。
(17)〔訳注〕黄帝は伝説上の帝王、五帝の一人。少昊は黄帝の子。これについては『春秋左氏伝』昭公一七年に詳しいので引用しておく（小倉芳彦訳『春秋左氏伝』下、岩波書店、一九八九年、一八八–一八九頁）。
「秋、郯子《たんし》が朝見に来て、昭公《しょうこう》はこれと宴を開いた。叔孫昭子《しゅくそんしょうし》が、『少皞（少昊）氏が官命に鳥をつけているのはなぜか』とたずねると、郯子はこう言った。『吾が祖先のことですから、我《じぶん》が承知しています。昔、黄帝時代には〔雲瑞があり〕雲を印としたので、長官に雲の名をつけ、炎帝氏には〔火瑞があり〕火を印としたので、長官に火の名をつけ、共工氏には〔水瑞があり〕水を印としたので、長官に水の名をつけ、大皞氏には〔竜瑞があり〕竜を印としたので、長官に竜の名をつけました。我が始祖少皞氏が即位すると、時あたかも鳳鳥が飛来する瑞兆があったので、鳥を印とすることとし、長官に鳥の名をつけました。鳳鳥氏は歴正の官で、〔その部下〕玄鳥氏（燕）は春分・秋分の官、伯鳥氏（百舌鳥）は夏至・冬至の官、青鳥氏（鷟）は立春・立夏の官、丹鳥氏（雉）は立秋・立夏の官。祝鳩氏は司徒、鵙鳩《しょきゅう》氏は司馬、鳲鳩《しきゅう》氏は司空、爽鳩氏は司寇、鶻鳩《こつきゅう》氏は司事、以上の五鳩は民を鳩《あつ》める官です。五雉は五種の工正の官で、道具を工夫し、規格を定めて、民を雉《たい》らかにする官。九扈《きゅうこ》は九種の農正の官で、民を扈《とど》めて放縦を許さぬ官です。〔しかるに少皞を継いだ〕顓頊《せんぎょく》以降は、〔雲・竜・鳥といった〕遠いものを印とすることができず、身近なものを印とするようになりました。長官に〔司徒・司馬など〕民に縁のある名をつけるようになったのは、〔昔のように〕できなくなったためです』」
(18)『魏書』巻二四 張袞伝に、袞が明元帝即位の翌年である永興二年（四一〇）において上書し、「揖譲〔礼儀〕を干戈とともに並べ、文徳を武功とともに運用してください」と要請した。これは実際には道武帝が戦争や武功だけを重んじ、文徳や礼儀を軽んじていたことを責めたものである。
(19)〔訳注〕燕鳳（?～四一八）は代の人。昭成帝什翼犍時代に代王左長史となる。本書第四章「代北地域における拓跋と烏桓の共生関係——『魏書』序紀関連史実の解析」に述べられているように、代国が前秦苻堅の攻撃により崩壊した後、苻堅と折衝し拓跋部の温存に尽力した。北魏建国後も吏部郎・給事黄門侍郎・行台尚書などを歴任した。
(20)〔訳注〕許謙（三三四～三九六）は代の人。昭成帝什翼犍時代に一族を率いて代国に帰順し、代王郎中令となる。代国滅亡後、前秦の首都長安に移住するが、後に帰郷し、代郡太守賈閏を放逐して独孤部劉顕に帰順した。後燕に敗れ、西燕に逃れた後、道武帝拓跋珪の北魏に復帰し、右司馬となる。
(21)〔訳注〕張袞（三三九～四一〇）は上谷沮陽の人。初め上谷郡の五官掾となり、拓跋珪が代王となると、その左長史となった。拓跋

に参与させ、歴史上の事実を明らかにした」とあるように、漢族士人の影響は増大していった。

道武帝は度重なる戦闘を通じて、代北やその周辺の多くの部族を征服し、とりわけその母族〔母の部族〕である賀蘭部《がらんぶ》(24)と妻族〔妻の部族〕である独孤部《どっこぶ》(25)の部族勢力を逐次始末することで(26)、代北の統一はようやく完成された。登国一一年（皇始《こうし》元年、三九六）、許謙が勧進《かんじん》〔皇帝即位を勧めること〕を行い、続いて道武帝は并州《へいしゅう》を取り、冀州《きしゅう》を攻め、全力を挙げて後燕《こうえん》の残党、すなわち道武帝の祖母昭成皇后の出身部族である慕容《ぼよう》(27)部族の勢力を処断した(28)。これにより、道武帝が繰り返し攻撃した対象が、主として彼に近い外戚部族であったことが分かる。道武帝はまさしく賀蘭・独孤・慕容という外戚部族に対する徹底した戦勝を挙げることで、ようやく帝業を打ち立てることができたと言うことができよう。道武帝は帝業を強固にしようとし、またこうした前例のために、後宮の政治干渉問題に注目しなければならなかった。これはたいへん重要な事実であり、こうした事実について、道武帝は自ずと再三考慮するようになり、それは周囲の漢族士人にもはっきりと理解されるようになっていた。

『魏書』巻二四　崔玄伯伝には、「太祖は常に古今の旧事、王者の制度、治世の法則を引いた。玄伯は古人の制度の体裁を述べ、明君・賢臣や、古代の興廃の理由に及ぶまで、甚だ太祖の意に合していた（太祖常引古今旧事、王者制度、治世之則。玄伯陳古人制作之体、及明君賢臣、往代廃興之由、甚合上意）」とある。帝国を創建した道武帝は自己が直面した困難な問題を抱え、漢臣に帝国を強化するための政治方法を諮詢《しじゅん》し、「往代廃興」に関わる事跡である鉤弋の故事から啓発され、決断を下し、その決断を彼の後継者に述べた。これは我々がなし得る一つの合理的な推測となろう。

それでは、どうして「子貴母死」が拓跋の「旧法」から出たとする説が一方で存在するのであろうか。前述の通り、道武帝の施政の主な特徴は、拓跋の古にのっとり周・漢の制度を排することであり、「子貴母死」が拓跋の「旧法」に由来するということは、より彼の思考方式に符合し、彼の合意を得る上で役立った。道武帝は歴史という視座から物事を考える傾向があった人であり、拓跋部の古い歴史伝説におけるいくつかの事例が、彼が「子貴母死」を実行するのに啓発的な効果をもたらしたのかもしれない。当時形成された『真人代歌《しんじんだいか》』と名づけられた鮮卑の史詩は、「上は祖宗の建国の道のりを述べ、下は君臣の興廃の跡に及（上叙祖宗開基所由、下及君臣廃興之跡）」んだといい、これが上述の効果をもたらした可能性は十分にある。拓跋部人が歴代の母后・外戚の乱事を憚ってこれを抑制することを思い、『代歌』からこれと類似する期待をあらわしたと私は推測している。こ

珪の謀臣として参合陂の戦いなどの征伐において拓跋珪に献策する。

(22)〔訳注〕崔玄伯（?～四一八）は清河東武城の人。名は宏であるが、『魏書』では孝文帝の諱（拓跋宏）に触れるため、字《あざな》の玄伯で呼ばれる。前秦の苻融が冀州牧となると、陽平公侍郎・冀州従事・征討記室となった。その後も前秦の官僚をつとめるが、前秦が崩壊すると、山東に逃れ、翟魏《てきぎ》の翟釗《てきしょう》らに抑留された。次いで後燕に仕えたが、道武帝が参合陂の戦いで後燕軍を打ち破ると、北魏に仕官し、黄門侍郎となる。以後は北魏の制度構築などに尽力した。「代」から「魏」に改められた国号を確定させたのも、彼の建議によるものである。

(23)〔訳注〕登国一〇年、道武帝は侵攻してきた後燕皇太子慕容宝の軍を参合陂にて撃破した。これを参合陂の戦いという。ここでの道武帝の勝利は拓跋部（北魏）が中原に進出する契機となった。

(24)〔訳注〕賀蘭部は道武帝拓跋珪の母の出身部族であり、当時は陰山山脈の北にいたとされる。詳細は本書第二章「部族解散とは何のための施策だったか　一——賀蘭部族解散問題」参照。

(25)〔訳注〕独孤部は匈奴系の部族であり、氏族名は劉氏。道武帝はこの部族から妃を娶り、皇后とした。詳細は本書第三章「部族解散とは何のための施策だったか　二——独孤部族解散問題」参照。

(26) 拓跋と賀蘭・独孤の関係については、本章第四節（一）・（二）を参照。

(27)〔訳注〕慕容部はもと遼東・遼西地方にいた鮮卑の一部族であり、五胡十六国時代においては前燕・後燕・西燕・南燕の各王朝を建てた。三﨑良章『五胡十六国中国史上の民族大移動』（東方書店、二〇一二年）参照。

(28) 道武帝の正式な皇后も慕容部出身であったが、彼女は道武帝が後燕を征服した後に初めて掖庭に入ったのであり、金人の鋳造に成功して皇后となったのである。金人を鋳造して天命を問うことは北俗の一種であり、拓跋だけに見られたことではない。『晋書』巻一一〇慕容暐載記に、封裕《ほうゆう》の言葉として、「また閔《びん》（冉閔《ぜんびん》）が金属を鋳て自分の像を作りましたが、壊れて完成せず、どうして天命があったと言えましょうか」とある。

れは鮮卑人の輿論であるに過ぎず、事実であったとは限らないが、皇后伝はかえって直接的に「故事」・「旧法」と表現した。太祖道武帝は当然こうした拓跋の歴史的背景を知っていたであろうし、そのために漢の武帝の制度の名を借りて「子貴母死」について述べたのであろう。これも合理的な推測である。

もとより根拠のないいわゆる「故事」・「旧法」という言い回しについて、『魏書』においてそのまま受け継がれ、代々皇太子を立てるときに、いずれもこれらを引用したことについては、いったいどう解釈すべきであろうか。

「子貴母死」が拓跋の「故事」・「旧法」に由来するという趣旨の記述は、まず道武劉皇后条にあらわれ、その後、文成李皇后条に見られるのであり、その間には四代が隔たるが、そこでは「子貴母死」や拓跋の「故事」・「旧法」は見られない。劉皇后が死を賜ったことについての詳細な資料が保存されているのは、太宗紀であって劉皇后条ではないが、太宗紀は道武帝が「漢典」に基づいてことを行ったと述べているに過ぎず、拓跋の「故事」・「旧法」を根拠としたとは言っていない。このことは明元帝が拓跋の歴史に詳しく、いわゆる「故事」・「旧法」に基づいてその母に死を賜るという残酷な事実を受け入れたがらなかったためであろう。私は道武帝が儒生によって飾られた「漢典」に基づいたことは一時的な理由であり、劉皇后に死を賜って以後、「子貴母死」は具体的に判例の性質を伴い始め、後嗣の冊立《さくりつ》には全てこの前例が踏襲されるようになり、そのまま慣習となったと考えている。このように、数次にわたる後嗣冊立の実践を経て、文成帝の李皇后のときに至り、「子貴母死」は自然に「故事」・「旧法」となったのであり、李皇后の死は「故事」・「旧法」に基づいて行われたのである。

拓跋部は道武帝がよったような、具体的な「子貴母死」の「旧法」を有していたわけではないが、拓跋部の往時に長期にわたって継続した「母強子立（母強ければ子立つ）」の局面の矯正という方針は、かえって「子貴母死」という残酷な措置をとらせる直接の原因となった。道武帝以前は「母強子立」であり、道武帝以後は「子貴母死」であった。こうした明らかに異なる現象には、同一の背景が存在したのであり、前者は外戚や母后勢力の強大さを反映しており、後者はその警戒措置であったのである。前者から後者に至るまでに、拓跋史の一種の飛躍を見出すことができる。

さらに大胆に解釈するならば、劉夫人〔劉貴人・劉皇后〕が「故事」・「旧法」によって死を賜ったという説は、全く根拠のないことではなく、もし前例があったとすれば、道武帝がその母である賀太后《がたいこう》(29)の死の翌月に「母に〔皇后の〕尊号を進呈し」たことが、「子貴母死」制度の前例であったかもしれず、道武帝が母后や母族勢力を帝業の障害と見なし、遂に賀太后を彼自身の手で殺害した、とも考えられよう。これは熟考するに値する問題であり、本章では後に考察することとしたい。

『魏書』天象志に保存された史料は、劉夫人が死を賜ったという重要な事案が、拓跋史における「母強子立」の伝統の杜絶や、帝国強化の手段の追求に由来したことを説明することの助けとなってくれる。この手段は数年にわたる思考の後に、ようやく旧制の名をもって、実行が決断された。天象志《てんしょうし》一の二によれば、天賜《てんし》元年（四〇四）「四月甲午、月が軒轅《けんえん》第四星を覆った。占いには、『女主がこれを憎んでいる』と出た。六年七月、夫人劉氏が薨去《こうきょ》した」という。天象志一の一には、「天賜五年（四〇八）七月戊戌《ぼじゅつ》朔、日蝕が起こった。占いには、『后が死ぬ』と出た。六年七月、夫人劉氏が薨去した」とある。これらの史料を並べて比較すると、天賜元年四月に劉夫人に不利な天象と「女主がこれを憎んでいる」という占いの結果が出た後、五年七月にまた日蝕と「后が死ぬ」という占いが出たことが分かる。さらに一年後の天賜六年（永興《えいこう》元年）七月に劉夫人が死を賜ったのである

（29）〔訳注〕賀太后（三五一～三九六）は賀蘭部出身であり、前秦苻堅の攻撃による代国滅亡の後は、幼い拓跋珪を伴いながら賀蘭部と独孤部の間を渡った。死後に献明賀皇后と追尊される。詳細は本書第二章「部族解散とは何のための施策だったか――賀蘭部族解散問題」参照。

が、その間に五年強の輿論作りの時間があった。天象の記述は時系列で記載された官府の文書であって、天象にかこつけて人事の吉凶を観察したのであり、人々の認識を導き、演出者の目的に到達させることができたのであり、輿論を作り出すためのゲームであった。本来正史においては一皇后の死のために多くの天象関係の史料を残すケースは少ない。『魏書』天象志は珍しくも劉夫人の死以前の数年の命運に関連する史料を記録したのであるが、それは劉夫人の死を引き立たせ、死因を隠し、このような輿論作りのゲームを行うためではなかったか。劉夫人はもとよりその子が後嗣に立てられたがために死を賜ったのであり、その後嗣が即位してから劉夫人は先帝の皇后として追封されたが、これはまさしく永興元年（四〇九）のことであった。とすれば、天象志が伝えるように天賜五年七月の占いに「后が死ぬ」と出たといっても、このときには道武帝はまだ生きており、明元帝も即位してはいないのであり、ここで彼女を「后」としたのは何によっているのであろうか。これは輿論作りの明らかな証拠ではないのか。天象の占語はそもそも太史が時を移さず記録したものであり、占語が『魏書』天象志の中に入り混じり、『魏書』の史臣の恣意が入り込むことは免れない。道武帝本人はこの五年間に、人間性と動物的本能の激烈な闘争を経ながら、人間性が上位に立つことがかなわず、したがって「殺妻立子（妻を殺して子を立つ）」・「子貴母死」の決断を下したのである。もしかしたらこうした闘争は早くに起こったかもしれないが、文献的な証拠を欠くため、我々はそれを確言することができないでいる。

韓国の歴史学者朴漢済《ぼくかんせい》氏は北魏後宮の「子貴母死」問題に注目し、「子貴母死」が拓跋の「旧法」によるものではなかった一方で、「漢典」によるものでもなく、北魏の胡漢体制における特殊事例であり、その目的は皇帝権の強化にあったと認識された(30)。皇帝権の強化を目的としたという氏の指摘の正確性は、総じて言えば疑うべくもない。私としては、「漢典」・「旧法」の両説はともに魏収『魏書』に保存されたが、それぞれの存在には理由があったということを補っておきたい。「漢典」の説は外観の、拓跋の伝統ではない包装であって、道武帝の身辺の漢族士人がいくつかの方面にて道武帝と投合し、影響力を有していたことを顕示している。「旧法」の説は拓跋部の歴史の記憶を受けてのことであり、こちらの方が我々の注目に値する。しかし拓跋部内には何らのよるべき、規範とすべき「旧法」・「故事」が見られなかったため、この説も包装の性質を有しており、そしてそれは拓跋の伝統という形式の包装であった。「子貴母死」は道武帝が以前から蓄えていた一種の権力継承方式を創立する試みであり、偶然の措置ではなかったが、しかしまだ制度化されるにはほど遠く、これによって各種の解釈が求められ、拓跋貴族の賛同を求め、各種の利益集団の争奪を避けたと私は見ている。十六国の歴史を概観すれば、部内の権力継承をめぐる争奪という血なまぐさい闘争を避けられた国は一つもなかったが、これはまさしく道武帝が戒めとすることであったに違いない。道武帝は「子貴母死」の手段を用いて試みることを惜しまなかったのであり、その心理の野蛮さ・残酷さは言わずと知れたことであろう。しかし彼は「漢典」・「旧法」の諸説で粉飾を加え、これを固定化された制度とし、後世に踏襲されて習慣化し、北魏の統治は百年以上もの長きにわたって維持されたのであり、これによってさしたる内乱もなく、これ以前の十六国とは尽く異なることとなった。これはかの時代においては決して容易なことではなかった。こうした事実は全てそろってはいるが、その功罪は誰にも論評できないであろう。史書を読みここに至って、私としてはある種の悲劇性を感じざるを得なかった。

(30)　朴漢済『北魏王権与胡漢体制』（中国社会出版社、一九九一年）の「中国史研究的成果与展望」（八七-一〇七頁）参照。朴氏には他に『中国中世胡漢体制研究』（一潮閣、一九八八年）という著書がある。

二　拓跋部初期の君位継承における后妃の役割

（一）神元帝力微前後

拓跋部は神元帝力微《しんげんていりょくび》(31)をその始祖とし、昭成帝什翼犍《しょうせいていじゅうよくけん》(32)時代の代国滅亡に至るまでには、約一世紀半もの時が経過している。その間の史書の記述は簡略であるが、帝系に誤りはない。しかしこの長期間において、后妃の制度は形成されることなく、六宮〔後宮〕の制は聞かれなかったと史書はいう(33)。『魏書』皇后伝において考察し得る后妃としては、昭成帝以前に数人が挙げられるに過ぎず、后妃についてはその順序・序列がたまに見られるが、〔皇后などの〕正式な称号は、一律に道武帝以後に先祖を追尊したときに追封されたものであった。多くはないいわゆる后妃の資料の中には、君位継承に関連する可能性のある事例が、力微時代には既に見られたが、内容は曖昧であり、分析はできるが確言はしがたい類のものである。

『魏書』序紀《じょき》によれば、聖武帝詰汾《せいぶていきつふん》(34)が天女と交わり、力微が生まれたため、「詰汾皇帝に妻の家はなく、力微皇帝に母方のおじの家はない〔詰汾皇帝無婦家、力微皇帝無舅家〕」という諺《ことわざ》が生まれたという。いわゆる感生帝の神話(35)は、中国では多くの民族がその始祖を追叙するとき、あるいは帝王の降誕を祥異に附会するときに、しばしば見られるものであり、とりたてて珍しくもないものである。先祖の、その母を知るだけでその父を知らないといったことは、民族の発展における特定の段階における一般的な心理である。鮮卑について言うならば、檀石槐《だんせきかい》(36)には母はいたが父はなかった。しかし拓跋の諺の意は母を知って父を知らないということではなく、父を知って母を知らないということである。この諺のウェイトは種族の来源、あるいは天命を受けるということにあるわけではなく、その先王に妻の家がなく、母方のおじの家がなかったこと、つまり母族の存在が聞かれなかったということにある。これは詰汾・力微がその妻の家・母方のおじの家と、ある種のトラブルを起こしていたことを暗示しているようであり、彼らは意図的に妻の家・母方のおじの家との関係を隠し、したがって妻の家・母方のおじの家が聞かれなかったのである。皇后伝の史臣曰条に、「始祖〔神元帝力微〕は天女より生まれ、後の世に子孫が繁栄した」とあり、拓跋の後人が、その盛んさを力微が天女より生まれた結果と認識していたことを多少なり

---

(31)〔訳注〕拓跋力微は拓跋部の大人。聖武帝拓跋詰汾の長子。二七七年に死没し、そのとき「一百四歳」（『魏書』序紀）であったと伝えられるが、信じがたい。没鹿回部大人の竇賓の支援を受けつつ、勢力を拡大していったとされるが、西晋衛瓘の離間策により、部族は瓦解した。道武帝時代に始祖神元皇帝と追尊される。

(32)〔訳注〕拓跋什翼犍は拓跋部の大人。平文帝拓跋鬱律の次子であり、道武帝拓跋珪の祖父である。兄である烈帝拓跋翳槐の命により、後趙（五胡十六国の一つ）の都である鄴に質子として送られた。兄烈帝の死後の三三八年、拓跋部の大人となり、さらに代王を名乗り（代国の建国）、「建国」という独自の元号を制定した。以後四〇年近くにわたって代王として勢力拡大につとめたが、晩年の建国三九年（三七六）に、前秦苻堅の総攻撃に遭って代国は崩壊し、また什翼犍も庶長子の拓跋寔君に殺害された。道武帝時代に高祖昭成皇帝と追尊される。

(33)『北史』巻一三 后妃伝「北魏の王業の兆しは、神元帝より始まるが、昭成帝以前は、六宮〔後宮〕の制度については聞かれなかった」。

(34)〔訳注〕拓跋詰汾は拓跋部の大人。献帝拓跋隣の子。献帝により南方への移住を命じられたが、険峻な地形に阻まれて進むことができず、姿が馬に、声が牛に似た「神獣」の先導により、数年かけて乗り越え、匈奴の故地に移り住むことができたという。道武帝時代に聖武皇帝と追尊される。

(35)〔訳注〕帝王の母が自然現象に反応して懐妊し、帝王を生んだとする説話を感生帝という。例えば殷の始祖契《せつ》は、母である簡狄が巨人の足跡を踏んで懐妊し、契を生んだとされ、また周の始祖后稷は、母である姜源が、巨人の足跡を踏んで懐妊して生んだとされる。

(36)〔訳注〕檀石槐（生没年不詳）は後漢時代の鮮卑の大人であり、鮮卑の最盛期を現出した。しばしば後漢の辺境に侵攻し、張奐《ちょうかん》ら後漢の武将と戦ったが、その死後、鮮卑の活動は沈静化した。

ともあらわしているが、天女とは得体の知れない歴史における虚構の役柄であった。これも詰汾に妻の家がなく、力微に母方のおじの家がないという諺が伝わった歴史上の情報である。

　史実を考察すると、詰汾には力微の他に、匹孤《ひっこ》という名の子がおり、また彼が長子であったことが知られる。『元和姓纂《げんなせいさん》』巻六 源氏条や『新唐書《しんとうじょ》』巻七五上 宰相世系表源氏条は、ともに詰汾の長子匹孤について言及している。このことは、詰汾に妻の家が（ひいては力微におじの家が）確かにあり、当時知られていないわけではなかったことを物語る。『魏書』巻九九 禿髪烏孤《とくはつうこ》伝及び『晋書』巻一二六 禿髪烏孤載記は、匹孤が部を率いて塞北〔長城以北〕より河西に遷ったことを述べている。[37]『魏書』序紀の神元帝力微元年条に、「これに先だって、西部が侵攻し、国民は離散し、（力微は）没鹿回部《ぼつろくかいぶ》の大人竇賓《とうひん》を頼った（先是西部内侵、国民離散、依於没鹿回部大人竇賓）」とある。いわゆる「西部内侵、国民離散」とは、詰汾の末年に拓跋部族連合に内乱が発生、部族連合が瓦解し、詰汾の長子匹孤がこれによって自らの部族を率いて遠く河西に逃走し、独自の発展を遂げ、後人がこれを禿髪部《とくはつぶ》と称したことを指すのであろう。詰汾の次子力微はもとの地にとどまり、没鹿回部に依附したのである。禿髪はすなわち拓跋の異字訳であり、二部はその淵源を同じくしたが、魏収『魏書』はこれを二つに分け、『晋書』がさらにその説を承けたのである。『魏書』と『晋書』によれば、匹孤から三代後に樹機能《じゅきのう》に至ることと[38]なり、[39]このときは西晋の泰始《たいし》（二六五～二七四）・咸寧《かんねい》（二七五～二八〇）時代にあたり、力微は曹魏の黄初《こうしょ》（二二〇～二二六）から景元《けいげん》（二六〇～二六四）にかけての時代の人となる。匹孤と力微の年齢は、兄弟の輩行と見てもそれほど無理はないことが分かる。力微に兄弟がいたことは既に見たが、それならばその人物と事跡とは、神と人間の間の不可説のことではなく、天女から生まれたとする説は後人の作り話以外にあり得なくなり、それが作られた目的は、力微の正統の地位に神秘的な色彩を添えることによる、都合の悪い歴史問題の隠蔽にあったことになる。私はこうした神話の出現が、国民の離散・匹孤の西遷を招いた内乱と関係したのではないかと疑っている。詰汾の妻の家（力微の母方のおじの家）が乱に関わって滅ぼされ、ひいては詰汾の妻（力微の母）までもが殺害され、それで前述の諺が出現したのかもしれない。以後の力微と妻の家である賓氏との関係はこれに非常に類似しているため、二者の同じような歴史的事実を反映していたとも推測される。

詰汾の拓跋部は、その当時既に鮮卑檀石槐に属していた。范曄《はんよう》『後漢書《ごかんじょ》』鮮卑伝《せんぴでん》には、「檀石槐以後、諸大人は世襲されるようになった（自檀石槐後、諸大人遂世相伝襲）」とある。范曄『後漢書』のいう「諸大人」とは、広く拓跋部を含む鮮卑の各部を指しているのであろう。しかし「世相伝襲」を厳密な父子継承制度と解釈するならば、それは即座にできることではなかった。檀石槐の後裔について言えば、その君位は確かにその子に継承されたが、その後には血なまぐさい兄弟間の闘争が発生した。拓跋部内の詰汾に妻の家がなく、力微に母方のおじの家がないとする説も、まさしく世襲制度の定着過程における曲折の繰り返しを反映している。権力を掌握した母后は、その出身部族の支持のもと、往々にして容易に諸子を順番に君位に据えるという局面を作り出した。力微が虚構の天女から生まれた〔とされる〕以上、母の部族が拓跋の「世相伝襲」の継承順序に関与することはあり得ないことになる。天女は詰汾を呼び出し、さらにその生んだ男の子を詰汾に授け、「子孫は位を継承し、代々帝王となるだろう」と言った。このことは范曄『後漢書』の記す、「檀石槐以後、諸大人は世襲されるようになった」の語とあたかも呼応するのではないだろうか。天女神話の故事は、詰汾の妻や妻族が拓跋によって滅亡

(37)〔訳注〕本文にある通り、匹孤は拓跋詰汾の長子であり、部族を率いて河西に遷ったとされるが、後に彼の部族は「禿髪」を氏（部族名）とし、後裔の禿髪烏孤は河西にて南涼（十六国の一つ）を建国した。

(38)〔訳注〕禿髪樹機能（?～二七九）は鮮卑の一部族であり、拓跋部の支族であった禿髪部の大人である。西晋武帝（司馬炎）期に西晋の河西回廊を攻撃したが、咸寧五年（二七九）に西晋の部将馬隆《ばりゅう》に敗れ、斬られた。

(39) 林宝撰　岑仲勉校記『元和姓纂　附四校記』（中華書局、一九九四年）。巻八　樹機条、巻一〇　禿髪条は、ともに樹機能を匹孤の六世孫とし、岑仲勉氏の校記は六世の説を誤りと判断している。

を強いられ、力微がそれによってようやく君位を継承することができたという歴史を覆い隠していると私は推測する。さらに推測すれば、力微は後にその妻の竇氏や妻の兄と残酷な闘争を演じているが、それにも同様の目的があったのではないか。拓跋の先祖のこうした歴史は、拓跋の史詩『代歌』にもあらわされていたはずであるが、後に魏史が編纂されたときに、神話に改造されたかあるいは粉飾されたのであろう。

　ここからは力微の君位継承前後の状況を考察することにしよう。

　力微の妻である竇氏は、すなわち後に追尊された神元皇后である。力微が没鹿回部に依附したとき、大人の竇賓は娘を彼に嫁がせた。そのときの没鹿回部は拓跋部族連合において強大なメンバーであり、力微本人の安危や拓跋部君長の興廃は、実に竇氏一族の手にかかっていた。竇賓が死去して、力微はまずその妻の竇氏を殺害し、続いて竇賓の二子を殺害したが、これは力微二九年（二四八）のことであった。このように、没鹿回部に依附した拓跋部は逆に没鹿回部を併合し、これを機に興隆することとなった。[40] このことは北魏初期の史書に正式に記載された、君長が妻や妻族を殺害し君位を固めたことの最初の事例であり、これは私に、拓跋の君位継承と母后の生死とは大いに関係があったらしいという、ヒントを与えてくれた。このヒントはさらに私に、力微に母方のおじの家がないとする説が、拓跋における君位継承によって生じた乱の局面と関係があるのではないか、という推測をさせることとなった。また、まさにこのヒントは、私に「子貴母死」制度について歴史の遡及を行おうという関心を持たせることともなったのである。

　竇皇后は神元帝力微の手にかかって死んだが、その地位は廃されなかったため、『魏書』はこれを皇后伝の最初に列している。道武帝天興《てんこう》二年（三九九）正月、「自ら上帝を南郊にて祭り、始祖神元皇帝を配した（親祀上帝于南郊、以始祖神元皇帝配）」とあり、三年正月「辛酉、天を郊祀した。癸亥、地を北郊にて瘞《えい》し、神元竇皇后を配した（辛酉、郊天。癸亥、瘞地於北郊、以神元竇皇后配）[41]」とある。これにより、北魏の郊天《こうてん》・瘞地《えいち》の制の完備は天興三年のことであり、郊天・瘞地においてそれぞれ神元皇帝と竇皇后が配されたのも、この年に始まり、竇皇后の正統の地位の確立は遅くてもこの年に行われたことが知られる。竇氏は殺されたとはいえ尊位を得たのであり、拓跋の後裔からは、竇氏は罪によって死んだのではなく、一種の理解のできる原因によって死んだと見られており、少なくとも道武帝がその原因を理解していたことを物語っているようである。

道武劉皇后条は、「子貴母死」が行われ、明元帝が即位し、生母を追尊して、「これ以後宮人で帝母となった者は、皆正式に皇后として配饗された」と言う。神元竇皇后が殺された後に追尊されたという先例があったため、道武劉皇后や以後の子のために死去した各帝母は皆自然に追尊されることとなった。これによりさかのぼって推測するならば、力微の子の沙漠汗《さばくかん》が文帝の位を追尊された以上[42]、文帝の生母も正式に皇后とされたことになろう。

---

(40)　力微が没鹿回部を併合した六〇年ほど後に、竇勤は穆帝猗盧の命を受けて再び旧部を領し、紇豆陵と称しており、拓跋部とはつかず離れずの関係であったようである。道武帝は登国五年（三九〇）に紇突部を意辛山（陰山の北）にて討伐し、紇突隣は部を挙げて内属し、皇始二年（三九七）、紇突隣は陰館にて叛し、庾岳がこれを滅ぼした。紇突部はとはすなわち紇豆陵であり、内属の後に南に強制移住され、「次南」の地（『魏書』官氏志）にいたため、陰館にて叛乱を起こしたのである。姚薇元『北朝胡姓考』（科学出版社、一九五八年）竇氏条（一七五頁）参照。

(41)　天興二年の事例は『魏書』巻一〇八　礼志一と太祖紀に見え、三年の事例は礼志に見えるが、太祖紀には「癸亥、北郊にことがあった（癸亥、有事於北郊）」と記すだけで、辛酉の南郊祭天のことは記していない。礼志の三年正月の「辛酉、郊天」の下に、「以神元皇帝配」とあったはずである。また、皇祖を天に、皇妣《こうひ》を地にそれぞれ配したことについては、太平真君四年の嘎仙洞《かっせんどう》の石刻呪文に、「皇皇たる帝天・皇皇たる后土に薦め、皇祖先可寒をもって配し、皇妣先可敦をもって配す（薦于皇皇帝天・皇皇后土、以皇祖先可寒配、皇妣先可敦配）」（「鮮卑石室的発現和初歩研究」、『文物』一九八一年第二期）とある。先可寒は神元帝を指し、先可敦は竇皇后を指す。礼志はこの呪文を収録しているが、可寒配天・可敦配地の文字を省略している。

(42)　〔訳注〕拓跋沙漠汗（?～二七七）は神元帝力微の子。後に本文にて紹介するように、拓跋部の太子として、武帝司馬炎時代の西晋の首都洛陽に質子として滞在した。漢文化を体得し、拓跋部に戻ったが、部族を乱すものと危険視した諸大人により殺害された。拓跋部の大人ではなかったが、道武帝時代に文皇帝と追尊された。

神元帝に殺害された竇皇后が追尊されたことは、彼女が文帝の生母であったことによるということを証明している。以上の諸例は、全て「子貴母死」の濫觴《らんしょう》であったと見られる。

皇后の殺害と嗣君の冊立の関係について、神元帝による竇皇后殺害の事例からその漠然とした形がうかがい知れる。本章の前節にて、道武帝が拓跋の歴史・伝説から「子貴母死」のために根拠を求めた可能性があると推測したが、拓跋の歴史・伝説において対比ができるのは、力微に母がなかったことと、力微が妻を殺したことの二つしかない。

詰汾・力微の時代に発生したこのようなことは、個別の事件として拓跋部人の記憶にとどめられたが、慣例を形作ったわけではなかった。神元帝力微が死去すると、状況は変化した。この後の一世紀余りにおいて、拓跋の代々の先人が妻を殺して子を立てたという正式な記載や、それと推測し得る事例があらわれておらず、多くは「后権」が「君権」を支え、拓跋の外戚部族が拓跋部を支えていたのである。嗣君が起つと、一般的には強力な母后と母族に頼ることとなるため、后を殺して子を立てるということの影は、しばらく拓跋の歴史・伝説からは消失することとなる。

（二）文帝沙漠汗の子孫

神元帝力微は西晋咸寧三年（二七七）に死去した。神元帝から道武帝に至るまでの間における、拓跋の君位継承を伝える史料は、主として『魏書』序紀や道武帝時代以前の諸皇后・諸帝子孫の各伝しかない。今は序紀等の史料に基づき、拓跋部の君主及び后妃の系図を作ってみたい。系図には諸君主に番号を附したが、これらは道武帝によって帝号を追尊され、実際に君位にいた者たちである。[43] しかし二つ特殊事例がある。一つは、文帝沙漠汗

系図 1-1

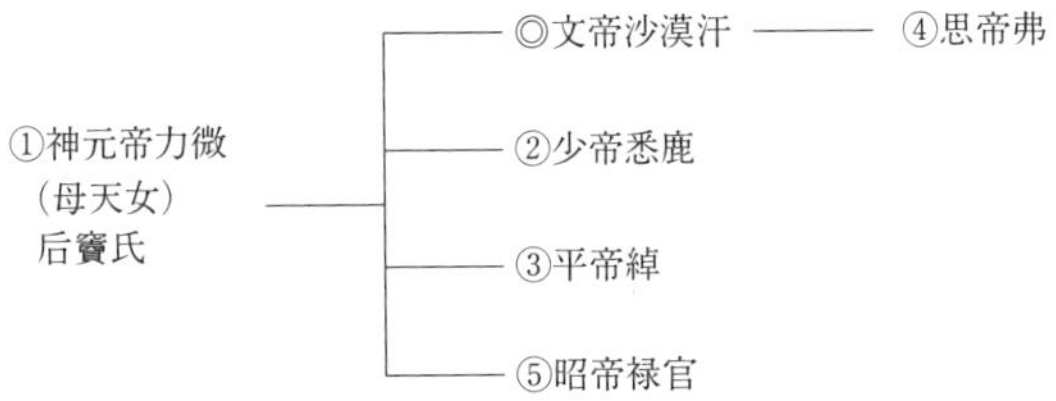

と献明帝寔《けんめいていしょく》がそれぞれの父に先んじて死去しており、君位に即《つ》かなかったことであるが、彼らが継承順序においては省略できない大宗の地位におり、それによって追尊されたことから、系図では◎を附して示した。もう一つは、普根《ふこん》とその子が短命で死去し、追尊されなかったことであり、系図ではこれに○を附した。これら二種類のケースには番号を附さなかった。以下の文章を読むときには本表をあわせ読まれたい。（系図1-1、系図1-2）

力微の死後、君位はその後裔の各系統の間を移動し、順序は錯乱しており、継承は無秩序であって、多くの残酷な闘争を引き起こした。その事実は『魏書』の序紀や皇后伝に多くあらわれているので、贅言には及ばない。その中で概括的に分析し得るのは、以下の数方面の問題である。

まず、長子の地位が特殊であるという観念が既にあらわれていたとはいえ、父子継承が普遍的に認められた継承順序ではほとんどなかったということが看取できる。力微本人も長子でなかったことは既に述べた。力微の長子である沙漠汗は拓跋の「国太子」として魏晋の質子《しつし》となり、漢文化に染まり、その帰国時に諸大人は彼が「旧俗を変え」ることを恐れ、「国〔拓跋部〕にいる諸子がもとの純朴さになじんでいるのには及ばない」として、力をあわせてこれを殺害した。同年力微も死去し、拓跋部にいた烏桓王庫賢《うがんおうこけん》は「諸部を動揺させせようとし」、諸大人に、「上は汝らが太子を譏殺したこ

（43）『十七史商榷』巻六六「追尊二十八帝」条参照。

系図 1-2

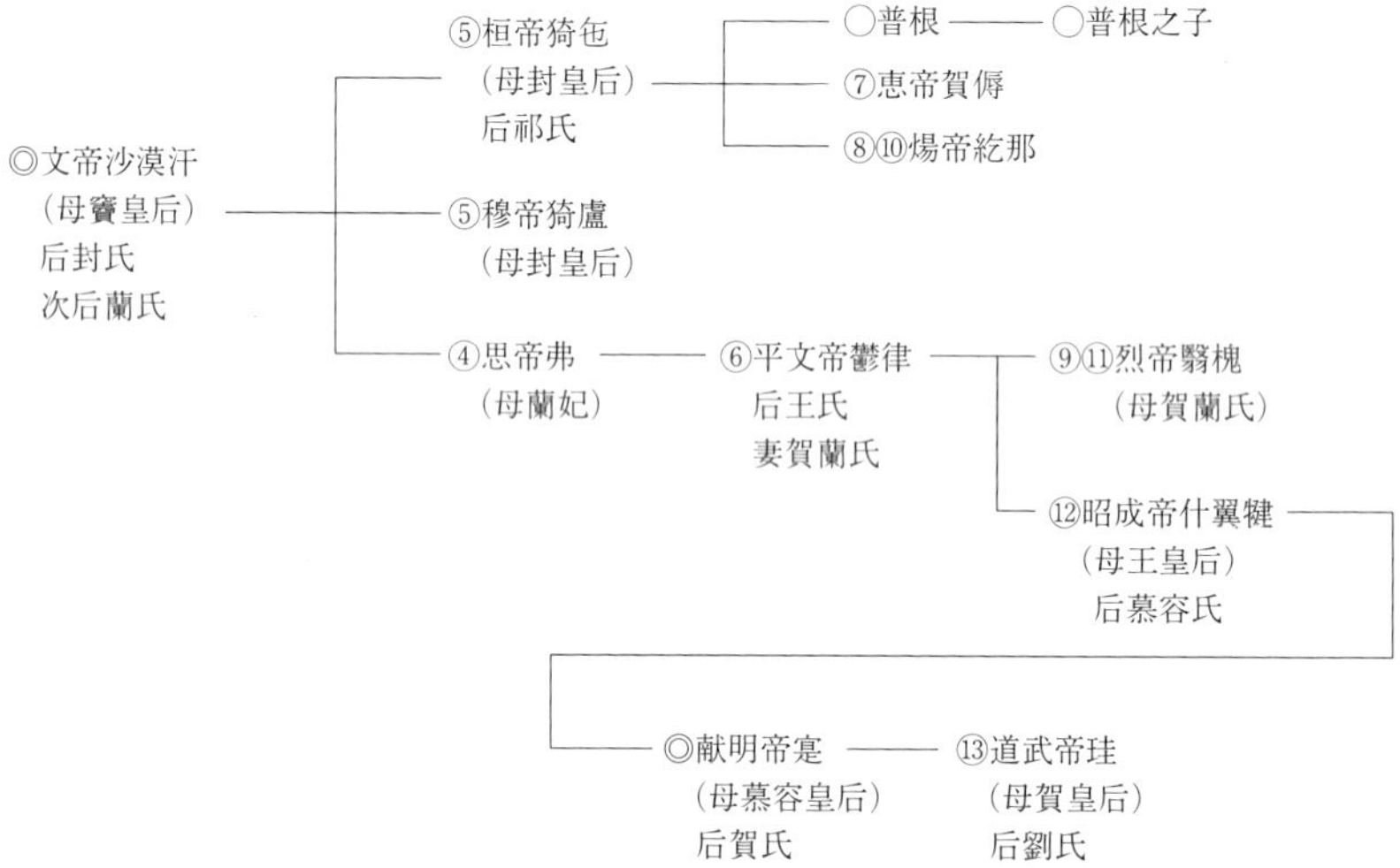

とをお恨みになり、今諸大人の長子を捕らえて殺害しようとされている」と語った。拓跋にはもともと太子を立てるという制度がなく、ここで言われている太子とは神元帝力微の長子を指す。庫賢は力微の太子と諸大人の長子を対比してあげているので、証拠とすることはできよう。しかし拓跋の長子が当然のように継承権を有していたというわけではない。沙漠汗が死去して、拓跋部は直接的にその長子を嗣君に立てたわけではなく、また沙漠汗の他の子から嗣君を選定したわけでもなく、沙漠汗の諸弟から順番に君位にあてた。沙漠汗の子は、優先的に扱われてはいなかったのである。

次に、嫡庶観念が不明確であったことがある。嫡庶観念は、文帝の後宮においてのみ封后《ほうこう》〔封皇后〕・蘭妃《らんひ》といった名称の区別が見られるが、これも恐らくは後世の史臣が借用したものであって、中国古代の厳密な意味での后と妃、嫡と庶の区別ではなかったのであろう。蘭妃の子の弗《ふつ》[44]は文帝の少子であったが、封皇后の長子猗㐌《いた》[45]・次子猗盧《いろ》[46]に先んじて君位に即いた。このことは封皇后が早くに死去したことと関係した可能性があるが、同時に后の子と妃の子に

〔嫡庶という〕身分的な差別がなかったことを物語っている。後に蘭妃の孫の平文帝鬱律《へいぶんていうつりつ》は遂に封皇后の子の系統に代わって拓跋の大宗となり、昭成帝・道武帝も皆この系統の出身であったため、道武帝は先祖を追尊するときに平文帝を太祖としたのである。嫡庶・長幼の序が早くに制度として形成されることはなく、君位継承にしたがうべきルールがなかったため、君位をめぐる内乱が特に多かったのであり、これは当時の拓跋の特徴であった。

さらに、君位争いが主として兄弟間で進行していたことが看取される。これは「兄終弟及（兄死して弟継ぐ）」の制が比較的強かったことを物語る。前述の通り匹孤・力微兄弟が一人は河西に逃れ、もう一人が本部を統一した。これは、兄弟間の君位争いという裏面の事情があったようである。穆帝《ぼくてい》猗盧は次子の比延《ひえん》を立てようとし、その長子である「六脩《りくしゅう》を新平城《しんへいじょう》に出しその母をしりぞけ（六脩出居新平城而黜其母）」(47)ため、六脩は比延を殺害し、猗盧も暴死した〔六脩に殺害された〕。桓帝の子の普根は「六脩を攻撃し、これを滅ぼした」。これは君位争いから起きた、血なまぐささを極めた内乱であった。これより、穆帝猗盧の後裔は拓跋の歴史から姿を消すことと

(44)〔訳注〕拓跋弗（?〜二九四）は拓跋部の大人であり、文帝拓跋沙漠汗の子。平文帝拓跋鬱律の父。道武帝時代に思皇帝と追尊される。

(45)〔訳注〕拓跋猗㐌（二六七〜三〇五）は拓跋部の大人であり、思帝拓跋弗と封皇后の子。二九五年に拓跋部が三分すると、中部の大人となった。当時は西晋の八王の乱の時代であったが、猗㐌は幷州刺史の東嬴公司馬騰《とうえいこうしばとう》を支援した。このときの功績をたたえられ、大邗城の南に石碑がたてられた。この碑の文面は『魏書』巻二三 衛操伝に収録されている。道武帝時代に桓皇帝と追尊される。

(46)〔訳注〕拓跋猗盧（?〜三一六）は拓跋部の大人であり、思帝拓跋弗と封皇后の子。二九五年に拓跋部が三分すると、西部の大人となった。本書第四章「代北地域における拓跋と烏桓の共生関係——『魏書』序紀関連史実の解析」にあるとおり、三〇五年に中部の拓跋猗㐌が、三〇七年に東部の拓跋禄官がそれぞれ死去すると、単独の拓跋部大人となった。以後は永嘉の乱において西晋の幷州刺史劉琨を支援し、劉淵・劉聡の漢（五胡十六国の一つ）と戦い、西晋より代王に封ぜられたが、三一六年に長子の拓跋六脩に殺害された。道武帝時代に穆皇帝と追尊される。

(47)『魏書』巻一四 神元平文諸帝子孫伝。『資治通鑑』西晋建興四年条にこれを引用し、六脩の前に「使」字が置かれているが、文意は確実である。

なる。[48] 拓跋の兄弟・従兄弟《いとこ》の君位争いのために生じた残酷な殺し合いを経た後、桓帝《かんてい》猗㐌の後裔はしばらくは勝利していたが、間もなく平文帝鬱律の後裔が優勢となったため、桓帝・平文帝の各系統の間で、煬帝《ようてい》―烈帝《れつてい》―煬帝―烈帝という、十年以上もの長きにわたる復辟《ふくへき》・反復辟の闘争が発生した。[49] 烈帝翳槐《えいかい》が死去し、その弟の什翼犍（昭成帝）が君位に即いたのも、兄弟間の闘争の結果である。

　最後に注目に値するのは、主として兄弟の闘争の過程において、多くの皇后・母后が各々自己の子が父の位を継承するのを保護・維持し、「兄終弟及」の継承順序に対抗し、それによって交錯した現象を作り出したことである。前掲の君主と后妃の表が示すように、神元帝力微の諸子は全員君位を継承したが、文帝沙漠汗の系統の後裔だけが発展の機会を得たのであり、これは文帝の封皇后と蘭妃から助けられた結果であった。しかしそれは、以後の封皇后と蘭妃それぞれの子孫の間の闘争を引き起こすこととなる。穆帝猗盧は次子を立てようとし、まず長子を外に出してその母をしりぞけたが、これも母が子のために争うことに対する予防策であったのである。

　穆帝猗盧の死後、その後嗣は断絶し、その兄である桓帝猗㐌の后である祁氏《きし》（祁皇后）は、蘭妃の子孫である平文帝鬱律を殺害した。平文帝の王皇后は精一杯桓帝皇后の祁氏に反抗し、危機的な情勢のもとにありながら、遂に祁皇后の圧力を突破し、平文帝の子の烈帝翳槐を立てることとなった。複雑な君位争いの過程で、文帝の蘭妃は二次にわたって子孫のために君位争いを演じ、桓帝の祁皇后は三次にわたって子孫のために継承権を確保し、前後四人の君主を五回にわたって擁立した。平文帝の王皇后はまず平文帝の庶長子翳槐のために継承権を奪取し、後に自身の子である什翼犍に長兄翳槐の君位を継承させた。[50] これらは全て「后権」・「母権」が極めて強大であったことの有力な証拠となる。

　これにより、この段階の歴史が、実際には両種の継承順序の激烈な競争であったことが分かるであろう。比較的古い「兄終弟及」の制は、年長の君主を立てて部族勢力を維持する、という原則に符合し、その存在理由もあり、したがって往々にして部族大人からのより多くの支持を得られた。しかし同輩の兄弟や父の兄弟が多く、その選定においては紛争が生じやすかったため、「兄終弟及」の制は拓跋社会秩序の安定には所詮不利であった。また兄弟の数には限りがあり、拓跋の権力はもとより次の世代に継承すべきものでもあった。そのため皇后あいは母后は継承順序に干渉し、苦難に満ちた闘争において父子継承のために道を切り開いたのであるが、これは拓跋社会の発展にとって客観的にも必要であったのである。

皇后や母后が継承順序に干渉し、「兄終弟及」を助長したケースは、一般的には同母兄弟に限られ、またせいぜい同父異母の兄弟までであり、従兄弟はその範囲に含まれなかった。平文帝の王皇后がその妻の賀蘭氏の生んだ翳槐を立てたのも同様である。また翳槐の後の君位は結局王皇后の生んだ什翼犍の手に転がり込んだ。以後は父子継承が行われ、道武帝に至り、遂に慣例となったのであるが、まだ北魏の定制とはなっていなかった。

(48)　桓帝の死後に穆帝が即位し、部族中のレヴィレート婚の習俗に基づき、桓帝の祁皇后を自身の妻とし、賀傉・紇那を生んだことが疑われる。それは『魏書』の忌むところであり、明らかにされていない。普根は桓帝と祁皇后の子であり、戦功を多く立てたが、穆帝よりやや後に死んだ。祁皇后は勢いに乗じて、普根の生んだばかりの子を立てて数を埋め、普根の後を継がせた。その子は間もなく死去し、拓跋の系統は平文帝の手中に落ちた。あるいはそのとき賀傉・紇那はまだ幼く、国人に承認されるほどの名分がなく、普根の後を継承して君主となれなかったのかもしれない。このことについては、本書第六章「文献にあらわれる代北東部の若干の拓跋史跡の検討」第四節を参照。

(49)　〔訳注〕本書第四章「代北地域における拓跋と烏桓の共生関係――『魏書』序紀関連史実の解析」参照。

(50)　『資治通鑑』巻一〇四　東晋太元元年胡三省注に、「拓跋鬱律の二子について、長子を沙莫雄といい、次子を什翼犍という。沙莫雄は南部大人となり、後に名を仁と改め、抜抜氏と号し、嵩を生んだ。道武帝は嵩が宗室の長であったことから、長孫氏と改めた」とある。これを『魏書』とあわせ読むと、沙莫雄は翳槐となる。翳槐の子は長孫氏と称されたため、この系統が王氏ではなく賀蘭氏より出たものであっても、尊敬を受けていたことが分かる。これはもしかしたら賀蘭部が強く、かつ翳槐が長子であったためかもしれない。

（三）平文帝鬱律以後

平文帝鬱律の在位時（三一七～三二一）、拓跋部族連合勢力は大いに拡張され、「西は烏孫《うそん》(51)の故地を兼併し、東は勿吉《こつきつ》(52)以西を併呑し、控弦乗馬の人間（弓を引き馬に乗る戦闘員）は百万人に達しようとした（西兼烏孫故地、東呑勿吉以西、控弦上馬将有百万）」。後の昭成帝什翼犍の時代（三三八～三七六）、「東は濊貊《わいばく》(53)より、西は破洛那《はらくだ》(54)に及ぶまで、依附しないものはなかった（東自濊貊、西及破洛那、莫不款附）(55)」。これは北魏道武帝が帝業を定める、二つの重要なステップであった。『隋書《ずいしょ》』巻五八　魏澹伝に、「平文帝・昭成帝は塞外（長城以北）に雄拠し、英風は次第に盛んとなり、図南の業の基礎はこれより始まった」とある。後に道武帝は平文帝を追尊して太祖とし、昭成帝を高祖としたが、彼らが北魏の帝業において重要な役割を演じたことを認めると同時に、その拓跋の君統における地位を突出させたのである。その間の平文帝の王皇后が昭成帝を保護した功績や、献明帝の賀皇后が道武帝を保護した功績も、ともに重要な効果をあらわしていた。

平文帝が殺害された後、桓帝の祁皇后の手から君位を奪回したのは、平文帝の王皇后《おうこうごう》(56)であったが、後を継いだ烈帝翳槐は王皇后の子ではなく、平文帝の別の妻である賀蘭氏の子であった。翳槐の死後、自然に君位を子に伝えるか、それとも弟に伝えるか、つまり賀蘭氏の血統に伝えるか、王皇后の血統に伝えるか、という問題が発生した。我々は、翳槐に子があり、諱《い》という名のその第四子が、後に道武帝の征討に従軍し、孝文帝の時代の東陽《とうよう》王丕《おうひ》(57)は諱の後裔であったことを知っている。『魏書』にあらわれる者としては、他に「烈帝の曾孫であった」淮《わい》陵侯大頭《りょうこうだいとう》、「烈帝の玄孫であった」河間公斉《かかんこうせい》、「烈帝の後裔であった」(58)扶風公処真《ふつふうこうしょしん》がいた。にもかかわらず翳槐は君位を子に伝えず異母弟に伝えたのである。序紀は翳槐の臨終の際の顧命《こめい》の言（遺言）を載せており、そこには「必ず什翼犍を迎えて立てよ、そうすれば社稷《こっか》は安泰である」とある。君位を弟に伝えることは何よりも兄弟の争いを引き起こした。翳槐の第四弟の孤《こ》は第三弟の屈《くつ》を殺害し、鄴《ぎょう》に赴いて後趙《こうちょう》(59)に質子として預けられていた什翼犍を迎えた。我々がさらに注意すべきなのは、二種類の君位継承制度の間で起こった闘争において、翳槐自身が異母弟を立てて自らの子を立てないことを決定したことであり、このことについては、拓跋部の置かれた立場が悪く、年長の君主を立てて情勢を安定させたということが一つの可能性として存在する他に、さらに重要な可能性として、王皇后による強制的な干渉が想定できる。王皇后はさきに賀蘭氏の生んだ平文帝の庶長子翳槐を使い、桓帝の祁皇后の子に対抗し、君統を奪っていた。そのとき王皇后自身の子である什翼犍の年齢は一〇歳であり、統治することはできず、翳槐を立てたのは恐らくはやむを得ないことであったのだろう。翳槐が死去したとき什翼犍は既に一九歳となっており、王皇后はどうしても君統を奪回するこの機会を放棄できなかったため、翳

(51)〔訳注〕烏孫は中央アジアに存在した遊牧国家。前一六一年に匈奴の支配を脱して建国された。前漢の武帝は匈奴対策のため、烏孫に張騫《ちょうけん》を使者として派遣した。

(52)〔訳注〕勿吉は中国東北部南部の民族。唐代の靺鞨の前身。

(53)〔訳注〕獩貊は中国東北部・朝鮮北部の民族。

(54)〔訳注〕破洛那は中央アジアの国家。もと大宛《だいえん》と称された。破洛那とはフェルガナの漢字音写。

(55)以上は全て『魏書』序紀に見られる。

(56)〔訳注〕王皇后（生没年不明）は平文帝の后妃。本書第四章「代北地域における拓跋と烏桓の共生関係――『魏書』序紀関連史実の解析」参照。

(57)〔訳注〕拓跋丕（元丕、四二一～五〇三）は烈帝拓跋翳槐の玄孫。孝文帝期の北魏宗室の長老格。

(58)謂・大頭・斉・処真は、全て『魏書』巻一四　神元平文諸帝子孫伝に見られる。謂について、本伝には「後に老齢のため謝して家に帰り、顕祖（献文帝）はよくこれを礼遇した……」とある。烈帝翳槐は三三八年に死去し、顕祖献文帝弘は四六五年に即位しているので、謂がここまで長寿であったことはあり得ず、『魏書』は明らかに誤っている。

(59)〔訳注〕後趙は五胡十六国の一つ。羯族の石勒によって建国された。石勒は漢（五胡十六国の一つ）の部将をつとめ、三一九年に漢が滅亡すると、華北東部を領土として後趙を建国し、西部の前趙（五胡十六国の一つ）を三二九年に滅ぼして、漢の旧領を回収した。国内では仏図澄《ぶっとちょう》の活躍により仏教が浸透したが、内乱により三五一年に滅亡した。

隗の臨終において、さきの顧命の言があり、拓跋孤が衆議を排して什翼犍を迎え、立てたということが起こったのである。翳槐の顧命云々について、その実情は見分けがたい。王皇后は大権を掌握しており、彼女が「顧命」を演出することは、困難ではなかった。このことがすなわち『魏書』神元平文諸帝子孫伝 高涼王孤《こうりょうおうこ》条に反映された内容である。皇后伝 王皇后条には、「烈帝が崩じ、国祚《こくそ》は非常に危うかった。大業を復興したのは、后の力による（烈帝之崩、国祚殆危。興復大業、后之力也）」とある。いわゆる「国祚」・「興復」について、翳槐の死後の状況から言えば、一つは拓跋部が後趙に従属する状況を変えたことを指し、もう一つは王皇后の血統が拓跋の大宗の地位を確立し得たことを示しており、後者が恐らくはより重要であったと私は考えている。これ以降、拓跋の歴史上の神元帝―文帝―思帝《してい》―平文帝(60)―昭成帝―献明帝《けんめいてい》(61)―道武帝という父子継承に基づく正統の地位が確定することとなり、そこにおける王皇后の役割は巨大なものとなった。王皇后は有能で行動力もあり、建国一八年（三五五）に死去したが、生前には什翼犍のために重大な決定を下していたのである。

昭成帝什翼犍以後、北魏の歴史において「兄終弟及」の継承順序は二度と見られなくなったが、その激しい余波もあった。父子継承は嫡庶・長幼の序を必要とし、あらかじめ儲君（君位継承予定者）を立てる必要もあったが、これらの条件は明元帝・太武帝《たいぶてい》(62)の時期にようやく完備されたものである。そのため、『魏書』昭成子孫伝 寔君条にある通り、什翼犍が死去し、庶長子寔君《しょくくん》（昭成帝の慕容皇后の生んだ子ではない）が諸皇子を殺害し君位を争うということがあった。後に拓跋珪は什翼犍の嫡孫であることから君統を継いだが、『魏書』窟咄伝にあるように、季父（すえの叔父）窟咄《くっとつ》がこれと君位を争ったということもあった。『魏書』礼志 天興二年（三九九）一〇月条に、「神元帝・思帝・平文帝・昭成帝・献明帝の五帝の廟を宮中に建てた」とある。五帝廟の設置は、廟制上における拓跋の大宗の地位の確立と、「兄終弟及」の継承順序の排除を意味した。しかし『魏書』道武七王伝 清河王紹条にあるように、道武帝拓跋珪が死去すると、その次子の紹と長子の嗣（後の明元帝）が君位を争うという事態が発生した。嫡庶・長幼の序の確定は、拓跋部の安定と文明程度の向上に有利であったが、逆に多くの人々の実際的な利益に変動を引き起こしたのであり、複雑で時間がかかる過程でもあった。文帝沙漠汗以後に出現した「后権（皇后・母后を含む）」が「君権」を支えるため繰り返し発生させた競い合いは、父子継承順序の形成のために苦痛が伴う、欠かせない段階であって、道武帝時代に出現した「子貴母死」の制は、「后権」を否定する一方で、父子継承順序を固める決定的な一歩となった。この過程の重要な結果は、拓跋部における専制的「君権」の強化と、北魏の中国北方における相対的に安定した統治秩序の確定である。「君権」を強化するために人間性を犠牲にし、ひいては儲君の母をも残酷に殺害し、また制度として定めなければならなかったのであり、このことはまさしく文明が野蛮より育まれたことの明証となろう。

---

(60)〔訳注〕拓跋鬱律（?～三二一）は思帝拓跋弗の子。三一六年に穆帝拓跋猗盧が長子の六脩に殺害され、次の大人である拓跋普根やその子が相次いで死亡した後、拓跋部の大人となった。華北への進出をはかっていたが、桓帝拓跋猗㐌の皇后祁氏に殺害された。道武帝時代に太祖平文皇帝と追尊されたが、このうち太祖の廟号は太和一五年（四九一）に道武帝に変更された。

(61)〔訳注〕拓跋寔（?～三七一）は昭成帝拓跋什翼犍の子（太子）であり、道武帝拓跋珪の父。建国三四年（三七一）に長孫斤《ちょうそんきん》が叛乱を起こし、寔はこれを平定するが、什翼犍をかばって負傷し、この傷により死亡した。代王や大人ではなかったが、道武帝より献明皇帝と追尊された。

(62)〔訳注〕太武帝拓跋燾《たくばつとう》（四〇八～四五二）は北魏第三代皇帝。五胡十六国の夏・北燕・北涼を滅ぼし、四三九年に華北を統一した。内政においては道教を保護し、仏教を弾圧した。また漢人山東貴族の崔浩を登用したが、後に崔浩らを国史の獄にて処刑している（本書第五章「『代歌』・『代記』と北魏国史——国史の獄の史学史的考察」参照）。四五二年に宦官の宗愛に殺害される。

三　君位継承における后妃の部族的背景

　拓跋鮮卑は、前後に興起したその他の部族と比較して言うならば、発展速度の緩やかな部族であった。後漢桓《かん》帝《てい》[63]の時代に拓跋は南遷し、「国三十六、大姓九十九を統べ」ており、集団の規模は膨大ではあったが、まとまってはいなかった。後漢末の建安《けんあん》年間（一九六〜二二〇）に拓跋詰汾が再び南遷し[64]、部族連合はさらに拡大した。『魏書』官氏志のいわゆる「七族」・「十姓」は、拓跋部族連合内に新たに形成された中核であり、血統は近く、「百代にわたって通婚しなかった」。拓跋部は連合の領袖として、その后妃は必ず七族・十姓以外の部族から娶《めと》り、その女子も必ず七族・十姓以外から配偶者を選んだ。このため、一定期間においては、いくつかの拓跋部と代々婚姻を結ぶ部族が出現し、拓跋部との特殊な関係を形成した可能性がある。「君権」が強くなかったことにより、拓跋の后妃も自然に間に入って連絡の役割を担うこととなり、ひいては拓跋部族連合維持のキーパーソンになることもあり得たのである。

　后妃の出身部族の強弱・盛衰は、直接的に后妃自身の立場に影響した。后妃の部族は后妃を通じて、一方では拓跋の君長の連合における統治的地位を安定化でき、また一方では連合の安定・調和を破壊することもできた。とりわけ拓跋の君長が死去し、新君長がまだ生まれていなかったときには、君位を奪取するため、あるいは「君権」を制約するために、后妃の部族は往々にして、その一挙手一投足が全てに影響するほどの勢力となった。北族の婦女には礼教の束縛はなく、部族の権力構造において后位にいた婦女についても有効に制約する制度はなく、后妃・母后は直接的に政治を処理し、権力を奪い合ったのであり、漢族王朝に比してそれはずっと容易であった。

こうした現象は、月日の経つうちに伝統として形成され、『顔氏家訓《がんしかくん》』治家に称される「恒・代の遺風」は、こうした伝統を含めて言われたものであろう。(65) 別の方面から見れば、后妃に部族的背景が存在した以上、一種の特殊な利益集団を形成することもあり得たため、拓跋の君長との長期にわたる一致を維持するには困難であった。拓跋の君長権力が一度確定すれば、后族の妨害より離脱したいという要求が生じる可能性もあった。詰汾に妻の家がないという伝説や、力微が竇皇后とその兄弟を殺したという事実を、私はこの要求の間接的な反映であったと見ている。ただしこの後の数世代において、「君権」は強化されることなく、后妃やその出身部族の拓跋「君権」に対する制約が逆に大きくなっただけであり、「君権」が后族の妨害より離脱したいという要求は、しょせん潜在的なものに過ぎなかったのである。

(63)〔訳注〕桓帝劉志《りゅうし》（一三二～一六七）は後漢の第一一代皇帝。即位当初は外戚の梁冀《りょうき》が実権を掌握していたが、宦官の単超《ぜんちょう》らと協力し梁冀一族を処刑した。以後、後漢では宦官政治が本格化するようになる。

(64)『魏書』序紀は詰汾の子の力微の元年を、庚子の年、すなわち曹魏黄初元年（二二〇）とする。これによれば、詰汾の南遷は建安年間（一九六～二二〇）のこととなる。『十七史商榷』巻六六「追尊二十八帝」条参照。

(65)〔訳注〕『顔氏家訓』は顔之推《がんしすい》（五三一～?）の著作であり、南北朝末期に各国を流浪した顔之推の経験や学識を踏まえ、中国の南北間の文化的相違や保身の重要性を説いている。「恒・代の遺風」とは北朝の女性について言ったもので、該当する『顔氏家訓』治家の部分を引用しておく（宇都宮清吉訳注『顔氏家訓』一、平凡社、一九八九年、四二-四三頁）。

「江東（南方）では、女性は殆《ほとん》ど社交ということをしない。息子や娘の婚姻関係がある家同士でも、関係が生まれて十数年にもなろうというのに、互いに顔も合わせたことがなく、ただ使者を遣わして贈り物をし、丁寧に御挨拶を交換するだけですましている。北方鄴《ぎょう》のお膝下の風俗では、家は専ら婦（女性）で維持されている。彼《か》の女らは訴訟を起こして堂々と曲直を争ったり、〔それにからんで〕勢力家の門をたたいて、盛んに頼みこみに狂奔する。あるいは反対に、そうした頼みこみに自ら応接したりするので、彼の女らの乗る馬車が街路に充満し、着かざったあで姿が関係の政庁にあふれんばかりなのにお目にかかる。彼の女らは〔またそのようにして、〕息子のために官職をあさり、夫の出世がおくれていると陳情したりする〔ことも当たり前の習いになっている。すべて〕、かかる風習はそれこそ、かの恒・代の遺風というものなのかと思われる次第である」

道武帝に追尊された二八帝のうち、神元帝力微以後の一四帝については継承関係を確認することができるが、各皇帝の皇后の状況の差異は大きい。皇后伝は、「太祖〔道武帝〕は祖妣を追尊し、皆帝の諡号にしたがって皇后とされた」とあるが、一四帝中何と八帝に后妃の事跡がない。穆帝の皇后は拓跋部の発展する重要な時期に生きており、本人にはさらに西晋の封建による代王妃の身分もあり、また拓跋部内の六脩・比延の争いにも関係したが、にもかかわらずその彼女の姓族の事跡について、『魏書』皇后伝は一字も伝えていない。烈帝翳槐の皇后は、すなわち昭成帝の兄嫁、道武帝の祖父の兄嫁であり、時代はそれほど離れてはおらず、記憶が少しも残っていないというわけではないのではあるが、意外にもその事跡は分かっておらず、このことも人々を不可解に思わせている。私はいくつかの后妃・母后が君位争いに死去したなどの、明言するには都合が悪いという理由から、後人〔道武帝本人を含む〕により意図的に抹消され、皇后伝に入れられなかったのではないかと考えている。さらに崔《さい》浩《こう》の獄[66]の、いわゆる国史が「備わってはいるが〔道義的に〕正しくはな〔備而不典〕」く、「国悪を暴露した〔暴揚国悪〕」ことが、主としてこの類の事実を指しているのではないかとまで私は疑っている。帝母となって死を賜った拓跋の宮人は、その子が即位した後に皇后として正式に配饗された。この制度は道武帝の劉皇后〔劉貴人〕より始まるのであり、本伝に明確な記載がある。劉皇后以前の、その子が即位して死を賜った后妃は、もし存在すればの話ではあるが、追尊・配饗されることはなく、したがって史書には記載されなかったことになろう。竇皇后の配饗については、力微が始祖として尊ばれたという特殊な理由によるものである。道武帝以前の大体確認することのできる拓跋の后妃は、その大半が君位継承において重要な活動を行ったことのある人々であり、また、こうした活動の多くがその出身部族と関連していたと判断できる。今は一人一人順番に簡単ながら考察を行うこととしよう。

始祖神元帝力微皇后竇氏　竇氏は文帝沙漠汗の母であり、没鹿回部、すなわち後の紇豆陵《こつとうりょう》部の出身である。竇氏本人には言うべき事跡はないが、力微が竇氏とその兄弟を殺し、没鹿回部を併呑したことについては、竇氏がその部族勢力を恃み、それが拓跋に不利であったという角度から、かすかながら解釈することが可能である。

文帝沙漠汗皇后封氏　封氏は桓帝猗㐌・穆帝猗盧の生母であり、早くに死去した。官氏志の内入諸姓に是賁氏《ぜほんし》がおり、これは後に封氏に改姓したという。『北史《ほくし》』巻二七　封勅文伝《ほうちょくぶんでん》には、「封勅文は、代人であり、本姓は是賁である」とある。『元和郡県図志《げんなぐんけんずし》』巻四によれば、什賁城《じゅうほんじょう》はすなわち漢の朔方県の故城であり「什賁という名称は、夷狄《いてき》の語であろう」という。この什賁は官氏志の是賁であり、また『宋書《そうじょ》』巻七七　顔師伯伝《がんしはくでん》の拾賁である。序紀桓帝二年（二九六）条に、「文帝及び皇后封氏を葬った」とあり、皇后伝に文帝皇后封氏について、「桓帝が立ち、ようやく葬られた。高宗《こうそう》〔文成帝《ぶんせいてい》〕(67)の初め、天淵池《てんえんち》を開鑿し、一つの石銘を得、そこには桓帝が母封氏を葬り、遠近の会に赴く者二十余万人とあったと称されている」とある。葬儀に参列した者が多いが、この中には少なからず是賁部の人々がいたはずである。これは桓帝がその外戚の勢力を顕示する機会であったため、石に刻してその盛んさを記したことは間違いない(68)。是賁部族勢力の存在は、封皇后の後裔、すなわち桓帝・穆帝の

（66）〔訳注〕本書第五章「『代歌』・『代記』と北魏国史——国史の獄の史学史的考察」参照。

（67）〔訳注〕文成帝拓跋濬《たくばつしゅん》（四五二～四六五）は北魏第四代皇帝。景穆帝（景穆太子）拓跋晃の子。太武帝殺害後、東平王拓跋翰《とうへいおうたくばつかん》を殺害し、南安王拓跋余《なんあんおうたくばつよ》を擁立しながら殺害するなど、専権を極めていた宦官宗愛を陸麗・劉尼・源賀が殺害し、拓跋濬を皇帝に擁立した。

（68）封皇后は早くに死去し、盛楽の近くに葬られたはずである。文帝は塞南の陰館にて死し、その地にてただちに葬られたことが疑われるが、そこは盛楽から非常に遠く、拓跋部が安定的に支配できるところではない。序紀には、「初め、思帝は改葬しようとしたが、果たさずして崩じた。ここに至って、思帝の意を実現した」とある。思帝は文帝の次妃である蘭氏から生まれ、思帝が改葬しようとしたのは、主に文帝を顕彰するためであって、封皇后を顕彰するためではなかったこととなる。桓帝は思帝の意を継いだが、文帝と封皇后

二帝やその子孫が順番に君位を継承したことについて、潜在的な影響力を有していたと思われる〔本書第六章参照〕。

文帝沙漠汗次妃蘭氏　蘭氏は思帝弗の生母である。思帝は文帝の少子であり、その年齢・名分ともに桓帝・穆帝に劣っていたが、君位を継承したのは逆に桓帝・穆帝より早かった。これはまさしく后と妃の身分の差がないか、あるいは小さかったことによるのであり、また封皇后が早くに死去し、蘭妃が健在であって、桓帝・穆帝の外戚が思帝の外戚に及ばなかったためである。官氏志の北方諸部には烏洛蘭《うらくらん》氏《し》があり、後に蘭氏に改姓したとされる(69)。蘭妃はこの烏洛蘭部出身であったはずである。思帝の在位期間はわずかに一年であり、死因は不明であるが、死後の君位は封皇后の子である桓帝・穆帝の手中に転がり込んだ。これらのかすかな手掛かりは、封皇后の部族である是賁部と、蘭妃の部族である烏洛蘭部とが、拓跋の君位をめぐる闘争に巻き込まれたのではないかと我々に思わせる。この後思帝の子である平文帝鬱律は封皇后の後裔の手から君統を奪回し、また封皇后の後裔と一進一退の持久戦を形作ったのであるが、その中心人物は、この時点では蘭妃ではなく平文帝の皇后王氏であった。王氏の真の相手は、桓帝猗㐌の皇后祁氏であった。

桓帝猗㐌皇后祁氏　祁氏は力微以後の、史料に記載されている六帝の后妃の中でも最強の一人である。祁氏には普根《ふこん》(70)・賀傉《がじょく》〔恵帝〕・紇那《こつだ》〔煬帝〕の三子がおり、皆君位に即いた。普根が生んだ子も君主として擁立されたことがある。しかし普根やその子の在位期間はともに一年に満たず、謚号を追尊されることもなく、北魏皇帝の皇統には組み込まれなかった。普根の子が死去し、君位は思帝の子である平文帝鬱律の手中に流れたが、このことはつまり、繰り返される闘争において、蘭妃の系統がしばらくの間勝利を獲得していたことを物語る。五年後、祁氏は復活を遂げ、平文帝を殺害し、自身の子である恵帝賀傉・煬帝紇那を相継いで擁立したのである。祁氏は母后の身分から直接的に政治をつかさどり、拓跋政権は女国と称されるようになった。紇那と平文帝の子 烈帝翳槐とは一四年間（三二五～三三八）にわたる復辟・反復辟の闘争を展開したが、実際は桓帝祁皇后と平文帝王皇后の力比べであった。王皇后は最終的に蘭妃の系統が既に有していた勝利を確固たるものとし、拓跋の君位は王皇后の子である昭成帝什翼犍の手に落ちた。これより、拓跋の君統は北魏の滅亡に至るまで、平文帝の後裔によって世襲されることとなる。

祁氏の姓族についてはその由来が分からない。『北史』は祁氏を惟氏としており、『太平御覧《たいへいぎょらん》』巻一三九は維氏としている。道武帝以前の各皇后は皆北族出身であり、祁氏も北族出身であったのは間違いない。官氏志に祁氏はなく、あるいは「年代がやや長くして、互いに改易し、興衰存滅が、その間にあった」という記述から解釈できるかもしれない。しかし漢人の姓に祁というものがあり、『広韻《こういん》』上平声五支は祁氏は太原《たいげん》から出たと言う。唐代の王珪《おうけい》は太原祁人であり、北魏においては烏丸氏《うがんし》であったと自称した。祁皇后の姓族ははっきりしがたく、ほぼ王珪の例と同じなのであり、こうした人々はあるいは官氏志の称する「諸方の来附した雑人（諸方雑人来附者）」の「烏丸」の類であったのかもしれない。序紀にあらわれる、祁皇后が執政開始後に恃みとし、主として

を移して合葬したことは特に封皇后のためであって、その目的は封皇后の位を正すためであり、したがって多くの是賁部人を巻き込むことにあった。文帝と封皇后の合葬の地は平城の附近にあったはずであり、本書第六章「文献にあらわれる代北東部の若干の拓跋史跡の検討」を参照されたい。太祖紀の皇始二年（三九七）二月条には、「幷州の守将封真（封竇真）がその種族や徒何を率いて叛逆し、刺史元延（拓跋素延）を攻撃しようとしたが、延はこれを討伐・平定した」とある。この封真とその種族は封皇后の同族であろう。

（69）注（40）『北朝胡姓考』蘭氏条は、この蘭氏は匈奴四貴種の一つである白蘭氏の後裔であるが、『史記』は烏洛蘭氏を直接蘭氏と書き表しており、簡便さを優先しているとする。姚薇元氏はさらにこれに基づいて孝文帝が烏洛蘭氏を蘭氏と改姓したと推測したが、それに際しては「特に『史記』・『漢書』の各匈奴伝の故事を調べただけである」とする。このことは参考として記すにとどめたい。

（70）〔訳注〕本書第四章「代北地域における拓跋と烏桓の共生関係――『魏書』序紀関連史実の解析」参照。

東方にいた宇文《うぶん》(71)と慕容の二部は、祁皇后と特殊な関係を有していたようであり、このため私は視点を変え、祁皇后が広寧《こうねい》烏桓《うがん》出身であった可能性が高いと考えるようになった〔本書第四章参照〕。

平文帝鬱律皇后王氏（附鬱律妻賀蘭氏）　王氏は昭成帝什翼犍の生母である。平文帝の長子である烈帝翳槐は、皇后王氏が生んだ子ではない。桓帝の祁皇后の諸子が相継いで君位に即いたとき、翳槐は母方のおじの部族である賀蘭部に避難していた。君位をめぐる闘争が激烈であった時期において、煬帝紇那が翳槐の引き渡しを賀蘭部に求めたが、賀蘭部が身柄を渡さなかったということがあった。煬帝は宇文部を召集して賀蘭部を攻撃したが、勝てずに、大寧《だいねい》に逃れ、間もなく宇文部に帰り、「賀蘭部及び諸部の大人は共同で烈帝を擁立した」。平文帝には翳槐の生母となりながら、皇后となるには至らなかった妻の賀蘭氏がいたが、このために賀蘭部が拓跋の君位争いに直接的に介入したことが、これによって判明する。桓帝皇后の祁氏は平文帝を殺害し、「大人の死者は数十人となり〔大人死者数十人〕」、賀蘭氏も平文帝とともに死んだようである。

平文帝が死去したとき、王皇后の生んだ什翼犍はまだ幼児であった。皇后伝 王皇后条には、「当時国〔拓跋部〕に内乱があり、諸皇子を殺害しようとした」とある。「内乱」が祁皇后による圧迫を指していることは疑いない。皇子翳槐が賀蘭部に逃れたのはまさにこのときのことである。別の一皇子である什翼犍は生母の王皇后によって保護され、災難より免れることとなった。烈帝翳槐が君位に即き、什翼犍は襄国《じょうこく》〔後趙の首都〕に質子として派遣された。この後君位の転換が頻繁となったが、実際は桓帝の祁皇后と平文帝の王皇后の争いであった。祁皇后が王皇后よりも先に死去したため、王皇后は勝利を獲得することとなる。祁皇后は平文帝を殺害したが、王皇后は逆に平文帝の後裔の君位を保護し、永続せしめたのである。

平文帝の系統の内部において、王皇后は拓跋の君位をめぐる闘争に介入する賀蘭部を排除することに尽力した。

翳槐の母方のおじである賀蘭部帥藹頭《あいとう》は(72)翳槐を君主に擁立した主要人物であり、間もなくして「臣職を修めず」という罪名により、処刑されることとなる。什翼犍の即位は、拓跋の君統が賀蘭氏の後裔から王氏の後裔に移ったことを意味する。翳槐の生母である賀蘭氏は、拓跋の后妃が本来有するべき地位を終始占有することはできなかった(73)。こうした事情は、全て王皇后によって起こされたものである。

平文帝王皇后の出身部族問題については、姚薇元《ようびげん》『北朝胡姓考』に説がある(74)。これは『旧唐書《くとうじょ》』王珪伝の、珪が自ら太原祁人であり「北魏においては烏丸氏であった」と称したという記述を引用している。姚氏は「北魏の平文帝の皇后王氏・王建《おうけん》は……皆烏丸族の人々であった」と主張される。王皇后は王建の祖姑である。『魏書』巻三〇に王建伝があり、これと同巻の諸伝の十余人は全て北族であるため、王建ただ一人だけが漢人であったことはあり得ない。王建伝は王皇后に王豊《おうほう》という兄弟がおり、昭成帝の時代に、「帝の母方のおじであることから重んじられ」、「豊の子の支《し》は、昭成帝の娘を娶り、甚だ厚遇された。建は若くして公主を娶った」。王氏と拓跋とのこうした代々の婚姻関係も、王皇后が漢人ではなかったと判断する根拠となる。この他、王建は金陵《きんりょう》に葬られたが、これ以前に金陵に葬られたのは帝・后・帝室十姓や少数の功臣八姓、内入諸姓の人物であって、漢人は全くいなかった(75)。

烏桓が内徙《ないし》〔長城以南への移住〕した時期は比較的早く、辺境沿いに駐留していたが、内地に向かって浸透する

(71)〔訳注〕宇文部は内モンゴル東部にいた部族。三四四年に慕容部に滅ぼされるが、子孫の宇文泰《うぶんたい》の一族が後に西魏・北周を建国する。

(72)〔訳注〕藹頭（?〜三三五）は賀蘭部の大人であり、娘が烈帝拓跋翳槐の后妃となったため、烈帝を支援し、煬帝拓跋紇那と戦った。

(73) しかし賀蘭部族は強大であり、拓跋部族連合において重要な作用を及ぼし続けた。本章第四節（一）を参照。

(74) 注(40)『北朝胡姓考』外篇の「未見『魏書』官氏志諸胡姓・東胡諸姓」の王氏条を参照。

(75) 呂一飛『胡族習俗与隋唐風韻』（書目文献出版社、一九九四年）一四五頁参照。文成帝期に司馬楚之《しばそし》が金陵に配葬されたのは、極めて特殊な状況であり、また時期的にも比較的遅い例である。

こともあった。烏桓には酋長・庶長はいたが、厳密な部族組織は既に存在していなかったため、その民は数「家」とは言うが、数「落」とは言わない。官氏志のいわゆる「諸方の来附した雑人はこれを烏丸と総称した（諸方雑人来附者総謂之烏丸）」は、部族が解散し、漢化の程度が比較的高かった、烏桓族を含む胡人を指していたはずである。『晋書《しんじょ》』衛瓘伝《えいかんでん》によれば、瓘は、泰始年間に都督幽州諸軍事《ととくゆうしゅうしょぐんじ》・護烏桓校尉《ごうがんこうい》となり、務桓《むかん》[76]・力微を離間し、それによって力微が憂死したという。『魏書』序紀は力微の側近である烏丸王庫賢《うがんおうこけん》[77]が衛瓘から賄を受け、諸部を動揺・破壊したとする。護烏桓校尉は後漢代には上谷寧城《じょうこくねいじょう》（現在の河北張家口《かほくちょうかこう》）に駐屯した[78]。西晋は寧城を廃し、広寧郡（郡治は現在の河北涿鹿《たくろく》）を設置した。護烏桓校尉もこれにしたがってここに移ったはずである。この一帯は烏桓人の重要な集住地域であり、平文帝の王皇后は広寧人であり、皇后伝 王皇后条は彼女が「十三歳のときに、あることによって後宮に入」ったというが、これは戦争捕虜あるいは罪人の身分で拓跋の掖庭《えきてい》（後宮）に入り、選ばれて宮苑に入ったことを指す可能性が高い。広寧烏桓と拓跋の接触は比較的早かったため、庫賢のような代表的人物が力微の側近になることができ、また王建のごとき者が道武帝の側近・部将となることができたのである。烏桓の集住地域である広寧を攻撃した広寧戦役[79]や、叛乱を繰り返す漁陽《ぎょよう》烏桓の庫傉官韜《こじょくかんとう》を討伐・平定した戦役[80]において、道武帝はともに王建を大将としているが、その意図は、王建の、烏桓における影響力を利用することにあったのであろう。

これにより、平文帝の王皇后の出身部族が烏桓であったと推測されるが、私はこれが信用できるものと見ている。北魏における王氏はその多くが烏桓出身であった。『周書《しゅうじょ》』巻四〇 王軌伝《おうきでん》、巻三一 梁士彦伝《りょうしげんでん》、『隋書』巻四〇 宇文忻伝《うぶんきんでん》によれば、「数代にわたり魏に仕えた」王軌が、北周《ほくしゅう》の代に入って烏丸と改姓したという。『魏書』巻九三 恩倖伝《おんこうでん》 王睿《おうえい》条附弟諶《しん》条や巻一一三 官氏志、巻一〇八の三 礼志は、王諶は国の「大姓」・「十姓」ではなく「庶姓」であり、神部尚書《しんぶしょうしょ》ではあったが、国家の「遷主安廟」のことには参与できなかったとしている。これにより、王諶は漢姓ではなく、また拓跋の貴姓でもないが、神部尚書はつとめていたのであり、そのため烏桓の類であった可能性があると判断される。

『魏書』序紀の穆帝三年（三一〇）条に、「鉄弗《てつふつ》の劉虎《りゅうこ》(81)が雁門《がんもん》にて挙兵した（鉄弗劉虎挙衆於雁門）」ことが記されているが、『資治通鑑《しじつがん》』巻八七 西晋永嘉三年（三〇九）条注所引『劉琨集』は「烏丸の劉虎が叛乱を起こした（烏丸劉虎構為変逆）」とする。(82) また、『晋書』巻一一三 苻堅載記《ふけんさいき》には、「烏丸独孤」の称があり、独孤部劉亢泥《りゅうこうでい》

---

(76) 原文では、衛瓘のいたところは「東に務桓、西に力微がおり」であったとするが、この務桓とは烏桓であったろう。代北地域の烏桓・拓跋の共生していた場所は、大体においては烏桓が東に、拓跋が西にいたため、こうした説がある。拓跋は力微が部を率いて長川を遡り陰山を越えて盛楽に移ったことから、代北の西部にいた。烏桓の多くは上谷・広寧諸郡から移ってきたため、代北の東部にいた。〔訳注〕衛瓘（二二〇～二九一）は西晋の政治家。一〇歳で父の爵を継ぎ、尚書郎から散騎常侍に進んだ。曹魏景元四年（二六三）の蜀漢滅亡の戦役に従軍し、直後に発生した鍾会の叛乱も平定した。西晋建国後は、都督幽州諸軍事・護烏桓校尉をつとめたのち、中央に転じたが、恵帝即位直後に賈皇后（賈南風《かなんぷう》）の謀略により処刑された。

(77) 烏丸王庫賢とは、庫賢という名の烏丸の王か、王庫賢という姓名の烏丸人を指す可能性があり、ここでは確認できないが、後者であると思われる。烏丸人は漢人の王姓を襲用する者が多く、以下にて言及する王建などがそれである。

(78) 後漢末期の護烏桓校尉について、一九七一年に発見されたホリンゴール漢墓壁画に、寧城図や護烏桓校尉出行図などがある。その中の寧城図では「校尉莫府」が画面の大部分を占めている。各画面には榜題が多く二百箇所余りもあり、全て八分体で書かれ、府舎・諸曹や穀倉などの名があって、これらは内蒙古自治区文物考古研究所編『和林格爾漢墓壁画』（文物出版社、一九七八年）に詳しい。該墓の主人は西河長史（離石に治所がある）・行上郡属国都尉や繁陽県令を歴任し、後に使持節《しじせつ》護烏桓校尉に転任した。これらの連続性を帯びた壁画は、墓主の生前の生活の一部分を反映しており、また使持節護烏桓校尉が画像の山場であることを映し出している〔本書第四章参照〕。

(79) 『魏書』巻二三 莫含伝。広寧に駐留した者は、独孤部劉亢泥であり、彼は烏桓でもあって、当時は後燕慕容垂より烏桓王に封ぜられていた。『資治通鑑』巻一〇七 東晋太元一二年条参照。

(80) 『魏書』太祖紀 天興元年条。

(81) 〔訳注〕劉虎（?～三四一）は南匈奴系の鉄弗部の大人。当初拓跋部にしたがっていたが、三一〇年以降対立し、敗れて漢（五胡十六国の一つ）に投降する。昭成帝拓跋什翼犍の代国と戦って敗れた後死去し、子の劉務桓が大人となった。

[83]も烏桓王に封ぜられている。鉄弗・独孤はともに烏丸〔烏桓〕とも称することができ、そのため烏桓が純粋な種族の名ではなかったと見ることができる。本章もこの角度から平文帝皇后王氏を烏桓人と見なすこととしたい。

以上の分析から、祁皇后と王皇后がともに烏桓出身であったことが分かる。烏桓は当時統一されてはいないが非常に力のある勢力であり、文帝沙漠汗の死さえも烏桓王庫賢の中傷によるものであった。そのため祁皇后と王皇后とが外戚の影響力に基づいて、拓跋の君位争いを演出したことは、いっそう理解しやすくなるであろう〔本書第四章参照〕。

以上の、皇后伝に列せられた神元帝以来の諸皇后は、大抵皆が部族的な背景を有していた。しかし拓跋の先祖は結縄〔文字ではない、縄の結び目〕で記述し、「遠近の史事は、人々が互いに伝えるのであり」、もとより遺漏しやすく、さらに忌諱を避け直言できない者がいたために、後には忘れられていった。そのため皇后の部族の拓跋部に対する影響、とりわけ君位の争奪戦などの諸事に関与したといったことは、かすかには見られるが確言はしがたくなっている。例えば竇皇后の出身部族である没鹿回部が拓跋の君位継承に影響を及ぼし、桓帝が衆を集めて母の封氏〔是賁氏〕を葬りその母族の実力を誇示し、賀蘭部が母方の甥を拓跋君長に擁立したことなど〔烈帝〕、皆この類の事例である。道武帝の母族である賀蘭部や、妻族である独孤部は、道武帝の君位と帝業に対し、より大きな役割を果たした。『魏書』外戚伝は、最初に道武帝のおじである賀訥《がとつ》[84]〔賀蘭部出身〕と道武帝の后の兄である劉羅辰《りゅうらしん》[85]〔独孤部出身〕を列しているが、これはこの二部が道武帝の興起において発揮した特殊な役割を反映しており、そのことについてはいずれ個別に論証することとなろう[86]。

四　部族解散と「子貴母死」(87)

部族解散は、道武帝拓跋珪が帝業を開拓していた時期における重大な歴史的事件である。このことについて、『魏書』が直接的に言及するのは三条の材料しかなく、いずれも言葉が簡単すぎて詳細ではない。一つ目は賀訥伝であり、道武帝が中原を平定した後のこととして、「諸部を解散し、分土《ぶんど》定居《ていきょ》し、移住を許されず、その君長大人は皆編戸と同じくされた。賀訥は自身が皇帝の母方のおじであることを理由に、甚だ尊重されたが、統率は

---

(82)　永嘉三年は拓跋部の穆帝二年に相当する。『晋書』懐帝紀の永嘉三年の事例からこれを考察すると、『資治通鑑』の繋年が正しく、『魏書』序紀が穆帝三年に繋《か》けるのは誤りである。また中華書局標点本『資治通鑑』は「烏桓劉虎」を「烏桓、劉虎」と標点しているが、不正確である。

(83)　〔訳注〕劉亢泥（?～三九六）は南匈奴系の独孤部大人劉庫仁の子。劉亢埿・劉肺泥とも。前秦の攻撃により代が滅ぼされた後、幼少の拓跋珪を伴って独孤部にやってきた賀氏をかくまった。兄の劉顕と対立し、劉顕が後燕と拓跋部の連合軍に敗れると後燕に投降し、烏桓王に封ぜられた。後に拓跋珪が莫題・王建らを派遣して後燕を攻撃すると、これに敗れ、殺害された。

(84)　〔訳注〕賀訥（生没年不明）は賀蘭部の大人であり、献明賀皇后（道武帝拓跋珪の母、賀太后）の兄。賀野干の子。独孤部より逃れてきた拓跋珪を代王に擁立するなど、北魏建国の中心的人物であった。

(85)　〔訳注〕劉羅辰（生没年不明）は独孤部の大人であり、宣穆劉皇后（道武帝拓跋珪の皇后、明元帝拓跋嗣の生母）の兄。独孤部内で劉顕と対立し、道武帝拓跋珪には常に協力的であった。

(86)　外戚部族の拓跋の政局に対する影響については、『北史』后妃伝上の、西魏文帝の郁久閭《いくきゅうりょ》皇后の事跡が参考になる。

(87)　部族解散について、本書には別に第二章「部族解散とは何のための施策だったか　一——賀蘭部族解散問題」と第三章「部族解散とは何のための施策だったか　二——独孤部族解散問題」の二章がある。本節の一部の内容とこの二章には重複する点があったため、修訂本では大量に刪《けず》り、大要を挙げるだけとしたが、完全に重複箇所を刪ることはできなかった。

しなかった」とある。二つ目は官氏志であり、「四方の諸部が毎年朝貢し、登国年間の初め、太祖〔道武帝〕は諸部族を解散し、初めて全て編民とした」とある。三つ目は高車伝《こうしゃでん》であり、「太祖の時代、諸部を解散したが、高車[88]だけはその類が粗暴であり、使役にたえなかったため、特別に部族のままでいることとなった」とある。中国内外の歴史家は極力一部始終を解明しようとしたが、結局は史料的制約のため、詳しく述べることは困難であった。近年来、私は別の角度から検討を進め、参考に供しうる意見を得られるか否かを試してみた。解散を被った重要な部族について個別に考察することは、こうした試みの一つである。

　部族解散はまず暴力による強制的な過程から始まった。道武帝は帝業を打ち立てるために奮闘したが、重要な相手はいくつかの強大な后族、すなわち賀蘭部、独孤部、さらに慕容部であり、彼らの部族の解散は、どれも素直に命令にしたがい行われたのではなく、繰り返し発生した多くの戦争を経て達成されたものであった。拓跋部自身は強大な軍事的勢力をもっていたわけではない。拓跋部は代北にて創業したばかりのときには、代北にて拓跋と共生する烏桓の強力な支持に依拠していた。道武帝拓跋珪が代国を復興させた後の多くの戦争における勝利は、拓跋と臨時的に同盟した後燕《こうえん》慕容部の軍事力によるものであった。このことは賀蘭・独孤がともに慕容の主たる脅威であり、拓跋珪と対抗した拓跋窟咄や、窟咄を庇護《ひご》した西燕《せいえん》慕《ぼ》容永《ようえい》が[89]、全て後燕の潜在的な敵手であったことによる。この期間に、拓跋と慕容は同じ利害関係から、暫時の同盟を形成したのであるが、これはかえって賀蘭部・独孤部が征服・分割・解散を被る客観的な原因となった。賀蘭部・独孤部は最終的に分割・解散を被ったが、比較的小さく、定住の条件を備え、拓跋と牧畜する地域の接する部族が解散を受け入れることを、これは促進することとなった。また、多くの部族は、定住の条件を備えなかったことや、北魏がそれらに強制する力がなかったことから、北魏の世が終わるまで解散されなかった。もしこの説に誤りがなければ、北魏による部族解散の実態は、まさに賀蘭・独孤等の部族解散の個別考察において求めることができよう。また、拓跋の同盟相手であり、部族解散において大きな力を出した慕容部は、最後に拓跋に転覆され、強制的に遷徙《せんし》されたのである。

部族解散と「子貴母死」制度とは、ともに道武帝拓跋珪が部族連合の君主から専制国家の皇帝へ、というような役割の変化においてあらわれたものである。このとき十六国の歴史はまさに終わろうとし、拓跋部は既に相当長い発育過程を経ており、拓跋珪の行動もこれ以前の拓跋諸君長とは異なっていた。彼が弱いときには母后の庇護に頼らざるを得なかったが、もとからあった先人の足跡に沿って、外戚部族を引き入れて拓跋の運営に介入させ、拓跋の諸父諸兄の君位に対する挑戦に対処し、勢いが強大化した後には、引き続き外戚の支配に屈することを願わなくなった。彼はこれに先んじて部族解散という方式を用いて外戚の干渉を杜絶し、その後に後嗣を選定するときに「子貴母死」の制を実行して母后の政治関与の可能性を杜絶した。拓跋の帝業強化という角度から見れば、両者の目的は一致しており、さらに言えば、後者はまさしく前者の連続であったのである。

（一）賀蘭部族の解散

道武帝の母である献明皇后賀氏〔賀太后〕は、賀蘭部出身であり、部帥賀訥の妹である。賀蘭と拓跋は代々通婚しており、拓跋の道武帝以前の后族部族において、賀蘭部は最も強大であり、関係も最も密接であった。三七

(88)〔訳注〕高車はモンゴル高原遊牧民族の一つ。意辛山にいたが、しばしば道武帝の侵攻を受け、一部が長城附近に配置された。

(89)〔訳注〕慕容永（?～三九四）は西燕最後の皇帝。前秦が淝水の敗戦で崩壊した後、西燕皇帝慕容瑤《ぼようよう》を殺害し、慕容忠《ぼようちゅう》を西燕皇帝に擁立し、自身が実権を掌握したが、慕容忠《ぼようちゅう》が殺害されると一時後燕に帰順した。後に再び自立して西燕を復活させ、自ら皇帝となったが、後燕の攻撃を受けて捕らえられ、処刑された（西燕の滅亡）。

図 1-1　代北地域地図

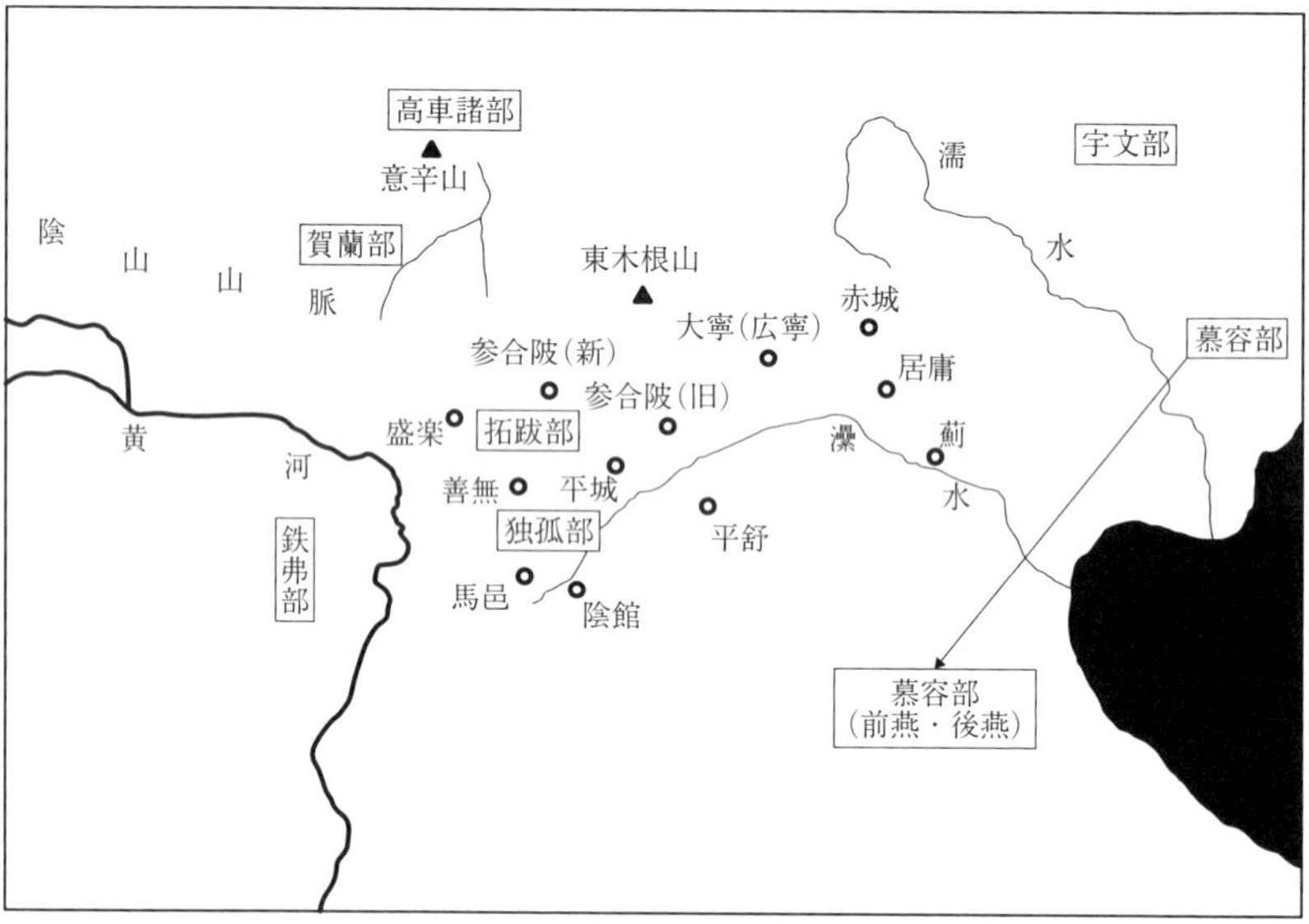

六年に前秦は代を滅ぼし、賀皇后は子の珪やもとの臣下を携えて賀蘭部に逃れたが、高車の寇抄にあって南に引き返し、独孤部に庇護された。三八五年、独孤部帥劉顕《りゅうけん》(90)に圧迫され、賀皇后は再び北の賀蘭に逃れた。賀訥兄弟と諸部大人は「勧進（即位を勧めること）」を行い、拓跋珪は三八六年に代国を復興させることとなった（代王に即位した）。拓跋珪の興隆について、賀皇后と賀蘭部は決定的な役割を担っていたのである。まさしくこれにより、道武帝は強大化した後に君主権を樹立して帝業を開拓しようとしたが、全局面を左右する賀蘭部を、強固に支配しなければならなくなり、賀蘭部は部族解散の波においても真っ先に災難を被ったのである。賀蘭部の主たる駐留地は、盛楽の北西、陰山《いんざん》以北から意辛山に至るまでの一帯であり、現在の内モンゴルウランチャブ市の塔《タウ》布河とその北西地域である。賀蘭部の近くで遊牧していたのは高車諸部であったが、両者は沙漠《ゴビ》によって隔てられていた。盛楽の南東は、独孤部であり、その中心は善無《ぜんぶ》（現在の山西右玉）に

あったはずである。盛楽以西には、黄河の向こうに鉄弗部がいた。[91] 鉄弗と拓跋には婚姻関係はあったが、とりたてて親しいわけではなく、前秦が代を滅ぼした戦役においては、鉄弗はその案内役をつとめている。その後前秦は拓跋部民を黄河の東西両岸に配置し、独孤の大人劉庫仁と鉄弗の大人劉衛辰に委任してそれぞれ統治させた。盛楽の東から平城を越え、于延水《うえんすい》の南の支流（現在の南洋河）に沿い、上谷郡の地に進むこの一帯は、漢〜西晋以来、多数辺境に附していた烏桓人が居住した。さらに東に進むと、慕容の勢力範囲に入ることとなる。拓跋が駐留する盛楽からはるかに見渡せば、大寧以西、句注《くちゅう》以北、河曲《かきょく》以東、陰山以南は、代北《だいほく》地域と呼び習わされている。その中の西部の定襄《ていじょう》・雲中《うんちゅう》諸郡は高原の上にあり、北は陰山を越えて賀蘭部と相通じており、この道は拓跋部が必要なときに広闊な平原に向かう退路となり、大きく開かれていた。ここから拓跋と賀蘭の特殊な関係を見出すことができるであろう。（図1-1）

代北地域の、進退ともに可能であるという地理的な条件は、拓跋部を長らくその中に生息させたが、その駐留地は安定していたものではなく、部族の発達は相当に緩慢であった。前秦が代を滅ぼすまで、拓跋部はまだ農耕・定住の方面では進歩を得てはおらず、またこの地域を強固に統治したこともなかった。道武帝の帝業について、その決定的な一歩とはまさに代北の統一であり、それに際しての主たる敵手は、まさしく拓跋部が過去に扶助と庇護を頼った后族であり、なによりもまず賀蘭部であった。

賀蘭部は、すなわち賀頼部《がらいぶ》であり、西晋における入塞北狄十九種の一つであって、『魏書』官氏志は神元帝時

---

(90)〔訳注〕劉顕（?〜三八七）は独孤部の大人であり、劉庫仁の子。本名を醜伐《しゅうばつ》という。性格は残忍であったとされ、叔父の劉眷を殺害して独孤部の大人となった。詳細は本書第三章「部族解散とは何のための施策だったか　二——独孤部族解散問題」を参照。

(91) 鉄弗・独孤はともに長らく并州に駐留していた北部匈奴から派生したものであるが、拓跋との関係において、それぞれの親疎遠近については、大いに異なっている。そのため『魏書』において、独孤の事例は外戚功臣諸伝にあり、鉄弗の事例は五胡伝に記されている。

代の内入諸部に入れている。賀訥伝には、「その先祖は代々君長となり、四方の属国は数十部」とある。賀蘭は拓跋に対して殊勲のある、孝文帝の功臣八姓の一つに定められた。前燕時代、賀蘭部族は強制的に内徙された。慕容儁《ぼようしゅん》(92)の光寿《こうじゅ》元年、拓跋の昭成帝什翼犍建国《けんこく》二〇年（三五七）に、「匈奴単于賀頼頭《きょうどぜんうがらいとう》が部族三万五千人を率いて慕容儁に降服し、寧西将軍《ねいせいしょうぐん》・雲中郡公を拝し、代郡の平舒城《へいじょじょう》に配置された（匈奴単于賀頼頭率部落三万五千降于儁、拝寧西将軍・雲中郡公、処之于代郡平舒城）」(93)。平舒城は祁夷水《きいすい》（現在の壺流河、桑乾河《そうけんが》中流の南側の支流）の岸にあり、代郡に属していた。この一帯には泉が豊富にあり、農耕・遊牧に適していた。前燕は賀頼頭に部族を率いてここにとどまらせたのであり、これは賀訥伝の「分土定居し、移住を許されず」に相当するが、しかし「匈奴単于」としての賀頼頭は、なおも部衆を領しており、依然として編戸とは異なっていたようである。前燕は賀頼頭を寧西将軍に任命し、雲中郡公に封じたが、「寧西（西を寧《やす》んずる）」という将軍号や雲中郡という封地（虚封）から見れば、賀頼部族の勢力を利用し、慕容のために代郡の西から漢の雲中郡に至るまでの地域を守らせ、拓跋部の前途を制御したことになる。この官爵はもと西晋が封じた代公・代王に相当するのであり、この地域がすなわち代北である。

三七〇年に前秦は前燕を滅ぼすことで、そのまま平舒城の賀頼頭の部を制御することとなった。三七六年に前秦は代を滅ぼし、賀訥伝によれば、「賀訥に東部を統轄させて大人とし、大寧に移し、その恩信を広めさせ、衆の多くがこれに帰すること、劉庫仁《りゅうこじん》(94)に等しくなった。苻堅は訥を鷹揚将軍《おうようしょうぐん》に任命した」らしい。このように、灅《るい》水《すい》の中流の南にある平舒に賀頼頭がおり、北面の大寧には賀訥がおり、南北はともに賀蘭部に帰していたのである。私には、これが偶然の産物ではなく、前秦が故意に賀蘭部を利用して拓跋（さらに烏桓・慕容がある）を威嚇する役割を果たさせたように見える。賀訥の威信が独孤部帥劉庫仁に等しかったという文言は、根拠のあるものであった。このとき恒・代以東は既に独孤部の勢力が浸透していたため、賀訥の統轄の任にも、独孤を牽制する効果があった可能性がある。

淝水《ひすい》の戦いの後、前秦は崩壊し(95)、後燕が東方にて、代国が西方にてそれぞれ建てられ、東西の間に位置する濼水中流やその北の地域は、複雑な形勢を呈した。『資治通鑑』巻一〇七 東晋孝武帝太元一二年（北魏登国二年、後燕建興二年、三八七）三月条には、「燕〔後燕〕の上谷人王敏《おうびん》が太守封戢《ほうしゅう》を殺害し、代郡人許謙が太守賈閏を放逐し、各々郡を挙げて劉顕に帰附した」とある。劉顕は、劉庫仁の子であり、庫仁の弟である眷《けん》を殺害して独孤の大人となり、身を独孤部に托した賀皇后母子を圧迫し、結果賀皇后母子は賀蘭部に逃れることとなった。劉顕は庫仁の勢力を受け継ぎ、「地広く兵強く、北辺を領有した(96)」。元来前秦の命を受け、東部を統轄していた賀訥は、このとき大寧から撤退していたであろう。拓跋珪は賀訥らの助力を得、牛川《ぎゅうせん》にて代王に即位したばかりであり、その

---

(92)〔訳注〕慕容儁（三一九〜三六〇）は前燕の第三代君主。後趙崩壊後の華北に進出し、華北東部を占領するなど、慕容部の華北進出を本格的に行った。後に皇帝を名乗る。

(93)『晋書』巻一一〇 慕容儁載記。該篇の同年の記載のやや前の部分に、慕容垂が「丁零・勅勒《ちょくろく》を塞北にて討伐し」、捕虜・斬首十余万を得たという事例があり、賀蘭は勅勒（高車）の隣にいた。二年後にはまた「塞北七国の賀蘭・渉勒《しょうろく》（勅勒）等が皆降服した」という事例があった。さらに、「部落三万五千」とあるが、『資治通鑑』は「三万五千口」と解釈しており、こちらが事実をあらわしているであろう。

(94)〔訳注〕劉庫仁（?〜三八三）は独孤部の大人であり、母は平文帝拓跋鬱律の娘。昭成帝拓跋什翼犍の宗女を娶り、代国の南部大人となった。前秦苻堅による代国滅亡の後、苻堅より陵江将軍・関内侯に任命され、鉄弗部の劉衛辰とともに拓跋部を分割管理し、賀蘭部からやってきた賀氏・拓跋珪母子を受け入れた。後に劉衛辰に攻められるもこれを撃破し、慕容垂が鄴の苻丕を攻撃すると、苻丕救援のため慕容麟（慕容垂の子）と対峙し、雁門・上谷・代の三郡の兵を発して繁時に進んだが、自軍にいた慕容文《ぼようぶん》に三郡の兵で攻撃され、殺害された。

(95)〔訳注〕前秦苻堅は華北を統一した後、中国再統一を目論み、三八三年に百万の大軍を率いて東晋の首都建康目指して南進した。これに対して東晋は、謝玄《しゃげん》率いる北府軍八万を派遣してこれにあたらせ、両軍は淝水にて激突した（淝水の戦い）。結果は東晋軍の勝利に終わり、諸部族の連合体に過ぎなかった前秦の崩壊に繋がった。

(96)『魏書』巻二四 張袞伝。

力量は微弱であった。ゆえに上谷の王敏、代郡の許謙は後燕に叛したものの、拓跋・賀蘭にはつかず、独孤劉顕についた。『資治通鑑』同年条には「燕〔後燕〕の趙王麟《ちょうおうりん》〔慕容麟《ぼようりん》〕(97)は王敏を攻撃し、これを斬った」とあり、翌年三月条には「燕の趙王麟は許謙を攻撃し、これを破り、謙は西燕に逃れ、そのまま代郡を廃し、その民を龍《りゅう》城《じょう》に尽く徙《うつ》した」とある。(98)いわゆる「尽く徙した」代郡の民とは、三〇年前にここに移った賀頼頭が統率する賀蘭部民が含まれていたはずである。このことは賀蘭部族の重大な遷徙であり、私はこの部族は後燕の慕容部により解散されたと考えている。(99)

賀蘭部族はさらに道武帝による解散を被っているが、その詳細については道武帝の征服戦争の事跡から調べ出すことができる。登国元年に道武帝が代王に即位した後、すぐにその季父〔すえの叔父〕窟咄との君位争奪戦が発生した。窟咄は、前秦が代を滅ぼしたときに捕虜となって長安に連行され、前秦の崩壊後には長子にて西燕慕容永に投じた。独孤劉顕は弟の亢泥を派遣して窟咄を迎え、北上して道武帝と君位を争わせた。窟咄は北上し、代北の道武帝に反対する各種の勢力を呼び起こし、道武帝は再度賀蘭部へ逃れることを迫られた。続いて道武帝は賀蘭部の庇護から逃れ、後燕の援助を求めるという方略を画策する。後燕の慕容麟軍は上谷から西に向かい、道武帝と力をあわせ、窟咄を破ってその衆を収め、これによって拓跋と慕容の短期的な同盟が現出した。登国二年、三年、四年に、道武帝は数次にわたって上谷の赤城《せきじょう》に赴いた。赤城は現在の北京延慶《べきんえんけい》の北にあり、慕容の勢力範囲に属していた。延慶には『水経注《すいけいちゅう》』濕水《るいすい》に見られるように、道武帝廟があって、その設置はこの時期の道武帝の東への移動といった諸事と関係があったと思われる。道武帝の東への移動は慕容と結んで窟咄を破るという需要からのものではあったが、以後の事態からは、慕容と結ぶことのさらに長期的な目的は、逆に賀蘭部への対処にあったと見られる。この後、慕容の軍は東西の間を自由に進退することができるようになり、賀蘭部と直接的な衝突を発生させるに至った。

登国四年、道武帝は賀蘭と接近していた高車諸部を襲撃した。高車襲撃の目的は実は賀蘭にあった。賀訥伝には、「太祖〔道武帝〕が吐（叱）突隣部を討伐するに及び、訥兄弟は遂に異図を抱き、諸部を率いてこれを救った。帝はこれを攻撃し、大いに崩潰し、訥は西に逃れた」とある。太祖紀登国四年条は高車諸部を襲い、撃破したときのこととして、「賀染干《がせんかん》兄弟は諸部を率いて救援に向かい、太祖の軍と遭遇し、迎撃してこれを敗走させた」と記す。これは拓跋・賀蘭の正式な衝突の端緒である。賀染干は賀訥の弟であり、賀訥は一貫して道武帝を保護しているため、賀染干の態度とはもとより異なっていた。その賀訥と賀染干が共同で道武帝に反対したのは、道武帝が慕容の軍を恒・代に引き入れ、高車諸部を襲撃し、それをそのまま賀蘭に及ぼしたことの直接的なリアクションである。高車諸部は遠く陰山以北の意辛山《いしんざん》におり、代々の賀蘭諸部の遊牧地と隔てられてはいたが、大枠では近いといえ、高車が滅びれば賀蘭は当然警戒したため、賀蘭諸部は内部の不和を放棄して、高車とともに、こうした外からの攻撃に抵抗したのである。登国五年、道武帝は慕容麟とともに、賀蘭・高車諸部を意辛山にて合撃した。やや後に、河西の鉄弗劉衛辰が賀蘭を襲い、賀蘭は進退窮まり、拓跋に降服を要請し、賀訥伝には「そのまま訥の部族と諸弟を東界に徙した」とあるが、これは登国六年のことである。この「東界」の具体的な位置は大寧・赤城の一帯であり、現在の河北省の北西部に相当し、その地はもともと慕容の勢力範囲であったため、賀訥は「東界」にて「慕容垂《ぼようすい》[100]に通じ」ることができ、「垂は訥を帰善王とした」のである。『資治通鑑』によ

(97)〔訳注〕慕容麟（?～三九八）は後燕皇帝慕容垂の子。淝水の戦いの後、慕容垂の部将として活躍し、後燕の趙王となったが、北魏との参合陂の戦いの際には慕容宝（後燕の皇太子）と対立し、後燕敗北の一因を作った。後に皇帝に即位したが北魏に中山を奪われ、慕容徳《ぼようとく》のもとに走ったが、慕容徳が南燕を建国すると、後に処刑された。

(98)『資治通鑑』のこの事例を、『魏書』巻二四 許謙伝、『晋書』巻一二三 慕容垂載記はともに載せていない。

(99)『魏書』世祖紀や『南斉書』巻五七 魏虜伝にあるように、北魏太延元年（四三五）に龍城の民を平城に徙した。賀蘭部民もこのとき徙された中に含まれていたはずである。

れば、東界に徙された者には賀訥の弟の賀染干の部は含まれておらず、染干の部族はなおもとの地の附近に駐留していたという。そのため六年の春に賀訥・賀染干兄弟が互いに攻撃し、慕容垂はそこで蘭汗《らんかん》に龍城の兵を率いて牛都（『資治通鑑』胡三省注によれば牛川にあったとされる）にて賀染干を破り、これを中山《ちゅうざん》に徙したのであるが、この賀蘭部族（一部）はこれより解散された。慕容麟の軍は賀訥を赤城にて捕らえ、その部衆数万を降し、そこで慕容垂は賀訥の部族を返すよう命じたのである。

　ここから、我々は賀蘭の各部族が短期間に征服され、強制移住ひいては解散を被った次のような過程を見出すことができる。一、登国三年に平舒一帯の賀頼頭の部族が代郡民とともに龍城に強制移住され、解散された。二、登国五年、賀訥（賀訥伝に「そのまま訥の部族と諸弟を東界に徙した」とあるため、賀盧《がろ》・賀悦《がえつ》が含まれていた可能性がある）の部族が赤城に強制移住されたが、賀染干の部族はなお原住地に駐留していた。三、登国六年に賀訥とその諸弟の部族は再び征服されたが、賀染干はなおも部族を領し、賀染干の部族は再度の征服の後に中山に強制移動された。ここに至って、賀蘭部は崩壊した。賀蘭部の崩壊は主として拓跋部が慕容部の兵力を借りたことによるのであり、戦略は拓跋部が主導し、利益を得たのも拓跋部であった。しかし散在した賀蘭はなおも少なくはなく、闘争は継続することとなる。

　拓跋部の勢力は日増しに発展し、恒・代を統一した。以後道武帝が中原にて軍事行動を実施し、慕容部に進攻したとき、賀訥・賀盧・賀悦は皆従軍した。皇始二年（三九七）に魏軍（拓跋部軍）は巨鹿《きょろく》の柏肆《はくし》にて敗れ、「賀蘭部帥附力眷《ふりょくけん》・紇突隣部《こつとつりんぶ》帥匿物尼《とくぶつじ》・紇奚部《こっけいぶ》帥叱奴根《しつどこん》らはこれを聞き、党与を集めて陰館《いんかん》にて叛し」[101]、庾業延《ゆぎょうえん》[102]は一万騎を率いてこれらを滅ぼした。また、皇始三年に、賀訥の弟である広川太守賀盧は冀州刺史を襲撃・殺害し、後燕に逃れ、そのまま南燕《なんえん》[103]とともに滅んだ。賀盧はすなわちさきの注に引いた『宋書』・『晋書』に見られる賀頼《がらい》盧《ろ》であり、道武帝の母方のおじであった。道武帝のおじの中で功労が最大の賀訥には、このとき既に統領すべき部族はなかった。賀訥にはなおも従父弟《いとこ》の賀悦がおり、彼は元来道武帝に侍して非常に心を尽くしたので、道武帝より厚遇された。賀訥・賀悦は平城にて官職についているので、その部族は強制解散を被り、分土定居がなされていたことになる。さらにその他の賀蘭部族は、別のところに散在したのであるが、彼らの全てがこのときに解散されたか否かについては、一概に言うことはできない。

賀蘭はもともと「部衆の業があり、皇祚を助け」[104]、その地位は重要であったため、賀訥は道武帝の母方のおじという尊い身分から、『魏書』外戚伝の最初に列せられたのである。幾度も分割・解散を経た賀蘭部は、依然として一定の社会的影響力を備えていた。分割・解散を経た部民はなおも一族を集めて住み、非常に凝集力があった。高柳郡《こうりゅうぐん》の安陽《あんよう》は賀蘭部族が解散した後における、その部民の代北における集住地点であった。平城にいた賀悦の後裔と安陽にいた賀蘭部民とは関係があり、彼らは賀悦の旧部であったかもしれない。賀蘭の解散のこうし

---

(100) 〔訳注〕慕容垂（三二六～三九六）は後燕初代皇帝。前燕の君主慕容皝の子であり、前燕の部将として華北進出に大きく貢献した。しかしその功から前燕の太傅慕容評《たいふぼようひょう》（慕容垂の叔父）らに疎まれ、当時前燕と対立関係にあった西方の前秦に投降し、前秦苻堅の部将となり、三七〇年の、前秦が前燕を滅ぼした戦役にも従軍した。淝水の戦いで前秦軍が大敗すると、諸部族の離反が続出する中で苻堅を守り続けた。三八五年に苻堅が姚萇に殺害されると、中山にて皇帝を自称した（後燕の建国）。以後は前燕の旧領を回復したが、皇太子慕容宝が三九五年に参合陂の戦いで北魏に敗北、慕容垂自身も翌年に病死した。

(101) 『魏書』巻二八　庾業延伝。附力眷について、『魏書』巻一五　毗陵王順伝《びりょうおうじゅんでん》は賀力眷に作っているが、音訳が異なるだけである。

(102) 〔訳注〕庾業延（?～四〇七）は代の人。後に庾岳と改名。代国の中部大人となったが、代国崩壊後、諸部族間を流浪する拓跋珪をもり立てたため珪の信任を得、王建らとともに外朝大人となり、軍・国のことに参与した。以後は西燕の救援や後燕への攻撃に携わり、主として軍事面で活躍したが、天賜四年（四〇七）に人君に擬した振る舞いを行ったとして処刑された。

(103) 〔訳注〕南燕は五胡十六国の一つ。北魏の攻撃により、後燕が領土の大半を失うと、三九八年に滑台にて慕容徳（後燕皇帝慕容垂の弟）が燕王を自称し、後燕とは別の燕を建国した（南燕）。後に南燕は山東の広固《こうこ》に都を遷し、現在の山東省一帯を支配したが、四一〇年に東晋の劉裕《りゅうゆう》（後の劉宋武帝）の攻撃により滅ぼされた。

(104) 『魏書』巻八三上　外戚伝序。

た余波については、この後の賀蘭部の個別考察〔第二章〕において論述するつもりなので、ここでは贅言しないでおきたい。

『資治通鑑』巻一〇七　東晋太元一五年（北魏登国五年、三九〇）四月丙寅条に、道武帝が慕容麟の軍と意辛山にて合流し、賀蘭・高車の諸部を破ったことが記され、胡三省注に、「史書は燕が魏のために駆除したと言う」とある。拓跋の慕容との同盟は、その目的が賀蘭・独孤への攻撃にあり、結局は慕容まで滅ぼした。胡三省はこの点を突いており、慧眼《けいがん》と言うべきであろう。

（二）独孤部族の解散

独孤部を、『魏書』官氏志は神元帝時代の内入諸部に入れているが、これは西晋時代の入塞北狄十九種の一つである屠各《とかく》であり、南匈奴《みなみきょうど》の苗裔である(105)。独孤と拓跋は代々通婚しており、関係は密接であった。道武帝の劉皇后は独孤部出身であり、部帥劉眷の娘、劉羅辰《りゅうらしん》の妹であった。独孤は道武帝に対して殊勲があり、孝文帝により功臣八姓の一つに定められている。

前秦が代を滅ぼした際、献明皇后賀氏は子の拓跋珪を携えて賀蘭部に逃れたがかなわず、南下して独孤部帥劉庫仁に投じた。独孤部にはそのまま九年（三七六〜三八五）とどまったのであるが、その間に拓跋珪は六歳から一五歳にまで成長した。そのとき独孤は強大であり、その勢力は恒・代以東にまで及び、㶟水の中流や太行山脈の東麓にまで及んでいた。賀蘭部の賀訥は苻堅の命を受けて東部を統轄して大寧におり、史書は「その恩信を広めさせ、衆の多くがこれに帰すること、劉庫仁に等しくなった（行其恩信、衆多帰之、侔於庫仁）」と記すが(106)、独孤劉庫仁がこれ以前に既にこの一帯に威信を有し、衆の帰するところとなっていたことが分かる。劉庫仁はかつて騎兵を派遣して幽州・冀州を支援して慕容を拒み、「雁門・上谷・代郡の兵を発し、繁時《はんし》に駐屯した(107)」ことがある。劉庫仁が死去すると、弟の劉眷が後を継いだ。劉庫仁の子である劉顕は劉眷を殺害し、自ら部帥となり、依然として「地広く兵強く、北辺を領有した(108)」。劉顕の拓跋珪に対する態度は、劉庫仁と大いに異なっていた。『魏書』外戚伝　劉羅辰条には、「顕は部衆の強きを恃み、常に叛逆することを謀っていた」のであり、賀皇后と拓跋珪はこれにより独孤を離れて北に行き賀蘭に投ずることとなった。

拓跋珪が代王に即位したとき、代国の北部には賀蘭部の藩屏《はんぺい》があって、比較的安全であったため、代国の主要な問題は南部の独孤劉顕の対処であった。太祖紀登国元年（三八六）三月条に、「劉顕は善無より南のかた馬邑《ばゆう》に逃れ」たとあるが、これは拓跋による賀蘭と結んでの侵攻から逃れるためであった。劉顕は馬邑におり、弟の劉亢泥を派遣して拓跋珪の季父窟咄を迎えて拓跋の南境を攻撃させた。こうして拓跋窟咄が独孤を、拓跋珪が賀蘭を、それぞれ頼り展開される、拓跋の君位をめぐる生死をかけた闘争が出現することとなった。

『魏書』巻一五　昭成子孫伝　寔君条は、代国が滅びる前夜の、昭成帝の臨終の際の状況について、「慕容皇后の子の閼婆《あつば》らは年長ではあったが、国統〔君統〕はまだ定まってはいなかった」と記す。昭成帝の庶長子である寔

(105)　〔訳注〕後漢建武二三年（後四七）に匈奴の日逐王比《じっちくおうひ》が自らの部を率いて塞内に来附し、翌年比は単于に即位した（呼韓邪単于《こかんやぜんう》）。これが南匈奴であり、モンゴル高原に残った匈奴を北匈奴と呼ぶ。南匈奴は現在の山西省一帯に分布した。内田吟風「後漢光武帝の対南匈奴策に就て（上）匈奴分裂以前の後漢・匈奴の交渉」（『史林』第一七巻第四号、一九三二年）、「後漢光武帝の対南匈奴策に就て（下）匈奴の分裂と光武帝の南匈奴統御」（『史林』第一八巻第一号、一九三三年）参照。

(106)　この一帯は、漢～西晋以来辺境沿いの烏桓の集住地域であり、賀訥の「衆の多くがこれに帰する」の「衆」は、鮮卑の他部を除いては、烏桓を指し、独孤を含んでいたはずである。当時の人々も独孤を烏桓と見なしていた。

(107)　『魏書』巻二三　劉庫仁伝。

(108)　『魏書』巻二四　張袞伝。

君は、分不相応にも君位を狙い、慕容皇后の諸子や昭成帝本人を殺害した。昭成帝の少子である窟咄は難を免れたが、前秦軍に捕らわれて長安に連行され、前秦の崩壊後、窟咄は長子《ちょうし》〔地名〕にて西燕慕容永に投じ、劉亢泥はこれを迎えてその甥である珪と君位を争わせた。拓跋の君位継承については、本来慣習法の規定はなく、代国が復興しても、実際には公認の継承者はなかったため、競争の意志のある人々は少なくなかった。拓跋珪には嫡長の名分があったが、だからといってとりたてて尊重されていたわけではない。彼は当時一六歳であり、窟咄よりも幼かったが、まさしくこれこそが彼の重大な弱点であった。『魏書』巻二八 莫題伝には、代人の莫題(109)について、「〔莫題は〕矢を窟咄におくり、彼に、『三歳の子牛がどうしてこの重さに耐えられようか』と言った。窟咄が年長で太祖〔道武帝拓跋珪〕が年少であったことを言っているのである」とある。そのため独孤劉顕が窟咄を助けて南境に迫らせたときについて、太祖紀には「ここにおいて諸部は騒ぎ乱れ、人心は恐れ惑った。帝の左右の于桓《うかん》らは諸部の人々と叛逆してこれに応ずることを謀った」とある。『魏書』巻二七 穆崇伝《ぼくすうでん》は于桓がおじの穆崇(110)に語った言葉として、「今窟咄は既に立ち、衆は皆これに帰附しており、富貴は失うべからざれば、おじ上にはこれにくみすることをお願いします」とある。道武帝は内乱を深く恐れ、ここにおいて陰山を越えてしばらくの間賀蘭部に避難し、山を防壁とした。窟咄伝は、道武帝が安同《あんどう》(111)と長孫賀《ちょうそんが》を派遣して慕容垂に援軍を求めさせたが、長孫賀が窟咄のもとに走ってしまったことを記す。慕容の援軍が来、安同はさきに牛川に帰り、また「窟咄の兄の子の意烈がこれを防ぎ」、安同はわずかに身をもって免れた。このとき、賀蘭部の賀染干も窟咄に応じ、「北部に侵攻し、人々は皆驚き、人心は安定せず、ここにおいて北部大人叔孫普洛節《しゅくそんふらくせつ》及び諸烏丸が衛辰のもとに逃れた」。『魏書』巻二五 長孫嵩伝《ちょうそんすうでん》にはさらに、「寔君の子も衆を集めて自立し、嵩はこれに帰属しようとした〔寔君之子亦聚衆自立、嵩欲帰之〕」といったことを載せている(112)。代王に即位したばかりで、このように危険な局面に遭遇していた道武帝は、当面の強敵が独孤であり、賀蘭もまた頼るに足りないことをはっきりと見て取っていた。

もし君位を強固なものとし、拓跋の内部を安定化させようとするならば、外部勢力を利用して独孤と賀蘭を征服しなければならなかった。こうして慕容に援軍を要請するという方略が出現したのであるが、これについては既に見てきたことである。

登国元年一〇月、道武帝は慕容麟の援軍と高柳にて合流し、北上してきた窟咄を大いに破った。窟咄は鉄弗劉衛辰のもとに逃れたが、衛辰はこれを殺害し、道武帝は窟咄の衆を尽く収めた。しかし、窟咄の支持者である独孤劉顕・劉亢泥兄弟が強大で制しがたい勢力であったことについては、依然として変わらなかった。さきに引用した『資治通鑑』登国二年〔東晋孝武帝太元一二年〕三月条の、後燕の上谷人王敏が太守封戢を殺害し、代郡人許謙が太守賈閏を追放し、「各々郡を挙げて劉顕に帰附した」(113)という事例について、『魏書』張袞伝は、袞がこのと

(109)〔訳注〕莫題（?～三九八）は代の人。初め幢将《どうしょう》となり、禁兵（近衛兵）を領した。参合陂の戦いに従軍し、上党の群盗平定などに功績を挙げたが、後に処刑される。

(110)〔訳注〕穆崇（?～四〇六）は代の人。神元帝拓跋力微の時代より代々拓跋部に仕え、穆崇自身も拓跋珪に独孤部滞在時より尽くした。北魏建国後は軍事面で活躍し、後に太尉となった。

(111)〔訳注〕安同（?～四二九）は安息《あんそく》（パルティア）の太子で訳経僧でもあった安世高《あんせいこう》の子孫とされる。父の安屈《あんくつ》は前燕の殿中郎将《でんちゅうろうしょう》であったが、前燕が前秦苻堅に滅ぼされると、安同は屈の友人の公孫眘《こうそんけん》とともに商人となった。公孫眘の妹が前秦の後宮に入れられ、後に劉庫仁の妻となった縁からか、安同は拓跋珪に仕えることとなった。その後は北魏の部将や監察官として活躍した。

(112)この他に言えることとして、後に南安公順が自立しようとしたことがある。順は窟咄の兄地干の子である。道武帝は冀州に出兵したときに順をとどめて京師を守らせ、順は道武帝が柏肆にて打撃をうけたという噂を聞き、自立して道武帝に代わろうとしたが、代人の莫題に諫められてとどまった。ことは『魏書』巻一五 毗陵王順伝や巻二八 莫題伝に詳しい。これは昭成帝の子孫と道武帝の君位争いの余波である。莫題その人については「智略が多く才能があった」とし、かつては道武帝を「三歳の子牛」のようなものと貶め、窟咄に君位争いをそそのかしたこともあった。本書第三章「部族解散とは何のための施策だったか 二——独孤部族解散問題」を参照

(113)『資治通鑑』は同年条に続けて慕容麟が上谷にて王敏を討伐・斬殺したことを、その翌年の条に許謙を破ったことをそれぞれ記している。許謙が敗れたとき劉顕は既に敗れて西燕に向かって逃走しており、許謙も西燕に奔ったが、後には道武帝に帰属した。

き道武帝に、「顕の意志は大きく、過分な望みを抱き、自分を天地に擬え、宇宙を広く覆わんとするはかりごとを有しております。〔春秋時代の夫差《ふさ》の〕呉が〔勾践《こうせん》の〕越を併合しなければ、後患となりましょう。[114]今はその内紛により、速やかにこれに乗じた方がよいでしょう」と言ったとする。彼は再び慕容の支援を求め、ともに劉顕を攻撃することを建議した。このとき劉顕が劉衛辰の慕容に贈った馬匹を掠奪したという事件が発生し、慕容麟の軍はそこで機に乗じて登国二年五月に劉顕を破り、劉顕は馬邑以南の弥沢《びたく》に逃れ、道武帝は慕容とともにこれを撃破し、劉顕は遂に西燕に逃れることとなった。慕容麟は劉顕の部衆を収め、あわせてこれを中山に徙した。[115]『資治通鑑』は中山に徙された独孤部衆について、その数を八千余落とする。胡三省注にはここで「劉顕が滅んで拓跋氏が強くなった」と論じている。胡三省注のここにおける喝破は、彼がやや後に拓跋・慕容がともに賀蘭・高車諸部を破ったところにて「史書は燕が魏のために駆除したと言う」と主張したのと同様に、一貫した鋭い見識である。

前掲張袞伝にある、劉顕の「内紛」とは、太祖紀登国元年三月条にあるような「劉顕は善無より南のかた馬邑に逃れ、その一族の奴真《どしん》が部を率いて来降し」、独孤部が分裂したことを指しているのであろう。劉庫仁伝はこれを比較的詳細に記しており、また道武帝が奴真を助けて内部を平定させ、「奴真は恩に感じ、妹を後宮に奉納することを要請し、太祖はこれを納れた」とする。この奴真はすなわち『魏書』外戚伝の劉羅辰であり、この人物は劉眷の子、劉顕の従弟、道武帝の劉夫人〔死後に皇后位を贈られる〕の兄である。『魏書』の著者である魏収は詳しく調べず、誤って劉奴真・劉羅辰の二人としてしまっている。[116]劉顕は南に逃れ、劉羅辰は道武帝に投じ、独孤部は分裂したのであるが、これは道武帝が慕容と結んで劉顕を撃破するのに有利な条件となった。

登国二年〔三八七〕に慕容麟が劉顕の部族を中山に徙したことは、史書にあらわれる独孤部族の最初の被征服・強制移住事件であった。一一年後、天興元年〔三九八〕、中山の慕容部は拓跋部によって平城《へいじょう》に強制移住されたが、以前に慕容麟によって中山に徙された独孤劉顕の部民がこれに含まれており、その部族組織は既に次第に解散を被っていたはずであって、部族大人も二度と特権を享受することはなかった。

独孤部族の第二の被征服・強制移住・解散は、皇始元年（三九六）に行われた。元来、劉顕が撃破された後、「燕主の垂《すい》（慕容垂）は劉顕の弟の可泥《かでい》を烏桓王に立て、その衆を慰撫させ、八千余落を中山に徙し（燕主垂立劉顕弟可泥為烏桓王、以撫其衆、徙八千余落于中山）(117)」ていた。可泥とはすなわち亢泥である。劉顕は亢泥に窟咄を引き入れて道武帝と君位を争うよう仕向けさせたのであり、ここに至って亢泥はその部族を領したまま慕容の封を受けたのである。亢泥はこのとき烏桓の集住地域であった広寧に駐留しており、また独孤にはもとより「烏丸独孤」という名称があって、亢泥が烏桓王に封ぜられたのはこのためである。太祖紀皇始元年六月条には、「将軍王建(118)ら三軍を派遣して（慕容）宝の広寧太守劉亢泥を討伐させ、これを斬り、その部を平城に徙した」とある。このように、独孤劉顕の部と、劉亢泥の部とは、最終的には平城に強制的に移動されて「新民」となり、分土定居・計口授田《けいこうじゅでん》により、その部族組織は自然に解散した。残る独孤の重要勢力は、先に降服した劉羅辰しかおらず、

(114)〔訳注〕いわゆる臥薪嘗胆《がしんしょうたん》の故事。越王勾践に敗れた呉王闔閭《こうりょ》は負傷がもとで死去し、復讐を誓った子の夫差は呉王となり、勾践を破って降服させた。しかし夫差は勾践を殺さず、後に勾践は呉を攻撃してこれを滅ぼし、夫差も自殺した。

(115)『魏書』巻二 太祖紀、巻二三 劉庫仁伝。

(116) 本書第三章「部族解散とは何のための施策だったか 二――独孤部族解散問題」の「三 『魏書』にあらわれる劉奴真と劉羅辰」に詳しい。

(117)『資治通鑑』巻一〇七 太元一二年条。ここの文意はあまりはっきりしない。劉庫仁伝に「〔顕の〕部衆は尽く麟に降伏し、麟はこれを中山に徙し」たとあるのに基づけば、八千余落は劉顕の部衆の数となろう。「その衆を慰撫させ（以撫其衆）」とは劉亢泥に引き続き彼自身の独孤部衆を慰撫させ、強制移住しなかったことを指す。

(118)『魏書』巻三〇 王建伝によれば、王建は、広寧の人であり、代々拓跋と通婚し、建は若くして公主を娶った。この広寧王氏は明らかに漢人ではなく、烏桓人である。本章第三節参照。

図 1-2　文宣帝南巡碑

彼は官爵を受け、『魏書』外戚伝では賀訥の後に列せられたのであり、その部民も自然に賀訥の部民と同じく、早くに指定された地点に定住していた。

　ここでは独孤の解散という問題について論じたが、さきに論じた賀蘭部の賀訥兄弟の部族解散と同じく、独孤部帥の劉庫仁の子や甥の部族について言ってきたに過ぎない。独孤部内のその他の部族については、状況は明らかではない。『周書』巻一六 独《どっ》孤信伝《こしんでん》には、文成帝の和平《わへい》年間（四六〇～四六五）における[119]信の祖父について、「良家の子をもって雲中から武川《ぶせん》に鎮し、よってここを家とした。父の庫《こ》は、領民酋長となった……[120]」とある。領民酋長の一件について、庫なる者が部族を領したまま解散を被らなかったのか、それとも彼が武川に鎮して以降の新たな配置であったのか、どちらを指しているのか知る術はないが、前者であったと思われる。

賀蘭の命運と同じく、独孤も解散後はその子孫は一時栄えなかった。しかし独孤部族は復活が比較的早かったようであり、『文成帝南巡碑《ぶんせいていなんじゅんひ》』の随行した臣僚の碑陰題名に、独孤の人名は全部で八人見られる（図1-2）。この後子孫に恵まれ、北朝から隋唐に至るまで、史書に見られる独孤の人物は少なくはなく、それどころか高い地位にいた者が多かったのである。

（三）慕容部に対する処置

道武帝は窟咄を滅ぼし、また続けて独孤・賀蘭の各部族を大いに破ったが、これらの軍事的な勝利は主として慕容に頼って得られたものであった。しかし戦略的な意図は拓跋より出されたのであり、政治的な成果も拓跋に帰した。たった七、八年という短時間で、拓跋は代北を統一したのである。

拓跋・慕容が同盟を結んだとき、慕容はその西側の安全を保証されるという利益を得た。しかし援軍を求めたのは結局拓跋であったため、慕容は拓跋に対して自然に要求するところが生じ、その中には質子・馬匹や軍事的な便宜を求めるということが含まれていた。後燕軍は自由に東西の間に入ることができるようになり、拓跋の中

（119）〔訳注〕独孤信（五〇二～五五七）は西魏の武将。爾朱栄の部将となり、後に西魏宇文泰の配下となった。一時は梁に亡命していたが、後に西魏に戻り、西魏の重鎮となった。北周建国の直後、宇文護に迫られて自殺した。長女は北周明帝の皇后、四女は唐の高祖李淵の母、七女は隋の高祖楊堅の皇后である。

（120）趙超『漢魏南北朝墓誌彙編』（天津古籍出版社、一九九二年）所載の独孤信墓誌には、信の父が領民酋長であったとする文はない（四八〇-四八一頁）。

枢を厳しく威嚇した。道武帝は登国九年（三九四）に東平公儀《とうへいこうぎ》[121]に五原《ごげん》から稒陽《こよう》に至るまでの塞外の一帯に屯田させたが、この行動は朔方を管理するという意義以外に、戦略的には漠北の警戒・西部の藩屏・盛楽の防衛という必要から出されたものであった。この年のやや後に、後燕の慕容垂が西燕の慕容永を滅ぼし、拓跋に後燕を牽制する同盟国を失わせ、遂に登国一〇年（三九五）秋に慕容宝が直接五原に攻め込み、拓跋を包囲し、儀が「朔方に拠し、その（慕容の）帰還路にて待ち伏せた」[122]。しかし慕容宝の進攻は参合陂の大敗によって終結する。これより慕容は次第に衰え、東西の強弱の形勢は変化した。拓跋は恒・代を出、幽州・冀州を併呑したが、主として「後燕の衰退に乗じた」[123]のである。

拓跋と慕容は東西に分かれて存在しており、儀の言うように、代々兄弟であり、もともと突出した利害の衝突はなく、相互に相手を敵と見なしてはいなかった。慕容部の発展水準は拓跋部よりはるかに高く、中原《ちゅうげん》にて国を建てた経歴があり（前燕・後燕など）、部民の多くの部分は既に政権の興廃にしたがって華北の各地に移住したのであり、これは独孤・賀蘭とは大きく異なっている。昭成帝の皇后は慕容部の出身であり、道武帝は昭成帝の慕容皇后の嫡孫であったが、慕容の志は中原にあり、代北拓跋の内部運営に干渉することは多くはなく、このことも独孤・賀蘭と異なっている。道武帝の正式な皇后も慕容部の出身であったが、彼らの結婚は既に後燕を滅ぼした後のことであった[124]。

慕容は新たに征服され、また拓跋の新しい后族となったが、これも道武帝による部族解散の波の中で処置されたはずである。しかも中原に散在する徒何《とか》（慕容）がときに叛乱し、拓跋の後方における悩みの種となっていた。例えば太祖紀にあるように、皇始二年（三九七）に、「幷州の守将封真《ほうしん》（封賨真《ほうとうしん》）がその種族や徒何を率いて叛逆し、刺史元延《げんえん》（拓跋素延）を攻撃しようとしたが、延はこれを討伐・平定した」。他にも太祖紀や食貨志《しょっかし》に見られるように、天興元年（三九八）に徒何（慕容）を含む山東の民を平城に内徙したということもあった。内徙された慕容部民は耕牛と土地を得、恒・代の農戸となり、居住地は一つに連なっていたが、部族組織は逆に跡形もなくなっていたと思われる。過去に慕容によって中山に強制移住された賀蘭部の賀染干や独孤部の劉顕が統率していた部民は、理屈から言えばこの徙民《しみん》のなかに含まれ、彼らも同様に平城にて耕牛を得て分土定居し、部族組織はとっくに解散されていたはずである。こうした意義から言えば、天興年間（三九八〜四〇四）における徙何の徙民は、登国年間（三八六〜三九六）に独孤・賀蘭の諸部族を解散したことの継続であったことになる。この年の七月、道武帝は遂に盛楽から平城に遷都し、城郭での居住に向けて大きな一歩を踏み出したのであるが、これは平城に民を徙し分土定居したことと直接的な関係があったと思われる。

賀蘭部族が解散された後、集住した部民になおも政治的な活動があった一方で、平城地域の慕容部民にもときどき同様の動きが見られた。太祖紀天賜六年（四〇九）七月条に、「慕容の支属百余家が外に逃れようとはかったが、発覚し、誅殺され、三百余人の死者を出した」とある。家を単位として逃亡をはかった慕容は、疑いなく一

---

(121)〔訳注〕拓跋儀（?〜四〇九）は昭成帝拓跋什翼犍の孫、拓跋翰の子。古くから拓跋珪の側近をつとめ、主として軍事面で活躍し、登国三年（三八八）には後燕への使者として派遣された。九原公・平原公・東平公・衛王などの爵位を得たが、後に拓跋珪に殺害された。

(122)『魏書』巻一五　秦明王翰伝附儀伝。儀伝にはさらに「太祖が慕容垂を図るに及び、儀を派遣して隙をうかがわせた」とあり、儀は帰還して、垂が死し宝が立つのを待ち、これを図るべし云々と言ったとされているが、これは道武帝が垂を図ることについて、儀と検討したことを物語っている。

(123) 中華書局標点本『魏書』附録『旧本魏書目録叙』の劉恕らが『魏書』を奉った際の語である。

(124) 昭成帝の慕容皇后は、前燕慕容皝の娘であり、道武帝の祖母である。前述の道武帝と君位を争った窟咄は、慕容皇后の年少の子である。道武帝の慕容皇后は、後燕慕容宝の娘であり、中山が平定された後に、掖庭に充てられ、金人の鋳造を成功させ、拓跋の旧俗に基づき皇后に立てられたが、これは独孤劉羅辰が妹を奉じた後のことである。劉羅辰の妹はもとは道武帝の劉夫人〔劉貴人・劉皇后〕であり、子が生まれ儲君に立てられたことから、死を賜り、後に皇后位を追贈され、皇后の身分をもって配饗された。

一年前にここに強制移住された徙何であるが、戸数が表記されても部帥の名がないため、その部族が既に解散されていたことが証明されよう。『魏書』巻五〇 慕容白曜伝《ぼようはくようでん》に、「初め、慕容は敗れた後も、種族はなおも多かった。天賜年間の末、非常に忌まれて誅殺された。ときに放免された者もいたが、あえてもとの姓を名乗ることなく、全て輿《よ》という姓を名乗った[125]。延昌年間の末、詔によりもとの姓を復させた。先に掖庭〔後宮〕に入ったその子女は、なおも慕容を号しており、特に他族よりも多かった」とある。慕容白曜[126]は前燕慕容皝《ぼようこう》[127]の玄孫であるが、『魏書』本伝にはその父の履歴しかないため、その祖や曾祖が西方の平城に徙された山東徙何であったのではないかと思われる。『周書』巻一九 豆盧寧伝《とうろねいでん》には、「〔豆盧寧は〕昌黎《しょうれい》の徙何人である。その祖先の本姓は慕容氏であり、前燕の支庶であった。高祖の勝《しょう》は……皇始年間の初めに北魏に帰属し、……豆盧という姓を賜ったが[128]、ある人は難を避けて改めたのだと言う」。難を避けて姓を改めるとは、天賜六年の難を指すであろう。これは道武帝の死去する前に恒・代の徙民を鎮圧したという一大事であり、徙民が外に逃れたというのはただの口実に過ぎず、真の原因は慕容の「種族がなおも多」く、道武帝がこれに対して妬み憎んだことにあったと思われる。

道武帝が慕容を平城に徙しても、山東に散在した慕容〔徙何〕はなおも多かった。ここで太宗紀 泰常三年（四一八）条に、「冀州・定州・幽州の徙何を京師《けいし》〔首都平城〕に徙した」とある行動に出た。泰常八年（四二三）に明元帝が鄴に行幸したときには、娥清伝《がせいでん》の記述によれば、「これに先立ち、徙河〔徙何〕は三州に散在し、非常に民の害をなした。清に詔してこれを平城に徙させた」という。さらに後には、部族としての実体を有していた慕容部は、歴史上から次第に退出していったのである。

賀蘭部・独孤部は解散され、慕容部も処理された。平城附近の多くの部族の部衆は、昔日の君長大人の統治から離脱し、次第に編戸斉民となり、拓跋政権への帰属感が強まることとなった。これは北魏一代における境域内の民族集団の叛乱が比較的少なく、北魏政権が十六国の各国政権に比べて長く存続したことの重要な原因であった。さらに注目すべきは、辺鎮やその他の奥地の、解散されていなかった部族が、後に北魏を転覆する重要な勢力となったことである。

五　皇太后たちと「子貴母死」

（一）献明帝賀皇后の死についての疑問

献明帝の賀皇后（賀太后）は、道武帝の生母であり、道武帝を育てるために草原諸部族の間を奔走し、艱難《かんなん》を

(125) この輿氏は慕輿氏であり、標点本校勘記に解説がある。しかし官氏志は慕輿を内入諸姓の一つとしており、慕容の改姓の後に初めて生まれたものではないとする。あるいは慕容の生き残りの民が既にいたが、近く便利な慕輿氏に改めたのかもしれない。

(126)〔訳注〕慕容白曜（?～四七〇）は北魏の武将。文成帝拓跋濬の死後に乙渾とともに政権を担当し、また南朝劉宋との山東をめぐる戦いに尽力した。皇興四年（四七〇）、かつて乙渾に協力的であったことを理由に処刑された。

(127)〔訳注〕慕容皝（二九六～三四八）は慕容部の大人、前燕（五胡十六国の一つ）の君主。慕容廆の子であり、初めは部将として宇文部・段部といった周辺部族と戦った。慕容廆の世子となり、三三三年に慕容廆が死去すると、その後を襲った。

(128)『旧唐書』巻九〇　豆盧欽望伝《とうろきんぼうでん》はその先人が太和年間（四七七～四九九）に盧氏に改め、唐の永徽年間（六五〇～六五五）に豆盧姓に復したという。また『魏書』官氏志の内入諸姓に吐伏盧氏があり、盧氏に改めたとする。これによれば豆盧氏が吐伏盧氏であり、魏の盧魯元《ろろげん》がこの姓から派生したことが分かる。注(40)『北朝胡姓考』盧氏条（九五−一〇〇頁）参照。

経験し尽くした。道武帝は一六歳のとき、賀皇后にしたがって賀蘭部に逃れ、賀皇后の兄である賀訥らを頼って擁立され、それによって初めて代国を復興することができた。こうした母后や后族に頼って君位を得たという事例は、道武帝以前の百年余りにわたる拓跋の歴史において、もとよりしばしば見られて珍しくもないことではあったが、道武帝のときには、このようなことは既に時代に合わなくなっており、帝業を開拓し皇帝権を高める道武帝の桎梏《しっこく》となっていたようである。

太祖紀や皇后伝 昭成賀皇后条によれば、登国五年〔三九〇〕八月に賀太后の年少の子の觚《こ》が後燕に使者として赴き、六年七月に慕容垂は觚をとどめて名馬を求めたが、道武帝は「これを断った〔後燕と絶交した〕」。賀太后はこのため「憂慮して重病にかかり」、一一年六月に崩じた。(129) 賀太后の死について、史書は全く異議を唱えていないが、〔本章第一節で触れたように〕私はその間にある種の事情があったのではないかと疑っているので、ここでその考察を試みたい。

秦王觚《しんおうこ》について、皇后伝は賀皇后の末子としているが、昭成子孫伝 秦王翰《しんおうかん》条は翰の子としている。標点本『魏書』校勘記は「皇太子拓跋寔〔献明帝〕の死後、賀氏がレヴィレート婚によって翰の妻となって生んだはずである」とする。周一良氏は「翰の死去時には賀氏はなお生まれていないか、あるいは乳児であった」と言い、よって賀氏が寔の死後に寔の弟である翰に嫁いで觚を生むなどということはあり得ないとされる。(130) 氏は『晋書』苻堅載記や『宋書』索虜伝《さくりょでん》、『南斉書』《なんせいじょ》魏虜伝《ぎりょでん》の道武帝が昭成帝の子であるという記載に基づき、寔の死後に昭成帝が賀氏を娶り、秦王觚を生んだと言われる。本書では周氏の説にしたがうこととしたい。昭成帝什翼犍の子孫の中の多くの人について、その親子関係は混乱しており、疑問点が非常に多く、全てを考察することはできないが、大抵は賀皇后が再婚して子を生んだことと関係があろう。(131) 北俗ではこうした乱倫のことは嫌疑されず、賀皇后が再婚して子を生んだことは、彼女の拓跋部における立場にとっては、もとより障害とはならなかった。かえって、再婚して子を多く生んだことが、彼女をしてさらに長く、広汎に拓跋部において影響力を発揮させたであろうことは、間違いなかろう。しかし、北魏帝国が建てられ、社会・文化に変化が生じ、賀皇后の「〔道義的に〕正しくはない（不典）」ことは忌避されるようになり、その生んだ諸子は宗人の譜牒に載せられるべきであったが、尽く隠し、飾るには難しくなり、このため齟齬《そご》をきたして合わないところが多く生じた。秦王觚について論ずるならば、母系からは道武帝の弟となり、父系からは道武帝の従父《おじ》となる。こうした身分の問題は、道武帝の立場を困難にするだけでなく、その他の紛糾を引き起こした可能性が高いのであるが、特に潜在的な君位争いの問題があった。

既に論じたように、拓跋は代国を復興させたが、道武帝はもとより唯一の君位継承予定者というわけではなく、その従父や従兄弟は、皆自らが君位を継承する資格を有していると考えていた。そのためその従父窟咄は遠方から来たって君位を争奪し、その他の従父・従兄弟が追随したのである。道武帝の死後、清河王紹は宮門にて可能な君位継承者を列挙し、その中には彼自身以外に、陰平公烈《いんぺいこうれつ》(132)がいたが、この人物と秦王觚は実の兄弟であり、母系からは道武帝の同腹の弟となり、父系からは道武帝の従父となる。秦王觚や陰平公烈は道武帝の同母兄弟であ

(129) 太祖紀は皇始元年に繋けるが、この年の七月に初めて皇始と改元されている。

(130) 注(6)『魏晋南北朝史札記』「崔浩国史之獄」条（三四二—三五〇頁）参照。

(131) 皇后伝　昭成賀皇后条は、賀氏（賀太后）が独孤部から逃れる前に、泣いて劉顕に、「私の子供たちははじめは皆ここにいたのに、今では尽く亡くなった」云々と言ったとする。賀訥伝は賀氏が賀蘭部に逃れ帰った際に、衛王儀・秦王觚が随行したとし、この二王は「子供たち」に含まれていたこととなる。随行した二子以外に、賀太后は「今では尽く亡くなった」子を有していたはずである。

(132) 〔訳注〕拓跋意烈（?〜三九八）は拓跋力真《たくばつりょくしん》（昭成帝拓跋什翼犍の子）の子。名は「烈」とも称される。初め慕容垂の後燕のもとにあったが、拓跋珪が中山を征服すると、妻子を捨てて井陘にてこれを迎え、以後は北魏の部将となり、遼西公・広平太守となった。当時和跋《わばつ》が鄴の行台を管轄し、意烈はその下風に立つことに不満を抱き、鄴を攻撃してこれに代わろうとしたが、発覚して死を賜った。

り、兄が死去すれば弟が継ぐことができ、君位継承においてはともに疑わしい地位にいたのである。

ここから、賀太后の死についての問題、すなわち秦王觚が後燕に使者として赴いたまま帰らなかったことにより、賀太后が憂死したことについて、その中にさらに隠れた意味があったのではないかという疑惑が生ずる。このことについては本章第一節の終盤で、「道武帝がその母である賀太后の死の翌月に『母に〔皇后の〕尊号を進呈し』たことが、『子貴母死』制度の前例であったかもしれ」ないと指摘しておいた。

道武帝が秦王觚を後燕に使者として派遣したことは、彼が慕容垂の助力を用いて窟咄を追い払い、独孤・賀蘭を征服していたときに行われたのであり、このことは後燕に対し親善・謝辞を表明するという類の行動であった。慕容垂の勢力が強い一方で、道武帝の勢力は弱く、垂が威恩をもって質子・名馬を求め、(133) 道武帝の反感を招いたであろうことは、十分可能性がある。『魏書』高湖伝《こうこでん》は後燕の高湖が、慕容宝を派遣して西に侵攻しようとする慕容垂を諫《いさ》めたときに、「魏は、我が燕の同盟国であります。……先頃馬を求めて得られませんでしたが、〔魏の拓跋珪は〕そのままその弟を〔こちらに〕とどめたのでありますから、不正はこちらに生じ、あちらの失策ではなくなります」と言ったことを載せる。しかし拓跋側から見ればこれは妥協できないことではなく、例えば馬で弟と取り替えることもできたはずである。太祖紀には、「慕容垂は觚をとどめて名馬を求めたが、帝はこれを断った〔後燕と絶交した〕」とあるが、この後二度と觚のことは書かれなくなった。道武帝がささいなことから後燕と絶交し、觚の立場や安否を顧みなかったことは、軽率に過ぎるように見える。

秦王觚伝には、「垂の末年には、政治は群臣のものとなり、遂に觚をとどめて賂を求めた。太祖はこれを断った。觚は左右に数十騎をしたがえ、その衛将を殺害して逃れ帰った。〔觚は〕慕容宝に捕らえられ、中山に帰り、垂はこれをますます厚遇した。觚はしたがって学業に専念し、経書を誦読《しょうどく》すること数十万言に及び、垂の国人は皆これを讃え重んじた」とある。垂に道武帝と絶交する意図はなく、また觚を殺すという意図もなく、ひいては

「觚をとどめて賂を求め」たが、これは彼が老いていたため、その責任・意志は部下〔群臣〕にあったと見られる。これらの状況を、賀太后が知らなかったはずはなく、賀太后の子思いは情にも理にもかなうものであったが、彼女がこれによって道武帝に何か述べたということはうかがえず、このために心配から病をわずらい、死に至ったということは、かえって理解しがたい(134)。

道武帝にはもともと西燕と結んで後燕を制するという初志があったため、ある種の策略を考えたはずであったが、幼い頃よりその左右に侍していた秦王觚を犠牲にする必要に迫られるほどには至っていなかった。道武帝が觚の安危を顧みず、軽々しく旧交を絶ったことには、さらに深い原因があったと見られる。このことは觚が拓跋の君位に対して潜在的な脅威を構成し、したがって道武帝が慕容を利用して觚をとどめさせ、それによって後患を取り除かせようとしたということを、人に疑わせないわけにはいかないものである。道武帝のこの動機について、賀太后は完全に理解していたが解決できず、絶望し、憂死するに至ったのである。このため賀太后の憂死の背後に隠れた意味があったのではないかと私は疑っている。疑わしいのはこの一件にとどまらず、道武帝の死の前に衛王儀が死を賜ったことも、同様の理由によったと思われる(135)。

これとは別に疑うべき問題があり、賀蘭部の悲惨な命運に対する賀太后の反応がそれである。賀蘭部の悲惨な命運は、賀太后が最も憂慮していた大事であったはずである。賀太后は早くから奔走して移動を重ねており、賀

(133)『魏書』劉庫仁伝は劉衛辰が馬三千頭を垂に送り、独孤劉顕に掠奪されたことが載せられており、後燕が馬匹を必要としていたことがうかがえる。下に垂が「觚をとどめて賂を求め」たことを引いているが、「賂を求め」たとは馬を求めたことを指す。
(134)秦王觚が慕容詳に殺害されたことは、慕容垂と賀太后がともに死去した後のことであり、賀太后の憂死はこれと関係ない。
(135)ともに賀太后に養われ、幼いときより觚とともに道武帝の左右に侍した衛王儀は、君位継承においては同様に嫌疑される立場にあった。道武帝が死去する直前に儀に死を賜ったことについても、儀が君位をうかがったと疑ったためであった可能性がある。

蘭部は終始彼女が庇護を求めたところであった。賀染干以外の彼女の従兄弟は、全員が彼女にとって大恩のある人々であった。しかし彼女は道武帝による、慕容と結んでの賀蘭各部族に対する征服・強制移住・解散の全過程を目の当たりにしていた。彼女の死の一箇月前には、さらに彼女にとって同様に大恩のある独孤部帥劉亢泥が斬殺され、その部族が強制移住されるということを見ていた(136)。これらの残酷・無情な闘争は、道武帝にとっては君主権強化の必要から来るものであったが、賀太后は逆に、道武帝の成功を分かち合うことはできなかった。また、賀蘭部の残存勢力に対する道武帝の圧力はなおも解除されていなかったらしく、このことは賀太后の死後の一年余りにおいて発生した二つの事件から看取される。一つは賀蘭部帥賀力眷らが陰館にて叛乱を起こしたことであり、もう一つは賀太后の弟である賀盧が道武帝の中原征服に従軍していたときに南燕に投じたことである(137)。これらはともに賀蘭部残存勢力の道武帝に対する反抗であり、かつ賀太后の死と全く関係がなかったわけではないらしい。まさしく道武帝の勝利が、賀太后の生活を憂鬱な陰の中に引き込んだと言うことができよう。こうした憂鬱について、秦王觚が後燕に使者として赴き、しばらく帰らなくなったことだけが原因であったはずはない。賀太后の死は、道武帝の賀蘭部に対する圧力を反映していたと思われる。

賀太后の死は拓跋の歴史が急速に変化したときのことであった。彼女は登国一一年（三九六）六月望日（一五日）に死去し、この月のうちに葬られ、七月、許謙が皇帝の尊号を勧進し、道武帝は天子の旌旗を立て、皇始と改元したが、これは北魏の帝業の開始を意味する(138)。八月、大いに治兵〔軍事演習〕し、慕容宝を討ち、九月、幷州を平定した。北魏には終喪の制はなく(139)、「太皇太后・皇太后・皇后が崩ずると、全て漢・魏の旧制にしたがい、既葬公除した(140)」。そのため、賀太后が死去することで、朝廷中の軍・政の大事が延期されることはなかったことが理解できる。しかし遊牧民族の習俗の大喪には、さらに礼制方面からの要求があった。『魏書』礼志には六代に仕え故事に精通していた東陽公丕が孝文帝に、「聖世以来、大諱の三箇月後には、必ず西にて神を迎え、北にて悪を打ち払い、具《つぶ》さに吉礼を行いました。皇始以来、これを変えたことはありませんでした」と言ったとある。しかし皇始の「大諱」はわずかに賀太后の一件だけであり、賀太后が死去しても、道武帝は少しもとどまることなく改元・治兵・征討を行い、数箇月の間は軍務に多忙であって、ほとんど死者のために神を迎え、悪を打ち払い吉礼を行うというゆったりとした時間は残らなかった。かくも慌ただしかったが、ことは道武帝の意図的な手配より出たのであり、軍事上少しも緩めることができないというような必要性から出たのではなかったようである。

賀太后は拓跋部の重要人物として、拓跋部の歴史の変化において鍵となる時期に出現した。彼女と拓跋部のこ

(136) 皇后伝 献明賀皇后条にある通り、劉亢泥は早くに賀皇后母子の救助に尽力し、彼らが劉顕の手によって死ぬことを防いでいた。

(137) 本章第四節（二）「賀蘭部族の解散」参照。

(138) 『魏書』楽志は皇始を「大いなる始祖の業を開く」と解釈している。皇始とは北魏帝業の始まりという意味である。『資治通鑑』胡三省注は皇始の年号を非常に重視しており、改元時の議論において、「拓跋珪が立ち上がり南北の形勢は決定した。南北の形勢が決定してしまった以上、最終的には南は北に併合されるのである……」と言う。二年後、すなわち天興元年（三九八）に、道武帝は正式に帝位に即いた。『魏書』天象志は、この年以後について、「魏が北帝となり、晋が南帝となった」とする。魏収『魏書』のこの巻は唐の張《ちょう》太素《たいそ》『後魏書』から補われ、太素は南北朝史の叙述において、どちらかに偏るような文言がなく、北朝史の叙述においても魏収『魏書』が東魏に偏り、魏澹《ぎたん》『魏書』が西魏に偏っていたほどではなかった。『資治通鑑』胡三省注が「南北の形勢」を論じている際の意見は、張太素『後魏書』に基づいているのであろう。『廿二史考異』巻二九参照。〔訳注〕魏収は北斉人であるため、『魏書』において（西魏ではなく）東魏を正統としており、一方の魏澹『魏書』は西魏を正統としていた。

(139) 『魏書』巻六二 李彪伝。

(140) 『魏書』巻一〇八 礼志三。漢の文帝が久喪の制を改めて省略し、死して七日して葬り、葬り終わって、三六日の喪に服することとなった。詳細は『漢書』文帝紀及び注を参照。『魏書』は拓跋の大喪について、簡単に行い、死んだらすぐに埋葬し、それで終わりとする。しかし厳密に漢制に基づいて行ったかというと、必ずしもそうとは限らない。少なくとも、文献にあらわれる事実に基づくならば、道武帝には賀太后のために三六日も喪に服するような時間はなかったと思われる。

れまでの歴史との関係は非常に深く、彼女の体には拓跋の歴史が凝縮されていた。道武帝は后族と母族の干渉を排除し、専制君主としての地位を強化することにつとめたが、彼女の存在はそれら全てにおいて妨げとなった。ゆえに彼女は次第に邪魔な人間となっていった。彼女が有形無形の圧力に死したという可能性は、年少の子を思うことにより死去したという可能性よりもはるかに大きいであろう。以後道武帝がその子を立てるためにその母を殺すという心理状態と相互に参照し、また劉皇后に死を賜うに際し魏の「故事」を根拠としたという説から考慮して、私は、道武帝が帝業を進めたことが賀太后の死を促し、またこれによって「子貴母死」を制度として確立するという思考を引き起こしたと推測する。まさにこうした事情により、賀太后の死の善後策は迅速に行われ、大局に影響するようなトラブルを引き起こすことから免れたに違いないのである。

（二）馮太后の専権と「子貴母死」制度

周一良氏は「子貴母死」の制に言及して、「北魏はかくも厳格・残忍な制度を定めたが、遂には文明太后と霊《れい》胡太后《こたいこう》[141]の専権を免れずに国を滅ぼすに至ったのであり、歴史の皮肉と言う他にない[142]」と慨嘆した。道武帝以来、母后専権はこの二例しかないため、歴史家にこの二つの事例と「子貴母死」制度との関係を容易に連想させた。しかし馮（文明馮太后）・胡（霊胡太后）の二后は三代隔たっており、その専権には気風が相通ずるという点はあるものの、それと「子貴母死」制度の関係について言うならば、二つはかえって異なっており（ひいては截然として相反しており）、一人は巧みに利用し、一人は意図的に抵抗しながら、結果二人はともに成功を獲得したのである。馮氏は皇太子の生母ではなく、「子貴母死」とはもとより直接の関連はない。しかし彼女は「子貴母死」の旧制を意図的に利用して人をだまし、敵手を排除し、それによって旧制を強化し、専権という目的を実現した。

一方の胡氏は孝明帝《こうめいてい》の生母であり、(143)「旧制」に対する挑戦において皇太子を出産・保全し、次第に「旧制」を排除し、権力の最高峰に向かっていった。馮氏の専権は北魏の発展期に樹立され、手段は残酷であったが、国運に対してはさしたる障害にならなかった。胡氏の専権時には北魏の腐朽は既に甚だしかったため、直接的に国の滅亡と関連したのである。

『魏書』に見られる皇太后は、三種の異なる類型がある。第一に皇帝在位時に冊立された皇后である。彼女らは拓跋の旧俗（手ずから金人を鋳造すること）を履行し、皇后位を得られた後宮の人間であったに違いない。こうした皇后は新君の母ではなく、新君はこれを皇太后と尊んだが、あくまでも礼制上の称謂であって、実権を掌握したわけではなかった。第二に皇子の生母で新君（すなわち彼女の実子）から皇太后と追贈された者であり、これは実際には実体のない位を尊んだのであり、その人自身は既に前代の皇帝により死を賜っていた。第三に「子貴母死」制度のもとで新君が幼く生母の養育を受けず、乳母により養育され、両者に母子の情誼が生じたケースである。新君が乳母の苦労や保護の恩に感じ入り、これを保太后と尊び、次いで皇太后と尊んだのであり、彼女たちは後宮において多かれ少なかれ皇帝に影響を及ぼしたが、先代において地位がなかったことを自覚し、基本的

(141)〔訳注〕宣武霊皇后胡氏（?～五二八）は宣武帝元恪の皇后、司徒胡国珍《ここくちん》の娘。孝明帝元詡《げんよく》の生母・皇太后でもあり、胡太后・霊太后・霊胡太后とも呼ばれる。孝明帝即位後は実権を掌握したが、やがて宗室の元叉や宦官の劉騰らと対立するようになる。さらに孝明帝が爾朱栄の軍を召喚して彼女とその一派を排除する動きを見せると、孝明帝を毒殺した。爾朱栄はそのまま洛陽に侵攻し、彼女とその一派を皆殺しにした。

(142)注（6）『魏晋南北朝史札記』「王玄威与婁提哀悼献文帝」条（三七八―三八一頁）。

(143)〔訳注〕孝明帝元詡（五一〇～五二八）は北魏第八代皇帝。朝廷内において臨朝称制して実権を掌握した生母の皇太后胡氏（胡太后）と、宗室の元叉・宦官の劉騰らとの間で政争が繰り広げられ、また六鎮の乱をはじめとする叛乱が続発するなど、その治世は多事多難であった。内乱の過程で台頭した爾朱栄の軍を洛陽に召喚し、胡太后の排除に利用しようとしたが、逆に胡太后に毒殺された。なおここは原文では「宣武生母（宣武帝の生母）」となっていたが、「孝明帝の生母」に改めた。

に権勢と無縁であり、謙虚な心理状態を保持していた。こうした類型区分は、今日の史料分析によって得られたもので、馮太后の時代においては、必ずしも明確な観念上の境界があったわけではない。

馮氏は父の罪に連坐して後宮に入り、文成帝の時代に皇后に立てられたのであり、上述の第一類型に相当し、「子貴母死」を適用され、新君より前代の皇后と追尊された者とは異なる。献文帝《けんぶんてい》(145)の時代に皇太后となり、史書には文明太后と称される。彼女は献文帝と血縁関係がなかっただけではなく、献文帝を養育したり皇太子に擁立したりといったことも言われておらず、本来であれば特別な政治権力の獲得とは無縁であった。彼女が臨朝聴政し得た所以は、ひとえに緊急の状況の中、朝廷における乙渾《いつこん》(144)の乱を平定する意志決定に参与し、献文帝の皇位強化に功績があったことにある(146)。献文帝は次第に年齢を重ね、馮太后と権力闘争を演じ、次第に苛烈さを増すこととなる。これは一〇年余りも続けられたが、最後に勝利したのは馮太后であった(147)。馮太后は巧妙に「子貴母死」制度を利用して相手を制し、一歩一歩成功をおさめていったのである。

「子貴母死」制のもとで、保太后・皇太后の尊称を与えられた者としては、太武帝《たいぶてい》期の竇氏と、文成帝期の常《じょう》氏《し》がいる。彼女らは皇帝個人との近しい関係から、皇帝の養育、皇帝のための後宮女官の選定、ひいては制度に基づくいくつかの法令の施行といった諸事において、その作用を発揮する有利な条件をもっていた。文成帝の太安二年（四五六）二月、皇子弘《こう》（後の献文帝）が皇太子に立てられ、弘の生母である李貴人は死を賜ったが、史書は「太后が故事によって」これを行わせたと述べている。この太后とは献文帝の乳母である常太后である(148)。常太后はこれ以前に李氏が確実に文成帝に「寵愛され、妊娠し」、献文帝を生んだことについて検証していたため、故事に基づいて李貴人に死を賜ったのであり、彼女から命令が発されたことは、理屈には合うが、その前提にはよるべき故事があったことになる。注目に値するのは、献文帝が皇太子に立てられる一箇月前、すなわち太安二年正月に、馮氏が既に文成帝の皇后に冊立されていたことである。権力欲に富んだ馮皇后は、常太后が文成帝の乳母となり、宮中でこうした権力を有したことを目の当たりにしたのであり、思うところがなかったわけはないであろう。彼女は、皇太子を養育することによって新帝を制御することが、彼女自身が目論んでいた権力掌握の最も有効な手段であり、自らの一族が繁栄する近道であったことを理解していたはずである。ゆえに、献文帝が即位した二年後の皇興元年（四六七）、皇子宏《こう》（後の孝文帝）が生まれ、「太后自ら養育し」たが、実際には新たに生まれた皇子を自身の手で強奪し、自身がこれ以前の諸帝の時代における、保太后の役割を演じることを可能にしたのである。献文帝は宏を「最も愛した」が、彼は宏との関係においては馮太后に対して劣勢の立場にあり、宏に接近することができなかった。史書は宏が幼い頃より「仁孝」・「孝謹」・「至孝」であったと伝えるが、これらは全て、彼が生父〔献文帝〕に孝であったことを指しているのではなく、自身と血縁関係にあったわけではな

(144)〔訳注〕献文帝拓跋弘《たくばつこう》（四五四〜四七六）は北魏第五代皇帝。孝文帝拓跋宏の父。即位当初は幼少のため馮太后が臨朝称制して実権を掌握し、皇興三年（四六九）に親政を開始した。しかし五年（四七一）に皇太子の拓跋宏に譲位し、太上皇帝となり、承明《しょうめい》元年（四七六）に馮太后に毒殺された。

(145)〔訳注〕乙渾（?〜四六六）は北魏の政治家。和平六年（四六五）の献文帝拓跋弘の即位直後に当時の重臣を多く殺害して実権を掌握したが、翌年に馮太后らに誅殺された。

(146)先代の皇后は当代の皇太后であり、君主権の移譲の際にいくつかの便宜をはかり、あるいは権臣に利用されることで、ある種の作用を発揮することは、可能であった。例えば太武帝が死去し、諸大臣は東平王翰を立てようとしたが、中常侍宗愛は「太后の令を矯《た》め」て南安王余を立てたのであり、この太后とは太武帝の赫連皇后であった。詳細は『魏書』巻一八 東平王翰伝及び南安王余伝参照。こうした権力の実現には外朝を通す必要があるので、成功する可能性もあれば、失敗する可能性もあった。

(147)王吉林「北魏継承制度与宮闈闘争之綜合研究」（『華岡文科学報』第一一期、一九七八年）第五・六節参照。王氏の論文については台湾大学歴史系の阮芝生氏より複写を贈っていただいた。謹んで御礼申し上げたい。

(148)『魏書』皇后伝 文成皇后李氏条。太武帝の赫連皇后は皇太子の生母ではなく、馮太后と献文帝の関係と同様に、「子貴母死」制を適用されなかったのであり、もとより安全に政権交代の時期を送ることができたのである。しかし彼女は「高宗の初めに崩じた」。ここで指されている太后は、常太后以外にあり得ない。

い馮太后に孝であったことを指しており、このことは馮太后に、献文帝との権力闘争において、非常に有利な立場をもたらすこととなった。皇興三年（四六九）に宏が三歳で皇太子に立てられ、延興《えんこう》元年（四七一）に太后が献文帝に譲位を迫り、承明《しょうめい》元年（四七六）に献文帝が暴崩するまで、宏はちょうど一〇年間、終始馮太后にしっかりと掌握され、居《お》くべき奇貨となったのである。

「子貴母死」をできるだけ早く定制として形成するために、馮太后は宏がまだほんの幼子であったときに、機先を制して皇太子に立て、あわせてその母である李夫人に死を賜った。このことは、これ以前において皇太子の冊立やその母に死を賜ることが比較的遅かったことと、明らかに異なる。李夫人に死を賜ったことは後宮の「子貴母死」の「旧法」の実施であるが、皇后伝　献文思皇后李氏条はこれに反して「皇興三年に薨去し、上下哀悼しない者はなかった（皇興三年薨、上下莫不悼惜）」と記している。これは旧制によって薨去した諸皇后の伝記においてことさらに書かれた一文であり、その中には別に含みがあるか、あるいは馮太后が機先を制して皇太子を立て、その母に死を賜ったことを指しているのかもしれない。「子貴母死」は外戚台頭を防止するのが目的であったが、逆にこれによって外戚が死去したという例は見られない。『魏書』外戚伝　李恵《りけい》条には、馮太后が李夫人の父である恵を誅し、恵の二人の弟と諸子が殺害されたことを記し、「恵にはもとより罪などなかったため、天下は冤罪として惜しんだ（恵本無釁、故天下冤惜焉）」と述べる。皇后伝　文成文明皇后馮氏条は馮氏は猜疑心が強く残忍であり、軽々しく殺戮を行い、「李訢《りきん》・李恵の徒に至っては、猜疑にあって滅ぼされたのは十余家、死者は数百人に達し、間違いや度を過ぎたものが多く、天下はこれを冤罪とした（至如李訢(149)・李恵之徒、猜嫌覆滅者十余家、死者数百人、率多枉濫、天下冤之）」とする。「悼惜」・「冤惜」などの文言は、馮太后が己の私欲のために「子貴母死」制度を利用し、ひいてはさらに残酷さを加え、皇太子の母族を誅戮するに至らしめたことを物語っている。ここにあらわれる馮氏の残忍さは、孝文帝太和年間（四七七～四九九）の政治に見られる馮氏の開明的な人間像(150)と、どうすれば相容れるのであろうか。

さらに一代後の皇太子も馮太后の支配から逃れることはできず、その残酷さはさらに強まった。皇后伝　孝文貞皇后林氏《りんし》条には、「皇子恂《じゅん》を生んだ。恂が皇太子になろうとしていることから[151]、太和七年（四八三）に后は旧制にしたがって薨去した」とあり、孝文五王伝　廃太子恂条には、「生まれて〔すぐに〕母が死去した（生而母死）」とある。恂の生まれた年月について、高祖紀には記載がなく、このことは史書の書き方からしても特殊である。恂が太和二一年（四九七）に、年一五で死を賜ったことのみが記されており[152]、ここから太和七年に生まれたことが判明するため、「生まれて〔すぐに〕母が死去した（生而母死）」の説が事実であったことが知られる。これは宏が三歳のときに母が死を賜ったことに比べても早い。もし宏の母の死が立太子と同時であり、また「子貴母死」の従来の規則で発生したとするならば、恂が立太子されたのは太和一七年（四九三）であり、恂の母はこの一一年前に既に死を賜ったため、子がまだ貴くないときに母が早くも死を賜ったこととなり、これは「子貴母死」の従来の規則を大きく超越してしまっている。恂の列伝の「生而母死」の下には、「文明太后はこれを養育し、常に左右に置いた（文明太后撫視之、常置左右）」とあるので、林氏に死を賜ったことについての「恂が皇太子になろ

(149)　李訢の死は、外戚誅殺とは関係がない。李訢は范陽出身、李恵は中山出身であり、二人は同族ではない。

(150)　〔訳注〕この時期馮太后は三長制《さんちょうせい》・均田制《きんでんせい》を制定している。

(151)　恂は四歳のとき初めて馮太后より名前をつけられたが、これ以前に彼には名前すらなかったのに、どうして後嗣となることができたであろうか。『太平御覧』巻一四八所引『後魏書』はこのときの詔を載せており、「国祚は永く栄え、儲貳に期待あり」の語があり、少なくとも皇統の上からは、これ以前に儲君が定まっていなかったことが分かる。この後恂が注目されるようになったとはいえ、正式に太子に立てられたのは若干年の後のことである。

(152)　〔訳注〕元恂（四八三～四九七）は孝文帝拓跋宏（元宏）の最初の皇太子。遷都後の洛陽の暑さを嫌い、叛乱を起こしたが失敗し、皇太子位を廃され、死を賜った。

うとしている（以恂将為儲貳）」という理由は、馮太后の作為による文言であり、実際には恂が生まれたばかりのときに、生母に養育されるのを防ぎ、馮太后の強固なコントロールのもとに置くのに便利であったためである。

既に（本章第二節・第三節で）論及したように、「子貴母死」は、拓跋の歴史上において外戚部族が強大であり、強い皇后が相継いで登場し、君主権が弱かったことに淵源を発する。北魏が建国され、元来の北族外戚部族は大体が解散され、[153] 後宮も漢人の女が次第に増えていった。[154] そのため皇帝の子で皇太子に立てられようとする者には、過去にあったような強大な外戚部族が拓跋の運営に関与するという可能性がなくなり、「子貴母死」制度を立てた前提が次第に消失したため、このような野蛮で残酷な制度は廃止すべきであった。孝文帝にはこうした意図があったのである。皇后伝　孝文貞皇后林氏条には、太和七年の林皇后が死に臨んだときのこととして、「高祖（孝文帝）は仁恕にして、前事を踏襲しようせず、文明太后の意を受けたため、果たして行わなかった」とある。これにより、完全にその存在理由を失ったはずの「子貴母死」の旧制は、後宮のボスである馮氏が利用したことにより、実行され続けたことが分かる。馮氏がこの制を廃止することを極力妨害し、可能な限り利用したのは、儲君を取ってこれを養うことで、自身が権力を強奪するためであり、皇帝が代替わりしても、これを専権継続の手段としたのである。そのため、北魏にて百年余りもの間維持された「子貴母死」制度について、その端緒を開いたのが道武帝であり、その目的は拓跋の帝業を固めることにあったが、これを硬直化させたのは馮太后であり、こちらの目的は、馮氏が拓跋政権への寄生によって生まれる家族的利益を育てることにあったと私は考えている。

（三）「子貴母死」制度の性質の変化

「子貴母死」制度の施行と相補うように、外戚に対する制御を強化する法令が頒布され、外戚が後宮に通じることが禁じられたが(155)、馮太后は「子貴母死」制度を利用する一方で、外戚が後宮と通じることへの禁則を破壊した。彼女は人を派遣してその外戚を訪ねさせ、兄の馮熙《ふうき》(156)を徴《め》して入朝させ、さらに官爵を授けて公主を娶らせることで、馮氏一族の位望は高まった。しかし北魏の朝政の実権は、終始宗室や代北の武人の手中にあり、馮氏一族の人物で外朝の位にいた者はこれを超越することができず、このため馮太后はさらに皇帝や宗室と婚姻関係を結び、宮廷から家門の私利を固めることを重視した。馮太后のおばは太武帝の昭儀《しょうぎ》(157)であり、馮昭儀は掖庭中の馮

(153) 後宮の中から解散を被っていない部族出身の者が完全にいなくなったわけではない。献文帝の嬪侯骨氏は朔州の「世酋部落」出身であった。趙万里『漢魏南北朝墓誌集釈』(科学出版社、一九五六年)所載顕祖嬪侯骨氏墓誌(図版二一一)、注(120)『漢魏南北朝墓誌彙編』四二頁参照。

(154) 北魏後宮には既に解散された賀蘭・独孤・慕容などの外戚部族出身のいくつかの人々が依然として存在していた。道武帝本人には独孤(劉)皇后以外に賀蘭夫人・慕容皇后がいた。明元帝には大慕容夫人・慕容夫人がいた。太武帝には賀蘭后がおり、景穆帝には劉椒房(独孤出身と思われる)・慕容椒房がいた。『魏書』の景穆帝以前の諸后伝及び諸皇子伝を参照。独孤の娘で諸王に嫁いだ者には、例えば常山王遵に嫁いだ、道武帝の独孤〔劉〕皇后の妹がいる。『魏書』昭成子孫伝 常山王遵条によれば、遵の子の素は、「太宗〔明元帝〕の従母の子」であった。注(153)『漢魏南北朝墓誌集釈』所載の元侔墓誌によれば、遵の妃「劉氏は、太宗明元皇帝のおばであった(劉氏、太宗明元皇帝之姨)」という。しかし後宮の漢人女性が次第に多くなるという趨勢は避けられなかった。

(155) 『魏書』外戚伝 杜超条参照。超は明元帝の杜皇后の兄の子であり、太武帝の母方のおじであった。太武帝の時代に、南朝は初め拓跋に「子貴母死」や保太后冊立といった諸事があったことを聞いていたが、その経緯については理解していなかったらしい。『南斉書』巻五七 魏虜伝には、「はじめ、仏狸《ふつり》(太武帝)の母は漢人であったが、大末《だいまつ》(明元帝)に殺され、仏狸は乳母(竇太后)を太后とし、これ以後、太子が立てば、その母は誅殺されるようになった」とある。これは「子貴母死」が太武帝の母杜氏より始まり、胡漢の差別に淵源すると勘違いしている。下文では文明太后(馮太后)がもともと江都人であり、文成帝は「これを妾とし、一人だけ全うすることができた」とする。これは馮氏はもとより漢人であったが、死を賜らず、例外とされたという意味である。ここでは馮氏が自身の子をもっておらず、もちろんその子を儲君に立てることもなかったことには言及しておらず、彼女が死ななかったことは、「子貴母死」ともとより関係はない。馮氏はもともと長楽信都人であり、これを江都に作っているのも誤りである。

(156) 〔訳注〕馮熙(四三八〜四九五)は北燕(五胡十六国の一つ)の宗室馮朗の子、文明皇后馮氏の兄。外戚として要職を歴任した。

氏の娘、すなわち後の馮太后〔文明皇后の馮太后とは別人〕を養育した。馮太后の専権以降、孝文帝のために馮熙の娘数人を後宮に納れ、うち二人は皇后に〔廃皇后と幽皇后〕、一人は昭儀となり、「これにより馮氏は寵愛されてますます興隆し[158]」、馮太后本人は献文帝・孝文帝の二代において、前後二五年もの長きにわたって政治を行った。馮太后は「子貴母死」制度を利用して権力を強奪し、巨大な成功をおさめたが、「子貴母死」制度は彼女の手中にて次第に後宮の内紛のための道具となり、残酷な性質を増加させることとなった。

馮太后は太和一四年〔四九〇〕に死去し、孝文帝は遂に馮氏の桎梏から脱することとなった。しかし後宮においては、馮氏の后妃の余波がとどろいており、それは非常に激烈で、孝文帝を困惑させていた。『魏書』天象志には、太和一四年一一月、一二月、一五年〔四九一〕一〇月、一六年〔四九二〕八月、九月、一七年〔四九三〕正月に、月が鎮・軒轅《けんえん》を犯したという記載があり、史臣はこれを「全て女君の象である」としている。太和一四年冬から一七年春に至るまでに、孝文帝は三年の喪に服しており、また廃皇后馮氏は正式な皇后の位にはおらず、幽皇后馮氏も洛陽に召されていなかったが、彼女らはともに活動していたようであり、具体的な経緯は詳しく分からないまでも、天象がこのように示したのである。その後廃皇后が立ったがしりぞけられ、幽皇后は淫乱で天寿を全うできず、これらは彼女らのおば馮太后が播いた種であった。史家の称賛する太和の政の背後では、馮氏の姪たちが相継いでかくも多くの悪役・汚れ役を演じたのであり、このことは文明太后の功罪を議論する人々があまり注目してこなかった問題であった。

馮氏の娘は後宮におり、「子貴母死」の制の巧妙な利用を含め、そのおばである馮太后の使い古されたやり口をまねたのであり、その目的も将来権力をもてあそび、皇子を制御することにあった。皇后伝　孝文昭皇后高氏条によれば、高氏は太和七年〔四八三〕に皇子恪《かく》を生み、成長するに及んで、「馮昭儀〔後の幽皇后〕は寵愛されて盛んとなり、密かに母として世宗〔宣武帝《せんぶてい》元恪《かく》[159]〕を養う意を持っていた。高皇后が代より洛陽に行き、汲郡の共県にて暴薨したが、ある人は馮昭儀が人を使わして后を殺害させたと言う」。高皇后が代から洛陽に行ったのは、一九年（四九五）九月の、六宮・文武官が尽く洛陽に移ったときのことであり、そのとき馮昭儀は既に孝文帝から関心を寄せられており、洛陽に至り、寵愛され、昭儀の位を拝した。高皇后が死去し、皇子恪は寵を独占する馮昭儀の手中に落ちることとなった。二〇年（四九六）八月には太子恂が代北へ逃げ出すという陰謀が発生し、一二月に恂が廃されて庶人となり、二一年（四九七）正月に皇子恪が皇太子に立てられたなどの諸事の後、二一年七月、馮昭儀は正式に皇后となる。皇后伝　孝文昭皇后高氏条には、「世宗が皇太子となると、三日に一度は幽皇后に朝し、皇后は慈愛をもってこれに接した。高祖〔孝文帝〕が出征すると、世宗は入朝し、必ず長らく後宮にとどまり、自ら櫛で髪をとき湯浴みし、母道は備わっていた」とある。これは文明馮太后が孝文帝を完全に養育・支配した故事の、再度の演出であり、わざとらしく振る舞っていたであろうことは、一目瞭然である。二三年（四九九）春、孝文帝は南征の途上で病が篤くなり、そこで幽皇后の淫乱のことが発覚した。幽皇后は女巫に依頼して呪わせ、「高祖の病が癒えることがなくなり、幼主をたすけて専権した文明太后のようになることを願い、賞賜を惜しまなかった」。ここから、馮氏の姪の行動は瓜二つであり、全て「子貴母死」制度を利用し

(157)〔訳注〕昭儀は後宮における称号の一つ。皇后に次ぐ地位。

(158)『魏書』巻八三 外戚伝 馮熙条。注(153)『漢魏南北朝墓誌集釈』所載元悦妃馮季華墓誌（図版八三）によれば、馮熙の長女は南平王妃、二女・三女はともに孝文帝の皇后（幽皇后と廃皇后）、四女・五女はともに孝文帝の昭儀、六女は安豊王妃、七女は任城王妃、八女馮季華は楽安王妃であったとされる。その他の墓誌からも分かるように、馮熙の娘で王侯の家に嫁いだ者は他にも少なくはなく、『漢魏南北朝墓誌集釈』巻三を参照されたい。馮季華墓誌が全てを載せているわけではないのは、その爵位・官職が比較的低く、馮氏の門第を自慢するのに役立たないためであろう。

(159)〔訳注〕宣武帝元恪（四八三～五一五）は北魏第七代皇帝。元恂に代わって皇太子に立てられ、太和二三年（四九九）の孝文帝の死に伴い、皇帝に即位した。

て新君を掌握し、専権という目的に到達するための策略であったことが分かる。

ここで一つの問題が生じる。高皇后が殺害されたとき、恂は既に太子であり、恪は一般の皇子に過ぎなかった。[160]太子恂の北への逃走の陰謀は一年近く後のことであり、これにより恂が廃され恪が代わって立つという事態が起こり得たのである。馮昭儀は初めは事態の進展や、恂が廃され恪が代わって立つことを予想することはできなかったはずであるが、どうして策謀を張り巡らし、その母を殺害してその子を養うという、以後の事態のためにあらかじめ準備していたようにも見えることができたのであろうか。これは偶然の産物ではなかったようであるが、的確な解釈はなしがたい。太子恂の伝に「〔恂は〕河・洛の暑さを深く忌み、その意は常に北方に楽しみを追うことにあった」とあって、彼が早くも洛陽遷都の反対派となっていたことが分かるため、その反対の意向が既にあらわされ、孝文帝や後宮に知られていた可能性があり、馮昭儀はこの状況を利用し、寵を恃んで先手をとり、変化を待ち、ひいては太子恂を圧迫するということまでも行って、ようやく上述の問題が出現したと私は推測している。この推測が正しければ、太子恂の廃立事件は早くに目論まれていたことになろう。

高皇后の死去時には恪の年齢は既に一三歳であり、後宮の内紛・陰謀について、察しなかったはずはなかろう。彼は恂に代わって太子となった後、その生母の死を念ずることなく幽皇后に礼を尽くし、反抗することがなかったが、これは孝文帝の文明太后に対する態度と同じである。さらに、孝文帝は生母を追尊して皇后とすることや詔により母方のおじを訪ねるといった諸事を経て、自己の身の上に対してある程度理解するようになったに違いないが、史書はなおも彼が天性の至孝であったと言い、「太后が崩ずるまで、高祖〔孝文帝〕は親が誰であったかが分からなかった」とするが、信じがたい。これは孝文帝が馮太后の暴威に屈したことに対してかばう文言であったか、[161]あるいは「子貴母死」制度が強い皇后に利用されたという状況のもとで、君主がこのようなそぶりを見せざるを得なかったのかもしれず、過去の孝文帝さえもがこのようであれば、次の宣武帝もこのようにするしかなかったであろう。

馮氏と姪は二代にわたって権力を独占するために、後宮の「子貴母死」制度を十分以上に利用し、またその手法の卑劣さはいよいよ甚だしくなった。孝文帝の本意はこうした制度を踏襲しないことにあった。恂の母である林皇后は遂に死を賜ったが、これは馮太后の主張によるものであり、恪の母である高皇后の死は馮昭儀によるものであった。後宮における根強い馮氏の旧勢力は除かれず、「子貴母死」の残酷な制度も廃しきれず、また遂には皇帝権に危害を及ぼそうとするに至る。しかし孝文帝が死に臨む前の一年である、太和二二年（四九八）四月から二三年（四九九）四月までにおいて、馮皇后の淫乱のことが発覚してこれを幽閉し、臨終に際しては遺詔《いしょう》によって馮皇后に死を賜い、馮氏家族の朝廷にいた者の多くは罪を得たのであり、馮氏の内外の勢力は、それまで極めて盛んであったが、急速に衰えることとなった。(162) 馮氏との闘争において、孝文帝は最終的に勝利を獲得したのである。

(160) 恪は太和七年（四八三）四月に生まれ、恂と同年だがやや遅れて生まれた。恂の出生について、高祖紀には記載がないが、これは恂が皇太子に立てられながら廃され、罪によって死を賜ったことによる、史伝の意図的な削除を示すものである。しかし恪が生まれたことについては、高祖紀に記載があり、「天下に大赦した」とあって、これは一般の皇子とは異なるが、史書編纂の際に妄《みだ》りに加えられたものではなかろうか。『魏書』の叙述の乱れについて、その一端が垣間見える。

(161) 魏収『魏書』には孝文帝に対してもとよりかばうところがあった。注(6)『魏晋南北朝史札記』「王玄威与妻提哀悼献文帝」条は天象志において、馮太后の専権・淫乱や、孝文帝の「屍位」、馮太后の死後の孝文帝についての、「諒闇の儀を修め、孺子の慕を篤くするべきであるのに、『春秋』の義を述べて供人（女官）の党を懲らしめることは遂にせず、ゆえに胡氏がこれにしたがって、魏室を傾けるに至った」という記述を扱っている。天象志では馮太后の罪悪が明言され、孝文帝が父の復讐を行わなかったことが批判されているのであるが、これは全て魏収『魏書』の本紀・列伝ではあえて言及されていないことである。天象志のこの巻はもともと欠けており、唐の張太素『後魏書』をとって補ったものであるため、天象にかこつけて拓跋宮廷の秘密を暴露できたのである。

(162) 『魏書』巻七下 高祖紀下、巻一五 皇后伝 孝文幽皇后条、巻八三 馮誕伝及び附伝を参照。

とはいえ、「子貴母死」の制の廃止を正式に宣布し、後宮にてこの制度を借りた内紛・陰謀を行うことを断固杜絶することは、孝文帝の生前には間に合わず、そしてこれは結果として禍根を残すこととなった。宣武帝の諸后の伝からは、孝文帝の死後も、文明太后・幽皇后の影響がなおも存在し、また悪い方向へ進み、後宮の残害のことは次々とあらわれて尽きず、次第に深刻となっていったことがうかがえる。宣武帝の于皇后は「皇子昌《しょう》を生んだが、三歳にして夭折し、その後（于氏が）暴崩し、宮中のことは極秘であり、尽くを知ることはできず、世論はその咎《とが》を高夫人に帰した」。高夫人とは孝文帝高皇后（宣武帝の生母）の弟の娘であり、彼女の生んだ皇子も夭折し、本人も間もなく暴崩した。そのため史臣は宣武帝・孝明帝について、「洛陽遷都後の二代、二十年余りにおいて、養育を全うされた皇子は、粛宗（孝明帝）だけである」[163]と言う。粛宗が養育を全うされ得たのは、宣武霊胡皇后が旧制に挑戦した結果である。皇后伝 宣武霊皇后胡氏条には、宣武帝期のこととして、「掖庭（後宮）の中では、国の旧制（「子貴母死」の制を指すと思われる）のため、互いに祈り合い、皆諸王・公主を生むことを願ったが、太子を生むことは願わなかった」とある。胡太后だけはこれを然りとせず、「粛宗を身ごもるに及び、同僚たちはなおも故事を恐れており、様々な計略を勧めた」。しかし胡太后の決意は固く、「子が生まれてこの身が死するのは、避けられない」と誓った。皇子詡《よく》（後の孝明帝）が生まれると、宣武帝は厳格な措置をとり、妃嬪を隔絶し、別宮に隠した。結果養育は成功し、三歳で皇太子に立てられ、母も死ぬことはなかったのであり、これがすなわち霊胡太后である。ここに至って、「子貴母死」の制は事実上廃止されたが、北魏の国祚も間もなくして尽きることとなった。

六　小結

「子貴母死」は、拓跋部が文明に向けて駆け上がる特定の段階に出現した制度であるが、極めて残酷で倫理に背いており、千古の譴責を受けることとなった。道武帝はこれを仕組んだ人物であり、また最初の実行者でもあった。しかしこの制は一朝一夕に突然出現したのではなく、また一個人の残忍な性格によって作り出されたわけでもなかった。その出現は、拓跋部の、秩序のない継承の紛糾からの脱却や、父子継承制度の強化の必要に符合し、強大な外戚部族が拓跋の運営に関与することの除去という需要にも符合しており、さらに根本的には拓跋部の道武帝が部族連合の盟主から地位を上げ、専制国家の皇帝となる必要に符合していたのである。こうした必要は道武帝には一目瞭然であり、また非常に緊迫していたが、彼はかえって、人間性に悖《もと》らない、（多少なりとも）粉飾された方法を見つけ出すことができなかったのである。

拓跋部が盛楽にいたとき、后妃はその多くがいくつかの特定の部族の出身であり、后妃はもとの部族の力量を恃み、常に君位継承の、血なまぐさい衝突を引き起こしていた。これこそが道武帝以前に拓跋部内の強い皇后が次々とあらわれ、政局が紛糾した要因であった。この問題は、道武帝による解決を待っていたが、その方法はまず外戚諸部を厳格に制御するというものであった。

道武帝による帝業の開拓においては、強大な外敵に遭遇することはそれほどなかった。彼はまずその叔父であ

(163)　皇后伝　宣武皇后高氏条はこれを「高后悍忌」のせいにしているが、そうかもしれない。高皇后には墓誌があり、注(153)『漢魏南北朝墓誌集釈』図版二八を参照。

る窟咄を代表とする、拓跋部の君位を争奪する勢力に対処し、その次にはいくつかの主要な外戚部族、すなわち妻族独孤部、母族賀蘭部、祖母族慕容部に対処した。これらの外戚部族、特に賀蘭・独孤は、拓跋の諸后を通じて拓跋の運営への関与、掌握を行い、紛争を引き起こしたのであり、道武帝による部族解散の主要な対象となった。部族解散は、実質的には、本来部族の発育の自然な過程であって、それが道武帝期に比較的集中してあらわれたのは、道武帝が帝業を打ち立てるに際しての特別な必要があったためである。部族解散の一事において、こうしたいくつかの外戚部族の個別案件の史料が残されたことには、道武帝の帝業に無害な多くの部族が、かえって保たれたことの解釈を可能とする。

既に専制君主となった道武帝が如何にして帝位を嫡系子孫に伝え、父子相伝という、他から干渉を受けない固定化された制度を形作るかについては、依然として容易な問題ではなかった。彼は部族の既成勢力が極めて大きな障害であり、強力な措置をとらなければならないことを知っていた。こうした措置は早くに彼の思考のうちにあり、彼の周囲の漢族士人の理解も得られ、かつ方法を考え出すにあたっては彼のために粉飾が行われた。しかし利害関係が大きすぎたことにより、彼は死の前夜に至ってようやくこれを世に公表した。これこそが長子を儲君に立ててその母に死を賜うことであり、すなわち「子貴母死」であった。「子貴母死」が初めて行われたときには、まだ固定された制度となってはおらず、道武帝は「漢典」を根拠としてその子の明元帝を説得しなければならなかったが、明元帝はかえってこうした偽りの理由を信じず、こうした残酷な事実を受け入れることを願わなかった。初めて行われた「子貴母死」の制は、中国王朝の立太子の制とは異なり、儲君にはもとより既定の名分はなく、即位前にあらかじめ配置することはできず、したがって帝位に即いた後、すぐに局面を制御するには不利であった。[164]「子貴母死」の制を如何に実行すべきかについて詳細な規則などなかった。このため「子貴母死」の具体的な実行について、道武帝以後の各皇帝は、一貫して模索を続けていたが、その傾向は日増しの制度化であった。

「子貴母死」が完全に制度化され、さらに厳格に執行されたのは、文明太后馮氏の時代であった。馮太后は献文帝・孝文帝とは血縁関係にない。彼女は皇帝の代替わり時における宮廷政変平定の功績や、太后の後宮における一種の利便性に注目して、「子貴母死」の制を存分に利用し、自身や馮氏家族のために利益を得ることを目論んだ。彼女はできるだけ早く皇太子を確定し、皇太子の母に死を賜り、皇太子を幼いときからしっかりと自らの手もとに置いて誘導を加えることが、未来の北魏の統治を掌握するに等しいことをよくわきまえていた。また皇太子がまだ定まっていない段階で、できるだけ早く皇太子の母となる可能性のある者を殺害し、大局を定める必要もあった。彼女は馮氏の娘を後宮に引き入れ、后・妃に立て、彼女らに自己の後塵を拝させ、馮氏に代々権力を独占させることに力を入れたのである。

しかし、「子貴母死」の制が日増しの制度化への道をたどっていたときには、「子貴母死」を形作る社会的条件はかえって消失していた。これは主として後宮にて漢人の女子が次第に多くなり、皇子も多くは漢人の女子から生まれ、北姓部族が婚姻関係を利用し拓跋の運営に関与し得る可能性が、既に低くなっていたためである。また、重要な北姓部族は既に解散され、「子貴母死」の制を再び行う必要はなくなった。理屈から言えば、「子貴母死」はその存在理由を失った以上、次第に弱体化し、消失すべきであった。しかし馮太后は私利私欲のために、この

(164)　あらかじめ正式に太子を立てることは、太武帝による太子晃（景穆帝）冊立から始まるが、景穆は父に先んじて死去したため、太武帝の死後には、なおも太武帝の他の子と景穆の長子のどちらを立てるかという争いがあった。勝者は景穆の長子献文帝であり、景穆の太子の名分が継承において作用を及ぼしていたことがうかがえる。献文帝は二歳で太子に立てられ、一二歳で帝位に即いた。乙渾の乱では献文帝の諸弟をほしいままに立てたということは見られず、このことにも献文帝が早くに正式の太子という名分を有していたことと関連があったと思われる。

制度を極力利用して存続させ、またさらに残酷さを加え、予想だにしなかった結果を引き起こした。洛陽遷都以降の後宮にて「子貴母死」の旧制を利用して相互に軋轢《あつれき》を生じさせ、皇子は完全に踏みにじられ、生き延びにくくなり、このため北魏皇室には後継者が乏しくなった。宣武帝の後宮にて「子貴母死」制度にあえて挑戦した胡氏は、皇子、すなわち後の粛宗孝明帝を生み育てたが、彼女自身はかえって幸いにも難を免れた。後に胡氏は皇帝の生母であることから太后となって権力を独占し、北魏道武帝以後唯一の、血縁関係に基づいて専権を行った母后となった。またこの専権の母后は、実際には北魏の帝業を終わらせたのである。北魏の終焉は「子貴母死」制度の廃止と関係していたわけではなく、それは政治の腐敗と統治の危機の大爆発によるものであった。

以上の「子貴母死」の形成と変遷の考察から、〔本章第一節でとりあげた〕「子貴母死」が「漢典」と拓跋の「旧法」のいずれかから出たかという論議が、本章の切り口に過ぎなかったことを看取するのは難しくないであろう。この二つの説にはそれぞれ理由があり、またともに附会してきた面もあるのだが、その目的は「子貴母死」を粉飾し、これに合理性と合法性を備えさせ、人々にこれを制度として受け入れさせることにあった。しかしその根源は結局は拓跋の「旧法」にあったのであり、「漢典」は全くの粉飾に過ぎなかったのである。「子貴母死」は百年余り実行され続けたが、私には、賀太后の死が既にその始まりとなっていたように見える。道武帝は北魏の帝業のため、母族・妻族の解散を強制し、さらには母を圧迫し、妻を殺すことを惜しまなかった。拓跋部が文明に向かって駆け上がる過程において、残酷な暴力は触媒となった。暴力は数多くの、天に背き道理に悖る罪悪を形作った。『魏書』太祖紀には道武帝の死の直前のこととして、「過去の成功と失敗、得たものと失ったものを思い、一日中独り言を言ってやまず、幽霊と対話しているかのようであった」とある。これは道武帝がその行為の後ろめたさに苦しみ、精神が恍惚《こうこつ》となり、自らを責めてやまなかったことを物語っている。後ろめたさとは、母を追い詰め、妻を殺したという諸事が、その最たるものであったろう。

「子貴母死」の研究は私に、野蛮が文明を育むという一つの認識をもたらし、同時に、歴代の統治者が全て残酷な暴力的手段を用いたとして、古今の文明は全て野蛮さ・残酷さを必要として初めて育まれ得るものであったのであろうか、という一つの疑念を抱かせた。私は再三考えたが、これについての答えを出すことは遂にできなかった。

第二章　部族解散とは何のための施策だったか　一

——賀蘭部族解散問題

賀蘭部とは陰山山脈以北にいた部族であり、道武帝の母・賀太后の出身部族であった。道武帝と姻戚関係にあったこの部族は、しかしながら、それゆえに解散のターゲットになってしまう。本章ではその詳細が解き明かされる。写真は賀蘭部の活動地域であった沙漠《ゴビ》。

https://sk.wikipedia.org/wiki/S%C3%BAbor:Saxaul_
in_Gobi_desert.JPG より転載。

部族解散は、北魏《ほくぎ》道武帝《どうぶてい》拓跋珪《たくばつけい》が帝業を開拓していた時期における、重大な歴史的事件である。これについて、史書が直接言及するのは、〔第一章で引用したように〕わずかに『魏書《ぎしょ》』の賀訥伝《がとつでん》・高車伝《こうしゃでん》・官氏志《かんしし》にそれぞれあらわれる三点の材料しかなく、いずれも内容は詳細ではない。中国内外の歴史家は総力を挙げ、その詳しい経緯を解明しようとし、また多くの解釈がなされたが、結局は史料的制約のため、確たることを提示するのは困難であった。また多くの歴史家は、部族解散を一種の具体的・統一的な法令に基づいた行為と考えているが、このような観点によるならば、その実証はなおさら容易ではなくなる。私は、別の構想や視点から思索を進めることを思いついたので、よい手掛かりが得られるかどうかをここで試してみたい。解散を被った重要部族の個別事例について考察することは、その試みの一つである。

部族解散は、総じて言えば、部族関係の、長期発展の結果であった。私には道武帝がかつて部族解散の号令を発布したことがあったという可能性や、いくつか定住の条件をそなえた部族がおとなしくその号令を受け入れたという可能性を排除するつもりはない。しかしいわゆる部族解散が主としてこのようであり、その他にさらに直接的な、緊迫した原因がなかったとは私は考えていない。道武帝が帝業を打ち立てるにあたり、重要な相手となったのは、〔第一章で概要を述べたように〕独孤部族《どっこぶぞく》や賀蘭部族《がらんぶぞく》であり、その部族解散は主として道武帝による帝国の創建・強化の必要から行われ、戦争を通じて進められた。拓跋部は当時とりたてて武力の強大な部族であったのではなく、いくつかの戦争における勝利は、拓跋が、その戦略的パートナーであった鮮卑慕容部《せんぴぼようぶ》の後燕《こうえん》の手を借りることによって得られた。しかし、慕容の後燕は最終的には拓跋によって転覆され、その部民も拓跋によって強制移住されることとなった。注目に値するのは、賀蘭・独孤・慕容を問わず、その全てが特定の時期に拓跋の最も主要な、代々姻戚関係にあった部族だということである。強大な独孤部族・賀蘭部族が、繰り返され激烈となる実力対立を経て、分割・解散を被ることで、ようやく多くの部族が解散の処置を受け入れるようになったのかもしれない。また一部の部族は条件を備えていないがために、解散されなかった。上述の三点の部族解散の材料のうちの高車伝には、「高車だけはその類が粗暴であり、使役にたえなかったため、特別に部族のままでいることとなった」とある。高車の駐留地は、沙漠《ゴビ》を挟んで賀蘭部と隣り合っており、またこれと非常に親しかった。賀蘭部が解散したとき、利害関係に基づいて言うならば、こちらも解散すべきであったが、結果としてなおも部族組織を保存することとなり、そのため史臣は特例として示したのである。我々は多くの部族が、発展水準の立ち後《おく》れや、北魏に重要な利害関係がなかったことなどから解散されず、北魏末年に至って浮上・台頭したことを知っている。もしこの説が誤りでなければ、部族解散の直接の原因は、まさに独孤・賀蘭等のような部族の個別事例の考察によって追究することができよう。現存する史料からは、部族解散問題も、賀蘭・独孤等の極めて少数の事例しか見つけることができない。当然、史料の欠如は依然として最大の困難であり、多くの疑問の残る点についてはその一つ一つを証明する手段がなく、推測を行わざるを得ないのであり、その是非については、さらなる考察や討論を待つしかない。

一　賀蘭と拓跋

北魏道武帝の母である献明皇后《けんめいこうごう》賀氏〔賀太后〕は、賀蘭部の出身であり、部帥賀訥《がとつ》の妹である。『魏書』官氏志の神元帝《しんげんてい》期内入諸部に賀頼氏《がらいし》があり、後に賀氏と改めたが、これは孝文帝《こうぶんてい》の定めた功臣八姓の一つであったとされている。賀頼は拓跋に対して功績はないが、賀蘭には多くの功績があり、そのため賀頼は実際には賀蘭であっ

系図 2-1

平文帝鬱律
　后王氏
　妻**賀蘭氏**
├─ 列帝翳槐（母**賀蘭氏**）
└─ 昭成帝什翼犍（母王皇后）后慕容氏 ── 献明帝寔（母慕容皇后）后**賀蘭氏** ── 道武帝珪（母**賀皇后**）后独孤氏

たと史料からは解釈されるのであるが、魏収《ぎしゅう》は詳しく調べずに、二つの姓に分けてしまったのである。(1)『魏書』外戚伝 賀訥条には、賀蘭部について、「その先祖は代々君長となり、四方の属国は数十部〔其先世為君長、四方附国者数十部〕」とあるが、これは拓跋部族連合における一大勢力であった。賀蘭と拓跋は、上の系図にあらわした代々の通婚状況からその密接な関係が看取される〔系図2-1〕。

賀蘭部と拓跋部の関係が密接となったのは、平文帝〔在位三一七～三二一〕の時代のことである。平文帝の妻賀蘭氏(2)は長子翳槐《えいかい》を生んだ。後に賀蘭部と諸部大人は共同で翳槐、すなわち烈帝《れつてい》を擁立したが、これは三二九年のことである。賀訥伝には、「祖父の紇《こつ》は(3)、はじめ国〔拓跋部〕に勲功があり、平文帝《へいぶんてい》の娘を娶《めと》った」とある。賀紇の子の賀野干《がやかん》は、昭成帝《しょうせいてい》の娘を娶っており、賀訥・献明皇后の父で

(1) 姚薇元『北朝胡姓考』三二-三八頁。『晋書』北狄匈奴伝の入塞北狄十九種の中には賀頼種があるが、これは神元帝期に内入した賀頼部であり、匈奴との関係は深く、後に拓跋部族連合に参入する。賀訥伝は訥の弟を盧とするが、『宋書』武帝紀・『晋書』慕容徳載記・『晋書』慕容超載記は皆賀頼盧に作っており、賀蘭と賀頼が同一であったことがうかがえる。

(2) 『魏書』皇后伝には平文帝の妻に賀蘭氏がいたとする記述はない。しかし序紀煬帝二年（三二七）条には「ときに烈帝はおじの〔父平文帝の妻の部族である〕賀蘭部におり、〔煬〕帝は使者を派遣してその身柄を要求したが、賀蘭部帥の藹頭は〔烈帝を〕擁護して遣わさなかった」とある。烈帝は平文帝の長子であるため、その母が平文帝の妻賀蘭氏であったことがわかる。

(3) 『周書』賀蘭祥伝に、「その先祖は北魏とともに起ち、紇伏なる者がおり、賀蘭の莫何弗となり、よって氏とした」とある。紇伏は訥の祖父賀紇であろう。

ある。賀蘭部は烈帝のおじの部族であるだけでなく、道武帝のおじの部族でもあり、拓跋部やその部族連合の事態に対して重大な作用をもたらし得たことは間違いない。

昭成帝建国《けんこく》三九年（三七六）に前秦《ぜんしん》が侵攻し、拓跋部族は瓦解、昭成帝は陰山《いんざん》の北に逃れた。皇后伝 献明賀皇后条には、賀皇后が「太祖（珪）やもとの臣吏と難を避けて北に徙《うつ》った（与太祖及故臣吏避難北徙）」とする。陰山への「北徙」とは、すなわち賀蘭部に庇護を求めることである。賀訥伝には、「昭成帝が崩じ、諸部が動乱を起こし、献明皇后は太祖や衛・秦の二王とともに賀訥を頼った（昭成崩、諸部乖乱、献明后与太祖及衛・秦二王依訥）」とある。序紀、皇后伝 献明賀皇后条及び昭成子孫伝 寔君条を見ると、昭成帝は実際には北走を遂げてはおらず、雲中《うんちゅう》に戻って暴死したのであり、「昭成崩」の後に初めて賀皇后の北への奔走と賀訥への依附があったわけではないということが分かる。拓跋の「諸部乖乱」のとき、漠北の「高車の雑種が尽く叛し、四方にて劫掠し、遊牧ができなくなった」が、これは北走中に遭遇した状況である。昭成帝・賀皇后はこれによって再び雲中に戻った。「衛・秦の二王」とは、それぞれ衛王儀《えいおうぎ》と秦王觚《しんおうこ》を指す。昭成帝の北走・南返・暴死は、建国三九年（三七六）一一月から一二月にかけてのことで、かなり慌ただしい事件であった。この後賀皇后は子の珪を携えて南方の独孤部に投じ、ここに九年もとどまることとなる。

献明賀皇后は昭成帝が代国を滅ぼされてから、道武帝が代国を復興するまでの間における拓跋部の重要人物であった。賀皇后と拓跋珪が独孤部に滞在するようになってから日が経った三八五年八月、独孤部帥劉顕《りゅうけん》が迫ってきたため、賀蘭部に逃げ込んだ。賀訥伝には、賀訥が「遂に諸人（諸部大人と訥の兄弟を指す）と勧進し、太祖は牛川にて代王の位に登り」、その年（三八六）を登国元年としたとする。賀訥が道武帝を擁立したのは、妹の賀皇后のためであった。

皇后伝 献明賀皇后条には、「后少子秦王觚」という部分があるが、昭成子孫 秦王翰伝《しんおうかんでん》は觚を翰の子としている。唐長孺《とうちょうじゅ》氏は「皇太子拓跋寔《たくばつしょく》〔献明帝〕の死後、賀氏がレヴィレート婚によって翰の妻となって生んだはずである」(4)とする。周一良《しゅういつりょう》氏は「翰の死去時には賀氏はなお生まれていないか、あるいは乳児であった」ことから、賀氏が寔の死後に寔の弟の翰に嫁ぎ、觚を生むことは不可能であると判断した(5)。周氏は『晋書』苻堅載記の道武帝を昭成帝の子とする記述に基づき、寔の死後に昭成帝が子の嫁の賀氏を娶り、秦王觚を生んだと考えている。拓跋が代国を滅ぼされて以後の什翼犍《じゅうよくけん》〔昭成帝〕・拓跋珪の事跡は齟齬《そご》をきたし、合わない点が非常に多く、全てを究明することは難しい。第一章でも述べたようにおおかた北俗では乱倫のことについては問題とされておらず、賀皇后が再婚して子を生むことは、彼女の拓跋部における地位に対して全く影響はなかったのである。逆にその再婚と多産が、彼女をしてさらに長く、拓跋部において影響を発揮させたことは間違いない。

　賀蘭と拓跋の複雑な婚姻関係や政治関係は、拓跋による帝業の創立において賀蘭が既に極めて重要な助力となるだけでなく、またしつこい敵手ともなることを決定づけたのである。

二　賀頼頭の平舒への移動と賀訥による東部の統轄

　この時期、賀蘭部族は主に陰山以北、意辛山《いしんざん》に至るまでの一帯、すなわち現在の内モンゴルウランチャブ市の塔《タ》布《ウ》河とその北西に駐留していた。しかし部族の活動は、代北《だいほく》地域にまで及ぶときもあった。

(4)　中華書局標点本『魏書』巻一五校勘記。
(5)　周一良『魏晋南北朝史札記』（中華書局、一九八五年）「崔浩国史之獄」条（三四二−三五〇頁）。

前秦軍は代国を滅ぼして以降、少数の、影響力のある拓跋の人物を伴って長安《ちょうあん》（前秦の首都）に戻り、拓跋部民を黄河北段の東西両岸に分居させ、独孤部の大人劉庫仁《りゅうこじん》と鉄弗部《てつふつぶ》の大人劉衛辰《りゅうえいしん》にそれぞれ統治を委任したが、劉庫仁は劉衛辰の上位にいた。独孤部の活動地域は善無《ぜんぶ》（現在の山西右玉）を中心としていた。善無及びその東の広大な地域には、後漢以来多数の烏桓《うがん》が浸透し、さらに西に向かって蔓延していた。漢〜西晋ではその監督のため、護烏桓校尉《ごうがんこうい》が広寧《こうねい》に配置された。拓跋部が興隆したときには、この地の烏桓には厳格な部族組織は存在していなかった。西晋の都督幽州諸軍事《ととくゆうしゅうしょぐんじ》・護烏桓校尉衛瓘《えいかん》は、拓跋部にいた烏桓王庫賢《うがんおうこけん》に賄賂をおくり、拓跋諸部族を「沮動」させたことがある。

拓跋部は元来、㶟水《るいすい》（桑乾河《そうけんが》）の支流である于延水《うえんすい》（現在の洋河《ようが》）流域の、烏桓が集住する広い地帯を重視しており、ここは拓跋部が東部鮮卑《せんぴ》に連絡し、あるいはこれを阻むための要路であった(6)。前秦には代国を滅ぼした後に、自部族である氐《てい》人を配置してこの地域を支配するほどの力はなく、賀蘭を利用せざるを得なかった。このことは我々に賀訥伝の次の記述の理解を可能にさせる。前秦は「賀訥に東部を統轄させて大人とし、大寧《だいねい》に移し、その恩信を広めさせ、衆の多くがこれに帰すること、劉庫仁に等しくなった。苻堅《ふけん》は訥を鷹揚将軍《おうようしょうぐん》に任命した」という。独孤劉庫仁も、当時は烏桓と見なされていた。賀蘭を用いて烏桓を監督させることは、拓跋の統治した時期に実行されたことがあり、賀訥の父である賀野干がかつて東部大人となっていたことがその一例となる。前秦は旧法を重んじており、賀蘭部の力量を利用して東部幽州に向かうこの要路を守備させていた。賀訥の「恩信」を劉庫仁のそれと比較していることは、ここが烏桓人の集住する地域で、賀蘭がこの地においても影響力を有していたことを物語るであろう。

以上述べたように、前秦は代国滅亡以降の戦略配置として、少数の拓跋貴族を俘虜《ふりょ》としてこれを優遇し、独孤・鉄弗の二部に黄河の東西両岸の拓跋部衆を分割統治させる一方、賀訥に東部の防衛任務を統轄させたが、実際には代北《だいほく》拓跋の統率を、苻堅から命ぜられた独孤部の監視・相互牽制にあたらせた――これが苻堅の構築した代北地域の新秩序である。このうちの賀訥の任務は、幽州・并州《へいしゅう》の東西のルートを支配し、さらに高原や渓谷の上下の要衝を扼《やく》することであったのであり、監督の役割は最も重要であった。

これ以前の昭成帝建国二〇年（前燕慕容儁《ぜんえんぼようしゅん》の光寿《こうじゅ》元年、三五七年）に、「匈奴単于賀頼頭《きょうどぜんうがらいとう》が部族三万五千人を率いて慕容儁に降服し、寧西将軍《ねいせいしょうぐん》・雲中郡公を拝し、代郡の平舒城《へいじょじょう》に配置された（匈奴単于賀頼頭率部落三万五千降于儁、拝寧西将軍・雲中郡公、処之于代郡平舒城）(7)」ことがあった。賀頼はすなわち賀蘭であり、西晋の入塞北狄十九種の一つであったため、賀頼頭は曖昧ながら匈奴単于と称されたのである。「部落三万五千」を、『資治通鑑《しじつがん》』は「三万五千口」と解釈しているが、こちらが当を得ているであろう。平舒城は祁夷水《きいすい》（現在の壺流河、桑乾河の支流）のほとり（現在の広霊《こうれい》）にあり、当時、代郡城は平舒城の東方のやや北よりのところにあった。賀頼頭の部族は平舒に移住したが、これは注目に値する事態である。

淝水《ひすい》の戦いの後に前秦は崩壊し、代わって後燕《こうえん》が興《おこ》り、この地の状況に変化がおとずれた。『資治通鑑』東晋太元《たいげん》一二年（北魏登国《とうこく》二年、三八七）三月条に、「燕（後燕）の上谷人王敏《おうびん》が太守封戢《ほうしゅう》を殺害し、代郡人許謙《きょけん》が太守賈閏《かじゅん》を放逐し、各々郡を挙げて劉顕《りゅうけん》に帰附した」とある。劉顕は独孤劉庫仁の子であり、庫仁の弟の眷《けん》を殺害して独孤部の大人となり、かつては独孤部に居していた賀皇后母子に迫って賀蘭部に逃げ帰らせたこともあった。そのとき「劉顕は地広く兵強く、北辺を領有し(8)」たが、一方の道武帝はこのとき王位に即いたばかりであり、そ

（6）拓跋の諸帝は何回もこのルートに沿って東方の宇文・慕容と交通した。慕容垂と拓跋珪もこのルートにて交戦した。

（7）『晋書』慕容儁載記。この篇二年後の条に「塞北七国賀蘭・渉勒らは皆降服した」とあるが、ここにおける賀蘭の降服とは賀頼のことを指すであろう。渉勒とは勅勒（高車）である。

（8）『魏書』張袞伝。

の力量はなお微弱であった。上谷の王敏と代郡の許謙は後燕に叛し、ともに独孤劉顕に附したのである。『資治通鑑』にはさらに、同年のこととして、「燕の趙王麟《ちょうおうりん》〔慕容麟〕は王敏を攻撃し、これを斬った」とあり、翌年三月の条に、「燕の趙王麟は許謙を攻撃し、これを破り、謙は西燕《せいえん》に逃れ、そのまま代郡を廃し、その民を龍城《りゅうじょう》に尽く徙した[9]」とある。慕容麟は代郡の民を龍城に「尽く徙した」のであり、三〇年前の前燕時代に賀頼頭によって率いられ、代郡平舒城に居していた数万の賀蘭部民がここに含まれていたことは明らかである。この部民の統領が賀頼頭であったか否かについては、知る術がない。

賀頼頭が前燕に降り平舒城に居し、王敏が上谷太守を殺害し、許謙が代郡太守を追放し、後燕が代郡を廃しその民を尽く移住させたといった諸事は、以下数点の問題の説明に有益である。

(一)平舒城や代郡のある祁夷水付近は、農耕・遊牧に適し、灅水流域の中でも比較的発展の早い地方であった[10]。前燕は来降した賀頼〔賀蘭〕部民をここに移住させたが、賀訥伝に「分土定居《ぶんどていきょ》し、移住を許されず」とあるのがこれに相当する。しかし「匈奴単于」としての賀頼頭はなおも編戸とは異なっており、依然として賀蘭部族を統率していた。前燕は賀頼頭を寧西将軍に任命し、雲中郡公に封ずることで、その統率する部族の勢力を利用し、前燕のために、西部の代郡より雲中郡に至るまでの、代北と呼び習わされる地域を監視させるという目的を有していたに違いないが、代北はまさに、後の北魏の統治における主要地域であった。このときの前燕が、賀蘭部を重視し、什翼犍の統率する拓跋部を信用していなかったであろうことが推察される。このことは西晋衛瓘が幽州刺史・護烏桓校尉となっていたとき、その西部地域の烏桓に代北の拓跋力微《たくばつりょくび》〔神元帝〕の情勢を監督・観察させたことと、非常に似ている。この角度から詳しく見ると、賀頼が平舒に移ったのとおおよそ同時に、賀蘭部賀野干が拓跋部東部大人となったのであり、この二つの事例には関連があったように感じられるが、賀野干と賀頼頭の関係を直接的に証明する資料はない。

（二）前秦は代を滅ぼし、賀蘭部帥の賀訥（賀訥は賀野干の子）の東部を統轄させて大人とし、大寧に配置しているが、その軍事上の任務は西から東に臨み、前秦の守りとなることであった。同時に、南の平舒城では、賀頼頭が賀蘭部に属する三万五千の衆を率いて駐留しており、その軍事上の任務は本来東から西に臨み、前燕の守りとなることであった。前秦が前燕を滅ぼしたことで、平舒の賀頼部の役割に変化が生じた。賀訥が大寧にいたとき、賀頼も賀訥の統轄の範囲の中にいた。このことは前秦が賀訥に「統轄」するよう命じたことの目的の一つであったかもしれない。大寧の賀訥の賀蘭部と平舒の賀頼部（これも賀蘭部）とは相互に呼応し、事実上、賀蘭による烏桓の綏撫と、慕容の燕が北道に沿って東から西へ侵入するのを防ぐ役割を果たしていたのである。このことは北道の鍵が賀蘭部の手に握られていたことを示している。

（三）賀頼頭は後燕に降服したものの、後燕には親しまず、許謙が代郡太守賈閏を駆逐し独孤劉顕に附したときにあっても、許謙を拒んだという行動は確認されない。また、賀頼部は許謙が郡を挙げて独孤劉顕に帰附した、そのわずか一年後に、後燕軍に敗れてこの地域を出ることを余儀なくされたが、これは慕容が賀頼部に疑いを抱き、また賀訥が近くにいて猜疑心が日増しに高まったためと推測される。

（四）賀頼部は徙され、賀訥も東部統轄という任務に必ずしも安住し得なくなった。代北東部の情勢は変化したが、この地の戦略的地位は変わらなかった。登国元年（三八六）、道武帝は後燕軍を迎え、自らと君位を争った

（9）『資治通鑑』のこの記述は、『魏書』許謙伝や『晋書』慕容垂載記にはない。許謙が後燕の趙王麟（慕容麟）に撃破された後、賈閏は依然として代郡太守であり、三九五年の参合陂の戦いでは、賈閏は従弟《いとこ》の賈彝とともに北魏の捕虜となった。ことは『魏書』太祖紀・賈彝伝にあらわれる。賈彝伝によれば賈閏は降服時の官は代郡太守であったというが、「閏」を「潤」としており、太祖紀は誤って「閨《けい》」としている。

（10）前田正名『平城の歴史地理学的研究』（風間書房、一九七九年、中国語訳は書目文献出版社、一九九四年）の「北魏時代の壺流河流域」の節（一一一–一二二頁、中国語訳一五一–一八頁）参照。

窟咄《くっとつ》を高柳《こうりゅう》にて破ったが、これは拓跋が慕容を代北に招き入れた最初のケースである。二年（三八七）、道武帝は独孤劉顕を破り、ここでも慕容を招いて援軍としている。三年（三八八）、道武帝は王建《おうけん》に命じて後燕に降った劉顕の弟の亢泥《こうでい》を烏桓の集住する広寧《こうねい》にて破らせ、これを斬った。これらの戦役は全て、深い戦略的意義を備えており、行軍・作戦は東部にて行われ、それには大寧〔広寧〕を通過せねばならなかった。大寧にて東部を統轄していた賀訥は、既に陰山以北に撤退していたに違いない。

（五）拓跋が代国を復興させた前後においては、代北地域においては既に独孤部劉顕の勢力が大きくなり、また賀蘭部の賀訥兄弟は功績が高く、制御しがたくなっていた。以降の道武帝が帝業を樹立する過程において、独孤・賀蘭と矛盾を生ずることは避けられなくなった。まさにこうした情勢により、道武帝による賀蘭部と独孤部の強制分割・解散が引き起こされる。これ以外に道武帝には前進の道が見つけられなかったのであろう。

三　道武帝による賀蘭諸部族の解散

前秦は既に潰《つい》え、代北の政治秩序も破壊され、部族関係は必然的に再度の調整を迎えることとなった。三八五年、独孤部帥劉眷が善無にて賀蘭部を破ったが[11]、これについては北面の賀蘭部勢力が独孤部の中心地域に浸透し、独孤部の反撃を招いたと解釈すべきであろう。そしてこの年、劉顕は劉眷に取って代わり、独孤部に寄居していた賀皇后母子は北方の賀蘭に奔《はし》った。登国元年（三八六）、道武帝は代王に即位した後、初めて盛楽《せいがく》に帰った。同年、道武帝は長子《ちょうし》において、北上し君位を争っていた窟咄を避けて北方の賀蘭部に逃れ、賀蘭は道武帝を庇護し、あらためてその実力の突出ぶりを誇示した。続けて、休む間もなく道武帝は後燕の兵を東から招き入れ、窟咄を破りその部衆を吸収した。本来賀訥が慕容を防ぐために守っていた代北東部地域は、慕容に開放されることとなった。これにより拓跋と慕容の短期的な同盟が出現した。登国二年、三年、四年には、道武帝は自ら数次にわたり赤城《せきじょう》に赴いている。赤城は現在の北京《ぺきん》延慶《えんけい》の北にあり、慕容の勢力範囲に属していた。『水経注《すいけいちゅう》』の記述によれば、現在の延慶付近には道武帝廟があったというが、慕容との関係を処理するため、この時期の道武帝が連年にわたってこの地へ移動したことと関係するに違いない(12)。このことは拓跋・慕容同盟の証拠となる。この二者の同盟関係は、最初は窟咄の北進に対処するためであり、その後には賀蘭に対処したのである。

登国四年（三八九）、道武帝は陰山以北の、賀蘭部と密接な関係を有する高車諸部を襲撃したが(13)、これは賀蘭を包囲するためであった。賀訥伝に、「太祖が吐（叱《しつ》）突隣部《とつりんぶ》を討伐するに及び、訥兄弟は遂に異図を抱き、諸部を率いてこれを救った。帝はこれを攻撃し、大いに崩潰し、訥は西に逃れた」とあり、太祖紀に、高車諸部族を襲撃し、撃破した後のこととして、「賀染干《がせんかん》兄弟は諸部を率いて救援に向かい、太祖の軍と遭遇し、迎撃してこれを敗走させた」とある。これが拓跋・賀蘭の直接的な衝突の開始である。五年（三九〇）、道武帝は慕容麟とと

(11) 劉眷が兄の劉庫仁を継いで「国部を統治」したのは三八三年であり、太祖紀に見られる。善無における劉眷の賀蘭部撃破は、劉庫仁伝附眷伝に見られ、『資治通鑑』はこれを三八五年に繫《か》ける。

(12) 『水経注』濕水に牧牛山について、「山は県の北東三十里にあり、山上には道武皇帝廟がある」とある。この県について、楊守敬『水経注疏』は居庸県であるとするが、正しい。居庸県城は、現在の北京延慶であり、当時は上谷郡治であった。道武帝の一生の行程において、この地域と関連があるのは、登国二・三・四年に数次にわたって東の赤城に行幸したことだけである。鮮卑人はもともと祖先の旧遊の地に祠を建てて祀るという伝統があり、そのため牧牛山上の道武帝廟の修築は、この数年における道武帝の赤城への行幸と関係があるに違いない。

(13) 『魏書』賀訥伝に「その先祖は代々君長となり、四方の属国は数十部（其先世為君長、四方附国者数十部）」とある。高車はこの「四方附国者」の中に含まれると思われる。

もに賀蘭・高車諸部を意辛山にて攻撃した。やや後に、鉄弗劉衛辰がさらに賀蘭を襲撃し、賀蘭部は拓跋に降服を願い出、「そのまま訥の部族と諸弟を東界に徙した（遂徙訥部落及諸弟処之東界）(14)」。賀訥がかつて東部を統轄したことと翌年の慕容麟が赤城を攻撃したこととをあわせて見ると、この「東界」の具体的な地点が大寧と赤城の間、現在の河北省北部に位置することが分かる。これはまた賀訥がかつて賀蘭部を率いて大寧に居し東部を統轄した一〇年間の歴史的原因にもよる。前述の登国三年に慕容麟が代郡の民を尽く龍城に徙したこと、またその中に賀頼頭が含まれていたであろうことを賀蘭部に対する最初の強制移住と見なすのであれば、この「処之東界」は二度目のこととなる。

登国六年（三九一）、賀訥兄弟は内紛を起こし、後燕の「蘭汗は賀染干を牛都《ぎゅうと》にて破り」、慕容麟は「賀訥を赤城にて破り、これを捕らえ、その部族数万を降服させた。燕主の垂は麟に命じて訥を部族に帰し、染干を中山に徙させた(15)」。賀染干は強制的に中山に徙されたのであり、実に三回目の強制移住事件となる。ここまでに、賀蘭部内のほとんどの部族が強制移住を被ったのであるが、賀訥本人はなおも部族を領していたらしい。

この後、賀蘭部はさらに衰退に向かう。道武帝が中原《ちゅうげん》にて軍事行動をとっていたとき、賀訥はこれに従軍した。皇始二年（三九七）に魏軍が巨鹿柏肆《きょろくはくし》にて敗れた後のこととして、『魏書』庾業延伝《ゆぎょうえんでん》に、「賀蘭部帥附力眷《ふりょくけん》・紇突《こっとつ》隣部《りんぶ》帥匿物尼《とくぶつじ》・紇奚部《こつけいぶ》帥叱奴根《しつどこん》らはこれを聞き、党与を集めて陰館《いんかん》にて叛した(16)」とあり、庾業延は一万騎を率いて「これを滅ぼした」という。このことは同書太祖紀・高車伝や『資治通鑑』の各記述とおおよそ同じであり、滅ぼされたのは賀蘭・高車のうちの、陰館にて遊離していた部分であったようである。また皇始三年（三九八）、中原征服に従軍して功績を挙げ、広川《こうせん》太守を拝した賀盧《がろ》（賀訥の弟）が、冀州刺史を襲撃・殺害し、南燕に逃亡し、遂には南燕とともに滅ぼされた。賀盧はさきに注にて引用した『宋書』・『晋書』の賀頼盧であり、彼の南燕への逃亡は、賀蘭部族を伴ってのことであったに違いない。ここに至って、道武帝の母方のおじの部族である賀訥・賀染干・賀盧の三名のうち、賀訥一人だけが残り、賀訥伝によれば、このときの賀訥は既に統率する部族がなく、またその後嗣も聞かれなかったという。賀蘭部にはまだ賀訥の従父兄《いとこ》の一人である賀悦がいるが、彼は道武帝への待遇が「誠至」にして余りあり、これによって道武帝からの厚遇を獲得した。賀訥・賀悦の部民は自ずと強制解散され、分土定居させられた。これは四回目の賀蘭部族の解散であり、また現在知り得る限りでは最後のものである。

四　賀蘭部解散以降の余波

賀蘭部の事例から、部族解散が激烈・複雑で、常々繰り返され、その主要な手段が戦争であったことが理解されよう。また、主たる相手が既に強制移住・解散を被った後、編戸として居していた昔日の部族民はすぐにはそ

(14)　『魏書』賀訥伝。

(15)　これについての『資治通鑑』巻一〇七の記載は『魏書』賀訥伝よりも詳しい。賀訥兄弟は内訌を起こし、拓跋は征討を考え、慕容に案内を要請した。慕容はすぐに兵を発して賀訥・賀染干を破ろうとしたが、果たせなかった。牛都について、胡三省注は「その地は牛川に相当する」とする。拓跋珪は代国を復興させ、代王の位に即き、牛川にて大会しており、牛川の地はそのまま臨時の国都の性格を帯びるようになり、ゆえに牛都の称が生まれたのであろう。以後道武帝の行幸においては常にここに至っている。私が本章の内容を『歴史研究』一九九七年二期に発表したときには、胡三省の解釈を根拠のないものと見たが、張金龍『北魏政治与制度論稿』（甘粛教育出版社、二〇〇三年）の指摘をうけ（四四五頁）、以上のように理解を改めた。

(16)　附力眷は、『魏書』昭成子孫 毗陵王順伝《びりょうおうじゅんでん》は賀力眷に作っているが、音訳が異なるだけである。

の地に定着することができてはおらず、昔日の部族帥は必ずしも部族における権力の回復をはからなかったわけではなかったため、わずかな異変で再度事件が発生する可能性があった。賀蘭部族はその好例である。

賀訥伝には賀訥が中原平定に従軍した後のこととして、「その後諸部を解散し、分土定居し、移住を許されず、その君長大人は皆編戸と同じ処遇となった」とある。これは部族解散の具体的な内容である。賀訥伝には続けて、「賀訥は自身が皇帝の母方のおじであることを理由に、甚だ尊重されたが、統率はしなかった。寿命をもって家にて死去した」とある。賀訥伝の叙述順序が正確であったとした場合、賀訥の部衆の解散は、皇始・天興《てんこう》年間（三九六～四〇三）になされたことになる。これは直接的に北魏の部族解散に言及した、最も重要な史料の一つである。実のところこれは賀訥一人の統率についてのことに過ぎず、拓跋との関係が密接であった賀蘭の各部族や賀蘭部の部族全体について言ったものではない。本章ではさきに登国年間（三八六～三九六）に賀頼頭が龍城へ徙されたことを指摘したが、賀訥兄弟が「東界」に徙り、またその中の賀染干が中山に従ったことは、いずれも賀蘭部が分割解散を被るという大事件であった。やや後に賀力眷（附力眷）が陰館にて叛し、賀盧が遠く南燕に逃亡したことは、道武帝が賀蘭部を解散したことに対する拒否・抵抗の意思表示と見られるが、彼らの統率はこれより歴史上においては消滅したことになる。締めくくりは賀訥・賀悦に対する処置である。賀蘭部が分割解散を被った過程は、前燕・後燕や北魏の各時代のいずれにおいても行われていたのであるが、決定打となったのはやはり北魏道武帝のそれであった。

北魏の歴史から見れば、部族解散は拓跋部族連合が専制国家に発展するのに不可欠の措置であった。もし拓跋部がこの専制国家に向かって飛躍する段階になければ、またもし拓跋自体が部族としてしか存在しなかったのであれば、従属部族を解散するほどの力はなく、また従属部族が拓跋によって解散される必要も生じなかったであろう。部族解散の挙はさらに、解散された部族が相応の社会的条件を備えていることを要求し、部民に、代々継承された遊牧習俗を変え、農耕あるいは半農半牧《はんのうはんぼく》を行えるようにさせ、部族帥には部族特権を全部あるいは一部放棄して編戸・一般人民と同様にさせた。関係する部族について言えば、これは社会の一大変革であって、特定の一君主により、一通の政令をもって実現した可能性はあまりない。代国を復興させた当初の道武帝は、そのような権威を備えてはいなかった。別の方面から言えば、決して全ての部族が農耕に転向するのに必要な社会発展条件を備え、いずれ分土定居するので二度と移住を考えなくてもいいというわけでもなかった。軍事的な征服に頼り決して安定していなかった北魏の社会において、拓跋にとって害がなく、あるいは粗野でならしがたい〔高車のような〕一部の部族は、拓跋の眼中にはなく、強制的な解散を被らなかった。彼らが社会発展の法則にしたがい、次第に編戸民に進化するには、通常長い時間が求められた。北魏末の五二三年に六鎮《りくちん》の乱(17)が勃発して以降、例えば秀容《しゅうよう》の爾朱栄《じしゅえい》(18)のように、あれほど多くの部族の領民酋長《りょうみんしゅうちょう》がこれに参加し、社会の表層に浮かび上がったのであり、これは以前に道武帝が行った部族解散の、範囲が結局は限られていたことを物語っている（これについては周一良氏の「領民酋長与六州都督」という名論文を一読すれば理解することができるので参照されたい(19)）。また、部族解散は往々にして一度で完成するものではなく、武力による監督を伴うもので、繰り返し攻撃を行ったのであり、

(17)〔訳注〕六鎮とは北魏北辺に分布していた懐朔鎮《かいさくちん》・武川鎮《ぶせんちん》・撫冥鎮《ぶめいちん》・柔玄鎮《じゅうげんちん》・沃野鎮《よくやちん》・懐荒鎮《かいこうちん》の六つの鎮（軍事基地）を指し、北魏建国後しばらくは首都平城を直接防護する重要拠点であったため、胡族の精鋭軍団が配置されていたが、太和一七年（四九三）に洛陽に遷都すると、単なる辺境の軍事基地と位置づけられるようになったため、各鎮の重要性が低下し、それに伴って鎮の武人の地位も低下した。以後六鎮は漢化政策をとる北魏政府に対する不満を抱くようになり、正光《せいこう》四年（五二三）に沃野鎮にて破六汗抜陵《はりくかんばつりょう》が挙兵し、これに残りの五鎮が呼応した（六鎮の乱）。北魏政府は柔然《じゅうぜん》と夾撃することで乱を平定したが、これが契機となって各地で叛乱が続発し、北魏滅亡の契機となった。

(18)〔訳注〕爾朱栄（四九三～五三〇）は北秀容の人。契胡族《けいこぞく》。六鎮の乱以降の諸叛乱を、義勇軍を率いて平定し、山西地方に一大勢力を築いた。胡太后を殺害し、孝荘帝元子攸《こうそうていげんしゆう》を擁立して北魏の実権を掌握したが、その専権を嫌った孝荘帝に殺害された。

(19)周一良『魏晋南北朝史論集』（中華書局、一九六三年）一七七－一九八頁。

とりわけ強大な部族に対してはなおさらであった。前述の賀蘭部族解散はその典型的な事例である。

十六国のいくつかの国家において、統治者による、被征服部族に対する指定された地域への強制移住は、もとより滅多に見られないというほどのことではなかったが、しかしいずれの国も、部族解散・分土定居を国策という性質の大事としては記録に残しておらず、この点拓跋の歴史とは異なっている。これは拓跋がかつて部族連合の首領的地位におり、四方の属国部族とともに百年も代北地域におり、特定の部族と拓跋がさらに特殊な関係を結び、拓跋部が部族連合盟主から専制君主の地位に転ずることが許されなかったことによると私は考える。実のところ、いくつかの国家においては、その統治者が皇帝を称して以降、それ以前に共生していた他の部族首脳との間の権力闘争が発生したが、多くは権力を掌握した者による内乱の形であらわれており、結果として一つ一つの大殺戮を引き起こした。この角度から言えば、拓跋と諸部は百年にわたる共生の利益を得たのであるが、その部族解散の挙は、しょせん以前よりはましになったというだけのことであった。

賀蘭部は本来「部衆の業があり、皇祚を助けた」[20]のであり、これによって賀訥は『魏書』外戚伝の最初に挙げられることとなった。賀蘭部族が解散して以降、一定期間のうちは、部民はおおよそなおも部族を集めて居住し、昔日の部族貴族は村落において威信を持ち続けており、しばらくはいくらかの特権を保っていたであろう。高柳郡の安陽《あんよう》（現在の河北陽原《ようげん》）[21]は賀蘭部族の解散後、その部民が代北にいたときの集住地点であった。安陽の賀蘭部民がどこから来たのか、確言するのは難しい。一つには賀訥あるいは賀悦のもとの部民であった可能性があるが、これとは別に天興元年（三九八）の、「山東六州の民吏及び徒何《とか》（慕容）・高麗《こうらい》〔高句麗《こうくり》〕の雑夷」[22]を京師〔首都平城〕に徙したときの、もともと中山に従されていた賀染干の部からさらに従されたものであった可能性もある。またさらに別の来源があり、あるいは各種の来源全てが当てはまることもあろう[23]。以後の歴史において、賀悦の後裔と安陽の賀蘭部民には確かに関係があり、したがって賀悦の部民がここへ移住させられたのではないかと私は疑っている。

天賜《てんし》六年（四〇九）、平城にて、清河王紹《せいかおうしょう》と、道武帝が定めた継承者である斉王嗣《せいおうし》（後の明元帝《めいげんてい》）が君位を争うという一大事が発生した。まずこの年の六月に道武帝が死去する。『魏書』清河王紹伝には、「肥如侯賀護《ひじょこうがご》は安陽城の北にて烽火《のろし》を挙げ、もとの賀蘭部人は皆ここに赴き、その他の旧部も子弟を率いて族人を集め、往々にして互いに集まった（肥如侯護挙烽於安陽城北、故賀蘭部人皆往赴之、其余旧部亦率子弟招集族人、往往相聚）」云々とある。肥如侯護はすなわち賀訥伝の肥如侯泥《でい》であり、賀悦の子、賀訥の従甥である。賀護は襲爵して平城におり、当然賀訥と同様に統率する部族はなかったであろう。賀訥伝には、道武帝の死去時のこととして、「京師に不安が生じ、泥（護）は出て烽火を挙げた」云々とあるが、当然ながらこれは京師より外出し、烽火を挙げて警告したことを指すであろう。紹の伝にある「其余旧部」とは、安陽附近のもとの賀悦の部民以外の賀蘭旧部を指すらしく、あるいは賀蘭以外の、この地に徙された その他の部民を指す可能性もある。

明元帝拓跋嗣と君位を争った清河王拓跋紹は、道武帝の賀夫人を母に持ち、この賀夫人も賀蘭部の出身で、また道武帝の母である献明賀皇后の同母妹であった。(24) 清河王紹伝には、「初め、太祖（道武帝）は賀蘭部に行き、賀

(20)『魏書』外戚伝序。
(21) 高柳郡安陽は、北魏永熙年間に置かれ、両漢の代郡の東安陽県（現在の河北陽原）にあたる。
(22)『魏書』太祖紀。
(23)『魏書』世祖紀太延元年（四三五）条に、楽平王丕らの軍が和龍に至ったときのこととして、「男女六千口を徙して帰還した」とあり、『南斉書』魏虜伝には「仏狸（北魏太武帝）は梁州（涼州）・黄龍を破り、その居民を徙し、大いに郭邑を築いた」とある。和龍・黄龍は、さきに言及した、賀頼部が徙された龍城であり、現在の遼寧朝陽である。和龍（黄龍）から代北に徙された民にも、賀蘭（賀頼）部民の一部を含んでいた可能性があるが、これは比較的遅い時期のことである。
(24)〔訳注〕ゆえに道武帝は叔母を娶ったことになり、子である清河王紹は母方からは道武帝の従弟にあたる。

夫人を見て喜び、献明皇后〔賀皇后〕に告げ、彼女を後宮に納れるよう求めた」とある。そのためこれは賀蘭部民の利害に大きく関係していた。天賜〔四〇四～四〇九〕の末年、道武帝の死の直前に、賀夫人に罪があって幽閉され、道武帝が彼女を殺害しようとしたが、これは清河王紹が叛乱を起こした直接的な原因であった。『資治通鑑』によれば、紹は叛乱時に年一六歳であったというから、紹は登国九年〔三九四〕に生まれたこととなり、そのとき賀蘭部は既に多数にわたる分割・強制移住を被っていた。賀護が出て烽火を挙げたことからは、どの角度から見ても、賀蘭部の命運と深く関わっていたことがうかがえる。烽火の目的は紹を助けるためであった可能性があり、また嗣を助けるためであった可能性もある。私は事件の前後から見て、賀護が当時の「朝野が騒がしく人に異志を抱かせる」状況において、賀蘭部民の集住する安陽にて烽火を挙げたのは、賀蘭部を保護するためにとった警戒の措置であり、ゆえに賀蘭部民が急に雲集したと見ている。事態が迅速に沈静化されると、烽火や部族の招集もすぐに中止された。後に明元帝は、紹とその母である賀夫人に死を賜ったが、賀護がこのことによって追及を被るということはなかった。

清河王紹はその父である道武帝を弑《しい》し、宮門を閉じ、門扉の間から群臣に、「私には父がおり、また兄もいるが、公卿《おまえたち》は誰にしたがうつもりなのか〔我有父、亦有兄、公卿欲従誰也〕」と言った。群臣は驚愕し、「陰平公烈《いんぺいこうれつ》のみ泣いて去った〔唯陰平公元烈哭泣而去〕」。これは清河王紹伝の所説である。紹は道武帝の訃報を公布し、群臣を脅迫し、彼本人を含めた継承候補者のなかでの彼の皇位継承を擁護させた。これによるならば、〔既に清河王紹の父である道武帝は殺害されているため〕「我有父」の文言は不可解となる。『資治通鑑』はこのことを採録し、この箇所を「我有叔父」に作っているが、この叔父とは下に「哭泣而去」とある陰平公烈である。陰平公烈は衛王儀の弟、秦王觚の兄であり、考証によれば道武帝と同じく賀皇后より生まれた兄弟であったという[25]。これによれば、烈・紹はともに賀蘭部の甥となる。烈・紹の母は賀蘭部においては姉妹であり、烈・紹は拓跋部においては叔父と甥の関係となる。紹が烈を道武帝の可能な継承者と見なしたことは、紹が拓跋の君位にはもともと兄弟間継承の旧俗があったことを知っていたためであり、烈が「泣いて去った（哭泣而去）」のは、彼が道武帝が殺害されたという事実に直面し、自己の置かれた苦しい立場から驚愕を受けたという事情による。

第一章で詳述したように、斉王嗣はその母である劉皇后が死を賜ったという条件から、皇位継承者に立てられたのであり、このことは史料にあらわれる中では最も早い「子貴母死（子貴《とうと》ければ母死す）」制の実施例である。道武帝が順序ある皇位継承制度の創設を決心し、最も部族的な権勢を背景に持つ清河王紹が君位を争奪することを予防するために、先手を打ち、紹の母に罪を着せて殺害するための口実を設けたということは、十分にあり得ることであろう。そのため史書はその文言を曖昧にしている。このことは拓跋紹が父を殺害し君位を奪うことの導火線となった。私の推測が成立するのであれば、あらためて拓跋紹事件が道武帝による賀蘭部解散の余波であったことの説明が可能となろうし、またこれを道武帝の編み出した「子貴母死」制度に対する強力な反抗と見なすこともできよう。

道武帝の死去する前後の宮廷事変において、関係する人物は多く賀蘭部と繋がっていた。烈・紹の母はともに賀蘭部出身であり、賀太后の従甥の賀護は烽火を挙げて賀蘭部民を招集し、紹の母である賀夫人が罪を被せられたことも、道武帝が賀蘭部に施した一連の措置のうちの一つであった可能性があり、また道武帝による後継者の選定と直接的な関係があった可能性もある。拓跋・賀蘭の矛盾や賀蘭の潜在力から見れば、賀護の烽火は部族解散後における賀蘭部民の保身の行動であったが、タイミングを得られないままやみ、新たな事件を生み出すことはなかった。烈に至っては、既に嫌疑を被る立場にあり、罪を得ることから免れるために、策略をもってこのこ

（25）　李憑「北魏明元帝以太子燾監国考」（『文史』第三十八輯、中華書局、一九九四年）。

とを処理せざるをえなかった。『魏書』の本伝には、「紹が叛逆したとき、百官はあえて声をあげなかったが、烈だけは外に出、紹側について太宗〔明元帝〕を捕らえると偽り、紹はこれを信じた。〔烈は〕延秋門《えんしゅうもん》より出て、そのまま太宗を迎えて擁立した。功績によって爵を陰平王に進められた」とある。

もし前述の賀蘭部族の強制分割・移住が、『魏書』にある賀蘭部解散の主要内容の通りであるならば、賀蘭部の主要部分が解散を被った時期は登国五年（三九〇）、六年（三九一）のこととすることが可能となり、この二年間に賀訥兄弟とその部族は代北の「東界」に徙り、賀染干はさらに中山に徙ることで、賀蘭部族の解散は大体において決することとなった。これによって類推するならば、高車伝のいわゆる「太祖の時代、諸部を解散したが、高車だけはその類が粗暴であり、使役にたえなかったため、特別に部族のままでいることとなった」ことも、登国四年（三八七）、五年（三八八）に道武帝が高車諸部を破り、多くの捕虜を得たときのこととなる。官氏志は道武帝による部族解散を登国初年のこととするが、これは早すぎるものと私は考えている。解散に適した多くの小部族に至っては、拓跋の威力を恐れ、気配を感じて服し、移住と定住を受け入れることもあり得たであろうが、その一つ一つを細かく追究するのは困難である。

部族の強制移住は、十六国時代によく行われたが、いずれも部族の解散と言えるものではなかった。道武帝は帝業を完成させる過程において、全体的な意識から、部族解散の意義や、その必要性と可能性を理解するようになったため、さらに自発的・継続的で強烈な措置をとり、移住にとどまらず、その解散をも強制し、これに分土定居させ、編戸斉民と同一にさせたのであり、君長大人もこの例に含まれた。これは彼と十六国の諸君主とで異なる点である。彼は時代的意義をそなえた怒濤を引き起こした。部族解散については、その過程は複雑であり、また繰り返されもしたが、結局は逆転することができなかったのであり、部族の発展の趨勢に逆らうものではなく、また部民の利益に背くものでもなかった。賀蘭部の事例から探究を進めてきたが、道武帝の部族解散の内容

系図 2-2 賀蘭（賀）氏系図〔訳者作成〕

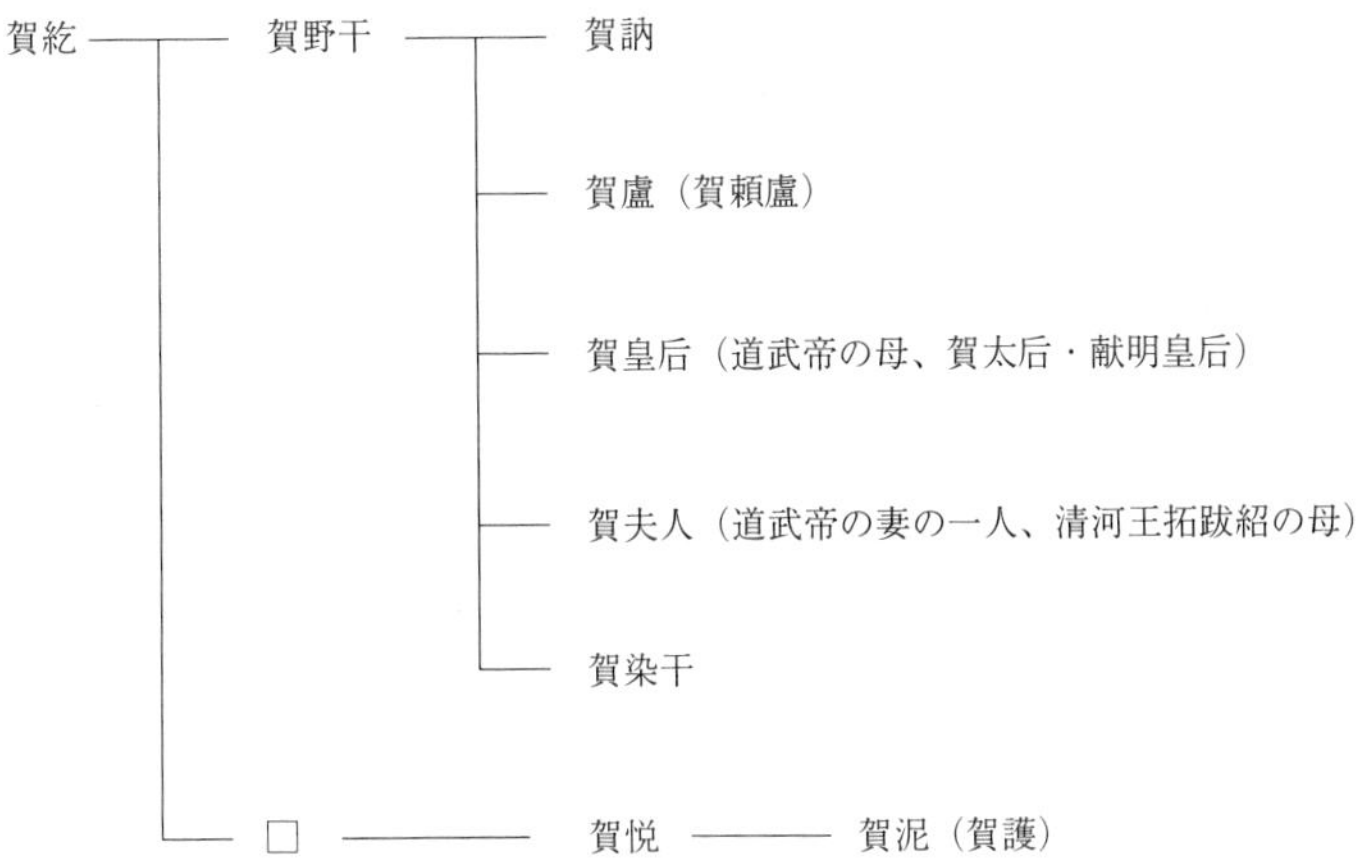

は、大体において以上の通りである。

部族解散、特に清河王紹事件の後において、賀蘭部の権勢は削られて尽きることとなった。『魏書』にあらわれる賀蘭部の人々の状況について、例えば賀狄干《がてきかん》などは、「家はもともと小族であった(26)」とあり、後秦《こうしん》〔十六国の一つ〕に使者として赴き書史を学び、北魏に帰還して後に道武帝により殺害され、その弟も死去した。また太武帝の賀皇后は、「幼くして孤児となり、父兄や近親もなかった(27)」のであり、従父《おじ》の賀迷《がめい》が外戚であることを理由に、爵を賜り封地を受けただけであった。『文成帝南巡碑《ぶんせいていなんじゅんひ》』の碑陰題名の、判別できる随行した臣僚の姓名の中には、賀頼氏の人名が二点見られ、うち一人は内侍の職であった(28)。『独孤信墓誌銘《どっこしんぼしめい》』は信の曾祖母が賀蘭氏の出身であることを伝えている(29)。『周書《しゅうじょ》』独孤信伝には、信の祖父の文成帝和平《わへい》年間のこととして、「良家の子をもって雲中から武《ぶ》川《せん》に鎮し(30)」たとあるので、信の曾祖母の賀蘭氏の年代は太武帝《たいぶてい》

(26)『魏書』賀狄干伝。
(27)『魏書』賀迷伝。
(28) 山西省考古研究所・霊丘県文物局「山西霊丘北魏文成帝『南巡碑』」（『文物』一九九七年第一二期）。
(29) 趙超『漢魏南北朝墓誌彙編』（天津古籍出版社、一九九二年）四八〇-四八一頁。

期のこととなり、その身分はいたって普通であった。北朝後期には像石題辞が作られたが、その中にもしばしば賀蘭氏の人名が見られる。[31]総じて言えば、賀蘭の生き残りはなおも探し出し得るほどの形跡があるものの、賀蘭は強大な部族としての実体を次第に消失させていったのである。今本の『元和姓纂《げんなせいさん》』賀蘭条は、その世系の文が賀若《がじゃく》条より入っており、これについては岑仲勉《しんちゅうべん》氏の校記を参照されたい。[32]このことは賀蘭氏が早くに記すべき世系をなくしていたことを物語るであろう。

(30)『周書』賀蘭祥伝も参照。
(31) 馬長寿『碑銘所見前秦至隋初的関中部族』(中華書局、一九八五年)五五-五九頁。
(32)『元和姓纂 附四校記』(中華書局、一九九四年)一三一八頁。

第三章　部族解散とは何のための施策だったか　二

――独孤部族解散問題

独孤部とは善無一帯にいた南匈奴系の部族であり、劉皇后（劉貴人、道武帝の皇后）の出身部族である。道武帝と因縁のあるこの部族は、いかに解散されていったのであろうか。図は独孤部の末裔のものである『独孤思男墓誌銘』。

磁県文化館「河県東陳村北斉堯峻墓」(『文物』1984年第4期)より転載。

一　前秦による代滅亡以後の独孤部

独孤部《どっこぶ》について、『魏書《ぎしょ》』官氏志《かんしし》は神元帝《しんげんてい》時代の内入諸部に入れており、拓跋部《たくばつぶ》に殊勲があり、孝文帝《こうぶんてい》はこれを功臣八姓の一つとしたと述べる。『魏書』の劉庫仁伝《りゅうこじんでん》と劉羅辰伝《りゅうらしんでん》はともに独孤部のことを載せているが、独孤部という部族名について説明するには至っていない。『魏書』賀訥伝《がとつでん》と『北史《ほくし》』劉庫仁伝はともに庫仁を独孤部人と言い、『魏書』燕鳳伝《えんほうでん》はこれを「別部大人」と称している。独孤は本来入塞北狄十九種の一つである屠各《とかく》であり、劉虎《りゅうこ》の祖先、劉路孤《りゅうろこ》の子である。劉路孤は代王拓跋鬱律《たくばつうつりつ》（北魏より平文帝《へいぶんてい》と追尊される。在位三一七～三二一）に帰附し、一度鬱律とともに代北の東木根山《とうぼくこんざん》に駐留している。ともかくも、拓跋部にとって、独孤は「別部」と称すべきものであった。平文帝以来、拓跋と独孤は数代にわたり婚姻を重ねた。劉庫仁の母は平文帝の娘であり、また昭成帝《しょうせいてい》（在位三三八～三七六）は一族の娘を劉庫仁に嫁がせた。庫仁の子の亢泥《こうでい》も昭成帝の娘を娶《めと》った。後の道武帝《どうぶてい》については、その皇后劉氏が庫仁の弟 眷《けん》の娘であり、独孤の帥である羅辰の妹であった。

第二章でも述べたが、昭成帝什翼犍《じゅうよくけん》の三九年（三七六）、前秦《ぜんしん》は代を滅ぼし、献明帝《けんめいてい》（昭成帝の子）の賀皇后《がこうごう》は子の拓跋珪《たくばつけい》らをつれて賀蘭部《がらんぶ》に逃れようとしたが果たせず、独孤部に投じてここに住むようになった。賀皇后が独孤部に投じたことについては、独孤・拓跋が代々通婚し、また劉庫仁も信頼できたという以外に、苻堅《ふけん》が独孤部と鉄弗部《てつふつぶ》に命じて黄河の東西の拓跋部民を分割統治させており(1)、拓跋部の旧人数百戸が南部大人長孫嵩《ちょうそんすう》らに率

（1）この発議者はもとの代国の使者である燕鳳であり、彼は苻堅にこれら二部の相互牽制を利用して、ともに拓跋を統治するよう説得し、前秦の「辺境を制御する良策」とした。ことは『魏書』巻二四　燕鳳伝に見える。燕鳳の「その（昭成帝什翼犍の）孫が成長して、こ

いられて独孤部に投じていたことがその理由として挙げられよう。鉄弗劉衛辰《りゅうえいしん》は屠各劉虎の末裔であり、衛辰の妻は昭成帝の娘であった。鉄弗・拓跋の関係は長きにわたったが、前秦による代滅亡の戦役が衛辰の案内によりなされたことからも分かるように、必ずしもうまくいってはいなかった。拓跋の内部運営に対しても、鉄弗の影響力は大きくはなかった。『魏書』は鉄弗を五胡伝《ごこでん》に列しており、同時期の独孤部劉庫仁・劉羅辰がそれぞれ功臣・外戚列伝に入れられているのとは、明らかに異なっている。後に鉄弗の赫連勃勃《かくれんぼつぼつ》は独立・建国し（十六国の夏《か》国）[2]、北魏と争い、柔然《じゅうぜん》[3]とともに北魏にとっての大患となり、太武帝《たいぶてい》期に至ってはじめて征服される。

賀皇后は劉庫仁・劉眷兄弟の庇護《ひご》を受け、九年間（三七六〜三八五）独孤部に滞在し、拓跋珪は六歳から成長して一五歳に達した。その間の大きな事件としては淝水《ひすい》の戦いや、前秦の瓦解、後秦の建国、慕容による燕の復興などがあったが、代北諸部に対してはそれら全てが影響した。三八五年、独孤の新部帥劉顕《りゅうけん》が拓跋珪の殺害をはかり、珪とその母賀皇后は前後して北方の陰山に遁走し、そのまま賀蘭部に投ずる。賀蘭部帥の賀訥《がとつ》と諸部の大人は時期を利用し、拓跋珪を擁して代国を復興させた。登国《とうこく》元年（三八六）に珪は代王に即位する。

賀皇后らが独孤部にとどまっていたとき、独孤部は代北地域で最強の部族であり、その影響力は恒・代以東にまで及んでいた。苻堅《ふけん》による代滅亡以後、賀蘭部の賀訥に東部を統轄させ、彼を大寧《だいねい》（現在の張家口《ちょうかこう》）に移していたとき、史書には賀訥について、「その恩信を広めさせ、衆の多くがこれに帰すること、劉庫仁に等しくなった」[4]とあり、独孤部がこの一帯に、賀蘭部の賀訥よりも早く威信を有していたことがわかる。前秦の敗北後、慕容《ぼよう》は燕を復興させ、劉庫仁は騎兵を派遣し幽州《ゆうしゅう》・冀州《きしゅう》を支援して慕容を拒んだ。彼はかつて、「雁門《がんもん》・上谷《じょうこく》・代郡の兵を発し、繁時《はんし》に駐屯した」[5]ことがある。発した兵の及ぶところは、自ずから彼の勢力の及ぶところということになる。劉庫仁の子 劉顕は独孤部を統治していたときに、「地広く兵強く、北辺を領有（地広兵強、跨有朔裔）」[6]するようになった。『魏書』劉羅辰伝には、そのとき「顕は部衆の強きを恃《たの》み、常に叛逆することを謀っていた（顕恃部衆之強、毎謀為逆）」とあり、拓跋珪はこのため独孤を離れて北方の賀蘭に投じたのである。劉庫仁がこの地域につとに恩信を有してより、劉顕が「地広兵強」となるに至るまでを伝えるこれらの史料は、苻堅が代を滅ぼして以降、賀訥に東部を統轄させたことには、賀蘭をもって独孤を牽制するという意図があったことをうかがわせている。

拓跋珪が代国を復興させてより後、登国二年（三八七）三月のこととして、「燕〔後燕〕の上谷人王敏《おうびん》が太守封《ほう》戢《しゅう》を殺害し、代郡人許謙《きょけん》が太守賈閏《かじゅん》を放逐し、各々郡を挙げて劉顕に帰附した」[7]とある。同年六月、道武帝拓跋珪は劉顕を破り、劉顕の従弟劉羅辰は拓跋珪に投じた。拓跋部の強力な介入により、独孤部は分裂したのである。

れを君主に立てる」という言葉からも、これは燕鳳の拓跋部保護の手段の一つであったことがわかる。鉄弗部の中核は代来城（悦跋城、現在のオルドス）に駐留し、独孤部の中核は、その活動地域から、善無（現在の山西右玉）にあったようである。

（2）（訳注）赫連勃勃（三八一～四二五）は劉衛辰の子。鉄弗部が北魏の道武帝拓跋珪に破られると、後秦（五胡十六国の一つ）に投降し、その部将として朔方郡に鎮したが、後秦が北魏と和睦するとこれに怒って独立を決意し、大夏天王・大単于を自称した（夏の建国）。その後は後秦と戦い、後秦が東晋の劉裕《りゅうゆう》（後の劉宋武帝）に滅ぼされ、また劉裕が建康に帰還すると、東晋軍を攻撃し関中を占領した。

（3）（訳注）柔然は五～六世紀にモンゴル高原を支配した遊牧国家。蠕蠕・芮芮・茹茹とも呼ばれる。もと拓跋部に従属していたが、モンゴル高原に勢力を拡大した。北魏とは基本的に対立関係にあったが、新興の遊牧国家である突厥《とっくつ》に滅ぼされた。

（4）『魏書』巻八三上　賀訥伝。

（5）『魏書』巻二三　劉庫仁伝。

（6）『魏書』巻二四　張袞伝。

（7）『資治通鑑』巻一〇七　東晋太元一二年。

二　劉顕による窟咄の君位争奪戦への誘引と道武帝による独孤諸部族の解散

登国元年（三八六）正月、拓跋珪は代王に即位し、牛川《ぎゅうせん》にて大会し、代々南部大人の家系であった長孫嵩を南部大人とした。このとき代国の北面には、しばらく賀蘭部が藩屏として存在し、比較的安全であり、主要な問題は南にあった。二月、拓跋珪は拓跋の故地の盛楽《せいがく》に帰り、三月、「劉顕は善無《ぜんぶ》より南のかた馬邑《ばゆう》に逃れ、その一族の奴真《どしん》が部を率いて来降した」[8]という事件があった。このとき、拓跋珪が全力をもって関心を注いでいたのは、賀蘭を頼って劉顕を駆逐し、南部を切り開き安定させることであった。賀蘭部はかつて前年に善無にまで南進し、劉庫仁の弟 劉顕に敗れており、独孤・賀蘭の間に本来矛盾があったことが分かる。この年に劉顕が善無より南に逃れたのは、拓跋が賀蘭と結んで来攻することを憂慮したがためであった。劉奴真は劉眷の子、劉顕の従兄弟《いとこ》であり、『魏書』はその事跡を記しているが、非常に混乱しているので、彼については節を改めて考察することとしたい。

劉顕は馬邑に逃れた後、昭成帝の子孫の君位争いに介入した。彼は弟の劉肺泥《りゅうはいでい》（亢泥）に拓跋珪の季父（すえの叔父）である拓跋窟咄《たくばつくっとつ》を迎え、拓跋の南境に迫らせた。このことは拓跋窟咄が独孤を、拓跋珪が賀蘭を、それぞれ背後に持つ、君位をめぐる決死の闘争を形作った。窟咄は昭成帝の子であり、前秦が侵攻し、「昭成帝の崩御後、苻洛《ふらく》は窟咄が年長であることを理由に、長安《ちょうあん》への移住を迫り、……乱に乗じて慕容永《ぼようえい》にしたがって東遷し、慕容永は彼を新興《しんこう》太守に任命した」[9]。拓跋珪は窟咄を駆逐した後、登国二年（三八七）六月に、転じて窟咄を支援する劉顕を馬邑にて撃破した。劉顕は南進して長子《ちょうし》にて慕容永に投じ、その部衆は尽く慕容麟《ぼようりん》に降服し、中山《ちゅうざん》に徙《うつ》された。これが前述の登国二年六月の拓跋珪による劉顕撃破であり、『魏書』巻二 太祖紀と巻二三 劉庫仁伝に見られる。『資治通鑑』は同年の条に、「燕主の〔慕容〕垂《すい》は劉顕の弟の可泥〔亢泥〕を烏桓王《うがんおう》に立て、その衆を慰撫させ、八千余落を中山に徙した」と記している。これは慕容に降服し、中山に徙された独孤部劉顕の衆が「八千余落」もの多きに達し、独孤劉亢泥の衆がなおも劉亢泥により率いられていたことを示している。後掲の史料〔本章第二節〕により、烏桓王劉亢泥が後燕《こうえん》の広寧《こうねい》太守となったことが分かるが、ここから、後漢以来烏桓人が集住していた広寧〔大寧〕が、長らく独孤に駐留され、それによって先住の烏桓人を綏撫していたと判断される。これは独孤自体も烏桓であったことによる。劉顕の「八千余落」は中山に徙されたが、これは独孤部主要部分の最初の強制移住であり、独孤部族解散の嚆矢《こうし》であった。劉顕は敗北し、拓跋部はこれによって代北南部の灅水《るいすい》上流地域を統治することが可能となった。

　独孤部の劉顕・劉亢泥兄弟の介入により、昭成帝の子孫の君位争奪問題の解決は苦しくなった。拓跋部内における嫡庶観念は既に萌芽してはいたが、嫡庶の地位の差異については、なおも厳格な慣習法によってあらかじめ規定されていたわけではなく、宗法といったものでの継承制度はまだ形成されていなかったのであり、拓跋の君位には事実上、公的に認知された法定の継承者がなかったのである。『魏書』昭成子孫伝寔君《しょくくん》条には、拓跋の代国滅亡前夜のこととして、「このとき、献明帝〔道武帝の父の寔《しょく》〕と秦明王翰《しんめいおうかん》はともに亡くなっており、太祖〔道武帝拓跋珪〕は年六歳であり、昭成帝は不予に陥り、慕容皇后の子の閼婆《あつば》らは年長ではあったが、国統〔君統〕はまだ定まってはいなかった」とある。昭成帝の庶長子寔君は君位をうかがい、昭成帝の甥の斤《きん》は寔君に、「皇帝は慕容皇后の子を立てようとされており、汝《なんじ》が政変を起こすことを恐れておられる」云々と言った。ここにおい

（8）『魏書』巻二 太祖紀。
（9）『魏書』巻一五 昭成子孫拓跋窟咄伝。

て寔君は「その部族を率いて諸皇子を尽く殺害し、昭成帝もまた暴崩」した。これについて『資治通鑑《しじつがん》』には、「寔の子の珪はなお幼く、慕容妃の子の閼婆・寿鳩《じゅきゅう》・紇根《こつこん》・地干《ちかん》・力真《りょくしん》・窟咄は皆年長であったが、後嗣〔後継者〕はまだ定まっていなかった」という記述がある。寔君は、「諸皇子を尽く殺害し〔尽害諸皇子〕」たが、この六子の中の窟咄は免れることができ、閼婆も殺害されずに済んだのであろう(10)。閼婆その人については後に考察する。

『魏書』窟咄伝には、「劉顕は敗れると、弟の亢泥らを派遣して窟咄を迎えさせ、そのまま南界〔南の境界〕に迫り、ここにおいて諸部は騒ぎ乱れた。……太祖は内乱を憂慮し、かくして北のかた陰山《いんざん》を越え、賀蘭部に赴き、安同《あんどう》と長孫賀《ちょうそんが》を派遣して慕容垂より軍隊を徴発した。賀は窟咄のもとに逃れた〔劉顕之敗(11)、遣弟亢泥等迎窟咄、遂逼南界、於是諸部騒動。……太祖慮内難、乃北踰陰山、幸賀蘭部、遣安同及長孫賀徴兵於慕容垂。賀亡奔窟咄〕」とあり、安同は中山を防ぎ、慕容垂は慕容麟を遣わして部を率いて牛川に到達させ、「窟咄の兄の子の意烈《いれつ》がこれを防」いだ。このとき賀蘭部の賀染干《がせんかん》も窟咄に応じ、「北部に侵攻し、人々は皆驚き、人心は安定せず、ここにおいて北部大人叔孫普洛節《しゅくそんふらくせつ》及び諸烏丸が衛辰のもとに逃れた〔来侵北部、人皆驚駭、固志莫有、於是北部大人叔孫普洛節及諸烏丸亡奔衛辰〕」。『魏書』穆崇伝《ぼくすうでん》には崇の外甥の于桓《うかん》の言葉として、「今窟咄は既に立ち、衆は皆これに帰附しており〔今窟咄已立、衆咸帰附〕」とあり、拓跋珪を捕縛し窟咄に応じることをはかった。ここで引用した「諸部騒動」、「人皆驚駭」、「衆咸帰附」といった記述や、窟咄に呼応した者が全て拓跋・長孫・叔孫・万忸于《ばんじくう》等の重要部族の人物であったこと、ひいては劉亢泥・賀染干といった、当時としてはかなり実力のある二つの部族が南北から拓跋珪を夾撃していたという情勢を踏まえれば、拓跋珪が危険な状況に置かれていたことが一目で分かる。いわゆる代北の「諸烏丸亡奔衛辰」には、当然一部の独孤・烏桓が含まれていたはずであろう。拓跋珪は帝業を開拓し、部族内にて強力な相手を征服する他に、どうしても賀蘭・独孤といった、特に勲功があり、また強大で制しがたい二つの部族を処理せねばならなかった。これら二つの部族は拓跋部と数世代にわたって婚姻関係を築き、拓跋部内部に影響を及ぼすほどの潜在能力を秘めていたために、その他の部族はこれらとは比べものにならなかったのである。

拓跋珪は昭成帝の嫡孫であり、このことはもとより名分において彼の優勢となったが、当時嫡長の名分はとりたてて尊重されたわけではなかった。拓跋珪は年幼く、一六歳に過ぎず、これが彼にとって不利な点であった。『魏書』莫題伝《ばくだいでん》に、莫題が「矢を窟咄におくり、彼に、『三歳の子牛がどうしてこの重さに耐えられようか』と言った。窟咄が年長で太祖〔拓跋珪〕が年少であったことを言っているのである」とある。また実際には、珪よりも年長というわけではないが、珪と君位争いを行おうとした昭成帝の子孫は他にもおり、昭成帝の庶長子寔君の子であり、拓跋珪の従弟でもある某がそれであり、彼については『魏書』にその事跡が載せられているが、その名は残されていない。

『魏書』巻二五 長孫嵩伝《ちょうそんすうでん》には、「劉顕が叛乱を企てたとき〔劉顕が独孤部を頼った賀皇后を殺そうとしたことを指すと思われる〕、嵩は旧人や郷邑の七百家余りを率いて顕に叛いて遁走し、五原に到着するところであった。当時寔

(10) 献明帝寔と秦王翰はともに慕容皇后が生んだが、皇后に先んじて死去した。慕容皇后のその他の六子は、閼婆・窟咄を除いては、全て殺害されたであろうが、子孫は残った。寿鳩の子の常山王遵、紇根の子の陳留王虔《ちんりゅうおうけん》、地干の子の毗陵王順《びりょうおうじゅん》、力真《りょくしん》の子の遼西公意烈《いれつ》の事跡は、全て『魏書』昭成子孫伝の各伝にあらわれている。そのうちの毗陵王順伝には、「栢肆にて敗れると、逃れ帰ってきた武将があらわれ、太祖の軍が散り散りとなり、太祖の行方も不明であると言った。順はこれを聞き、自立しようとしたが、莫題の諫言を納れ、思いとどまった」とあるが、これにより昭成帝の諸子の子孫は、そのほとんどが自身にも拓跋君位を継承する権利があると認識していたことが判明する。昭成帝の庶長子寔君の子も自立をはかっていた。力真〔窟咄の兄〕の子の意烈は、もとは珪ではなく、窟咄を助けていた。

(11) 「劉顕之敗」とは劉顕が善無より馬邑に奔ったことを指しており、これはこの年の三月のことである。劉顕は弟の劉亢泥を派遣して窟咄を迎えており、こちらは同年八月のことである。ともに『魏書』太祖紀に見える。

君の子も衆を集めて自立し、嵩はこれに帰そうとした。于《う》烏《う》渥《あく》に謁見し、『逆父の子』と言い、嵩に太祖に帰することを勧めた。嵩はまだ決意しなかったが、烏渥はその牛の首を回し、嵩はしぶしぶこれにしたがった（劉顕之謀難也、嵩率旧人及郷邑七百余家叛顕走、将至五原。時寔君之子亦聚衆自立、嵩欲帰之。見于烏渥、称『逆父之子』、勧嵩帰太祖。嵩未決、烏渥回其牛首、嵩僶俛従之）」とある。もとの『魏書』ではこの巻は欠けており、『北史』やその他の書によって補われた。『北史』巻二一長孫嵩伝は、この部分を「……当時寔君の子の渥も衆を集めて自立し、嵩はこれに帰そうとした。于烏渥に謁見し、『逆父の子』と言い、嵩に道武帝に帰することを勧めた……（……時寔君之子渥亦聚衆自立、嵩欲帰之。見于烏渥、称『逆父之子』、勧嵩帰道武……）」云々に作っている。この二つの史料をあわせ読むと、大意は明確であるが、個別の文字に問題がある可能性がある。文中の渥・烏渥・于烏渥は同一人物であるが、彼は寔君の子ではない。寔君の子は、史書にはもとより姓名をとどめておらず、『北史』が記述したときには「寔君之子渥」に作っているが、この渥の字は明らかに伝写した者が下の于烏渥の名から誤って足したものであり、そのため分かりにくくなっている。この部分の文字を『魏書』に補うときに、史臣は「寔君之子渥」において誤ってつけ足した「渥」の字を刪《けず》ったが、慧眼《けいがん》というべきであろう。『資治通鑑』巻一〇六はこの部分の文章を収録し、「……拓跋寔君の子の渥も衆を集めて自立し、嵩はこれにしたがおうとした。烏渥は嵩に、『逆父の子は、したがうに足りず、珪にしたがう方がよい』と言った（……拓跋寔君之子渥亦聚衆自立、嵩欲従之。烏渥謂嵩曰、『逆父之子、不足従也、不如従珪』）」云々と言う。『資治通鑑』は『北史』の誤りを継いでしまってはいるが、「逆父之子」の下に「不足従也」を補い、語気も十分なものとなっており、信じるに足るであろう。于烏渥がどのような人物であり、寔君とどのような関係を有しているのか、さらに考察を進める必要がある。

　于烏渥の名は、北朝諸史にはこの一箇所しかなく、昭成帝の子の閼婆の異字訳と思われる。現存する史料から言えば、于烏渥を閼婆の異字訳とすることだけが、長孫嵩伝の記述の解釈を円滑にし得る方法である。閼婆は昭成帝の慕容皇后の子であり、その同母兄弟は多くが寔君の手によって殺害された。閼婆は寔君と異母兄弟ではあるが、父を殺され、弟を殺された仇敵でもあったため、前掲の「逆父之子」という台詞があったのである。「逆父」とは寔君を指す。寔君が慕容皇后の諸子を殺害したときに、閼婆は幸いに難より逃れたに違いなく、このとき部衆を率いて北に逃れてきた長孫嵩と五原《ごげん》附近で遭遇した。閼婆は長孫嵩に、そのとき既に賀蘭部にいた拓跋珪に投じ、寔君の子に投じないよう勧めたが、その理由として嫡庶の別ではなく「逆父之子」が挙げられており、このことからも拓跋珪の嫡出という名分が、当時それほど人々の支持を集める効果をもたらさなかったことがうかがえる。しかし寔君が父を弑《しい》し弟を殺したことは、結局はその子が君位を奪取することに対して不利にはたらいたのであり、そのためその子の自立という行為は波乱を引き起こすには至らず、間もなく誰にも知られずしてフェードアウトしたのである。

窟咄を撃破した決定的な戦役は登国元年（三八六）一〇月に発生した。そのとき拓跋珪は慕容麟軍と高柳《こうりゅう》にて会し、窟咄を大いに打ち破った。窟咄は鉄弗の劉衛辰のもとに走り、衛辰に殺害され、窟咄の部衆は拓跋部に併合された。窟咄が既に敗れ、劉顕が孤立し、ようやく登国二年（三八七）六月に馬邑において劉顕が撃破され、劉顕の部衆が中山に徙された。劉顕は拓跋珪に叛し拓跋の君位をめぐる争いを演出したが、当然拓跋珪と並び立つことはできず、その部族も独立して存在することはあり得なくなり、拓跋珪が必ず処置するであろうことが予想された。

この段階で、独孤部ではなお劉亢泥の部衆が残っていたが、消滅は免れている。劉亢泥はもともと劉顕の命を受けて窟咄を招いており、当然拓跋珪はこれを許さなかった。彼は窟咄の敗北後に慕容に降服しており、烏桓王に封ぜられた。太祖紀皇始《こうし》元年（三九六）六月条に、[12]「将軍王建《おうけん》ら三軍を派遣して宝の広寧太守劉亢泥を討伐させ、これを斬り」とあり、その部族は平城《へいじょう》に徙されたという。これは『魏書』に見られる独孤部民の第二の強制移住である。このように、独孤部は劉顕の部族が中山に徙され、劉亢泥の部族が平城に徙されており、残る独孤部の重要な勢力は早期に来降した劉羅辰の部衆しかなかったが、その部民も指定された地域に定住していたに違いない。

独孤の各部は分割・解散を被り、賀蘭部族も分割・解散され、まさにこのときに、拓跋珪は皇始と改元したのである。これら二つの重要な部族が解散されたことは、北魏の帝業確立の指標であったと見ることができる。

三　『魏書』にあらわれる劉奴真と劉羅辰

『魏書』劉庫仁伝には、「太祖が即位し、顕（庫仁の子）が善無より南のかた馬邑に逃れた」の記述の後に、「族人奴真」に関する文言を混入させており、その後に再び「後に太祖は顕を馬邑にて討ち、弥沢《びたく》まで追撃し[13]、大いにこれを打ち破った」とある。『魏書』には他に劉庫仁の弟 劉眷の子の劉羅辰伝があり、巻八三上 外戚伝の賀訥の後に列している。これらの記述によれば、劉奴真・劉羅辰はともに、このとき部族を率いて拓跋珪に降服したという。『北史』巻八〇中には、その外戚伝の序があり、羅辰について「その家伝に附す」とあり、劉庫仁伝の中に附すという意味であろうが、奴真には言及しておらず、これは明らかに『北史』の館臣（李延寿ら『北史』の編纂者）が奴真のことを意図的に刪ったことを示している。

『魏書』劉庫仁伝は次のような文章を混入させている。

族人の奴真は、部族を領して〔道武帝拓跋珪に〕来附した。奴真の兄の犍《けん》は、先に賀蘭部にいた。ここに至って、奴真は犍を召還して部を譲ることを要請した。太祖〔道武帝〕はこれを義として許可した。犍は部を領すると、自らが長らく賀訥に託し、彼を有徳の人としていたことから、弟の去斤《きょきん》をして彼に金馬を贈らせた。訥の弟の染干はしたがって彼に、「私は汝ら兄弟を厚遇し、汝は今部を領しており、来て私にしたがうのがよろしかろう」と言った。去斤はこれを奴真に要請した。奴真は、「父は国家〔拓跋部〕の附臣であり、代々忠実貞正であった。私は名節を全うすることを志しており、このために譲ったのである。今汝らは無礼にして、主に叛いて二心を抱こうとしている」と言った。そこで犍と去斤を殺害した。染干は〔奴真の〕兄が殺害されたと聞き、騎兵を率いてこれを討ち、奴真は恐れ、部を移して太祖のもとに逃れた。太祖は自らこれを迎え、使者を派遣して染干を譴責《けんせき》してとどめた。奴真は恩に感じ、妹を後宮に入れることを要請し、太祖はこれを納《い》れた。

族人奴真、領部来附。奴真兄犍、先居賀蘭部。至是、奴真請召犍而讓部焉。太祖義而許之。犍既領部、自以久託賀訥、徳之、乃使弟去斤遺之金馬。訥弟染干因謂之曰、「我待汝兄弟厚、汝今領部、宜来従我」。去斤請之奴真。奴真曰、「父為国家附臣、世効忠貞。我志全名節、是故推讓。今汝等無状、乃欲叛主懐貳」。於是殺犍及去斤。染干聞其殺兄、率騎討之、奴真懼、徙部来奔太祖。太祖自迎之、遣使責止染干。奴真感恩、請奉妹充後宮、太祖納之。

(12)　厳密に言えば、これは登国一一年（三九六）六月のことであり、この年の七月に皇始に改元されたため、皇始元年条にある。皇始とは道武帝の帝業の始まりという意味である。

(13)　『魏書』外戚伝のうちの劉羅辰伝は、『魏書』劉庫仁伝に附される劉眷に関する数語や『北史』劉庫仁伝の関係する文章を後人が輯《あつ》めて成立したものである。標点本『魏書』・『北史』の関連諸伝の校勘記を参照。

この段落は上は「太祖が即位し、顕が善無より南のかた馬邑に逃れた」の一文を承けており、すぐ下には「後に太祖は顕を馬邑にて討ち、弥沢まで進撃し、大いにこれを打ち破った」の一文がある。奴真の事跡を示した前掲の一文を除けば、その上文と下文は劉顕のことを叙述しており、一体となって途切れがないものとなる。この一節が叙述する奴真の事跡は、かえって上文・下文とかみあっておらず、明らかに別系統の史料〔錯簡《さっかん》〕であり、魏収が詳しく調べず、劉庫仁伝に附される劉氏諸人の事跡に挿入したため、拓跋珪と劉顕についての叙述が前後切り離されてしまっている。唐の李延寿が『北史』を編纂したとき、既に疑いを持っていたようであるが、詳しく追究することなく、ただ劉庫仁伝のこの部分を刪るにとどまり[14]、また全書において奴真の名前を一切記さなかった。後世の人々には、魏収の書を読みながら、この部分と『北史』の差異に注意した者はなかった[15]。『資治通鑑』は『魏書』のこの一節を収録したが、これについての『考異』は作られず、また注も附されていない[16]。この一節を分析して、私はこの中の奴真が劉眷の子の羅辰であり、音訳が異なっていただけであったと考えるようになった。諸書に載せられている羅辰と奴真の事跡を合わせ見ると、多く一致するところが見受けられ、その他の片方だけにある点も矛盾がなく相互に補うことが可能である。〔以下にその例を挙げる。〕

（一）「族人の奴真は、部族を領して〔道武帝拓跋珪に〕来附した〔族人奴真、領部来附〕」は、太祖紀の「その〔劉顕を指す〕一族の奴真が部を率いて来降した〔其族奴真率所部来降〕」と符合し、時間的には登国元年三月の「太祖が即位し、顕が善無より南のかた馬邑に逃れた」の後のこととなる。拓跋が南に来、劉顕はこれを恐れて逃れ、奴真は拓跋に降服し、独孤部は二分した。『魏書』巻二四　張袞伝《ちょうこんでん》は、「当時劉顕は地広く兵強く、北辺を領有した」と記した後に、「たまたまその兄弟が不仲となり、互いに猜疑した」と言うが、これは劉顕・劉奴真の分裂を指す。

『魏書』外戚伝はもともと欠落しており、その劉羅辰伝は劉顕伝と『北史』から輯《あつ》められて形成された。その中には、「太祖の即位するに及び、馬邑にて顕を討ち、弥沢にまで追撃し、大いにこれを破った。後に慕容麟のもとに逃れ、麟はこれを中山に徙し、羅辰は騎兵を率いて太祖のもとに逃れた。顕は部衆の強きを恃み、常に叛逆することを謀っており、羅辰はそのたびに先に奏聞し、このことをもって特に寵愛をこうむった（及太祖即位、討顕于馬邑、追至弥沢、大破之。後奔慕容麟、麟徙之中山、羅辰率騎奔太祖。顕恃部衆之強、毎謀為逆、羅辰輒先聞奏、以此特蒙寵念）」という一文がある。ここで述べられている劉羅辰の事跡は、すなわち「族人奴真、領部来附」の過程である。劉羅辰は劉顕の従兄弟であり、ここでは「族人奴真」とあって、その表現は正確ではないものの、全く間違っているというわけでもない。

この文の「麟徙之中山」以前の部分は、『北史』劉庫仁伝と全く同じである。標点本『北史』は校勘記を附し、『北史』が『魏書』劉庫仁伝を節略したことに触れ、「全く本意を失している」とする。『魏書』によれば、劉顕は敗走後に慕容麟の馬を掠奪しており、麟は顕を討ち、顕は長子にて慕容永のもとに奔り、その部衆は麟に降服し、麟はこれを中山に徙したという。『北史』の該当部分は直接的に劉顕が慕容麟に奔ったと記しているが、正確ではない。実のところ『北史』の該当部分は「羅辰率騎奔太祖」の後にも、錯簡を生じている。羅辰の太祖へ

(14)『魏書』中の奴真の名は、この部分に見られるのを除いては、太祖紀登国元年三月、七月の二条に出現するが、『北史』は該当部分を刪ってしまっている。

(15)『四庫全書総目提要』史部正史類『魏書』条には、「李延寿は『北史』を編纂する際、史館中の墜簡を多く見、異同を確認・訂正したが、常に魏収『魏書』を底本としていた（李延寿修『北史』、多見館中墜簡、参核異同、毎以収書為拠）」とある。ここで挙げたような、李延寿が疑わしい文を删除し、魏収の書の疏失を正したことなどについて、例証となるものはあまり多くは見られない。

(16)現行（今本）『魏書』は北宋の劉恕らによって校定されている。恕らはその書を、「言葉は粗野でかつ俗であり、取舎は原則に合わず、その文章は直截ではなく、その内容は的確ではない（言詞質俚、取舍失衷、其文不直、其事不核）」（今本『魏書』附録）と評した。劉奴真のことはまさに『魏書』の「その文章は直截ではなく、その内容は的確ではない（其文不直、其事不核）」の事例であろう。劉恕はこれを『資治通鑑』に収録しながら、検討することもしなかったのであり、これもまた瑕瑾《かきん》である。

の出奔は、太祖が顕を馬邑にて討伐したとする部分の前に置かれており、その後に置かれているわけではない。『北史』のこの伝の下文に「顕は既に眷を殺害し、羅辰はそのまま道武帝のもとに逃れた」の一節があるが、信用できるものであろう。劉眷は劉羅辰の父であり、父が死して子が奔走しなければ危険な目にあった。しかし劉顕が劉眷を殺害したのは拓跋珪の代王即位の前年のことであり、拓跋珪が劉顕を破った後のことではありえない。また、顕が強きを恃んで叛逆を謀り、羅辰が先に奏上したことは、太祖〔道武帝拓跋珪〕がまだ独孤部にいたときのことであったはずで、叛逆の陰謀とは賀太后と太祖の謀殺を指していたことになる。太祖が既に賀蘭に出奔したので、劉顕が「謀逆」したと言うほどではなくなった。

要するに、史書が個別に叙述した、劉奴真・劉羅辰の、部衆を率いて来降したとする事跡は、大枠においては互いに符合すると言え、一人のことであって二人〔別人〕の事跡ではなかったことを証明している。叙述が倒錯する箇所については、史臣の誤りであろう。こうした史書の記述の倒錯は、史臣が羅辰・奴真のことについて詳しく知らず、軽率に文章を書き流し、探究していなかったことを物語っているのである。

（二）「奴真の兄の犍は、先に賀蘭部にいた。ここに至って、奴真は犍を召還して部を譲ることを要請した〔奴真兄犍、先居賀蘭部。至是、奴真請召犍而譲部焉〕」や、兄弟の反目、奴真による兄犍・弟去斤殺害の諸事は、犍や去斤の名前も含めて、北朝諸史の中でわずかにこの一箇所しかないが、劉羅辰伝の記述の欠損を補うことが可能である。文中の記述は独孤部と賀蘭部の関係にまで及んでおり、この点も注目に値する。これら二部は拓跋部周辺において最強の部族であり、それぞれ南北に駐留していたが、定住していたわけではなく、往来することがしばしばあった。劉眷の時代、独孤部はかつて「牛川に遊牧」し、その地は北境にあり、劉眷の長子劉犍はおおよそこのときに牛川にとどまって帰らず、「長らく賀訥に託」した。三八五年に劉眷が「賀蘭部を善無にて破」ったが、善無が独孤部の地境にあり、なおかつ劉眷が蠕蠕《じゅじゅ》〔柔然〕の別帥肺渥《はいあく》を賀蘭部の駐留する意親山《いしんざん》〔意辛山〕にて攻撃したという二つの事例を考慮すると、独孤部の奴真兄弟の関係は、独孤・賀蘭の二部につながり、また賀蘭部の賀訥・賀染干兄弟の関係にまで広がっていたことが理解できよう。拓跋部の駐留する盛楽は賀蘭・独孤の間にあり、平時においては橋渡しの作用をもたらすが、有事の際には南北からの夾撃を受けやすくなる。拓跋珪は軍事力をもって独孤・賀蘭の部族のうちの自身に盾突く者に対処し、代北地域を独占し、安全を求め、その上で発展を求める他になかったのである。

この条の傍証となるのは、奴真に兄・弟がおり、彼自身は二番目の兄弟であったということであり、劉庫仁伝にまさしく「眷第二子羅辰[17]」という記述がある。奴真を羅辰とするのに、この条も矛盾することはなかろう。

(三)「奴真は、『父は国家の附臣であり、代々忠実貞正であった。……今汝らは無礼にして、主に叛いて二心を抱こうとしている』と言った（奴真曰、『父為国家附臣、世効忠貞。……今汝等無状、乃欲叛主懐貳』）」。劉庫仁伝末尾の史臣の論には、「劉庫仁兄弟は忠を旨とし、その盛衰をともにした（劉庫仁兄弟忠以為心、盛衰不二）」とある。今劉羅辰は劉顕に背き拓跋に投じ、あらためてその「世効忠貞」、「盛衰不二」を見せた。いわゆる「叛主懐貳」は、劉犍と賀染干の関係を指す。賀訥伝によれば、賀染干は一貫して拓跋珪に反対しており、賀訥による珪の君主擁立に反対していたという。やむなく賀染干に屈すれば、自然に拓跋珪に叛くこととなる。その下文に賀染干が劉奴真を討伐し、太祖が「染干を譴責してとどめた（責止染干）」とあるのは、拓跋珪が間に入って調停の効果を発揮したことを反映している。このとき拓跋珪はなおも賀蘭部に頼らざるを得なかったが、彼が染干に暗に示したと言うことは可能であろう。染干を「責止」したとあるが、これは誇張の表現であり、当時の彼には決してそのような力はなかった。

(17)『北史』劉庫仁伝は「眷第三子羅辰」に作るが、この条が『魏書』の関連箇所を調整して成立していたであろうことを考慮し、他に根拠もないので、私は「第三子」は「第二子」の伝写の誤りであると判断したい。

（四）賀染干による劉奴真への攻撃には、他に賀蘭部と独孤部の、長く広汎な部族関係が背景にあった。独孤部は、駐留地である善無の周囲において、その影響力は比較的大きかった。前秦は代を滅ぼした後に鉄弗・独孤に拓跋部の部衆の分割統治を命じているが、これにはもともと相互牽制という狙いがあった。同時にもと陰山以北に駐留していた賀蘭部帥賀訥に東部の統轄と、大寧への移住を命じ、「その恩信を広めさせ、衆の多くがこれに帰すること、劉庫仁に等し」くなった。〔前秦が〕独孤勢力の分断と代北地域の勢力の均衡・安定の維持のために、賀蘭部を誘引して南への移住を行わせ、周辺部族を綏撫させたことは明らかである。拓跋の代国滅亡から代国復興に至るまでの一〇年間は、賀蘭部と独孤部のそれぞれが広汎に恩信を植え付け、もとの拓跋部族連合諸部を引き込む過程であった。独孤・賀蘭の両部の勢力範囲は、境界線が交錯しており、遊牧の往来がさらに自由となったため、賀蘭部が南進して善無に至り、独孤部が牛川に遊牧するといった遠距離移動が生じたのである。加えて賀蘭においては賀訥と賀染干の矛盾、独孤においては劉顕と劉羅辰の矛盾というように、双方の内部にそれぞれ矛盾があって、二つの部族の矛盾のそれぞれが結びついており、これによって部族間の複雑な関係が形成されるのである。拓跋部は代国滅亡の後に、両方の部族による保護を求めており、代国復興後にはかえって矛盾を利用し、次第に拓跋の実力を拡張させた。賀蘭に対しては、賀訥を友とし、賀染干を敵とした。独孤に対しては、劉奴真を友とし、劉顕を敵とした。最後に、賀訥・劉奴真を籠絡《ろうらく》して賀蘭・独孤の部族としての存在を消滅させ、道武帝〔拓跋珪〕の君権を樹立させた。こうした背景から前掲の『魏書』劉庫仁伝に混入した一節を解読すれば、このとき賀訥が賀蘭部の代表で、劉奴真が独孤部の代表であったと見ることができよう。さらに我々は独孤部族の権力継承の順序が庫仁―眷―顕―羅辰であったことをうかがうことができる。庫仁は弟の眷に君位を伝え、庫仁の子の顕は眷を殺害して自ら取って代わり、拓跋が顕を討伐し、顕が逓走したことで、独孤部の領袖と代表は、羅辰しかいなくなった。これにより「部を率いて来附した」奴真・羅辰は間違いなく同一人物であったこととなる。劉奴真とはすなわち劉羅辰であったのである。

（五）「奴真は恩に感じ、妹を後宮に入れることを要請し、太祖はこれを納れた（奴真感恩、請奉妹充後宮、太祖納之）」。巻一三 皇后伝に、「道武宣穆皇后劉氏は、劉眷の娘である。登国の初年、後宮に納れられて夫人となった。……金人を鋳て完成しなかったことをもって、后位に登ることができなかった。……太宗（明元帝）が即位すると、（宣穆皇后の）諡号《しごう》を追尊された」とあり、また外戚伝に、「劉羅辰は、代人であり、宣穆皇后の兄である」とある。史書の中にはこの他に道武帝に劉姓の后妃がいたとする記述は見られず、『魏書』道武七王列伝にあらわれる諸王の母の姓氏は、劉皇后を除いては、賀・王・王・段《だん》の諸氏と、姓氏を欠く者二人がいたことが分かるだけである。しかも、劉皇后は登国初年に後宮に納れられて夫人となったが、奴真が太祖に降って妹を奉じたのは、まさしく（拓跋珪が代王・魏王に即位した）登国元年（三八六）のことである。[18] そのため奴真が妹を後宮に入れたことは、羅辰の妹が宣穆皇后となったことと同一のこととなる。これは劉奴真が劉羅辰であることを証明する、比較的強固な根拠である。

以上、いくつかの角度から、奴真がすなわち羅辰であると推測したが、決して矛盾するところはなく、新たな

（18） つけ加えると、太祖紀の登国元年三月条と七月条には、ともに奴真が部を率いて来降したことが記されているが、私は三月条のものは劉顕が南奔した後に奴真が劉顕に背き、原住地にて駐留・遊牧したことを指し、七月条のものは劉顕が弟の肺泥（亢泥）に奴真の部族を掠奪させ、奴真が保護を求めて部族を率いて拓跋に接近したことを指すと考える。太祖紀七月条には、「劉顕の弟の肺泥（亢泥）は騎兵を率いて奴真の部族を掠奪し、終わると（道武帝に）投降した」とあり、その記述は亢泥が奴真の部族を率いて来降したようにとれる。これは事実と符合せず、標点本校勘記が既にこの問題を指摘している。私はこれには文に遺漏があり、来降した者は奴真以外にありえず、決して亢泥ではなかったと考えている。しかし、前掲の『魏書』劉庫仁伝の文中には賀染干が北から奴真を攻撃したことが記されており、太祖紀には亢泥が南から奴真の部族を掠奪したことが書かれているが、これらが両者が結託して南北から夾撃したことを示すのか否かについては、考察できない。

反証が出なければ、これを断言できるものと私は考えている。

前掲の『魏書』劉庫仁伝に混入した一節は、我々に独孤部に関するいくつかの史料を提示してくれる。独孤の劉犍は母体を脱し、長く賀蘭部に身を託すことができたのであり、大体においては拓跋が独孤部に寄居したのと同じである。賀蘭と独孤に矛盾が生じていたときには、拓跋は間に入って調停し、さらに拓跋・賀蘭・独孤のこれら三つの駐留地が相連なるという、部族の特殊な関係を概観することもできる。また奴真三兄弟の離散は、遊牧の独孤部が絶えず分裂する傾向にあったことを反映している。賀蘭兄弟の関係も実のところ同様である。道武帝はまさにこうした状況を利用し、歴史が拓跋部に附与した部族連合の首領としての権威に基づき、周囲の部族、特に独孤・賀蘭に対して、分割してこれを解散させたのであり、それによって自己の帝業を完成させたのである。

四　部族解散以後の独孤部民

『魏書』太宗紀に、「初め、帝の母の劉貴人（劉羅辰の妹）が死を賜り、太祖（道武帝）は明元帝《めいげんてい》に、『昔漢の武《ぶ》帝《てい》はその子を立てようとしてその母を殺し、婦人に国政に参与させず、外戚に政治の壊乱を起こさせなかった。汝は皇統を継ぐべきであり、ゆえに私は遠く漢の武帝と同じく、長久の計をなしたのである』と告げた」とあるが、これは北魏後宮の「子貴母死（子貴《とうと》ければ母死す）」の制の正式な開始を示す。「子貴母死」は、その目的の一つは帝母の政治参加の可能性の排除であるが、この点はこれ以後百年のうちに、孝明帝《こうめいてい》の母である霊胡太后《れいこたいこう》が事実上「子貴母死」の制を廃止し、かつ臨朝聴政するまで、大体において一貫して実行されてきた。(19)「子貴母死」

のもう一つの目的は外戚による政治の壊乱の防止であり、この点は死を帝母に賜うだけではなお十分ではなく、さらに部族としての存在を消滅させるほどに、できるだけ外戚部族を弱体化させなければならなかった。道武帝期の外戚は、その母の部族である賀蘭や妻の部族である独孤を含め、全て功臣であり、皆強力な部族を領しており、これを削減することは容易ではなかった。そのため道武帝は外戚を弱体化するにあたり、軍事・政治・社会の各方面を包括する部族解散方式をとったのであり、その闘争は熾烈を極めた。劉皇后が死を賜ったことは、独孤部族が解散した後のことであり、これら二つのことには関係がある。

部族解散は、具体的には被征服部族に分土《ぶんど》定居《ていきょ》させ、移住を許さず、同時に君長大人の部族における特権を剥奪し、編戸と同様にすることを指す。つまり、往時の君長に部族指導活動を継続させることを禁じ、拓跋と対抗することを予防したのである。これには解散を被った部族が一定の発展水準を備えていることを要し、ある部族にこれを行うことができても、別のある部族にはこれを行うことができないということもあった。さらに定住の部民に農耕・遊牧させるのに十分な量の利用可能な土地が必要であるが、平城近郊はこうした条件を備えていた。その上強制的に解散を実行する政治的力量が求められ、部族連合の領袖から迅速に帝国の君主に転化した道武帝はこうした力量を備えていた。そのため道武帝が帝業を完成させた登国年間（三八六～三九六）には、昔日の部族連合の構成員が少なからず解散されており、道武帝の外戚としての独孤部は、賀蘭部と同様に、部族解散という歴史的意義をもつ措置の重要な対象となったのである。

独孤部族の解散は、前述の通り、史料にあらわれるものでは劉顕・劉亢泥の二回の例がある。登国二年（三八

（19）文明馮太后は幾度か聴政したが、これは特例である。しかし彼女は決して実子を儲君としたわけではなく、「子貴母死」の制とは関係しない。この問題について私は本書第一章「なぜ『子貴母死』は制度になったか——部族国家の構造変化が必要とした『歴史と伝統の転換』の苦痛」にて既に解釈を行っている。

七）、劉顕の部族は慕容麟によって中山に徙され、天興《てんこう》元年（三九八）、北魏は山東六州の民吏を徙して京師（首都平城）に住まわせ、詔により内徒の「新民」に耕牛を与え、人口に応じて田地を授けたが（計口授田《けいこうじゅでん》）、これら内徙の「新民」には、当然もと中山に徙された独孤劉顕の部民が含まれていたであろう。これは第三の独孤部族の解散・強制移住とも言うべきである。皇始元年（三九六）には既に平城に強制移住させられていた独孤劉亢泥の部族について、天興元年の計口授田の列には当然彼らも含まれたであろう。独孤劉羅辰の部族に関しては、軍事的な征服関係になかったため、解散・強制移住の記述がない。劉羅辰は道武帝の中原《ちゅうげん》平定に従軍し、新旧の勲功をもって官爵を授けられ、子孫はこれを世襲し、劉仁之《りゅうじんし》の世代に至るまでに、次第に漢化していき、(20)統治していた部族は早くに解散したのであり、その経歴は賀訥・賀悦《がえつ》のそれと大体において近いものがある。部族解散後の独孤部民も、当然安陽一帯に居住していた賀蘭部民と同じようなものであったろう。

『魏書』昭成子孫伝によれば、常山王遵《じょうざんおうじゅん》（昭成帝の子である寿鳩の子）の子の素《そ》は、「太宗（明元帝）の従母の子で、特に親寵せ」られたという。劉羅辰に遵の妻となった別の妹がいたことが判明する。北京図書館所蔵の元侔《げんかい》碑拓に、「（遵の）妃劉氏《りゅうし》は、太宗明元皇帝のおばであった」とあるのが彼女である。劉羅辰の系統を除いて、『魏書』において独孤部と確認できる人物としては劉尼《りゅうじ》しかいない。劉尼の曾祖父は道武帝時代に功績があった。祖父は経歴を欠いているが、部族解散後に田舎に居住し、出世しなかったことが疑われる。父は軍旅に従事し、累進して将軍に至った。劉尼本人は太武帝《たいぶてい》の末年に宿衛兵をつかさどり、宗愛《そうあい》の乱(21)の平定に功績を挙げ官爵を進めた。これは一般的な高位鮮卑《せんぴ》北姓武人の経歴に類似しており、いかなる部族的背景も見受けられない。山西の霊丘《れいきゅう》から出土した『文成帝南巡碑《ぶんせいていなんじゅんひ》』の碑陰題名には、この類の独孤が全部で六人確認できる。(22)『孝文帝弔比干墓文』の碑陰には「武騎侍郎臣河南独孤遥」の名があり、(23)独孤部人に洛陽《らくよう》に移った者がいたことが判明する。北魏の分裂後、独孤の人物は多数出現し、それらは姚薇元《ようびげん》『北朝胡姓考』独孤条にまとめられている。その中の幾人かはもとより代北《だいほく》に居住していたのであって、決して洛陽に移った独孤部人の後裔ではない。例えば北周《ほくしゅう》の独孤信《どっこしん》は(24)、北魏末における六鎮《りくちん》の蜂起の後、武川《ぶせん》より中山に逃れ、そのまま軍旅に従事し、西魏《せいぎ》・北周の重臣となったのであり、北周・隋《ずい》・唐《とう》三朝の皇后を輩出した。また北斉《ほくせい》の堯難宗《ぎょうなんそう》の妻である独孤思男《どっこしだん》は、北魏の宣武帝延昌《せんぶていえんしょう》元年（五一二）に生まれ、父の独孤盛《どっこせい》は、北魏の恒州《こうしゅう》刺史であった。独孤思男の本貫は代都平城であり、これも洛陽に移った独孤の後裔ではない(25)。

---

(20)『魏書』劉羅辰伝とその附伝、『北史』劉庫仁伝とその附伝、『魏書』劉仁之伝を参照。後の独孤氏については、長部悦弘「劉（独孤）氏研究」（『琉球大学法文学部紀要・日本東洋文化論集』第一号、一九九五年）の系図を参照。

(21)〔訳注〕宗愛（?～四五二）は北魏太武帝期の宦官《かんがん》。太武帝拓跋燾の皇太子拓跋晃（景穆太子・景穆帝）を圧迫して死に追いやり、また太武帝をも殺害して実権を掌握したが、文成帝拓跋濬の即位後に処刑された。

(22) 山西省考古研究所・霊丘県文物局「山西霊丘北魏文成帝『南巡碑』」（『文物』一九九七年第一二期）。これら六人はそれぞれ、侍中・安南大将軍・殿中尚書・□□・東安王独孤侯須尼、内三郎独孤□□、威武将軍・内三郎独孤他突、軽車将軍・内三郎・夾道男独孤□□、建威将軍・□□折紇真・建徳子独孤平城、三郎幢将独孤□真である。

(23)『金石萃編』巻二七。

(24) 独孤信について、姚薇元『北朝胡姓考』は劉尼の孫と推定しており、その理由として次のように言う。劉尼について、『宋書』索虜伝は独孤侯須尼に作り、恐らく劉尼の尼は侯須尼の略であり、これはもともと陳毅『魏書官氏志考証』の説であると。『周書』独孤信伝には、「祖父の俟尼は、和平《わへい》年間に、良家子を理由に雲中から武川に鎮した（祖俟尼、和平中、以良家子自雲中鎮武川）」とあるが、姚氏はこれに基づき、侯・俟の字形は似ており訛しやすく、俟尼はすなわち侯尼であり、侯尼は侯須尼の省略であり、「もしそうであるならば、劉尼は独孤信の祖先となる」と主張する。姚氏の論考のここまでは一家言となっている。しかし姚氏は続けて、「和平は高宗の年号であり、尼の時代と符合する」とするが、それならば問題が生ずる。劉尼は宗愛の乱の平定に参加し、高宗文成帝の擁立に功があったが、それは正平二年（四五二）のことである。この後劉尼は京師〔首都〕に官を得、延興四年（四七四）に死去し、子の社生が爵を襲った。ゆえに、劉尼が和平年間（四六〇～四六五）に良家子として雲中より「武川に鎮し、よってここを家とした」可能性はなくなる。姚氏の年代推定は不適切であるため、劉尼が独孤信の祖であるとする説も成立しがたくなる。

(25)『独孤思男墓誌銘』については、「河北磁県東陳村北斉堯峻墓」（『文物』一九八四年第四期）を参照。釈文については趙超『魏晋南北朝墓誌彙編』（天津古籍出版社、一九九二年）四五四-四五五頁参照。堯峻はすなわち堯難宗であり、『魏書』堯暄伝にあらわれる。墓

系図 3-1 独孤（劉）氏系図〔訳者作成〕

- 劉猛 ―― 劉副崙 ―― 劉路孤
  - 劉庫仁
    - 劉顕
    - 劉肺泥（劉亢泥・劉可泥）
  - 劉眷
    - 劉犍
    - 劉羅辰（劉奴真）
    - 劉去斤
    - 劉皇后（劉貴人、道武帝の宣穆皇后）

独孤部族が解散された後、さらには劉皇后が死を賜った後に、独孤部人は何らの反応も見せてはおらず、その点賀蘭部とは異なっている。しかし独孤部人は比較的早期に権力闘争の渦中から離脱し、かえってやや安定した生存条件を獲得したようであり、そのため北斉・北周・隋・唐の各時代における独孤氏の人物の隆盛ぶりも、賀蘭とは比較すべくもないほどとなっている。

道武帝の部族解散の挙は、大局から見れば、まさに彼が五胡十六国の混乱した局面を終わらせた重要な一手であった。道武帝の建国における十年来の征服戦争は、部族体制から、最も強大にして最も親密な賀蘭・独孤といった、代々通婚してきた部族を粉砕するなど、多くの方式でこれを次第に帝国の編戸とすることを通じて、ようやく彼の帝国に、一時的に別の部族勢力が挑戦することを妨げさせ、さらに彼の世襲の業に二度と強大な外戚や母后の妨害を受けなくさせたのである。部族解散は、客観的にはいくつかの部族が時期に応じて部族的統治という原始状態から脱却することを促進してもいた。道武帝はこれをもって拓跋の各部族との関係における地位を向上させ、北魏政権の統治能力を強化し、中国北方社会に活力を回復させ、徐々に発展させる道筋を開いたのである。この後の北魏と周辺の各

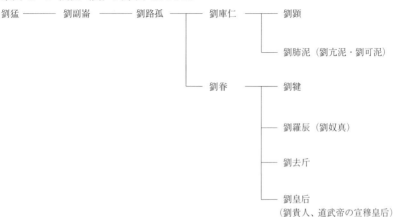

部族との戦争は、一般的には全て攻撃して勝利をおさめ、被征服部族は常に強制移住を被ったのであり、これらは全て道武帝による部族解散の余波と見ることができよう。

誌には独孤思男について、「御龍が昇り、赤雀が降り、小川の流れが激しくなっては遠方に届き、連綿と続いて絶えることがない（発系御龍、降祥赤雀、濫觴激而遂遠、綿瓞積以不窮）」とあり、また「ここに高族から君子となる（爰自高族、作配君子）」とあって、ともに北魏末年にもなお平城に居していた独孤氏が標榜しうるほど比較的高い社会的声望を持っていたことを示している。

第四章　代北地域における拓跋と烏桓の共生関係

——『魏書』序紀関連史実の解析

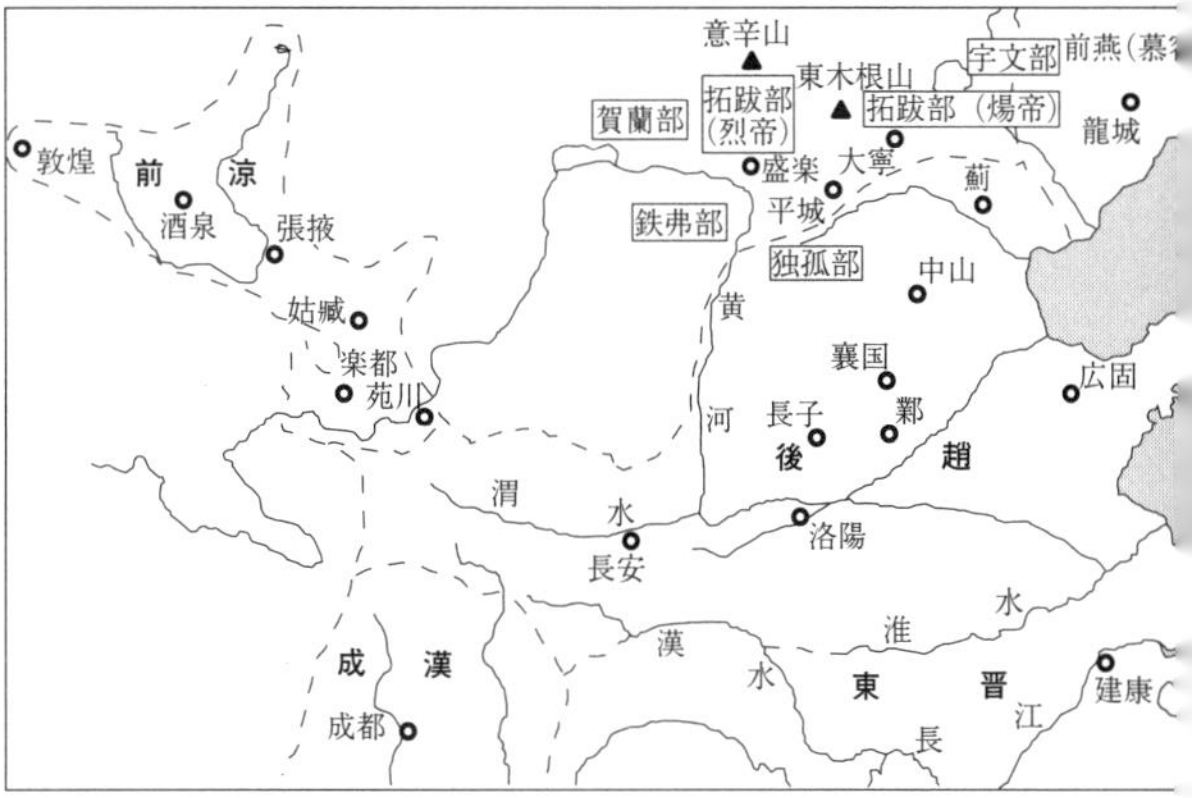

烏桓は拓跋部や賀蘭部とは異なり、厳密な部族組織を持たない異民族である。部族組織がなかったためか、独立して国を建てるということが遂になかったが、しかしながら著者は、この烏桓こそが拓跋部の原動力になったと主張する。図は五胡十六国・後趙時代（319〜351）地図。

譚其驤主編『中国歴史地図集』第3冊（中国地図出版社、1982年）、川勝義雄『魏晋南北朝』（講談社、2003年）199頁より製図。

一　はじめに

『魏書《ぎしょ》』皇后伝(1)にあらわれる道武帝《どうぶてい》以前の各皇帝の母后の出身部族について、その手掛かりは大体知ることができる。しかし桓帝の祁皇后《きこうごう》だけはその出自が分かりにくいが、拓跋初期の歴史における極めて重要な人物であり、彼女が実権を掌握したときには、正式に政務をとったことがあり、拓跋部はこれによって隣国より「女国」と称されるようになった。祁皇后が拓跋部においてかくも力を持ち、紆余曲折に耐えたのは、彼女の部族の支えによるところが大きかったであろうと私は見ている。

祁皇后の姓氏の出所については、官氏志《かんしし》及びその他の関連典籍においても見当たらないが、その当時の拓跋部の婚姻関係から言うならば、北姓出身であったという事実は、これまでの歴史家が疑わなかったことであった。私は、祁皇后が平文帝《へいぶんてい》の王皇后《おうこうごう》と同じく、広寧烏桓《こうねいうがん》の出身であったと推測している。後漢《ごかん》の広寧は上谷郡《じょうこくぐん》広寧県であり、後に大寧《だいねい》と称されるが、護烏桓校尉《ごうがんこうい》の所在地であって、幽州《ゆうしゅう》烏桓が西に向かって集中する地点であり、代北《だいほく》地域の東にある。本章の最初の目的は、祁氏一族が代北の東にいたという証拠を探し出すことにあり、次なる目的は陰山《いんざん》――盛楽《せいがく》時代に西にいた拓跋と、東にいた烏桓の相互の関係を考察し、初期拓跋史のいくつかの内容を充実させることにある。

(1)　魏収『魏書』の皇后伝は亡佚し、後人が『北史』皇后伝や他の書からとって補ったものである。現行（今本）『魏書』を引用する際のこうした状況については、中華書局標点本『魏書』は一般的に全てに校勘記を附しているが、重要な問題がない限り、本章では注記しないこととする。

　しかしながら祁皇后一族の考察については、今までに判断を下すに足るほどの確実な証拠となる史料を見つけてはおらず、まだ一つの仮説という段階にとどまる。祁皇后が恃《たの》みとした勢力の主体は代谷以東にあり、盛楽を中心とする拓跋部族の主体とは、東西双方が対抗しつつも引きつけ合う局面をあらわしていた。祁皇后は烏桓出身であったようであるが、まだあえて確実に烏桓であったと断定はしないでおこう。本章の前半の内容は、微細な史料を利用して考察を進め、できるだけこの仮説に近づけようとするものである。しかしこの研究の過程において、私自身の構想は、次第に祁皇后個人の出身部族という個別問題を超越し、拓跋初期の神元帝力微から道武帝珪《けい》までの歴史において、烏桓族がいったいどのような位置を占め、どのような役割を演じたのか、後進的で代北の一隅に孤立した拓跋部が、どうして十六国の百年余りにわたる混乱の局面を終結させるという役割を担当できるまでに進化することができたか、などといった、いくつかの比較的大きな問題に進むこととなる。これは細かな考証ではなく、拓跋の歴史についての巨視的な考察である。

　私はさらにもう一つの連想を行っている。烏桓部族が遼東《りょうとう》五郡より逐次入塞〔長城以南に進入すること〕したことは、前漢武帝《ぜんかんぶてい》期のことであり、鮮卑《せんぴ》よりも早かった。後漢時代には烏桓は勇敢な戦力として、その名を幽州・冀州《きしゅう》に轟かせただけではなく、さらに皇室の宿衛軍営に入り、漢の将軍の出征に従軍し、荊州《けいしゅう》・交州《こうしゅう》等の南方の州にまで転戦した。漢・魏・西晋の各王朝において、烏桓突騎は終始天下の名騎であった。西晋《せいしん》時代に出現したいわゆる「五胡」は、羌《きょう》人(2)が中原《ちゅうげん》にて長期にわたって転戦していたという歴史的経験を有する他には、如何なる部族も中原に入ったのが烏桓より早く、人数が烏桓よりも多く、烏桓よりも広範囲に拡大し、その役割が烏桓に比べて大きかったものはなかった。しかしかえって烏桓はいわゆる「五胡」に列せられることはなかったのであり、十六国中にも烏桓人自身が設立した国家は一つもない(3)。さらには魏晋南北朝《ぎしんなんぼくちょう》時代全体においても、独自の一派をなし、安定して長い間持ちこたえた烏桓勢力は一つも見られない。烏桓は重要部族の一つとして、正史においては『三国志《さんごくし》』裴松之《はいしょうし》注や范曄《はんよう》『後漢書《ごかんじょ》』に存在するだけであり、『晋書《しんじょ》』以下の正史は全て烏桓のために列伝を立てることはなく、『魏書』官氏志に至ってはこれを曖昧に「諸方の来附した雑人はこれを烏丸《うがん》(4)と総称した（諸方雑人来附者総謂之烏丸）」と称するのみである。烏桓部族の歴史は、意図的なのかそうではないのか、覆い隠されてしまっているようであり、これはどのように解釈すべきであろうか。かくも活力を備え戦争に長けていた烏桓人は、魏晋以降、いったいどこに行ったのであろうか。これは探究をしたくはなるが、結果を得ることの難しさに苦しむ問題である。本章は一種の試みということしかできず、その対象は、実際には代北に流動する烏桓に限られており、中国北方の烏桓族全体に及ぶものではない。

私は元来考証によって着実さを求めるだけであった繊細な問題を一方に放置し、本章の趣旨を代北拓跋部と代北烏桓の関係の方面に改めたが、その原因はここにある。私の目的は馬長寿《ばちょうじゅ》氏が以前に著された『烏桓与鮮卑』のそれとは異なる。代北烏桓の全貌の描写を行うのではなく、限られたいくつかの方面について新たな手がかりを探し求めることにある。このため私は本章に「『魏書』序紀関連史実の解析」という副題を付けたが、基本的には自分が使用し得る史料と、関心を注ぐ問題に、ともに限りがあるということを示している。私がなし得る作

（2）〔訳注〕羌は五胡の一種であり、チベット系の民族である。前漢時代より部族ごとに徐々に中原に浸透し、後漢時代には頻繁に叛乱を起こした。

（3）十六国中の夏国について、その種族は本来匈奴に属し、西晋時代には烏桓鉄弗と称されることもあったが、結局元来の烏桓ではなく、また国を建てたのも北魏より遅れた。これについては本章の最後の一節にて論ずることとしたい。

（4）烏丸とはすなわち烏桓である。史籍においては大体両漢時代には烏桓と称され、以後は烏丸と称された。本章では引用にて原文にしたがうのを除き、その他は烏桓と称し、統一することとしたい。〔訳注〕烏桓の「桓」字は曹魏文帝曹丕《そうひ》の字《あざな》（子桓）と同じであるため、曹魏以降はそれを避けて専ら「烏丸」が使用された。吉本道雅「烏桓史研究序説」（『京都大学文学部研究紀要』第四九号、二〇一〇年）参照。

業は、基本的には先人の収集した史料と、研究の結果を基礎として、再観察・再加工を行うことに過ぎない。

　烏桓に関する史料の欠如は、私を深く困惑させた。唐長孺《とうちょうじゅ》氏は最も早くに烏桓を雑胡という枠組みに含めて研究を進められた。氏は自身の著作である「魏晋雑胡考」において、氏の把握する烏桓の資料の語る問題を、極めて細かいところから独創性のある分析を行っており、これは烏桓研究の草分けとなった。馬長寿氏の著作である『烏桓与鮮卑』は、烏桓の資料を全面的に収集し、一つ残らず包括したと言うべきであり、論述は全面に及んでいる。日本の歴史学者内田吟風《うちだぎんぷう》氏は烏桓史研究について大変努力し、長きにわたって研鑽された。また前田正名《まえだまさな》氏の平城《へいじょう》地域の歴史地理方面の研究は、烏桓の歴史に対する理解を大きく助けるものである。当然、新資料の発掘については、これまでに出尽くし、再び手を下す余地がないということはない。ただ私がこの種の研究を行うにあたっては、老躯ゆえに、「天上から地下まで（上窮碧落下黄泉）」、あらゆるところにまで手を出し足を出し、ものを探すといったことはできなかった。こうした研究について、私は依然として興味を抱き、まだ意義があると思い、わずかながら力を尽くしたいと考えているだけであって、私自身の期待は決して高くはない。先人の使用したことのある史料について、そのいくつかは史料に対してその大旨をとっているが、その深層の意義については必ずしも全てが至るところで搾り尽くされたというわけではなく、このため検討する余地のある点が往々にしてあると私には感じられた。とりわけ『魏書』序紀《じょき》の一篇は、私から見れば歴代少数民族の古い歴史の中でも見つけるのが難しいほどの貴重な史料であったが、その利用については十分というほどではなく、私はこれを利用して論文を書けるのではないかと、漠然と思った。これが序紀の史実解析を副題とした所以である。当然、本章の内容は、序紀の拓跋や代北烏桓に関連する史料を解析するにとどまることはできず、さらに他のところにものばしたが、その際にも、なるべく序紀に関連させるように努力してきた。私がなぜ序紀の史料的価値を重視したかについては、北魏史学史の一問題として、別に一章を設けて討論することとしたい(5)。

こうした方針説明を行った「はじめに」の後に、今まさに本題に移ろうとしているが、私にはさらに言っておかねばならないいくつかのことがある。本章は総体としては、烏桓の介入により、真新しく、活力の旺盛な拓跋部が育まれ、一つの歴史段階の終結と別の一つの段階の開始に影響したことを探究するものである。本章では開始地点から終結地点に至るまで、その間を曲折・旋回するので、あえて全く道に迷うことがなかったとは言わないでおこう。歴史は実証を尊ぶものであり、本章の関係する問題は、一部分は実証することができず、霧の中で山を見るようなもので、かすかな中でその輪郭をうかがうことはできるが、山の本体、山の細部については、逆にはっきりとは観察できないものである。本章は歴史学の論文としては、多くの欠点が見られるものであり、私の心中は不安で満ちている。少数民族の古史を研究するにあたり、その文字の記載のない年代について言うならば、あるときは恐らくこうした方法を使用することを免れず、確実な結論は必ずしも得られるとは限らないのであろうが、視野を広め、思考を啓発する効果を起こすのは可能であり、もし読者が興味を持ってついてくるならば、あるいは戦果を拡大し、新たな手がかりを発見し、模糊とした輪郭をはっきりさせることができるかもしれないと私は考えている。またもし幸運にもさらに多くの確実な史料（文献・考古や調査資料を含む）が得られたのであれば、いくつかの仮説は実証が可能となり、烏桓の古代における重要部族としての歴史をさらに多く解明できるようになる。そのときに烏桓史研究は真に収穫があり、烏桓・拓跋の代北における共生関係及びその歴史的役割を真にはっきりさせられるようになったと言えよう。人類学の知識はいくつかの問題の認識を助けるであろうが、惜しむらくは私自身がこれについて知るところ、見るところが甚だ少ないことであり、これについては専門家から教示を賜ることを願ってやまない。

（5）　これについては本書第五章「『代歌』・『代記』と北魏国史――国史の獄の史学史的考察」を参照されたい。

二　拓跋東・中・西三部の概況

序紀は恵帝賀傉《けいていがじょく》・煬帝紇那《ようていこつだ》兄弟の事跡を記しているが、甚だ簡略である。それに先だって恵帝は「諸部の人々の感情が未だ尽くは服していないことから、東木根山《とうぼくこんざん》に築城してここに遷都し」、煬帝は「大寧《だいねい》に遷った」が、戦争に不利となり、「出でて宇文部《うぶんぶ》に居し」、最後には「出でて慕容部《ぼようぶ》に居した（出居於慕容部）」。序紀の列挙する徙居《しきょ》の地や、投じた部族の所在地のうち、東木根山については本章において一節を設けて検討することとなろう。その他の各地は全て東に偏ったところか、あるいは東部諸郡の塞外（長城以北）にあり、恵帝・煬帝がここを安全な場所、避難の場所と見なしていたことを顕示している。これは恵帝・煬帝の統率する人々の民族構成や東部地域と関わる可能性があり、注目に値する。

西暦二九五年、拓跋は地域ごとに東・中・西の三部に分裂した（本書第六章扉絵参照）。神元帝力微《しんげんていりょくび》の子である昭帝禄官《しょうていろくかん》の部は東方（上谷《じょうこく》の北、濡源《じゅげん》の西）にあって、そのさらに東は宇文部と接しており、全て塞外の地であった。文帝《ぶんてい》の長子である桓帝猗㐌の部は中央（代郡の参合陂《さんごうは》の北）にあった。桓帝の弟である穆帝猗盧の部は西方（定襄《ていじょう》の盛楽《せいがく》故城）にいた。文帝は神元帝の長子沙漠汗《さばくかん》であり、即位することなく死去した。昭帝・桓帝・穆帝の三帝の中で、昭帝は他の二帝のおじにあたるが、嫡長ではない。桓帝・穆帝はその甥であるが、神元帝の嫡長子の子であり、このうち桓帝はさらに文帝の嫡長子であり、神元帝の嫡長孫であった。これによって言うならば、桓帝が最も貴《とうと》いこととなる。しかしこのとき拓跋部には嫡長の観念が全くなかったわけではないが、嫡長の順序に厳密にしたがっていたわけでもなかった。長を立てることが嫡を立てることよりも重んじられ、弟を立てることが子を立てることよりも多いということが常々見られた状況であった。さらに注目に値するのは、昭帝が東におり、宇文と隣接し、慕容もまた近くにあったことであり、理屈から言えば、昭帝の国には東方の諸部族が背後にいたはずである。後に煬帝が東に逃れた際に至ったところは、全て昔日の昭帝のいた拓跋東部の地であったが、これは偶然ではないであろう。

力微の死後、「諸部が離叛し、国内は内乱となり（諸部離叛、国内紛擾）」、拓跋部族連合の歴史に断裂が生じた。三十数年の後にようやく前述の三分の局面が出現し、拓跋は初めて興隆し、重要な発展期に入ることとなった。三分は、拓跋部の君位継承について言うならば、弟を立てたり子を立てたりし、いくたびかの激烈な衝突を経て、権力の暫時の均衡を導いたようなものであり、順調な発展情勢とは言えなかった。(6) しかし三分は、拓跋部の発育

(6)　序紀によるならば、ここには二つの注目すべき点がある。一つ目は力微の死後、その諸子は兄の死後に弟が継いでいたが、力微の子禄官が諸兄の後を継いで即位することができず、力微の長子沙漠汗（文帝）の少子であり、力微の孫であった弗が、逆に繰り上げて継承権を獲得したことである。二つ目は弗が文帝蘭妃の子であり、文帝封皇后の諸子は年上で地位も高かったが、かえって継承できなかったことである。この二点はともに容易に権力をめぐる紛争を引き起こした。三分は妥協の産物である。弗は「諸父兄に重んじられ」、「人民は内心から服従し」、これが即位し得た原因であったと思われるが、しかし彼は結局即位しても長くはもたず、わずかに一年で死去した。これは正常な死因ではなかったようであり、また権力が自然に引き渡されたわけでもなかったようである。代わって起こったのは、叔父の禄官と嫡出の二兄である猗㐌・猗盧によって形作られた三分の局面であった。これは力微の諸子による「兄終弟及」の完了と文帝の系統の長子継承の開始であり、二種類の継承制度の妥協であったと見られる。蘭妃の子の弗は短期間で死んだが、蘭妃の系統はかえって勢力を保ち、依然として分不相応にも君位を望んでいた。ゆえに三部の君主が相継いで死去した後、代わって立ったのは弗の子である鬱律であった。鬱律を殺害したのは猗㐌の祁皇后であった。我々は、猗㐌がまさに沙漠汗の嫡子であり、力微の嫡孫であったことを知っている。これにより、新しい東部（主に元来の中部。元来の拓跋東部の国は、三〇七年に禄官が死去してより既に情報がなくなっており、その地域は既に拓跋の支配地ではなかったと思われる）と西部の二大勢力の対立となった。西部の蘭妃の子である鬱律とその後裔は、盛楽にいた拓跋大人に推戴されたのであり、東部の封皇后の子である猗㐌には、烏桓とその他の東方の各部族の強力な支持があったようである。穆帝はもともと西部にいたが、その活動の多くは桓帝とともに行われており、関係は特殊で

成長について言うならば、辺境を開拓して土地を切り開き、勢力を拡張させることでもあり、また混乱から統一に向かう過渡期ともなったのであって、その意味では有利であった。

拓跋の東・中・西の三部の、地域環境と部族状況については、各々特徴があり、これらの特徴は歴史的に形成されたものであったため、三分は決して拓跋部自身によって出された選択肢というだけにとどまらなかった。この背景を説明するためには、いくらか歴史の遡及を行わなければならないであろう。

陳寿《ちんじゅ》『三国志』烏丸伝《うがんでん》注所引王沈《おうちん》『魏書』に、後漢建武《けんぶ》二五年（四九）に烏桓大人郝旦《かくたん》が衆を率いて闕に詣《いた》ったときのこととして、「その侯王に封じた渠帥《きょすい》は八十余名で、塞内〔長城以南〕に居住させ、遼東《りょうとう》属国・遼西《りょうせい》・右《ゆう》北平《ほくへい》・漁陽《ぎょよう》・広陽《こうよう》・上谷・代郡・鴈門《がんもん》〔雁門〕・太原《たいげん》・朔方《さくほう》の諸郡の界に分布させ、同種族の人を招き、衣食を給し、校尉を設置してこれを領護させた」とある。護烏桓校尉《ごうがんこうい》は前漢武帝が初めて設置した官であるが、その治所は一定せず、後に護匈奴中郎将《ごきょうどちゅうろうしょう》と一体化し、後漢の建武年間（二五〜五六）に再び設置された。[7] 范曄『後漢書』烏桓伝は再び護烏桓校尉を上谷寧城《ねいじょう》に設置したことを伝え、これは班彪《はんぴょう》の議によるとしている。[8] 元来諸郡に分布された塞内の烏桓について、漢の朝廷はただ「主降掾史」という職を設けるだけで、統領する者がなく、安寧は得がたいと班彪は考えていた。『漢書《かんじょ》』序伝《じょでん》によれば、班彪の家はもともと北辺にあり、代々雁門の楼煩《ろうはん》に住み、前漢末に初めて扶風安陵《ふつふうあんりょう》に移ったという。班彪の伯父である班伯《はんはく》は、しばしば辺境の任務につき、匈奴《きょうど》とつき合い、定襄太守に進んだ。父の班稚《はんち》は西河属国都尉《せいがぞっこくとい》であった。班彪はこうした家系の他、本人が両漢交替期には隴《ろう》右《ゆう》・河西《かせい》を転々として仕官したという経歴を持ち、北の辺境の事情に通暁し、憂患のあるところを知り、よって再度の護烏桓校尉設置の要請を行い、その営府を幽州《ゆうしゅう》・冀州《きしゅう》の辺境に開いたのである。再度置かれた護烏桓校尉はまた、鮮卑《せんぴ》の各部を領し、主として「質子《しっし》に賞賜し、定期的に交易する」ことをつかさどったのであり、前漢時代の単純な軍事的任務に比して、その職掌は大々的に拡充された。校尉の設置が、辺境に新たな胡漢秩序を形

図 4-1　後漢烏桓配置図（後漢幷州・幽州図）

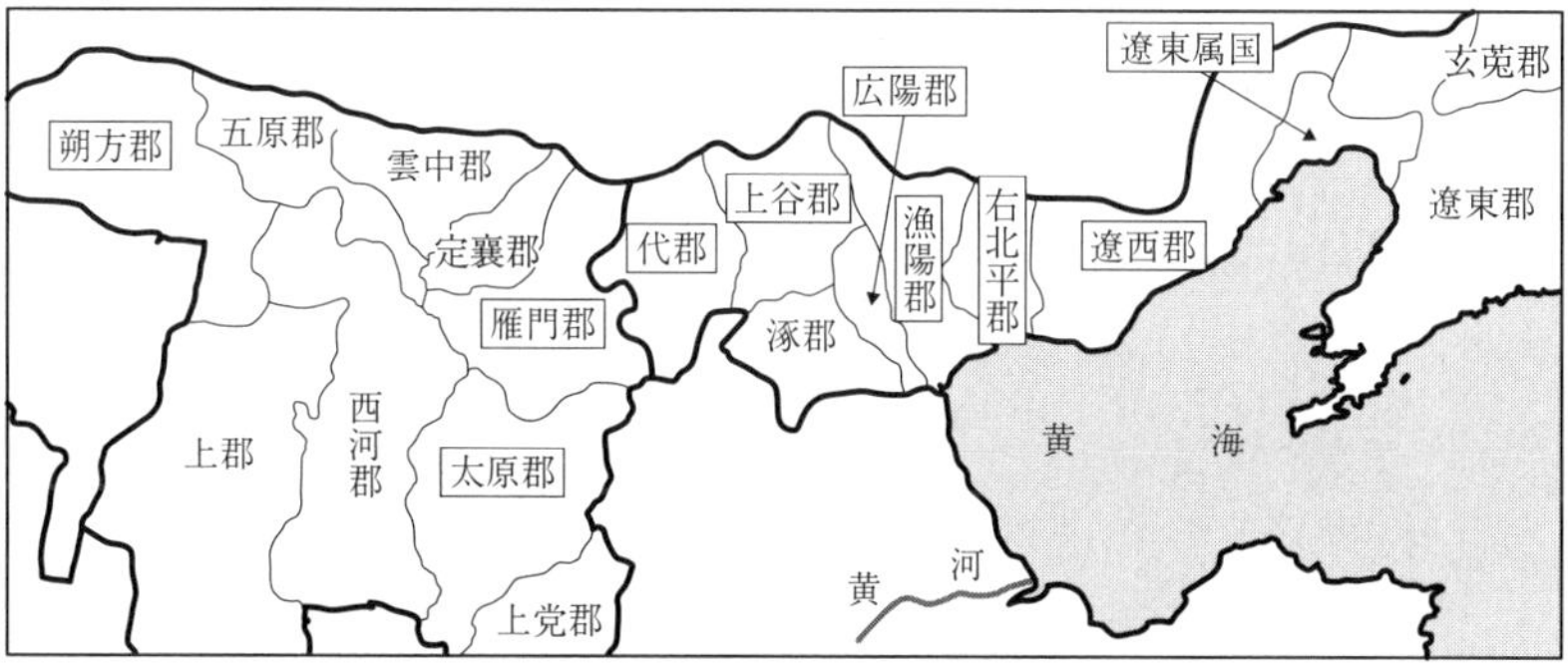

四角部分は烏桓のいた郡・属国

成させたのであり、この後戦乱は少なくなかったとはいえ、胡漢の基本的な持ち場や基本情勢には大体において変化はなかった。

前掲の王沈『魏書』は後漢代に塞内に居住した烏桓渠帥に言及し、遼東属国・遼西・右北平・漁陽・広陽・上谷・代郡・雁門・太原(9)・朔方の諸郡に分布したとする（図4-1）。二百年余りの後に拓跋部が東・中・

あった。以後の拓跋の本流が平文帝鬱律の系統に集約された状況から見れば、穆帝猗盧は西部におり、勢力は相当に弱く、これは暫時の現象であったと判断するしかない。彼は遅かれ早かれ東部に移動して桓帝と合併し、西部の鬱律の系統に対処したであろう。東部と西部の相互関係は、実際には拓跋と烏桓の相互関係であり、本章が課題とする拓跋の歴史的発展の重要な手掛かりとなる。

(7)〔訳注〕護烏桓校尉に関しては久保靖彦「後漢初頭の烏桓について――護烏桓校尉に関する一考察」（『史苑』第二四巻第一号、一九六三年）参照。なお文中の「護匈奴中郎将」はもと「使匈奴中郎将」といい、名目上南匈奴に対する常駐の「使者」であったが、職掌は護烏桓校尉の烏桓に対するそれと同様であった。

(8)〔訳注〕班彪（三～五四）は後漢の歴史家。班固《はんこ》・班超《はんちょう》・班昭《はんしょう》（曹大家《そうたいこ》）の父。『史記後伝』六五巻を執筆した。

(9) 後漢の広陽・太原が辺郡ではないにもかかわらず、烏桓分布地域に列せられる原因は、幽・幷の二州の統轄する烏桓名騎が、一般的には二州の州治の所在地である薊と晋陽に集中して存在していたことにある。陳国燦「魏晋間的烏丸与護烏丸校尉」（武漢大学『魏晋南北朝隋唐史資料』第一集、一九七九年）は、曹操による三郡烏桓の内地への遷徙について、具体的な地点を幽・幷二州の州治附近と解釈しているが、私はこれを信用に足ると見ている。後漢の建武年間（二五～五六）に内徙した烏桓に、太原にまで至った者がいたことも、これと同じ道理である。

西の三部が横向きに分裂したときの地域と比較すると、西晋時代の拓跋三部の所在地は、後漢の烏桓が遷居した一線に近く、東端に宇文部・慕容部《ぼようぶ》の妨害があったことにより、漁陽・上谷の塞外の濡源にとどまって遼西・遼東属国に及ばず、西端は黄河に阻まれたため長らく朔方を占拠したことがなかった、と見ることができよう。また西晋永嘉《せいしんえいか》四年（穆帝猗盧三年、三一〇）に猗盧が代王に封ぜられ、代王五県の地を得るまでは拓跋の領土は北面よりの東西一帯に限られており、相当に狭かった。歴史的に形成された地域範囲は拓跋部の生存空間の範囲を制限し、また拓跋部がこの空間において長期にわたり烏桓と共存することをも決定づけたのである。

これにより、拓跋部の東・中・西の三部の地が、本来的には後漢が烏桓を招来し、辺境を充実させた北の地であったことがうかがえるであろう。拓跋部は陰山《いんざん》を越えて盛楽に居した後、次第に浸透していき、広汎に先住の烏桓と交錯・共生し、相互に浸透・融合していったのである。また拓跋の浸透は盛楽の一箇所にとどまらなかった。塞外に残った拓跋部人は随所に塞内に入り、先住の烏桓人と共存したのであるが、当時は特に困難なことではなかったのである。

それでは拓跋の東・中・西の三部は、地域環境や部族状況についてそれぞれどのような特徴を有していたのであろうか。

最初に東部から説明しよう。拓跋東部は、西晋の広寧・上谷両郡の塞外部分と地を接し、部族は複雑で、烏桓の人数は多く、影響力も大きく、さらに各部の鮮卑は、全て自由に移動して定住しなかった。さらに東にいた宇文部・慕容部と上谷以北、濡源以西にいた拓跋東部の関係は、しばらくは濃密なものではなかったようではあるが、隣り合って住み、互いに連絡を通じ、影響し合うことが容易ではあった。

拓跋東部は、漢代に東から西に向かった鮮卑拓跋部のうち、上谷の塞外、濡源以西にとどまった、いくつかの部族であった可能性があり、魏晋以降、彼らは代北拓跋とはなおもある種の同一性を残していたが、それ以上の烏桓や鮮卑の余部との相互の影響により、絶えず独立発展の要素を増していったため、拓跋中部・西部との関係は安定していなかったとする説がある。この説には根拠はあるが、さらに多くの証拠が必要となろう。

西晋の護烏桓校尉は通例として征北将軍《せいほくしょうぐん》・寧朔将軍《ねいさくしょうぐん》等の軍号を帯びるが、北族勢力の消長に伴ってその任務は異なった。例えば西暦二八六年に唐彬《とうひん》(10)がこの職にいたが、その主要な任務は『晋書』本伝が記すように、宇文部の宇文莫槐《うぶんばくかい》対策であった。『魏書』序紀には、西暦二九二年に宇文莫槐が死去し、弟の普撥《ふはつ》が部族の大人となり、拓跋部の平帝綽《へいていしゃく》が娘を普撥の子である丘不勤《きゅうふきん》に嫁がせたことが記されている。これは拓跋部が三分する以前のことであり、拓跋は既に宇文部と婚姻関係を樹立しているので、事実上東に向かって連絡しその基礎を固めようとしたのである。宇文部は西晋の圧力下で自存能力を高めるために、拓跋部の援助を求めていた。この事実は、三年後の拓跋三分のときに、その東部が濡源にまで至り宇文部と隣り合うようになったことと関係がある(11)。漢～西晋の護烏桓校尉は辺境に近い東西ラインをコントロールしており、これは当然内外を隔離する一本の辺境防衛線となったであろう。しかし辺境ラインの内外には多数の烏桓人や、拓跋を含む鮮卑人がおり、烏桓と鮮卑は言語・習俗の面で通ずるところがあって、両者の区別は自然と淡くなっていったと思われる。そのためこの辺境防衛ラインが内外を隔てる効果はそれほど大きくはなかった。加えて校尉には本来、招来と互市《ごし》の任務があったため、塞内塞外の間は、人的流動と物的流動がともに活発でなければならなかった。西晋の校尉の力は後漢のそれよりも弱くなったため、西晋時代の辺境内外の相互の流動はいっそう制限がなくなった。月日の経つうちに、烏桓であるか鮮卑であるかを問わず、またもともと塞外にいたか塞内にいたかを問わず、彼らは日ごとに

(10)〔訳注〕唐彬（二三五～二九四）は西晋の武将・政治家。曹魏の相国司馬昭《しばしょう》の鎧曹属《がいそうぞく》となり、西晋建国後は孫呉平定の戦役にも従軍した。

(11)『北史』宇文莫槐伝参照。

融合して一体となっていた。西暦三〇五年に拓跋中部の桓帝猗㐌が死去し、西暦三〇七年、拓跋東部の昭帝禄官が死去したことで、もと拓跋西部にいた穆帝猗盧がそのまま三部を統轄することとなる。しかしこの後序紀には拓跋中部と西部の歴史についての記述しかないため、拓跋東部は安静であったのであろう。(12) 私はその原因は東部拓跋が既に当地の烏桓・鮮卑の中に融合したことにあると考えている。ただし拓跋は東部にあっても決して影響力がなくなったわけではなく、恵帝・煬帝東奔の事例もこうした背景に基づいていた可能性がある。濡源以東の現在の伊遜河一帯では、以後索頭部《さくとうぶ》人の活動があった。

拓跋中部の地は「代郡之参合陂北」にあった。『魏書』地形志《ちけいし》に基づいて参合陂《さんごうは》を涼城郡《りょうじょうぐん》に比定するのであれば、その地は両漢においては雁門郡に属したが、魏晋においては放棄され、既に治所を設けてはいなかったこととなる。『読史方輿紀要《どくしほうよきよう》』に基づいて参合陂を大同府《だいどうふ》の東百里余りのところとするのであれば〔第一章図1-1の「参合陂（旧）」〕、その地は両漢においては代郡に属し、これも魏晋においては治所を設けてはいなかったことになる。(13) 本章は後者の見解をとることとしたい。ここは烏桓と拓跋が交錯するところであり、中心地域は平城附近にあった。しかしこのとき烏桓・拓跋は、ともに城郭を設けて定住していたわけではなく、平城はまだ都城の性質を帯びてはいなかった。盛楽も同様である。

後漢建武年間（二五〜五六）における烏桓の代郡・雁門への進入は、拓跋力微〔神元帝〕が盛楽に居しながら雁門・代郡にまで浸透していったのに比べれば、百年以上早かった。この二つの部族の接触については、最初は必然的に烏桓が優勢にあり、拓跋は劣勢に甘んじることとなり、その後に一方が盛り上がれば他方が下火になり、また一方が進めば他方は退くという、協調性のない状態から次第に相互浸透・相互包容に向かっていった。しかし我々は衝突から融合に至るこのような過程の、具体的な史料をほとんど見つけることができない。この地域では、拓跋・烏桓という二つの部族が激烈な戦争を経たわけではなかったことが、拓跋の人と事の記録を主体とする『魏書』序紀から大体看取される。猗㐌の在位の三年目から七年目にかけて（二九七〜三〇一）の計五年間を、猗㐌本人は全て「北巡」・「西略」に費やしており、「降服する者は二十余国」であったが、そこで烏桓について言及されているわけではない。猗㐌の在位の一〇年目以降において、彼はその弟で拓跋西部の穆帝猗盧と共同で幷州《へいしゅう》刺史劉琨《りゅうこん》(14)を支援し、劉淵《りゅうえん》〔十六国の漢〕(15)への対抗のための大戦を絶えず進めていたが、その軍隊の主力はまさしく烏桓であった。拓跋部の歴史の発展において、拓跋部族と烏桓部族の相互影響関係は重大な作用を引き起こしたが、拓跋中部地域は両部族の相互影響においては溶解に向かう鍵となる地域であり、拓跋部がさらに高度な文明の段階に向け発展成長するための主要な空間であった。しばらく後に東・中・西の三部を統一した拓跋猗盧については、その活動のほとんど全てが中部地帯にて行われていた。

ここから我々は視線を拓跋西部に転じて考察を進めることになる。拓跋と烏桓の関係について言うならば、西部と東部には似通った点があるが、両部族の勢力の割合は異なる。拓跋の伝統的勢力の基礎部分の根深さについて言えば、東・中・西部には明らかな差異が見られる。拓跋西部は陰山の草原に接近し、自身の安全保障に十分

（12）『魏書』神元平文諸帝子孫伝　望都公頽条は、頽について、「昭帝の後裔であった」と言っている。昭帝禄官の後裔についてはこの一件しかないようであり、その活動地域も東部には及ばなかった。

（13）『読史方輿紀要』巻四　歴代州域形勢条自注参照。厳耕望氏には「北魏参合陂地望考辨」という論文があり、氏の著書『唐代交通図考』（中央研究院歴史語言研究所専刊之八十三、一九八六年）第五巻附篇八（一三六七－一四〇二頁）に収録されている。

（14）〔訳注〕劉琨（二七一〜三一八）は西晋の武将・政治家。東瀛公司馬騰の後任の幷州刺史となり、穆帝拓跋猗盧とともに漢と戦った。建興四年（三一六）に拠点の晋陽を漢に占領されると、薊の段匹磾《だんひつてい》（鮮卑段部）に受け入れられて漢との戦いを継続するが、段匹磾に殺害された。

（15）〔訳注〕劉淵（二五一〜三一〇）は漢（十六国の一つ）の建国者。匈奴の冒頓単于《ぼくとつぜんう》の末裔であり、南匈奴の左部帥劉豹《りゅうひょう》の子。もと西晋の成都王司馬穎（八王の一人）の部将であったが、穎が王浚・司馬騰に敗れると自立し、漢王を自称した（漢の建国）。杉山正明『遊牧民から見た世界史（増補版）』（日本経済新聞出版社、二〇一一年）二一八－二四六頁参照。

な空間を備えていた。そのため西部は拓跋部の根本の所在部分であり、三部においては一挙手一投足が全局面に影響するという地位を得られる基礎となった。西部の周囲は、人数の多くはない朔方烏桓や辺郡雑胡が拓跋部族と雑居する地帯であるが、全て拓跋部の支配下にあった。拓跋部に拘束されていない鉄弗《てつふつ》部も、既に河西朔方の地に逐《お》われていた。西部の用兵は、中部とは異なり、その主力部分は烏桓ではなく拓跋であった。猗盧が鉄弗を駆逐した戦役において、用いられたのは「弟の子である平文皇帝（すなわち思帝弗《していふつ》の子である鬱律《うつりつ》）」の二万の騎兵であるが、これは当然拓跋兵ということになる(16)。

既に言及したように、思帝弗とその子である平文帝鬱律とは、桓帝・穆帝と同様に文帝沙漠汗の子孫であったが、前者は蘭妃《らんひ》の子孫であり、後者はともに封皇后《ほうこうごう》の子であった。官氏志によれば、蘭妃の出身部族である烏洛《うらく》蘭部《らんぶ》は、北方草原諸部の一つであったという。以後北魏の皇室の大宗は蘭妃の子孫の系統から出るようになる。思帝弗は「諸父兄に重んぜられ（為諸父兄所重）」、「人民は内心から服従し（百姓懐服）」ており、拓跋の宗室大人に擁立されたことがうかがえる。桓帝・穆帝の死後、祁皇后は子の普根《ふこん》を立て、次にも普根の子を立てた。普根の子がさらに死去すると、「国人はその従父の鬱律を擁立し(17)」たが、これは平文帝も拓跋部人の擁護を獲得していたことを示す根拠となる。平文帝が桓帝の后である祁氏によって突然襲撃され殺害されると、「大人死者数十人」となったが、これは大きな数字と見なすべきであろう。数十名の拓跋大人が難に遭って死んだのは、彼らが平文帝を擁し、拓跋東部から来た祁皇后の勢力に抵抗したためであった。このことから、西部の潜在的な実力が大きく、東西各部の抗争が以後なおも継続し得たことが分かるであろう。以後祁皇后の諸子である恵帝・煬帝と君位を争った平文帝の長子翳槐《えいかい》は、母の出身部族（母の兄弟の部族）である賀蘭《がらん》部「及び諸部の大人」の擁立により即位したのであり（烈帝《れってい》）、その中には当然拓跋の大人が含まれていたであろう。これらは全て拓跋西部地域の部族の勢力である。烈帝が賀蘭部の大人藹頭《あいとう》を殺害し(18)、西部の内乱を引き起こしたことで、拓跋国人の反抗を巻き起こし、彼らは烈帝を出奔させるまでに追い詰めた。しかし烈帝は再び立ち、依然として拓跋国人により擁立されていた。昭成帝《しょうせいてい》什翼犍《じゅうよくけん》・道武帝珪の即位についても、彼らが恃みとしたのは、拓跋国人と彼らそれぞれの母后・母族であったのである。

　これにより、拓跋の三国について、西部の国が拓跋の根本の所在地であり慎重で保守的であったこと、中部の国では拓跋と烏桓が共生して相互に影響し、活発で進取的であったこと、東部の国が烏桓・宇文・慕容と隣接し、遊離して隔絶しやすく、拓跋政権が長期的に支配し得るところではなかったことがうかがえよう。東・中・西の三国の、拓跋史の過程における地位と方向性は、それぞれ異なっていたのである。

　拓跋大人は西部に根ざした蘭妃の後裔の系統を擁立し、拓跋の歴史に多くの影響を及ぼした。しかし拓跋部族は永久に西部の窮屈な遊牧地域にいることは結局できず、有利な政治情勢を利用して、次第に重心を東に向けて推移させ、比較的発達した農業地帯に接近せねばならなかった。そのため猗盧は、劉琨を支援したことにより代王に封ぜられた後、「封邑が国から遠く（代王の封邑であった代と盛楽を中心とする拓跋の「国」の距離が甚だ離れていたことを指す）、民が互いに接しないことを理由に、琨に句注陘北《くちゅうけいほく》の地を求めた」。ここにおいて劉琨は「馬邑《ばゆう》・陰館《いんかん》・楼煩・繁畤《はんし》・崞《かく》の五県の民を陘南《けいなん》に徙《うつ》し、さらに城邑を建て、その地を尽く献上し、東は代郡に接し、西は西河・朔方に連なり、方数百里に至った。帝（猗盧）はそこで十万家を徙してこれにあてた」。三年後（三一

(16)　ただし猗盧本人とその兄の猗㐌は幷州に出兵しており、劉琨の劉淵・劉聡《りゅうそう》への攻撃を支援したが、そこで用いられたのは東部の烏桓兵であって拓跋兵ではない。しかし、この烏桓兵は猗盧が有していたものではなく、猗㐌が漢人衛操らの招いた烏桓を用いて組織したものである。以後拓跋にて内乱が発生し、烏桓が叛乱を起こしたことは、直接的に猗盧の敗死を引き起こした。その内容については後に詳述する。

(17)　『資治通鑑』巻八九　西晋愍帝建興四年（三一六）条。

(18)　このことは平文帝の皇后に関係する。詳細は後述する。

三）猗盧は「盛楽を築いて北都とし、故平城を修築して南都とした。……さらに南のかた百里、灅《るい》〔㶟〕水の北の黄瓜堆《こうかたい》に新平城を築き、晋人はこれを小平城と呼び、長子の六脩《りくしゅう》にここに鎮し、南部を統領させた」（図4-2）。これは拓跋部の一大行動であり、拓跋部の重心の東・南への移動を明らかに示しているのみならず、拓跋部がこの後戦略的な発展を遂げることの青写真をも示している(19)。

盛楽より平城に向かい、再びさらなる発展をはかることを、『魏書』は「南を図る（図南）」あるいは「南夏を平らぐ（平南夏）」と呼び習わしているが、これは実際には、東へ向かっての発展と同義である。新平城は現在の桑乾河《そうけんが》の源にあり、方向としては東でもあり、南でもあった。魏収《ぎしゅう》『魏書』序紀は平文帝が「南夏を平らげんとする意志を有していた（有平南夏之意）」とする。魏澹《ぎたん》はその著作である『魏書』の義例を述べ、その二番目に、「平文帝・昭成帝は塞外に雄拠し、英風は次第に盛んとなり、図南の業の基礎はこれより始まった(20)」とある。事実上拓跋部が外に向けて発展したことの基礎は、桓帝《かんてい》・穆帝《ぼくてい》の時代に定められ、その主要な内容は、第一には僻遠の辺境地域より出ることで、保守的な部族勢力の拘束から離脱し、西晋の政治活動に参与したことであり、第二には拓跋が陘北五県という広闊《こうかつ》な地域を獲得し、それを外に向けた活動の踏み台にしたことである。また、陘北五県は基本的には農耕あるいは半農半牧《はんのうはんぼく》地帯であり、この五県の地を得たことは、拓跋珪の経済力についても重大な影響を及ぼし得た。桓帝・穆帝が以後の北魏皇室の大宗に属さなかったことにより、北魏の歴史を記した人物は、自らの心に偏見を持つことを免れず、穆帝の「図南」の意義を認めなかったのである。当然、さらに重要な要因が拓跋の内乱を引き起こした可能性はある。歴史は反復し、この後しばらく拓跋の重心は再び盛楽に退いた。これは拓跋部族の発展史における一大曲折であった。昭成帝が立ち、三三九年には拓跋部の諸大人は参合陂（この参合陂は現在の涼城にある）に朝し、会議を開いて都を新平城のさらに南にある灅〔㶟〕源川に定めようとした。遷都を阻止した太后王氏《おうし》は「我が国は上世より、遷徙をつとめとしていた。今は事難の後であり、基業は

図 4-2　新平城と陘北五県

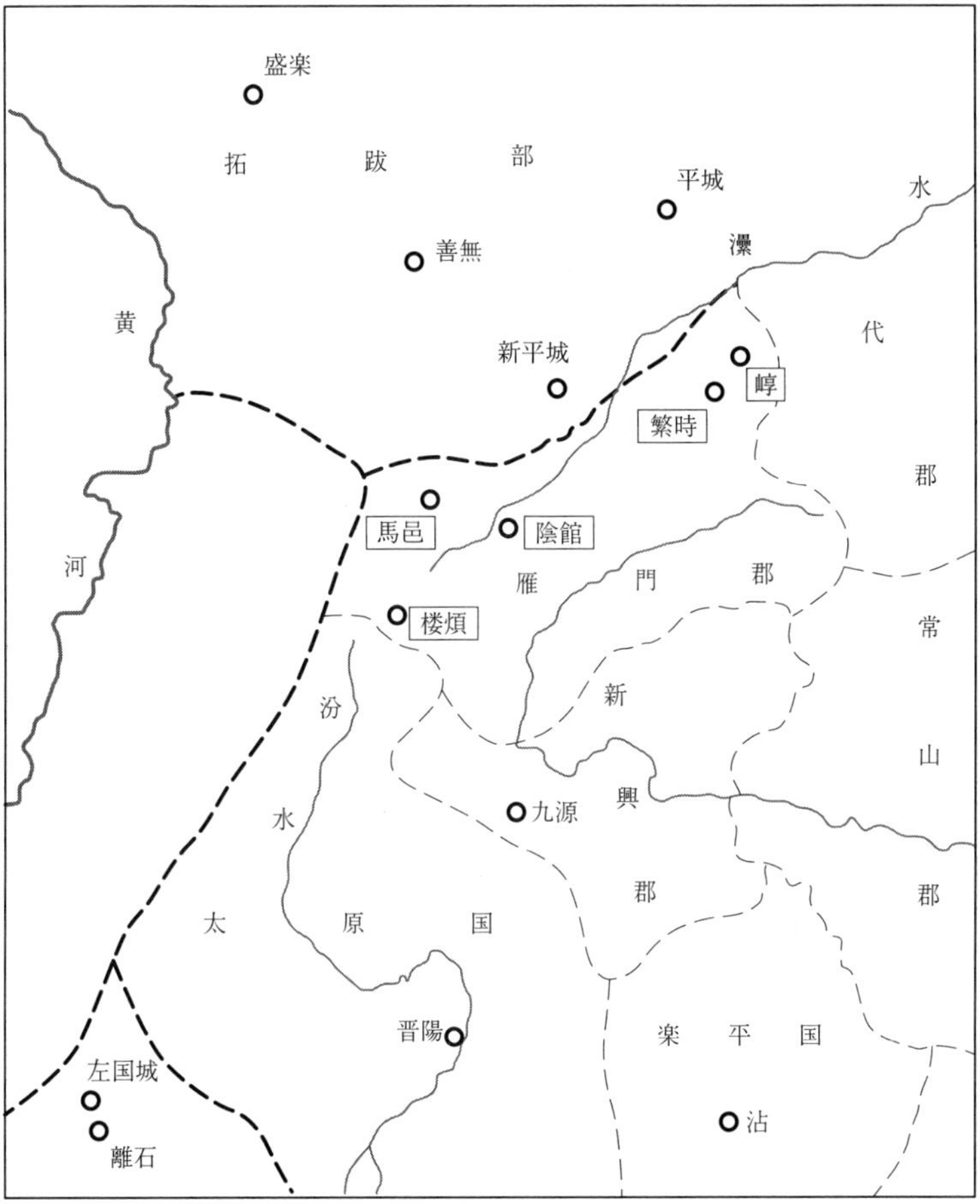

四角部分が陘北五県

まだ固まっていない。もし城郭を築いて住めば、一旦来寇があっても、急に移るには難しい（国自上世、遷徙為業。今事難之後、基業未固。若城郭而居、一旦寇来、難卒遷動[21]）」と裁定した。ここで言われている「事難」や「寇」は、当時の情勢に基づいて言うならば、その指すところは恵帝・煬帝が恃みとした東方から来る勢力であり、そこでは烏桓が主体となっていたはずである。

以上は拓跋三分の後の東・中・西三部の地理環境と部族関係の特徴に関する分析であるが、これは序紀においては極めて簡略な記述があるに過ぎず、実際の内容は、東から西に至る拓跋と烏桓の相互影響関係とその最終的な結果であり、この一点について『魏書』の著者魏収は、はっきりとした認識や説明を行っていなかったのである。

ここには以後の拓跋部の空間的発展と密接な関係を持つ情報が含まれており、注目に値する。王沈『魏書』烏桓伝は後漢時代に入塞した烏桓の徙った地域を列挙しており、東から西に至るまで、遼東属国から朔方郡に至るまでの、幽州・并州の辺郡（辺境沿いの郡）のほとんど全域を含んでいるが、雁門以西の定襄・雲中・五原の三郡だけがない（本章前掲図4-1参照）。これは決して史料の遺漏ではなく、実際後漢時代にこの三郡が烏桓の移住地域ではなかったことによる。范曄『後漢書』烏桓伝には、後漢安帝《あんてい》・順帝《じゅんてい》の時代（一〇六〜一四四）に烏桓が雲中・五原郡に侵攻し、五原太守が敗れたという記述がある。建武年間に烏桓が徙されたが、この三郡には及んでおらず、私自身はそれについての解答を得ることができない。『続漢書《しょくかんじょ》』郡国志《ぐんこくし》の記す三郡の戸口が特に少なく、烏桓を移すことに適していたことを考慮すれば、ますますその理由が分からなくなる。

しかし、この三郡に烏桓が移されなかったことは、やや後に陰山より南下した拓跋部が発展する最も主要な空間を残す結果となった。この空間の外では、拓跋の東・中・西部のそれぞれを基準として個別に言うならば、その東部地域は宇文諸部より制約を受け、また西晋護烏桓校尉の監督下にあって、拓跋部族がここで大きな発展を遂げるには困難であり、ひいては拓跋の統治についても安定した立脚点を確保するには難しかった。拓跋中部の地は、おおよそ後漢の代郡・雁門郡に相当し、実際には拓跋・烏桓の共同統治下にあり、矛盾や衝突は免れられなかったのであるが、本章では他の各所において詳説したい。拓跋西部の地については、序紀の二九五年における記述に、「この歳、初めて并州に出、雑胡を北のかた雲中・五原・朔方に徙した。また西のかた黄河を渡って匈奴・烏桓諸部を攻撃した。杏城《きょうじょう》以北八十里、長城に至るまでの原野に、道を挟んで碣を立て、晋と境界を区分した」とある。穆帝の所業は、すなわち烏桓及び諸々の雑胡に対抗し、拓跋西部の西境を開拓・保障し、拓跋の統治の基礎を安定化させることを意味した。陰山より南下した拓跋部が、もし荒涼とした沙漠《ゴビ》を避け、比較的生存に適した自然環境で、かつ人為的な障害に比較的遭いがたいという条件を求めたならば、最も適切な場所とは、すなわち後漢において烏桓を徙していなかった五原・雲中・定襄の三郡の地となることがここからうかがえる。以後の拓跋部族の発展の歴史はこの推測を裏づけることとなる。

拓跋三分の後における東・中・西の三部の各々の地域環境と部族関係から、我々は東部地域の烏桓が最も盛況で、中部地域の二部族は相互に影響を及ぼしつつ共存し、西部地域は拓跋の根本の地であったという情勢を見出すこととなった。拓跋の社会・政治の変化において、鍵は拓跋中部にあった。これをひとくくりの背景として、我々は平文帝以来の拓跋の歴史において一〇年の長きにわたって続いた、復辟《ふくへき》・反復辟の闘争の道程を見つけたようであり、序紀の関連史料について解釈を試みることが可能となった。この闘争は主に拓跋中部の地で発生し、また東西の地にも波及することとなる。

（19）猗盧の部族の重心移動という大行動は、理屈からは内部矛盾・衝突を誘発しやすかったが、『魏書』序紀には直接的な記載がない。『晋書』巻六二 劉琨伝は、三一三年の劉琨の上疏を載せ、そこには猗盧の活動が述べられ、「また猗盧の国内では姦謀が生じようとしましたが、幸いに猗盧が警戒していたため、皆誅滅されました」とある。これは部族の重心移動が引き起こした衝突であったかもしれない。三一六年の拓跋の内乱がこれと関係があったか否かについては、判断できない。

（20）『隋書』巻五八 魏澹伝。

（21）『魏書』巻一三 皇后伝 平文王皇后条。

三　序紀にあらわれる恵帝・煬帝東奔の諸事の解釈

西晋建興四年（三一六）三月に猗盧が死したことで拓跋に内乱が発生し、「国に内乱が多く、部族は離散し、拓跋氏は次第に衰えた」[22]。この段階においては、三つの勢力が代北の情勢に介入し、相互に闘争し、入り乱れた局面を生み出すこととなる。

その一つ目が桓帝の皇后である祁氏である。彼女は中部にいて、東部をバックとしており、元来は晋人（漢族）の衛雄《えいゆう》[23]・姫澹《きたん》[24]らが結集させた烏桓人と晋人、いわゆる「新人」の強大な支援を得ていた。しかしこれらの新人は、後に拓跋の内乱により南の并州に逃れたため、祁皇后は別に支援を求めざるを得なくなった。それゆえ三二一年に祁皇后は平文帝を殺害し、使者を派遣し後趙《こうちょう》の石勒《せきろく》と通好したが、それは成功したわけではなく、以後もなお石勒の侵犯を受け[25]、北や東に向かって移動し避難せざるを得なかったのである。

二つ目は拓跋の大人であり、当時のいわゆる「旧人」である。彼らの主要な勢力は拓跋西部の盛楽にいた。彼らは桓帝・穆帝が恃みとした「新人」、すなわち烏桓と晋人の勢力を憎悪していた。「新人・旧人が疑い恨み、互いに誅戮しあった」ため、戦争に強い新人は并州への敗走を余儀なくされ、旧人は盛楽において平文帝鬱律を擁立した。以後間もなくして、平文帝は東にいた祁皇后により殺害される。

三つ目は陰山以北にいた平文帝の妻族である賀蘭部と「諸部の大人」であり、拓跋西部勢力の支持者たちである。彼らは拓跋両系統の戦闘が膠着化する中で、平文帝の子、賀蘭部の母方の甥である烈帝翳槐の擁立を強行し、平文帝の系統を全力支援してその退勢を挽回した。しかし賀蘭部はこのとき平文帝の系統の後ろ盾として拓跋の歴史にあらわれたのであり、結局は一種の外部勢力であったのである。そのため代北にてしのぎを削り合う勢力は、結局は祁皇后の後裔と平文帝の後裔の両系統であり、一方は東に、もう一方は西にそれぞれ偏在していた。本節でさきに提示した拓跋と烏桓の関係は、すなわちこうした激烈な競い合いの背景であった。以下に引用する序紀の恵帝・煬帝の東奔に関する記述について、こうした背景をベースとして解析を行えば、判断のつかない点はほとんどなくなる。

（恵帝賀傉元年、（三二一））恵帝は未だ親政せず、太后が臨朝した。使者を派遣して石勒と和を通じたが、当時の人々はこれを女国の使と言った。

未親政事、太后臨朝。遣使与石勒通和、時人謂之女国使。

恵帝賀傉について、序紀は桓帝の中子、普根の弟で、祁皇后の子であったという。祁皇后は平文帝を殺害して政権を奪取したが、かえって拓跋の大人と決裂したことにより、孤立無援の立場に追い込まれ、そこで後趙に同盟国となるよう求めた。しかし以後の事態からも、この要求は石勒より拒絶されたようであり、これは桓帝・穆帝が恃みとした「新人」が長らく西晋を助け、胡羯《こけつ》〔石勒〕に敵対したことによるのではないかと考えられる。烏桓と羯とは代々の敵同士であったようである。東にいた祁皇后が、そもそも西部にいた平文帝をどうしてやすやすと殺害し得たかについては、本章第五節で検討することとなろう。また「太后臨朝」は、恵帝が年幼く政務に

(22) 『資治通鑑』巻九六　東晋成帝咸康四年（三三八）条。

(23) 〔訳注〕衛雄（生没年不明）は代の人。衛操の甥。衛操とともに拓跋部に入り、桓帝拓跋猗㐌の部将となった。

(24) 〔訳注〕姫澹（生没年不明）は桓帝拓跋猗㐌の部将。箕澹とも。

(25) そのとき石勒は平文帝系統の後裔は助けたが、祁皇后系統の後裔は助けなかった。『魏書』序紀に見られる。

堪えられなかったことに起因する。しかし桓帝は三〇五年に死去し、恵帝にはなお弟がいたため、恵帝の即位時には少なくとも一七歳にはなっており、道武帝による代国復興時の年齢よりも一歳年長であって、太后の臨朝がなぜ必要であったのだろうか。恵帝の身の上にはなおも疑うべき点があるが、細かい考察はしばらく棚上げにしておきたい。

（恵帝四年、三二四）恵帝が初めて臨朝した。諸部の人々の感情が未だ尽くは服していないことから、東木根山に築城し、ここに遷都した。

帝始臨朝。以諸部人情未悉款順、乃築城於東木根山、徙都之。

「未だ尽くは服していない」諸部とは、主として盛楽地域の、元来平文帝を擁護していた拓跋諸部を指す。平文帝が死去したとき、数十人の大人の死者を出したため、東西間の対立情勢はなおも尖鋭であったことになる。東部の祁皇后の勢力は平城附近にあり、ひいては陘北五県の旧地に至ったはずであり、西面の「未だ尽くは服していない」諸部を防がねばならない上に、南面の、祁皇后との通好を望まない後趙石氏を防がねばならなかった。東木根山は高柳《こうりゅう》の北、大寧の北西にあり、盛楽から遠く護烏桓校尉の地に近く、幽州・并州より遠く草原や沙漠《ゴビ》に近かった。地政学の角度から分析すると、祁皇后が引き込んで援軍とした勢力は、往時の拓跋東部一帯及び濡源地域にあったはずで、一旦有事となっても、進退の余地があり、平城から陘北に至るまでの地に比して安全であった。進退のルートについては、塞内に一本がある他に、塞外に草原上の一本があった。そのため東木根山に遷都したという一事は、あらかじめその後に東奔の諸事があることを予期してとられた選択であったと思われる。また、この年「恵帝は初めて臨朝し（帝始臨朝）」、諸部が叛乱を起こした。私はこの年に祁皇后が死去したため、情勢がたちまち制御できなくなったのではないかと推測する。それを示すかのように、『魏書』はこの後の祁皇后について記述していない。

（煬帝紇那三年、三二七）石勒は石虎《せきこ》(26)を派遣し五千騎を率いて辺境を攻撃させ、煬帝はこれを句注陘北で防ぐが、利あらず、大寧に移った。当時烈帝は母方のおじの賀蘭部におり、煬帝は使者を派遣してこれを求めたが、賀蘭部帥の藹頭は、これを擁して応じなかった。煬帝は怒り、宇文部を召して共同で藹頭を攻撃した。宇文部の衆は敗れ、煬帝は大寧に帰還した。

石勒遣石虎率騎五千来寇辺部、帝御之於句注陘北、不利、遷於大寧。時烈帝居於舅賀蘭部、帝遣使求之、賀蘭部帥藹頭、擁護不遣。帝怒、召宇文部幷勢撃藹頭。宇文衆敗、帝還大寧。

煬帝紇那は恵帝の同母弟である。烈帝翳槐は平文帝の子であり、賀蘭部の母方の甥であった。烈帝は煬帝と君位を争う資格を最も有していたが、このときはかえって東方から来る圧力に逼迫され、陰山以北の賀蘭部に避難した。煬帝は石虎を陘北にて防いだが、軍は敗れ、大がかりな移転を行い、駐留地を東木根山から東南の大寧にまで撤退させた。煬帝は大寧にて頼れる存在があったようであり、勢力が増強されたため、宇文部と約して北方の草原より共同で西に出て意辛山《いしんざん》を攻撃し、賀蘭部に烈帝の引き渡しを要求した。これは拓跋西部を挑発することとなり、三二一年に祁皇后が平文帝を殺害した闘争の延長となった。挑発は失敗し、煬帝はまたも大寧に退き、安全を求めたのである。

（煬帝五年、三二九）煬帝は出て宇文部におり、賀蘭部及び諸部の大人は共同で烈帝を擁立した。

(26)〔訳注〕石虎（二九五～三四九）は後趙の天王・皇帝。石勒の次子石弘から君主の位を簒奪し、大規模な宮殿建築・土木工事や対外戦争に国力を費やしたため、後趙の滅亡を早めた。

帝出居於宇文部、賀蘭及諸部大人共立烈帝。

煬帝の出奔は、賀蘭部と諸部の大人の反撃・逼迫によるものに違いなく、また後趙の潜在的な脅威もあり、大寧での滞在も安全を保障できないため、やむを得ず遠く宇文部に出奔したのである。煬帝が徐々に東へ退いたことは、拓跋西部の大勝利であった。代北地域は烈帝の有するところとなり、烈帝と烏桓の関係は比較的疎遠であったため、このことは後趙との関係構築にいっそう都合が良かった。賀蘭部と諸部は煬帝が逼迫されて東に移っているという情勢を利用し、共同で烈帝を立てたのであり、自然に皇帝の母方のおじという重みをもって拓跋の大局を掌握するようになったのである。

（烈帝翳槐元年、三二九）石勒は使者を派遣して和を求め、烈帝は弟の昭成帝を襄国《じょうこく》に派遣した。これにしたがう者は五千余家であった。

石勒遣使求和、帝遣弟昭成皇帝如襄国。従者五千余家。

石勒が和を求めたというのは粉飾された表現であり、『資治通鑑《しじつがん》』は「翳槐はその弟の什翼犍を質子として後趙に派遣し和を求めた（翳槐遣其弟什翼犍質於趙以請和）」としているが、こちらが実態に近いであろう。石勒は和を受け入れたが、私はその本意は遠くは拓跋と連携し、近くは烏桓を制し、同時に祁氏一党の勢力を抑制することにあったのではないかと疑っている。什翼犍は平文帝の妻である賀蘭氏の子ではなく、平文帝の王皇后の子であり、翳槐の異母弟であった。什翼犍は質子として後趙に派遣されることを承諾し、またこれにしたがう者が多かったのであるが、私はこうした者たちが王皇后・什翼犍の親従勢力であり、しばらく西部にありながら自ら安全をたもつことができず、これを契機として後趙に逃れたのではないかと考えている。

（烈帝）七年（三三五）、藹頭は臣職を修めず、召してこれを殺害し、国人は再び二心を抱いた。煬帝は宇文部より帰還し、諸部の大人はこれを奉じた。煬帝は復位し、……烈帝は鄴《ぎょう》に移った。
七年、藹頭不修臣職、召而戮之、国人復貳。煬帝自宇文部還入、諸部大人復奉之。煬皇帝復立、……烈帝出居於鄴。

賀蘭藹頭は帝のおじであり、皇帝と近親であることや自己の功績を恃んだのであり、こうしたことは原因として根底にあったのかもしれないが、藹頭殺害自体は直接的には王皇后の意志によるものであったに違いない。王皇后は広寧烏桓の出身である。拓跋のいわゆる皇后については、被征服部族の捕虜の女子が掖庭《えきてい》〔後宮〕において寵愛を受け子を生む者を指すことが多い。皇后伝　王皇后条は彼女が「十三歳のときに、あることによって後宮に入り、平文帝に寵愛され、昭成帝を生んだ」とするが、このことを言う。王氏のこのときの境遇は非常に困窮しており、必ず賀蘭氏の子を排除して自身の子を立て、権勢を固めようとしたに違いなく、ゆえに藹頭を殺害したのである。これによって再び拓跋西部陣営における賀蘭等の部の大人の叛乱を引き起こし、西部勢力は弱体化したのであり、煬帝は機に乗じて復位することが可能となった。これは東部・西部の衝突において発生した一つの矛盾であり、その根源は拓跋と烏桓の間に存在していたのである。

（煬帝復位の三年、烈帝復位の元年、三三七）石虎は部将の李穆《りぼく》を派遣し五千騎を率いて大寧にて烈帝を迎えさせ、国人六千余落が煬帝に叛し、煬帝は慕容部に逃れた。
石虎遣將李穆率騎五千納烈帝於大寧、国人六千余落叛煬帝、煬帝出居於慕容部。

烈帝は後趙の助力やもともと西部にいた系統の拓跋の推戴を受け、東部系統の煬帝が身を託した地である大寧を占領し、それによって煬帝は大寧より慕容部に出奔したのであり、以後二度とここに戻ることはなかった。桓帝・穆帝時代に形成され始めたいわゆる新旧の矛盾は、祁皇后やその子たちが歴史の舞台から退出するにしたがって消失した。平文帝の王皇后は実子の昭成帝什翼犍のために勢いをつけ、この系統がその後北魏を統治する基礎を定めた。李穆が大寧に入ったことについて、『晋書』石季龍載記上には、「これに先立ち、北単于乙回《いつかい》（翳槐と思われる）は鮮卑の敦那（紇那と思われる。紇は敦と読み、これは上古音の舌上音（反り舌音）が舌尖音（舌の先端で調節される音）に読めるためである。このときの史書には同類の例が少なからずある）に逐われ、（石寅は）既に遼西を平定し、その部将の李穆を派遣して（紇）那を攻撃させ、これを破り、再び乙回を擁立して帰還した」と記す。後趙にとっては、拓跋の正統は西にあるのであって、西部の烈帝翳槐を北単于と呼んでいるが、東部の煬帝紇那に対しては鮮卑と称するだけである。李穆の率いた五千騎は、あるいは数年前に什翼犍が襄国《じょうこく》（後趙の首都）にて質子となったときの「五千余家」の「したがう者」であった可能性がある。煬帝は大寧を失い、居場所がなくなったのであるが、この状況で宇文部でなく慕容部に逃れたのは、このとき宇文部が慕容部に併呑されていたからかもしれない。

代北地域の東西部の争いは、実に拓跋・烏桓の争いであり、東部の烏桓勢力は西部の拓跋勢力に征服され、代北全域が拓跋の手に落ちた。これが西暦三二一年から三三七年に至るまでの恵帝―煬帝―烈帝―煬帝―烈帝の諸帝の復辟・反復辟の闘争の歴史的な内容である。この闘争を演出したのは、東部では祁皇后であり、西部の王皇后も同様の役割を担った。ただ勝利した西部の拓跋勢力は、王皇后を代表とする烏桓的要素を含んでいた。これは拓跋と烏桓が結局共存不可能な民族勢力ではなかったことを意味している。什翼犍は鄴より帰還し、「繁時の北」、すなわち現在の渾源《こんげん》にて即位したが、ここは代北の東部であって西部ではなく、やや後には「雲中の盛楽宮に遷都した」。こうした境界を隔てない現象も、代北における拓跋・烏桓の民族融合を反映している。

さらに注意を要するのは、拓跋西部は最終的に東部に戦勝したが、これには後趙のような外部勢力の影響があったことである。石氏は并州にいたときより、長期にわたって拓跋の桓帝・穆帝と敵対しており、まさしく石勒こそが、并州にいたときに穆帝が恃みとしていた烏桓の精鋭の軍隊を消滅させたのである。以後の拓跋部内の十年余りの東西の闘争中において、鍵となる時期には全て後趙の軍事的な関与があり、またそれらは常に決定的な作用をもたらしてきた。

序紀における関連史料の分析は、ここまででとどめておこう。

烈帝は復位の年（三三七）に盛楽新城を建設したが、彼は一年で死去しており、これが正常な死亡であったか否かは、自然と疑うべきところが出てくる。彼の死後、君位は異母弟の昭成帝什翼犍の手中にわたり、太后王氏は完全に権力を掌握した。西部の拓跋勢力は相手を圧し、一時的に興隆し、諸部の大人はしばしば桓帝・穆帝時代の局面開拓を進めることを思い、盛楽から句注陘口《けいこう》の㶟源川に移ろうとした。このとき慎重な態度をとっていたのは、かえって広寧烏桓出身の王太后であって、彼女の政策決定の言葉である「事難の後であり、基業はまだ固まっていない（事難之後、基業未固）」云々は既に引用したが、これは皇后伝 平文王皇后条に見える[27]。

以上の記述の解析により、十余年来事態が入り乱れ、介入する勢力が少なくなかったとはいえ、対立の大筋は

(27)『魏書』皇后伝は平文帝の後宮の諸人として、王皇后の伝を収録するだけで、賀蘭氏には言及していない。実際には賀蘭氏は平文帝の長子の母であり、年齢は王皇后よりも年上であった。しかし王皇后の子である昭成帝は、後に北魏道武帝によって高祖と追尊され、北魏皇室の正統となったため、史書は賀蘭氏をしりぞけて王氏を尊んだのである。拓跋の習俗では、皇后の冊立には、金人の鋳造に成功するか否かという条件があり、王氏を立てて賀蘭氏を立てなかったということには、あるいはこうした原因があったかもしれないが、詳細は解明できない。しかし賀蘭部族は強大であり、拓跋部に対する影響力は衰えず、道武帝本人は賀蘭部の母方の甥であった。王皇后その人についての評論は、本章の後半にて論及することとなろう。

祁皇后及びその諸子を一方とし、平文帝の諸子が王皇后の演出によりもう一方となった、君位をめぐる闘争に過ぎなかったことがうかがえる。短期的に見ると、これは桓帝・穆帝の統治矛盾の累積と内乱の結果であり、長期的に見れば、これは漢~西晋の辺境地域の烏桓と拓跋の雑居によるものであった。一方のキーパーソンである祁皇后は何年に死去したか分からず、介入の事跡は史書には明らかではないが、彼女がひとたび臨朝し、恵帝・煬帝が東木根山に遷都し、大寧に逃れ、宇文部を引き込んで援軍とし、慕容部に逃れたといった事例より推測するならば、祁皇后が東部部族出身であったという、この結論は信用することができよう。彼女がいったい烏桓、もしくは東部鮮卑のその他の部分、あるいは宇文部のどの出身であるかということについては、まだ確認できない状態であり、さらなる考察を要するであろう。

他にも、煬帝の領したものが依然として拓跋であり、彼らが随意に宇文・慕容の諸部に出入りし得たのは、その地に群小の拓跋部族が存在していたことと関係があったに違いないが、『晋書』慕容廆載記《ぼようかいさいき》にあるように、慕容部と宇文部が戦っていたときに、慕容廆が統率したものの中に「索頭部」の軍があったという、もう一つの説明を要する問題がある。東晋明帝《とうしんめいてい》のときに陶侃《とうかん》(28)は慕容の使者に報書し、その中に廆が「遠く索頭を綏」したという記述がある。『北史《ほくし》』宇文莫槐伝及び『資治通鑑』巻九三 東晋明帝太寧《たいねい》三年(三二五)条にはともに慕容廆が軍を派遣し、その中に索頭が含まれ、共同で宇文乞得亀《うぶんきつとくき》を澆水《きょうすい》(饒楽水、現在のシラムレン)にて攻撃したという記述があるが、これは煬帝五年の宇文部への逃避以前のことである。この戦役には石勒が宇文部とともに慕容廆を攻撃し、慕容廆が世子皝《こう》・索頭・段国を派遣し共同で攻撃させたということがあった。拓跋東部と宇文部は濡水を境とし、その上流の東には、索頭水という支流があり(29)、水流は現在の囲場《いじょう》・隆化《りゅうか》を経ており、現在は伊遜河《いそんが》と称される。ここにとどまっていた索頭と、さきに言及した慕容部が統率したという索頭が、漢代に烏桓の後に南に移った鮮卑人の一部がとどまったものか、あるいは昭帝禄官にしたがって西から来た拓跋であったのかは、既に分からなくなっている。しかしこうした背景は、以後煬帝が東方の宇文・慕容に出入りし得た原因を説明するのに助けとなる。この他、代北の近くでも索頭の活動が見られる。『晋書』石季龍載記によれば、石虎は即位したばかりのとき、自らの二〇年余りにわたる戦績を誇っているが、その中に「北のかた索頭を走らす」という功績が含まれている。三三六年の箇所には「索頭郁鞠《いくきく》は衆三万人を率いて石虎に降伏し、……その部衆を冀州・青州《せいしゅう》等の六州に散じた」とあり、間もなくして逆に部将を派遣して雁門から索頭郁鞠を攻撃させ、これに勝ったとする記述があらわれる。あるいは冀州・青州に徙された三万の拓跋は、そこに住むことに不安を覚え、代北に逃げ帰ったのかもしれない。郁鞠についてこれを烈帝翳槐とする説もあるが、翳槐は煬帝に逐われ、石虎に帰附し、まさに三三六年に鄴に逃れたのである。この説が正しいか否かについて、断言するにはまだ困難がつきまとう。

　拓跋と宇文部の関係については、さきに簡単に説明したが、さらにいくつかの状況を補足説明する必要がある。『魏書』序紀・『北史』宇文莫槐伝・『周書《しゅうじょ》』文帝紀をあわせ読むと、宇文部がもともと匈奴に属し、陰山にて遊牧生活を送り、拓跋部と隣接していたことが分かる。西暦三世紀の下半期は、おおよそ拓跋力微の死後に相当するが、そのとき宇文莫槐は部を率いて遼西に移っていた(30)。序紀は平帝綽が娘を莫槐の弟、すなわち宇文大人普撥

(28)〔訳注〕陶侃（二五九～三三四）東晋の武将。建国前後の東晋政権をもりたて、また蘇峻《そしゅん》の乱の平定に功績を挙げた。以後は江陵にて軍の首領となった。陶淵明の曾祖父。川勝義雄「東晋貴族制の確立過程――軍事的基礎の問題と関連して」（同氏著『六朝貴族制社会の研究』、岩波書店、一九八二年、二一一－二五五頁）、板橋暁子「東晋初期の周縁と天下観――慕容廆と陶侃の往復書簡を手がかりに」（『東洋学報』第九七巻第三号、二〇一五年）参照。

(29)『水経注』濡水「濡水はまた南東に向かい、索頭水がこれに合流する。濡水は北に流れて索頭川と分かれ、南に流れ……また南に流れて、濡水に注ぎ込む」。

(30) 宇文部の東遷の年代について、王希恩「宇文東遷時間及隷属檀石槐問題略辨」（『中国史研究』一九八六年第四期）に解説がある。

の子である丘不勤に嫁がせたことを記すが、その時期は二九二年である。拓跋の三分により、昭帝は濡源を境として宇文部と隣接し、莫槐の子の遜昵延《そんじつえん》はまた昭帝の娘を娶った。ゆえに『周書』は宇文を「魏の舅生（甥）の国である」と称している。宇文にとっての強敵は東部鮮卑の慕容部であった。宇文の慕容に対する戦争がしばしば行われたが、しばしば敗れ、慕容の長期的な対外方針が「先に高句麗《こうくり》を取り、後に宇文を滅ぼし、その後で中原を占領できる」(31)であったために、宇文部は自身が滅亡の縁に立たされ、なんとか生命を保っているような状況にありながら、なおしばらくは煬帝を庇護することができた。しかし三三七年に後趙の軍が大寧にて烈帝を受け入れるに至り、龍城《りゅうじょう》にて燕国（前燕《ぜんえん》）を建国したばかりの慕容部は、煬帝にとっての避難所となった。慕容皝は煬帝を受け入れたが、一方で煬帝の相手である、烈帝の継承者昭成帝什翼犍との交流を積極的に行った。昭成帝は慕容皝の妹を娶り、慕容皝は烈帝の娘を娶った。慕容と拓跋は代々婚姻関係を結び、交流は絶えなかったが、しかし一方は次第に中原の地へ発展するようになり、他方はまだ代北の一隅に引きこもっており、両者の発展は歩調があっていたわけではなかった。後世の歴史家は、拓跋氏が慕容後燕《こうえん》の衰退をうけ、初めて中国を平定できるようになったと見る(32)。拓跋の定襄進入は、慕容の幽州・冀州への南下に比べて、約一世紀早かったが、逆に拓跋の社会発展は緩慢であり、慕容の社会と比較しても、だいぶ後《おく》れていたのである。

以上の分析により、煬帝が随意に宇文部に出入りし得たのには、こうした拓跋と東方各部との関係という歴史的背景がなければならなかったことが看取されよう。さらに言えば、烏桓（祁皇后その人を指す可能性が高い）の背景もなければならなかった。慕容が拓跋を庇護したことについては、ともに鮮卑に属するという理由によるものであった。後漢安帝期（一〇六～一二五）の鮮卑大人燕茘陽《えんれいよう》は闕に詣《いた》って朝賀し、王の印綬を賜り、「護烏桓校尉のいる寧城の下にとどまって胡市を通じ、よって南北両部の質館を築いた。鮮卑の部族百二十部はそれぞれ質子を送った(33)」。これによって、漢～西晋の護烏桓校尉が庇護したのは烏桓が主であったとはいえ、あわせて鮮卑をも庇護したのであり、また各部の鮮卑が全てここに含まれ、ばらばらに活動していた索頭、すなわち拓跋部も自然にこれに含まれていたという、さらなる理解が可能となろう。

四　惟氏・維氏と祁氏

私は本章の「はじめに」において、本章の最初の意図は桓帝猗㐌の皇后である祁皇后の出身部族問題を考察し、それによって烏桓が代北東部における強大な部族であり、祁皇后が代北東部烏桓の代表的人物であったことを説明することにあると述べた。本章の前節では恵帝・煬帝の東奔の事例を論じ、私は祁皇后が東部部族系統に属すると信じるに至ったが、まだ彼女が烏桓であったと断言するには困難がつきまとう。本節「四　惟氏・維氏と祁氏」は、祁皇后が烏桓出身であったという認識をさらに進めるものである。私は思考の過程において、無意識にその他の多くの事物に触れ、これらはさらに重要な意義を備えることとなり、もともとの目標を外れることとなった。しばらくはこの問題を検討し、本章の間奏曲とし、後考に待つこととしたい。

『北史』の莫槐は『周書』の莫那である。

(31)　高麗金富軾『三国史記』(韓国京畿道城南市精神文化研究院出版、一九九六年)巻一八　高句麗本紀第六　故国原王一二年(三四二)条(一八〇頁)。『資治通鑑』のこの年の条によれば慕容翰がこの策を進めたことが記されており、内容は詳細を尽くしているが、明確でないところもある。

(32)　『旧本魏書目録叙』。これは北宋の劉攽《りゅうはん》・劉恕らの著作であり、中華書局標点本『魏書』に附録されている。

(33)　『後漢書』鮮卑伝に基づく。『三国志』注に引く王沈『魏書』鮮卑伝は誤字が多い。

桓帝猗㐌の皇后を、『魏書』皇后伝は祁氏に作り、『北史』皇后伝は惟氏に作る。『資治通鑑』建興《けんこう》四年条及び太興《たいこう》四年夏四月条、『通志《つうし》』巻二〇は、全て惟氏に作っているが、これは『北史』を根拠としたに違いない。『太《たい》平御覧《へいぎょらん》』巻一三九所引『魏書』は維氏に作っている。歴史家たちはこれについて何らの問題も提起しておらず、また何らの考察も行わなかった。祁氏が北族出身であることについては、ますます古今の共通認識となり、これまで異説も出なかったが、祁皇后が烏桓出身であったと主張する説を見たことはない。

鄧名世《とうめいせい》『古今姓氏書辯証《こきんせいししょべんしょう》』巻三の上平声六脂には、惟氏について、「呉氏の『千姓篇《せんせいへん》』は、『北魏の威（桓の誤り）帝皇后に惟氏がいる』と言う」とある。『古今姓氏辯証』はさらに、惟・維の二氏については、ともに呉氏が増補したものであると言う。これは『元和《げんな》姓纂《せいさん》』以降のこととなすべきであろう。惟・維は姓氏として、ここに至って初めて姓氏の書に入れられたのであり、少なくともその姓は本来周知のものではなく、以前には注意されてこなかったのである。しかし『古今姓氏書辯証』はこの二姓のうち惟を録するだけで維は録しておらず、あるいは『太平御覧』に引く『魏書』が維氏を惟氏の誤写としたという意味であったかもしれず、したがってこれを省略している。しかし前秦《ぜんしん》苻堅《ふけん》の建元《けんげん》四年（三六八）一〇月の『立界山石祠碑』[34]の碑陰名録に、「将軍馮翊維叙」がいる。この碑の題名の人物の姓氏からは、少数民族の姓氏と確認できる者が一〇種余りあるため、私は維叙の維も、少数民族の姓氏であると見ており、またこの人物を烏桓と認定してもおおよそ問題はないであろう。[35]さらに惟・維の二字は古くは通用できるものであり、惟と維のそれぞれを姓と解釈することは、同一事とすべきであるが、しかし歴史上この姓は非常に少なく、『古今姓氏書辯証』は惟氏条において、桓帝皇后惟氏一人だけを収録したのである。

祁姓については、『古今姓氏書辯証』は収録していない。祁・惟（維）の二氏は、それぞれ『魏書』・『北史』にあらわれているが、『魏書』皇后伝はもとより欠けており、これまで後人が『北史』皇后伝を取って補い、さらに『高氏小史《こうししょうし》』やその他の史書を取ってつけ加えたと見なされてきた。そうであるならば、祁氏・惟氏の違いについて、その原因は誤写によって生み出されたのではなく、これとは別に版本の差異という原因があったと見るべきであろう。こうした版本の差異は、『高氏小史』や、その他に付け加えられた書に端を発するのであろうが、いまは確認する手段がない。『魏書』について言うならば、『御覧』所引『魏書』はあくまで魏収の書であって、魏澹の『魏書』ではあり得ず、[36]その中では桓帝皇后は維氏に作られていたのである。『御覧』よりやや遅れて、劉攽《りゅうはん》・劉恕《りゅうじょ》等の人々が献上した現行（今本）の魏収『魏書』では、[37]桓帝皇后の姓は祁氏に作られていた。これは北宋《ほくそう》時代〔九六〇～一一二七〕の魏収『魏書』に本来異なる版本が存在していたことを物語っている。そのた

---

(34)『立界山石祠碑』碑銘は『潜研堂金石文字目録』巻一により確定され、『八瓊室金石補正』巻一〇もこれを受け、名称と内容が符合しており、正確である。『金石萃編』巻二五は、この碑文を収録したときに碑額題字や碑の左右両側の題名を見つけておらず、ゆえに碑面の最初の一句の文字に基づき、誤ってこれを『広武将軍□産碑』と称し、学界では広くこのように呼ばれることとなった。馬長寿氏は一九二〇年以後の新拓の全文を見、碑額が「立界山石祠」に作っていたことを発見し、この碑銘の正確さを実証した。馬長寿『碑銘所見前秦至隋初的関中部族』（中華書局、一九八五年）二二一-二二三頁。

(35)『晋書』苻堅載記は苻堅が前燕を滅ぼした勢いに乗じて、三七一年に行ったこととして「関東の豪傑及び諸雑夷十万戸を関中に徙し、烏丸の雑類を馮翊・北地に配置した……」とある。馮翊にいる族類は極めて多く、それぞれ村落を形成し、前秦が設置した護軍によって管理されていたが、それについては『立界山石祠碑』に詳しい。このとき烏桓を馮翊に置いたのは、あるいはこの地に本来烏桓がいたことによるのかもしれない。ゆえに私はこの「将軍馮翊維叙」がもとより馮翊にいた烏桓人であったと判断する。馬長寿氏は前掲書において、この碑の題名の十数個の姓氏が少数民族のものであり、ただ馮翊維氏に対してのみ少数民族の姓氏としてよいか判断できないとしているが、これは『太平御覧』に見られる維氏の例を氏が把握していなかったためであろう。

(36)『史通』正史篇は唐代における状況として「魏史を称するものはなおも魏収『魏書』を主としている」と言っており、宋代にはいっそうこのようであったろう。

(37)〔訳注〕『魏書』は北宋時代には既に多くの残欠の箇所があったため、劉攽・劉恕らによって『北史』などをもとに補われ、現行（今本）の『魏書』となった。

め桓帝皇后の姓氏を祁に作るか惟に作るかについては、安易に取舎し、どれが正しくどれが誤っているという判断をなしてはならないようである。

祁氏・惟（維）氏の差異は些細な問題に属するもので、古人は未だかつてここに気を留めたことはなかった。姚薇元《ようびげん》『北朝胡姓考』や、陳連慶《ちんれんけい》『中国古代少数民族姓氏研究』のような、この時期の胡人姓氏に関連する今人の専著は、これについてはどれも討議を後回しにしている。祁に作り惟（維）に作るといった問題が、軽率にどれが正しくどれが誤っているという判断を下すべきではない以上、この二つの姓が相通じて併存していた可能性はないのであろうか、と私は考えた。

祁・惟（維）の二字の字形は近くはなく、容易に混用されるものではない。しかし『広韻《こういん》』ではこの二字はともに上平声六脂にあり、声紐がやや異なっているだけである。私は祁に作り惟（維）に作ることが漢字の鮮卑・烏桓[38]の言語の音写によってあらわれる差異でしかなかったのではないかと、かなり疑っている[39]。北姓の祁・惟（維）について、姓氏としては本来有名ではなく、また一般的にはやや後に消失し[40]、これによって『魏書』官氏志に列せられた各種の北姓のように固定化し、その上標準化の過程を経たのであり、そのままこうした歴史的な疑問点として残ったのである。

烏桓・鮮卑人に、この祁・惟（維）という姓が両方見られるのは、本来その音読が一致していたためであり、他に差異の問題が存在したわけではない。漢人の慣用や典籍に見られるものについて言えば、私としては祁を取ることはあっても惟（維）を取ることはしない。維姓の人物について私は『立界山石祠碑』の中から維叙一人しか見つけておらず、これを烏桓の馮翊《ひょうよく》にいた者と推測したが、いずれにせよ時代はやや遅く、来歴も考察できない。しかし祁姓の人物を桓帝皇后祁氏と同時代の史実から調べ上げることは可能であり、その人物が烏桓であり、祁皇后と同族であった可能性は極めて高い。

私が知る限りの、本題と関連する祁姓の人物は二人おり、一人は祁弘《きこう》であり、もう一人は祁済《きせい》である。祁弘は西晋の幽州刺史・護烏桓校尉王浚《おうしゅん》(41)の最も重要な部将であり、後に石勒に殺されるが、その年代はまさに拓跋部桓帝・穆帝の時代に相当し、主要な事跡は『晋書』王浚伝に見られる。王浚の幽州の軍は漢人と烏桓・鮮卑人の混成部隊であった。王浚は「自らの安全のため、夷狄と好を通じ、自分の娘二人をそれぞれ鮮卑務勿塵《むこうじん》(42)、蘇恕延《そじょえん》に嫁がせた」。務勿塵は鮮卑段部《だんぶ》(43)であり、蘇恕延は烏桓であったはずであり、漢末遼東属国にて自ら「峭王《しょうおう》」と号した烏桓の蘇僕延《そぼくえん》の後裔であった可能性が高く、恐らくは烏桓の氏姓が固定しておらず、おおよそ強い大人の名前を姓としていたのであろう。後に、王浚の勢いはますます盛んとなり、鮮卑の務勿塵はもともと大単于《だいぜんう》であったが、王浚はさらに上表により務勿塵を遼西郡公に、その「別部」の渇末《かつまつ》等の人々を親晋王にそれぞれ封じるよう西晋朝廷に要請した。渇末の名は、羯朱《けつしゅ》・可足渾《かそくこん》など、諸書で異同が多いが、烏桓人であるには違いない(44)。

(38) 『後漢書』巻一二〇 鮮卑伝は鮮卑について、「言語・習俗は烏桓と同じである」とする。

(39) 『太平御覧』巻四四に引く郭仲産『秦州記』には、「仇池山は本名を仇維山という」とある。池・維の二字は祁字と韻部においては同じであり、これもまた一証となろう。

(40) 烏桓は本来姓氏が一定していなかったが、長く使われた個別の姓氏があった可能性があり、前述の「将軍馮翊維叙」のようなものは、半世紀も使われた。よく見られる烏桓の姓氏である庫傉官氏については、その持続した期間はさらに長かった。

(41) 〔訳注〕王浚（二五二～三一四）は西晋の武将・政治家。薊《けい》を拠点として八王の乱・永嘉の乱を戦ったが、当時漢の部将であった石勒に敗れ、殺害された。

(42) 〔訳注〕段務勿塵（生没年不明）は鮮卑段部の大人。西晋の王浚と結び、成都王司馬穎（八王の一人）・石勒（当時は漢の部将）と戦った。

(43) 〔訳注〕段部は遼西にいた鮮卑の一部族。慕容部と対立した。

(44) 渇末が烏桓人であることについては、本書附録二を参照されたい。〔訳注〕原書『拓跋史探（修訂本）』（生活・読書・新知三聯書店、二〇一一年）所収「附録二 滕昭宗《とうしょうそう》「『魏書』所見的若干烏桓姓氏（摘録）」」。今回の邦訳では省略した。

烏桓を鮮卑の「別部」と称するのは、当時の実情に符合する。王浚の鮮卑・烏桓の混成軍において、烏桓突騎の力量はいっそう強くなり、鮮卑はその名声が比較的高く、両者はともに東胡に属していたので、一つ一つ識別することは困難である。王浚は烏桓・鮮卑軍を率いて八王の乱に参加しており、〔八王の一人である成都王司馬穎《せいとおうしばえい》(45)を撃破した〕鄴《ぎょう》の戦いや〔同じく八王の一人である河間王司馬顒《かかんおうしばぎょう》(46)を撃破した〕長安《ちょうあん》の戦いにおいては、全て祁弘を先鋒としている。史書は祁弘を烏桓人と明記しているわけではないが、上述の理由から推測しても、祁弘が烏桓であったことは大体において間違いはないと言えよう。

祁済については、おおよそ祁弘と同時代の人物であり、司馬騰《しばとう》(47)が幷州刺史であったときには幷州の将軍の一人であった。後に幷州のその他の将軍たちと司馬騰にしたがって冀州に食糧を求めに向かい、乞活《きっかつ》と号し、彼ら幷州の将軍はこれによって乞活帥の名で呼ばれることとなる。祁済の出身部族については明文が見られないが、事跡は『晋書』東海王越伝《とうかいおうえつでん》に見られる。幷州の将兵には烏桓が多く、後漢の烏桓には太原郡に徙されたものがおり、曹操《そうそう》(48)が三郡の烏桓を内徙《ないし》したときにはさらに相当多数の烏桓が幷州の州治附近に徙された。乞活帥薄盛《はくせい》(49)について、『晋書』石勒載記はこれを「烏桓薄盛」と称している。官氏志には「薄奚《はくけい》氏は後に薄氏と改めた」とあり、これは内入諸部のうちの東方部族であり、烏桓がもともといた方位と符合する。幷州刺史である司馬騰・劉琨は、ともに多数の烏桓の百戦の軍を有していた拓跋部と結してこれを援軍とし、またさらに多くの烏桓突騎を擁する王浚とともに胡羯に抵抗した。これより推測すると、祁済が祁弘と同様に、烏桓であったと認められることとなるが、理屈に合うであろう。

桓帝・穆帝は勇猛な烏桓の軍を利用した。桓帝・穆帝の死後、祁皇后はなおも旧地において活動したが、盛楽の拓跋旧族と対立したため、彼女は依然として烏桓の支持に頼らざるを得なかった。祁弘・祁済と祁皇后とは同一時期に出現し、近くの烏桓勢力が強大であった地域にて活動し、類似する政治動向を有していたため、彼らが同族であり、烏桓であったということも、推論の合理的な根拠となるだろう。

烏桓は本来氏姓が固定しておらず、強力な大人の名を姓としていた。烏桓の習俗は、特に強大な先祖を重んじていた。『三国志』烏丸伝注に王沈『魏書』が引用されているが、そこでは、烏桓は「鬼神を敬い、天地・日月・星辰・山川や盛名のある先の大人を祭り、これも同じく牛・羊をもって祭った。盛名のある先世の大人も、同じく牛・羊をもって祭った。……飲食するには必ず先に祭祀を行った」とされている。烏桓人のこうした頻繁な祭祀によって、有力烏桓大人の名は自然と烏桓人に知られやすくなり、また烏桓人の姓氏に採用されるようになった。私は祁姓の烏桓人である祁皇后・祁弘・祁済の三人を調べだしたが、これはあるいは烏桓の祖先に祁という名の、盛名のある大人がいたことを指すのかもしれない。『漢書』地理志により、上谷郡に女祁県《じょきけん》があり、

(45)〔訳注〕成都王司馬穎（二七九～三〇六）は西晋の宗室。八王の一人。西晋初代皇帝武帝司馬炎の子、第二代皇帝恵帝司馬衷の弟。鄴を拠点とし、主として河間王司馬顒と手を組み、長沙王司馬乂（八王の一人）らを倒し、中国史上初の皇太弟となったが、王浚・東嬴公司馬騰に破られて鄴を失い、やがて殺害された。福原啓郎『西晋の武帝 司馬炎』（白帝社、一九九五年）、注(15)『遊牧民から見た世界史（増補版）』二三三―二四五頁参照。

(46)〔訳注〕河間王司馬顒（?～三〇六）は西晋の宗室、八王の一人。長安を拠点とし、主として成都王司馬穎と手を組み、長沙王司馬乂（八王の一人）らを倒したが、王浚・東海王司馬越（八王の一人）らに倒された。注(45)『西晋の武帝 司馬炎』参照。

(47)〔訳注〕司馬騰（?～三〇七）は西晋の宗室。高密王司馬泰の子。八王の乱末期に東嬴公・幷州刺史となり、幽州の王浚とともに鄴の成都王司馬穎を撃破した。その後、東燕王・新蔡王と爵を進め、また鄴に拠点を移したが、西晋への叛乱を起こした汲桑《きゅうそう》に殺害された。

(48)〔訳注〕曹操（一五五～二二〇）後漢末の武将・政治家。曹魏の事実上の建国者。後漢末の混乱の中で台頭し、袁紹を破って華北の覇権を掌握した。中国再統一を目指したが、赤壁の戦いで孫権《そんけん》に敗れて挫折した。石井仁『曹操 魏の武帝』（新人物往来社、二〇〇〇年）参照。

(49)〔訳注〕薄盛（生没年不明）は西晋末期の武将。もと幷州刺史東嬴公司馬騰の部下であったが、司馬騰が鄴に拠点を移した際もこれに従い、騰が汲桑に殺害された後は、司馬騰の兄である東海王司馬越の部将となり、永嘉元年（三〇七）に汲桑を殺害した。

これは東部都尉の治所で、王莽《おうもう》期に祁県と改称され(50)、後漢に廃止されたことが分かる。女祁故城は、清代《しん》には比定できたようであり(51)、現在の河北赤城県《せきじょうけん》にあったとされる。ここは烏桓が南に徙り、塞内に附するのに経なければならないルートであった。漢の武帝以後、烏桓が南下するときに、かつて部族の盛名あった大人の名前を祁といい、これが女性であり、ここに駐留し、かつ英武の事跡をとどめて烏桓の後人のしのぶところとなり、よって女祁・祁といったという、こうした地名があったのではなかろうか。こうした地名が消失した後に、祁という大人の事跡がさらに烏桓人の日常祭祀や、烏桓人の言い伝えのうちにとどめられ、したがって後人がこの名を姓としたのではないか。『南斉書《なんせいじょ》』魏虜伝《ぎりょでん》には「胡俗では母の名を姓とする」とあり、鮮卑がこのようであれば、烏桓も同様であったろう。これは江南〔南朝〕における伝聞の文言ではあるが、もし信用できる上に証拠があれば、祁は姓氏として祁という名の母に由来し、したがって女祁という地名、諸々の祁という人物について、全て合理的な解釈を行うことができる。こうした理由に基づいて推測すれば、前秦時代の維叙は、すなわち祁叙であり、その姓氏も、烏桓の言い伝えに存在した、祁という名をもつ女性の烏桓部族大人をしのんだためにつけられたとなろう。また祁・維は姓氏として、必ずしも世襲しなければならないというわけでもなかった。これらの想定は、しばらく資料としてここに記して参考に供することとしたい。我々はさらに、『読史方輿紀要』巻一八の直隷桓《ちょくれいかん》州城《しゅうじょう》（現在の内モンゴル正藍旗《せいらんき》の地）条の注に、「もともとは烏桓のいた場所である」とあり、桓州の下興州城（現在の河北赤城県の南）の注に、「もともとは漢の上谷女祁県の地である」とあるのを知る。この一帯はまさに昔日の烏桓が南下して塞内に入り、また西に向かうのに必ず経なければならない地であった。ここにもかすかながら女祁と烏桓の関係の痕跡があらわれている。しかし『読史方輿紀要』の著者顧祖禹《こそう》は史料の来源を説明しておらず、伝聞として取り扱うしかなかったのであろう。

もし祁皇后が烏桓出身であるという説が成立し得るのであれば、拓跋の歴史が桓帝・穆帝から興隆し、祁皇后が諸子をむりやり君主に擁立し、平文帝の系統との東西対立を迎えるようになるまでの四〇年余り（二九五〜三三七）において、烏桓が終始重要な役割を果たしていたと言うことができよう。その間に拓跋の旧人勢力は、平文帝・烈帝を代表として、勝利をおさめることもあった。しかし昭成帝は平文帝王皇后の子であり、王皇后も烏桓（広寧烏桓）であり、彼女は太后として拓跋の権力を数十年もの長きにわたって掌握し続けた。これによって、拓跋の桓帝・穆帝以降において、東部か西部かを問わず、また祁皇后とその諸子か、平文帝とその諸子かを問わず、全ては烏桓の強烈な影響のもとにあったと言うこともできる。しかしこのときの烏桓の代表的人物は、部族大人ではなく母后であった。これは主として烏桓が「世襲制がなく」、特に母族を重んじるという理由による。このことはまさに本章の趣旨と密接に関係する問題であり、本章最後の「拓跋と代北烏桓の共生関係」にて再論したい。

断っておくが、祁皇后が烏桓出身であるという説は、結局はなおも確証を得るには至ってはいないのであり、私は以後も解答の探究に関心を持ち続けたいと思っている。しかし私は盛楽と対立した祁皇后が少なくとも東方部族出身であることには違いないと考えており、このことは確たる事実であって、本章を執筆するにあたっての重要な構想である。

二〇〇一年夏、私は大同市におり、たまたま市中にて売られていた大同市の地図を見つけ、市の北の方山《ほうざん》の近

（50）〔訳注〕王莽（前四五〜後二三）は新の皇帝。前漢の元帝劉奭《げんていりゅうせき》の皇后王政君《おうせいくん》の甥であり、前漢末期に台頭し、後九年に前漢を簒奪する形で皇帝に即位し、新を建国した。『周礼《しゅらい》』に基づく復古政治を展開したが、多数の叛乱を招き、首都常安《じょうあん》（長安）近郊で発生した叛乱軍に殺害され、新も一代で滅亡した。王莽は国内の地名を頻繁に改めた。東晋次『王莽　儒家の理想に憑かれた男』（白帝社、二〇〇三年）、渡邉義浩『王莽　改革者の孤独』（大修館書店、二〇一二年）参照。

（51）『嘉慶重修大清一統志』（中華書局影印本、一九八六年）巻四〇　宣化府「古迹」目。

くの祁皇墓村《きこうぼそん》という地名を知り、関心を引きつけられた。私は、当時の桓帝猗㐌の拓跋中部の国が、「代郡の参合陂の北（代郡之参合陂北）」（現在の山西陽高《ようこう》）にあり、西方のそう遠くないところに現在の大同方山があって、したがって桓帝・祁皇后の活動地域が方山まで及んでいたと考えている。前漢の平城は雁門東部都尉の治所であり、一定程度の開発が行われていたはずであって、桓帝・祁皇后が利用しなかったはずはない。祁皇后の死後、遺体がここに埋められた可能性は非常に高い。しかし鮮卑・烏桓の習俗では、死者は地下に埋められるだけであるため、祁皇后も近くのある地点の地中に埋められたこととなり、墓が地表に残っていることはあり得なくなる。あるいは祁皇后が埋められた地の附近では、ある種の言い伝えが流伝し、またあるいは拓跋・烏桓の後人が認知しうるある種の「暗号」が存在し、ようやく若干年後に祁皇墓という村名が出現したのかもしれない。

当時、私は方山に登ったが、その本意は馮太后陵《ふうたいこうりょう》と孝文帝《こうぶんてい》の虚陵《きょりょう》を考察することにあったのであり、近隣の祁皇墓村を訪ねることまで考えが及んでいたわけではなかった。ことが終わった後、私は祁皇墓村という名と関係する考えを、「文献にあらわれる代北東部の若干の拓跋史跡の検討（文献所見代北東部若干拓跋史跡的探討）」（本書第六章）にまとめた。大同大学の殷憲《いんけん》教授はこの論文を読まれた後、自らの調査により獲得した資料を示されたが、その中に祁皇墓村とその近隣の村落の状況が含まれており、私の見識を大いに広めることとなった。

調査によれば、祁皇墓村の確かな地点は大同市の北二五キロの方山西麓の如渾水《じょこんすい》西岸にあるという。この村の数百メートル西に靳圪塔梁村がある。二つの村には墓の遺跡はない。靳圪塔梁村の二〇〇人余りの住民のうち、一五〇名の厙姓の村民がいた。二つの村の間には、道光《どうこう》一四年（一八三四）と咸豊《かんぽう》元年（一八五一）に作られた厙姓の墓地がある。靳圪塔梁村の西五キロ前後の戸堡村には、厙姓の住民数十人がいた。聞くところによると、厙姓の人々は自分の姓を舍〔shě もしくは shè、シャ〕の音で読み、庫〔kù、コ〕の音では読まないという。村民はさらに、祖先から伝えられたところでは、この村の厙姓と祁皇墓村の張姓は、本来ともに祁皇墓の墓守人であり、この一帯で最も古い姓氏であると言った。私は、このことは祁皇と関連する重要な情報であると考える。十六国時代の烏桓人のうち、張を姓とする者は少なくないが、厙姓については、私は烏桓の庫傉官《こじょくかん》氏に由来するのではないかと疑っている。庫傉官はすなわち厙傉官である。もしかしたら、この一帯は当時の烏桓張氏と烏桓庫傉官氏の部族の地であり、あるいは彼ら各々の一部が駐留した地であったかもしれない。さらに、序紀の拓跋力微と共存し「親密であることから権勢を振るった」烏桓王《うがんおう》庫賢《こけん》その人について、烏桓の王で庫賢という名の者であり、庫が庫傉官という姓氏であったとは解釈できないであろうか。もしこのようであるならば、庫賢は『魏書』において庫傉官賢と書かれるべきであろう。しかしこれは推測に過ぎず、実証はできない。

厙姓の由来は、典籍にあらわれる厙姓と庫姓の姓氏と関係し、漢唐の間に一つの認識変化の過程があった。銭《せん》大昕《たいきん》『十駕斎養新録《じゅうがさいようしんろく》』巻四「厙」字条に、「『後漢書』竇融伝《とうゆうでん》に金城《きんじょう》太守厙鈞《こきん》について記され、その注に『漢書音義《かんじょおんぎ》』の『厙という姓は、すなわち倉庫の吏の後裔である。音は舎であるが、鈞の後裔であると言われている』という記述が引かれている。現在羌《きょう》〔チベット系民族〕には厙という姓があり、音は舎である。これによれば厙の字には舎という音があったことになる。『広韻』には別に厙の字を出し、『姓である』と言っているが、これも流俗にて伝わった根拠のない字である」とある。銭大昕の著書が引用した正史〔『後漢書』〕の文字は、庫・厙の二字の書き方において、両方使われており、現在通用の標点本にあるこの二字と、尽く同じというわけではなく、それ自体は庫・厙について唐以前の原本が混同していたことの証拠となろう。ここで銭氏本人の文章が使っている字は、庫の字だけであり、厙の字は用いられていない。

銭大昕は庫・厙を本来同一字、同一姓であり、区別があったわけではないと見たが、これは正確で信ずるに足るものである。『説文解字《せつもんかいじ》』には庫の字のみあって、庫・厙は異にしていない。『広雅《こうが》』には「庫、舎也」とある。このことは庫が舎の音になった所以である。『釈名《しゃくみょう》』には「庫は、舎であり、もと斉・魯において庫を舎と言っていたのである」とある。そのため畢沅《ひつげん》『釈名疏証』は、庫・厙の二字の字形も発音も異なる要因を方言の差に求めたのであるが、その根拠は斉魯方言では庫を舎と言い、また舎の音で読んだことであった。音韻学者の唐作《とうさく》藩《はん》氏より、先秦両漢の古音では、車に従う字は皆魚部に属し、車・庫・厙の三字について、その古代の声母の歯音章組と牙音見組は、発音が近く、あるいは通ずるとのご教示を賜った。これらは全て庫・厙が、もともとは一字であったことを証明する。『広韻』は庫と厙を二つに分けており、それぞれ音読がある。しかし厙の字は姓氏として使用する以外に、他義はない。庫・厙が別の二字であるとする説が、確実に後に発生したものであったことがうかがえよう。

私が以上に述べたことは、孝文帝が鮮卑の姓氏を改定した後[52]における、この姓の漢訳書写と関連するに過ぎず、まだ祁皇墓村の附近の厙姓の住民の来歴を直接的に解釈することはできないでいる。私は、祁皇墓村附近の厙姓人は本来確実に部族民であって、代北の庫傉官氏であったと考えている。『広韻』の去声庫字の注は鮮卑に三字姓、庫傉官があったことに言及している。『魏書』官氏志によれば、北方の「庫褥官氏は後に庫氏と改めた」という。これはすなわち後にあらわれる庫氏であり、祁皇墓村附近の厙姓村民の先祖たちでもある。『広韻』の庫字は庫傉官をその例証の一つに挙げており、現在のところ厙姓の村民は自らの本姓を庫ではなく厙とよんでいるのであって、このことはまさに庫・厙の二字が字形・発音の方面において本来異ならなかったためであった。この糸口から見れば、祁皇墓村の附近の多数の厙姓の人々を烏桓庫傉官氏の後裔と認めることは、成立し得るはずであるが、このことはもしかしたら桓帝の祁皇后がもともとは烏桓族出身であったことを示す、一つの傍証となるかもしれない。祁皇墓村附近の烏桓庫傉官氏の部民は祁皇墓に伴って生活し、なんと一七〇〇年もの長きに達したのであり、非常に驚かされるのではあるが、このことは祁皇后が烏桓出身であったという仮説をさらに証明するものである。しかし時間の隔たりが長すぎ、その間の史料が散佚しているため、あえて直接的に確証としては扱わないでおきたい。

さらに説明すべきなのは、烏桓がもともとは「世襲制がなく」、かつ「氏姓は定まりがなく、大人の盛んな者の名を姓とした」ことである。確認ができ、しかも長く伝わって今日まで残っており、その住民がこのように集中した烏桓姓氏は、歴史上においては滅多に見られないものであった。庫傉官氏は特例であったと言えよう。

五　代谷の地理的背景と西晋護烏桓校尉の機能

『水経注《すいけいちゅう》』灅水《るいすい》に、梅福《ばいふく》(53)の上奏を引き、「代谷《だいこく》とは、谷の中の地であり、恒山《こうざん》はその南にあり、北塞はその北にあり、上谷は東にあり、代郡は西にある」とある。梅福は前漢元帝《げんてい》・成帝《せいてい》の時代（前四八～前七）の人であり、これらの数語は『漢書』の本伝やその他の箇所には全く記されていない(54)。楊守敬《ようしゅけい》『水経注疏《すいけいちゅうそ》』に、按ずるに、「これは某人《だれか》の『漢書』の注の文に違いないが、顔師古《がんしこ》(55)はこれを刪《けず》っている。酈道元《れきどうげん》の『水経注』も注釈者の名を脱漏させており、そのまま梅福の語となってしまっている」とある。楊氏の按語は憶測ではあるが、合理的である。

(52)〔訳注〕北魏孝文帝拓跋宏は、太和二〇年（四九六）に異民族の姓を漢族風の一字姓に改めている（拓跋→元など）。
(53)〔訳注〕梅福（生没年不詳）は前漢後期の人物。故郷の寿春《じゅしゅん》から様々な上書を首都長安に送ったという。
(54)『漢書』巻二八下　地理志下代郡代県の条の王先謙補注にこの数語が引用されているが、解説はない。
(55)〔訳注〕顔師古（五八一～六四五）は『漢書』の注釈者。『顔氏家訓』の著者顔之推の孫。吉川忠夫「顔師古の『漢書』注」（同氏著『六朝精神史研究』、同朋舎出版、一九八四年、三〇三-四二一頁）参照。

いわゆる「梅福の上奏」の語は、後漢・魏晋時代の人々の、幽州・幷州の北境、現在の山西省・河北省間の交通についての描写とするべきであろう。私はもともと代谷の一語は、㶟水（桑乾河《そうけんが》）の河谷を指すと考えていた。これに基づき説を立てるならば、いくらかの史実が解釈しにくくなる。李新峰《りしんぽう》氏の見解によれば、㶟水が幷州から幽州に入る河谷は上流の峠があまりにも狭すぎるため、古代における東西の通路ではなく、幽州・幷州間の北境の交通は、主に㶟水の支流である于延水南段、現在の南洋河河谷に沿っていたという。いわゆる代谷は、後漢の地名を基準とすれば、大体において幽州上谷郡郡治の沮陽《しょよう》より幷州代郡郡治の高柳に至るまで（現在の河北懐《かい》来《らい》より山西陽高に至るまで）を指すことになる。李新峰氏の見解は梅福の「谷の中の地」の本意や、代谷の地理上の重要性を私に理解させてくれた。李氏の指摘を受け、私はさらに本書の他の箇所にある、関連するいくつかの誤りを訂正した。

上谷郡は代谷の上にあったことから名づけられた(56)。大体においては、両漢時代に上谷郡北境にまで南下した烏桓は、そこから曲がって西に向かったが、塞外の草原の道を沿っていく他は、全て代谷の道を通らなければならなかった。代谷地域の産業については、南が主として農業地域であり、漢人が比較的多く、北は主として遊牧地域、あるいは半農半牧《はんのうはんぼく》地域であり、長城附近で牧畜を行う北族が多く、またその民族もときどき変わった。こうした東西交通情勢や農牧の区別は、千年以上にわたって維持され、清代に至っても基本的には変わらなかった。代谷の中の大寧は、現在の河北張家口市《ちょうかこうし》であり、代谷のこの交通ラインの中間地点に存在し、東から西への軍事支配を実施するにあたってのキーポイントであった。後漢から西晋に至るまでの護烏桓校尉は長期間ここに駐在し、移転することはなかったが、それには道理があったのである。

代谷という固有名詞は、拓跋が代北にて興起するときまで、依然として使用されていた。『魏書』太祖紀登国《とうこく》元年（三八六）一〇月条に、「道武帝は弩山《どさん》から牛川《ぎゅうせん》に移り(57)、于延水《うえんすい》（現在の洋河）の南に駐屯し、代谷を出、高柳（現在の山西陽高）にて賀驎《がりん》（慕容驎《ぼようりん》）と会し、大いに窟咄を撃破した」とある。これは拓跋珪が代王となり、叔父の窟咄が南から来て君位を争い、珪が陰山以北の母方のおじの部族である賀蘭部に逃れ、あわせて幽州の慕容後燕に救援を求めたことを指す。慕容麟は援軍を率いて代谷にしたがって西に向かい、拓跋珪は陰山に沿って東に赴き、牛川に至って、再び東進し、于延水に沿って、代谷を出、慕容麟の部と会合し、高柳にて窟咄を共同で攻撃したのである。この戦役の記録は、代谷が東西関係・南北関係において地理的キーポイントにあったことを描写している。天興《てんこう》六年（四〇三）秋、道武帝は「犲山《さいざん》に離宮を築き、兵士に好き放題に猟をさせ」たが、その次にも「参合陂・代谷を出た」ことが言及されている。(58)

一九七一年に内モンゴルのホリンゴールにて後漢の壁画墓が発見された。これら多数の壁画において最も重要なのは、護烏桓校尉の幕府が所在した寧城の図である。寧城とはすなわち大寧を指す。墓葬の年代は二世紀後半

(56)『晋書』巻一四 地理志上に、上谷郡について「郡が谷の上頭にあり、ゆえにかく名付けられた」とある。『水経注』聖水はこの語は王隠『晋書』地理志に由来するという。

(57)『資治通鑑』巻一〇六 東晋孝武帝太元一一年（三八六年、北魏道武帝登国元年）胡三省注は『魏書』序紀及び『水経注』㶟水に基づき、牛川はすなわち長川であり、漢代の且如県の塞外（現在の尚義・興和県の間）にあるとしている。しかし牛川即長川説は正確ではない。且如県の塞外の長川は、于延水の源の地点、すなわち現在の東洋河源にあり、北魏の柔玄鎮《じゅうげんちん》はここに置かれた。牛川はさらに西に位置する。『魏書』太祖紀には天興二年（三九九）に三つのルートから高車を攻撃し、東道軍は長川から、西道軍は牛川から、太祖は中道軍を率いて駮髯水《はくぜんすい》の北西の中道からそれぞれ出撃したとするが、このことは牛川が長川ではなく、二箇所が相当な距離を挟んでいたことを証明しよう。駮髯水の所在地は定かではないが、牛川は現在の内モンゴル塔布《タウ》河流域に位置していたと思われる。

(58)『魏書』太祖紀天興六年七月条に、「車駕〔皇帝〕は北巡し、犲山に離宮を築き、兵士に好き放題に猟をさせ、北東は闞嶺を越え、参合・代谷に出た。九月、南平城に行幸し、灅〔㶟〕南を渡り、夏屋山に面し、黄瓜堆を背にするところで、新邑を建設しようとした」とある。『読史方輿紀要』巻四〇によれば、犲山はもとの善無、すなわち現在の右玉県にあったとするが、異説がある。ここで述べられるルートは曖昧であり、おおよそ犲山宮を築いた後に好き放題に猟をさせて巡行し、また新しい城の場所を選び、㶟源方向に進出しようとしたことを指すのであろう。

であり、後漢の桓帝の時代（一四六～一六七）である可能性が高い。墓主の姓名は残っておらず、繁昌令《はんしょうれい》から護烏桓校尉に遷ったとされ、この官が最終官であったようである。この他に家での日常生活の場面や農牧の画像があり、家の場所は理屈から言えばホリンゴールにあることになり、その地は後漢時代には雲中郡成楽県《せいがくけん》、すなわち後に称するところの盛楽に属し、また死者の本貫地であった可能性が高い。寧城図は死者の最盛期の仕官の場面として墓中にて制作され、図中には校尉莫（幕）府の平面配置や各種の活動の模様が描かれている。最も我々の注目に値するのは、図中の赭衣《ちょい》（刑徒が着るような服）を着て冠を着けず、髡首弯腰《けんしゅわんよう》（髡首は頭髪を剃ること。弯腰は腰をかがめること）して行進している人々の隊列であり、この隊列は順次堂閣内に正座している官員に向かって礼をしている。隊列の両辺には、武士やその他の執事守衛が導びいているのが見られる。研究者たちは、これらの隊列中の人々が護烏桓校尉監領下の烏桓人や鮮卑人であったことを確認している。范曄『後漢書』烏桓伝によれば、烏桓は髡頭であったといい、応劭《おうしょう》『風俗通《ふうぞくつう》』によれば、鮮卑は髡頭にして赭を着ていたという[59]。鮮卑・烏桓は同俗であった。この壁画の場面は、校尉の、領護の対象者に対する権威を生き生きと説明しており、さらに校尉府の役割が、烏桓・鮮卑の隔絶ではなく招来であることを説明し、史書のあらわすところと一致している。寧城はこうした役割における地理的キーポイントにあり、代谷から西に出るのを扼《やく》する関所であった[60]。

ホリンゴール漢墓壁画にはさらに注目に値する点がある。この墓主は薊城《けいじょう》（現在の北京市《ぺきんし》）を経由して護烏桓校尉の任に赴いたが、その行程にはまず居庸関《きょようかん》を通過するのであり、そのため壁画には居庸関の図像と榜題《ぼうだい》がある。彼は沮陽《しょよう》（現在の河北懐来）に至り、代谷道に入ることになる。途中に寧城（大寧、現在の河北張家口）に至り、壁画には寧城護烏桓校尉幕府の図像と榜題がある。墓主は護烏桓校尉府職を辞任し、西に向かって代谷に出、本籍の成楽（現在の内モンゴルホリンゴール）に帰り、壁画には民家や農牧生活の図像や榜題がある。居庸関と、寧城の幕府と、成楽の民家三箇所の図像の榜題は、幽州・并州の北境の東西交通ラインを生き生きとあらわしてお

図 4-3-1　ホリンゴール壁画居庸関図

図 4-3-2　ホリンゴール壁画寧城図

図 4-3-3 ホリンゴール壁画農耕図

り、その中の主要部分が代谷であった。（図4-3-1、4-3-2、4-3-3）

　于延水の南の支流（南洋河）の代谷の一線は、自ずから護烏桓校尉の厳しい監督下に置かれることとなる。于延水の北の支流（現在の東洋河）は当時長川《ちょうせん》と呼ばれていた河川を含んでおり、その水源は草原地帯に接していて、この地域は漢魏以来塞外の烏桓・鮮卑が短期間、もしくは長期間駐留していたところである。後漢桓帝時代に鮮卑の各部を統一した檀石槐《だんせきかい》は、単于庭《ぜんうてい》〔本拠地〕を歠仇水弾汗山《せっきゅうすいだんかんざん》に建てたが、その地は于延水の東源にあった。漢末・曹魏《そうぎ》時代の鮮卑・烏桓はここから南下し、雁門等の郡にてトラブルを起こしたが、その中には檀石槐の孫である歩度根《ふたくこん》の衆も含まれていた。拓跋部の神元帝力微もかつては長期間ここにとどまっていた。『魏書』序紀は力微が没鹿回部《ぼつろくかいぶ》を頼り、「部を率いて北のかた長川にとどまることを要請した」[61] ことを記しているが、力微がそのときにいた位置が、なおも長川の南であったことがうかがえる。その後力微はさらに長川より西に向かい陰山に至り、陰山を越えて南に向かって盛楽にとどまった。さらに後には、拓跋部の平文帝鬱律が独孤部劉路孤《どっこぶりゅうろこ》とともに一度盛楽より東進し、東木根山に駐留したが、その地も于延水の東源にあり、草原を北上する要衝を扼していた。これにより、この地域が烏桓・鮮卑の社会・政治的発展と密接に関係し、その間の民族的動態は、自然と護烏桓校尉の監督下でのこととなり、監督能力の強弱がそのときどきによって異なるだけであったことが分かる。

本章の前節にて言及したように、護烏桓校尉は鮮卑をも管理していた。実際には、烏桓・鮮卑以外にも、塞北の各民族の盛衰や移動、漢〜西晋の各政権との関係の変化にしたがい、護烏桓校尉はときには北境の他の民族を管理することもあった。西晋の初代校尉である衛瓘《えいかん》については、その監督の対象は烏桓と拓跋であったが、詳しい状況については別に分析を行うこととしよう。その後の校尉である唐彬《とうひん》は、主に宇文莫槐《うぶんばくかい》に対処していた(62)。さらに後の張華《ちょうか》(63)は、主として高句麗諸国を慰撫していた。この後は劉宝《りゅうほう》であり、その墓誌では「安北大将軍・領護

(59)『太平御覧』巻六四九所引。

(60)『和林格爾漢墓壁画』（文物出版社、一九七八年）。この書の一七頁の諸図及びその他の図版・説明、『文物』一九七四年第一期を参照。

(61)『日蔵弘仁本文館詞林校証』（中華書局、二〇〇一年）太和一七年孝文帝遷都洛陽大赦詔（二七五頁）。そこにも「神元帝は北に移り、長川にとどまられた」という文言がある。

(62)『晋書』本伝は莫廆に作っているが、誤りである。唐彬の就任期間に基づいて計算すると、序紀及び宇文莫槐伝が莫槐に作っているのが正しく、彼は二九二年に殺害されていることになる。莫廆は莫槐の兄弟の孫であり、三〇七年に単于を称した。衛瓘の後、唐彬の前においては、安北将軍厳詢《げんじゅん》が鮮卑慕容廆を昌黎にて破ったことがあり、武帝紀太康三年条に見られる。研究者たちは、当時の通例として、征北将軍が全て護烏桓校尉職を領していたことに基づき、厳詢も例外ではなかったとしたが、根拠となる明文が欠けている。羅新・葉煒『新出魏晋南北朝墓誌疏証』（中華書局、二〇〇五年）六頁参照。

(63)〔訳注〕張華（二三二〜三〇〇）は西晋の文人・政治家。武帝司馬炎に孫呉討伐を進言し、また幽州では北東アジアの異民族を西晋に帰属させるなどの功績を挙げ、恵帝司馬衷の即位後は首都洛陽に移り、皇后賈南風《かなんぷう》の政権を支えたが、趙王司馬倫《ちょうおうしばりん》（八王の一人）のクーデターにより殺害された。岡田英弘『倭国　東アジア世界の中で』（中央公論社、一九七七年）、注(45)『西晋の武帝　司馬炎』参照。

(64)劉宝墓誌については注(62)『新出魏晋南北朝墓誌疏証』参照。この書の疏証は征北大将軍の「大」字を、劉宝の後裔による虚飾ではないかと疑っている。

烏桓校尉・都督幽并州諸軍事」と称している[64]。この後の劉弘《りゅうこう》[65]は、本伝にはあいまいではあるが「幽州・朔方にて称賛された」とあるから、烏桓・鮮卑に関わったのであろう。さらに後の王浚は、多数の烏桓・鮮卑兵を擁しており、石勒載記には彼が「幽州の驍勇の国に拠り、全燕〔幽州〕の突騎の郷里に拠った」とある。その後は劉翰《りゅうかん》であり、石勒に任命されたが、後に鮮卑段部に逃れ、東晋元帝の勧進表に名を連ね、護烏桓校尉の官名を有している[66]。しかしこれは西晋最後の校尉で、その事跡は『晋書』元帝紀や石勒載記、慕容皝載記附陽裕伝《ようゆうでん》に見られる。以上に掲げた各校尉は、全て北方防備を統轄するという職掌を有し、具体的な行動としては北方部族の情勢変化にしたがい異なっているが、いずれにしても烏桓・鮮卑の監督という職務からは離れておらず、代北地域に住み着いていた烏桓や鮮卑拓跋部の監督をそこに含めていた。西晋以後に置かれた、北境から北東・北西の防備や民族管理を統轄した官は、全て護烏桓校尉と呼ばれたが、このときの烏桓という部族が、既に匈奴という部族に取って代わり、北辺にて最も関心を集める部族となったことがうかがえる。こうした辺境の状況は、後漢以来次第に形成され、この後ようやく鮮卑の慕容・拓跋等の各部がそれぞれ遼東・代北で興起し、烏桓の地位に取って代わったのである。十六国以後、護烏桓校尉という正式名称は常に存在したわけではなかったようであるが[67]、幽州に割拠した政権が、大寧に守護の官を置いて幽州・并州の北境を監督した可能性はまだ存在しよう。苻堅載記は前秦が氐《てい》戸を関東に徙したときにあわせて「烏丸府を代郡の平城に移した〔移烏丸府于代郡之平城〕」とするが、これを私はこれ以前の大寧になおも「烏丸府」があった証拠と見ている。この問題については以後さらなる検討を要するであろう。

ここで西晋初代護烏桓校尉衛瓘の事跡問題の分析に立ち返りたい。衛瓘は泰始《たいし》七年から咸寧《かんねい》四年にかけて〔二七一～二七八〕校尉職にあったが、彼の任務は明確で、烏桓を護《まも》ると同時に鮮卑を護り、かつ具体的に言えば、主として大寧以西の烏桓と、さらに西の鮮卑拓跋部を護ることにあった。「ときに幽州・并州は東に務桓〔烏桓の異字訳〕、西に力微がおり、ともに辺境に侵攻した」ためである。当時は拓跋力微の統治の末期であったが、衛瓘の行動は力微を衰退させ、死に至らしめたのであり、この後の拓跋部の歴史に重要な作用をもたらしたのである。

もともと力微の長子沙漠汗《さばくかん》は洛陽にとどまり、魏・西晋の質子となったことがある。その帰りに衛瓘は幷州にて彼を保留して派遣せず、また拓跋や関連する各部の大人に賄賂を送り、不和を生み出させた。二七七年、沙漠汗は陰館にて諸大人に殺害され、同年に力微も死去した。『晋書』武帝紀には「征北将軍《せいほくしょうぐん》衛瓘に力微を討伐させた」とあるが、実際には衛瓘は軍事力を用いて征討を行ったわけではなく、主に烏桓を利用して力微とその周囲の諸部を讒間したのである。序紀は諸部の大人が沙漠汗を殺害した後、力微が病に倒れたときのこととして、烏桓王庫賢が「親密であることから権勢を振るい、さきに衛瓘からの金品を受けたため、諸部を動揺させようと

---

(65)〔訳注〕劉弘（二三六〜三〇六）は西晋の武将・政治家。最初張華に重んじられ、その縁で寧朔将軍・仮節・監幽州諸軍事・領烏丸校尉となった。後に荊州刺史《けいしゅうしし》となり、華北が八王の乱に伴い混迷を極めていたときにも中立を維持し、荊州に半独立王国を築き上げた。葭森健介「劉弘と西晋の政界——劉弘墓出土によせて」（『古代文化』第四八巻第一一号、一九九六年）参照。

(66)〔訳注〕当時建康に出鎮していた西晋の宗室である琅邪王司馬睿《ろうやおうしばえい》（二七六〜三二二）は、建興四年（三一六）に西晋の首都長安が陥落して愍帝司馬鄴《びんていしばぎょう》が漢の首都平陽に連行されると、翌年（三一七）に華北に残存する西晋系の地方官・異民族より発された皇帝即位を進める勧進表を受け、晋王を自称し、さらに晋皇帝に即位した。これが元帝であり、以後の晋朝を東晋と呼ぶ。勧進表は『晋書』巻六元帝紀に収録されているが、そこには発信者として「司空・幷州刺史・広武侯劉琨、幽州刺史・左賢王・渤海公段匹磾、領護烏桓校尉・鎮北将軍劉翰、単于・広寧公段辰、遼西公段眷、冀州刺史・祝阿子邵続、青州刺史・広饒侯曹嶷、兗州刺史・定襄侯劉演、東夷校尉崔毖、鮮卑大都督慕容廆等一百八十人」（傍点訳者）とある。

(67) 例えば『晋書』姚襄載記に、「石祇は皇帝を僭称し、襄を使持節・驃騎将軍・護烏丸校尉・予州刺史・新昌公とした」云々とあるように、そのときたまたまこの官名が見られた。これは臨時の任命に過ぎず、漢〜西晋の幽州・幷州の長城に配置された護烏丸校尉と比べれば、職掌と役割は大きく異なっている。

し」、諸部の大人は庫賢の讒言を信じ、各々散じたとする。これにより衛瓘伝は「ここにおいて務桓〔烏桓〕は降服して力微は憤死した」とし、序紀の翌年の条の、「諸部が離叛し、国内は乱れ〔諸部離叛、国内紛擾〕」という結果を出現させるに至った。ここから我々は、烏桓・拓跋がもとは雑居していたため、烏桓王庫賢が力微の左右にあって親しくなり、権力を得ることができたということを看取することとなる。さらに鮮卑拓跋部の興起が、次第に西晋朝廷の注目を浴びるようになったため、衛瓘の行動の重点が烏桓を利用して拓跋部を監督するという方向に向かったことを確認することもできよう。以後後任の校尉となった唐彬・張華が宇文・高句麗に武力行使できたのは、まさに拓跋部が「諸部離叛」によって衰退し、西晋の憂患となるに足らず、憂患が代わって北東から来るようになったという理由によるのである。これよりやや後に拓跋部が復興し、状況に変化が生じた。王浚が就任したときには、烏桓とともに拓跋にも対処することが主要な任務となったのである。

『通典《つてん》』巻一九六の辺防典烏桓条は、後漢が再び護烏桓校尉を上谷寧城〔大寧〕に設置したことに触れており、その自注には、「今の嬀川郡懐戎県《きせんぐんかいじゅうけん》の北西にあり、俗名を西吐敦城という」とある。私は吐敦とは拓跋であり、俗音に違いがあるのではないかと疑っている。西吐敦というのは、拓跋部の西を指すのではなく、護烏桓校尉が護る幽州・并州の地をもって言っているのであり、衛瓘伝に「東に務桓、西に力微がおり」とあるように、拓跋が烏桓の西にあったことを指しているだけである。力微は護烏桓校尉の所在する上谷寧城に往来することが多かったはずで、西吐敦城の名は、あるいはこのときに形成されたもので、拓跋の使者が往来しとどまるところであったのだろう。以後煬帝は大寧に入っているが、彼もしばらくここにとどまったのではないか。

衛瓘が烏桓・拓跋の「二虜」を離間したときに重大な役割を担い、以後逆に拓跋の功臣となったのが衛操《えいそう》であるが、この人物は注目に値する。『魏書』衛操伝には、操は代人であり、「晋の征北将軍衛瓘は衛操を牙門将《がもんしょう》とし、しばしば国〔拓跋部を指す〕に使者として派遣し、拓跋部とかなり親交があり、始祖〔神元帝力微〕が崩じて後、従子の雄及びその宗族郷親の姫澹ら十数人とともに帰国し、桓帝・穆帝に晋人を招き入れることを進言し、ここにおいて晋人の附する者はやや多くなった。桓帝はこれを嘉《よみ》し、輔相とし、国事を任せた」とある。衛瓘も本来は代人であり、その高祖は儒学をもって代郡より徴され、河東安邑《かとうあんゆう》に至り、そのままここを家とした。衛操は早くに衛瓘の帳下に投じたが、これは代郡が大寧に近いか、あるいは彼らが同じ一族であったという理由によろう。『魏書』は衛操を拓跋宗室列伝の後、異姓重臣列伝の最初に列するが、衛操ら諸人に対するその重視の度合いがここから見て取れる。

最近曹永年《そうえいねん》氏の「拓跋力微卒後『諸部離叛、国内紛擾』考」(68)という論文を読み、非常に啓発された。序紀の二七八年の「諸部離叛」以降九年の間には、いかなる史実の記載もなく、これは明らかに拓跋部族連合が烏桓王庫賢の讒間や力微の死によって瓦解したことを示していよう。平帝拓跋綽が立ち、二八六年に初めて「威徳が再びあがった（威徳復挙）」ことが記されるが、これは回復の始まりに過ぎない。曹氏の論文は塞外の匈奴・鮮卑・雑虜が西晋に降服したという史実八条を調査し、うち一条の年度があいまいである以外は、全て前述の九年間のことであり、この後再びこうした記述がなくなることを明らかにした。そのため曹氏はこれら多くの史料を力微死後に「諸部」が拓跋に「離叛」し西晋に降服した証拠と判断した。拓跋の「威徳復挙」については、部族連合が再建され、諸部がさらに次第に凝集の効果を回復させていくことを指すとされた。力微の統治する部類は混ざり合っていたため、さきに掲げた史料には鮮卑の他に、匈奴・雑虜の諸名称があった。私は曹氏の論文は細かく観察しており、その判断は信用できると思っている。このことも衛瓘が衛操らの人々を用いて拓跋を讒間したことの効果が深遠であったことを物語っている。

（68）曹永年「拓跋力微卒後『諸部離叛、国内紛擾』考」（『内蒙古師範大学学報（漢文版）』一九八八年第二期）。

図 4-4-1 涼城出土四獸形金飾牌

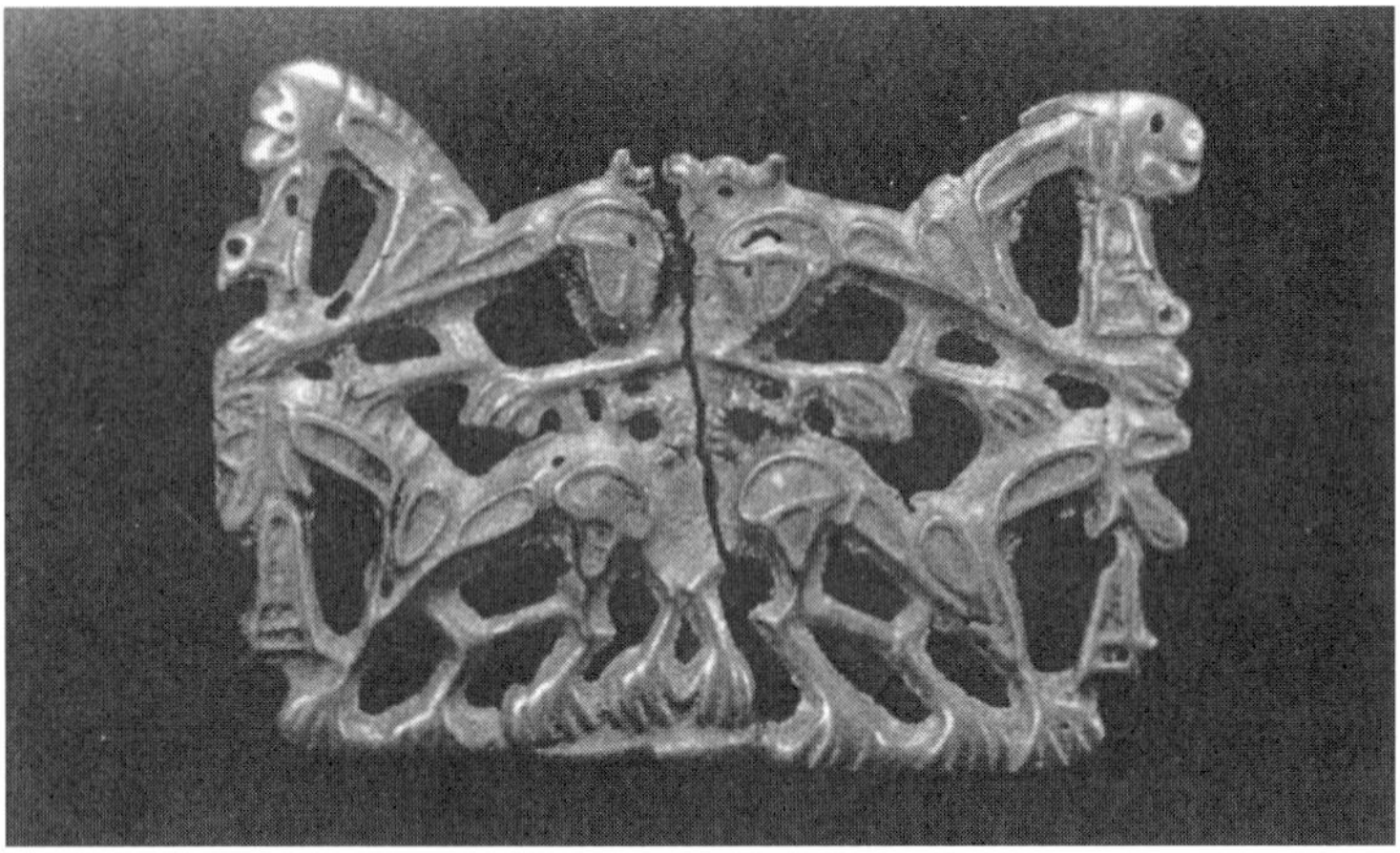

図 4-4-2 涼城出土四獸形金飾牌「猗㐌金」字

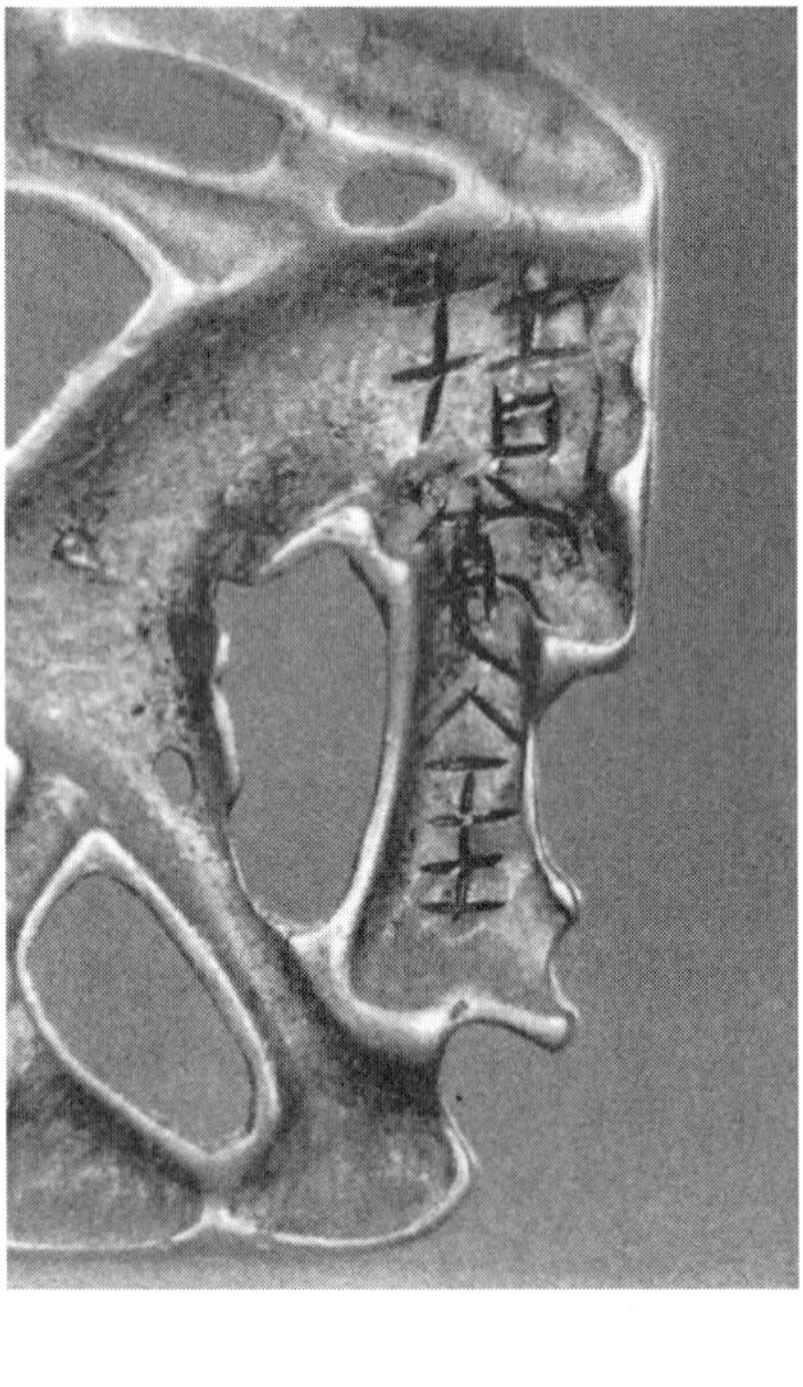

図 4-4-3　涼城出土官印

　拓跋部族連合が九年にわたる瓦解と没落の段階を経た後、さらに数年の回復を経て、真に復興を遂げるのは桓帝・穆帝時代である。ここにおける重要人物は、まさしく衛雄・姫澹らの人々であった。最初に、衛操は晋人を招き入れるよう進言しており、特に烏桓の剽悍な軍の編成を助けたことは、戦功が卓越したものであっただけでなく、代北地域にて烏桓・拓跋の特殊な軍事的コンビネーションを形成し、これら二つの部族の代北における提携・共存に対して、さらに深遠な影響を及ぼすこととなった。一九五六年に内モンゴル涼城にて、「晋烏丸帰義侯」金印と「晋鮮卑帰義侯」金印、「晋鮮卑率善中郎将」銀印が同じ穴から出土し、さらに「猗㐌金」の飾牌もこの穴から出土したが、(69) この地はまさに拓跋三分時の中部猗㐌の管轄地であり、この中に含まれる烏桓、拓跋の部族関係の情報は、前述の、拓跋部に烏桓の剽悍な軍があったという記述と相通ずるものである（図4-4-1、4-4-2、4-4-3）。歴史に紆余曲折があり、拓跋に用いられた烏桓の精鋭が後に雲散したとはいえ、それが顕示する拓跋・烏桓の共生という歴史的趨勢は、かえって存在し続けたのである。

　西晋護烏桓校尉の管轄について、鍵となる地域はなおも上谷・広寧（大寧）・代郡、すなわち代谷の地であった。十六国以来のほとんどの時期において、拓跋・烏桓の居した代谷以西は、実際にはかなり強い閉鎖性を備えており、幽州・

(69) 李逸友「内蒙古出土古代官印的新資料」（『文物』一九六一年第九期）。

冀州を占拠した国家は、全て幽州西側の安全を憂慮して、そこの防備を強化しなければならなかった。西暦三五〇年、慕容儁は薊城を攻め下したため、ここを都とし、すぐに「広寧・上谷の人々を徐無《じょぶ》に、代郡の人々を凡城《はんじょう》にそれぞれ徙して帰還した」[70]。徐無は現在の遵化《じゅんか》にあり、凡城は現在の朝陽《ちょうよう》に近く、ともに慕容の後方にあたる。この徙民《しみん》は広寧・上谷・代郡の烏桓勢力を大きく弱体化させ、そのため慕容の西側の安全は強化されたが、烏桓・拓跋の脅威を消滅させるには至らなかった。三五七年に前燕は匈奴単于賀頼頭《がらいとう》の部三万五千人を代郡平舒《へいじょ》城《じょう》に徙し、賀頼頭を寧西将軍《ねいせいしょうぐん》・雲中郡公としたが、その主たる目的は西側を充実させ、烏桓・拓跋、とりわけ拓跋を監督することにあった。なぜならば拓跋が旧雲中郡地を占有し、「寧西（西を寧《やす》んずる）」の主要な目標となったためである。後燕の慕容垂《ぼようすい》が烏桓独孤劉亢泥《りゅうこうでい》を烏桓王に封じ[71]、広寧に駐屯させたことは、依然としてこうした東西情勢の継続であった。これらの経緯については、以下の各節において個別に論じたい。

これらを総括すると、大寧の護烏桓校尉は代谷を統轄し、衛瓘はここから烏桓・拓跋を監督し、烏桓・拓跋は代北という、相対的に閉鎖された地域にて長期にわたって共存し、相互に影響し合う関係を形成、盛楽時代の拓跋部族の紆余曲折の歴史に進展し、遂には北魏のような専制君主国家を育んだ、ということになる。衛瓘の本来の策略は、近くの烏桓を用いて遠くの拓跋を制することであったが、将来の結果からは、烏桓が拓跋を征服したのではなく、拓跋が烏桓を溶解したように見える。現象は複雑に入り組み、過程は曲折しているとはいえ、これら二つの部族各々の特徴からいくつかの理由を見出すことができそうである。これについては本章最後の一節にて解答を導き出すこととしたい。

六　東木根山の地名の由来と拓跋建都問題

序紀昭帝元年（二九五）条はこの年に国が三部に分かれ、穆帝猗盧は盛楽にいて西部を形成したとする。そして「この年、穆帝は初めて幷州に出、雑胡を北のかた雲中・五原・朔方に徙した。さらに西のかた黄河を渡り匈奴・烏桓諸部を攻撃した」のである。

序紀穆帝三年（三一〇）条には、この年に鉄弗の劉虎が雁門において白部《はくぶ》(72)の叛乱に呼応し、劉琨が援軍を要請したとした上で、「穆帝は弟の子である平文帝に騎兵二万を率い、劉琨の攻撃を支援し、大いに白部を破り、次いで劉虎《りゅうこ》を攻め、その営落を屠《ほふ》った。劉虎はその余燼《よじん》を収め、西のかた逃れて黄河を渡り、朔方に逃げ込んだ」とする。

序紀平文帝二年（三一八）条には、「劉虎は朔方により、西部に侵攻し、平文帝は迎え撃ち、これを大いに破り、劉虎は単騎にて逃走した。その従弟の路孤は部族を率いて内附し、平文帝は娘をこれに娶《めあわ》せた」とある。この路孤とはすなわち後に代北に来ることとなる独孤部劉庫仁《りゅうこじん》の父である。劉庫仁の母は平文帝の娘であり、その妻は昭成帝の宗女であった。独孤と拓跋は代々婚姻関係を結んでいたのである。

---

(70)『晋書』巻一一〇 慕容儁載記。
(71) 独孤は西晋時代より烏桓と見なされるようになった。詳細は後述する。
(72) 白部については、史書の中では一貫して鮮卑白部と称されているが、孫子渓「白部新釈」（『山西地方志論叢』第一輯、山西人民出版社、一九八五年）は羯と解釈する。

さきに引いた序紀の数条の資料によれば、朔方にはもともと匈奴・烏桓がいたことが知られる。後に鉄弗部《てつふつぶ》は黄河の西にあった朔方に駐留し、独孤部は黄河の東にあった代北に駐留した。これらの両部、あるいはその中の各部族は、常に黄河の東西両側に流動していた。鉄弗と独孤はともに并州の匈奴屠各《とかく》から出たものであり、さらにはそれぞれ烏桓鉄弗・烏桓独孤の称がある(73)。彼らは匈奴であり、屠各であって、さらに烏桓でもあり、種族の区分をはっきりさせることは困難である。彼らは皆拓跋と特殊な関係があった。ただし独孤と拓跋は居住地が交錯しており、関係としては相互扶助が多数を占めたが、鉄弗と拓跋の関係はやや複雑である。鉄弗は朔方におり、常に黄河を渡り拓跋と戦争状態となったが、多くは拓跋が鉄弗を駆逐して朔方に戻すことで止んでおり、両者は依然として密接な関係を維持し、生死をかけて戦うというほどには至らなかった。

これらの部族の歴史的関係の事実、特に鉄弗・独孤が黄河両岸に遊動していたという事実は、私に朔方の木根《ぼくこん》山《ざん》の名がまさにこの段階に代北に出現し、東木根山と名付けられたという地名移動の問題を想起させた。古代の地名移動の慣例は、往々にしてその持ち主の名にしたがって名づけられたのであり、中国と西洋においては皆こうであった。この地名移動は、鉄弗・独孤がその部族遊動によって西辺から東辺にもちこんだ結果なのであろうか。

繰り返し検討した結果、私は鉄弗劉虎の従弟路孤がかつて朔方の木根山に駐留し、平文帝二年に拓跋に来附したとき、平文帝と一箇所に駐留し、木根山という旧名でその新駐留地を呼び、そのまま東木根山の名称ができたと考えるようになった。東木根山にいた劉路孤は独孤と称され、あるいは烏桓独孤と称された。ここに含まれている種族的あるいは文化的な意味は、現在では既にはっきり解釈することが困難となっている。あるいは、鉄弗はもともと南匈奴であり、独孤はもともと烏桓であり、南下の後に并州の南匈奴に附したことがあり、これによって鉄弗・独孤はともに劉姓を帯びるようになったのかもしれない。後に両者は同時に并州より離れて代北に入り、さらにともに朔方に逃れ、その間に劉路孤と劉虎は分裂したのであるが、これは実に南匈奴と烏桓の分裂となった。このことは一つの推測に過ぎず、いくつかの現象を解釈してみることもできるが、確定はしがたい。

劉路孤が拓跋部平文帝に来附して三年後（三二二）、祁皇后は自分の子に拓跋の君位を取得させるために平文帝を殺害し、大動乱を引き起こし、序紀には拓跋が「大人死者数十人」となったことを伝えているが、東木根山の独孤部族は息つく間もなかったはずであり、東木根山と呼ばれたところからあわてて逃げ出した。三二四年に恵帝が臨朝し、序紀には「諸部の人々の感情が未だ尽くは服していないことから、東木根山に築城し、ここに遷都した」とあるが、これは路孤と平文帝がかつて駐留していた地に恵帝が城を築いて守り、あわせて路孤の用いた東木根山の地名を沿用したことを指す。いわゆる「人々の感情が未だ尽くは服していない」〔本章第三節〕とは、平文帝の系統からの攻撃が依然として相当強力であったことを示し、恵帝がここに徙り築城して都としたことは、攻守の準備を行うためであったろう。

『資治通鑑』太寧二年（三二四）条の、恵帝が東木根山に築城したという事例の下に胡三省注があり、「河西に木根山があり、五原郡の北東に位置する。この木根山は河東にあるため、東木根山という」と言っている。朔方木根山の名は、『晋書』・『魏書』にたまに見られ、多くは鉄弗に対する戦争と関連しており、前秦がこの山にて鉄弗に攻め勝ったことがその一つであって、北魏道武帝が鉄弗劉衛辰《りゅうえいしん》父子の勢力を滅ぼしたのもこの地であった。この地は鉄弗の中心地域ではないが、軍事上の防衛地点ではあった。(74)『中国歴史地図集』は木根山を現在の寧夏《ねいか》鹽池《えんち》と内モンゴル鄂托克前旗の間に標示している。東木根山については、その名はしばしば『魏書』に見られ、

(73)　鉄弗と独孤にはともに烏桓の称があった。詳細は本章第七節「二種類の代北烏桓」を参照。
(74)　鉄弗の駐留した中心地は代来城であったが、代北から来たことを標榜するために名付けられたようであり、また悦跋城とも名付けられ、現在の内モンゴル東勝以西にある。

該『地図集』は北魏柔玄鎮《じゅうげんちん》の北、現在の尚義《しょうぎ》―集寧《しゅうねい》の一線の北境に標示しており(75)、後漢時代の鮮卑檀石槐の単于《ぜんう》庭《てい》（本拠地）もここから遠くない。東木根山の南は于延水の北流（現在の東洋河）の源流地域であり、この川に沿えば代谷に達することができる。恵帝がここに都を移した理由は、ここが草原の地境であり、西は陰山に接し、東は濡源を通り、進攻・退避の両方の場合において比較的便利であったという、ただ一つの解釈しかできない。この考えは成功したと言えよう。三年後（三一七）、煬帝は南は石虎を御し、西は賀蘭を攻めて失敗し、大寧に退いた。また東木根山より北東方向に向かって草原を通って濡源に達し、再び宇文・慕容のもとに逃れた道も、草原の騎兵が利用できた通り道だったのであろう。

東木根山が一度拓跋部の要地となったことに関しては、拓跋史の中では目立たないことではあるが、他の史料にも手掛かりがある。『読史方輿紀要』巻四「歴代州域形勢」の「後魏起自北荒」条に、猗盧が死して「その後国は内乱が発生した。四代後の鬱律の代に至って(76)、東木根山に築城してここに徙った」とあり、その自注に、「現在の大同府北境にある。その後孝文帝は、『遠い祖先は代々北の荒野におり、平文皇帝が初めて東木根山に居された』と言った。……『魏書』には、賀傉（恵帝を指す）が初めて東木根山に築城しここに居した、とある」とある。また、同書巻四四の山西大同府大同県東木根山条には、「府の北にある。『志』は五原に木根山があるとする。この山は河東にあるため、東木根山という。東晋の太寧二年、代王賀傉は諸部がまだ服さないことを理由に、東木根山に築城してここに徙り住んだ。魏主拓跋宏《たくばつこう》（孝文帝）はかつて、『遠い祖先は代々北の荒野におり、平文皇帝が初めて東木根山に都を置かれた』と言った。平文は、鬱律の諡であり、鬱律もここに都を置いたのであろう。あるいは訛って勿根山となり、東晋の太元一四年に後燕の慕容徳《ぼようとく》らが代の叛乱部族である賀訥《がとつ》を攻撃し、勿根山にまで追撃したのが、これである」とある（傍点は引用者が加えた。孝文帝の発言は『魏書』元丕伝《げんひでん》に基づく。この問題は後に再び検討したい）。

さきに挙げた『読史方輿紀要』巻四と巻四四の二つの材料は、内容は一致し、その中の多くの箇所で平文帝鬱律が初めて東木根山に居したことに言及しているが、これは序紀にはなく、他のところにて引かれた孝文帝の語である。最初の材料の「後魏起自北荒」の見出しの下に「史略」の二字が冠せられているが、恐らく著者顧祖禹がまとめて言った語であって、正確ではないところがあるのだろう。例えば最初に鬱律が東木根山に「築城」し「ここに徙った」と言ったが、その後鬱律が東木根山に「都」したことだけを言って「築城」とは言わず、この山に「築城」したのは以後の恵帝賀傉の時代のことだと言った。序紀で確認すると、ここに築城した者はまさに恵帝賀傉であり、最初の記述には誤りがあることとなる。

こうした形跡に基づき、私は東木根山問題についてさらなる推測を試みたい。

前述の通り、穆帝三年(三一〇)に猗盧は弟の子である鬱律〔平文帝〕の騎兵によって鉄弗劉虎を駆逐し朔方に入らせ、平文帝二年(三一八)に黄河を渡り侵入した鉄弗劉虎を大いに破り、あわせて劉虎の従弟劉路孤の降服を受け入れ、これを東木根山の地に配置し、さらに娘を路孤に娶せた。これがすなわち烏桓独孤部である。平文帝鬱律はこの系統の烏桓との関係が最も密接であったため、彼は拓跋と劉路孤を率いて東木根山に駐留し、路孤の部族を支配・移動配置するのに有利となり、共同で祁皇后の系統の、東方からの圧力に対処した。路孤は朔方にいたときにはもともと木根山に駐留しており、この山の名を路孤が朔方から代北にもたらしたのである。『読史方輿紀要』は平文帝が東木根山にいたことを記したが、すなわちこのことを指す。ただし当時は築城されては

(75) 『嘉慶重修大清一統志』巻五四九 正黄旗察哈爾条に、「木根山は、旗の南東三十五里のところにある。モンゴル名は西北黒忒克である」とあるが、この木根山には東字が抜けているものと思われる。

(76) 猗盧の「四代後の鬱律の代に至って」は序紀の内容と合わないが、理由があり、それについては、本章第八節「拓跋の内乱と烏桓の動向」に附した拓跋史における普根の正統地位問題において検討したい。

おらず、築城は恵帝の時代のことであり、これより六年遅い。拓跋の歴史を遡ると、神元帝力微が烏桓王庫賢とともに盛楽にいたことがあり、それから桓帝時代の「晋烏丸帰義侯」と「晋鮮卑帰義侯」金印及び「猗㐌金」飾牌が全て参合陂の北涼城の穴から出土したこともある。ここに至ってさらに平文帝と路孤が東木根山にて共存していたことが加わる。これらは全て三～四世紀に代北拓跋と烏桓が代北にて共生していたことの重要な証拠である。前秦が代国を滅ぼした後に、拓跋珪は母にしたがって独孤部に庇護されたが、これも同一の性質、同一の背景に属するものである。

平文帝は拓跋大人に推戴され、その勢力基盤は西部盛楽地域にあり、またこのとき彼は「控弦乗馬の人間は百万人に達しようとし」、草原大国にまでなったが、どうしてさらに東に移動するという行動があり得たのであろうか。これには対外と対内の二重の原因があったと思われる。対外的には、西晋が滅亡し、平文帝には中原にて政権獲得のため争う意図があった。序紀はこの年に平文帝は「顧みて大臣に『今中原には君主〔正統の皇帝〕がなく、これは〔私に皇帝になれという〕天の声ではないか』と言った」ことを記す。序紀はさらに三年後（三二一）に平文帝が東晋からの使者を拒絶し、「治兵講武し、南夏を平らげんとする意志を有していた」ことを伝える。これにより、平文帝がこのとき開拓を求め、西晋の皇統を継承し、江左の東晋と拮抗することをはかっていたことが分かる。数年来、西晋に属していた并州刺史劉琨は、事実上拓跋勢力を頼り、鬱律〔後に平文帝と称される〕の軍事力を取り入れることで、初めて〔石勒ら〕胡羯に拮抗し、その状態を維持することができたのである。ただ平文帝が立ったときには、劉琨は既に東に逃れており、間もなく敗死し、并州の情勢がこれによって大いに変化した。百年余りの後、北魏朝廷は儀礼について議論し、「晋室の衰亡以後、平文帝の代になって初めて盛んとなり」と言い、道武帝期に平文帝は太祖の廟号を受けたのであり[77]、その地位の重要さがうかがえる。平文帝は「南夏を平らげ」ようとしたが、まずは胡羯〔後趙〕が対象であった。胡羯を平定するためには、先に代北東部の祁皇后の勢力に対処し、拓跋の後方を安定化せねばならなかった。このことは平文帝が東方の東木根山に移って進取することをはかった直接の原因であったはずである。平文帝と独孤劉路孤はともに東木根山に駐留し、桓帝皇后の祁氏のいるところにまで迫り、祁皇后に対する進攻に有利な位置を占拠した。しかし平文帝は盛楽を遠く離れ、孤軍突出していたため、形勢は祁皇后による平文帝殺害に有利であった。そうでなかったとすれば、東にいる祁皇后が、どうして衰退の際にありながら、一朝一夕の間に、突然強大な拓跋君主を殺害し、かつ同じく数十人もの拓跋大人が死ぬなどということがあり得ようか。このとき平文帝がなおも盛楽にあって東進しなかったのであれば、祁皇后もこうした突然の襲撃を発動する手段がなかったであろう。

　平文帝がかつて烏桓独孤劉路孤とともに東木根山にいたという史実を探し出したことは、祁皇后が思いがけなく平文帝を奇襲し得たことについての疑念を晴らすこととなった。平文帝の難に死んだ諸部の大人はかくも多く、その中には平文帝と共存していた独孤部人が含まれており、劉路孤も東木根山より撤退せざるを得なかったようである。『水経注』㶟水には如渾水は旋鴻県《せんこうけん》（現在の内モンゴル豊鎮の北東）故城の南を流れ、「北俗ではこれを独《どっ》谷孤城《こくこじょう》と呼び、川もこれにちなんで名付けられた（北俗謂之独谷孤城、水亦即名焉）」とある。この「独谷孤城」と「独谷孤水」は、独孤城と独孤水の訛誤《かご》であったと思われる。私は劉路孤が東木根山より撤退した後、南へ移って如渾水上流の地にて駐留・遊牧し、これによって独孤城・独孤水の名がとどめられたのではないかと疑っている。三年後（三二四）、祁皇后の子である恵帝は平文帝と劉路孤のあとにしたがい、東木根山に築城して駐屯し、さらに三年して、恵帝の弟である煬帝は後趙の辺境侵攻に抵抗したが、利あらず退却し、大寧に近づいたのである。

（77）『魏書』巻一〇八之一　礼志一。平文帝の子孫は世襲を成功させ、北魏帝室の本流となり、道武帝は平文帝を太祖と追尊した。

顧祖禹『読史方輿紀要』は平文帝が東木根山に駐留したことに言及し、全て孝文帝の「遠い祖先は代々北の荒野におり、平文皇帝が初めて東木根山に都を置かれた」という発言を根拠としている。この史料は『資治通鑑』の南斉建武元年（四九四）条にあらわれており、原文は「朕の遠い祖先は代々北の荒野に住み、平文皇帝が初めて東木根山に都を置かれ、昭成皇帝はさらに盛楽を建設され、道武皇帝は平城に遷られた。朕は幸いに残虐凶暴を制止する運に連なっているのに、一人だけ遷ることができないというのか」となっている。これは孝文帝が群臣に向けて洛陽へ遷都する歴史的根拠を陳述したものである。『魏書』のこれと対応する資料は巻一四　元丕伝に見られ、おおよそ「昔平文皇帝が率土を棄《す》てられ、昭成皇帝は盛楽に都を置かれ、太祖道武皇帝は……平城に遷居された。朕は……中原に本拠を置こう」云々と言っている。『資治通鑑』の文には別の信用できる確実な根拠があったに違いない。『魏書』の文は平文帝が「率土を棄て」たことに言及するだけで、東木根山に移ったことを明言していないが、かえって平文帝が確実に移動していたことを実証しており、疑いのないところであろう。平文帝が「率土を棄て」たことは盛楽から移ったことを指し得るに過ぎず、とった方向は祁皇后勢力に対することや「図南」の意志と必ず符合する。このことも平文帝が東木根山に遷都したことの傍証とすることができる。(78)

それでは、昭成帝が再び盛楽を建設したことについては、どのように解釈すべきであろうか。これは平文帝が盛楽を離れて殺害されたことにより、代北の祁皇后勢力、あるいは代北烏桓勢力が強大となり、コントロールが困難となったことを物語るであろう。以後さらに祁皇后の子である恵帝・煬帝を一方とし、平文帝の妻賀蘭氏の生んだ烈帝を一方として繰り返される君位争奪を経ることとなる。煬帝が慕容部に逃れるに及び、祁皇后の勢力は尽く滅んだが、平文帝の次子であり、王皇后の生んだ昭成帝が君位をついだとき、拓跋部も既に疲弊の極みにあり、盛楽の旧地に固執し、暫時の安寧や休養を求めるようになった。このときさらに外に向けて発展する有利な情勢が出現しながら、多くの苦難を経験した王太后が参合陂において、諸大人による、㶟源川へ遷都せよとの要求を固く拒絶した。これは王太后が、国の基礎がまだ固まっておらず、烏桓が再び襲来することを恐れていたためである。以後孝文帝の言う昭成帝が「さらに盛楽を建設」したというのは、平文帝が一度盛楽を離れて東木根山にいたという史実に呼応したものであろう。

拓跋の遷都は、その盛衰に関係する。しかし拓跋部は遊牧から定住へ向かうという社会変化の過程が長く、首都を定めるという観念が厳密ではなかったため、史書に載せられる遷都のことにはなおも異同がある。李吉甫《りきつほ》『元和郡県図志《げんなぐんけんずし》』巻一四　河東道朔州条に、「晋が乱れ、その地は猗盧が割拠し、劉琨は上表によって猗盧を大単于とし、代公に封じ、馬邑に徙した（晋乱、其地為猗盧所拠、劉琨表盧為大単于、封代公、徙馬邑）」とある。王応麟《おうおうりん》『通鑑地理通釈《つがんちりつうしゃく》』という書は、かねてより、「引用は非常に多く、考証は明確で、……史学においては再度功績を有する書となった」[79]とされているが、同書巻四　歴代都邑考後魏都条においては、平文帝が木根山に都を置いた事例が抜け落ちている。この条には、「晋の懐帝の時代に劉琨は猗盧を大単于とし、代公に封じ、馬邑に徙した（晋懐帝時劉琨以猗盧為大単于、封代公、徙馬邑）」という一文があり、自注に、「（馬邑は）唐代には朔州となった」とある。王氏の歴代都邑考の、もっぱら都城の名称を並べるという体裁を考えれば、そこでは猗盧が馬邑を都としたとしているようである。顧祖禹『読史方輿紀要』巻四四　朔州条にも「晋の懐帝の時代に劉琨は上表により鮮卑猗盧を大単于とし、代公に封じ、馬邑に徙したが、これがその地である（晋懐帝時劉琨表鮮卑猗盧為大単于、封代公、徙馬邑、即其地也）」とある。『読史方輿紀要』・『通鑑地理通釈』のこうした文章は、『元和郡県図志』から

（78）拓跋が東木根山を都とした期間は、三一八年に烏桓独孤劉路孤が来降し、平文帝がこれを率いてともに東木根山に駐留し、三二一年に平文帝が殺害されるまでと、三二四年に恵帝が東木根山に築城して遷都し、三二七年に煬帝が大寧に移るまでの、前後あわせて六年間である。

（79）『四庫全書総目提要』史部地理類。

輯《あつ》められたように見える。『魏書』序紀を調べてみると、斟酌《しんしゃく》すべき点がある。序紀の文章はもともと「晋懐帝進〔穆〕帝大単于、封代公、……乃徙馬邑・陰館・楼煩・繁時・崞五県之民於陘南」云々となっている。両方を比べてみると、『元和郡県図志』・『通鑑地理通釈』・『読史方輿紀要』は全て序紀の文章に基づいているが、かえって「徙馬邑」の下は句点を入れるべきでないところに句点を入れている。序紀の本意は馬邑等の五県の民を徙したとするのであって、穆帝が馬邑に移ってそこを都としたとは言っていない。これは先に李吉甫・王応麟が誤り、顧祖禹はその誤りを踏襲したのである。『資治通鑑』永嘉四年条『考異』に引く『晋春秋《しんしゅんじゅう》〔晋陽秋《しんようしゅう》〕』(80)には猗盧が「雲中から雁門に入った」とする文言があり、馬邑等の五県は西晋の時代には全て雁門郡に属する地であったが、特に猗盧が馬邑に駐留したという意味はない。馬邑は拓跋の南部境界であり、猗盧がしばらく馬邑に駐留したかどうかについては、断言するのは難しいのである。

以上の論述を一括し、以下のような小結を試みたい。

拓跋が三分したとき、三部の地境は全て北の荒野に偏在していた。猗盧が統一したことにより、もともと昭帝が統治していた拓跋東部の地が事実上拓跋の統治から離脱した。猗盧は陘北五県の地を得、さらに晋室の混乱や、劉琨の難に乗じ、幾度も劉琨の陘南・汾東の地への進攻を助けた。これは拓跋部がもともとの中部の猗㐌が統治した地域を基地とした第一次開拓である。これと共同で活動したのは烏桓突騎であった。後に拓跋部が新旧に分かれて交戦し、胡羯〔石勒〕が縦横無尽に進み、穆帝が難に死した〔子の六脩に殺害された〕ことで、拓跋の開拓活動は阻まれた。第二次開拓は平文帝期に行われた。平文帝と烏桓独孤劉路孤の部はともに東木根山に駐留し、「図南」の勢いがあった。平文帝が殺害されると、恵帝は東木根山に築城して都とし、後趙は陘南より逼迫し、恵帝の弟である煬帝は部を率いて大寧、すなわちもとの護烏桓校尉の所在地に逃れ、間もなく東の宇文部に庇護され、後には慕容部にて死去した。拓跋部は二次にわたり外に向けて開拓を行ったが、ともに烏桓と共同で行われたものであった。第二次開拓が阻まれ、さらに一〇年の内乱を経た後、拓跋部の活力は大いに損なわれる。烈帝は陰山以北に駐留していた母方のおじの部族である賀蘭部を頼り、盛楽に退いて民力を養い、これによって王太后による灅源川への遷都への反対という政策決定があらわれた。しかし王太后本人は烏桓であり、拓跋の東に向けた発展と、烏桓との共生という総体的な趨勢は、決して変わらなかったのである。

「五胡」の発展プロセスに比べると、拓跋部の活動空間は狭く、前進の道は滞り、社会進化は緩慢であった。しかし別の角度からは、拓跋のいた盛楽は陰山と大草原を背にしており、自然に繁栄・拡大する比較的安全な環境があり、勢力を蓄え、旺盛な活力を保持することができたようにも見える。拓跋部は五胡の勃興・衰退を繰返す過程においては「十六国」の後の第「十七国」であるに過ぎなかったが、この比較的安全な代北地域における百年余りにわたる烏桓との共生により、遂には十六国の衰退に乗じて混乱した局面を終わらせ、比較的安定した北方の統一政権を打ち立て、これより〔北魏の東西分裂という〕再度の起伏を経、ようやく隋唐の盛世が生み出されたと見ることもできよう。

多くの史書が拓跋部の遷都という史実から拓跋部の進化の過程を考察しているが、その説明は単純で、かつ内容の濃い資料としては、依然として孝文帝の追憶しかなかった。彼は拓跋の遠き祖先は代々北の荒野に住み、平文帝が初めて東木根山に都を置き、昭成帝はさらに盛楽を建設し、道武帝は平城に遷ったと言っており、彼自身の歴史的な任務は、当然中原〔洛陽〕に都を遷すことにあった。これは地理的な拓跋部の進化の足跡と理解することができる。拓跋が東木根山に都を置いた時期は長くはないが、このことはかえって拓跋部の歴史の反復を記録し、現在まではっきりとは分かっていない内容を含んでおり、当然拓跋史を研究する人々の注意するところと

(80)〔訳注〕原文では『劉琨集』となっていたが、『考異』が引いていたのは『晋春秋』となっていたため、こちらに改めた。なお『晋春秋』は東晋孫盛《そんせい》の著作であるが、東晋簡文帝司馬昱《かんぶんていしばいく》の皇后の諱に触れるため（阿春）、通常『晋陽秋』と称される。

なるべきことを、私は主張しておきたい。

さらに説明したいのは、孝文帝は歴代の先祖の遷徙の諸事を叙述し、平文帝が東木根山に移ったことにも言及したが、これが平文帝一代の歴史を解釈するにあたり、非常に大きな価値をもつことである。しかし東木根山に都を置いて築城した、その年代は短く、拓跋史全体の局面に対する影響は、結局のところ大きくはなかった。太《たい》和《わ》一七年（四九三）一〇月一八日に頒布された孝文帝の（洛陽遷都時の）大赦の詔は、祖宗の遷徙の諸事を周代の先王と比較し、「惟《こ》れ我が大魏は、家系は黄帝《こうてい》に始まり、受命・創業を幽都にて示した。初めて民を生まれたのは、寔均《しょくきん》（序紀にあらわれる始均《しきん》(81)）陛下と后稷《こうしょく》(82)である。宣帝《せんてい》(83)は南遷され、軫《しん》の湿地で憩い、ことは公劉《こうりゅう》(84)に同じく、この邵邑（邠邑《ひんゆう》の訛と思われる）にて生業を営まれた。神元帝は北に移り、長川にとどまられたが、どうして古公《ここう》亶父《たんぽ》が岐山《きざん》のふもとにとどまった(85)ことと異なることがあろうか。また昭成帝が建国され、盛楽を築かれたことが、どうして周父《しゅうほ》（周の文王）が豊に邑を築いたことと異なることがあろうか(86)。烈祖道武皇帝は……鴻魏《こうぎ》を国号とされたが、〔中心となる〕土地はなおも極北にあり、……また北方の代に都を置かれ、次第に教化されたことは、周の武王《ぶおう》が鎬京《こうけい》に都を築いたこととまことに等しきものである(87)。……その後に洛陽に帰還し、美名を永遠に伝えようと思ったのである」云々と言った(88)。孝文帝は先祖が最初は全て幽都にいたこと、宣帝が湿地帯に駐留したこと、神元帝が長川にとどまったこと、以後の各皇帝が盛楽・平城・洛陽に都を置いたことを列挙しており、これは拓跋部族の社会進化の自然な趨勢に符合する。ただ平文帝が盛楽より東木根山に遷都したことだけは、一種の政治的・軍事的行動であって、時間が短く、時が移り事情が変わったため、孝文帝は遷都の詔からこのことを省略したのである(89)。

私が人々の注目を浴びない一つの地名の来歴を遡及して考察した所以は、主として地名の変遷そのものにあったのではなく、特定の角度から、拓跋の発展過程における烏桓との関係をさらに探りたかったためである。拓跋の盛楽から外に向かっての開拓は、終始烏桓の関与があった。このとき、開拓の過程に介入した別の部族として、朔方から戻ってきた屠各劉路孤の部があり、彼らも烏桓と称されていた。このように、代北地域には漢代以来上谷より西進した旧来の烏桓と、新たに朔方から戻ってきた代北のいわゆる独孤烏桓の二種類の烏桓が存在していた。東木根山の地名の来歴については、こうした歴史的動態の証拠とすることができるのである。

(81)〔訳注〕始均については『魏書』序紀に「その（黄帝の）末裔である始均は、堯《ぎょう》の治世に仕官し、女魃を弱水の北に駆逐し、民はその勤めように頼り、舜はこれを褒め称え、田祖に任命した」とある。『山海経《せんがいきょう》』大荒西経に「北狄の国があり、黄帝の孫を始均といい、始均は北狄を生んだ」とある。吉本道雅「魏書序紀考証」（『史林』第九三巻第三号、二〇一〇年）参照。
(82)〔訳注〕后稷は周王朝の始祖。『毛詩（詩経）』大雅 生民などにうたわれている。
(83)〔訳注〕拓跋推寅（生没年不明）は拓跋部の大人。道武帝時代に宣皇帝と追尊される。
(84)〔訳注〕公劉は后稷の曾孫。民を率いて豳《ひん》にとどまったことが、『毛詩』大雅 公劉にうたわれている。
(85)〔訳注〕古公亶父は后稷の一二代目の子孫で、文王の祖父。民を率いて豳から岐山の麓に移ったことが、『毛詩』大雅 緜《めん》にうたわれている。
(86)〔訳注〕文王は古公亶父の孫であり、周（西周）王朝の基礎を築いた。崇を滅ぼし、豊に邑を定め、西伯と号した。『毛詩』大雅 文王有声などにうたわれている。なお文王を「周父」と呼ぶ例は他に見られず、適園叢書本『文館詞林』がこれを「周文」に作っているが、こちらが正しいと思われる。
(87)〔訳注〕武王は周（西周）初代の王。紂王の軍を牧野にて破って殷を滅ぼし、鎬京に都を置いて周王となった。『毛詩』大雅 文王有声などにうたわれている。
(88)注(61)『日蔵弘仁本文館詞林校証』二七五頁。この詔はその他の文献には記載されていない。『魏書』高祖紀によれば、太和一七年冬一〇月乙未に滑台《かつだい》にて「行廟に遷都の意を告げ、天下に大赦した」というが、そのためこの詔があった。
(89)近代以降においてはさらに一説があり、それは道武帝が国を復興させ、牛川にて代王に即位し、その地がかつて牛都と称され、都城となった可能性があるとするものである。この説には異論もある。

七　二種類の代北烏桓(90)

烏桓は両漢時代に続々と南下し、鮮卑各部がその後に続いた。彼らの一部は塞内に浸透したが、大部分は辺境の一線に阻まれた。前漢の護烏桓校尉は薊城、あるいはその周辺の地に駐留し、後漢の建武年間（二五～五六）に再びこの官を設置したときには西の上谷寧城に移り、西晋時代には大寧と称された。地理的に言えば、烏桓は南進を継続することはできず、広陽・上谷・代郡より雁門・太原・朔方に至る諸郡を流動し、自らの生存を求めるしかなかった。後漢・曹魏は幽州・幷州の北辺の一部郡県を廃止したが、この地域に残った漢人の住民は多くはなく、烏桓や鮮卑各部が一面に拡散するのに都合が良かった。既に塞内に入った烏桓にとっては、于延水南流（現在の南洋河）の河谷であるいわゆる代谷は、順当な西進ルートであった。広陽・代谷・代郡以南は漢人が比較的多い農耕地域であり、烏桓は大規模な進出を行いにくかった。これがさきに論述した烏桓西進の情勢である。

後漢以降、代郡・雁門の烏桓人は、少なくともその一部は次第に農耕を習得し、二度と流動することはなかった(91)。西晋の雁門郡について、その陘北五県の地は既に拓跋部に割譲され、五県の漢人は陘南に移り(92)、その地の烏桓は漢人と一緒に移ることもなくとどまったはずである。猗盧は「十万家を徙してこれにあて」たが、徙したのは拓跋部の他に、拓跋部族連合の烏桓・匈奴やその他各種の雑類がいたことになる。ここすぐ北の一帯は、すなわち後に拓跋部の中心地域となり、代北と呼び習わされるようになる地域である。

拓跋の代北進入のルートは、烏桓と異なっていた。拓跋の先人が大興安嶺《だいこうあんれい》地帯から転々として西遼河上源一帯に至ったとき、前進するルートは既に阻まれたため、大部分はそこから西に曲がり、漠南の草原ルートにしたがって漸進し、累遷して陰山に至り、陰山を越えて五原・雲中・定襄地域に到達した。拓跋の先人は推演《すいえん》の名で、檀石槐の統治する東・中・西三部鮮卑のうちの西部鮮卑に列せられたことがある。漢魏交替期の建安《けんあん》二〇年（二一五）、五原・雲中・定襄の諸郡が廃止されたため、既にここまで移動していた鮮卑拓跋部は、この広大な地域に広がり、いっそう阻むものがなくなったのである。あるいは、郡廃止の前に、この三郡の境界には既に拓跋部の人々が広がっていたため、そこでようやく郡廃止の挙があったのかもしれない。しかし再び東に去ると、先に到達し、なおも陸続と到来してくる烏桓人が形成した障壁があって、これにより烏桓人と拓跋人が共存する地帯が生み出されたのである。この地帯は初めは盛楽と平城の間にあったらしく、この後烏桓勢力の縮小にしたがって次第に東に移ったが、基本的には変遷して一定しなかったようである。少数ながら西進を継続した烏桓は、拓跋が駐留したもとの定襄・雲中・五原の地を迂回し、黄河以西の朔方に進入した。そのため前掲の陳寿『三国志』と范曄『後漢書』のそれぞれの烏桓伝は、烏桓が遼東より西進して朔方の諸郡に至ったことを叙述するが、

---

(90)『資治通鑑』巻九六　東晋成帝咸康五年条に『魏書』官氏志の「その諸方の来附した雑人はこれを烏丸と総称した（其諸方雑人来附者総謂之烏丸）」の一文が引用されているが、「代人は来附した他の国の民を、全て烏桓と呼ぶ（代人謂他国之民来附者皆為烏桓）」に改められている。馬長寿『烏桓与鮮卑』四三頁にはこれに基づいて、「それならば拓跋部のときの烏桓には広義・狭義の二義があることとなる。広義の烏桓は諸方来降の民を指し、狭義の烏桓は官氏志の言う烏桓〔烏丸〕氏の烏桓である」と主張する。本節にて称する二種類の代北烏桓は、馬氏の著書の二義の説とは異なる。私は諸方の雑人あるいは他国から来附した民を区別せずに烏桓と称することは、事実上存在しなかったと見ている。

(91)『三国志』魏書牽招伝参照。

(92)　陘北の漢人は尽く陘南に徙され、とどまった者は極めてまれであった。『魏書』巻二三　莫含伝によれば、含は雁門繁畤の人であったという。劉琨の行動について「五県の民を陘南に徙したが、莫含の家だけはとどまった。……その故宅は桑乾川の南にあり、代々莫含壁と称され……」とあるが、莫含が結局漢人であったか、烏桓人であったかについては、本書では附録にて検討したので、参照されたい。〔訳注〕注(44)原書『拓跋史探（修訂本）』所収「附録二」滕昭宗「『魏書』所見的若干烏桓姓氏（摘録）」のこと。今回の邦訳では省略したが、滕氏は莫含を烏桓の莫那婁氏としている。

そこに五原・雲中・定襄の名はないのである〔前掲図4-1〕。

こうした歴史を回顧すると、代北地域にて、拓跋部が生存・発育のために西から東に向かい、一方の烏桓は東から西に向かうという、両者の、正反対に向かう趨勢が、かすかながら見える。烏桓と拓跋はもとよりともに東胡に属し、言語や習俗が相通ずる部族であり、自然に合流し、ここを共同の繁栄・発育の地とし、また相互に収容し合い、相互に影響し合った。彼らは代北の共同の主人であり、共同で代北の歴史を創造してきたのである。

代北地域には烏桓が先に来、拓跋が後に到着したが、拓跋はその部族組織の力量の優勢により、両部族の雑居・浸透・影響の過程において、常に主導的地位にいた。拓跋と烏桓の間には少なからず衝突が発生していたに違いなく、中でも突出していた事件は、いわゆる烏桓王庫賢による拓跋力微の諸部に対する離間である。しかし全体の過程について言えば、平和的な交流こそが主であった。代北地域以外にも、代北の情勢に影響を与える要素が存在した。その影響とは、主として護烏桓校尉府から来るものであり、また并州から来るものもあった。

烏桓と拓跋の代北における活動は、西晋に対して騒擾を起こした可能性があるが、決して大患というほどには至らなかった。にもかかわらず護烏桓校尉衛瓘はこれを憂慮していたのであるが、これには他に原因があったと私は考えている。『魏書』巻九五　劉虎伝に見られる泰始七年（二七一）正月、匈奴右賢王と称された屠各劉猛《りゅうもう》が西晋に叛いて出塞し、翌年、劉猛が死し、その子の副崙《ふくろん》は拓跋部に投じ、そこで受け入れられた。拓跋が西晋に対する叛乱者を受け入れたことは、西晋にとっては政治的な大事件であった。衛瓘は命を受けて征北将軍・領護烏桓校尉となったが、これは泰始七年八月のことであり、劉猛が正月に叛乱を起こしたことと必然的に関係しよう。副崙が拓跋に降服したことは、衛瓘にいっそう代北の動態を注視させることになった。并州の事態、代北の情勢、校尉府の活動と、これら三事は密接に関係していた。衛瓘は烏桓・拓跋を離間したが、その必要性はここから看取できるのである。

以上に論述してきた代北烏桓は、本節のいわゆる二種類の代北烏桓のうちの一つであり、彼らは大体において辺塞〔長城〕あるいは代谷にしたがって西に向かい、拓跋と雑居した。烏桓王庫賢が拓跋諸部大人を讒間したことにより、「諸部は離叛し、国内は乱れ（諸部離叛、国内紛擾）」たが、これは副崙が拓跋に降服した後間もなくのことであったため、拓跋を離叛した諸部には、屠各劉副崙が含まれていた可能性が高い。烏桓人には部族の凝集力がなく、勇敢さをもって名を知られたが、いずれのケースも他人に駆使されただけであった。庫賢は力微の諸部を瓦解させることはできたが、諸部を団結させ拓跋部の地位に取って代わることはできなかった。同じ道理で、衛操・衛雄兄弟は烏桓人を率いて桓帝・穆帝のために并州を転戦することができたが、逆に烏桓を頼って独立勢力を形成し、単独で一幟《いっし》を立てることはできず、拓跋の内乱においては、どちらについていくべきか分からなくなり、最終的には崩壊したのである。

こうした背景は、一九五六年に「晋鮮卑帰義侯」と「晋烏丸帰義侯」の金印、「晋鮮卑率善中郎将」の銀印及び「猗㐌金」の飾牌が内モンゴル涼城の同じ穴から発見されたという、研究者たちがまだ戸惑っていることを説明できる。(93)拓跋三分の時期、中部猗㐌の境域は現在の涼城地域を含んでいたはずである。二つの金印はともに西晋の「帰義侯」と称しており、また形状は全く同じであって、大小のかすかな相違はあるものの、同時に西晋より賜与されたものと思われる。もしかするとこれは西晋が「二虜を離間し」たときのものであるかもしれない。この二印は同じ穴から出土し、初めに賜与された者と後に所持した者が結局どの烏桓人・鮮卑人であったかを、

(93)　注(69)「内蒙古出土古代官印的新資料」は、二部族には区別があり、居住地も異なったが、これらの印章が同じ穴から出たことから、「このことは研究に値する問題である」とした。陳国燦氏は二印が同じところから出土したことについて、その一つは猗㐌が烏桓から得た戦利品であった可能性があるとする。陳国燦「魏晋間的烏丸与『護烏桓校尉』」参照。両氏はともに拓跋・烏桓が代北地域に雑居・共生していたという特徴から考察したが、上述の現象を解釈したことはない。

確認することはできないが[94]、彼らが同じところにおり、当時の力微と庫賢が同じ場所にいたことと類似してはいる。また彼ら二者はともに猗㐌の中部の国におり、主導者は凝集力の強い拓跋であって、烏桓ではなかったことも、力微のときと同じである。力微から猗㐌に至るまで、その時間は三〇年近く隔たっているが、代北烏桓と拓跋が共存したという関係はもとのままであり、またさらに広く、深くなっていたと思われる。

ここからは〔本章第二節で論じた〕拓跋の東・中・西の三部の各々の地位の問題を振り返るべきであろう。拓跋の三部の方位・地域の区別は、大体において当時の檀石槐による支配地三分の影響が大きい。しかしこのときの拓跋全体の勢力と三部各々の重要性は、檀石槐時代の鮮卑のそれと全てが一致するわけではない。東部の昭帝禄官は力微の庶子であり、文帝沙漠汗の弟でもあって、彼が君位を得たのは「兄終弟及」という部族の慣例によるもので、彼がいた東部の地は拓跋部族の主体の所在地ではなく、このときの拓跋部の統治の主要地域でもなかった。中部の桓帝猗㐌は力微の嫡長孫であったが、そのときの拓跋部の君位継承方面の嫡庶観念は、あるかないかの曖昧なところであった[95]。猗㐌は継承上、嫡長孫の地位にいたが、やや特殊な点があった可能性もある。その弟である猗盧のいた西部は、拓跋部の後方の安全地帯であり、また拓跋部の生存・発育の根本地帯でもあった。桓帝・昭帝の死後、穆帝は三部を統一し、なおも西部の盛楽を重視していたとはいえ、実際にはその統治の中心は既に中部地域に転じていたため、劉琨は陘北五県の民のほとんど全員を別のところに徙し、その地を穆帝猗盧に与えたのである。元来昭帝の統治していた東部地域は、既に拓跋の統治の外に遊離していた。これにより、三部の分割においては、中部が主導するようになり、そして中部の地はまさに「鮮卑帰義侯」と「烏丸帰義侯」が共存していた地であって、以前に力微と庫賢が盛楽に共存していたのに比べ、〔重心が〕東に進んでいたことが判明する。これはまさに拓跋部が外に向かって開拓するという必然的な傾向であり、また代北烏桓が東に向けて縮小した結果でもあった。

本章の称する二種類の代北烏桓のうちの第一種については、大体において以上の通りである。

代北における別の一種の烏桓について、その由来はさきに言及したが、西晋泰始七年（二七一）に新興郡慮虒《しんこうぐんりょし》[96]の北の屠各帥劉猛が西晋に叛いて出塞した後、ようやく代北に出現し始めた。新興慮虒は五台山《ごだいさん》を隔てて代北に隣接しており、五台の南北にとどまる部族が互いに浸透したが、これは自然なりゆきであった。そのため屠各劉猛が西晋に叛き出塞した際にも、山北の烏桓・拓跋と連携したことであろう。ただし劉猛は叛乱後に新興に戻ったようであり、泰始八年（二七二）に殺害された。同年劉猛の子である副崙は拓跋部に投降したが、このことは文献に見える、拓跋部による屠各の受容の正式な始まりである。[97]劉猛の死後、副崙を経て、その兄の誥升爰《こうしょうえん》が代わって部衆を領した。『水経注』河水によれば黄河の支流の陵水《りょうすい》（現在の渾河《こんが》）は、右方にて別の川と合流して誥升袁河と呼ばれたという。誥升袁とはすなわち誥升爰であり、劉虎の父である。誥升爰が部を領したとき、この附近に駐留・遊牧したことが分かる。この地は現在の内モンゴル涼城、山西右玉の一帯に相当し、烏桓・拓跋の各部が多く、彼らが相互に浸透し、次第に融合していくのは、必然的な趨勢であった。劉虎は父に代わって屠各の衆を領し、新興・雁門に帰り、拓跋部と比較的多くの連絡を行っていた。文献からは、この屠各が当時既

---

(94) 初めて下賜された者とは庫賢や力微であったのだろうか。後に所有した者とは猗㐌や当時の烏桓のある酋長であったのだろうか。これらは単なる疑問にとどまらざるを得ない。
(95) 本書第一章「なぜ『子貴母死』は制度になったか——部族国家の構造変化が必要とした『歴史と伝統の転換』の苦痛」第二節参照。
(96) 慮虒は現在の山西五台にあった。魏晋のいわゆる匈奴五部の北部の駐留地であり、後漢においては雁門郡に属し、魏晋では新興郡に属した。
(97) 『魏書』巻九五　鉄弗劉虎伝。副崙は拓跋部に投じた後は、ここで長らく駐留していたわけではなかった。二七七年の力微の死後、「諸部が離叛し（諸部離叛）」、副崙も離叛の列におり、また代北から朔方に出奔した。劉虎伝は劉虎が代わって屠各を領し、「初めて国〔拓跋部〕に臣従し」たが、実際には一般的な往来を確立しただけであり、そのため三一〇年にはさらに「挙兵外叛」という事件が発生した。

に「鉄弗」の称謂を有し、[98]「胡父鮮卑母」の種族伝説を有していたように見える。いわゆる「胡父鮮卑母」という言い回しが新興慮虒にいたときにおける拓跋部との通婚関係を反映しているのか、あるいはさらに古い言い伝えがあったたか、それとも二七〇年に劉猛が西晋に叛き、北に投じて以降の新しい言い回しに過ぎないのかは、判断することはできない。

永嘉三年（三〇九）、鉄弗劉虎は雁門において挙兵して西晋に叛き、劉琨は援軍を要請し、拓跋鬱律（後の平文帝）は命を受け、劉虎を朔方に駆逐した。三一八年劉虎の従弟路孤、すなわち前述の副崙の子は、部族の一部を領し、朔方より東進して黄河を渡り、既に拓跋の君主となっていた平文帝鬱律に降服し、ともに東木根山に移った。この過程については既に第六節で論述した。路孤の子は劉庫仁であり、『北史』劉庫仁伝は劉庫仁を独孤と称している。独孤とは屠各の異字訳であるという説もあるが、もしこれが事実であれば、屠各の一部で、朔方にいた者たちは鉄弗と自称し続け、別の一部である代北に移った者たちは屠各の名を独占したが、漢字によっては独孤と書かれたに過ぎなかったことが分かる。劉庫仁の部を主とする独孤も、本節にて称する二種類の独孤のうちの別の一種類である。劉路孤が朔方を離れて代北に帰ったことにより、独孤部はこれ以降、拓跋部と近しい関係を保持するようになり、また比較的安定しており、拓跋部の社会・政治に数十年もの長きにわたって影響を与えてきた。拓跋部と鉄弗部の関係は、逆にこの後疎遠となる。劉庫仁とその兄弟・子・甥たちの活動年代は、独孤部の最盛期にあたる。道武帝が部族を解散した後、独孤の部族としての実体は明確でなくなった。

こうした状況や序紀に記されている事実から、新興慮虒の屠各が、故地を離れて拓跋部と接触した後、鉄弗と独孤に分離したことが分かる。突然こうした分離があらわれたのは、鉄弗・独孤の二部の人々がもともと并州五部匈奴[99]の統治下にあり、単一の称号を用いながらも、その本来有していた種族の差異が決して消滅してはいなかったという理由によるものであった可能性が高い。鉄弗は主として朔方に駐留したが、常に河東に侵入していた。独孤は主として代北にとどまったが、ときには遊離して朔方に至ることもあった[100]。拓跋と鉄弗の間には戦争が比較的多く、拓跋と独孤の間では戦争は非常に少なかったが、三者は皆密接な往来を断ち切れなかった。和戦関係の多さ、あるいは少なさにより、鉄弗・独孤の魏収『魏書』に占める位置が異なっただけである。独孤の人物は外戚・功臣伝に収められ、鉄弗は西の隅に偏在し、後に独立して夏《か》国を建てたことにより、五胡伝に入れられ、敵国としての対応を被ったのである。このようであったにもかかわらず、鉄弗はその「胡父鮮卑母」、すなわち屠各・拓跋と混じり合うというような、種族の来歴を明言することを避けなかったため、一貫して史家に雑胡と称された。雑胡の称には本来厳密な境界線はなく、各民族の遷徙活動が十分に活発であった年代において、それらの混同現象は極めて容易に生じ、その成分に変異が発生し、あるときにはさらに異なる名称を形成した。匈奴と代北拓跋すら、全体について言えば、種族の混同関係があり、そのために『宋書《そうじょ》』索虜伝《さくりょでん》や『南斉書《なんせいじょ》』魏《ぎ》虜伝《りょでん》では、拓跋も匈奴の一種と見なされているのである[101]。屠各は本来匈奴であり、屠各より分化して独孤が派生し、さらに烏桓の名称を帯び、代北地域における別種の烏桓となった。しかし、各部族が融合する中で、結果として各自の能力の大小を露呈することになった。代北地域において、拓跋部の人数は比較的多く、駐留地は固定して長く持ちこたえ、さらに比較的安定した部族連合組織と強力な凝集力があり、新参の屠各や、代北烏桓に比

(98)『魏書』巻九五　鉄弗劉虎伝。

(99)〔訳注〕南匈奴は後漢末に曹操によって五部に分割されている。

(100) 例えば『魏書』巻二　太祖紀登国元年（三八六）一〇月条は拓跋窟咄の兵が代北に至って拓跋珪と君位を争い、そこで北部の大人ら「及び諸烏丸が劉衛辰のもとに逃れた」。この烏丸は独孤を指すと思われる。

(101) 注(90)『烏桓与鮮卑』は『宋書』・『南斉書』にあるこの材料を重視し、拓跋は初め南・西に向かっての遷徙において匈奴と混ざり合い、草原において多くの「胡父鮮卑母」の鉄弗あるいは鉄伐匈奴や「鮮卑父胡母」の拓跋あるいは禿髪鮮卑を生み出したとする。そのため氏は拓跋の名を後発のものとし、匈奴と鮮卑の融合の産物とした。該書二〇頁参照。

べ、顕著な優勢を誇っていた。こうした優勢に基づき、拓跋の名称は流転して堕ちることなく、歴史上に比較的大きな効果を発揮し、屠各・烏桓が日増しに消失していったのとは大いに異なることとなったのである。

鉄弗と独孤は、ともに烏桓の名称を有したが、その状況は異なっている。『資治通鑑』西晋永嘉三年（三〇九）条には鉄弗劉虎が西晋に叛いたと記され、『考異』に引く『劉琨集』には「烏丸の劉虎が叛乱を起こした（烏丸劉虎構為変逆）」とあり[102]、このことは『晋書』劉琨伝には直接「雁門の烏丸が再び叛した（雁門烏丸復反）」とある。雁門の烏丸とは「烏桓劉虎」であり、つまりは鉄弗の劉虎、あるいは屠各の劉虎であったようである。我々は鉄弗が以後の赫連《かくれん》であることを知っており、前後の資料をあわせて読むと、鉄弗・赫連は匈奴あるいは屠各であったこととなるが、烏桓と称する資料はこれだけであって、他に証拠もないため、これについては放っておく他にない。独孤を烏桓と称したことについては、『晋書』巻一一三 苻堅載記に「烏桓独孤・鮮卑没奕于《ぼつえきう》が衆数万を率い、また苻堅に降服した」[103]とある例以外に、さらに他の証拠もあるため、比較的信じられるものとなろう。西晋から北魏に至るまでの期間において、烏桓独孤を除く、全ての「諸方雑人」が烏桓と称されていたわけではないらしい[104]。

烏桓種族に関しては、特に注目に値する重要な資料が一つある。慕容垂が後燕を建国したとき、独孤部劉顕（劉庫仁の子）は強大であり、幽州・幷州の間に横たわり、慕容垂と敵対していた。慕容垂は拓跋珪と結んで劉顕を駆逐し、独孤を籠絡するため、独孤劉顕の弟劉亢泥を烏桓王に立て、劉顕の衆を綏撫させている（『資治通鑑』東晋太元一二年（三八七）条）。この後の一定期間に、拓跋は幷州にあり、慕容は後燕にあって、膠着状態に陥っているので、「烏丸王」劉亢泥は慕容側にいたことになる。一〇年の後の北魏皇始元年（三九六）六月、拓跋珪が東進して慕容の後燕を攻撃する前夜に、「将軍王建《おうけん》ら三軍を派遣して（慕容）宝の広寧太守劉亢泥を討伐させ、これを斬り、その部族を徙した」[105]。これにより、烏桓王劉亢泥が受封して以後、後燕の広寧太守となったことが分かるが、その広寧はもとの護烏桓校尉の駐留地附近にあって、烏桓人の勢力が強いところであった。劉亢泥はもともと元来の代北烏桓ではなく、独孤部の酋長であることを理由に、後燕より烏桓王に封ぜられたが、これは彼が各種の烏桓人を代表する、普遍的な資格をそなえていたことを物語る。後燕も彼の烏桓に対する影響力を利用し、彼を広寧太守とすることで烏桓を綏撫し、後燕による拓跋への抗戦を助け、一〇年間（三八七〜三九六）移動させなかったのである。拓跋珪は内部を整頓し、東進を決意した後、大軍をもって幷州・幽州の要衝である広寧城を陥落させ、あわせて劉亢泥の領する独孤部族を代北平城に徙した。拓跋珪が広寧攻撃に派遣した大将王建は、本人も代々拓跋と通婚していた広寧烏桓の出身であり、広寧においては大きな影響力を有していた。別の将軍である莫題《ばくだい》は雁門繁畤の人であり、代々陘北におり、烏桓とは少なくとも隣接し合うという関係を有していたのである。

　慕容の後燕が独孤の酋長劉亢泥を烏桓王に封じ、広寧に配置して太守として拓跋を拒ませたという一事は、十

(102)『魏書』序紀は穆帝三年、すなわち永嘉四年に、劉琨が援軍を要請したため、拓跋鬱律がこの年に劉虎を破り、朔方にまで駆逐したとし、そのままこれを追記した。

(103)『資治通鑑』は東晋升平四年（三六〇）、すなわち昭成帝二三年に繋《か》け、「烏桓独孤部は鮮卑没奕干（于）と各々数万の衆を率いて前秦に降服した」と言う。

(104)官氏志を細かく読み、私は「その諸方の来附した雑人はこれを烏丸と総称した。各々その多少をもって酋・庶長を称した（其諸方雑人来附者総謂之烏丸。各以多少称酋・庶長）」の計二二字は、混入した文言であると考えている。その下に「南北部に分け、再び二部大人を置いてこれを統轄させた」云々とあるが、烏丸と関係がなく、上文の「内侍長を置いた」の文と一貫している。このような文の区切りにより、内容はようやく明確となった。この二二字はおおよそ錯簡に属する。北朝の諸史においてはこのような錯簡には標点本により校勘記が出されており、少なからずあるが、ここは逆に解説がない。これはあくまで私の読書の経験によるものであり、その当否は分からない。

(105)この年の春、慕容垂が死去し、子の宝が即位した。『魏書』太祖紀及び莫含伝による。『資治通鑑』も同じである。

六国時代末期の「燕魏之際（後燕・北魏交替期）」の幽州・冀州の間における、影響の大きな事件であった。その意義はいくつかの方面から説明することができる。

一、代北の独孤はもともと烏桓の一種と認識されていた。二、「燕魏之際」に至り、独孤は代北地域の烏桓の一種であっただけではなく、さらに一歩進んで、代北全体の烏桓の総代表となったため、独孤の劉亢泥が烏桓王に封ぜられたことは、理解できることではあり、当時の人々は異としなかった。三、これにより、拓跋珪の部族解散の重要な事例の一つ、すなわち独孤部族の解散は[106]、実際には拓跋が烏桓を併呑した決定的な行為であって、拓跋・烏桓両族融合の最終的なあらわれであった、という結論が導き出せる。代北地域の二種類の烏桓は、事実上一種類に合わさった、独孤に代表される烏桓となり、最終的には部族解散という手段を通じて拓跋に併呑されたのである。部族解散という行為は、民族という意味において、拓跋部道武帝の統一を完成させたのである。

代北地域の二種類の烏桓グループは、相互間、及び拓跋部との融合を達成し、北魏建国後にはともに消失した。その上北魏収が『魏書』を編纂したとき、こうした歴史過程が既に史臣には理解されなくなっていた。その上北魏を正統王朝とする観念がはたらき、したがって烏桓部族は『魏書』中においてはあるべき地位を喪失し、「諸方の来附した雑人（諸方雑人来附者）」という曖昧な名称となったのであって、これは歴史に対する一種の歪曲《わいきょく》であったのである。

本節が用いた、独孤が烏桓を称したといういくつかの重要な資料が、半世紀前の唐長孺《とうちょうじゅ》氏の論文の中に全てあらわれ、使用されていることを最後に説明しておきたい[107]。唐氏の着眼点は烏桓そのものが既に雑胡化したことにあり、独孤が烏桓と称されたことから彼らが血統上既に混血していたと繰り返し主張した。唐氏が提示しているのは本章の言う別の一種類の烏桓である。氏の論述は正確であり、私も全面的に同意する。私が補った知見は、烏桓と拓跋の二大部族の代北での交流を総体的な背景とし、その中の別の一種類の烏桓、すなわち独孤が、遂に代北烏桓の主体となった一方、先に代北に入り、本来代北烏桓の主体であった烏桓は、かえって記述されなかったという歴史事実を詳しく見たことである。このことも我々がうかがい得る、代北地域の拓跋と烏桓の共生の過程とその一側面である。早くに代北に移った烏桓は、このとき既に拓跋と一体化し、識別しにくくなっていたようである。結局どうして独孤が早くも西晋時代に烏桓と称され、別の部族の称とはならなかったのかという問題については、例えば彼らが本来南匈奴に附属する烏桓部族であり、後に区別されないまま長期間幷州匈奴五部〔南匈奴〕の中に存在していたというような、種族的・文化的あるいは歴史的・政治的なさらに多くの根拠があったためであろうか。この問題はいまだにはっきりとは分からず、したがって自信のある見解は私には提示できない。

八　拓跋の内乱と烏桓の動向

魏晋以来、現在の山西省・陝西省・甘粛省・寧夏回族自治区及び内モンゴル自治区南部地域の各民族において

(106)　本書第三章「部族解散とは何のための施策だったか　二――独孤部族解散問題」参照。独孤部の解散については、実際に解散されたのは当時最も影響力があり、かつ拓跋部と直接的に接触していた独孤各部だけで、これ以外の独孤部は、相変わらず部族として、一定期間存続していた。その他の解散を被った部族も、これと同例であった。早くに拓跋と融合した烏桓部族については、当該章の考察対象ではない。

(107)　唐長孺『魏晋南北朝史論叢』（生活・読書・新知三聯書店、一九五五年）四二七-四三五頁。

は、至るところで前節で言及したような雑胡化現象が発生した。動乱により、多くの地方では先住漢人の人数が次第に少なくなり、漢文化は雑居する各民族に対しては主導的な効果を発揮できなかった。そのため各民族の融合は直接的な漢化をあらわすのではなく、雑胡化をあらわしているのであり、少数派の地位に追いやられた漢人さえも、久しくして胡化した。こうした歴史的現象は、先学も既に注目しており、各々研究成果がある。周一《しゅういつ》良《りょう》氏は「北朝的民族問題与民族政策」にて「四種胡（四種類の胡）」について論じており[108]、他に唐長孺氏「魏晋雑胡考」[109]や、馬長寿氏『北狄与匈奴』・『烏桓与鮮卑』の二書中の関連部分などがある。代北雑胡の発生はこうした潮流における現象の一部であった。

力微の死後、拓跋部は「諸部が離叛し、国内は乱れ（諸部離叛、国内紛擾）」、その間に屠各劉猛の後裔の異常な動きがあった。彼らの中の独孤とはすなわち烏桓である。『魏書』序紀によれば、二九五年に猗盧が「幷州に出、雑胡を北のかた雲中・五原・朔方に遷した。また西のかた黄河を渡って匈奴・烏桓の諸部を攻撃した」と言っており、ここで初めて、拓跋部が直接的に幷州雑胡と河西烏桓に対処したとする資料があらわれる。このとき拓跋部は空前の強盛を誇り、猗盧は「十万家を徙し」、陘北地域を充実させたが[110]、主たる徙民は拓跋部民ではなかった。これはこのとき盛楽がなおも充実化を必要としており、大規模に民を外に徙す理由がなかったことによる。当時の代北の部族状況に基づいて言うならば、烏桓は徙民の中でも相当大きい比率を占めていたはずであり[111]、このことは元来の烏桓の発展のために適当な空間を提供したこととなった。

拓跋の内乱について、一つは力微の死とその死後に起こり[112]、もう一つは猗盧の死後に発生した。この二つはともに拓跋の歴史の重大な転換を形作り、また二回とも烏桓が重大な役割を演じることとなった。

猗㐌・猗盧の時代、拓跋の強大な勢力と有利な情勢は、同時期に興起した劉淵・石勒に劣るものではなかった。しかし猗盧の死とその後に、拓跋の地位は急激に降下し、領域を拡大することはできず、ますます十六国の列に縁がなくなり、八〇年余りもの長きにわたって引き延びた後、ようやく復興し、十六国の局面を終結させる力となった。このことは拓跋史における一大問題であった。拓跋の内部よりその原因を探ると、私は猗盧が後継者を変更し、その母族との衝突と大乱を引き起こし、かつ以後の君位継承がなおもしばしば紛糾したことが、拓跋部の正常な発展に影響したと考えている。これは拓跋の地位が急に低下した根本的な原因であった。そして拓跋の内乱において、関係する一方には、常に烏桓がいたのである。

『魏書』巻一四 六脩伝、巻二三 衛雄伝や『資治通鑑』西晋建興四年（三一六）条及び胡三省注によれば、拓跋猗盧の陣営内にはもともと旧人・新人の区別があった。旧人について、胡三省注はこれを索頭部と言っているが、これは当たっており、拓跋との長い関係を持ついくつかの「内入」諸部が含まれていた可能性がある。新人について、胡三省注は「晋人及び烏桓人」と言っている。晋人はすなわち漢人を指し、漢人の指揮する烏桓の精強な

---

(108) 周一良氏はこの論文を最初は一九五〇年に『燕京学報』第三九輯にて発表し、後に『魏晋南北朝史論集』（中華書局、一九六三年）に収録した（一一七－一七六頁）。

(109) 唐長孺氏のこの論文は、注(107)『魏晋南北朝史論叢』三八二－四五〇頁に収録されている。

(110) 十万家という数は多すぎるようである。『資治通鑑』巻八七 西晋懐帝永嘉四年（三一〇）条『考異』に引く『劉琨集』は、猗盧について「琨より陘北の地を求め、三万余家を派遣し、五県の間に散在させた（従琨求陘北地、以幷遣三万余家、散在五県間）」とあるが、こちらが事実であろう。

(111) 『三国志』魏書牽招伝《けんしょうでん》は、雁門烏桓の五百家が既に編戸斉民となっており、税を納めていたとしており、陘北五県の地は尽く曹魏の雁門郡内にあったため、この時代の代北烏桓が既に厳密な部族組織を持たず、家で数えていたことが判断される。しかしこの牽招伝の内容を烏桓が納税したという角度からだけで観察することはできない。さらに牽招が烏桓を復するよう上表したことが見られ、これは彼らに「鞍馬を備え、遠方まで偵察を派遣」させるためであった。このことはここの烏桓人が鞍馬の生活から抜け出してそれほど長くはなく、安定した農民となってはおらず、一旦有事となれば、彼らがなおも烏桓突騎となり得たことを物語る。

(112) 注(68)「拓跋力微卒後『諸部離叛、国内紛擾』考」。

軍をも含んでいる。衛操ら晋人（漢人）は拓跋に身を投じた後、「桓帝・穆帝に晋人を招き入れることを進言し、ここにおいて附する晋人はやや多くなった」。烏桓は元来の烏桓と後に形成された烏桓独孤の双方を指す。これらの長期間つきあいのある部族は、日増しに混同されるようになったとはいえ、このときにはまだ完全な融合には達しておらず、その区別は依然として存在していた。「新人は善戦し」、猗盧とその長子六脩は相継いで新人（衛雄・姫澹らの将領を含む）を率いて劉琨の并州における転戦を助け、しばしば著しい戦功を立て、旧人に嫉妬された。穆帝猗盧五年（三一二）に汾東地域における戦役が発生した際には、[113] 猗盧は長子六脩・甥（猗㐌の子）普根及び漢人将領の衛雄・姫澹らを先鋒とし、完勝を挙げ、猗盧は寿陽山にて大猟し、その力量は頂点に達した。[114] 六脩は戦功が最大であり、名は当時に広まり、多くの史書に記述されているが、訳名が尽く同じであったわけではない。『晋書』懐帝紀は彼を利孫と称し、王浚伝は日律孫と称し、劉聡載記は利孫賓六須と称し、『水経注』灅水は日利孫と称し、『南斉書』魏虜伝は利孫と称している。各書は全てその名称を記録しているが訳音は異なっており、当時の人々が彼に対して広く注目しつつも、熟知していたわけではなかったことが分かる。普根については、『資治通鑑』巻八八 西晋懐帝永嘉六年『考異』に引く『劉琨集』はこれを扑速根と称しており、こちらも有名である。『劉琨集』は匈奴の称呼に基づき、六脩と普根をそれぞれ左・右賢王と称しているが、彼らは最も軍事的な実力を備えた人物であった。彼らは長期間衛雄・姫澹と仲間となり、そして衛雄・姫澹らはもとより「衆の附するところとなり」、軍中の代北烏桓人や漢人は命をかけて彼らについて行った。[115] 彼らが代表する勢力は、明らかに猗盧の死後においてその陣営内にて「旧人」に猜疑された「新人」であった。「旧人」・「新人」はもともと厳密な部族の称謂ではなく、その間の関係は時代にしたがって変転した可能性がある。六脩・普根がともに新人の仲間となったことから見れば、猗盧の生前・死後に発生した混乱は、新人・旧人が相当融合していたことのあらわれであったことになる。

戦争中より、猗盧は視野を広げていた。汾東《ふんとう》の戦いの翌年（三一三）、猗盧は盛楽を築城して北都とし、故平城を修築して南都とし、南都のさらに南の灅水の上源の地に新平城を築いた。都の建設が反映する猗盧の戦略配置は、拓跋部を盛楽の旧都から離れなくさせる一方で、次第に陘北五県の農耕地帯に拡大し、拓跋部の発育・成長に有利にさせるというものであった。南遷は拓跋部の進取の方針であり、猗盧が六脩に新平城の鎮守と南部の統領を行わせたことは、六脩が拓跋部の発展を推進する使命を与えられたことを物語っている。しかし、これは我々の歴史認識の一面に過ぎない。

『魏書』六脩伝や『資治通鑑』によれば、猗盧は少子の比延《ひえん》を寵愛し、後嗣に立てようとし、そこで長子の六脩を新平城に出し、「その母をしりぞけた」という。新平城は確かに戦略の要衝であったが、拓跋の権力の重心が所在していた盛楽に比べれば、結局は辺鎮に過ぎなかった。そのため六脩がここにいたことは、彼に中枢の政務に参与させず、その君位継承権を剝奪したことを意味する。『水経注』灅水に徐広《じょこう》の説を引いて、「猗盧は嫡子の日利孫（六脩）を黄瓜堆にて廃した」とあるのは、このことを指す。六脩はここにおり、比延は盛楽にいたので、嫡を廃して庶を立てたことになる。「その母をしりぞけた」とは、六脩の母と母族がこうした権力秩序の変動において反抗的な行動を起こすのを防ぐためにとった警戒の措置である。初期の拓跋の后妃は皆部族的背景を

(113)〔訳注〕汾東の戦いは三一二年に拓跋部・劉琨と漢（五胡十六国の一つ）との間で発生した戦い。漢の部将劉粲・劉曜は晋陽の劉琨を攻撃し、劉琨はこれを防ぎきれず晋陽を放棄し、常山に逃れた。劉琨は拓跋猗盧に援軍を要請し、猗盧は晋陽を攻撃し、汾東（汾水の東）にて劉曜軍を撃破した。

(114) 猗盧には他に戦功があった。三一〇年に彼は甥の鬱律（後の平文帝）に命じて盛楽から軍を出して鉄弗劉虎を攻撃するよう命じ、劉虎は朔方に逃れた。

(115)『資治通鑑』巻八九　西晋愍帝建興四年条によれば、衛雄・姫澹が衆を率いて劉琨の質子とともに劉琨に帰投しようとしたとき、晋人と烏桓は皆、「生死は二将軍とともにします」と言ったという。

有していた。后妃はその出身部族を恃んで自らの地位を高め、拓跋の君位継承においては常に母后とその部族の干渉があったことが認められる。こうした観点によると、猗盧の死を招いた拓跋の内乱が、六脩を廃しその母をしりぞけ、それによって部族衝突が引き起こされたことと密接な関係があったことが推察される。六脩は長期にわたって衛雄ら新人の軍隊と肩を並べて戦っていたため、容易に新人の陣営に入られやすかった。私は比延の母氏が旧人出身であり、猗盧が六脩を廃し比延を立てたことは、比延の母と母族勢力が猗盧にはたらきかけ、猗盧を旧人側に転向させた結果であり、必ずしも猗盧個人の愛憎のみから出たわけではないと推測している。やや後に六脩は比延を殺害し、旧人の危惧を引き起こし、新人・旧人の矛盾を激化させ、六脩はさらに猗盧を殺害し、新旧間の矛盾はそれを制御し得る人間を失い、情勢は完全に制御不能となり、互いに殺戮し合うこととなって、衛雄・姫澹ら多くの晋人・烏桓人に出奔を促すこととなったのである。

『晋書』劉琨伝は猗盧の死に言及し、「部族は四散」し、箕（姫）澹らは「盧の衆三万人」を率いて劉琨に帰属したとし、愍帝紀も猗盧の死に触れ、「その衆は劉琨に帰属した」と言う。この数万の烏桓人と晋人こそは、元来猗盧の恃みとしてきた主要勢力であり、彼らが南に向かって遁走して以降は、代北の拓跋部には恃むに足る軍事力がなくなったのである。

事態の進展からは、矛盾が急速にもとの範囲を超越して、新旧の殺し合いから、兄弟の殺し合いに変化したことがうかがえる。本来同じく新人陣営に属していた猗㐌の子である普根は[116]、混乱に乗じて六脩を殺害し、事実上、猗盧の擁していた拓跋西部・中部を統轄する最高統治権力を奪取した。これは（普根を代表とする）猗㐌の系統が（六脩を代表とする）猗盧の系統を滅ぼし、新人陣営が分裂した状況の中で、拓跋部の君位継承をめぐる兄弟の殺し合いという惨劇を再び演出したことを意味している[117]。

拓跋の内乱という、入り乱れて複雑な事件は、『魏書』の各処に見られるが、あまりはっきりはしない。『資治通鑑』はこれらを整理し、その叙述において因果関係を含ませているので、比較的理解しやすくなっている。例えば衛雄伝が「六脩の叛逆により、国内は大いに乱れた」と言ったように、弑逆《しいぎゃく》を大乱の根源と見なしているが、『資治通鑑』は「普根が代わって立ち、国内は大いに乱れた（普根代立、国内大乱）」とし、子による父の弑逆の他に、桓帝・穆帝の二系統の兄弟の殺し合いに一因を求めており、衛雄ら新人がどう対応したらよいか分からず、外に逃れ安全を求めざるを得なかったことが、これによれば理解しやすくなる。六脩が比延・猗盧を殺したというだけであったならば、その性格は新人・旧人の殺し合いである。この場合、衛雄らはもちろん新人を守る立場にあり、別に六脩から離れなければならないことはなかったであろう。新人陣営における普根・六脩兄弟の殺し合いに至り、衛雄らはいっそう身を処しがたくなり、断固として出奔するしかなかったのである。

普根は衛雄ら新人の強力な支持を失い、身を守るものがなく、間もなくして死去し、その母である桓帝の皇后祁氏は、普根が生んだ子を勝手に立てた。『資治通鑑』は建武元年（三一七）条の末尾に「普根の子も死去し、国人はその従父鬱律を立てた」と記している。ここで、『資治通鑑』はさらに我々に重要な情報をもたらしてくれ

(116)　『魏書』序紀は、三〇五年に猗㐌が死去し、「子の普根が代わって立った（子普根代立）」とするが、これは代わって中部の君主となったことを指す。三〇七年に東部の禄官が死去し、初めて西部の猗盧が「三部を統轄」し、普根は中部の君主として、その叔父の「統轄」を被ることとなった。三一六年の内乱により、猗盧・比延・六脩は全て死去し、序紀は「普根が立ったが、月余にして薨去した（普根立、月余而薨）」と記す。この「立」は、前掲の「子の普根が代わって立った（子普根代立）」と違って、三部を統轄する君主を自ら名乗ったことを指す。普根が死去し、「普根の子が生まれたばかりであったが、桓帝の皇后はこれを立てたが、その冬に普根の子もまた薨去した（普根子始生、桓帝后立之、其冬普根子又薨）」云々とあるが、これも拓跋三部を「統轄」する君主となったことを言っているのであり、少なくとも名義上はこのようであったが、皆の承認は得られていなかったようである。

(117)　普根が六脩を殺害したことで、猗盧の系統の後裔は残らなかったようである。『魏書』皇后伝には穆帝皇后の伝はない。神元平文諸帝子孫列伝にも穆帝の後裔に関する記述は見られない。普根が六脩を殺害し、「これを滅ぼし」たことで、猗盧の系統が全て消滅してしまったと言うことができよう。

る。祁氏は赤子に頼り、最終的には桓帝猗㐌の系統を維持しきれなくなった。衛雄らが烏桓の新人の勢力を率いて去った後、代北の動乱後の混乱した状況を収拾できるのは旧人だけであった。『資治通鑑』は「国人」が鬱律を立てたとするが、その指すところは盛楽を中心とする旧人による鬱律、すなわち平文帝の擁立である。鬱律は思帝弗《していふつ》と蘭妃の子であり、蘭妃は北方の烏洛蘭部出身であった。陳毅《ちんき》『魏書官氏志疏証』、姚薇元『北朝胡姓考』や陳連慶『中国古代少数民族姓氏研究』は、全て烏洛蘭部を匈奴の出身としている。鬱律がこうした背景により、旧人を代表していたであろうことは、疑いを容れない。同時に政治の仕方という原因もあったはずである。『魏書』巻一一一刑罰志は猗盧が刑法を厳しくし、軍令を尊び、「万単位の死者を出し、ここにおいて国〔拓跋部〕・部族は騒擾した。平文帝が即位し、離散した者たちを慰撫し集めた」という。平文帝のこのような施政は、当然「衆心を得」ることとなった。

西暦三二一年に祁皇后は平文帝鬱律を殺害し、自分の子である恵帝賀傉・煬帝紇那を相継いで立てたが、これは危険な一手であり、新人を急激に勢いづかせることとなった。史書は平文帝の死に言及し、「大人死者数十人」であったとし、このときの祁皇后と平文帝、すなわち新人と旧人の二系統の闘争の、激烈な残酷さをうかがうことができる。旧人は敗北し、その活力は大いに損なわれた。結果として祁皇后の系統が権力を掌握したが、このことは、烏桓が拓跋を圧倒することを意味するものであり、当然拓跋の人心を得られなくなった。そのため、恵帝賀傉の在位時には「諸部の人々の感情が未だ尽くは服して」おらず、祁皇后は遠く、昔日の拓跋の敵手であった石勒に救援を求めざるを得ず、煬帝紇那は宇文部に遁走せざるを得ないほどであった。三二九年に烈帝翳槐はその母方のおじの部族である「賀蘭部及び諸部の大人」により共同で擁立され、旧人が権力を掌握した。以後新人と旧人は闘争を繰り返し、煬帝―烈帝―煬帝―烈帝の復辟・反復辟は、実際には東部と西部をそれぞれ代表する、部族の新人・旧人間の継続闘争であった。史料が簡略であるため、その過程において烏桓が公に登場する例は見られないが、その間に新人が東木根山に築城したのは、退いて準備を行うためであった。煬帝の形勢が不利なときに彼が東に向かって大寧に入り、さらに不利となれば東の宇文・慕容に投じるなどといったことは、桓帝の後裔が烏桓と東部鮮卑を頼って自らの保障としたということをあらわしている。

烈帝翳槐の擁立には、旧人中の母方のおじの部族である賀蘭部が鍵となる役割を果たした。これは今回の複雑な闘争に、外戚部族が直接表面に立ち、権力に干渉するという新たな要素を注入した。このため三三五年に「(賀蘭)藹頭は臣職を修めず、これを召還して殺害した」ということがあった。これは平文帝王皇后が、自分の生んだ子が君位を奪取するために準備し、とった行動であったに違いないが、「国人」は必ずしもそれに同意してはいなかったのであろう。そのため諸部大人は一時的に西に戻った煬帝を再び奉じた。しかし旧人は結局新人に親しまず、後趙の軍隊が降服した烈帝を護送して大寧に到着したとき、「国人」六千余落はまた煬帝に叛して烈帝に帰し、烈帝もすぐに西の盛楽の故地に帰り、「新盛楽城に築城し」、ここに居住するようになった。旧人は繰り返される闘争において最終的に勝利を得たのである。

拓跋の内乱やそれに続く事態について、その混乱した外観を開きその実質を探ると、次のように認識することができる。第一に、これが拓跋陣営における新旧の闘争であったこと。第二に、その中で拓跋の君権と外戚部族の政治干渉との闘争が入り混じったこと。第三に、これにより拓跋の兄弟の系統の君位継承をめぐる闘争に変化したこと。第四に、地理的には東西(大寧・盛楽をそれぞれ中心とする)の対立としてあらわれたこと。新旧の闘争は、実際には新旧のさらなる融合を育み、その中でも主要なものは烏桓と拓跋の融合である。烈帝が再び立ち、また昭成帝什翼犍が統治するに至って、状況はようやく安定化することになった。

拓跋史のこうした曲折の時期において、本来桓帝・穆帝を支持していた新人、すなわち烏桓人と晋人が南に逃れ、旧人勢力が一度強大化したとき[118]、祁皇后がいったい何に基づいて権力を奪取できたのか、史書には明文がない。その当時の状況より推測すると、代北地域東部に散在していた烏桓がなおも潜在力を有しており、祁皇后が彼らに頼っていた可能性が出てくる。注目に値するのは、盛楽において、まず賀蘭氏の生んだ烈帝を支持して勝利を得、それから自身の生んだ昭成帝を支持して勝利したのが、昭成帝の、強悍な母后王氏であったことや、この人物も烏桓人（広寧烏桓）であったことである。このことは拓跋に融合した烏桓人が多く、その傾向と役割がときによって異なっていたことを物語っている。王氏は「十三歳のときに、あることによって後宮に入り、平文帝に寵愛され[119]」たため、拓跋の権力の中心に進入する機会があった。我々は烏桓人を、終始拓跋と対立した新人と見なすことはできない。事実上、新人・旧人の境界は、両者が長期にわたり繰り返された闘争において、さらに融合したことにより、次第にやわらいでいったのである。

代北にて育まれた拓跋部と烏桓の共存・共生の潮流において、烏桓の代表的人物を探し出すのは難しい。拓跋の内乱の過程において出現した輩行の異なる二人の母后、桓帝皇后の祁氏と平文帝皇后の王氏が、拓跋部の歴史に対して重大で、長期にわたる影響を与えていたことについて言えば、彼女らを烏桓人の代表と称し得ると私は考えている。推算すれば[120]、祁皇后は王皇后よりも三十数歳年長となり、両者は各々拓跋部の対立陣営において権力を掌握すること数十年に達していたことになる。その中の少なくとも西暦三二一～三三七年の拓跋の歴史は、祁皇后が平文帝を殺害してより、烈帝が祁皇后の系統の最後の勢力を滅ぼすまでであるが、完全に彼女たち二人の烏桓婦人の演出によるものであった。

拓跋部における母后と后族の政治干渉という現象は、昔からあった。その中の具体的な状況は、比較的古い時代の諸皇后の事跡から、かすかに発見できるだけであったが、祁皇后・王皇后の、この両名の烏桓婦人から、やや遅れての賀蘭部出身の賀皇后に至れば、事跡は極めて明白となる。私はこうした現象は、後に出現する、千古にまれに見る「子貴母死」の制の背景であり、もし「子貴母死」のような厳しい制度がなければ、母后と后族が拓跋の内部政治に干渉する局面を逆転させるには足らず、まして道武帝の帝業を出現させることなど論外であったと考えている。さらに〔本書第一章で言及した〕『顔氏《がんし》家訓《かくん》』治家に言う北朝婦女の政治干渉の習慣が、まさしくこうした歴史的伝統の残余のあらわれであったとも私は見ている。

三一六年より拓跋の内乱が始まり、各種の複雑な矛盾の中には、いずれも拓跋と烏桓の二つの部族の矛盾があったが、必ずしも終始激烈な対抗状態にあったわけではなかった。これら二つの部族関係の総体的な趨勢としては、むしろ一体化したほうがよかったが、それには長い調整の過程が必要であった。平文帝個人について分析すれば、彼は拓跋の「国人」より擁立されたため、旧人の陣営に属していたことについてはほとんど疑いを容れない。彼の長子である翳槐は、賀蘭部の母方の甥であったため、自然と旧人の陣営に属したことになろう。しかし、平文帝の次子什翼犍〔昭成帝〕は王皇后の子であり、また広寧烏桓王氏の母方の甥でもあって、平文帝が殺

---

(118)『魏書』序紀は平文帝が「衆心を得」、二年で屠各劉虎を大いに破り、「西は烏孫の地を兼併し、東は勿吉以西を併呑し」、五年には「治兵講武し、南夏を平らげんとする意志を有していた」とする。劉虎を撃破したのは事実であるが、東西を兼併したというのは誇張であるという、先人の説がある。平文帝は一度興隆したが、長くは続かなかった。総体的に言えば猗盧以降の拓跋は衰えたのであり、真に台頭するのは昭成帝の時代である。

(119)『魏書』平文王皇后伝。

(120) 計算方法は次の通りである。猗㐌は三〇五年に死去し、衛操伝所載の桓帝碑によれば、猗㐌は三九歳で死去したとされ、二六七年に生まれたこととなる。祁皇后と桓帝が同年であったと仮定すれば、彼女は三一六年に普根の子を立て、拓跋で内紛が起こったときには既に五〇となり、彼女が平文帝を殺害したのは年五十五のときであり、恵帝・煬帝を立て、烈帝と君位を争奪したときには、既に六〇前後の高齢となり、この紛争の過程で死去した可能性がある。彼女が死んだ年としてもっとも可能性が高いのは三二四年であり、この年に恵帝は初めて「臨朝」し、諸部が叛乱し、情勢は制御できなくなり、恵帝は東木根山に築城してここに退避した。祁皇后の生没年は二六七（あるいはこれよりもやや後かもしれない）～三二四年と推定できる。平文帝の王皇后については、皇后伝によれば、一三歳のときにあることによって後宮に入り、平文帝に寵愛され、昭成帝を生んだという。序紀によって推測すれば、昭成帝の生没年は三二〇～三七六年となろう。王皇后が後宮に入った翌年に子を生んだと仮定すれば、王皇后の生没年は三〇六～三五五年となる。

害された後に王皇后が万難の中で育てて成長したのである。什翼犍の君位継承と施政は、ともに王皇后の主宰によった。平文帝の二子、賀蘭氏の生んだ烈帝と、王皇后の生んだ昭成帝は、各々旧人と新人という、異なる外戚の背景を有していたとはいえ、昭成帝期の拓跋政権においては、かえっていわゆる新人・旧人の区別は見受けられない。序紀の昭成帝二年条に、「諸大人と参合陂にて朝し、会議により灅〔㶟〕源川に都を置こうとしたが、連日決することなく、太后の計により沙汰止みとなった」とある。諸々の拓跋大人は本来保守的であったが、このときは逆に南東に向かって農業地帯に進入し、城郭を築いてとどまることを共議しており、しかもここはまさに新人勢力が強大な地であった。皇后伝には王皇后の発言として、「我が国は上世より、遷徙をつとめとしていた。今は事難の後であり、基業はまだ固まっていない。もし城郭を築いて住めば、一旦来寇があっても、急に移るには難しい（国自上世、遷徙為業。今事難之後、基業未固。若城郭而居、一旦寇来、難卒遷動）」とある。いわゆる「事難」、いわゆる「寇」は、主に新人の侵攻を指し、遷都とは新人（主として烏桓を指す）の地域に向かって接近することである。本来保守的であった拓跋大人は遷都を主張したが、烏桓に出て拓跋の命運を掌握した王皇后は、逆にしばらくはこれを許さなかった。両者の思考角度は〔それまでと〕正反対である。このことはまさに旧人と新人、拓跋と烏桓の対立情勢がいっそうやわらいだことを物語っている。ただしこのときの拓跋と烏桓は既に融合していたが、合わないところもあり、両者の区別はまだ完全に消失したとは言えない。本章の以後の各節においても、こうした区別はまれにあらわれているが、総体的な趨勢としては逆に薄れ続けていったのであり、消滅に向かっていったのである。

ここで、ついでに拓跋史における普根の正統地位問題について整理するが、この問題は序紀のなかでは比較的混乱しており、明確に整理されたことはなかったようである。

『魏書』序紀によれば、北魏の先人の成帝毛《もう》より献明帝寔《けんめいていしょく》に至るまでの、計「二十八帝」は、皆道武帝より追尊され、そのうちの二二番目は穆帝猗盧であり、二三番目は平文帝鬱律であった。序紀はこの二帝の間にて、桓帝祁皇后の子の普根と、普根の子の諸事を叙述したが、至るところで錯乱しており、曖昧で何回も「継立」・「代立」・「立」・「薨」の諸字が使用され、その中の普根の「立」は二回出現する。後人はこの文章によって新たに拓跋の継承順序を定めており、穆帝より「四伝」して平文帝に至るという説があり、顧祖禹『読史方輿紀要』などがそれである。(121) ここでは普根の子を北魏皇統の中に入れているが明言はしていない。私は本章の「東木根山の地名の由来」の節の注においてこの問題に触れたが、今これについて再度説明を行い、序紀の文章の整理と拓跋の内乱の理解について益となることを期待する。

序紀の、昭帝禄官が立ち、国が三分する二九五年から、穆帝猗盧による三部統轄の三〇七年までの一〇年余りにおいては、東・中・西三部の君主は昭帝の下に並び立ち、年代の記述には厳密な区別がなく、細かく調べることで、ようやく何部の何帝のことであるかが判別できる。三〇五年の条には、「この年、桓帝が崩御した。……子の普根が代わって立った（是歳、桓帝崩。……子普根代立）」とある。このことは普根が猗㐌に代わって中部の君主となったことを指すだけで、三部の並立という局面に影響は与えなかった。三〇七年条には続けて「昭帝が崩じた後、（穆帝猗盧は）そのまま三部を統轄し、一統とした」と記す。これは昭帝の死後東部に代わって立つ君主がなく、穆帝によって勢いに乗じて三部が統轄されたことを指す。普根の地位は説明されていないが、事実上彼の擁していた中部の君主という肩書は取り消されたか、あるいは元来の意味を喪失したのであろう。(122) 普根は善戦

(121)　『読史方輿紀要』巻四「歴代州城形勢」の「後魏起自北荒」条。

(122)　『魏書』巻九五　慕容廆伝に「左賢王普根」の称があり、「穆帝の世に、（慕容廆は）頗る東部の憂患となり、左賢王普根が攻撃してこれを走らせ、修好・和親した」とある。これは穆帝が単于となったことによるのであろう。普根はもともと拓跋中部の君主であったことからこの称号があった。そのときの右賢王は穆帝の子の六脩であった。『資治通鑑』永嘉六年条の『考異』参照。

することもあり、三一二年に拓跋の大軍が劉琨による劉聡《りゅうそう》[123]・石勒への攻撃を支援していたとき、普根は六脩や烏桓の精鋭を統領する漢人衛雄・姫澹らと同様に、皆穆帝の麾下にあって作戦に従事した。これにより、拓跋中部の国は既に独立勢力ではなくなっており、もとの「普根代立」の語は既に失効していたことが証明されよう。

穆帝は三一〇年に陘北五県の地を獲得し、拓跋の重心は西部より中部に転じた。桓帝・穆帝はともに文帝の皇后封氏の子であったが、両系統の関係はうまくいっており、利害の衝突はうかがえない。桓帝期に編成された精鋭の烏桓軍は、桓帝の死後には穆帝により統領され、戦闘力は依然として強力であった。このことは穆帝が既に日増しに中部の勢力、中でも烏桓の支持に頼り、烏桓に接近していったことを証明する。こうした変化があって、ようやく三一三年の、盛楽に築城して北都とし、故平城を修築して南都とし、さらに南にて新平城を修築したという、穆帝の決定があったのである。この決定は、まさに拓跋の「図南」計画の重要な準備でもあった。こうした角度より分析して、私は後の事態の変遷が、決して桓帝・穆帝の関係の不和によるものではなく、別の新たな要素がその間に入り混じったことによると考えている。穆帝が末子比延を寵愛するようになり、長子の六脩を出しその母をしりぞけたという行為から、私はその新たな要素というものは、六脩・比延の各々の母氏と、外戚部族が拓跋の君位継承に干渉し、新旧対立の情勢を生み出したことであったと判断する。これは拓跋史においては決して初見ではない。さらに詳しく見てみると、六脩・普根は新に属し、比延は旧に属し、穆帝はもともと新人に接近しており、このときは新旧双方が影響・争奪し合う中にあり、最終的には旧人の陣営に傾いたのである。六脩が比延を殺害して穆帝を弑殺し、普根がさらに六脩を殺害したときに至り、矛盾は新旧対立の範囲を超越し、兄弟が君位をめぐって争い、殺害し合うという形をとることとなった。そのためもともと新人とともにあった衛雄・姫澹の領していた烏桓の軍隊は、どちらについていくか分からず、結局境外に叛走せざるを得なくなり、そのまま瓦解するに至ったのである。

矛盾はさらに複雑となり、盛楽地域にまで拡大するほどの勢いがあった。この事変によって利益を得たのは結局旧人であり、まずは比延の母であったが、彼女は旧人出身であったはずである。後に拓跋の諸大人が平文帝を盛楽にて擁立したことは、さらなる旧人の勝利となった。旧人勢力は盛楽において一貫して活躍していた。平文帝は拓跋部衆の人心を得、また屠各劉路孤（烏桓独孤）の来附を受け、勢力拡大の強い願望のもと、東木根山に東遷し、もとは拓跋中部・東部の祁皇后の地域に属していたところに楔を打ち込んだ。三二一年、祁皇后は反撃し、東遷した平文帝と拓跋の諸大人を謀殺し、旧人の勝利の局面は激変した。これは激烈な、影響の深い闘争であり、民族という意義においては、祁皇后を代表とする烏桓と拓跋の闘争であった。しかし序紀は簡単に触れるだけで、具体的な経緯はほとんど書かなかったのである。

元来、旧人が権力を掌握したときには、祁皇后は代北の歴史舞台より退出することなく、依然として我慢強く変化を待っていた。穆帝は既に死去し、普根は六脩を攻め滅ぼし、拓跋には君主がなくなり、そこで初めて序紀が記す「普根立」の語があるのである。これは祁皇后がその子による三部統轄を支持したとしか解釈できない。序紀の三〇五年条の「普根代立」や三一六年条の「普根立」について、前者は普根が桓帝に代わって拓跋中部の君主となったことを指し、後者は普根が穆帝に代わって統一拓跋の君主となったことを指す。史書には穆帝が後嗣を残していたかを明記しないが、これにより桓帝の子が三部の統治を継いだことは、拓跋の、年長の君主を立てるという習俗に合しており、旧人が必ずしも受け入れられなかったわけではない。しかし普根が立って後、月

（123）〔訳注〕劉聡（?～三一八）は漢（五胡十六国の一つ）の第三代皇帝。劉淵の三子。劉淵の死後、帝位は皇太子劉和に渡り、劉和は自らの一族が内外を軍権を掌握していることに不安を覚え、彼らの粛清を目論んだが、劉聡の反撃に遭い殺害された。そのまま劉聡が皇帝となり、三一一年には西晋の首都洛陽を陥落させ、さらに三一六年には長安の愍帝《びんてい》司馬鄴《しばぎょう》政権を壊滅させて、西晋を完全に滅亡させた。しかし晩年は佞臣を重用するなど、漢が短命のうちに滅亡するきっかけを作った。

余にして死去し、序紀は「普根の子が生まれたばかりであったが、桓帝の皇后〔祁皇后〕がこれを〔君主に〕立てた。その冬、普根の子が死去した」と記す。祁皇后が生まれたばかりの赤子を君主に立てたことにより、自ずから祁皇后自身が一切を総攬することとなり、また外戚〔祁皇后の外戚と赤子の母家〕部族を引き入れて拓跋の政治に干渉させた可能性もあるが、これはかえって拓跋大人の支持を集めることをできなくさせ、国人が盛楽にて平文帝を立てるということが発生した。ここから、序紀が特に祁皇后が普根の「生まれたばかり」の子を立てたことをあらわした意味を理解することができる。私は序紀のこの記述は極めて簡略であるが、よく考えた上で書かれた文章であると考えている。標点本がもしここの句読点を「普根立、月余而薨」とし、「立」の字のところに読点を打ったならば、「立」の字が突出し、時間が短く、変化が突然であったことを強調することになる(124)。これには二つの意味があり、拓跋に君主がいないときに、普根が空いた君位に即いて立ったことは、もとより正常な状態に属しており、また普根は本来武功が卓越しており、かつ紛争を出現させたことはない。やがて祁皇后が突然赤子を立てたことで、異常な変化を引き起こしたのである。

こうしたことは細々《こまごま》としたことに過ぎず、歴史家は必ずしも気に留めてはいなかった。しかし道武帝が先人を追尊したとき、誰を承認し誰を承認しないかという問題については、間違いなく念入りに思考したであろう。文帝沙漠汗と献明帝寔はともに君位に即かずして死去したが、皇帝の尊号は得ており、これは彼らが拓跋の大宗において不可欠の位置を占めていたことによる。これによって、もし普根とその子も道武帝の認可する北魏皇統の不可欠の地位の列にあらわれたのであれば、同様に追尊されなければならず、まして普根とその子が「立」ったという手続きが拓跋の歴史にあらわれているから、これを追尊の理由とすべきであろう。道武帝は普根父子を追尊してはいないが、その原因は、彼らが道武帝本人が受け継いだ拓跋の正統と関係がなかったことにある。

以上の分析に基づき、顧祖禹の言う穆帝より「四伝」して平文帝に至ったとする文言について解釈を試みたい。

もし顧氏が誤って言っているのでなければ、私はこの「四伝」について、一代が穆帝猗盧自身を、二代が桓帝祁皇后の子普根を、三代が普根の子を、四代が平文帝を、それぞれ指していると考えている。その後に祁皇后が自ら君位をとったことは、すなわち皇后伝 祁皇后条に言う「平文帝が崩御し、皇后が政治をとり、当時の人々はこれを女国と呼んだ」である。しかし、普根の子は生まれたばかりで立ち、これを立てた者は祖母の祁氏であり、当然ながら祁氏が実権を掌握したのである。これは既に「女国」の実が備わっており、結局襁褓《むつき》の中の、権力の象徴としての赤子があったに過ぎなかったことになる。平文帝が殺害され、祁氏自身はようやく真に拓跋の君主となった。隣国が祁氏の国を「女国」と称したことも、これ以前に祁氏に君主を称する局面があったという事実をうかがわせる。普根の子は三一六年冬に死去し、平文帝の元年すなわち三一七年の拓跋の歴史について、序紀は一言も記しておらず、全くの空白であるが、この一年が極度に混乱した中にあり、また忌み憚《はばか》ることが甚だ多かったことは明らかであって、祁皇后が君主を称したこともその中に含まれるのであろう。道武帝は建国後、拓跋の歴史における母后や后族の政治干渉の痕跡を消し去ろうとしたのであり、意図的に祁皇后の件を薄れさせ、後人は序紀を撰写する際に、いくつかのキーポイントを意図的に書き殴らざるを得なくなり、遂には真相が分からなくなって、祁氏の事跡が序紀において非常に曖昧となったのである。以上の推測が、三一六年の内乱における新旧対立が覆い隠した烏桓・拓跋（祁皇后の系統と平文帝の系統）の対立の鋭さや、両者が完全に隔絶することはできなかったという歴史的事実を認識するのに役立つものと私は考えている。

祁皇后の系統の人物は比較的盛んであった。『魏書』巻一四の記述によれば、桓帝の後裔にはなおも素延《そえん》（道武帝により曲陽侯《きょくようこう》に封ぜられる）・郁《いく》（文成帝《ぶんせいてい》により順陽公《じゅんようこう》に封ぜられる）・目辰《もくしん》（孝文帝により宜陽王《ぎようおう》に封ぜられる）がい

（124）〔訳注〕中華書局標点本『魏書』序紀のこの箇所には「普根立月余而薨去」とあり、読点を打っていない。

た。しかしこれらの人々の継承状況と事跡については、知る術がなく、故意に薄れさせられた可能性が高い。

ここで拓跋普根の法的地位問題について触れておくが、その本意は穆帝死後にその兄嫁である桓帝皇后祁氏が政治の表舞台にあらわれたという史実を簡単に描写し、拓跋の帝系を構成する重要部分を探究することにある。はじめに書き上げたときには『魏書』の文面にこだわるあまりに、内容の上では広汎な思考をなせなかった。例えば烏桓・拓跋部には「寡婦となった兄嫁と交わる」という習俗のみならず、「死去すればその前夫のもとに帰る」という習俗があったが、これらは祁皇后が舞台に出た前後の行為においてもあらわれたのだろうか。そして拓跋の正統構成において、如何なる影響があったのだろうか。「女国」の称は、広く祁皇后がしばらく国政をとっていたことを指すのか、それとも祁氏が拓跋の国を簒奪して自立したことを指すのであろうか。恵帝・煬帝の父は結局のところ桓帝であったのか、それとも穆帝であったのか。これらの問題は後に書いた本書第六章「文献にあらわれる代北東部の若干の拓跋史跡の検討」においてあらためて考えてみた。私は次のように考えている。一、桓帝の死後、祁氏は拓跋の旧法により、穆帝に嫁ぎ、子を生んだ。二、穆帝が死去し、祁氏は旧法に基づいて「前夫のもとに帰」ったが、これによりその前夫である桓帝の子普根を立て、続けて普根の生まれたばかりの子を立てたのは、全て拓跋の旧法の要求するところであったこととなる。三、「女国」の称は、祁氏が普根の生まれたばかりの子を立てたときに、自立して国を建て（必ずしもこうした名目があったわけではない）、拓跋の大人に受け入れられることができなくなり、拓跋の大人はそこで別に平文帝を立てたが、平文帝は立って五年後に祁氏に殺害された。四、恵帝・煬帝は祁皇后が穆帝とレヴィレート婚により生んだ子であった。穆帝が死去し、祁皇后は「前夫のもとに帰」り、桓帝の系統に回帰したことを意味し、これによって恵帝・煬帝は拓跋の習俗にしたがってともに立つことができなくなった。しかし普根とその子がともに死去し、桓帝の系統に継ぐべき人間がいなくなったときに、祁皇后は恵帝・煬帝を国君の地位に据える他になくなり、祁皇后自身が完全に支配するようになって、正式に「女国」の称が生まれたのである。いわゆる「太后臨朝」とは、実は祁皇后が穆帝の子を擁して自立したことを指すが、これは拓跋の旧俗においては正当な根拠のないことであった。三二四年「恵帝が初めて臨朝した」が、これは祁皇后がこの年に死去したことを意味する。この後『魏書』においては、もはや祁皇后の事跡は見当たらなくなる。以上の推測は本節の考察を補うかもしれない。

九　前燕雲中の戍――代北周辺関係の一

本章の、ここより前の各節にて検討した問題は、主として拓跋と烏桓の代北における活動であった。代北と隣り合ういくつかの地域で、その支配者は自己の必要のために、たびたび行動し、代北の歴史のプロセスに影響を与えた。本章の本節と次節では、慕容燕が代北に対して配置した防備と、前秦による朔方経営・代北との往来の問題をそれぞれ検討し、代北と周辺地域の相互影響の関係を、拓跋の歴史から探究することとする。さらに直接的な目的として、拓跋が朔方と幽州から来る、苻堅に指揮された勢力に、国を滅ぼされる以前に見られた、いくつかの兆候の検討がある。代北と周辺の関係においては、常に烏桓の形跡をとらえることができるのであり、このことはいっそう本節を執筆する目的となる。

拓跋部はその内乱の後に、ときには草原を東西に疾駆し、「控弦乗馬の士は百万人に達しようとし[125]」たという

(125)『魏書』巻一 序紀 平文帝二年（三一七）条。

輝きを持ち、また一度は東の東木根山に徙ったとはいえ、総じて言えば結局は長期間代北に引っ込んでおり、外に向けて開拓してきたわけではなかった。また、恵帝―煬帝―烈帝―煬帝―烈帝の繰り返す闘争において、新人（恵帝・煬帝）であるか、あるいは旧人（烈帝）であるかにかかわらず、ともに後趙に屈して生存を求めていた。しかし後趙はしばしば拓跋部内部のどちらかを支援するため代北に出兵したものの、逆に代北を併呑しようとしていたという確たる意向は見いだせない。拓跋は終始代北という、発展のための空間を擁しており、その主体部分が遠く移動したわけではない。

　四世紀中葉の、前燕・前秦が東西に並立していたとき、拓跋部では昭成帝什翼犍が君位におり、情勢は安定し、東は慕容と、西は鉄弗と接触することが多かった。前燕は幽州西側の安全を求めるために、自然に代北の動静に関心を抱くようになったが、これは西晋の衛瓘が、代北の監督という目的を遂げようとしたことと同じである。慕容儁《ぼようしゅん》は三五〇年春に龍城より薊に遷った後、西にて烏桓・拓跋が機会をうかがっており、それが薊城の安定に影響を与えることをよく知悉していたため、西側の防備配置を急務としていた。『晋書』慕容儁載記や『資治通鑑』によれば、慕容儁は薊に入るとすぐに、弟の慕容宜《ぼようぎ》を代郡城郎に、[126]孫泳《そんえい》を広寧太守にそれぞれ任命し、幽州郡県の守令を尽く配置したという。同年八月、代郡に叛乱が発生した折には、慕容儁はさらに広寧・上谷二郡の民を徐無（現在の河北遵化）に徙し、代郡の民を凡城（現在の朝陽南部）に徙した。『晋書』地理志上によれば、上谷郡は郡が谷の上にあることから命名され、広寧郡は太康《たいこう》年間（二八〇～二八九）に上谷郡より分かれ、上谷の下にあったという。北東方面の上谷・広寧の二郡と南西方面の代郡とは、幽州を保障する要衝地帯であった。上谷・広寧・代郡の地やその西には、多数の烏桓がおり、烏桓の西には拓跋がいた。そのため前燕は広寧・上谷の民を徐無に徙し、代郡の民を凡城に徙したのであり、代谷の南北両側を空にすることは、前燕の防備配置に便利であった。またこの徙民には、多くの烏桓が含まれていたはずである。

数年後、前燕は幽州西境の防備を整え、果たして大きな行動が起こされた。西暦三五七年（前燕光寿《こうじゅ》元年、代国昭成帝建国《けんこく》二〇年）、慕容儁は迫られて来降した匈奴単于賀頼頭を寧西将軍・雲中郡公とし、その部族三万五千人を代郡の平舒城に駐留させた。賀頼頭の駐屯地や、彼が受けた寧西将軍の軍号、雲中郡公の封爵の示す方向・地域からも、慕容儁が賀頼（賀蘭）部族の勢力を利用し、前燕のために代北雲中の旧地を監督させ、拓跋と烏桓からの防衛を行う心算であったことがうかがえる。(127) このことはまさしく西晋初年の衛瓘の、大寧にて再び護烏桓校尉を置いて烏桓・拓跋を監督するという意図と同じであり、異なる点があったとすれば、それは濡北、濡南という位置の相違に過ぎない。賀頼部を平舒に駐留させたのと同年のこととして、『魏書』序紀には「慕容儁が礼幣を奉納した」と記されている。奉納云々は北魏史臣の虚飾の文言であるが、この年に確かに前燕の使者が西の盛楽に赴いていたことが証明され、これはもちろん拓跋・烏桓の実情を探るためであって、賀頼部の「寧西」の目標と一致することとなる。

ここには偶然ではないと見られる現象があり、注目に値する。『資治通鑑』巻一〇〇東晋穆帝升平《しょうへい》元年（三五七）条の記述は、賀頼頭の一件を五月の前燕による高車《こうしゃ》攻撃の後、一一月の慕容儁による鄴《ぎょう》城遷都の前に繋《か》けているが、これにより、賀頼頭の部族が平舒において、さらに鄴都の防壁の役割を有していたらしいことが分か

(126)『資治通鑑』巻九八東晋穆帝永和六年条胡三省注に「城郎・城大は、ともに鮮卑が設置したものである。城郭の任を担当していた」。とある。この代郡は魏晋の代郡の称を踏襲し、郡治は現在の河北蔚県の北にあった。

(127) 本書第二章「部族解散とは何のための施策だったか――賀蘭部族解散問題」第一節を参照。この年五月には前燕軍が勅勒（高車）を塞北にて攻撃し、斬首・捕虜十余万人ということがあり、賀蘭（賀頼）部はもともと高車と陰山の北にて雑居していたため、賀頼頭の部族の降服がこの戦役の結果であろう。慕容の大軍が遠くから高車を攻撃し、賀蘭を降服させたのも、北から拓跋の実情を探っていた可能性がある。『十六国春秋』前燕録によれば、慕容儁の小字は賀頼跋《がらいばつ》であるというが、これが賀頼部の名と関係があったのか否か、今は知る術がない。

る。二〇年後（三七六）、前秦は朔方・龍城等の方向から軍を出して代を滅ぼした際、賀蘭部酋帥賀訥をその部族とともに大寧に配置して東部を統轄させた。これ以前に平舒にいた賀頼頭の部には如何なる変化も見られず、彼らはまだ平舒にいたらしい。賀訥と賀頼頭はともに賀蘭に属する。賀訥は北におり、西から東へ、命を受けて前秦のために東部を統轄したのであり、警戒の対象は自ずから前燕となるが、これには前燕のみならず、烏桓、特に烏桓独孤が含まれていた可能性もある。一方賀頼頭は南におり、東から西へ、命を受けて前燕のために西部の藩屏となっていたが、その警戒の対象は烏桓・拓跋であった。これらの点は賀訥と賀頼頭で異なっている。賀頼頭が平舒に駐留したのは比較的早く、そのとき前燕はなおも自らの国運が長くはないことや、関中に都を建てた前秦が、朔方から代北に脅威を与える可能性にも気づいてはおらず、代北の拓跋政権が遠く長安にあった前秦により滅ぼされることを予想できなかった。前秦は代を滅ぼして以降、独孤に黄河以東の拓跋部族を統領させ、つまりは烏桓に、征服された拓跋を統領させたのである。前秦はさらに賀蘭の勢力をもって、既に強大化していた代北の独孤劉庫仁・劉顕《りゅうけん》の部族を制御したが、これは賀蘭をもって烏桓を制御するものでもあった。こうした入り組んだ情勢は、やや前の、慕容が賀頼頭を用いて代北を監督する措置に比して、かなり複雑になっていた。さらに数年後に前秦が前燕を滅ぼし、代北と幽州・冀州が全て苻堅の手におちた際に、大寧と平舒、つまり賀蘭部に属する賀訥と賀頼頭の部族勢力は、全く苻堅の配置に組み込まれ、以後二度と相互に制御する関係を備えることはなかった。こうした大局の変化は、大寧と平舒の両方に戦略的意義を失わせ、したがって二度と当局に重視されることはなくなったのである。

今は立ち返って前燕慕容と代北拓跋の関係の問題の検討を続けよう。代谷以西の烏桓と拓跋の地域分布としては、終始西晋衛瓘の時代と同様に、東に烏桓があり、西に拓跋があったが、いわゆる「烏桓」は次第にもとの烏桓と後の独孤烏桓の総称となった。この一帯は烏桓人がはびこっていた場所であり、慕容と拓跋の間に横たわっていた。烏桓人は外に対しては外部勢力に対抗するほどの力量をそれほど持たなかったため、慕容と拓跋の交流の障害となることはなかった。前燕については、晋制を模倣し、代谷一帯の烏桓に対し管理機構を設置したのかどうか、史書には明言がない。前秦が前燕を滅ぼした後、『晋書』巻一一三 苻堅載記上には、前燕に処置を施したという諸事として、「烏丸府を代郡の平城に移した（移烏丸府于代郡之平城）」という一文があり、この「烏丸府」が、もし前燕による西晋護烏桓校尉府の再設置でなければ、臨時に設置された類似の機構となり、またこのときそれが大寧より平城に遷ったこととなる。これはつまり、烏桓に対する処置が、かつて前燕の政務の一つであり、前燕滅亡後、前秦までもが関心を注いだ問題となったことになろう。「烏丸府」のもとの所在地である大寧の地は、既に戦略的キーポイントではなく、烏桓と拓跋も次第に分けがたくなったため、ようやく「烏丸府」を平城に遷すという行動がとられたのである。このことも前漢以来のいわゆる「烏丸府」が、事実上歴史からフェードアウトしたことを示しており、この後二度と「烏丸府」についての史料が見られなくなるのである。

慕容の西進には、代谷のルートに沿う以外に、北側の龍城より草原の一線に沿うコースが利用できた。これ以前に慕容が高車を攻撃して賀頼頭が来降したことについて、この北の草原ルートが利用されたことは明らかである。前燕にはさらにいわゆる「雲中之戍」があったが、これは重要な任務を有し、そのルートには両線が併用されたようである。

『資治通鑑』東晋太和二年（三六七）条に、「秋七月、燕の下邳王厲《かひおうれい》らが勅勒《ちょくろく》を破った。……初め厲の軍は代の地を過ぎり、その穄田に侵入し、代王什翼犍は怒った。燕の平北将軍武強公埿《ぶきょうこうでい》は幽州の兵を率いて雲中に駐屯した。八月、什翼犍が雲中を攻撃し、埿は城を棄てて遁走した（秋七月、燕下邳王厲等破勅勒。……初厲兵過代地犯其穄田、代王什翼犍怒。燕平北将軍武強公埿以幽州兵戍雲中。八月、什翼犍攻雲中、埿棄城走）」[128]〔傍点訳者〕とある。これは滅多にない慕容軍と拓跋軍の直接的な接触であり、ことは偶然より発生したようであるが、また慕容埿軍がただちに「城を棄て（棄城）」て敗走したため、大きな戦争が発生することはなかった。しかし実情はそのように単純ではない。二年後、『資治通鑑』太和四年（三六九）条に、前燕の尚書左丞申紹《しょうしょさじょうしんしょう》による慕容暐《ぼようい》へ[129]の上疏の言葉として、「索頭の什翼犍は病を発して昏睡状態となり、進貢が乏しいとはいえ、辺患をなすことはできず、疲弊した兵を遠くに駐屯することには損はあっても益はありません（胡三省注：燕は雲中に軍を駐屯させて代に備えた）。并州に移し、西河を制御し、南は壺関を固め、北は晋陽《しんよう》を重点化し、西からの侵攻が来たならば防備し、通過すればその後を絶つにしくはなく、孤立した城に駐兵して無用の地を守ることよりも勝るでしょう」とある。この上疏は無視された。[130]『資治通鑑』の各所の史料を比較すると、胡三省注の「燕は雲中に軍を駐屯させて代に備えた」について、その指すところは二年前の幽州の兵をもって雲中を守備したこととなる。最初の引用文の「涅は城を棄てて遁走した（涅棄城走）」の城とは、次の引用文の「孤立した城に駐兵して無用の地を守る」の城であり、すなわち雲中城であった。前燕は以前に雲中城を放棄しなかったか、あるいは放棄して再び来て、拓跋に備えたようである。慕容涅に雲中の孤城を守らせたことを、前述の慕容儁が初めて薊に至り、待っていられないほど早く広寧城郎・代郡太守を設置し、東に広寧・代郡の民を徙したことや、賀頼頭を寧西将軍・雲中郡公として代郡平舒等を守らせたこととあわせて見ると、前燕が護烏桓校尉のような官職を有していたかは確認されないものの、代北を監督するという軍務は、一日も弛緩しなかったことになる。監督・指揮の地点が大寧にあったことは合理的であろう。

　申紹のこの上疏は我々に、前燕にとっては、このとき拓跋が既に恐れるほどではなくなり、雲中も守るに足らなくなっていたという、貴重な情報をもたらしてくれる。重要なのは、前秦が朔方・上郡より黄河を渡って東進してくることへの警戒であった。いわゆる「雲中之戍」を并州の西河、壺関一帯に移したことは、前燕にとっては緊迫した任務であったはずである。しかしこうした情勢の予測は慕容暐には受け入れられず、上疏は無視された。実際には、前秦は前燕攻撃の準備を進めていた。『資治通鑑』巻一〇一 東晋海西公《かいせいこう》太和二年（三六七）条に、「秦王堅〔苻堅〕は（慕容）恪《かく》が死去したと聞き(131)、密かに燕への進攻の計略を抱き、その可否をうかがおうとし、匈奴の曹轂《そうこく》(132)に命じて燕に行って朝貢させた」云々とある。申紹の上疏の翌年、すなわち三七〇年に、前秦の王猛《おうもう》(133)の軍が前燕の洛陽を攻め落とし、また壺関・上党《じょうとう》より長駆して鄴を取り、前燕は遂に滅んだ。この後、幽州からの代北の監督と、雍州《ようしゅう》より朔方を経ての代北の監督という軍事的任務が、苻堅の統一的な計画によって行われ、

（128）慕容歷らが代の地を通ったのは、二月のことであり、七月には勅勒を破っている。勅勒の撃破、代の地の通過、雲中への駐屯（戍雲中）といった諸事から考慮すれば、上述の二本の路線を兼用したらしい。「戍雲中」が指す雲中の場所は、諸家の旧説は、もとの雲中郡内を指すか、あるいは新興郡内の雲中を指すかといったものであったが、魏晋時代、内地に辺郡が移されたときに置かれたものであろう。本章では「戍雲中」以前の諸事から推測し、前者の説をとることとする。次節で言及することとなる前秦の雲中護軍については、後者の説が正しい。

（129）〔訳注〕慕容暐（三五〇〜三八四）は前燕最後の皇帝。慕容儁の第三子であり、父の慕容儁の死去に伴い皇帝に即位した。しかし大叔父の慕容評が実権を掌握すると、政権の腐敗が進み、三七〇年に前秦苻堅の攻勢によって前燕は滅亡した。その後も前秦国内で生き延びたが、やがて苻堅に殺害された。

（130）申紹のこの上疏と慕容暐載記所載のそれとは、内容は似てはいるが文章が大きく異なっており、別の上疏であったことが疑われる。載記について、そこに述べられている前燕の対外戦争には、全て秦・呉が一緒に挙げられ、また上郡・魯陽が一緒に挙げられている。そのうちのいわゆる「孤独者を徙し、内のおそれに対処させる（徙孤危託落、令善附内駭）」は、雲中への駐兵のことを指しているようである。さらに、『資治通鑑』や胡三省注が述べる雲中の駐兵が并州に移され管理するのに及ばないという意味から考えるならば、駐兵した雲中はもとの雲中郡であって并州の新興郡内にはなかったことがうかがえる。

（131）慕容恪はこの年五月に死去しており、『資治通鑑』巻一〇一 東晋海西公太和二年条からも確認できる。

（132）曹轂のことは『晋書』慕容暐載記附皇甫真伝に詳しい。また前秦も雲中護軍を并州に置いており、その目的は并州から拓跋の動静を監視・管理することにあった。

（133）〔訳注〕王猛（三二五〜三七五）は前秦の漢人宰相。天王苻堅を補佐し、三七〇年の前燕滅亡の戦役には司令官をつとめた。臨終に際し、苻堅に東晋を滅ぼさないよう遺言したが、苻堅はそれを守らず淝水の戦いで東晋に大敗し、前秦も崩壊するに至る。

前秦が代を滅ぼすための軍事的な配置が着々と形成されたのであるが、拓跋部はこうした情勢の緊迫さをまだそれほどは感じ取ってはいなかったようである。

一〇　朔方の情勢と前秦による前燕・代国の滅亡――代北周辺関係の二

前燕が代北烏桓・拓跋の監督に気を留めていたとき、前秦も朔方を通じて、東に向けて代北の事態を注視し、機を見て支配しようとしていた。具体的に言えば、前秦苻堅は拓跋に接近し、コントロールし、さらに征服するルートを探って見ていたのである。

前秦は首都を長安に置いており、元来の競争相手は主として関東にいた〔前燕〕。朔方の境界に散在する各遊牧部族に対しては、本来これを等閑視し、羈縻《きび》したに過ぎなかった。前秦は代北の拓跋・烏桓とは、境界を接しておらず(134)、また直接的な交流もなかった。ところで鉄弗は西暦三一〇年に拓跋より攻撃され、代北から黄河を渡り朔方に避難して以降、数十年のうちには、東は拓跋部や烏桓独孤部と終始関係を維持しており、戦争・平和を問わず、交流は断絶したことがなかった。西暦三六〇年、鉄弗部劉衛辰は前秦と友好的となり、苻堅は劉衛辰が部を率いて朔方の塞内に畑を作り、春に来て秋に帰ることを許可した。苻堅載記によれば、劉衛辰が前秦に附したとき、前秦には既に雲中護軍があり(135)、護軍の賈雍《かよう》が無断で軍を派遣して劉衛辰を襲撃し、苻堅の譴責《けんせき》を受け、白衣領職〔無官ながら職権を行使すること〕したというが、このことは苻堅が鉄弗との平和的関係の維持に意を注いでいたことを物語る。鉄弗は本来黄河の東西両側で自由に活動していて、序紀に見られるように、西暦三六〇年には劉衛辰が盛楽に赴いて昭成帝の慕容皇后の葬儀に参加しており、三六一年にはまた使者を派遣して来聘するなどしていた。このときにはまた苻堅の許可を得ており、朔方の長城内外における自由な移動ができた。このように、苻堅と拓跋は鉄弗を媒介として、さらに多くの直接・間接の交流を行っていた。その中で以後の歴史の過程に影響し、考察に値するのは、一、前秦・代の直接的な交流、二、朔方の情勢変化、三、拓跋部族と烏桓人の朔方進入の、おおよそ三点がある。それぞれ以下に論述したい。

（一）前秦・代の直接的な交流

前秦・代の直接的な交流について、資料は『魏書』の序紀、燕鳳伝《えんほうでん》、『晋書』の載記及び『資治通鑑』の関係

(134)『魏書』序紀の拓跋三分の年（二九五）の条に、西部の穆帝猗盧について、「初めて幷州に出、雑胡を北のかた雲中・五原・朔方に徙した。また西のかた黄河を渡って匈奴・烏桓諸部を攻撃した。杏城以北八十里、長城に至るまでの原野に、道を挟んで碣を立て、晋と境界を区分した」とある。これはまだ西晋時代のことであり、また長期的に固定された境界線ではなく、おおむね間もなくして空文となったのであろう。

(135)護軍は、曹魏時代に初めて置かれ、「前趙・後趙・前秦・後秦がこれにしたがって設置し」たことが、『元和郡県図志』巻一にて確認できる。前秦時代に置かれた護軍は非常に多く、全て部族の雑居地に設置されたようである。その中の雲中護軍がどこに置かれたかについては、史書に明文を欠く。それが朔方塞内の劉衛辰への襲撃に便利な位置にあったことから言うならば、漢の雲中郡の故地、すなわち前節にて述べた三六七年及び三六九年に前燕が駐兵した盛楽以西の雲中孤城には配置されなかったようである。私はこれが雲中郡を撤去した後に魏晋にて置かれた新興郡内の雲中県を指していたのではないかと疑っており、その地は現在の山西原平県の西にあることとなる。前秦はここに雲中護軍を設置したが、代北に対してははるか遠くから監視しただけで、馮翊護軍のような関中に置かれた護軍の類とは異なる。護軍制については、中国国内の研究は少なくなく、日本にも存在しており、最近見たものには周偉洲「魏晋南北朝時期的護軍制」（『燕京学報』新六期、一九九九年）があり、参照されたい。

部分に散在しているが、詳細なものは一つとしてなく、整理しなければならず、それによってようやく事実をはっきりさせることができよう。元来、劉衛辰は前秦・代の間においては、極めて不安定な要素であり、史書には「叛服常なく保ちがたい（反復難保）[136]」とある。『魏書』序紀には三六五年正月条に、「衛辰が謀叛し、東のかた黄河を渡り、（昭成）帝はこれを討伐し、衛辰は恐れて遁走した（衛辰謀反、東渡河、帝討之、衛辰懼而遁走）[137]」とある。これは劉衛辰が代に叛き、朔方より東に向かって黄河を渡り、拓跋部を攻撃したが、什翼犍により撃退されたため、黄河の両岸にて攪乱したことを示す。この年の秋について、『資治通鑑』は「匈奴の右賢王曹轂・左賢王劉衛辰はともに秦（前秦）に叛乱を起こした[138]」と記すが、苻堅は淆澠《こうびん》の軍を率いて北に討伐に向かい、曹轂を降服させ、木根山にて劉衛辰を捕らえることで、叛乱は平定された。九月、「苻堅は朔方に行き、巡回して諸胡を慰撫し」、あわせて一二月に牛恬《ぎゅうてん》を使者として代に派遣したが、その意図は拓跋と疎通・協調し、その動静をうかがうことにあった。牛恬が使者として赴いたことが、鉄弗劉衛辰がまず代に叛き、すぐ後に前秦に叛き、黄河の東西両岸を攪乱し、朔方に騒擾を引き起こしたことに起因するということが判断できよう。翌年五月に什翼犍は燕鳳を派遣して牛恬の聘に報い、長安に赴かせた。苻堅が直接的に拓跋の情報を得たのは、文献からはここから始まったらしいことが分かる。

これ以降、燕鳳は前秦・代の間の重要な仲介役となった。三七三年、彼は什翼犍の命を奉じて前秦に使者として赴き、苻堅と、劉衛辰関係の情報を交換した。我々は、三七六年の前秦による代国滅亡の戦役について、苻堅の一軍が劉衛辰を案内人とし、朔方よりまっすぐに代北を目指し、代を滅ぼした後、苻堅が燕鳳の策にしたがい、拓跋部を処置したことを知っている。次の二つの事件こそは、劉衛辰が長期にわたって前秦・代の間を往復し、そして燕鳳が使者として前秦・代を疎通させた結果であった。第一の事件は、苻堅が鉄弗を利用して拓跋を攻撃したことであり、第二の事件は、苻堅が鉄弗と烏桓独孤の間の矛盾を利用し、彼らに黄河両岸の拓跋諸部を分割統治させ、また独孤をもって鉄弗を制御し、もと陰山以北にいた賀蘭部帥賀訥を誘引して大寧に入らせ、独孤部帥劉庫仁を制したことである。こうした複雑な関係とその変遷の、拓跋部の発展への影響は非常に深く、本章ではこれ以前に言及していることではあるが、以下にてさらに論ずることとしたい。

（二）朔方の情勢変化

前秦にとっての朔方は、前燕にとっての代北のように、もとは辺境の地と見られており、前燕の雲中孤城の戍、あるいは前秦の雲中護軍の職があったとはいえ、結局はともに監視・威嚇に過ぎず、持続的な軍事行動ではなかった。代北・朔方間の交流は、ひとえに劉衛辰がその間を行き来していたことに依存していた。朔方の情勢変化を引き起こした契機は、まさに西暦三六五年に劉衛辰が代に叛き前秦に叛したという不測の出来事である。こ

(136)『資治通鑑』巻一〇一 東晋穆帝升平五年（三六一）胡三省注。

(137) この戦役について、『資治通鑑』巻一〇一 東晋哀帝興寧三年条には、「劉衛辰は再び代に叛き、代王什翼犍は東のかた黄河を渡り、これを攻撃して潰走させた（劉衛辰復叛代、代王什翼犍東渡河、撃走之）」とある。劉衛辰は前秦・代の間で首鼠両端を持しており、「東渡」云々は、劉衛辰だけを指しているに過ぎず、什翼犍を指すことはありえない。什翼犍はもともと黄河の東にいたのに、どうして再び東に渡河して劉衛辰を攻撃することができようか。このことについては序紀の内容が正しく、『資治通鑑』が誤っていると見るべきで、その「東渡河」の三字は「叛代」の下に接し、「代王什翼犍」の上に来ると思われる〔こうすると「劉衛辰は再び代に叛いて東のかた黄河を渡り、代王什翼犍はこれを攻撃して潰走させた（劉衛辰復叛代東渡河、代王什翼犍撃走之）」と読める〕。中華書局標点本『資治通鑑』は原文そのままで句読点を打っており、この誤りは正していない。

(138)『魏書』劉衛辰伝には、「衛辰は密かに苻堅に通じ、堅はこれを左賢王とした」とある。衛辰の左賢王号が苻堅より授けられたのであれば、曹轂の右賢王号も苻堅から与えられたはずである。曹轂は并州の雑胡出身であり、そのことについては後に詳述する。また、劉曜載記によれば、曜が大単于となり、左右賢王以下は全て胡・羯・氐・羌をこれに任命したとするが、前秦もこの制度を踏襲したのである。

うした叛乱は多くの朔方の部族を呼び起こし、苻堅の反応は果断である上に強烈であり、その影響は深かった。彼は曹轂を投降させ、その二子を貳城《じじょう》（現在の陝西黄陵《こうりょう》の北西）の東西に配置し、劉衛辰を捕らえ、これを夏陽公《かようこう》（夏陽は現在の陝西韓城《かんじょう》）に封じてその旧衆を統治させた。同時に曹轂・劉衛辰の叛乱に呼応したいくつかの部族を処置した。苻堅載記には「驄馬城《そうばじょう》から朔方に行き、巡回して夷狄を慰撫し」とあるが、その巡回ルートは恐らく長安城から北に向かい驄馬城に至り、(139)旧朔方郡・上郡《じょうぐん》の境に到達するというものであったろう。彼は曹轂・劉衛辰それぞれの部を、長安北東にある貳城・夏陽の境に強制移住させたが、ここはまさしく前秦による内徙部族配置が最も集中した地域である。苻堅の巡回ルートから見れば、これは朔方に散在していた各部族に対する大巡視・大掃討・大整頓であった。こうした大規模な行動を経て、苻堅は後方を徹底的に整理し、勢力を調整して、事実上三七〇年の前燕滅亡と三七六年の代国滅亡の二大戦役を発動させるための準備を行ったのである。

苻堅による朔方諸部族処置問題を考察するとき、私は金石書に著録される『鄭能進修鄭太尉祠碑』と『立界山石祠碑』（以下それぞれ『鄭碑』・『立界碑』と略称(140)）を想起するが、これらは苻堅が現在に伝えた、わずかに二つの、銘文が完全に整った石碑である。中国の北方においては、百年後、ようやくこうした碑銘の文章が多く生まれたが、全て仏教の塑像の銘文や墓誌銘であり、行政的な内容の記述ではない。特に私を興奮させたのは、第一に、この二つの碑銘の年代がそれぞれ前秦建元三年と四年（三六七と三六八）であり、これがまさしく苻堅が朔方を掃討していた時期の建元元年（三六五）と繫がっていることである。第二に、両碑銘の主要な内容が、軍・政の人員が現地の官吏や部族の酋豪と、ある特定の部族の駐留する境界を定めたというものであったことであり、その定めた境界は、大体において朔方と連なるかあるいは近く、理屈から言えば、これはまさしく苻堅が朔方を巡撫し、群胡を掃討した後の継続的行動であったことになる。例えば『鄭碑』は「北のかた玄朔に接」する馮翊の護軍管轄地域を定め、『立界碑』の言及するところは馮翊《ひょうよく》護軍と隣接する、「西は洛水に至り、東は定陽をおさめ、南北は七百里、東西は二百里」という、現在の陝東洛水《らくすい》と黄河の間の狭く長い地帯であった。両碑の言う地域は、まさに苻堅の時代、あるいはやや前に諸胡の移住が最も集中した地方である。特に感謝すべきなのは、故馬長寿氏が長期にわたり、陝西省内に分散して残っていた、関連する石碑や拓本を網羅し、校勘・記録して、先人の扱わなかったいくつかの新たな拓本や考証をもたらされたことである。その中の『立界碑』には先人が拓本を作り漏らした「立界山石祠」の碑額があって、残欠した『立界碑』の文字だけではなく、同様に『鄭碑』の文字も、いずれもが境界を定めたという意味を持つ。このことはまさしく二年前に苻堅が朔方を巡撫し、諸胡を遷徙した善後策であった(141)。

『鄭碑』の言及する馮翊護軍の統率する部族に、「和寧戎（思うにこれはすなわち和戎と寧戎の二部の総称である）・鄜城・洛川・定陽五部領屠各、上郡夫施黒羌・白羌、高涼西羌、盧水・白虜・支胡・粟特。苦水雑戸七千、夷類十二種。兼統夏陽治」がある。以上の文章が列する部族の種類と名称は、かねてより多くの引用者により異なる句読点の打ち方がなされたが、いずれも「夷類十二種」という数にぴったりとは合わない。私は五部の屠各、三種の羌、四種の西域系の雑胡、及び数に含まれない苦水雑戸を指すと考える(142)。

(139)『元和郡県図志』巻四　関内道銀州条に、「晋・十六国時代には戎狄がおり、前秦建元元年に驄馬城から戎狄の巡回・慰撫が行われたが、その城は今の州の理城が相当する」とある。驄馬城は現在の陝西佳県・米脂県にあり、漢代の上郡の治所の膚施はこの近くにあった。

(140)『鄭碑』と『立界碑』はともに陸増祥撰『八瓊室金石補正』巻一〇（文物出版社影印、一九八五年、五三―五五頁）に見られる。『北京図書館蔵中国歴代石刻拓本彙編』第二冊（中州古籍出版社、一九八九年）にはそれぞれ「鄭艾祠堂碑」・「張産碑」として収録されている。王昶『金石萃編』巻二五は『立界碑』の題を「広武将軍□産碑」に作っている。

(141)馬長寿『碑銘所見前秦至隋初的関中部族』一一―二八頁。この書が集めた碑銘は多く、二碑以外のものは全て百年余りの後に各部族の住民が立てた造像銘であり、内容は本節と直接的な関係はないが、内徙諸胡の融合が既に進んでいたことはうかがえる。

(142)「夷類十二種」のうちの白虜について、史書は多く鮮卑白部と解しているが、注(72)孫子渓「『白部』新釈」はこれを羯としている。

私は『鄭碑』中の「兼統夏陽治」の一語に、注意を払うべきであるように思っている。『鄭碑』立碑の二年前、建元元年の末に、苻堅が朔方より長安に帰還し、『資治通鑑』に「曹轂を雁門公とし、劉衛辰を夏陽公とした」とあるためである。劉衛辰は匈奴と称し、屠各と称し、鉄弗と称し、また自ら「胡父鮮卑母」と言っているが、実際には先代に幷州から来た雑胡であり、その淵源は匈奴を主としていた。夏陽は東が黄河に接し、黄河を過ぎると幷州の呂梁《りょりょう》・汾水の地域となり、この一帯は全て雑胡の成長・発育の地であった。さきに述べたように、周一良氏は四種胡について、唐長孺氏は魏晋の雑胡について、それぞれ考察されたが、ともにこうした地理・種族の状況に言及されており、極めて詳細である。苻堅載記によれば、苻堅は劉衛辰を木根山にて捕らえた後、「巡回して夷狄を慰撫し、衛辰を夏陽公としてその衆を統治させた（巡撫夷狄、以衛辰為夏陽公以統其衆）」という。「巡撫夷狄」の四字を、『資治通鑑』は「巡撫諸胡」に作る。劉衛辰の夏陽公の統率下にあった者の中には、もともとの部族以外に、「夷狄」あるいは「諸胡」がいたと判断できよう。これは劉衛辰がもともと苻堅より左賢王を授けられていたことと合う。そのため私は『鄭碑』の馮翊護軍はその統率する「夷類十二種」以外に、「兼統夏陽治」、すなわち劉衛辰が夏陽公に封ぜられて以降に領した「夷狄」あるいは「諸胡」を兼ねて統率したのではないかと推測する。つまり、建元三年における『鄭碑』立碑には、建元元年に苻堅が朔方の諸胡を巡撫・処置したという歴史的背景があった可能性が高いのである。

苻堅による曹轂の処置について、考察を行う必要があろう。曹轂の知名度は劉衛辰には及ばないが、一定の影響力は備えており、それは城外にまで及ぶほどであった。劉衛辰と曹轂が同時に部を率いて前秦に叛したことは、『晋書』海西公紀に記述があり、これが当時南北両方（華北の五胡諸国と南方の東晋）において知られていたことを物語っている。『晋書』慕容暐載記附皇甫真伝《こうほしんでん》によれば、苻堅が前燕滅亡の戦役を計画していたときのこととして、「その西戎主簿郭辯《せいじゅうしゅぼかくべん》を派遣して密かに匈奴の左賢王（右賢王に作るべきである）曹轂に結託させ、曹轂に鄴に遣使させるよう命じ、辯はよってこれにしたがい……」、郭辯は前燕に対して「私の家は秦に誅されているため、曹王に身を寄せたのであります」云々と称したという。これにより曹轂に曹王（王は右賢王を指す）の称があり、前秦の叛乱者を納れ、前燕に使者を派遣することができるほどの政治的地位を備えていたことが分かる。曹轂が前秦に降服した後、その酋豪六千余戸が長安に強制移住された。曹轂は間もなくして死去し、その二子はともに侯に封ぜられ、貳城の東西両側に配置され、それぞれ二万余落を有し、東・西曹と号した。これは当時の部族林立の状況にあっては、非常に多い人数であった。曹轂本人は雁門公に封ぜられたことがあり、劉衛辰の夏陽公の地位と似ている。二人の封地を比較対照すると、曹轂も先祖が并州から来た雑胡であったことになる。北魏時代の并州の山胡には曹を姓とする者が非常に多く、西域昭武九姓《さいいきしょうぶきゅうせい》の姓氏の淵源となったのであるが(143)、これについては前掲の周一良氏の論文の「四種胡」の考証に詳しい。しかし雁門の地はこのとき前秦の管轄ではなく、あるいは曹姓の山胡はもともと雁門より西に向かって来たのかもしれず、その場合雁門公という封は、自らの由来を示すものに過ぎなくなり、夏陽公が夏陽に治所を有するのとは、その虚実という意味において相違があることとなる。実際には劉衛辰と曹轂の封は、ともに「各々その部族を統治させた」（『資治通鑑』の語）点に重点があり、あるいはさらに兼ねて統率することもあったが、ともに本人の実封の地ではない。また曹轂の死後、二子はその部

私はとりあえずこの説をとり、白虜を西域系の胡と見ることとする。「苦水雑戸七千」については、おおむね苦水附近にて形成されつつあったが正式名称のなかった雑戸の集団を指し、戸口の数が表記されていることからも、別の一類に属し、「夷類十二種」のうちには含まれなかったのであろう。苦水は現在の寧夏回族自治区内にあり、北は黄河に合流する。碑の読解についてはあえて確定せず、とりあえずここに記しておくこととしたい。

(143)〔訳注〕西域昭武九姓は中央アジア、アム河《ダリア》・シル河《ダリア》の間の地域である、いわゆるマー・ワラー・アンナフル（ソグディアナ地方）のオアシス都市国家の総称。それぞれの都市国家出身のソグド人は、出身国にちなんだ漢姓で呼ばれた。曹姓は曹国（カブーダン）出身ソグド人の姓である。森安孝夫『シルクロードと唐帝国』（講談社、二〇〇七年）一〇八頁参照。

族を統率し、貳城の東西に駐留し、洛水の両岸にまたがり、『立界碑』の述べるような石を彫って定めた境界にあって、馮翊護軍の所轄と隣接していた。曹轂の事跡や関連する地域について言うならば、苻堅が朔方諸胡を処置したことと、二つの碑が立ったこととには関係があり、このことも一証となる。

苻堅が三六五年に「巡回して諸胡を慰撫した（巡撫諸胡）」ことと、三六七年の『鄭碑』、三六八年の『立界碑』にあらわれるような前秦の境域内の多くの部族の状況から、我々は二つの方面の情報を知る。一方面としては、早くも西晋において「氐・羌が半分を占めた」という関中地域において、このとき多くの屠各・雑胡等の部族が進入・駐留し、苻堅の強力な整理を被り、護軍を設けて統治され、しばらく安定させられたことである。これはプラスの意義を有する大事であり、苻堅が関中に拠って前燕を滅ぼし、代を滅ぼすことができたことの前提条件であり、ひいてはさらに後に、苻堅が数十万の各部族の武将を徴集し、淝水の戦いを進めたことの前提条件であったと言うこともでき、我々は深く注意すべきであろう。別の方面としては、このように多い部族、境界線の入り組むほどに渭北・朔方地域に駐留し、また大体において各地域の護軍により境界を区分され、各部族酋長により直接的に統治されたことであり、二碑やその碑陰題名が示すように、このような混乱状態から真の安定が求められたが、それは短期間に行い得ることではなかった。苻堅の対外戦争には、安定した後方がなかった。前秦は淝水の一戦で潰えて収拾することができなかったが、これこそがその根本的な原因であった。遺憾ながら過去の淝水の戦いを論じた研究は、私自身がかつて書いたものも含め、いずれもこの点に注目していなかったのである。

苻堅による朔方の群胡の巡撫と『鄭碑』・『立界碑』の立碑について、時間的な繋がりはかくも密接であり、処置はこのように慎重であり、朔方の民族問題が、当時の前秦国内における最大事であったことが見て取れる。以後の前秦―代関係からは、朔方の諸部族の事務をうまく処理できるかどうかは、代国情勢に影響する重大な問題であったらしいことがうかがえる。

（三）拓跋部族と烏桓人の朔方進入

苻堅が巡撫した朔方の「夷狄」・「諸胡」について、その部族は列挙しがたいが、間違いなく拓跋と烏桓が含まれているであろう。彼らと劉衛辰の関係はもとより深く、その中の一部分が黄河を渡って朔方に至って劉衛辰の部に附したということは、あらわれやすいことではあった。

『晋書』苻堅載記や『資治通鑑』によれば、三六〇年春の間に劉衛辰が前秦に降り、朔方塞内に畑を営み、春に来て秋に帰ることが許可されたという。冬一〇月、烏桓独孤・鮮卑没奕于がそれぞれ衆数万を率いて相継いで来降したが、塞内に入る許可は得られなかった。載記は三六五年に劉衛辰・曹轂が前秦に叛き、衆を率いて杏城以南を攻撃し、長安が緊迫化して、「索虜・烏延《うえん》等も苻堅に叛乱を起こして劉衛辰・曹轂に通じた。苻堅は中外の精鋭を率いてこれを討伐した（索虜・烏延等亦叛堅而通于辰・轂。堅率中外精鋭以討之）」とする。ここの索虜が拓跋部を指すことは疑いなく、烏延とは烏桓を指すに違いない(144)。さきに引いた載記の苻堅が烏延を撃破し、劉衛辰

(144) 漢末の各部烏桓の中に、右北平の烏延八百余落がある。建安年間（一九六～二二〇）に烏延は遼東に逃れたが、斬殺され、その余衆は内徙させられたのであり、そのことについては『三国志』烏丸伝注及び『後漢書』烏桓伝に詳しい。烏桓・烏延の名称の混同はここから始まり、これについては注(90)『烏桓与鮮卑』一一二頁を参照されたい。三六〇年に劉衛辰に降服した烏延は、かつての烏延が転々として朔方に至ったものであろう。中華書局標点本『資治通鑑』は「索虜烏延」の二つの間に点を打っていないが、烏延を索虜の部帥の名としているようであり、検討を要するであろう。また劉衛辰が朔方にて駐屯した城を代来城と称するが、史書にはまた悦跋城という名称も見られ、代来はすなわち悦跋であると主張する研究者もいる。『資治通鑑』巻一〇四 東晋孝武帝太元元年（三七六）条胡三省注には、代来城について「代より来た者がこの城にいたことを言う（言自代来者居此城也）」とある。代来がこの意に漢訳された

を捕らえた後の部分に、「巡回して夷狄を慰撫し、劉衛辰を夏陽公としてその衆を統治させた（巡撫夷狄、以衛辰為夏陽公以統其衆）」とある。文意を吟味すると、劉衛辰が統率したのは、もともとの鉄弗以外に、烏延・拓跋もそのうちに含まれていたらしく、またその主要部分であった可能性がある。これが載記の言う「夷狄」であり、『資治通鑑』の言う「諸胡」である。我々は『魏書』劉衛辰伝の言う、前秦による代滅亡後の苻堅が「劉衛辰を西単于とし、河西の雑類を監督・統治させた」したとする記述を見て、雑類の中に、拓跋の河西にいた者たちが含まれていたであろうことを知る。実際には劉衛辰の河西朔方の諸雑類（拓跋を含む）における統治的地位は、早くも苻堅が朔方を巡撫したときには確定しており、代を滅ぼした後に苻堅が劉衛辰に黄河以西の拓跋の統治を命じたことは、既にあった局面を踏襲したに過ぎなかったのである。

前秦が前燕を滅ぼした後、苻洛《ふらく》(145)は大軍をもって幽州・冀州に駐屯した。冀州の西側は烏桓・拓跋に阻まれ、苻洛はこれによって直接的に朔方・関中と連なることができなくなった。苻堅は「索頭は代々朔方を占拠し、天下を二つに割っている(146)」と言っており、代を滅ぼさなければ、障害を取り除き、幽州・冀州〔に対する支配〕を強固なものとするには足らなかった。そのため代を滅ぼした軍は幽州の兵を戦略的な主力とし(147)、和龍《わりゅう》を出て北面から包囲し、拓跋と周辺部族、特に陰山以北の高車・賀蘭との連携を断絶したのである。その後、上郡（その治所は三六五年に苻堅が朔方を巡撫したときに至った驄馬城）から軍を出し、鉄弗劉衛辰を案内人とし、幽州の兵と代北にて合流した。このとき拓跋部の君長什翼犍は既に「老病により昏睡状態となり、辺患をなすことはできず」、しかも後嗣はまだ定まっておらず、父子兄弟の間の矛盾は尖鋭化し、苻堅の軍を拒むほどの力はなかったため、代を滅ぼすに際し大きな戦いはなかったのである。

代を滅ぼしたその善後策は、前燕を滅ぼした際のそれと似ていたが、さらに丁寧になっている。拓跋部は辺鄙なところにあり、また風俗も異なり、少数の上層の人物が関中に強制移住され、訓導・教化されたのを除けば、その部族の主体は決して移住を被っておらず、なおもとの場所にとどまっていた。烏桓独孤と鉄弗をもって黄河の東西にいた拓跋部族を分割統治させるという策は、拓跋の使者である燕鳳から提起された。燕鳳は苻堅に向けてこの策略を献じたのであり、燕鳳伝に載せられた文言を細かく見ると、その本意は拓跋を保全することにあったようであり、できるだけ強制移住のような暴力的措置を減らし、苻堅も独孤・鉄弗の元来の拓跋との関係を利用して拓跋を監視させることで、一方の局面を安定化することができた。この策略は実行されたが、朔方の地について言えば、これ以前に劉衛辰を夏陽公として、河西の拓跋を兼ねて統轄させたという歴史的背景が既にあったのである。

さきに述べたように、黄河以西のいわゆる朔方地域には、漢代以来烏桓が駐留していた。勝者たる氐族〔苻堅〕にとっては、烏桓と拓跋は同属異類であった。氐人には拓跋に対する全体的な処理の策はあったが、独孤以外の烏桓についても考慮されるところがあった。ただ烏桓は国が滅亡したわけではなく、処理の方法を拓跋の場合と同じくすることができなかったに過ぎない。状況は結局どうなったか、次節にて論じたい。

ものであれば、悦跋の跋も指すところがあったのであろうか。要するに、代北と朔方の間にて拓跋部族が行き来していたことに、疑う余地はない。

(145) 〔訳注〕苻洛（?～三八五）は前秦の宗室。従兄弟の苻堅の天王即位に功績があり、また三七六年の代国滅亡の戦役の総帥をつとめた。しかし傲慢な性格が災いし、三八〇年に叛乱を起こすも苻融《ふゆう》に敗れ、三八五年に梁熙に殺害された。

(146) 『資治通鑑』巻一〇四　東晋孝武帝太元元年条の苻堅の詔。

(147) 『資治通鑑』巻一〇二　東晋海西公太和四年（三六九）条胡三省注は、和龍はもともと前燕の「東都」であったとする。前秦は前燕を滅ぼしたが、和龍はもと幽州に属し、幽州の兵の中には自然に鮮卑・烏桓の衆が多かったことになる。

二　前秦による代滅亡後の代北烏桓に対する処置

本章の以上各節の内容は拓跋を本筋に置いているが、烏桓の動向・軌跡がたびたび拓跋の発展の背景にあらわれている。総じて言えば、烏桓は、特に上谷郡・代郡及びその西の一帯にて長期にわたって拓跋と接触しており、ひいては混在していた烏桓までもが、一つの特定の部族としては、その集合体が次第に不安定になり、そのイメージが曖昧となり、名称も確たるものではなくなっていった。この地域の烏桓は徐々に歴史より退場していったと言えよう。しかし以後の状況からは、烏桓の、独立した部族としての最終的な消失には、なおも一つの過程があったことがうかがえる。

西暦三八〇年秋、苻堅が関中の氐戸を出して方鎮に散在させ、あわせて西・北の諸辺境の地方長官に対して新たに配置し、氏族統治のさらなる強化を志向していたときについて、載記は「幽州を分割して平州《へいしゅう》を置き、石越《せきえつ》を平州刺史・領護鮮卑中郎将に任命し、龍城に配置した。大鴻臚《だいこうろ》韓胤《かんいん》に護赤沙中郎将《ごせきさちゅうろうしょう》を領させ、烏丸府を代郡の平城に移した（分幽州置平州、以石越為平州刺史領護鮮卑中郎将、鎮龍城。大鴻臚韓胤領護赤沙中郎将、移烏丸府于代郡之平城）」と言う。このことは『資治通鑑』にはただ「石越を平州刺史に任命し、龍城に配置した（以石越為平州刺史、鎮龍城）」とのみ記され、その他の苻堅による平州の鮮卑慕容に対する処置や、韓胤をもって烏桓に対処し、「烏丸府」を平城に移したことについては、一切収録していない。刪られたこれらの資料、特に「烏丸府」を平城に移したとする資料については、『資治通鑑』の編者たる司馬光《しばこう》・劉恕[148]ともに、脈絡がなく、一部始終が不明であると認識したため、捨てて採らなかったのかもしれない。しかし私は、この記載は極めて正確であり、そこに含まれている意味ははっきりしており、また非常に価値が高く、自分の探究に応え得るものと考えている。

前秦は烏桓と拓跋を含む朔方の各部族を巡撫し、後方の奥地を安定させた後、三七〇年に前燕をたやすく滅ぼした。続けて翌年初に「関東の豪傑や諸々の雑類十万戸を関中に徙し、烏丸の雑類を馮翊・北地《ほくち》に、丁零《ていれい》の翟斌《てきひん》を新安《しんあん》に配置した」(149)。その中の烏桓が徙民においてどのくらいの割合を占めていたかは、確認はできない。一〇年余り後、鮮卑慕容垂は苻堅の淝水における敗戦という機会に乗じ、「丁零・烏丸の衆二十万を引き入れ、飛《ひ》梯《てい》・地道を作って鄴城を攻撃し」(150)、冀州の多くの地点でも烏桓による反前秦の挙兵があった。これは烏桓人の活動の新たな波であり、人数も少なくなかったと見られる。しかしここで言及されている烏桓は、地域について言えば、早くに冀州・幷州等の地に入った烏桓であった。その姓氏や挙兵状況からは、比較的深い程度の漢化があったが、その程度は急に上がったり下がったりしたと見られる。彼らは上谷・広寧・代郡・朔方等におり、拓跋と雑居していた烏桓とは既に関係を持っておらず、部族間には多くの同一性を持ちがたくなっていたが、そのことについては本節ではこれ以上論じないでおきたい。以下は上谷・広寧・代郡・朔方の一帯にいて拓跋との関係が比較的多かった烏桓の諸事について論ずるにとどめることとする。

前秦が代を滅ぼしたことで、拓跋部族の命運は危うくなったが、間に入って拓跋のために苻堅にとりなしたのは、拓跋の使臣である代郡人燕鳳であった。『魏書』燕鳳伝には、「昭成帝の崩御するに及び、太祖（拓跋珪を指

(148)〔訳注〕『旧本魏書目録叙』の著者である劉攽《りゅうはん》・劉恕は、『資治通鑑』の編纂にも携わった。劉攽は漢代部分を、劉恕は南北朝時代部分を、それぞれ担当した。

(149)『晋書』苻堅載記。『資治通鑑』巻一〇三　東晋簡文帝咸安元年（三七一）正月条は、「十万戸」を「十五万戸」に作る。

(150)『太平御覧』巻一二二所引崔鴻『十六国春秋』前秦録（中華書局影印、一九六〇年、五九一頁）。『晋書』苻堅載記・『資治通鑑』巻一〇五も同じ。二十余万という数字は多すぎ、正確ではないようである。あるいはこれは淝水の戦いのときに、苻堅が南進作戦軍の一部を徴発して慕容垂に率いさせたものであろうが、このときは叛いている。

す）は長安に遷ろうとした。燕鳳は太祖が幼いことから、苻堅に、『代主が崩じたばかりで、臣子は逃亡・叛乱し、遺孫は幼く、儲君《ちょくん》を輔佐することはないでしょう。その別部大人劉庫仁は勇敢で智慧があり、鉄弗劉衛辰は狡猾にして変じやすく、ともに独りでは任ずるべきではないでしょう。諸部を二分し、この両名に統治させるのがよろしいかと存じます。両名はもとより深くお互いを敵視しており、その勢いが先に発することはありません。これこそが辺境を制御する良策です。その孫（拓跋珪）が成長して、これを君主に立てるのは、陛下が亡国に大恵を施すことでございます』と言った。苻堅はこれにしたがい、鳳はついで東に帰還した」[151]とある。燕鳳が、こうした各方面において好んで受け入れられた策略を出し得たのは、主として鉄弗・独孤・拓跋の三部が、闘争するばかりでなく、依存もし合うという数々の恩怨を知悉しており、また人数の少ない氏人には、このとき朔方より代北に至るまでの広大な北方の荒野を直接統治するほどの力はなく、他人の手を借りざるを得なかったことを知っていたためである。正確に言えば、鉄弗・烏桓独孤を、拓跋に対する統治に利用したことになろう。燕鳳は独孤が拓跋の別部であったことに言及しており、これによって、鉄弗も拓跋の別部と称することができないというわけではなかったこととなる。代国が滅んでも拓跋部はなお存在し、強制移住や解散を被らなかったが、その功績は燕鳳に帰する。そのため『魏書』の史臣は燕鳳を「隣国と和して国を存続させ」たとし、道武帝による建国後の燕鳳については「非常に礼重され」、以後「入りては経伝を講じ、出でては朝政を議する」と称賛し、親近の臣としているが、その背景にはすなわちこのような事情があったのである。

前秦による代滅亡以後、代北と朔方にて構成された部族の新秩序は、この地域にて長期間各部族が衝突にあって融合した結果であり、それは客観的には次の段階の歴史を生み出した。すなわち拓跋の復興、北魏の建国である。

三七六年の代滅亡の戦役においては、幽州の兵一〇万を領した苻洛が総帥となったが、これとは別に、その他の将軍が歩騎二〇万をそれぞれ率いており、東は和龍から、西は上郡から出撃し、包囲攻撃という戦術をとり、その兵数や軍事行動はともに大規模であって、前燕滅亡の戦役を超えていた。西のルートでは前秦軍が鉄弗を先導とし、また独孤の抵抗に遭っており、このことは鉄弗・独孤の二部の拓跋に対する恩怨が異なっていたことを反映している。代国が滅んで後、独孤には分化があらわれ、その一部が拓跋を育み、別の一部は逆に拓跋を敵視したが、これにも歴史的原因があったはずである。この他、東のルートの幽州の主力軍は、魏晋以来の用兵の通例に基づけば、幽州烏桓突騎を主要部分としており、また和龍の鮮卑兵がいたはずだが、その中では真の氏人の兵は少なかった。氐族自体は人数の少ない集団であったのである。

代を滅ぼした後、拓跋の主体はなおも黄河以東の独孤が統治する代北地域にて駐留・遊牧していた。苻堅による、拓跋の主体があった代北に対する戦略配置について、その核心は依然として部族の相互制御であり、苻堅はその中間に立ってこれを利用した。具体的には、独孤をもって拓跋を制し、賀蘭をもって独孤を制し、幽州の氐人をもって賀蘭を監督し、代北の全局面を掌握することであった。地形から分析するならば、苻堅は大寧を重視しており、大寧を前秦の東から西へ、また西から東へという双方向の威嚇の最前線としていた。苻堅は賀訥に「東部を統轄させて大人とし、大寧に移し、その恩信を広めさせ、衆の多くがこれに帰すること、劉庫仁に等しくなった」。賀訥は苻堅の命を受けたが、その関心を注いだ東部とは、主として烏桓と鮮卑慕容を指す。そのと

(151)　『魏書』序紀によれば、燕鳳が使者として前秦に赴いたのは、最初は三三六年、二回目は三七三年のことである。代が滅んだ後に燕鳳は苻堅に陳情することができたが、これが燕鳳が二回目に使者として前秦に赴き帰還しなかった理由であった可能性がある。『資治通鑑』巻一〇四の燕鳳の言葉に関する記述はおおむね同じであるが、ことさらに『春秋』の存亡継絶の義が強調され、拓跋を前秦の「永く侵さず叛かない臣」に仕立てようとしたという。『晋書』苻堅載記は別に拓跋珪が什翼犍を捕縛して前秦に降り、前秦が珪を蜀に移したなどといったことが記されており、この真偽・有無についての先人の考察は非常に多いが、ここではあえて論じない。

き慕容部の衆はその多数が和龍に退いており、しばらくは大してできることもなかった。淝水の戦いの後において、烏桓の代表は独孤部劉庫仁の子劉顕であったが、これは極めて活動的な烏桓の勢力であった。賀訥の目的で主要なものとしては、劉顕の駆逐であったため、上述の、賀訥の恩信が「劉庫仁に等しくなった」という語があったのである。東から西への威嚇は、主に苻洛によるものであったが、しかし苻洛は間もなくして寝返った。

以上の各節において、散発的に代北烏桓の諸事を論じてきたが、いまはここで再びそれらの議論を並べ、烏桓の代北における展開の概況を見てみよう。

三五〇年に慕容儁が薊に入ったとき、上谷郡・代郡の官守の配置を委ねられ、二郡の住民を慕容の後方の地に遷徙したのは、烏桓人に対する制御・防衛のためであった。三五七年に前燕が賀蘭部の賀頼頭の部族を代郡の平舒に配置したことは、空白となった代郡の烏桓の地盤を埋めるためであった。三七六年に賀訥が大寧に居したが、大寧は平舒とともにそれぞれ南北双方から烏桓を監督する要衝となった。しかしこのときにこの地にいた烏桓は、主として元来の烏桓ではなく、烏桓独孤であった。前秦が代を滅ぼした数年の後、独孤は「地広く兵強く」なり、西に向かっては北の荒野を占有し、東に向かっては太行山脈《たいこうさんみゃく》を越えるほどの大勢力となった。三八七年に、上谷・代郡の民が太守を殺害・駆逐し、郡を挙げて劉顕に附し、劉顕がこの後後燕に駆逐されたとはいえ、烏桓独孤の残党はしばらくはなおも強大であって、後燕が劉顕の衆を統治するため、同年に劉顕の弟である劉亢泥を広寧にて烏桓王に擁立せざるを得なくなった。劉顕が長子《ちょうし》にて西燕《せいえん》に投降して以降、烏桓独孤の大勢は既になくなり、ようやく独孤統治下の拓跋は復興の機会を提供された。そのため『資治通鑑』のこの年の胡三省注において、劉顕滅びて拓跋氏強しと言われている。歴史を見渡すと、私には胡三省注のこの論は洞察が鋭いように思える。

烏桓独孤が衰退したとき、注目すべき二つの問題があった。一つ目は独孤衰退の背後に賀訥と賀蘭部の作用があったことである。賀蘭部はもともと陰山以北の意辛山に駐留していた。賀訥の父である賀野干《がやかん》は、什翼犍の時代に東部大人となっており、こうした歴史的背景は、賀訥が重要時に命を受けて東部を統轄できたことと関係があったのではないかと疑わせる。劉庫仁の弟である劉眷は、三八三年に賀蘭を、もともと独孤に属していた善無の地にて破ったことがあり、また賀蘭と雑居する高車の別部を意辛山にて襲撃しているのであって、このことは賀訥が大寧に居した後、賀蘭部が南下して独孤部の善無の牧地を占領したことで、独孤部の反撃を招き、独孤が意辛山にまで追撃するに至り、さらに一時期意辛山の南の牛川に移って遊牧し、賀蘭・高車の再度の南下を防いだことを物語っているであろう。これらの事実は全て、賀訥が東部を統轄した、その直接の目的が、独孤を制御することにあり、独孤部劉顕の強大化が、まさしく賀蘭に反撃し、撃破した結果であったことを示している。しかし独孤部の好調は長くはもたず、その卓越した戦功は拓跋部の復興のためにその道路を掃除するという結果にとどまり、これはとどのつまり、烏桓と拓跋が長期にわたって代北にて共生し、それによって形成された深い関係を反映している。三九六年に拓跋珪が軍を派遣して後燕の広寧太守・烏桓王劉亢泥を攻め殺したことで、拓跋と烏桓の闘争は一段落がつけられた。独孤部と賀蘭部は、拓跋部にとっては最重要の姻戚部族であり、拓跋部の内部運営に対する影響力が最も大きい部族であった。それゆえ賀蘭・独孤の間の関係及び拓跋の対処策は、特に複雑に見える。私は以前に道武帝の部族解散問題について論じたが、その典型的な事例の一つが独孤の解散であり、これと交錯して出現した事例が賀蘭の解散であって、それらの背景はここに見られるのである。

もう一つの注目に値する問題がある。それは独孤によって庇護された拓跋珪が、一旦復興の機会を獲得すると、まず後燕の慕容垂に連絡し、その矛先を独孤劉顕に向けていたことである。これは独孤と拓跋の関係が極めて密接であり、独孤が拓跋の内部運営に深く介入するあまりに、劉顕と拓跋珪母子の間に遺恨が生じたことによる。先に独孤を征服しないことには拓跋部が独立して存在するには足らず、まして拓跋の帝業の樹立はなおさらであろう。遺恨の一つ目は、劉顕が独孤に庇護された拓跋珪の殺害をはかり、拓跋珪に母方のおじの部族である賀蘭部に逃れざるを得なくさせたことであり、このことと、賀蘭が善無を攻撃・占領し、独孤が賀蘭を陰山の北に駆逐したという闘争とが、無関係であったはずはない。遺恨の二つ目は、拓跋珪が賀蘭部の庇護により国を復興させた際、劉顕が珪の叔父窟咄を迎えて北に向かい、珪と君位を争わせ、拓跋珪との生死をかけた戦争を引き起こしたことである。このことは『魏書』序紀、皇后伝 賀太后条、窟咄伝などに見られる。

さらに補足説明を要するのが、鉄弗劉衛辰の動向である。劉衛辰と拓跋の共生は調和のとれたものではなかったが、歴史的な関係は深かった。太祖紀の登国元年（三八六）一〇月条には、北上して君位を争った窟咄の軍が、劉顕の呼応のもとで代北高柳一帯にまで進み、慕容の拓跋支援の軍がまだ到着していないという、この段階の拓跋珪の立場は危険なものとなり、所属の北部大人「及び諸烏丸が劉衛辰のもとに逃れた」ことが〔『魏書』太祖紀登国元年条に〕記されている。ここで言われている「諸烏丸」にはもともと拓跋に附していた烏桓独孤の部族(152)を含んでいたはずであり、劉衛辰がこのとき拓跋珪を助け、劉顕と窟咄に附することを望まなかったことがうかがえる。そのため拓跋・慕容連合軍が窟咄を破ったとき、「窟咄は衛辰のもとに逃れ、衛辰はこれを殺害した」のである。二年目に劉顕は敗走したが、近くの衛辰に投ぜず、南方の長子にて慕容永に投降した。この段階の烏桓・独孤・鉄弗・拓跋・賀蘭といった数種の勢力の相互関係は、大体においてこの通りであった。

以上の事実より、代北地域には遠くは力微以来、近くは什翼犍以来の、その歴史の全てにおいて烏桓の形跡があったと見ることができる。代北の大事を考察すると、一つも烏桓のあらわれないものはほとんどなく、大寧以西にもともといた烏桓や、あるいはやや後にあらわれた烏桓独孤のようなものが出てきている。こうした背景のもとで、我々はようやく苻堅が代を滅ぼしたときにおいて、必ず考慮すべき問題の一つが代北烏桓に対する処置であったことを理解しやすくなるのである。

さきに言及した、苻堅載記の三八〇年における、関中の氐戸を方鎮に散在させ、北・西の諸辺牧に新たに配置したという事例と同時に、さらに「大鴻臚韓胤に護赤沙中郎将を領させ、烏丸府を代郡の平城に移し（大鴻臚韓胤領護赤沙中郎将、移烏丸府于代郡之平城）」たという宣布が見える。これについて、研究者はあまり注意を払ってはこなかった。しかし私はまだ考察する価値があると考えており、今は私の考えを次に列挙しておきたい。

『資治通鑑』にある通り、韓胤は燕国（前燕）の人で、関東の士望であり、王猛が前燕を滅ぼした際、彼の身柄を得、尚書郎《しょうしょろう》に推薦しているが、彼が前秦の旧臣ではなく、また国を治め兵を領した経歴がなかったことがここから分かる。大鴻臚は賓礼応接の官であり、尚書郎から遷任する官でもあった。韓胤が大鴻臚の官で赤沙中郎将を領したことは、「烏丸府」を移したことと文が繋がり、赤沙中郎将に烏桓を領護するという任務があったことが推測でき、これは西晋時代に将軍が護烏桓校尉を領するという慣例と同じであり、苻堅載記の「幽州を分割して平州を置き、石越を平州刺史・領護鮮卑中郎将として龍城に鎮させた」という連文とも同例である。平州を分置し、石越を平州刺史領護鮮卑中郎将としたことと、「烏丸府」を移し、それをつかさどる者が護赤沙中郎将を領したことは、苻堅が幽州刺史苻洛の叛乱を平定して以降の大事であり、この二つの事件はともに幽州の勢力を分割するためのものであった。しかし領護鮮卑中郎将の職は比較的充実しており、もとの幽州の北境より龍城に至るまで、辺境の鮮卑は全てここにいたが、龍城はもともと鮮卑慕容の東都であったため、大将石越を任にあてたのである。領護赤沙中郎将の職は比較的軽く、烏桓は幽州において皇帝となり国を建てた歴史を持ってはいなかったため、文官の韓胤をこの任にあてるだけで十分であり、また韓胤は賓礼の官であって、平城の「烏丸府」が交流・応対の役割を持っていたことを暗示している。しかしこの中には、護赤沙中郎将の名称をどのように解釈するか、護烏桓中郎将とは異なるのかという、さらに検討を要する問題が含まれている。

（152）このとき独孤各部の動向は一致しておらず、劉眷の子の劉羅辰（劉奴真）は終始拓跋氏につき、珪はその妹を娶ったが、これがすなわち道武帝劉皇后である。

『晋書』北狄匈奴伝によれば、赤沙種は西晋時代の北狄入塞十九種の一つであり、西晋の武帝が孫呉を討伐した際、騎督《きとく》の綦毋俔邪《きぶけんじゃ》が功績を挙げ、赤沙都尉《せきさとい》に遷ったという。北狄伝はさらに、「匈奴の類は、これを北狄と総称した（匈奴之類、総謂之北狄）」と言う。十九種は既に北狄と総称されて「匈奴之類」に列せられたため、近代以降の研究の多くは、確証がないながら、赤沙が匈奴の一種であった可能性が高いと見ている(153)。十九種中には匈奴種ではない者があり、例えば烏桓がそれであり、彼らは匈奴が強大であったときに服属していたため、「匈奴別種」、あるいは「匈奴之類」と見ることができる。こうした意義から言えば、赤沙種を「匈奴別種」あるいは「匈奴之類」と称することは、当時の民族区分の習慣に符合する。換言すれば、赤沙種の歴史上における匈奴との関係は深かったが、赤沙種は必ずしも種族的な意味での匈奴ではなかったことになる(154)。

数百年来、長城に附した北方の各民族は、繰り返す併呑・融合・分裂を経ており、本来は純粋であった種族の血統を保ちにくくなった。赤沙種はその遷徙状況・駐留環境に基づいて言うならば、そこには烏桓・鮮卑を含んでおり、あるいはもとは烏桓・鮮卑であったと推測することが、完全に可能となろう。

王沈『魏書』と范曄『後漢書』の各烏桓伝は、ともに烏桓が遼東北西数千里の赤山《せきざん》より起こったと言う。この赤山の名は南下した烏桓によって漁陽に持ち込まれた。『後漢書』の明帝紀・祭肜伝《さいゆうでん》・鮮卑伝などには漁陽赤山烏桓の記述が多い。丁謙《ていけん》「後漢書烏桓鮮卑伝地理考証」(155)によれば、この漁陽赤山は赤峰《せきほう》にあり、南西は上谷郡と接したため、赤山烏桓がしばしば上谷を侵略し、太守祭肜が鮮卑を招いて撃破したという事例があったとする。私は赤山烏桓の名が、降附した烏桓人により上谷寧城にもたらされ、塞内に入ってここに来た赤沙種の名と混同し、赤沙がそのままこの一帯の烏桓の異称となったのではないかと疑っている。そのため韓胤の領護赤沙中郎将は、事実上領護烏桓中郎将であり、いわゆる平城に移った「烏丸府」は、もともと上谷寧城にあった護烏桓校尉府となる。このことと『晋書』苻堅載記の、石越が護鮮卑中郎将を領し龍城に鎮したという意味の原文と相互に対応させると、文章は筋が通るのである。

さらに説明したいことがある。苻堅が後燕鮮卑を処置し、部将石越を龍城に配置したことには、慕容の巣窟に直に接近し、これを威嚇するという意向があった。烏桓への対処は、賓礼をつかさどり、軍事の経歴を持たない関東の士望である韓胤が担当しており、これは烏桓がかねてより、自前の組織を持ち、自らが統率する軍事的勢力ではなかったことを明確に反映している。そのため大軍による威嚇が必要なかったのである。しかしここで言う烏桓は、主に大寧を拠点としていた烏桓であったはずであり、「移烏丸府」も大寧から西に移ったことを指す。事実上、このときの大寧は、既に空にして賀訥が率いる賀蘭部衆に駐屯させ、もとの烏桓はやむを得ず周辺に向かって退き、もとの護烏桓校尉（まだこの官や、あるいは類似の官が設けられていればの話ではあるが）は大寧においてしばらくは存在する必要がなかったのである。またこのときにあらわれる、この地域において活動していた烏桓は、多くは烏桓独孤であり、彼らは種族の淵源から言えば、大寧と多大な歴史的関係を有していたというわけではない。

独孤劉顕が駆逐されて以降、独孤の代表的勢力は既に除かれ、理屈から言えば烏桓は重要性を持たなくなっていた。しかし烏桓の潜在勢力は大きく、大寧を回復し、その拠点とするという趨勢があり、後燕が大寧地域に烏

(153)　例えば陳連慶『中国古代少数民族姓氏研究』（吉林文史出版社、一九九三年）匈奴綦母氏条はこれを匈奴としている（三二一-三二三頁）。馬長寿『北狄与匈奴』も赤沙を匈奴の一種としているが（九九頁）、この頁のやや前では、「赤沙種も匈奴の一種であったようである」とあり、確定しているわけではない。
(154)　『晋書』劉聡載記には、劉聡について、「右部都尉に累遷し、慰撫に長け、五部の豪右にこれに帰さない者はなかった。河間王顒は上表により赤沙中郎将とした」とある。劉聡が赤沙中郎将となったことは、彼が幷州にてよく豪族を撫したことと関係があり、その中には幷州烏桓も含まれていたはずである。韓胤はこの官に就任し、烏桓の慰撫を主任務とした。
(155)　丁謙『後漢書各外国伝地理考証』の「後漢書烏桓鮮卑伝地理考証」（『二十五史三編』第四冊、岳麓書社、一九九四年）六〇三頁。

桓王を立てざるを得なくなるに至って、独孤部酋長劉庫仁の子、劉顕の弟である劉亢泥をここに封じて、局面の支配に用いた。大寧に進入・駐留した賀蘭部については、この地にはもとより基盤がなく、その後の賀蘭と独孤の闘争において劉顕に圧迫され、賀訥について去り、陰山以北に帰還したはずである。漢〜西晋の護烏桓校尉府が設置されてその名を轟かせた、辺境の城塞である大寧は、三七六年に烏桓の手中から賀蘭部にわたり、三八七年にはまた烏桓王の手に戻った。しかしこのときの烏桓王は、早くに上谷より西に来た烏桓人の後裔ではなく、独孤部酋長劉亢泥であり、この過程は、烏桓の、紆余曲折を経ながら発育していったという歴史的な情報をあらわしている。

三七六年に平城に移った「烏丸府」は、漢〜西晋時代に護烏桓校尉の本部として存在していたときには、「営府を開設し、あわせて鮮卑を領する」官府の実体を備えていた。ホリンゴール後漢墓の寧城壁画は、詳細で、生き生きとした光景を我々に提示してくれる。「烏丸府」は営兵を統率していた。『後漢書』張奐伝《ちょうかんでん》は幽州の烏桓営に言及している。十六国以来、護烏桓校尉は既に聞かれなくなっていたようであり、完備した烏桓営が一貫して存在していたわけではなかったが、必ずしも、ある種の散漫とした組織形式の交替さえなかったわけではない。その時代の社会状況に基づいて考えれば、営兵があれば、必ずその家族が構成する営戸（軍戸）もあり、歴代の営戸は必然的に膨大な住民の集合体を形成し、この集合体だけが、この地の烏桓の重要な勢力を構成し得た。これは一つの推測に過ぎないが、こうした推測を行わなければ、苻堅の時代にわけもなく出現した、「烏丸府を移（移烏丸府）」したという一事はいっそう理解ができなくなるのである。数百年を経た大寧烏桓にとって、これは一種の象徴的な処置であったに過ぎない。しかし苻堅にとっては幽州と代北地域の情勢を整理する必要から言うならば、代北烏桓の処置は、たとえ象徴的な措置であっても、その必要性があったと見られるのである。

以前の歴史家は多く赤沙種を「匈奴之類」に入れてきた。私は『晋書』苻堅載記の前後の文脈から、赤沙中郎将を設置することと、「烏丸府」を平城に移したことは、性格の同じ措置と見られ、赤沙種は理屈からは烏桓に属するはずであり、すなわち『後漢書』に常に見られる赤山烏桓であったと考えた。しかし私は本章を著すときに検索をおろそかにし、直接的な証拠を見つけられず、仮説を提示しただけであって、あえて急いで結論を下さなかったのである。滕昭宗《とうしょうそう》氏の書信を得て『後漢書』鄧訓伝《とうくんでん》に赤沙烏桓の名があることを知ったので補正したい。

『後漢書』鄧訓伝には章帝建初《しょうていけんしょ》年間（七六～八三）のこととして、「上谷太守任興《じんこう》は赤沙烏桓を誅殺しようとし、（赤沙烏桓は）恨んで謀反した。訓に詔して黎陽営《れいようえい》[156]の兵を率いて狐奴《こど》に駐屯させ、その変を防いだ。訓は辺境の民を慰撫し、幽部がこれに帰し、六年（八一）に護烏桓校尉に遷任し、黎陽の故人は老幼を携え、訓にしたがって辺境に移ることを楽しんだ。鮮卑はその威恩を聞き、皆あえて南の塞下に近づかなかった」とある。この史書は明確に上谷塞外の赤沙烏桓の名を指摘しており、私に赤山・赤沙の字句から迂回して証拠を求めることが無駄であったことを悟らせてくれた。

これより前、後漢の初年に、幽州の辺患が深刻となったが、これは主として「三虜が連和[157]」し、勢力が強大化したという理由による。三虜について、『後漢書』の李賢《りけん》注は匈奴・鮮卑及び赤山烏桓を指すと言っている。後漢は「郡ごとに数千人に達するほど辺境の兵を増員し」、祭肜を遼東太守に拝してこれを防いだ。建武二一年（四五）、鮮卑と匈奴は大挙して遼東に侵入し、祭肜はこれを破り、同時に遼東鮮卑の力を利用し、西にて漁陽・上谷の塞外の赤山烏桓を攻撃した。これらの軍事活動は断続的に進められ、三〇年余りもの間続けられたのであ

(156)〔訳注〕後漢の光武帝劉秀は主として幽州・冀州・并州の兵をもって中国再統一を進めたが、中国の大半を占領した段階で、これらのうち千人をもって冀州黎陽に軍営を配置した。これが黎陽営である。濱口重国「光武帝の軍備縮小と其の影響」（同氏著『秦漢隋唐史の研究』上巻、東京大学出版会、一九六六年、二九一－三二五頁）参照。

(157)『後漢書』列伝一〇　祭肜伝。

り、その後に鄧訓が上谷の赤沙烏桓を防ぐために、兵を率いて漁陽に駐屯したということがあったのである。赤沙の名はおおよそここから始まる。これは祭肜が攻撃した赤山烏桓が、すなわち鄧訓の防いだ赤沙烏桓であったことを物語る。祭肜は遼東にいること二八年、明帝永平《めいていえいへい》一二年（六九）に至って太僕《たいぼく》（中央の官である九卿の一つ）に徴《め》されたが、これは幽州の北東の辺境事情がしばらく緩和していたことをあらわしている。鄧訓は章帝建初六年（八二）に護烏桓校尉に遷り、上谷大寧に赴任したが、これは幽州の辺患が西に移ったことを示している。『後漢書』列伝八　呉漢伝《ごかんでん》に、「漁陽・上谷の突騎は、天下にその名が聞こえている」とあるが、この「突騎」は恐らくは塞内に入った赤山烏桓、すなわち赤沙烏桓を指す。

赤山烏桓はもともとその先祖が長らくいた地から名付けられたのであるが、どうして赤沙烏桓に名称が変わったか、その原因は知るよしもない。王先謙《おうせんけん》『後漢書集解《ごかんじょしっかい》』は鄧訓伝において沈欽韓《しんきんかん》の、「祭肜伝は赤山烏桓に作っており、この赤沙が赤山の誤りであるのではないかと疑える」という説を引いている。沈氏は史文の誤りとして解釈しているが、定説となっているわけではない。

漢～西晋以来、赤山烏桓部族の遷移の動きは、塞外・塞内を問わず、全て東から西に向かうものであった。鄧訓が漁陽狐奴より上谷大寧に移ったことも、これにしたがうものである。三百年後の大寧の護烏桓府は代郡の平城に移っており、これも同じ方向に向かっている。

赤山烏桓の西遷の過程においては、幾度も周囲の諸族との衝突・融合を経た。彼らのうち、辺塞にしたがって西に移った者は、燕山山脈《えんざんさんみゃく》の西端に至った後、南の代北に浸透し、代谷にしたがって西に向かう者と合流した。その中の一部分は、おおよそ魏晋時代に至るまでには、既に陘北・陘南にまで浸透しており、当時の雁門・新興郡に広がっていた。『晋書』劉聡載記には、河間王司馬顒が上表により劉聡を赤沙中郎将に任じたことが伝えられているが、それはこの一部分の赤山烏桓が移っていた事実を反映している。さらに多くの赤山烏桓が代北地域に集まり、西から東に向かった鮮卑拓跋部とは長期にわたって相互に抵抗・連携していた。苻堅は代を滅ぼした後に代北の新たな部族秩序を樹立するため、「烏丸府」を西の平城に移したのである。

これを背景として苻堅載記の「大鴻臚韓胤に護赤沙中郎将を領させ、烏丸府を代郡の平城に移した（大鴻臚韓胤領護赤沙中郎将、移烏丸府于代郡之平城）」の一文を解読すると、私には流暢で滞りがなくなるように感じられるのであり、当初の仮説が証明されたと言うことができよう。

一二　拓跋と代北烏桓の共生関係

本章の以上の各節では、拓跋・烏桓の代北地域における各方面の接触を個別に考察したが、内容が混乱し、相互が全て繋がるわけではなく、系統性に乏しいことは自覚している。今はこれらの問題を総括して考察し、この二部族の共生現象について論述し、本章の主旨を明らかにしたい。その中の行論において言及するところは、ここまでの各節の内容と重複するかもしれないが、読者にはご海容願いたい。

（一）代北各部族の発育における同化現象

後漢以来、北方の諸部族は、次々と幽州・并州・雍州・涼州《りょうしゅう》一帯に入り込んだ。その枝分かれの遷徙の方向や環境の変化にしたがい、各部族は絶えず分解し、また絶えず組み合わさり、同化と分化という複雑な現象があらわれた。分化とは、例えば鮮卑力微が陰山を越えて盛楽の草原にとどまり、拓跋の名称を帯び、北魏の始祖となったり、力微の長兄匹孤が部を率いて母体より離脱し、塞北よりはるか河西に赴き、禿髪部と称し、そのまま南涼を建国したことである。匹孤・力微の部族の所在地の地理的条件や種族・文化環境は異なり、長期間この二部は交渉することなく、各自で独立した発展を遂げ、結果変異を生じた。鮮卑慕容と吐谷渾《とよくこん》とは、部を異にするが源を同じくすることの、いっそう明らかな例である(158)。魏晋から北朝に至るまで新しい族名が絶えず出現し、多くの「雑胡」の名は考証しきれないが、いずれもこうした歴史の過程の産物である。

分化に相反するのは同化である。二世紀に草原の鮮卑が匈奴の故地に転じて以降（これ以前、烏桓も同じような移動の過程を経た）、そこにとどまった匈奴の余衆はなおも一四万落数十万人いたが、もともとの単独の行動能力を喪失し、皆鮮卑を自称して生存を求めた。これは鮮卑集団に入った巨大な人口であったため、『後漢書』鮮卑伝には、「鮮卑はこれによって次第に盛んとなった」とある。これは同化の最大の実例であり、また鮮卑部族集団の複雑化の重要な原因であった。

南下した鮮卑には、部族中に巻き込まれた、人数の極めて多い匈奴人がおり、彼らが従来の匈奴部族組織をなおも有していたか、彼らと鮮卑の文化融合がどの程度にまで達していたかについて、各部ではそれぞれ異なる。幽州・幷州一帯の内徙部族の状況からは、あるものは元来の名称と部族組織を保ち、かつ比較的大きな独立性を有し、あるものは主体部族の「別部」と称され、あるものは二者が大体において一体に融合し、新たな部族名称を帯びさえしていたことがわかる。こうした違いは、大体においては集まった各部族の人口、文化的な優勢、権力状況によって決定される。長い目で見れば、融合は総体的な趨勢であったと言えよう。ここではなおも鮮卑と匈奴の間の問題に言及するに過ぎない。これ以前における烏桓の南下時においては、必然的に匈奴との間の各種の複雑な組み合わせや変異が生じたであろうが、烏桓集団そのものの凝集力は強くはなく、組織は分散しており、それをとどめた資料が極めて少なく、今日では推測してこれを語る他にないため、ますます確定しがたくなっている。

烏桓・鮮卑の相継ぐ南下状況には、必然的に類似する点が多くなった。現在の興安嶺《こうあんれい》以南からすぐ西の陰山地域に至る各地で出土した烏桓・鮮卑の墓葬において、烏桓・鮮卑の文化要素は、そのほとんど全てが匈奴文化要素と併存しており(159)、これはその明らかな証拠となる。

実のところ、以後に出現した并州匈奴五部〔南匈奴〕は、その種族状況について言えば、決して単一の匈奴であったわけではなく、相当数の、それぞれ異なる段階において巻き込まれた他部族人が含まれており、例えば屠各・烏桓や、名称の異なる胡人である西域胡のようなものもいた。彼らと主体部族である匈奴人とは、并州にて共生したのであり、その傾向は同化であった。しかし融合をまたずして、大動乱が発生した。彼らの中の相当の部分と匈奴との共生関係は崩壊し、異なる民族構成と分化の傾向を形成し、例えば独孤・鉄弗や、様々な名称の雑胡が続々と出現し、複雑な民族の相互関係を作り上げ、十六国の局面を開いたのである。この問題については別の論者の研究があるため、本章ではあまり言及しないこととしたい。

以上の種々の状況から、同化・分化は、相対的なものに過ぎず、歴史の過程において、ある時期はこうであっても、ある時期には異なっていたことがうかがえよう。あるいは両者は同時に異なる方面であらわれることもあ

---

(158)〔訳注〕吐谷渾は現在の青海省にいた民族の名。吐谷渾とは元来人名であり、前燕慕容廆の兄（慕容渉帰《ぼようしょうき》の庶長子）の名であった。慕容吐谷渾は配下の部族を連れて陰山山脈に移り、西晋で永嘉の乱が起こるとさらに西進して青海に達し、そのまま遊牧生活を続けたという。彼の死後、この部族は吐谷渾を部族名・国名とした。六六三年にチベット系の吐蕃に滅ぼされた。

(159) 例えば曾庸「遼寧西豊西岔溝古墓群為烏桓遺跡論」（『考古』一九六一年第六期）、宿白「東北・内蒙古地区的鮮卑遺跡」（『文物』一九七七年第五期）、「盛楽・平城一帯的拓跋鮮卑――北魏遺跡」（『文物』一九七七年第一一期）などを参照。また馬利清等主編『内蒙古文物志』（未刊）にもこうした資料が豊富にある。

り、母体との相違がますます多くなれば分化と言え、新環境において他の民族との調和がとれれば同化となる。十六国の民族関係は、これによってその多様性や複雑性をあらわすこととなった。しかし結局、北方の複雑な民族関係について、種族の相違は別に何の役にも立たないというわけではなかった。根本的要素は純粋な種族の異同ではなく、環境が養成した文化上の異同や、いくつかの偶然の要素による影響にこそあった。先人がかつて抱いていたこうした見解は、歴史の実際に深く入れば入るほど、的確で誤りのないものと感じさせる。

本章が関心を注ぐ上谷・代郡・定襄・雲中・朔方一帯の烏桓と拓跋は、種族・文化の面では多少の相違はあるものの、全て匈奴的な背景を有していた。この角度からは、『宋書』索虜伝の「匈奴には、数百千種あり、各々名称を立てており、索頭もその一つである」という説や、『南斉書』魏虜伝の「魏虜は、匈奴の種である」という説が、敵国〔宋・斉などの南朝〕の伝聞による曖昧な表現に属するとはいえ、種族・文化の上では一定の歴史的真実を含んでいたと見られる。鮮卑・烏桓と匈奴の、代北地域におけるさらなる整合や融合は、同化であって分化ではなかったが、こちらが大勢であった。開発の程度において後進状態にあった地域に関しては、時間や場所によって絶えず名称の雑多な雑胡の種類が生まれていたが、これはすなわち分化現象の反映である。しかし北朝に入って以後、雑胡の種類は、多くはならずに少なくなっていった。

十六国の雑胡は、一般的には明らかな地域性や、不確定性・臨時性をそなえているが、これはこの時期の民族状態の変化の迅速さのあらわれである。これと同様の現象は東晋南朝においてはめったに見られない。北方と南方のこうした方面の問題の比較研究は、新たな課題であり、進展が待たれる。

鮮卑に入った匈奴人は鮮卑を自称することができたが、同じ理屈から、烏桓に入った匈奴人も当然烏桓を自称できた。『魏書』官氏志の「その諸方の来附した雑人はこれを烏丸と総称した〔其諸方雑人来附者総謂之烏丸〕」という記述は、本来ならば確定的な種族の意味であったはずの烏桓をこのように曖昧にさせており、これは一部分だけで全体を概括するような考えである。しかし一方でいくつかの歴史的真実を含有している可能性もある。私が知る限りでは、匈奴屠各から出た独孤部だけが烏桓の名称を冠しており、さらには独孤が屠各の異字訳であった可能性がある。もしかしたら、「烏丸」と称されたいわゆる「諸方雑人」は、実際には特に匈奴屠各を指しており、例えば西域雑胡が烏桓の名称のうちに含まれなかったように、北魏に附した全ての「諸方雑人」を指すわけではなかったかもしれない。独孤・鉄弗の先人が、ある時期に烏桓集団に入り烏桓の名称を冠したことは、偶然であった可能性がある。しかし官氏志は逆にこうした特定の現象を普遍的な事実に作っているのであって、歴史と完全に符合しているというわけではない。

一定の時間・一定の地域において一部の胡族に出現した同化と分化には、通常二つの前提が存在する。一つはこのときこの地の漢人と漢文化が主導的な役割をしばらくは果たさず、したがって漢化の過程が明らかではなかったことである。もう一つは当時この地の自然環境が一定の閉鎖性を有し、したがって対外的な交流の範囲が限定的であったことである。本章では魏晋以来の拓跋・烏桓の代北における共生現象を論じたが、それはこうした前提における二つの民族の、同化の相互影響のあらわれであり、その中でも拓跋は主導的地位にいたのである。総じて言えば、魏晋の代北地域の部族関係において最も顕著なのは同化であり、それは烏桓やその他の部族を含み、強大な生命力を有する、新しい拓跋部を育み、十六国の紛争を終結させるという時代の任務を負うに足らしめたのである。これは重大な歴史的成果である。

ここで称してきた代北とは、大体において陰山以南、陘嶺《けいれい》以北、上谷以西、黄河以東の地帯を指し、地理的には山河に制限され、閉鎖的な性質を備えていた。漢・魏が辺郡を撤廃し、辺民を内徙したことにより、この一帯は空白化し荒廃した。西晋の劉琨は再び陘北五県の民を陘南に徙したが、その徙民は多くが漢人であったはずであり、この一帯はいっそう荒廃した。拓跋猗盧は一〇万家を徙し、この方数百里の地にあてたが、この一〇万家は遊牧の北族が主体であったはずである。このような一進一退により、漢文化の代北地域における影響力はさらに弱められた。相継いで代北に入った鮮卑拓跋部（主として陰山方向から来た）と烏桓（主として上谷方向から来た）は長らくこの地域にとどまり、雑居して遊牧し、相互に影響し合い、代北草原における新たな共同の主となった。やや後に、幷州に所属する新興郡慮虒の匈奴屠各も陘南より陘北に入り、この地域の部族相互影響の過程に参加した。さらにいくつかの四方八方から来る部族があったが、一般的にその集団は大きくはなく、自由に移動して定住せず、その役割は比較的小さかった。このことは新たな拓跋部を形成し、したがって代北の歴史に長く影響を与えた種族・地理・文化の背景となったのである。

（二）拓跋部の歴史的転換期における烏桓の要素

『魏書』序紀の史実を手がかりとして、我々は大体西晋・十六国時代にあたる百年余りのうちに、拓跋の歴史が三次にわたる大転換を経験し、拓跋部族連合の栄枯盛衰を形作り、拓跋部がこのように曲折した過程において繁栄・発展し、遂には中国北方社会を安定化させる勢力となることを見出すことになる。その建国と皇帝自称は「五胡」の局面の発生よりも百年近く遅いが、拓跋は百年という僻地における発展の時間を得、蓄えた潜在力は五胡の如何なる民族をも超越した。拓跋の百年にわたる発展が経た三つの転換は、実際には拓跋・烏桓の共生の歴史の変遷過程でもあった。史書はこうした共生関係についての直接的で十分な資料をとどめていないが、探究に供しうるほどの痕跡は、逆に少なくはないのである。

第一次大転換：二七七年以降、力微の死を契機として　『晋書』衛瓘伝には衛瓘が護烏桓校尉となった西暦二七一～二七八年のこととして、「幽州・并州は東に務桓（烏桓）、西に力微がおり、ともに辺境に侵攻した。衛瓘は二虜を離間し、遂に隙を生じさせた。ここにおいて務桓は降服して力微は憂死した」とある。『魏書』序紀の力微の死についての資料とこれとを照合すると、烏桓・拓跋といった東胡から出た二つの民族は、各々部族を形成し、ともに代北に駐留・遊牧しており、一つは東に、一つは西に偏在し、またこれら二つの民族は、ともに西晋の護烏桓校尉府と関係を持ったが、一つは比較的近く、一つは比較的疎遠であったことがうかがえる。また二つの民族は拓跋部族連合の構成員であったが、一つは盟主の地位におり、一つは従属的地位にいるに過ぎなかったため、烏桓王庫賢は拓跋力微の身辺にいて「側近として政治を行い」、遂には拓跋の「諸部離叛」という事態を引き起こすことができたのである。

前掲の曹永年氏の論文は、序紀の力微死去の翌年の条の、「諸部が離叛し、国内は乱れ（諸部離叛、国内紛擾）」たという記述から、以後九年間（二七八～二八六）に『魏書』にはまったく史実の記録がないことに言及し、これを拓跋部族連合が既に瓦解したことの証拠とされた。また二八六年に拓跋綽（平帝）が立ち、「威徳が再び上が」り、ようやく連合が再建されたと主張される。曹氏の主張は妥当である。しかし序紀のこの後の平帝・思帝の箇所においては、ともに大事の記録がなく、昭帝・桓帝・穆帝并立の年、すなわち二九五年に、拓跋部に初めて新状況が発生し、ようやく拓跋は真に復興したのである。

こうした拓跋の大転換は、代北烏桓が拓跋に背いたことによるのであり、キーパーソンは庫賢であったと私は見ている。さらに私は西晋泰始七年（二七一）に并州匈奴屠各帥劉猛が「叛いて塞（長城）より出」たことや、及び以後劉猛の族人が叛服常ならなかったという諸事は、こうした拓跋の衰退の時期を長引かせ、また叛乱の衆と代北東部の烏桓とが接触する機会を増やしたとも考えている。

『魏書』鉄弗劉虎伝によれば、劉虎の先人劉猛は并州匈奴五部の北部帥であり、新興慮虒（現在の山西五台）の北にいたという。劉猛は「叛いて塞より出」たが、塞外の地とは、理屈から言えば烏桓地域となろう。『晋書』武帝紀はこのことを泰始七年正月に繫《か》け、この年一一月について『資治通鑑』にはさらに「劉猛が平州に侵攻した」とあるため、劉猛が塞外から戻って寇略したことは間違いない。劉猛は泰始八年（二七二）一月に殺害され、劉虎伝には「劉猛が死去し、子の副崙が（拓跋に）来奔した」とあり、正確な年月がないが、劉猛の死後間もなくのことであろう。劉猛の部族は族人の詰升爰により代わって率いられ、代北の中心部分においてはなおも詰升袁（爰）河という河名が残っており、劉猛の部が実際は既に塞内・塞外、陘南・陘北に浸透し、烏桓や拓跋などといった周囲の勢力と広汎に連携していたことが分かる。

　出塞した劉猛の衆の動向が、衛瓘の讒間の影響を受けなかったはずはない[160]。力微の死後に諸部が離散したという状況において、劉猛の族人は近くの烏桓に投ずることを好都合とするようになった。『魏書』が劉猛の子である副崙が拓跋に投じ、劉猛の従子（あるいは従孫、すなわち詰升爰の子の劉虎）が拓跋に降服したことだけに言及して[161]、烏桓に投降したという事跡に言及しなかったことについては、烏桓の部族が散漫であり、名称を立てず、自らに代表とするほどの人物がなく、拓跋部族連合に従属して、独自の歴史を持たなかったと見なされ、史臣がそのままこれを全て拓跋に帰せしめたという理由による。実際には、劉猛の部族と族人の、ここの烏桓人との関係が特殊であったため、烏桓という名を冠せられたのである。昔の独孤は幷州匈奴北部に進入する以前には烏桓であったかもしれない。そのため幷州を離叛した後には、遂に代北烏桓と結合することができたのである。しかしこれは仮説に過ぎず、今は実証するための資料がない。

　これは拓跋が盛楽に居して後の歴史の最初の大転換であり、その中からは拓跋・烏桓の関係がうかがい知れる。

第二次大転換：三一六年以後、猗盧の死を契機として

　二八六年に平帝綽が立った。序紀にある平帝に関する唯一の大事は、二九二年に平帝が娘を宇文部の大人普撥の子である丘不勤に娶せたことであるが[162]、宇文部は二九五年に拓跋部が三分した後には、東部昭帝禄官の部族に隣り合っていた。これは拓跋初期に、その東の境界がかつては上谷以北、濡源の西に至っていたことについての正式な記載である。拓跋・宇文の婚姻には、やや後において昭帝が国を建てて濡源に至ったことと、ある種の関係があった。三〇七年に昭帝が死去することで、東部の地は事実上拓跋の統治を離れたが、拓跋・宇文の関係は依然として存在していた。二〇年余りの後に、拓跋部に長期間継続することとなる君位をめぐる闘争が出現したとき、一時失敗した煬帝は宇文部を援軍としており、最終的に東方の宇文部と慕容部に逃走したことについては、本章第二節で詳述した。

拓跋三部が並立していたとき、中・西両部はともに、少なからず開拓という性質を備えていた軍事的活動を行っており、部族連合を復興・強化した。やや後に、猗盧は三部を統轄・統一することとなり、拓跋の重心は元

(160) 日本の内田吟風氏は「北魏初世における匈奴独孤部の消長」(『龍谷史壇』九〇、一九八七年、中国語訳は『北朝研究』一九九二年第四期)において、衛瓘が讒間したときに副崙が来降しており、その複雑な背景は注目すべきであると指摘されたが、深く掘り下げられてはいなかった。内田氏の論文は独孤・赫連の系譜を列挙しており、参照すべきである。しかしこの中の輩行は錯乱しており、匈奴における、父が死去してその后母を娶るといった諸習俗が関係している可能性があるが、細かく探究することはできない。

(161) 『魏書』鉄弗劉虎伝によると、劉猛が死去し、劉虎の父である誥升爰と虎とが相継いで部族を領した。劉虎は「はじめは代国に臣属した」が、後に挙兵して叛乱を起こした。序紀穆帝三年(三一〇)条は劉虎が雁門にて挙兵し、劉琨の新興・雁門二郡を攻撃し、猗盧が弟の子鬱律を派遣して劉琨による西部攻撃を支援させたところ、劉虎が黄河を渡って朔方に遁走し、猗盧は功績により代公に封ぜられ、陘北五県の地を獲得したとする。劉猛の孫であり、服崙の子である路孤は平文帝二年(三一八)に降服した後も、移動したという話は聞かれない。劉庫仁はすなわち路孤の子である。母は平文帝の娘である。これより、匈奴北部帥劉猛の後裔(劉猛―副崙―路孤―庫仁……)やその族衆(去卑―誥升爰―劉虎―務桓―衛辰)は黄河を境として独孤部と鉄弗部に分かれたのであり、二部には常に戦争があったが、交流もまた多かった。注(160)内田吟風論文を参照。

(162) 『魏書』宇文莫槐伝は平帝の娘というところを誤って平文帝の娘としている。『魏書』のこの巻は散佚し、『北史』によって補われた。序紀の二九九年条によれば昭帝もかつては自分の娘を宇文莫槐の子に嫁がせたという。

来の中部地域に転移し、勢力は盛んとなった。しかし三一六年には拓跋に内乱が生じ、猗盧は殺害され、部衆は離叛し、拓跋が急激に衰退することで、拓跋の歴史上の二回目の大転換を現出したのである。

この転換を追跡すると、キーポイントが依然として拓跋と烏桓の関係にあったことが見出される。さきの各節において、既にこの内乱の背景の中の烏桓の諸問題について言及した。一つ目は猗盧の少子である比延が寵愛され、猗盧が長子の六脩を出してその母をしりぞけたことが、六脩による比延・猗盧殺害を引き起こしたが、こうした矛盾に六脩・比延の各自の母系の部族による操縦があって、その上烏桓の関与が疑われることである。二つ目は桓帝皇后祁氏にも内乱に対する操縦の役割があり、祁氏その人が烏桓出身であった可能性があることである。三つ目は拓跋の内乱が「新人・旧人が疑い恨み、互いに誅戮しあった」という事態を引き起こし、拓跋が恃みとする「新人」、すなわち烏桓と晋人数万の衆が叛いて劉琨のもとに帰し、拓跋の精鋭戦力がほとんど失われ、拓跋の「旧人」がそのまま機に乗じて盛楽にて平文帝を擁立したことである。これは拓跋・烏桓の関係が拓跋部族連合の再度の衰退に影響を及ぼした、最も顕著な事例である。

内モンゴル涼城出土の印章と飾牌には、非常に価値がある。涼城は拓跋中部にあった。烏桓印と鮮卑印はともに一箇所から出土しており、私はこれが代北拓跋と烏桓の共生現象の重要な物証であると見ている。烏桓王庫賢が拓跋力微の身辺にいることができたという例を考慮すると、烏桓の首領と拓跋猗㐌が同じ地域にいたとすることも可能であろう。このように理解すれば、鮮卑（拓跋を指す）と烏桓のそれぞれの印章は、この二族の首領が身につけていたものであって、何らかの原因で同じところに埋められたことになる。この分析にしたがうと、印章はもしかすると当時衛瓘が朝廷の命を受けておくり、本来力微・庫賢がそれぞれ持ち、各々がその子孫に伝授し、同時に拓跋中部の地から出土したのかもしれず、こうした推測に基づくならば、ここも猗㐌がとどまったところの附近の地であったことになる。

以上の推測以外に、猗盧の死後における拓跋の内乱において、衛雄・姫澹が烏桓・晋人を率い逃走したという、考察すべき事跡がある。拓跋の内乱は、旧人と新人の復仇戦へと迅速に変化したが、その戦場はもとの拓跋中部及びその南方地帯であった。衛雄・姫澹はともに代郡の人であり、代郡烏桓や晋人と関係することが自然に多くなったが、旧人が平文帝を擁立したのは、拓跋の根本の地である盛楽においてであった。平文帝が賀蘭部の娘を妻としたことは、まさしく盛楽の、陰山草原の部族に対する依存を反映している。こうした変化の過程は、猗㐌・猗盧の時代に烏桓人が拓跋部において重要な地位にあり、拓跋部旧人の不満を引き起こすに至ったことを際立たせることになる。まさにこうした現象が拓跋の旧人の恨みを引き起こし、遂には双方の残酷な闘争を招いたのである。

中部の拓跋・烏桓は闘争によってともに傷ついたが、祁皇后は中部にとどまり、もと西部にいた平文帝と戦った。平文帝は屠各劉路孤（烏桓独孤）と連合し、しばらくの間は、ともに東木根山に徙り、中部の祁皇后の後方の地に迫った。祁皇后は突然の襲撃を行い、平文帝と拓跋の大人を殺害し、自身の子を擁立した。平文帝の妻である賀蘭氏の子はおじの部族（母の兄弟の部族）に依存し、祁氏の諸子と繰り返し君位を奪い合い、拓跋の内紛を長期にわたって継続させたが、核心となる問題はなおも新人・旧人の争いであり、地域について言えば中部と西部の争いであった。これは拓跋・烏桓の争いの強烈な余波であった。しかし烏桓族はもとより凝集力に乏しく、代北の両種の烏桓は、相互の統属という歴史的関係を欠いていた。烏桓独孤と称された劉路孤は、一時的な需要から、平文帝拓跋鬱律とともに東木根山に駐留し、もともと烏桓によって支持された祁皇后と対立する立場に身を置いた。こうした陣容の入り組んだ状況は、当時においては個別的な現象というわけではなかった。以下に述べるような、平文帝の王皇后が、烏桓出身でありながら、政治陣営としては逆に盛楽の拓跋旧族を代表していたことも、重要な例証となろう。

拓跋の内乱には新旧の闘争以外に、桓帝・穆帝・平文帝の各々の后族〔外戚部族〕の介入があり、情勢はさらに複雑となった。六脩の母族は新人に属するであろう。比延の母は旧人の陣営出身であったと思われる。穆帝が晩年に比延を寵愛して六脩を出したことは、あらためて旧人を頼りにしたことを意味し、「その母をしりぞけた」ことについては、六脩の母族が穆帝の行動に干渉することを防ぐ意味があった。

継続する内紛において、最初は祁皇后や彼女が立てた諸子が優勢であったが、後に平文帝陣営の旧人が賀蘭部に頼って勢いを得ることとなり、祁皇后の勢力を滅ぼした。しかし勝者の権力は既に平文帝の王皇后の手中にあり、この王皇后は祁皇后の後における政治的な強者となったが、拓跋の旧族出身ではなかった。

王皇后は昭成帝の母であり、その生い立ちについては既に見てきた。皇后伝は三二一年に祁皇后が平文帝を殺害したときのこととして、「昭成帝はまだ乳児であった。当時国に内乱があり、諸皇子が殺害されようとしていた。[163] 后は帝〔昭成帝〕を袴の中に隠し、……殺害を免れることができた〔昭成在襁褓。時国有内難、将害諸皇子。后匿帝於袴中、……得免於難〕」とある。祁皇后は平文帝と拓跋大人を殺害し、さらに平文帝の諸子を殺害しようとしたのであり、これは祁皇后の大勝利であった。しかし繰り返す争奪戦を経て、平文帝の後裔の系統は復活し、遂に北魏の皇統を樹立したが、その功績は王皇后に帰するのである。

さきに行った考証から推算すれば、王氏が後宮に入ったのは、拓跋の内乱が勃発した年である三一六年のことであった可能性が高くなる。内乱では新人・旧人が殺し合い、広寧烏桓は自然に新人の陣営に属することとなった。平文帝が立ち、王氏の「あることによって後宮に入」ったとは、彼女が広寧烏桓より旧人の捕虜となり、掖庭〔後宮〕に入れられたことを指すと私は考えている。平文帝が死去したとき王氏は一八歳であり、拓跋部においてはなおも安定した立場を築きがたかったため、拓跋の旧人による祁皇后の新人への対処とは、主として平文帝の長子翳槐の母方のおじの部族である賀蘭に頼ることであった。昭成帝が成長し、王氏は自身の子のために、断然と賀蘭を征服し、これを拓跋部の権力の中枢に入り込めないようにさせた。このように、もともと烏桓の新人出身であった王氏は、次第に旧人陣営の中心人物となっていった。昭成帝が立ったばかりのとき、彼女は眼前の事態から考慮し、拓跋大人の灅源川に遷都せよとの主張に極力反対し、盛楽での駐留を万全の計とした。しかし拓跋の発展の未来図から、代北東部との連絡を多くすることが考慮されたのであり、これにより「諸大人と参合陂にて朝」することや鮮卑慕容部と婚姻関係を結ぶということがあったのである。王氏個人の行動は、新人・旧人の矛盾の漸次的な調和を体現しており、その種族的な内容としては、拓跋・烏桓の共生過程の新段階を現出していた。拓跋が部族連合から道武帝の帝業に転ずる過程において、王氏は先人の後を承けて新しく発展する端緒を開いた、キーパーソンであったのである。

代北地域における拓跋・烏桓の共生過程からは、新人・旧人の闘争が、結局はその中の一断片に過ぎなかったように見られる。猗㐌・猗盧といい、衛雄・姫澹といい、桓帝・穆帝の諸后妃やその部族といい、各々歴史的な役割を演じ終わった後は、全て埋没して聞かれなくなり、『魏書』中に平文帝の正式な皇后と記録される王氏は、ようやくこの過程における、真に代表的な人物となった。平文帝の「図南」は、その志を遂げることはなかった。王太后が昭成帝を補佐して危険を排除し、拓跋の内部を安定化させ、休息を行うことで、拓跋は復興することができたのである。皇后伝 平文王皇后条には、「烈帝が崩じ、国祚は非常に危うかった。大業を復興したのは、后の力による（烈帝之崩、国祚殆危、興復大業、后之力也）[(164)]」とある。王皇后の運営によって、拓跋部はこの歴史的な

（163）「将害諸皇子」とあれば、皇子は昭成帝ただ一人というわけではなかったことになる。序紀は昭成帝を平文帝の次子と称しているから、昭成帝より年長の皇子はただ一人となり、この人物は賀蘭部の母方の甥である烈帝翳槐であろう。賀蘭氏は平文帝がまだ国君に立てられなかったときに翳槐を生んだ。拓跋の旧俗では、賀蘭氏はまだ皇后の資格を取っていなかったため、皇后伝に入れられなかった。

（164）王太后は昭成帝一八年（三五五）に死去しており、そのことは『魏書』序紀に見られる。またやや後に賀蘭部の拓跋部における勢力は王皇后に抑制されたため、史伝ではこのときの賀蘭氏の記事が少なくなっている。

ポイントにおいて重大な転換を行わず、かえって無秩序で筋道が通っていない君位の継承に、父が死して子が継ぐという厳密な順序をもたらすことで(165)、平文帝の系統は北魏皇室の大宗となり、北魏一朝百年余りを経ても大きな破壊を受けなかったのであり、このことは拓跋部にとっては極めて大きな歴史的功績であった。道武帝の建国時に、平文帝が太祖と、王氏が太祖皇后と、それぞれ追尊されたことは、道理のないことではない。王皇后伝は彼女が拓跋の「興復大業」を担当したと評したが、決して根拠のない評価ではなかったのである。

　桓帝の皇后祁氏の諸子勢力が復辟・反復辟の闘争において滅ぼされた後、拓跋部の中には既に烏桓の明確な役割が見当たらなくなっていたらしい。これはすなわち、王太后が拓跋旧人の支持に依拠することしかできず、外戚の烏桓部に頼ることがなかったということになる。しかし『魏書』王建伝によれば、王建の祖父の姉妹である王太后には王豊《おうほう》という兄弟がおり、「帝（昭成帝を指す）の母方のおじであることから重んじられ」、「豊の子の支《し》は、昭成帝の娘を娶り、甚だ厚遇され」、王建本人も「若くして公主を娶った」という。現存する北魏墓誌の中からも、王氏のその他の皇族との婚姻関係がうかがえる。これらから、王太后が掖庭を出たとはいえ、母族に人がなかったわけではないことが見て取れる。昭成帝前期の王太后が政治にあたっていたとき、東部の慕容部との密接な関係を築き上げたが、東の烏桓もその関係の範囲内にいたと思われる。王太后は拓跋大人による灅源川への遷都の議や、城郭に住むことに反対したが、このことは猗盧が大乱を引き起こし、「事難の後であり、基業はまだ固まっていない」ことを戒めとしたに過ぎず、根本的には盛楽の一隅に蟄居《ちっきょ》することを要求したものの、進取に反対したわけではない。遷都等の議が拓跋の諸大人より出され、大人の会議の地が盛楽ではなく、参合陂であったことにさえ注目すれば、昔日の諸大人が中部一帯の烏桓勢力に反対するため盛楽を固守したときのような情勢に、このときの拓跋部が既になかったことが理解できる。

　さらに一点注目に値することがある。昭成帝が即位し、王太后が政治をつかさどって以来、拓跋と烏桓が対立した事例は極めて少なく、対立の意識は鈍化していく一方であった。前秦が代を滅ぼした後に、独孤劉顕が一時的に勢いを得たように、特定の条件下では代北烏桓の一挙手一投足がなおも全局面に影響していたが、道武帝が興起し、劉顕やその弟の劉亢泥を相継いで滅ぼし、また烏桓王劉亢泥を滅ぼした際の主立った将帥は、広寧烏桓出身の王建であった。このことは拓跋と烏桓の関係に微妙な変化が生じたことを映し出している。

実際には烏桓独孤は拓跋部と一種の共生関係にあり、上谷より西に出た烏桓と拓跋との関係と基本的には同じであった。しかし烏桓独孤は結局は屠各の出身であり、固定の部族・首領を有し、また相対的に順序の整った継承制度を持っており、上谷より西に出た烏桓とは異なる。そのためこの部分の烏桓人と拓跋の融合は、さらに別の機会・別の衝突を必要としており、これにより拓跋の歴史に別の一大転換が形作られた。すなわち苻堅が代を滅ぼした後に出現した代北の情勢である。

第三次大転換：三七六年以後、苻堅による代滅亡を契機として　昭成帝の時代、独孤劉庫仁は南部大人となり、その母は平文帝の娘であったが、この娘は烏桓出身の王太后の子であったはずである。劉庫仁の妻は拓跋の公主であった。拓跋・独孤の友好関係は既に数十年も維持されていた。拓跋と「胡父鮮卑母」を自称する鉄弗の関係は比較的複雑であった。鉄弗は朔方に駐屯し、ときに講和し、ときに侵略したが、常に姻戚関係と使者の往来があって、これらが断絶したことはなかった。三五九年に鉄弗劉衛辰が立ったときには、朔方以南の関中地域の前秦が既に強勢を誇っていたが、劉衛辰は苻堅・拓跋の二者に対する態度を曖昧にしており、独孤の態度とは異

(165)　王太后による拓跋における父子継承制度の強化を引き継いだ人物は、道武帝の賀太后であり、彼女も歴史上の強者であり、『魏書』皇后伝を参照されたい。本書第一章「なぜ『子貴母死』は制度になったか――部族国家の構造変化が必要とした『歴史と伝統の転換』の苦痛」では、賀太后について比較的多く分析した。

なっていた。(166) 前秦は代を滅ぼし、独孤と鉄弗を利用して黄河の東西両岸の拓跋を分割統治させたが、拓跋の駐留地は、主として黄河東岸の独孤により統治されていた代北地域であった。これがすなわち拓跋の歴史の第三の大転換で見られる最大の山場である。烏桓独孤は拓跋を統治したが、客観的には拓跋を保全したのであり、両者は紆余曲折を経ながらも共生関係を継続し発展させたのである。

この三回目の拓跋史の大転換における重要人物は、独孤部劉庫仁の子である劉顕であった。劉顕の拓跋部に対する態度は、庫仁や庫仁の弟の眷、眷の子の羅辰（奴真）のいずれとも異なる。顕の弟の亢泥とさえも、完全には同じではなかった。『魏書』劉庫仁伝には、羅辰の、父眷に対する言葉として、「従兄の顕は、残忍な人間であり、昼夜を問わず乱をなしました」とあり、賀太后が独孤部に庇護されていたときのこととして、「顕は人に太祖（拓跋珪）を殺害させようとし」たとあり、顕の弟の亢泥の妻は昭成帝の娘であり、賀皇后に密告し、平文帝の外孫梁眷《りょうけん》も告げ、賀皇后母子はようやく難を脱して賀蘭に奔ることができたという。三八六年に拓跋珪は牛川にて代王に即位し、劉顕は弟の亢泥を派遣して道武帝の叔父である拓跋窟咄を迎え、北に向かって君位争いを演じ、道武帝陣営に大きな震駭をもたらした。

劉顕は、後には弟の亢泥までもが、拓跋部を敵視する態度をとっており、これには他に恩仇という背景があったかもしれない。しかし独孤と拓跋は代々通婚して親しく、このとき拓跋は独孤に庇護されていたため、独孤は自然に拓跋に介入しやすくなり、拓跋の将来のリーダーの選択にもちろん特別な関心を持っていた。劉顕は道武帝を迫害し、劉亢泥は窟咄を迎えて道武帝と君位を争ったが、劉羅辰は相反する態度をとり、鍵となる時期に妹を道武帝に嫁がせた。これらは拓跋の歴史において、関連部族が拓跋の君位継承順序に干渉するという、使い古された手法の最後の演出であり、登場した部族は拓跋と長期にわたって共生してきた烏桓独孤であった。以後、道武帝との関係が密接な独孤の各部分は、道武帝が帝国を創建する過程において、一つ一つ征服されてその部族が解散されたのであり、これらの独孤人は実際には次第に拓跋に同化していったのである。これは拓跋と烏桓独孤の共生過程の終焉であったと言えよう。これによるならば、前述の苻堅が代滅亡以後に「烏丸府」を平城に移したことも、大寧を根拠地としていたもとの烏桓人と拓跋の共生関係の終焉であったと言え、その時期は独孤よりも二〇年余り早かったことになる。朔方の鉄弗については、拓跋珪が「図南」をつとめとしていたときに、かえって独立・発展の条件を獲得し、赫連を姓として夏国を建立したが、これは歴史上匈奴国家の一つと見なされる。夏国は半世紀存続したが、北魏により征服され、その部衆は拓跋の中に溶け込んでいった。

拓跋と二種類の烏桓の共生過程の分析は終わったが、もう一つの、烏桓に関する資料について説明しなければならず、新旧両『唐書』にあらわれる烏桓王氏の問題がそれである。『新唐書《しんとうじょ》』巻七二 宰相世系表の烏丸王氏条に、「〔王〕光《こう》は、後魏〔北魏〕の并州刺史である。冏《けい》を生み、度支尚書《たくししょうしょ》・護烏桓校尉・広陽侯《こうようこう》となり、よって烏丸王氏と号し、神念《しんねん》を生んだ……」とある。この記述について、趙超《ちょうちょう》『新唐書宰相世系表集校』やこれに先立つ岑仲勉《しんちゅうべん》『元和姓纂』四校記にはともにそれほど重要な説明や補正がなされているわけではない。王神念の後裔は南朝に逃れた。『旧唐書《くとうじょ》』巻七〇 王珪伝《おうけいでん》には、「魏〔北魏〕においては烏丸氏となり、曾祖の神念は魏から梁に逃れ、再び王氏を姓とした」とある。

『梁書《りょうじょ》』巻三九 王神念伝、巻四五 王僧辯伝《おうそうべんでん》及び『魏書』巻八 宣武帝紀によれば、王神念が太原祁の人、北魏の潁川《えいせん》太守であり、永平元年（五〇八）に子の僧辯[167]とともに梁に投降したことが分かる。王神念は梁の普通六年

(166) 独孤も前秦に附したことがあり、例えば三六〇年一〇月に烏桓独孤は鮮卑没奕于とともに各々衆数万を率いて前秦に降ったが、このことは『晋書』苻堅載記や『資治通鑑』巻一〇一に見られる。しかしこの独孤がもともと劉庫仁の部に属していたか否かについては、確認することができず、このことも些細な事件に過ぎない。

(167) 〔訳注〕王僧辯（?～五五五）は南朝梁の武将。もとは北魏人であったが、父の王神念とともに南朝梁に亡命し、湘東王蕭繹《しょうとうおうしょうえき》（後の

（五二五）よりやや後に、年七五で死去しており、計算すると大体北魏太武帝の末年に生まれたこととなる。その父の王罔は護烏桓校尉に任じられたが、これはおおよそ明元帝から太武帝にかけての時期であろう。しかし北魏史には護烏桓校尉という官は見られず[168]、また王罔の名も見られない。道武帝による建国後の歴史においては、烏桓の名さえもが滅多に見られなくなる。そのため王罔が北魏の護烏桓校尉になったということは、あるいは後人の誤記であったかもしれず、根拠とするには足りない。馬長寿『烏桓与鮮卑』にもこの資料が言及されているが、説明はなされていない[169]。

（三）拓跋・烏桓共生現象の種族文化の根源

拓跋・烏桓の共生関係についての検討を終える前に、さらに一つの問題を究明する必要がある。共生関係は衝突をなくすことはできなかったが、その衝突は結局両族の長期の戦争という形式で出現したのではなく、また分離を最終的な結末としたわけでもない。衝突は一般的に言えば規模に限りがあり、また往々にして潜在的な状態にあった。これは如何に理解すべきであろうか。

拓跋と烏桓はともに東胡から派生し、各々独特の発展を遂げたという歴史を有する。彼らは代北地域において長きにわたって共生することができたが、これには地理的な原因以外に、部族の社会的・文化的背景があった。その同じ点・異なる点は、両者によって相互に受容・補完された。『三国志』注や『後漢書』の烏桓鮮卑伝から、我々は鮮卑・烏桓の言語が相通じ、習俗は大体一致していたことを知る。これは両者が久しく共生するのに最も有利な条件であった。相違点も少なくはなく、最も顕著であったのは烏桓が鮮卑に比べて勇猛で戦争に強かったことであり、このことは既に論及した。その次に顕著であったのは烏桓の社会組織が分散していたことであるが、これについては追加説明を要する。

烏桓の習俗では、勇敢で訴訟を決することのできる者を大人に推戴するのであり、これは烏桓人が常に戦闘力の強い状態にあり、常に駆使され各種の戦争に従事することを保証するものであった。大人の地位の継承は、父子継承や兄弟継承という条件を必要としなかったため、「世襲制がな」かった。また、烏桓の氏姓には定まりがなく、盛名ある大人の名前を姓とし、大人が替われば、烏桓の氏姓も改変される可能性があった。大人以下は各々牧畜を生業とし、徭役を行うことはなく、これにより部族小帥以上のレベルにおいては、大人の威望によるだけで召喚し、統率するための幾重にも重なり合った、固定した組織はなかった(170)。これらの習俗は我々に、烏桓が一つの部族としては、内部の凝集力は強くはなく、部族社会が延々と持続的に発達し、さらに高い段階に到達するには難しかったことが理解できる。

烏桓の台頭は鮮卑よりも早く、南下して漢の辺境に侵攻したのも鮮卑より早かった。霍去病《かくきょへい》が匈奴の左地を破ると(171)、烏桓が上谷・漁陽等の五郡の塞外に徙され、あわせて護烏桓校尉を設置し、節を持してこれを監督させる

梁第三代皇帝元帝）の国左常侍・竟陵太守となる。太清二年（五四八）、侯景《こうけい》の乱が首都建康にて発生すると、蕭繹の部将として侯景軍と戦い、建康を奪回する。天成《てんせい》元年（五五四）元帝政権が西魏軍により滅ぼされると、建康にて梁の実権を掌握したが、梁の皇位継承をめぐって対立した陳覇先《ちんはせん》（後の陳の武帝）に破られ、殺害された。吉川忠夫『侯景の乱始末記　南朝貴族社会の命運』（中央公論社、一九七四年）参照。

(168)『魏書』官氏志には護匈奴・羌・戎・夷・蛮・越中郎将や護羌・戎・夷・蛮・越校尉があるが、護烏桓校尉という官名はない。

(169)注(90)『烏桓与鮮卑』一六九頁。

(170)『三国志』魏志烏桓伝注所引『英雄記』は建安初年に袁紹が使者を派遣して烏桓の三王を単于に拝したことを載せ、その版文に「初めて千夫長・百夫長を置き相互に統領させた」との語があり、烏桓軍における十進法の統領の単位が、漢魏交替期に初めて作られたことが分かる。私は魏収『魏書』官氏志の烏桓の雑類についての「各々その多少をもって酋・庶長を称した」と、千夫長・百夫長とが同一のものであったのではないかと推測している。

といった措置がなされた。これに比べ、鮮卑が漢に通じたのは、後漢光武帝《こうぶてい》の時代（二五～五七）であった(172)。しかし後漢桓帝の時代（一四六～一六七）に鮮卑の檀石槐が単于庭を弾汗山歠仇水に置き、鮮卑の各部を統一し、匈奴の故地を全て占有した際に、烏桓はなおも各地に散在しており、檀石槐のような領袖を出現させることはなかった。霊帝の時代（一六七～一八九）に遼西・上谷・遼東属国・右北平の各郡の烏桓は相継いで王を称したが、各自で政治を行っており、相互に統属することがなかった。さきの注で引用した『英雄記《えいゆうき》』によれば、袁紹《えんしょう》(173)は承制により三単于を任命し、その任命の文中には、その他の烏桓の部衆は全て三単于の節度を受けたというが、実際には空文に過ぎなかった。中平《ちゅうへい》四年（一八七）に漢人張純《ちょうじゅん》が叛して遼西烏桓に入り、「弥天安定王《びてんあんていおう》と自称し、そのまま諸郡烏桓の元帥となった」が、これは偶然に出現した挿入曲であり、間もなく張純は後漢の幽州牧劉虞《りゅうぐ》(174)によって懸賞をかけられ、部下に殺害された。やや遅れて烏桓王蹋頓《とうとん》(175)が三部を統轄したが、袁紹と連絡を通じるだけで、一時的なものに終わった。これらの烏桓の活動は、多くが漢人官吏の演出によるものであった。

烏桓が塞〔長城〕に附し、塞内に移住した後の歴史を見渡すと、烏桓の衆は一般的に漢の郡名で呼ばれ、某郡烏桓となっているだけで、元来の部族の固定された名称があったわけではない。これはまさしく烏桓の氏姓が定まっておらず、世襲制がなく、安定した継承制度がなかったことのあらわれである。そのため魏晋以来、烏桓が上谷を越えて拓跋と代北地域にて遭遇した後は、一方では、拓跋は自己の相対的に安定した部族連合の組織の力量に基づき、西に来た烏桓を吸収・収容し、烏桓に拓跋の名称を戴かせるということさえも行い、他方では、烏桓が久しく中原を疾駆し、天下の名騎となったことにより、強大な武力をもって拓跋を支持することとなった。拓跋と烏桓の代北における共生は、拓跋の組織と烏桓の武力の結合であったと言うことができよう。代北はこのときなおも荒野であり、拓跋・烏桓には生存空間の激烈な奪い合いは存在していなかった。両者の接触には、衝突が往々にしてあり、また外からの讒言があるときには急な事件を引き起こすこともあったが、拓跋・烏桓の間の生死をかけた対立は遂に起きなかった。これは拓跋・烏桓が代北地域にて百年余りも共生し、遂には両種族の融合を完成させることができた社会的・文化的要因であった。

拓跋と烏桓の文化・習俗に共通点が非常に多いという事実は、私に、烏桓の古い文化・習俗から北魏後宮の「子貴母死」の制と関連する、ある種の現象を発見できるのではないか、という一つの疑問を抱かせた。

私は第一章「なぜ『子貴母死』は制度になったか——部族国家の構造変化が必要とした『歴史と伝統の転換』の苦痛」において、道武帝がこの制度を建立した意識の来源という問題を検討し、いわゆる漢の武帝の鉤弋《こうよく》夫人の故事を踏襲したという説は、道武帝の周囲の漢人の臣下が情勢に基づいて作り出した、道武帝に迎合するための一種の方便であったに過ぎないと考えた。拓跋の旧制を守り、周・漢の典籍を排した道武帝が「子貴母死」の

---

(171)〔訳注〕霍去病（前一四〇～前一一七）は前漢の武将。前漢の武将衛青《えいせい》・皇后衛子夫《えいしふ》の甥であるため、武帝劉徹の寵愛を受け、対匈奴遠征の指揮官として参加し、大功を挙げ、匈奴に大打撃を与えたが、元狩六年（前一一七）に二四歳で病死した。

(172)〔訳注〕光武帝劉秀（前六～後五七）は後漢初代皇帝。南陽劉氏の出身であり、緑林軍《りょくりん》と連合して王莽の新軍と戦い、更始帝《こうしてい》劉玄《りゅうげん》の部将として河北を転戦し、やがて後漢を建国する。建武一二年（三六）には中国を再統一し、晩年の中元二年（五七）には日本に金印（「漢委奴国王」印）をもたらしている。Hans Bielenstein, "The Restoration of The Han Dynasty," *Bulletin of Far Eastern Antiquities (BMFEA)*, 26, 1954, pp.1-209, "The Restoration of The Han Dynasty: Volume II The Civil War," *BMFEA*, 31, 1959, pp.1-289.

(173)〔訳注〕袁紹（?～二〇二）は後漢末期の群雄。後漢の名門である汝南《じょなん》袁氏の出身。外戚で大将軍の何進《かしん》の幕僚となり、何進が宦官に殺害されると、従兄弟の袁術《えんじゅつ》とともに軍を率いて宮中に攻め込み、宦官を皆殺しにした。以後は献帝《けんてい》を擁し関中に拠点を置く董卓《とうたく》と対立し、関東にて反董卓同盟の盟主として董卓と戦った。董卓が王允《おういん》・呂布《りょふ》らに殺害されると、盟友であった曹操と対立し、建安五年（二〇〇）の官渡の戦いにて曹操に敗れ、やがて病死した。

(174)〔訳注〕劉虞（?～一九三）は後漢の宗室。中平四年（一八七）に中山太守張純と泰山相張泰《ちょうたい》が叛乱を起こすと、幽州牧に任じられてこれを鎮圧したが、後に公孫瓚《こうそんさん》に敗れ、処刑された。

(175)〔訳注〕蹋頓（?～二〇七）は烏桓の大人・王。上谷烏桓の難楼・遼東属国烏桓の蘇僕延・右北平烏桓の烏延を配下に従え、三郡（正確には二郡及び一属国）の烏桓を統括した。袁紹と通じており、袁熙《えんき》・袁尚《えんしょう》兄弟（袁紹の子）をかくまったことを理由に曹操に攻撃され、殺害された。

残酷な決断を行って確定させ、長らく拓跋の上層部を困惑させた君位継承問題の解決をはかったことには、さらに深い意識が根ざしていた可能性があるが、それは拓跋の古い習俗から探し出すべきであろう。私は繰り返し序紀の中の「詰汾皇帝に妻の家はなく、力微皇帝に母方のおじの家はない」の諺について思案し、父を知って母を知らずという、ことの起こりが疑わしく、各部族の、はじめは民は母を知って父を知らないという通例に符合しないことが、ある種の歴史的な隠しごとを含んでいる可能性があると考え、したがってここからいくつかの考察を行った。今、私は別の切り口からこの問題の探索を試みることとしたい。王沈『魏書』と范曄『後漢書』の鮮卑伝にはともに鮮卑について「言語・習俗は烏桓と同じである」とあるため、烏桓の歴史から拓跋の歴史について啓発的な材料を見つけ出すことができるであろう。私がこの問題を考察するのは、「子貴母死」制度が北魏一代百年余りの政治史を貫き、繰り返し不安定になりながらも、根本的には変化することがなく、孝明帝の時代（五一五〜五二八）にまで存続するのみならず、それが一種の社会的・文化的現象であり、拓跋部のその進化の過程における精神的苦痛を受け継いでいたためである。

王沈『魏書』と范曄『後漢書』は、ともに烏桓人はその性格が剽悍であり、「怒れば父兄を殺害するものの、その母は殺害しなかったが、これは母に族類があり、父兄が復讐しないためである」と言っている。その法律は、「自らその父兄を殺すのは無罪」であった。烏桓の歴史資料は極めて少なく、上述の記述については烏桓史史料からその証拠を見いだすことができないが、烏桓と言語・習俗を同じくする鮮卑拓跋部においては、これはかえって思考を啓発するのであり、例証を探し出すことができる。

『魏書』序紀、諸帝の本紀や諸宗室の列伝においては、拓跋において父・兄を殺したとする史料は珍しいものではなく、君位継承の鍵となる時期においては、事例が最も多く、また当時の人々や史臣はこれを異とすることはあまりなかったが、責めることもなかった。[176]『資治通鑑』などのような、比較的遅れてあらわれた著作は、往々にしてこの類の父を弑し兄を殺すという事例の、『魏書』が例えば「暴崩」・「猝死」というような不明瞭な文言で表現している箇所を、明確な表現に改め、「弑殺」などと直書している。ゆえにこうした烏桓関連の史書において実例を見出しがたい烏桓の習俗は、拓跋の史書において常に見出すことができるのである。

さらに重要な啓発は、烏桓においては父兄をよく殺しても母は害しなかったが、これは母に同族がいることから、報復されることを恐れたためであるという記載よりもたらされた。部族の復仇という点から言えば、母や妻を殺すことの結果は同じである。私は拓跋においても探し得る痕跡が多くあると考える。官氏志によれば、拓跋は繁栄すると、部族は自然に分裂し、血縁が近い「七族」・「十姓」は百代にわたって婚姻関係を結ばないという法律があったという。拓跋が妻を娶る場合には他の部族から招き、娘を嫁がせるのも同様であり、事実上いくつかの世代にわたって通婚する部族を形成した。拓跋の母族・妻族は拓跋の母・妻の安全を守り、その地位を維持させるために拓跋の部族内の運営に関与せざるを得ず、その最たる例は後嗣の継承時であり、これによって后族が制しがたくなる局面が出現した。強い皇后と后族が跋扈して制しがたくなれば、必然的に君主とその母、妻やその母族・妻族との矛盾を潜ませることとなる。君主権が過度に抑圧されながら伸張を求めるものの、他に手段が見当たらないというような、いくつかの特殊な状況においては、激烈な暴力にうったえたのであり、甚だしいものは母・妻を殺害するに至ったのである。詰汾の妻と妻族はこれによって拓跋と決裂して滅ぼされ、これによって詰汾に妻の家はないという諺が残された可能性がある。詰汾の子である力微もこれと同様の原因から、妻と妻族大人を殺害し、部族の復仇を杜絶させた可能性がある。詰汾・力微の行為は非常に危険なものであり、これは一時的には功を奏したが、拓跋部族連合の長期的な維持には極めて不利であって、代々繰り返すことはで

(176)　趙翼『廿二史劄記』巻一五「後魏多家庭之変」条に統計があるが、全てを網羅しているわけではない。

きなかった。

力微以後、拓跋部では強い皇后がしばしばあらわれているが、私はこれがまさしく妻・母を殺害するという風習に対する一つの矯正であり、一つの反発ではなかったかと疑っている。強い皇后は各々部族的背景を有し、自己の拓跋部における権力行使を支持させ、若干代持続させるという伝統を形成した。こうした伝統は非常に強固であり、序紀・皇后伝に見られる祁皇后・王皇后・賀皇后は、全てこのような強い皇后であった。彼女たちより古い時代の人である封皇后も同様であった可能性がある。かくして、部族連合は安定化でき、瓦解させられてもまた結成することができた。しかし、これは同時に拓跋の君位が同母兄弟の間を移るといったことを引き起こし、父子継承の制は長らく普遍的に承認されることはできず、際限のない紛争を勃発させ、父子継承の成立は百年近くも引き延ばされた。もし制度的改革があらわれなければ、拓跋の歴史はなおも兄弟（ひいては同輩の兄弟のみならず、父の世代の兄弟やその間の交錯があった可能性もある）が殺し合い、君位を争奪するという古い道から抜け出すことはなかったであろう[177]。

道武帝拓跋珪は旧来の秩序を打ち破り、専制帝国を樹立・強化したが、こうした部族連合時代の法則にしたがい続けることはできなかった。彼はこうした長い間習わしが根強く、急には改められない局面を転換させるために、極端な手段をとった。彼はまず部族解散という方法を用いて、彼を庇護したこともある妻族の独孤、母族の賀蘭の部族組織を破壊し、この後に正式に「子貴母死」の制を制定して拓跋の君位の長子継承という順序を保証した。道武帝が前後に使用した極端な手段は、婦人の政治関与や外戚による政治壊乱を防ぐという目的を達成し、これはまさしく拓跋の百年にわたる歴史の教訓の核心的問題であった。文化・習俗や認識の由来から言えば、これは久しくしたがってきた烏桓の「怒れば父兄を殺害するものの、その母は殺害しなかった（実際には拓跋の神元帝が立ってから道武帝が死去するまでの百年余りにおいても同様であった）」に対する一種の叛逆行為でもあった。道武帝のような「文字を識らない野蛮出身」の人だけが、死後のことを考慮するとき、ようやくあえてこのように果断で残酷な行動をとり、専制君主権の強化と継承制度の安定化という政治目的を達成し得たのである。千数百年来、史家が拓跋の残酷さ、特に道武帝の刑殺の濫発を責めるという議論がよく見られたが、その多くは倫理に基づいて立論するという方向に偏っており、民族の文化・習俗や歴史的条件から分析したものは少なかった。野蛮が文明を育むという人類の進化過程において、一部族・一社会の集団が進化の過程のある段階を終えて凱歌を高らかに奏でたとき、彼らは精神的にやはり重苦しさに耐え、彼らの残酷な行為により残された魂の苦痛を隠していたかもしれない。我々は拓跋の歴史に重苦しさを感じ、烏桓の歴史に重苦しさを感じ、さらに我々自ら経験した歴史をも含めた、全人類の歴史に重苦しさを感じ、そうして歴史の進歩を祈り求めていくのである。

(177)　この点について、後に道武帝が代国を復興した後に、その叔父窟咄と死闘を演じたことが明証となる。道武帝が在位時に諸弟・諸叔父を誅殺したり死を迫ったりした事例は他にもいくつかあり、これも傍証となろう。

(178)　（補注）内田吟風氏は「柔然史序説」において、北魏の「子貴母死」の制について触れられ、「この母可敦乃至その氏族の政治力の大きいことへの反動であろう」と述べられている。これは『魏書』太宗紀の冒頭に述べられたことの意味である。内田氏はさらに「鮮卑・柔然で母可敦の勢力の強かったことは、烏桓初世における『子は父兄を殺すことあるも、ついに母を害さず、母には「族類」あるを以ってなり』という習俗と関連があろう」と主張される。この点について、本章の立場は氏とおおよそ同じである。内田氏のこの論文はもと『羽田博士頌寿紀念東洋史論叢』（東洋史研究会、一九五〇年）に収録され、後に氏の著作である『北アジア史研究――鮮卑柔然突厥篇』（同朋舎、一九七五年）二七三―三一八頁に収録された。中国語訳は『日本学者研究中国史論著選訳』（中華書局、一九九三年）第九巻三七―八四頁にある。

第五章　『代歌』・『代史』と北魏国史

——国史の獄の史学史的考察

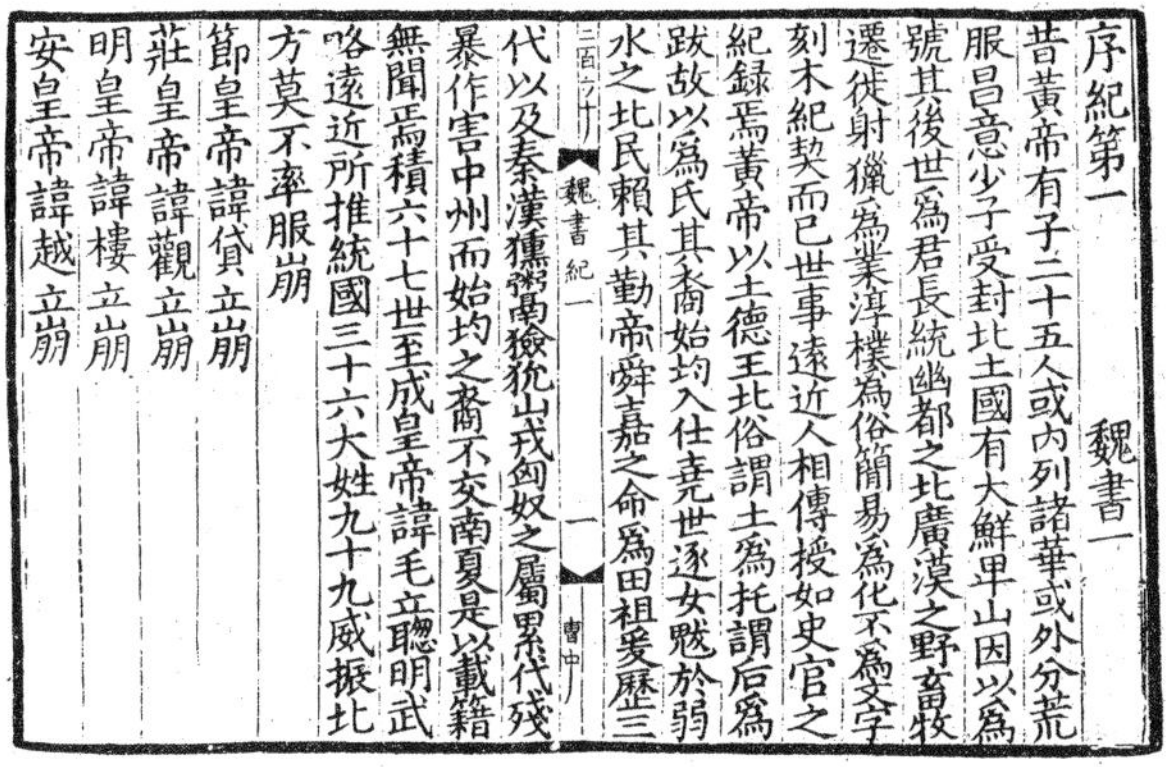
魏書一

序紀第一

昔黃帝有子二十五人或內列諸華或外分荒服昌意少子受封北土國有大鮮卑山因以爲號其後世爲君長統幽都之北廣漠之野畜牧遷徙射獵爲業淳樸爲俗簡易爲化不爲文字刻木紀契而已世事遠近人相傳授如史官之紀錄焉黃帝以土德王北俗謂土爲托謂后爲跋故以爲氏其裔始均入仕堯世逐女魃於弱水之北民賴其勤帝舜嘉之命爲田祖爰歷三

二百六十　魏書紀一　一　曹中

代以及秦漢獯鬻獫狁山戎匈奴之屬累代殘暴作害中州而始均之裔不交南夏是以載籍無聞焉積六十七世至成皇帝諱毛立聰明武略遠近所推統國三十六大姓九十九威振北方莫不率服崩

節皇帝諱貸立崩

莊皇帝諱觀立崩

明皇帝諱樓立崩

安皇帝諱越立崩

拓跋部は元来文字文化を持たない異民族であったが、拓跋部内で歌われた『代歌』の内容に基づき、歴史書の『代記』が道武帝時代に編纂されたため、その歴史が後世に伝えられた。しかし北魏における史学は、しばしば政治的な弾圧を被った。

図は『魏書』序紀。『百衲本二十四史』（台湾商務印書館、1934年）第16巻より転載。

一　『真人代歌』の名称解釈

魏収《ぎしゅう》『魏書《ぎしょ》』を読むと、楽志所載の『代歌《だいか》』の問題に注目される。楽志には「およそ楽というものはその自ずから生ずるところを楽しみ、礼はその本を忘れない。掖庭《えきてい》〔後宮〕中で『真人代歌《しんじんだいか》』を歌い、上は祖宗の建国の道のりを述べ、下は君臣の興廃の跡に及び、全部で百五十章、昼夜これを歌い、当時は管弦楽器と合奏した。郊廟の饗宴にもこれが歌われた（凡楽者楽其所自生、礼不忘其本。[1]掖庭中歌『真人代歌』、上叙祖宗開基所由、下及君臣廃興之跡、凡一百五十章、昏晨歌之、時与絲竹合奏。郊廟宴饗亦用之）」とある。私は音楽や音楽史に詳しいわけではないが、『代歌』の内容の「上は祖宗の建国の道のりを述べ、下は君臣の興廃の跡に及び（上叙祖宗開基所由、下及君臣廃興之跡）」から、これがすなわち拓跋の史詩であり、史料的価値を有し、研究者の探究に値すると見ている。しかし楽譜は残っておらず、歌詞は散佚してほとんど尽きていて、代歌そのものの研究は既に不可能となっている。ひとまずは史学史上の話題として考察し、その中からわずかのものを発掘し、拓跋史研究に使用できるかどうかを見るべきであろう。

（1）この二句は『史記』・『漢書』に基づいている。『史記』楽書には、「楽は、その自ずから生ずるところを楽しみ、礼は、その自ずから始まるところにかえる（楽、楽其所自生。而礼、反其所自始）」とある。『漢書』楽志はこれを房中楽（安世楽）について叙述する箇所に繫《か》け、「およそ楽というものは、生ずるところを楽しみ、礼は本を忘れない（凡楽、楽其所生、礼不忘本）」と言っている。「自生」・「自始」を忘れなければ、先祖の建国、子孫の繁栄、歴代の廃興を、心に刻み込んで礼楽にあらわさないものはなくなる、という意味である。魏収による拓跋の礼楽の叙述の意図は、班固・司馬遷のそれと符合しており、鮮卑の本俗という着眼点からだけのものではない。

楽志にある「当時（時）」とは、代歌が北魏の楽府に入ったときを指す。代歌はもともと吹奏楽であり、軍中にて演奏され、楽府に入って後に初めて「管弦楽器と合奏（与絲竹合奏）」され、ようやく朔漠の土風を脱し、廟堂の饗宴にのせられたのである。北魏が初めて楽府を設けた年代は非常に早い。北魏が中山《ちゅうざん》を平定すると、晋の俳優や楽器は、転々とする間に失われていったが、その後に残ったものの多くは代北に入った。理屈としては官を設けてこれらを管理させるべきであったが、しかしまだ草創段階であり、楽工・器物・楽譜・歌詞は完備からはほど遠かった。代歌の輯集《しゅうしゅう》は楽府の設置と大体同時であったようであり、代歌の輯集が行われたということは、楽府があったということになる。楽志は代歌の件を天興《てんこう》元年から天興六年（三九八～四〇三）の間に叙述する。以後拓跋は赫連《かくれん》（夏国、鉄弗部《てつふつぶ》）を破り、涼州《りょうしゅう》を平定し、西域《さいいき》を開通し、支配領域がやや広がると、楽府は次第に規模を備えるようになった。孝文帝《こうぶんてい》は音声を正すことにつとめ、古楽を探し求め、楽府はようやく盛んとなる。楽府の音声の査定、器物の調節、歌詞の取舎、順序の決定の諸事については、北魏初の鄧淵《とうえん》の功績が最大であり、以後これに続く者として高允《こういん》(2)・高閭《こうりょ》(3)等の人々がいる。

『代歌』について、『隋書《ずいしょ》』音楽志には特に言及はなされていない。『隋書』経籍志《けいせきし》小学類に『国語真歌《こくごしんか》』一〇巻があるが、これについての解釈がされておらず、姚振宗《ようしんそう》『隋書経籍志考証』にも解説はない。私はこれは代歌一五〇章を指すと考えている。国語とはすなわち鮮卑語《せんぴご》であり、代歌とは漢字を用いて鮮卑語音を書き写したものである。真歌の名については、別に意味があったようであり、以下に再び検討したい。経籍志にはさらに『国《こく》語御歌《ごぎょか》』一一巻があるが、代歌との関係の有無については分からない。

『旧唐書《くとうじょ》』音楽志・『新唐書《しんとうじょ》』礼楽志にはともに代歌の資料があり、また北歌とも称している。これは新旧『唐書』の楽志が関連部分において四夷の楽を列叙し、代歌をその中の北狄楽《ほくてきがく》に入れたことによるのであり、そのため北歌の名がつけられたのである。北魏の洛陽遷都後、拓跋の旧物には全て代・北を冠した名称がつけられていたため、北歌と代歌は同義となる。新旧『唐書』の楽志は、ともに北歌が「燕魏之際鮮卑歌」であったと言う。いわゆる「燕魏之際（後燕・北魏交替期）」については、道武帝《どうぶてい》の皇始《こうし》元年（三九六）に天子の旌旗《せいき》を立て、并州《へいしゅう》を取り、中山を奪ったときから、天興元年（三九八）に鄴《ぎょう》をとり、後燕《こうえん》を滅ぼし、平城《へいじょう》に都を定めたときまでを基準とすべきであり、北歌の輯集はこの間に行われたのであろう。いわゆる「鮮卑歌」とは、このときの鮮卑各部の楽を総括して言っているものであり、拓跋《たくばつ》を主とする代歌も含んでおり、また広く十六国より北魏までの胡歌・胡楽が、「燕魏之際」、もしくは比較的遅い時期において、次々に編集されていったことを指す可能性もある。新旧『唐書』の述べる「燕魏之際鮮卑歌」の指す時期はそれほど厳密ではない。

　北魏楽府の代歌は北周《ほくしゅう》・隋のときに西涼《せいりょう》（十六国の一つ）楽とまじえて演奏されたと新旧『唐書』の楽志は言う。元来の代歌一五〇章は鮮卑音のものだけで、漢訳されたものはなく、理解できる人間は次第に少なくなって、散佚するようになり、唐代には五三章しか残らず、うち名称の意味が分かるものは六章に過ぎなかった。新旧『唐書』の楽志は「慕容可汗《ぼようかがん》」・「吐谷渾《とよくこん》」・「部落稽《ぶらくけい》」・「巨鹿公主《きょろくこうしゅ》」・「白浄王太子《はくじょうおうたいし》」・「企喩《きゆ》」の六章の名称を記録している。郭茂倩《かくもせん》『楽府詩集《がふししゅう》』巻二五 横吹曲詞には数章の漢訳の歌詞を掲載する。この数章の漢訳の歌詞からは、新旧『唐書』の言う代歌の内容とその発展状況が、『魏書』楽志の言う代歌のそれを大きく超えていることが分かる。新旧『唐書』に列挙されている、名の意味の分かる六章と、『魏書』のそれとは一致させることがで

（2）〔訳注〕高允（三九〇～四八七）は北魏の学者・政治家。渤海蓨《ぼっかいしゅう》の人。若くしてその才能を崔玄伯（崔宏）に評価され、経学・史学・天文などにひろく通じ、『春秋公羊伝』を好んだという。北魏に仕官し、崔浩の主宰する国史編纂にも関与したが、高允は一命を取り留めた。後に中書令にまで登った。

（3）〔訳注〕高閭（？～五〇二）は北魏の学者・政治家。漁陽盧奴《ぎょようろど》の人。学問を好み、中書博士となり、やがて中書侍郎に遷った。馮太后が臨朝し、乙渾《いっさん》が誅殺されると、高允とともに禁中に入れられ、大政を裁決するようになった。その後は政治や制度の創設・改定についての上奏を多数行うようになる。

きず、時代についてはおおむね遅いときのものであり、道武帝の先人の事跡との関係はない。六章中の「部落稽」については、十六国時代には山胡《さんこ》・稽胡《けいこ》と称していた。北魏末年の史書に見られるところでは、あるいは「歩落堅」と称し、(4)あるいは「歩落稽」に作っているが、(5)これらは訳音が異なるだけである。その事跡においては、拓跋の先人との如何なる関係も見られない。「巨鹿公主」について『旧唐書』音楽志は、これは後秦姚萇《ようちょう》(6)のときの歌のようであるが、その歌詞は漢語の音であり、北歌と合わないと言う。「企喩」については、『楽府詩集』巻二五 古今楽録によれば、その四曲のうち一つは前秦苻融《ふゆう》(7)の詩であり、鮮卑とは関係ないと言う。これらの全てと、『魏書』楽志の言う代歌が「祖宗の建国の道のりを述べ〔叙祖宗開基所由〕」、「君臣の興廃の跡に及〔及君臣廃興之跡〕」んだという鮮卑の史実とは、同一のものとはならない。しかし、『旧唐書』音楽志はさらに「そのうちの解釈できないものには、皆可汗の詞が多い。これはすなわち北魏のいわゆる簸邏回《はらかい》であり、その曲にも可汗の詞が多い〔其不可解者、咸多可汗之詞。此即後魏世所謂簸邏回者是也、其曲亦多可汗之詞〕」と言う。このことは『隋書』音楽志において対応する記載があり、北魏の時代の作であったと確認することができる。音楽志は「天興の初め、吏部郎鄧彦海《りぶろうとうげんかい》〔鄧淵〕は廟楽を奏上し、宮懸〔楽器をかける架〕を定めたが、鍾管〔音程の基準となる鐘と笛、または音程を決めるそれぞれの大きさと長さ〕は備わっていなかった。歌詞は既に欠けており、簸邏迴歌《はらかいか》をまじえた」と言う。簸邏回〔迴〕とは大角《だいかく》〔楽器の一種〕を指し、すなわち北狄の鹵簿《ろぼ》〔車馬行列〕を誘導するときの楽であり、馬上にて演奏された。いわゆる「そのうちの解釈できないものには、皆可汗の詞が多い〔其不可解者、咸多可汗之詞〕」について、その内容は歴代鮮卑君主の言語・行為であったようであり、このことと『魏書』楽志の言う「祖宗の建国〔祖宗開基〕」・「君臣の興廃〔君臣廃興〕」云々とは、あるいは合致することもあり得る。

以上の資料と分析は、私に唐の楽府中の北狄楽・鮮卑楽《せんびがく》・代歌の三つともが、大なり小なり範囲の異なる名称であったことを理解させてくれた。北魏の代歌一五〇章は、唐以前に大半が次々と散佚し、また新章が混入したため、新旧『唐書』楽志の言う代歌は、既に北魏時代の原型とは完全には一致しなくなっていた。唐代にもなお存在し、解することのできた六章のうちでは、「部落稽」の一章が広義の北狄楽に属し（部落稽の来源は主として匈奴《きょうど》であった）、「慕容可汗」と「吐谷渾」の二章は鮮卑楽の範疇《はんちゅう》に属したが、拓跋の楽ではない。厳密な意味での代歌だけが拓跋歌に相当するが、拓跋が推寅《すいいん》（宣帝《せんてい》）の時代には鮮卑檀石槐《だんせきかい》の一部であり、西部鮮卑と称されたことからも、その他の鮮卑歌がその中に含まれた可能性を完全に排除することはできない。新旧『唐書』楽志の成書年代は、代北拓跋の時代から遠く離れ、北魏楽府の歌詞は大きく変化したのであり、中でも最も重要なのは、鮮卑の言語が次第に人に知られなくなったことであって、そのため楽府各部の来源・変遷を区分することは難しく、代歌の叙述が入り混じってはっきりしなくなったという結果となり、さきに掲げたような矛盾を生み出したのである。

また代歌とは拓跋君主が自分の意志で選別し、ひいては部分的に改造さえも行った「燕魏之際鮮卑歌」であったと認識してもよいかもしれない。選別とは道武帝個人の意志に基づいて行うことであり、その目的は口碑資料の中の拓跋の伝説を用い、鮮卑各部に共通して残っていた伝説を排除せずに、先人の功績を歌った歌謡を編み出し、代人に広く伝播させ、道武帝の帝業のための輿論を作り出すことにあった。楽志の言う、代歌中の「祖宗の建国（祖宗開基）」・「君臣の興廃（君臣廃興）」の具体的な内容とは、例えば「力微皇帝に母方のおじの家はない」

（4）『北史』巻四八　爾朱栄伝。
（5）『北史』巻六　斉神武紀　魏普泰元年。
（6）〔訳注〕姚萇（三三一～三九四）は後秦初代皇帝。前秦の部将であったが、淝水の戦いで東晋に敗れた後、苻堅を殺害し、後秦を建国、皇帝となった。
（7）〔訳注〕苻融（？～三八三）は前秦の宗室・武将。淝水の戦いで戦死した。

の類のような、道武帝が参考の必要を感じていたことであり、彼の創業期において常に思慮していた大問題であったろう。『魏書』崔玄伯伝《さいげんぱくでん》には当時の道武帝について「満遍なく故事を玄伯に問うた」とある。また「太祖〔道武帝〕は常に古今の旧事、王者の制度、治世の法則を引いた。玄伯は古人の制度の体裁を述べ、明君・賢臣や、古代の興廃の理由に及ぶまで、甚だ太祖の意に合していた」とも言う。道武帝が非常に関心を注いだ治道の故事について、崔玄伯等の人々が提供し得たものは漢人の典籍の記述に限られており、拓跋の旧事ではなかった。しかし拓跋の「開基」・「廃興」の諸事は、まさしく代歌の核心の内容であり、道武帝がいっそう必要とするところであった。この目的のために道武帝に替わって代歌を選別・輯集を行い得た人物は、文献から確認できるところでは、鄧淵ただ一人しかいない。鄧淵だけが、天興元年〔三九八〕冬に律呂〔音律〕を定め、音楽を調節させることを命ぜられたのであり、これは必ず代歌に関わるに違いない。また鄧淵だけが、数年後に詔を受けて『代記《だいき》』を編纂したのであり、これも代歌の内容を重要資料としたはずである。新旧『唐書』楽志はともに代歌について「代に都を置いていたときには宮人に命じて一日中これを歌わせた」としているが、歌われたのは全て代人に関することであり、よって代歌という名称があるのであって、洛陽遷都後には必ずしも必要があったわけではない。また鮮卑語は多くが既に忘れ去られ、代歌も二度と元来の意義を有することはなくなったのである。

私は拓跋人の歌を好むという風習を根拠として、代歌が拓跋の史詩であり、拓跋の古史資料の来源であったという観点を強めたいと考えている。拓跋の、歌を好むという風習は、早くに形成されたのであり、漢字が使用できるようになった平城と洛陽の時代に至っても、こうした風習は依然としてもとのままであった。序紀《じょき》は拓跋の先人が「遠近の史事は、人々が互いに伝えるのであり、これは史官の記録のようであった」とする。いわゆる「人々が互いに伝える」とは、言葉や歌の存在を示し、基本的にはともに口伝による拓跋の歴史資料である。拓跋には一つ一つの部族や、ひいては一つ一つの家庭に至るまで、全てこうした口碑資料があった。北魏皇帝は歌を好んだ。世祖紀によれば、太武帝は神䴥《しんか》三年（四三〇）に広寧《こうねい》の温泉に行幸し、温泉の歌を作って記録していたという。また長孫道生伝《ちょうそんどうせいでん》からは、彼が楽府の歌工に群臣を讃えさせ、「聡明さは崔浩《さいこう》のようであり、清廉さは道生のようである」と讃美していることが確認できる。その他の大臣・歌工は各々詩歌を作って讃頌した。皇后伝　文明馮太后《ぶんめいふうたいこう》条は、馮太后が孝文帝と霊泉池に行幸し、孝文帝が群臣を率いて長寿を祝い、「太后は喜んで歌を作って歌い、帝も歌に和し、そのまま群臣に各々その志を述べるよう命じ、歌に和する者は九十人となった」と言う。耆宿《きしゅく》の臣である元丕《げんひ》（四二一〜五〇三）は烈帝翳槐《れつていえいかい》の後裔であり、太武《たいぶ》・景穆《けいぼく》・文成《ぶんせい》・献文《けんぶん》・孝文・宣武《せんぶ》の六帝に仕え、「国家旧事」(8)を知悉しており、当時においては尊重された。『北史《ほくし》』元丕伝には、「丕の声は高朗であり、広く国家の歴史を記憶し、饗宴の際には、常に座の端におり、決まって大声を出し、往時の成功・失敗を並べ立てた」とある。彼は「自ら歌って志を述べる」と孝文帝は言ったとしているから、当然彼は話したり歌ったりしたはずである(9)。

北魏の墓誌にも、いくつかの、家の歴史を歌ったことの例証があり、参照する価値がある。永熙《えいき》二年（五三三）の元粛《げんしゅく》墓誌は、粛の父である扶風王怡《ふつふうおうい》が「道徳・功業をもって出世し、それらは歌謡に述べられている（道勲出世、列在歌謡）(10)」と記しており、この種の讃頌歌謡は、長孫道生・崔浩のそれぞれを讃美した例のように、楽府の歌工が命を受けて作ったものであった可能性があり、また名門貴族の作品であり、子孫相伝であって、世間に流

（8）『魏書』巻一〇八之三　礼志三。

（9）閻歩克氏より、北魏の太常楽戸は、雑戸の一種に属し、その数は少なくはなく、拓跋が朝野において楽舞を尊重していたことの証左と見られるとのご指摘をいただいた。私も氏の見解に同意したい。

（10）趙超『漢魏南北朝墓誌彙編』（天津古籍出版社、一九九二年）三〇三頁。元怡・元粛は、景穆帝〔景穆太子〕の後裔であり、『魏書』巻一九下に列伝がある。本章にて用いた『漢魏南北朝墓誌彙編』の資料は、それぞれ『北京図書館蔵中国歴代石刻拓本彙編』（中州古籍出版社、一九八九年）第三、四、五、六冊におさめられた拓本と対校されている。

伝した可能性もある。正光《せいこう》五年（五二四）の元子直《げんしちょく》墓誌は、その家の代々の業績を「ゆえに民謡を広め、人々にこれを詳しく伝えた（故已播在民謡、詳之衆口）(11)」とする。永熙三年（東魏《とうぎ》天平《てんぺい》元年、五三四）の張瓘《ちょうかん》墓は、自らその家を「歌唱力が豊かで（吟謡両穂）(12)」と誇っている。これらの吟じ得る歌謡の内容は、おおむね漢人大族の家伝に相当する。さらに注意すべきなのは、武定《ぶてい》八年（五五〇）の穆子岩《ぼくしがん》墓誌が先祖の事跡を「家図・国史を詳しく言うことができる（家図国史、可得詳言）(13)」と讃美していることである。であれば貴族の家の代々の記録には、歌謡の他に、それに釣り合う家図があったことになる。

かつて私にとって不可解であった一種の文化現象として、拓跋人が急速に漢化の軌道に乗った後に、拓跋皇族の人物が自ら先祖の名前を記すにあたって、依然として漢字で鮮卑音を写しており、これが政府の規範にしたがっておらず、現行（今本）『魏書』にあらわれるケースと異なる点が多いことがある。このことは墓誌から看取される。永平《えいへい》四年（五一一）の元侔《げんぼう》墓誌の誌陰の銘文は、墓主の六世の祖が昭成帝《しょうせいてい》であり、五世の祖が昭成帝の第八子の受久《じゅきゅう》(14)、高祖は常山王遵《じょうざんおうじゅん》(15)、字《あざな》は勃兜《ぼっとう》、曾祖は常山康王素連《じょうざんこうおうそれん》、祖父は河澗簡公于徳《かかんかんこううとく》、父は悝《かい》、字は純陁《じゅんだ》であったとする。墓誌の内容を『北史』や『魏書』常山王遵伝と照合すると、名前に異なるところが非常に多いことが分かり、その相違点を整理すると次のようになる。一、「受久」を本伝は「寿鳩」に作っている。二、遵、字は勃兜について、本伝では字を載せず、元昭《げんしょう》墓誌(16)は字を「兜」に作っている。三、「素連」を本伝では「素」に作っており、元昭墓誌は「連」に作っている。四、「于徳」を本伝では「徳」に作っている。五、悝、字は純陁について、本伝ではその字を載せていない。

墓誌にあらわれる名前は家伝の歌謡によっており、信憑性は高く、個々の家において常用されたものであろうが、逆に『魏書』所載の名前の方は官府の文書に基づいていた。北魏の官には宗正《そうせい》があり(17)、宗室の名前は、宗正が必ず文書の記録を行うが、これは政府内での正式名称であって、本人や家族には重視されず、よって上述のような差異があらわれたのである。この差異は、多くが名前の中の単音節漢字を用いて、これ以前に通用されていた拓跋の多音節の旧名を訳写したことによるが、「受久」・「寿鳩」は例外となる。ここから察せられるように、北魏末に至るまで、拓跋人は依然として漢字漢語を重視せず、記録においてはなおも歌謡を基準としており、そうした風習は改められなかったのである。前掲の元粛墓誌の「道徳・功業をもって出世し、それらは歌謡に述べられている（道勲出世、列在歌謡）」のように、歌謡の効果は文字叙述のそれを超越していた。ついでに論及するならば、漢字の「拓跋」が国姓となることにさえも、普遍的に認められたことではなく、西魏《せいぎ》・北周《ほくしゅう》では胡姓が復活したが、民間では拓跋は擒抜と書かれていた。北周武成《ぶせい》二年（五六〇）の『合方邑子百数十人造像記』に刻

（11）注（10）『漢魏南北朝墓誌彙編』一五〇頁。
（12）注（10）『漢魏南北朝墓誌彙編』三一四頁。張瓘は代人ではなく、おおよそ代風の影響を受けてこの説が作られたのであろうし、また家世を飾るためだけであった可能性もあるが、真に吟じ歌うべき歌謡があったわけではない。墓主はこの年の七月に死去し、そのときには北魏は滅亡していなかったが、一一月に葬られたときには、既に東魏の時代であった。
（13）注（10）『漢魏南北朝墓誌彙編』三八一頁。この墓誌は『北京図書館蔵中国歴代石刻拓本彙編』には収録されていない。
（14）元侔墓誌は注（10）『漢魏南北朝墓誌彙編』六〇頁に見られる。『北史』巻一五によれば、「昭成皇帝九子、庶長曰寔君、次曰献明帝、次曰秦王翰、次曰閼婆、次曰寿鳩、次曰紇根、次曰地干、次曰力真、次曰窟咄」という。この受久はすなわち寿鳩であり、五番目に位置されているが、墓誌は第八子と言っている。羅振玉『丙寅稿』は既に『魏書』宗室伝に載せられているこの世系と墓誌に異なる点があることに注意している。岑仲勉『元和姓纂附四校記』（中華書局、一九九四年）四〇一頁も簡単ながら説明している。
（15）『魏書』のこの巻は『北史』やその他の書によって補われるが、『北史』と今本『魏書』にはさらに世系に異なる箇所がある。標点本『魏書』校勘記は趙万里氏の説に基づき、この相違点については『北史』が正しく『魏書』が間違っているとする。
（16）元昭は昭成帝の玄孫であり、墓誌は注（10）『漢魏南北朝墓誌彙編』一四六頁に見られる。
（17）『魏書』官氏志によれば、宗正は、六卿の一つであり、第二品上であったという。注（10）『漢魏南北朝墓誌彙編』一四〇頁の元斌《げんぴん》墓誌によれば、斌は景穆帝の曾孫であり、官は宗正丞であり、「器量・見識は優雅で、風格・動作は高く傑出しており、安らかたること自ら深く、ゆったりとした様は独り深遠であった（器識閑雅、風韻高奇、澹爾自深、攸然独遠）」といい、完全に漢人名士の気質であった。

された邑子の姓名の中では、拓跋が全て擒抜に作られており、その人数は全部で十余人であった(18)。最初はこれが民間の訛写であり、一地方の風習ではないかと疑ったが、後に字の精美な北周大将軍李賢《りけん》墓誌(19)において、拓跋が擒抜に作られていたのを見た。李賢墓誌は西暦五六九年に立てられたが、このとき魏収『魏書』は既に完成していた。こうした文化現象から推測すると、洛陽遷都以後に至っても、拓跋人はその祖宗の建国や先人の事跡への記憶に対して、なおも漢字の記述ではなく、主として歌謡伝誦に頼っていたことになろう。拓跋の家庭には一家の口伝の歴史があり、拓跋部族には一族の口伝の歴史があり、またともに吟じ唱えることができ、永遠にこれを伝え、忘れ去られることがないようにしたのであり、これは拓跋文化の特徴である。これにより、史詩が拓跋部族文化・歴史伝承にどのような効果を有していたかが推察されよう。

ここからは楽府代歌そのものの問題の検討に立ち返ることとする。

代歌の来源・内容については、ひとまず上述のような検討を行っておいた。『魏書』・『旧唐書』では、代歌は「真人代歌」と呼ばれている。『新唐書』は「真人歌」と呼んでいるが、略称と思われる。『隋書』経籍志だけがこれを「国語真歌」と称している。真歌の「真」と真人代歌の「真人」とが同一の意味を有しているようには思われない。これは一体何事なのであろうか。

漢語の音で読む真の字は、鮮卑語においては人物の身分の称謂をあらわす字句である。『南斉書《なんせいじょ》』巻五七 魏虜《ぎりょ》伝《でん》はこの語に言及しており、真と称する人物の職名と身分の用語が非常に多く見られ、日本の白鳥庫吉《しらとりくらきち》「東胡民《とうこみん》族考《ぞくこう》」の「托跋氏」の節には、「真」字を称とする多くの名称についての言語学的考察がある(20)。近年出土した北魏『文成帝南巡碑《なんじゅんひ》』、孝文帝期の司馬金龍《しばきんりゅう》及びその妻の墓表刻石、北魏の多くの墓誌銘、『周書』の怡峰伝《いほうでん》・薛弁《せつべん》伝《でん》、『北史』斛律金伝《こくりつきんでん》等が挙げる人物の職名と身分は全て「羽真」を帯びている(21)。その他の墓誌中にも別に真の字を帯びる例がある(22)。しかし真歌の「真」と人物の身分の「真」とには、如何なる関係も認められないようである。そのため「真歌」については、『隋書』経籍志が簡便をはかるために行った誤写である可能性が高くなり、「真人歌」や「真人代歌」が正式な名称であったことになる。

真人代歌の名称について、私は真人という語と密接な関係があると考える。真人は従来、方士が使用した称謂である。王逸《おういつ》(23)は『楚辞《そじ》』九思に注した際、真人を仙人と呼んでいる。『魏書』釈老志《しゃくろうし》は道武帝の道教信仰について、「老子《ろうし》の言を好み、誦詠《しょうえい》して倦まなかった」と伝える。そのため道武帝が仙人にひれ伏し、仙丹・仙術を求めたのは、自然のなりゆきであった。『魏書』官氏志《かんしし》に天興三年（四〇〇）のこととして、「仙人博士官を置き、百薬の煮沸・精錬をつかさどらせた」とある。天興年間は代歌が輯集された年代であり、「百薬の煮沸・精錬」とは道武帝に供するためであったのであろう。代歌に真人の二字を冠することが正式名称であり、道武帝時代の特徴であったことが分かる。この他、真人は符命讖記《ふめいしんき》(24)にも常々見られ、後漢の農民叛乱の首領に真人を自称した者がいたように、道教の信仰と讖記の要素を兼ねて有していたのである。真人代歌の称と道教の直接的な関係の

(18) 馬長寿『碑銘所見前秦至隋初的関中部族』（中華書局、一九八五年）五七-五九頁。碑石は陝西渭北の下邽鎮にある。
(19) 『原州古墓集成』（文物出版社、一九九九年）による。
(20) 白鳥庫吉「東胡民族考（第七回）」（『史学雑誌』第二二編第一二号、一九一一年）、白鳥庫吉著・方壮猷訳『東胡民族考』（商務印書館、一九三四年）一五七-一九〇頁。
(21) 最近日本の研究者である松下憲一氏が、北朝史国際学術会議にて論文「北魏内朝制度考略」を発表したが、そこに輯められている典籍や墓誌の中に羽真号を帯びる者が一六例あったと言う。羽真の一語は現在に至るまで確たる解釈がない。松下氏は内附した者に賜与するための北魏の爵名に関連するものと解釈した。しかし上に挙げた各例の多くは羽真のほかに爵名があり、また皇族の人物もいたので、羽真の意味については結局確認が困難となっている。
(22) 『文成帝南巡碑』にはさらに折紇真・斛洛真がある。注(10)『漢魏南北朝墓誌彙編』二六七頁に比和真が、二九四頁には他莫汗真が、三六五頁には俟勤真があらわれ、この全てが人物の職名・身分の用語であったか否かについて、あえて肯定はしない。
(23) 〔訳注〕王逸（生没年不明）は後漢の文学者。『楚辞』注が有名。
(24) 〔訳注〕符命讖記とは未来を予言する神秘的な文書のこと。

有無については、別に検討する必要があるが、ここで細かく追究することはしないでおきたい。

『魏書』天象志《てんしょうし》には皇始元年（三九六）のこととして、「これに先立って大黄星《だいこうせい》が昴《ぼう》・畢《ひつ》の間にあらわれ、五十日余りして、慕容《ぼよう》氏の太史丞王先《たいしじょうおうせん》は、(25)『真人が燕・代の間にあらわれ、大軍がシャンシャンと音をたて、その鋭鋒に立ち向かうことはできないだろう』と言った。その冬十一月、黄星がまたあらわれ、天下は〔真人に〕かなわなかった」とあり、その原注に、「この年の六月、木星が哭星を犯した。木星は、人君であり、君に哭泣するようなことがあったのである。この月、太后賀氏が崩じ、秋になり、晋の皇帝が死去した〔是歳六月、木犯哭星、木、人君也、君有哭泣之事。是月、太后賀氏崩。至秋、晋帝殂〕(26)」とある。燕・代の間に起つ「真人」とは誰であろうか。当然道武帝である。『魏書』霊徴志《れいちょうし》は天興四年（四〇一）の吏の上言を載せ、昔句注《くちゅう》の老父が晋昌《しんしょう》の民の賈相《かしょう》に、「今から四十二年後に聖人が北方にあらわれるであろう。ときに大楽を行い、その子孫は永く続くのであるが、私がこれを見ることは〔年齢からも〕できなかろう」と言ったとするが、賈相が老父に会った年には二二歳であり、前燕《ぜんえん》の元璽《げんじ》二年（三五三）に相当する。これを基準とすれば、「四二年後」は、まさしく道武帝が慕容宝《ぼようほう》を破った年に相当する〔三九五年の参合陂《さんごうは》の戦い〕。このことが道武帝を「聖人」たらしめたのである。これらの資料は全て、道武帝の興隆が、かつて多くの方術の士を動員して、彼のために行った、輿論の創造を経ていたことを物語っており、その中で最も効果的なものは、王先が天象を利用して「真人が燕・代の間にあらわれ」るであろうと述べたことである。

皇始元年という年は、北魏道武帝にとっては極めて意義のある年であった(27)。王先の言う、この年の天象の示すものは、人間の変化の予兆であり、両者は対応し、真人代歌はまさしくこの年の後に鄧淵によって輯集が着手されたのである。符《ふ》命讖《しん》記が流行した雰囲気の中で、拓跋の正朔〔年号〕を用いて、後燕《こうえん》慕容の太史丞の見た天象を記したが、この天象によって言われた人事と拓跋帝紀の内容が一致しており、これが道武帝の周囲の人々によって作り上げられたデマであったことは明らかである。「大軍がシャンシャンと音をたて、その鋭鋒に立ち向かうことはできない」とは、拓跋が并州を平定し、幽州・冀州へ向かう「大軍」を出したことを指す。これらの全ては、「燕・代の間にあらわれ」る「真人」が出現するためになされた誇張である。まさしくこのときに真人代歌は出現したのであり、これは北魏楽府が昼夜練習していた代歌であって、歌われた人物は道武帝以外にあり得ない。

　これらがすなわち代歌の正式名称が真人代歌であったと見る理由である。「燕魏之際」に集成された代歌は拓跋の史詩であり、また道武帝の帝業のための輿論の道具でもあった。同時にこれは拓跋部人の感情を伝承してもいたのであり、したがってこの時代においてあるべき価値を獲得したのである。こうした文化現象は、拓跋史を研究する者にとっては注目に値する。

---

(25)　王先は『魏書』においてはこの一箇所しかあらわれない。『晋書』苻堅載記は淝水の戦いにおいて苻融が寿春を陥落させ、東晋の安豊太守王先を捕らえたことを記す。二箇所の王先は年代は近いが、同一人物であったかどうかは分からない。

(26)　天象志のこの巻は魏収『魏書』では亡び、後人は張太素《ちょうたいそ》『後魏書』の内容で補った。標点本校勘記を参照。この年の天象志は北のこと（賀太后崩）を記した上に、南のこと（晋帝殂）をも記しており、恐らくはこのとき既に南北二分の認識が生まれ始めていたのであろう。次の注を参照。

(27)　『魏書』楽志は皇始という語を、始祖の業を開き拡大するという意味に解釈している。『資治通鑑』胡三省注は「南北の形勢」がこの年に定まったとする。正光二年の楊氏墓誌には「皇始の初め、〔天下は〕南北二つに分かれた」の語がある（趙万里『漢魏南北朝墓誌集釈』及び注(10)『漢魏南北朝墓誌彙編』参照）。天象志三の天興元年十二月条に、「群臣は尊号を上り〔皇帝に即位するよう要請し〕、元日を正し、そのまま上帝を南郊にて禋祭した。これにより魏が北帝となり、晋氏が南帝となった」とある。初めて〔皇帝の〕尊号を上ったのは皇始元年のことであり、帝位に即いたのは天興元年のことであって、大体において北帝・南帝の観念の形成は皇始元年に定まり、制度の確定・実施は天興年間のこととなろう。

二　『代歌』・『代記』及び『魏書』序紀の関係についての推測

『代歌』の素材は拓跋部民の伝聞情報に淵源を発する。人類学の示す通則に基づくと、こうした素材は積み重なるほど多くなり、口で語り、歌うことができたが、しかしかえって乱雑となり、内容は矛盾するようになる。これらの長期にわたって累積した素材が裁断整理され、適切な音楽を配され、史詩の性質を有する『代歌』へ昇華することは、道武帝が帝業を打ち立てた短期間のうちに、鄧淵によってなされたのである。『代歌』に残る内容は「祖宗開基」・「君臣廃興」の諸事を主として、道武帝本人の創業・治国の要求に適応し、『代歌』のこれらの主要な内容は、まさしく鄧淵による『代記』撰修の資料的根拠となった。道武帝期における拓跋部の『代歌』と『代記』という二つの重大な文化的成果は、ともに鄧淵と密接に関係していた。

道武帝以前の長い歳月においては、拓跋部の社会発展は緩やかであり、基本的には「言語で約束し、木の板に記号で記述した」(28)という状態に沈滞し、帝業を開拓した道武帝自身も、文字を識らない野蛮の出身であった。力微以来、拓跋が外界と接触するところは、主として官氏志に列挙される、四方から続々と入ってきた諸族であり、族類は多く、一般的にその集団は大きくはなかった。中でも最も注目に値するのは、幽州から西に漸進する烏桓人と、代郡・雁門郡の漢人である〔本書第四章参照〕。漢人と烏桓人の文明の程度は比較的高かったが、その人数には結局限界があり、短時間では拓跋部に対して、大きな牽引の役割を果たすには至らなかった。拓跋部内には各種の文明的な制度が欠如しており、道武帝の事業とはほとんど適応しなかった。そのため皇始・天興の数年間において、軍事的情勢の大きな発展にしたがい、拓跋部は社会・政治・文化・経済の諸方面の全てにおいて、水準の向上と軌道の修正という緊迫した課題に直面した。魏収『魏書』の諸志においては、この数年間に諸々の制度が制定・変革されたことを多く記すが、一般的には人数の多くはない漢族士人の助力に頼っていた。漢族士人の中でも、例えば燕鳳《えんほう》・許謙《きょけん》・張袞《ちょうこん》・崔玄伯〔崔宏〕等の人々の及ぼした作用は最大のものであったが、崔玄伯を除いては、軍事的な謀略や政治的な活動で業績をあげた者が多数を占めた。文化関係の多くの方面では、一部の地位の低い人々が専任となった。例えば音楽・官制は鄧淵がつかさどり、史事記注も鄧淵が担当した。鄧淵は「制度に明るく、旧事をよく知っており」(29)、知識型の官吏であって、道武帝が文治に向けて足を踏み出すのを助けた重要人物の一人であった。

鄧淵は雍州安定《ようしゅうあんてい》の人であり、祖父・父は前秦《ぜんしん》に仕え、父にしたがって冀州《きしゅう》に移り住んだ。道武帝が冀州を得ると、鄧淵を著作郎《ちょさくろう》・吏部郎《りぶろう》に任命した。天興元年（三九八）に鄧淵は代に入り、吏部尚書《りぶしょうしょ》崔玄伯と「朝議・律令・音楽の制定に参画し、また軍国の文記詔策は、多く淵によって作られた」。『魏書』太祖紀の天興元年一一月における改制の諸事において、最初に鄧淵が官制・爵品をつかさどり、律呂を定め、音楽を調節させたことが列せられており(30)、中でも官制・爵品をつかさどったことは官氏志に詳しく、皇始元年の「初めて官署を建て、百官を備え、五等爵に封じた」という諸事について述べられており、律呂・音楽の件については楽志に見え、その中の重要な項目は、廟楽の制定や『代歌』の輯集であったろう。楽志は鄧淵が律呂を定め、音楽を調節させた後に、

(28)『魏書』巻一一一　刑罰志。
(29)『魏書』巻二四　鄧淵伝。
(30) その下に儀曹郎中董謐が郊廟・社稷・朝覲・宴饗の儀を撰したことや、三公郎中王徳が律令を定め、禁令を申したこと、太史令晁崇が渾儀を作り、天象を考えたことが列挙されている。彼らは鄧淵と同じく、全て当時各々特技を有していた漢族士人であり、吏部尚書崔玄伯がこれを総轄・決裁した。

続けて廟楽と『代歌』について述べており、『代歌』輯集の功績が鄧淵にあったことに間違いのないことが知られる。北斉時代の祖珽《そてい》は、拓跋が中原に進出したばかりのとき、「音楽は土着〔拓跋〕のものを使い、まだその習俗をあらためてはいませんでした」と言ったが、鼓角〔戦争用の鼓やラッパの類〕を知るだけで、その他をまだ知らないという意味である。皇始元年に慕容宝を破り、「中山にて晋の楽器を得たが、用法を知らず、これを廃棄した。天興の初め、吏部郎鄧彦海〔鄧淵〕は廟楽を奏上し、宮懸を制定したが、鍾管は備わっていなかった。歌詞は既に欠けており、簸邏迴歌をまじえた[31]」とあるが、これはすなわち鄧淵が音楽を制定させたことを指す。

鄧淵の文化上における、さらに重要な業績は、彼が戦乱の中にありながら命を受けて史書を編纂したことである。彼は「制度に明るく、旧事をよく知っており」、史書編纂の基本となる条件を備えていた。また道武帝は歴史という観点からものを考える傾向のあった人物であり、創業・建国の段階において、多くのことは歴史を鑑《かがみ》としなければならなかったが、拓跋の旧事は、彼にとっては漢籍よりも理解しやすかった。鄧淵は「性格は純粋・素朴で、言行は堪えうるものであ」り、このことも史書編纂の人選としては備えるべき史徳の条件であった。道武帝の「軍国の文記詔策は、多く淵によって作られた」ことについて、その中のいわゆる「文記」には今昔の史料・記注が含まれていたはずである。漢族士人の中には意識的に拓跋の旧事を収集・記録した者がいたが、鄧淵はその第一人者であったろう。

『北史』魏収伝には「はじめ、北魏初において、鄧彦海〔鄧淵〕が『代記』十余巻を編纂した」云々とあるが、これは魏史編纂の嚆矢《こうし》である。『魏書』鄧淵伝に、「太祖は鄧淵に詔して『国記』を編纂させ、淵は十余巻を作ったが、年月の起居・行事を並べるだけで、まだ体例は整っていなかった」とあるが、このときは北魏は建国したばかりの頃で、国史編纂にはしばらくは大事の編年しかできなかったのであり、体例の粗さが想像できる。

鄧淵が正式に命を受けて史書を編纂したことを、本伝は鄧淵と崔玄伯による朝儀の参定といった諸事の下に繫《か》けており、間には「平陽《へいよう》征伐に従軍した」ことや、受爵加官といった諸事が記されている。道武帝の平陽征伐は、天興五年（四〇二）七月のことであり、これは太祖紀や姚興伝《ようこうでん》にあらわれている。そのため鄧淵が詔を奉じて国記を編纂したのは、平陽征伐従軍の後のことであり、彼が天興元年（三九八）に代に入ったときから、既に四年もの年月が経っていたこととなる。(32) 鄧淵は和跋《わばつ》の事案に連座して死を賜わったが、和跋が刑死したのは天賜《てんし》四年（四〇七）五月のことであるため、(33) 彼が史職を兼任した時期は四〇二年七月から四〇七年五月までの間に相当し、前後五年足らずの期間となる。史書には道武帝が崔玄伯に史書編纂の監修を命じたことが載せられておらず、ここからも当時史書編纂が難題とは理解されておらず、崔玄伯のような人物により監修される必要がなかったことがうかがえる。

鄧淵の史書編纂について、その規模は十余巻に過ぎず、(34) 草創段階というレベルであり、その基本的な状況について、関連書籍の記述は皆同様であり、書名が若干異なるだけであった。『北史』・『北斉書《ほくせいじょ》』はこれを『代記』と称し、『魏書』鄧淵伝、『史通《しつう》』古今正史は『国記』に作っている。さきに言及した鄧淵の史書編纂は「記」を名称としており、すなわち鄧淵のつかさどった「文記詔策」の「記」である。『史通』史官建置には、「出来事を書きとめ発言を記録するには、同時代の資料からこれを行う。これを取舍・整理するのは、後世の人間の仕事である（書事記言、出自当時之簡。勒成删定、帰於後来之筆）」とある。『代記』の年代は早く、その記すところは全て

---

(31)『隋書』巻一四 音楽志における北斉祖珽の上書。

(32) 陳識仁「北魏修史略論」（『結網編』、台湾東大図書公司、一九九八年所収）二三七頁で、楊翼驤編『中国史学史資料編年（一）』（南開大学出版社、一九八七年）を参考として、鄧淵が命を受けて史書を編纂した時期を天興元年とする。しかし皇始のときに鄧淵が著作郎となったこと（鄧淵伝）や、平陽征伐従軍の年代から推測すれば、その説には再検討の余地が出てくる。

(33)『魏書』天象志に見られる。後に詳述する。

(34)『史通』巻一二 古今正史条は十巻に作る。

「当時之簡」に基づいており、正確に当時の口述・伝聞の記録を「当時之簡」と言っているため、これを「記」と称したことは正確であり、『代記』は最初の名称であったはずである。『魏書』は北魏を正統とした国史であるため、『代記』を『国記』と改めたのであり、『史通』は唐代に見られた魏収『魏書』を基準としているため、それを踏襲して『国記』と称したのである。こうした差異は比較的理解しやすい(35)。

鄧淵『代記』の記事が含む年代がどれほどであったかについて、史料にあらわれるものは明確ではない。『魏書』高允伝には、崔浩の獄以後について、「世祖は高允を召し、『『国書』（崔浩が監修した国史）は皆崔浩の作なのかどうか』と言った。高允は『太祖記は、前著作郎鄧淵が編纂しました。先帝記（太宗明元帝紀を指す）と今記《きんき》（世祖太武帝紀を指す）は、臣《わたし》と崔浩が作りました……』」とある。ここでは鄧淵が編纂した史書が太祖記と称され、その後の先帝記・今記と並列して挙げられており、鄧淵の書の正式名称で呼ばれているわけではない。鄧淵の死は道武帝の死の三年前のことであり、そのとき太祖という廟号はなく、これが完成された太祖記ではあり得ないため(36)、後人が鄧淵の編纂した編年体の書物に基づき、斟酌・増減を加えたものに違いない。しかし高允の称するところは全て諸帝の「記」であり、鄧淵の書名がもともと「記」、あるいは『代記』、あるいは『国記』と称されていたことを暗に示しており、これも一証となろう。

高允の称した太祖記とは、厳密に道武帝本人の事跡に限られたものであったのであろうか。それともその他の国史のように、建国の君主の条において、その族姓・世系や建国以前の歴史の内容を含むものであったのであろうか。私は、中国の史書編纂の伝統的な手法を根拠として、後者であったと考えている。鄧淵その人が博識であり、「旧事をよく知」っていたという特徴や、『代歌』編集に際し獲得した拓跋の史詩資料によって、彼は拓跋の歴史の概略を整理して文章にすることができたのである。北魏の時代に漢族士人の手を経て、いくつかの拓跋の祖先に関する史料が保存され、後の崔浩や魏収による史書編纂に際して使用されたと私は確信している。最も早く拓跋の祖先の資料を整理した漢族士人は、現存する史料からは、鄧淵しか見出せない。

王鳴盛《おうめいせい》『十七史商榷《じゅうしちししょうかく》』巻六六「追尊二十八帝条」は、二十八帝の中の猗㐌《いた》・猗盧《いろ》・鬱律《うつりつ》・翳槐・什翼犍《じゅうよくけん》だけは晋にも名が知れわたっており、その名の正確性は信用できるが、その他の一字名の者たちは猗㐌たちと異なり、道武帝時代に追撰されたのではないかと言っている。私は王鳴盛が列した数名以外に、晋代の文書にあらわれる推寅《すいいん》・詰汾・力微《りょくび》らのような、一字名ではない者がおり、そのうちの力微の名は晋代の文書にも見られるため、一概には言えないと考えている。しかし道武帝期にその先祖の名が『代歌』に書かれているから、その先祖の名の大部分が鄧淵による『代歌』編纂時に鮮卑音にしたがって記録されたと判断できるであろう。ここから、私は『史通』称謂篇の、拓跋の君主は、もともと部族の尊長であり、「道武帝が追尊したのは、全部で二十八君であった。開闢《かいびゃく》以来、このようなことはなかった」とある記述を想起する。魏収『魏書』にあらわれる「二十八君」の史料は、必ずしも全てが事実であるわけではなく、また時代が古ければ古いほど曖昧となるとはいえ、決して荒唐無稽の文言ではない。歴代の建国の君主がここまで昔に遡って先祖を追尊したことなど、これ以前にはあった例がなく、拓跋が唯一であったと言える。もし『代歌』が歴史を伝える手段でなければ、またもし鄧淵が適切な時期に翻訳・整理したのでなければ、拓跋「二十八君」の系統の史料は保存されなかったであろう。

『魏書』巻五七高祐伝《こうゆうでん》には、孝文帝時代に、秘書令《ひしょれい》の高祐(37)と秘書丞《じょう》の李彪《りひょう》(38)が「臣が思いますに聖朝は

---

(35)『南斉書』魏虜伝には平城について「西のかた三里のところに石を刻し、五経やその国記を写した」とある。これは恐らく南人が崔浩が国史を石に彫ったことの伝聞により、その国史をも「国記」と称したのであろう。史書を記と称したことについては、『史記』・『東観漢記』がともに例証となる。

(36) 太武帝の時代、太祖の廟号は平文帝を指していたが、道武帝を指してはおらず、道武帝が烈祖という称から太祖に改称されたのは、孝文帝太和一五年(四九一)のことである。高允は太武帝期に太祖の号で道武帝を呼んでいるが、これは後人によって修飾されたもので、太武帝期の現状ではなかった可能性がある。

上古に始まり、長発《ちょうはつ》に基を開き、始均《しきん》様以後、成帝《せいてい》陛下に至るまで、その間は世代が離れ、史は伝えることができませんでした。臣たちは見識が浅いながら、かたじけなくも史職をあずかり、『国記』を読み、ひそかに志を持ちました。愚考いたしますに、建国以来、庶事が創建され、皇始元年以降、中原《ちゅうげん》を征服しましたので、司馬《しば》遷《せん》・班固《はんこ》の体例〔紀伝体《きでんたい》〕により、事類を相互にしたがわせ、紀・伝の区別をつけ、表・志は一貫させた方がよく、このように編纂すれば、事例は尽く備えることができるでしょう。……著作郎以下、才能のある者を登用し、国書編纂に参与させることを要請いたします。もし人選が当を得ていましたならば、三年で完成することがかないましょう」と上奏したとある。

高祐らの発言内容は、極めて簡略ではあるが、比較的正確な拓跋の先祖の歴史の概略であり、その史料は『国記』を読み」とあることから、主として鄧淵『代記』に由来するものであろう。またその内容構成と以後に編纂された魏収『魏書』の序紀とは一致しているので、鄧淵『国記』・魏収『魏書』序紀の縁をうかがい知ることができよう。我々はこの両者をとって比較検討を行うこととしよう。

一、「聖朝は上古に始まり、長発に基を開き」は、序紀に黄帝《こうてい》の後裔が大鮮卑山《だいせんびざん》に封ぜられ、幽都の北を統治したとある古《いにしえ》の伝説を指しており、『詩経』商頌《しょうしょう》長発《ちょうはつ》が叙述する殷《いん》人発祥の史詩と同じである。

二、「始均様以後、成帝陛下に至るまで」、「世代が離れ」、「史は伝えることができませんでした」は、序紀《じょき》に述べられている、始均が堯《ぎょう》の世に仕え、その後裔は中夏〔中国〕と交流せず、史書にも聞かれず、成帝毛《もう》に至ったという歴史を指している。以後道武帝による拓跋「二十八帝」の追尊が、成帝毛から始まり、それ以前の人物は全く列せられていないのであり、毛が既に道武帝に祖先の中の、信ずるに足る人物と見なされていたことがうかがえ、成帝毛の「国三十六、大姓九十九を統べ」たという説も、拓跋の後裔によって認められていたのである。

三、「建国以来、庶事が創建され」は、序紀の成帝毛から聖武帝詰汾《せいぶていきっぷん》に至るまでの合計一四帝の時期のことを言っている。毛は既に追封されることとなったため、自然に王業の始まりとなった。しかし人物の実在については信用できるが、事跡は逆に不明確である。幽都から二度南に移り、「九つの艱難《かんなん》と八つの障害」に遭ったと言うのは、大体今日知られる考古的資料があり、地理的方位を参照すると、実証を行うことができる。高祐の上奏の中にはこれについての解釈がなされておらず、ただ「庶事が創建され」の一節だけがあらわれており、当時は伝聞以外に、見ることのできる、木の板の図像や結縄〔縄の結び目〕といった資料があったが、必ずしもその全てを正確に解読できたわけではなかったことをこれは物語っている。伝聞の代歌は、板や縄のもたらす情報に比して、いっそう信頼でき、いっそう具体的であったはずである。この一類の拓跋の祖先の史実は、全て鄧淵の記録整理を経ており、また彼の記した道武帝の事跡を加えて、ともに鄧淵の『代記』の一書を構成し、後にそのほとんどが、崔浩により総攬された国史の中に含まれることとなった。崔浩の国史の、崔浩の獄にて既に破棄された部分を除いた残りのものが、すなわち高祐の言った『国記』であり、それは三〇巻もの多きに達していた。これら種々の史料は、『魏書』序紀が基づいたものであったと思われる。

神元帝力微より、三七六年の代国滅亡に至るまで、さらに一四帝がおり、高祐は皆「庶事が創建され」た段階に入ったとし、具体的な描写をしていなかったようである。おおむね鄧淵・崔浩が記したこの時期の歴史は、既に比較的詳細であり、編年がきちんとできていたため、必ずしも改善する必要がなかったのであろう。(39) これは後

(37)〔訳注〕高祐（?～四九九）は北魏の学者・政治家。李彪とともに国史編纂に携わり、また中央・地方の官を歴任した。

(38)〔訳注〕李彪（四四四～五〇一）は北魏の学者・政治家。高祐とともに国史編纂に携わり、また北魏の土徳王朝から水徳王朝への変更など、様々な改革案を提言した。谷川道雄「北魏官界における門閥主義と賢才主義」（同氏著『隋唐帝国形成史論』、筑摩書房、一九七一年、一四三―一七六頁）参照。

(39)『魏書』巻六二 李彪伝には「成帝以来太和年間に至るまでに、崔浩・高允は『国書』を著述し、記録を編年し、『春秋』の体裁〔編年体〕としたが、時事の抜け落ちたところがあり、〔抜け落ちずに残った箇所は〕三分の一もなかった。彪は秘書令高祐と初めて司馬

の魏収の序紀の範囲となる。皇始以降、北魏が国を建て、記事は日に日に繁雑となり、制度は日に日に備わったため、高祐は国史において本紀・列伝・表・志を兼備させ、以前の編年体という体裁に依拠するべきではないと提案した。後の魏収『魏書』全書の規模はこの通りとなっており、諸書の間には必ず大きな継承関係があったであろうが、遺憾ながら今日では詳しく述べることができなくなっている。

鄧淵『代記』は高允より太祖記と呼ばれたが、これは魏収『魏書』の序紀の全内容を兼ね備えていたはずである。魏収『魏書』の十二帝紀について、序紀は目録の排列において「本紀第一」とされ、太祖道武帝紀は「本紀第二」とされており、序紀が自ら系統を有し、独立して存在する一つの「紀」であって、魏収『魏書』におけるその地位が重要であり、道武帝紀に附帯して叙述されたわけではないことが分かる。序紀に列挙されている人物は、道武帝が追尊した「二十八帝」である(40)。「二十八帝」の名前は全て存在し、その世系もはっきりしており、間には叙述すべき大事が並べられているが、いささか不均等であり、神元帝《しんげんてい》以後にはまた甲子の紀年があって、叙述すべき大事は比較的多くなる。このことはまさに序紀の拠った資料が、鄧淵『代記』中において明確に順序だてられており、曖昧模糊《あいまいもこ》なものではなかったことを反映している。ここから、鄧淵の書において、道武帝以前の事例は完全性・系統性を備えていたと推測される。これは以後国史となった前の「紀」であり、また魏収『魏書』の序紀ともなった(41)。

序紀は主として『真人代歌』中の「祖宗の建国の道のり（祖宗開基所由）」・「君臣の興廃の跡（君臣廃興之跡）」という内容に基づき、鄧淵『代記』の翻訳解読や整理を経て、ようやく流布したのである。『代歌』中の大事がもし忌諱に触れたのであれば、『代記』に収集され、さらに後の序紀に残る可能性は、多くはなかったであろう。このことも魏収『魏書』序紀が、北魏の史学史において極めて価値のあった存在であることを示していよう。こうした事実に基づき、私は『代歌』と『代記』はその淵源を同じくし、『代記』は主として『代歌』より生まれたと考える。私はさらに、『代歌』を輯集し、『代記』を編纂した鄧淵も、序紀の事実上の第一作者であったとも見ている。

しかし『代歌』は歌であり、『代記』は史であって、両者には結局相違点がある。『代歌』は選別を経たとはいえ、一点の忌諱の内容も含まれていなかったとは言いがたい。しかしそれは直接的な叙事ではなく、実際にいた人物と、実際にあった事柄の完全な写実というわけでもなく、また音楽の調節という制限があり、そのため拓跋史の「昇華」となった。加えてこれは鮮卑語音を用いており、その伝播は宮廷内に限られ、漢人には理解することができず、ゆえにその内容は安定しており、政治的な非難を受けることがなかったのである。『代記』はそうではなく、編纂時には既にいくつかの『代歌』中の忌諱の疑いがある内容を削除したのであり、このことは言わずとも明らかであろう。『代記』はつまるところ史書であって、事実をありのままに書くことが求められる。これは実行するには難しいが、史書を編纂する者は結局考慮せざるを得ず、また内容はあまり歴史的事実からかけ

遷・班固の体裁〔紀伝体〕により、本紀・列伝・表・志を作るよう上奏した（自成帝以来至于太和、崔浩・高允著述『国書』、編年序録、為『春秋』之体、遺落時事、三無一存。彪与秘書令高祐始奏従遷・固之体、創為紀・伝・表・志之目焉）」とある。史書編纂の人物に鄧淵は列せられていないが、鄧淵『代記』の内容が既に崔浩・高允の書に吸収されたことが説明できる。「三無一存」の説は曖昧な見積もりであり、理屈から言えば、年代が古いほど、存するものは少なくなるはずである。

(40)　『十七史商榷』巻六六の「追尊二十八帝」条を参照。序紀には二十七帝の名しかないが、これは昭成帝の子、道武帝の父である寔が、君主に立たずして早くに死去し、序紀の昭成帝三十四年条に附されているだけで単独で列せられなかったことによる。

(41)　オーストラリアの研究者J.Holmgren氏の著書に『代紀――『魏書』首巻にあらわれる初期拓跋の歴史』(*Annals of Tai : Early To-pa history according to the first chapter of Wei-shu*, Faculty monograph. Australian National University Press, Canberra, 1982) がある。これには序紀の紹介があり、序紀の全部と、太祖紀の登国元年（最後の一小段を欠く）の文章の英訳と注釈であり、さらにその他の附録があって、参照に値する。*Annals of Tai* は序紀を指し、鄧淵の『代記』を指すわけではない。『代記』は一六頁に Tai-chi（records of Tai）や Kuo-chi（Records of the〔Wei〕State）と訳されている。この研究は鄧淵『代記』―崔浩『国史』―魏収『魏書』の系統関係に注目している。

離れてはならなかった。まさにこれにより、『代記』は批判を受けやすくなり、政府指導者の猜疑を招き、その作者である鄧淵は、崔浩に先立って国史の獄の最初の犠牲者となったのである。しかし鄧淵の地位は低く、国初の、秩序が定まったばかりのときにあたり、大獄を現出させるには至らなかったので、崔浩の獄のように人々の注意を引き、人々の研究心を引くほどにはならなかったのである。

鄧淵『代記』撰写の多種の細かい点を考察するにあたり、私は鄧淵の書が『魏記』と称されなかったことも探究に値すると考えている。さきに論じたように、鄧淵の史書編纂は天興五年から天賜四年の間（四〇二〜四〇七）に行われた。太祖紀によれば、登国元年（三八六）正月に道武帝は代王の位に即き、四月には代王から魏王に改称したというが、その理由についての説明がない。天興元年（三九八）六月に朝臣の議論を経て、道武帝は国号を裁定して、「代」と称さず、「魏」と称することとした。これは、鄧淵が国史を編纂する前に、「代」を「魏」と改める命令が二度あったことを物語っており、そして国史の名は、理屈からは国家の正式名称を用いるべきであって、『魏記』と称した方が合理的となるが、実際はそうではなかった。

拓跋はまず西晋の封を受けて代公・代王を称し、後に封国として五県の土地を有し、百年余りも代北の地にて活動しており、全体的な移動は行っていなかった。そのため拓跋珪《たくばつけい》が代国を復興させた後にまず代王を称したことは、習俗や民意に合しており、歴史的事実に符合するものでもあった。天興元年（三九八）に正式に国号を定めて皇帝を称し、朝議を経、群臣が「代」と称することを主張したことに、もとより異議は出なかった。ただ崔玄伯だけが、拓跋が中原を占有し、また江左〔東晋〕に使者を派遣することを理由として、「旧邦を新たにする」という義をもって、「魏」と称するよう主張した。これについては、崔玄伯が道武帝の心意を忖度《そんたく》した結果であった可能性が高い。道武帝は「魏」を称することを決定し、あわせて「魏帝」の名でこれを天地に宣告した。(42)しかし代人は旧称を慣用しており、また中原に移ることに反対し、崔玄伯の子である崔浩さえもこのような態度をとったため、公私における称謂は、「代」・「魏」を兼用することとなったのであるが、孝文帝による洛陽遷都の前に至っては、かえって「代」を称する例がいっそう多く見られ、「魏」と称することは比較的少なかった（何徳章氏《かとくしょう》の「北魏国号与正統問題」(43) がその例証を非常に多く挙げているので、ここでは贅言しないでおく）。その上、十六国は多くその所在地の名を国名としており、史書編纂も同じであった。拓跋の古史は「代」と称しているが、これは十六国の規則に符合し、最も適宜であった。拓跋が魏の地を兼有して幾年も経っておらず、魏の地は拓跋建国の中心地域ではなかったため、拓跋の国史を『魏記』と称するのは、かえって蛇足となる。そのため国史が「代」と称して「魏」と称さなかったことは、理解するにかたくない。しかも鄧淵は国初に史書を編纂し、その記すところは代の人物や出来事を尽くしたものであって、『代歌』の整理と釣り合っており、もし「代」と称さず「魏」と改称したならば、両者はかみ合わなかったであろう。

何徳章氏の論文は道武帝が国号を「魏」と称した理由について、十分な論証を行っている。当時、曹操が「魏」と称した理由を、道武帝も実際に考えていた。何氏は不可解な問題として二点を挙げており、一つは崔玄伯がどうして「慕容永《ぼようえい》も魏の土地を献上しました（慕容永亦奉進魏土）」ということを崔氏自身が持していた、「魏」と称する理由としたのかという問題であり、もう一つは登国《とうこく》元年（三八六）四月に、道武帝がなぜ代王を称した後のわずか数箇月で、慌ただしく魏王と改称したのかという問題である。これら二つの問題は相互に関連する。今は二者を混ぜ合わせ、解答を出すことを試み、これを何徳章氏との議論にかえたい。

(42)　例えば『魏書』礼志は天興元年に道武帝が帝位に即き、天地を祭ったが、理屈からは正式の国号を用いるべきであったため、祝辞には「惟れ天神・地神よ魏室に帝位あれ（惟神祇其丕祚於魏室）」の語を用いた。

(43)　何徳章「北魏国号与正統問題」（『歴史研究』一九九二年第三期）。何氏は拓跋が神州の正統を求めて争い、代を魏と改め、守旧者がなおも代と称したことの分析に重点を置かれた。魏・代のそれぞれを称したことについては、何氏の論文が非常に多くの例証を挙げており、文献・碑銘の両方にその例証がある。

拓跋珪が再び代王を称したのは、前秦が代を滅ぼした一〇年後のことである。代を滅ぼした後の一〇年間においては、代北の草原各部族は長期にわたる混乱を経ており、国を復興させたばかりの代王拓跋珪は、すぐに秩序を回復することが不可能であった。中でも拓跋珪が最も困難に感じた問題は、彼の代王の地位が普遍的な承認を得られていないことであった。拓跋部と最も親しかった賀蘭部と独孤部には、各々これを擁護する部族と反対する部族がおり、拓跋珪は随時叛逆者との戦争を進めなければならなかった。最も緊迫した戦争は、拓跋部内から挑まれたものであり、拓跋部では比較的安定した君位継承制度がなかったために、昭成帝以前には、「兄終弟及（兄死して弟継ぐ）」と「父死子継（父死して子継ぐ）」がいつも交錯して出現したが、「兄終弟及」の方が一般的であり、その間にはいつも残酷で複雑な闘争が入り混じっていた。拓跋珪は昭成帝の嫡孫であったが、珪の父の寔《しょく》（献明帝《けんめいてい》）は君位に即かずして死去し、昭成帝の残りの子はすなわち献明帝の生き残った諸弟であり、部族の「兄終弟及」という習俗に基づけば、彼らは全て君位継承の権利を有していたこととなる。昭成帝の幼子の窟咄《くっとつ》は、珪の季父（すえの叔父）であり、国の滅亡時には長安に連行され、後には前秦の混乱に乗じて、慕容永にしたがい東の并州聞喜《へいしゅうぶんき》・長子《ちょうし》に移った。慕容永は西燕《せいえん》を建国し、窟咄を新興《しんこう》太守とした。新興は、地理的には代北《だいほく》とは山一つの隔たりしかなかった。窟咄は、個人の身分・地位からは、既に死去した昭成帝を継承し、代王となる権利を持っていた。また彼はこのとき一定の実力を有してもいた。彼が慕容永の命令を受けて新興太守となった目的は、代北を注視し、機を見て進取し、代北の主となることにあったようである。こうした情勢を、即位したばかりの代王拓跋珪は察知しないわけにはいかず、警戒しないわけにもいかなかったのである。

『魏書』・『資治通鑑《しじつがん》』等の史書を相互に参照すると、登国元年正月の拓跋珪の代王即位と、やや後の時期において、代北と代北周辺の情勢が極めて複雑に変化していたことがおおよそうかがえる。

登国元年正月には、一、拓跋珪が牛川《ぎゅうせん》において王を称し、代国を復興させたこと、二、慕容垂《ぼようすい》が鄴《ぎょう》にて皇帝を称し、後燕を建国したこと、三、慕容永が長安《ちょうあん》から東に出、途上で慕容垂の皇帝自称を聞き、河東《かとう》聞喜でとどまり、やや後に長子にて自立し、西燕の君主となったこと、という三つの勢力の同時活動が確認できる。鄴は魏の地の重心の所在地であり、河東も旧魏の地であった(44)。鼎立する三勢力は皆幷州・幽州・冀州の統治権を求めていた。慕容は拓跋の競争相手であり、拓跋の内部には、いっそう激烈な、王位をめぐる相克があった。窟咄は委ねられて新興太守となり、独孤劉亢泥《どっこりゅうこうでい》は窟咄を迎えて代北に入り珪と君位を争ったが、これらは全て春のことであった。四月、珪は代王から魏王と改称し、六月、慕容永は遂に後燕慕容垂に藩を称した。一〇月、慕容永は長子に進駐し、これが西燕となった。長子と聞喜はともに旧魏の地であった。このことは拓跋と周辺勢力がそれぞれ自分の勢力をまとめ、垂に、連合して拓跋珪を攻撃する心算があったことを暗示している。拓跋珪がこのときに慌ただしく魏王と改称した所以は、代の地と魏の地がともに彼によって統轄されるべきであると考えていたためであり、慕容永に警告した上に、拓跋窟咄にも警告することで、彼らがその間に介入することを許さず、特に代北に侵犯させなかったのである。慕容垂も、長安から逃れた慕容永や、それに附属する拓跋窟咄が、幽州・幷州に手を出すことが容認できなかった。そのためこの冬、拓跋珪は慕容垂と連絡し、侵入してきた拓跋窟咄を大敗させたのであり、代北の情勢はようやく初歩の安定を得ることとなったのである(45)。

(44)　魏は姫姓の国であり、西周時代に封ぜられ、芮城に置かれた。春秋時代に晋の献公がこれを滅ぼし、畢万を封じ、蒲坂に置いた。畢万の後裔は東に向かって発展し、一〇代の後に魏文侯に至った。秦末、項羽は魏王豹を徙して西魏王とし、河東に王たらしめ、平陽に都を置き、後には太原・上党の地を尽く有するようになった。ゆえに河東の地には旧魏の称があった。『史記』魏世家・項羽本紀、『元和郡県図志』巻一二　河東道条等を参照。

(45)　『資治通鑑』は永が長子に入って即位したことを前に、窟咄の敗北・滅亡を後に置いており、本紀のこの二つの記述と前後相反する。実際にはこれらは大体同時に発生したのであろう。

慕容永らが東に向かったときには、その軍事力は非常に大規模であったが、彼らには退路がなかった。慕容永が冀州・幽州に入ろうとしてかなわず、代北に北上して阻まれ、長子の一隅に引っ込み、さらにたびたび後燕の圧力を受けることで、その立場は厳しくなっていた。太祖紀登国七年（三九二）一二月条にある「慕容永が使者を派遣して朝貢しました」は、西燕が後燕の圧力を恐れ、代に同盟国となるよう要請し、自らの存立をはかったことの意思表示である。(46)「朝貢」云々は粉飾の表現に過ぎない。同時に、天興元年（三九八）に道武帝が鄴において再度国号について議したときに、崔玄伯が「慕容永も魏の土地を献上しました（慕容永亦奉進魏土）」と言ったのは、このことを指している。「奉進魏土」については、嘘であって、実際の事柄ではない。いわゆる「魏土」とは、聞喜・長子を指しており、西燕の滅亡後には、しばらくは後燕が占領していた。崔玄伯が中原を占有し、旧邦を新たにすると言ったのも、旧魏の土地を奪取したことを指すのであり、支配地がさらに広くなり、中原の大地を含むようになったことを言っているに過ぎない。

前後を一括して見ると、登国元年には、拓跋窟咄が慕容永にしたがって聞喜に入り、拓跋珪はこれが不都合な者であることを鋭く察知し、すぐに彼自身が魏土の王であること表明し、他人の介入を防ぐため、そこで国号を「魏」と改めたことになる。登国七年、慕容永は使者を北魏に派遣したが、もしかしたら本当に崔玄伯の言う長子の魏土の「奉進」を願ったという、口頭での意思表示があったかもしれない。天興元年、拓跋珪はさらに旧魏の要地である鄴城を獲得した。こうした資料を総合して見ると、いわゆる「代」・「魏」の区別という問題の研究は、一つの考え方という以上のものではなかったのではないか。何徳章氏が不可解として残した二つの問題は、ここに至って解決したと見なせないだろうか。

以上、『代歌』・『代記』が淵源を同じくしたこと、それと『魏書』序紀との関係の探究により、いわゆる「代」・「魏」の区別のつかない点や、その解決方法にまで進んできた。ここから私は、正史、とりわけ少数民族が中原の主となって建てた国家の正史において、その王朝の先世の歴史を遡ることについて、『魏書』序紀のように相当昔であるのに、比較的正確に実行することができ、さらにその「適切さ（得体）」[47]から『四庫全書《しこぜんしょ》』の館臣の称賛を受けたことは、非常に珍しいと考えるようになった。徹底的に追究して淵源に遡るという、拓跋の古史中の特異な点は、建国当初に鄧淵が史詩『代歌』の輯集と古史『代記』の編纂を同時に行ったという、創造性の産物以外の何物でもない。『代歌』・『代記』は相互に利用し、両者を相互にとってプラスにさせることとなった。しかし両者はともに現存しておらず、今日拓跋の歴史を探究するには、なおも我々が虚々実々の状況の中からその概略をうかがうことしかできず、関連する多くの問題については、なおも自信をもって完全に正確な理解を行うことができないでいるのである。

三　国史の獄が生んだ史風問題

鄧淵の獄が北魏という一王朝の史書編纂に与えた遠大な影響に私が注目し、考察したのは、台湾の若手研究者である陳識仁《ちんしきじん》氏の「北魏修史略論」[48]に触発されたからである。陳氏の論文は、鄧淵の死が道武帝の猜疑の結果であったことを重視し、さらに崔浩が犠牲となった国史の獄が北魏の史書編纂に影響したと主張される。この二つ

（46）代国には西燕を助けて後燕に対抗するほどの力はなく、西燕は三九四年には後燕に滅ぼされた。
（47）『四庫全書総目提要』史部『三国志』条は、陳寿『三国志』と魏収『魏書』序紀のいくつかの問題を対比して書かれた評論である。
（48）注（32）『結網編』所収。

の点に私は賛成するが、両者の間には何らかの関係があったらしいとも考えており、陳氏の論文はここに注意してはいない。私は現在のところ次のように思考を進めている。第一に、鄧淵は一介の書生であり、権勢には関わらなかったのであって、もし本当に何事かが道武帝の猜疑を引き起こしたのであれば、最も可能性が高いのは、史書編纂中に敏感な問題に触れ、タブーを犯したということである。第二に、国史の獄が北魏の以後百年余りにわたって影響したことであり、従来このことは崔浩の獄から始まったと考えられたが、私は鄧淵の獄をその始まりであると見ている。鄧淵は命を受けて史書編纂を行った最初の人物であり、その獄の内容は崔浩のケースと基本的には一致しており、崔浩の獄はまさしく鄧淵の獄が波及した結果であったのである。

『魏書』鄧淵伝は、淵の従父弟の暉《き》が和跋の案件に連座し、「太祖は淵が実情を知っているものと疑い、遂に淵に死を賜った」[49]。和跋は代人であり、代々部族を領し[50]、拓跋部との関係は深く、道武帝にしたがい、武功により知られることとなった。天興元年（三九八）、和跋は尚書として鄴に鎮した。鄧淵の従弟の暉は尚書郎となり、和跋と「関係が非常によかった」。道武帝は和跋を殺害したが、その罪名は「虚栄を好んで求める時世に惑い、とりわけ奢侈・逸楽を好む性格であった（好修虚誉、眩曜於時、性尤奢淫）」であった。「修虚誉」云々と、罪名は曖昧であり、あるいは別に裏面の事情があったものと疑える[51]。鄧淵本人については、史書の文面を見るかぎりでは、決して和跋の事件に関係してはいないので、和跋の案件に連坐し、罪を負って死ぬほどのことではなかった。鄧淵は新参の文臣であり、一貫して「朝事に謹み、旨にさからったことはなく」、史臣は感歎して「清廉で公務に有能であり、才能と学識で筆をとったが、その罪はでたらめであり、悲しいかな」と言っている。鄧淵の死は当時の人に哀惜されただけでなく、道武帝本人も「ことが終わってから後悔し」、数十年後の太武帝が崔浩を殺害した後に「崔司徒には惜しいことをした」と歎じたのと、非常に似ている。これにより鄧淵の冤罪が明らかに人々の耳目に入っていたことが分かるが、冤罪の事情の詳細については、現在に至るまで人々の探究が及んではいなかった。

『魏書』天象志三に、天賜四年（四〇七）五月のこととして「定陵公《ていりょうこう》和跋を誅殺した」とある。鄧淵が死を賜ったのはこの直後のことである。鄧淵『代記』の記事は、最後はこの年で終わっていたはずであり、後の道武帝の死とは二年半の時間差がある。道武帝の死は天賜六年（四〇三）一〇月のことで、当時三九歳であり、壮年の君主と言えよう。しかし彼は幼い頃より艱難が多く、紆余曲折を経ており、再び代王を称して帝業を建立してから、

(49)『魏書』官氏志の神元帝期内入諸姓に「素和氏は後に和氏と改めた」とあり、和跋は代々素和部族を領していたのであろう。『元和姓纂附四校記』巻八　去声一一暮に、素和氏について、「後魏に尚書素和跋あり」と述べる。素和は白部から出たとも言われる。

(50) 和跋の部族の所在地は、考証することができる。和跋伝は太祖道武帝が犲山に校猟したときのこととして、「群臣は皆和跋が代々この土地におり、祠もなお存在していると言った」と言う。『読史方輿紀要』巻四〇によれば、犲山は善無にあったとされ、現在の山西右玉にあったことになるが、異説もある。

(51) 和跋のこの事件について、私はその他に隠れた事情があったとは思っていない。鄧淵まで連座したのであれば、隠された事情があろう。和跋の死には、鄧淵の従兄や、さらには鄧淵本人まで連座したが、彼らは全て漢人儒士であり、その理由にはいずれも確証がなく、当時の人々は彼らが有罪とは信じなかった。和跋が誅殺されたのと同年の、天賜四年（四〇七）五月（天象志二、三に基づく）、さらに司空庾岳（庾業延）が誅殺されるという一件があった。和氏と庾氏は、ともに神元帝期に内入した者たちであり、同様に代々部族を領し、しばしば勲功を挙げた。『魏書』は和氏・庾氏を同一の巻に帰せしめ、史臣はこの巻の諸人の全てについて「些細な隙で、一朝で滅んでしまった」と言い、命運は同様であったとする。庾氏と和氏の罪名は近い。和氏の罪状は、さきに引用した一文に見られる。庾氏については「候官（偵察者）は岳の衣服が鮮麗で、行動・風采は人君に擬えていたと告げた。太祖はとき既に不予となり（道武帝は四〇九年に死去）、猜疑すること多く、遂にこれを誅殺し、当時の人々は皆これを冤罪として惜しんだ」とある。和・庾の罪状はともにその虚実が定かではなく、その言葉は曖昧であり、要するに皆道武帝の死去する前における、権力・利益のために生まれた極度に強い彼の猜疑心によるものであり、犠牲になったのは拓跋の権貴の人物であって、工夫を凝らして鄧淵のような身分の低い儒生をわざと誅殺したはずはない。儒生にはその地位と役割があり、儒生を殺すことには、別に儒生を殺す口実があったに違いない。そのため私は鄧淵の死と、以後の崔浩の（極めて類似する）事件とは、ともに史書編纂が忌諱に抵触して禍を引き起こしたのであり、このことが鄧淵が連座して死を賜った隠れた事情であったと判断している。

死に至るまで、二四年も経っており、政治においては既に晩期に入り、そろそろ終わる頃であった。天興五年（四〇二）の陽平《ようへい》の戦いにて勝利を得たことにより、道武帝の戦場を疾駆する生活はここで終結し、この後の彼は、「過去の成功と失敗、得たものと失ったものを思」うことが多く、また如何に拓跋の歴史における君位をめぐる闘争という古い手段から脱却し、帝位の平穏な継承を実現するかを徹底的に考えていた。これは非常に手を焼き、決断しがたい問題であり、道武帝は晩年に猜疑・嫉視することが多くなったが、これと密接な関係があろう。鄧淵が命を受けて史書編纂を行ったのは、ちょうどこのときのことである。

　政治を行う力がなくなった道武帝は、新たに築いた犲山《さいざん》の離宮での校猟に熱中し、あるときには年に三回も行幸し、一回ごとに数箇月もの長きに達した。彼は好んで寒食散を服用し、薬によって発狂してやまず、あるいは数日食事をとらず、あるいは朝まで寝ないこともあった。たびたびの天変地異に彼は恐れ、猜疑したが、さらなる恐れと猜疑を招いたのは政治的な事件であった。こうした肉体・精神の状態は彼の喜怒を乖離させることとなり、節操なく殺戮を繰り返すようになった。鄧淵の死も道武帝がこのような心理状態にあったときに発生したものである。

　官氏志によれば、天興四年（四〇一）九月、「外蘭台御史《がいらんたいぎょし》を廃止し、全て内省《ないしょう》に属させた」という。鄧淵は天興五年に史館の職にいたときには、内省の官員であり、史書編纂の業務は、史実の捜索・翻訳・斟酌・取舎を含めて、巨細にかかわらず全て遺漏せず、道武帝の眼下にて進められたのであり、道武帝が何でも知っていたことが分かる。道武帝は非常に歴史意識が強い人物であり、参考すべき拓跋の旧事については非常に注意していた。崔玄伯が彼に話した多くの「漢典」・「故事」は、彼に対して啓発するところが多かったとはいえ、しょせん間接的なものであった。拓跋の「故事」にはもとより統治に資する点が多く、道武帝にはより理解しやすいものであり、連想し、直接利用することができた。しかしこうした木の板や結縄に保存された拓跋の旧事は、専門家による解読が必要であった。拓跋の先人の言い伝え・歌謡が史官によって編集・使用されるに際しても、まずは漢文に翻訳された。そのため『史通』史官建置には、「代に都を置いていたときには、史臣は上は王言を奉り、下は国の習俗をたずねるごとに、翻訳できる者を登用し、史官の官署に宿直させた」とある。鄧淵は史館に奉職し、必然的に「上は王言を奉り」、すなわち道武帝の指示を聞き、「下は国の習俗をたずね」、すなわち拓跋国人に拓跋の旧事をたずねたのであり、それにあたっては『代歌』を追思し、事実を確認して翻訳し、訳文を確かめ、自らの仕事が国史に採用されることを待っていた。鄧淵伝は史臣が淵を「才能と学識で筆をとった」と言うが、これはまさしく史臣の日常的な職分によるところであり、また道武帝がたびたび指示・確認した点であった。道武帝の喜怒が常軌を逸し、史実中に疑わしい点を残したのは、全く彼の一念によるものであり、これには史臣が注意しなかったかもしれず、他人にとってはさらに理解しがたいものとなった。私は鄧淵の、修史の獄における死は、こうした背景から発生したと推測する。これは心の中では否定されるべき獄であり、冷静さを極めた文字の獄であった。それは嘘の言葉で判決されたのであり、後人は原因を明確にできず、また和跋の案件に連座したという戯言《ざれごと》は信じないながらも、それを曖昧な事件とすることしかできなかった。鄧淵という人物は有名ではなく、その死も国初のことであり、魏史において言及する者も少なく、後に発生したさらに大規模な崔浩の獄に覆い隠されたため、後世においてはこの人に注目することが非常に少なくなったのである。

鄧淵『代記』はどのように敏感な問題を含み、北魏における最初の国史の獄を引き起こすに至ったのであろうか。鄧淵伝によれば、淵は『国記』（当時の正式名称は『代記』）十余巻を作ったが、「年月の起居・行事を並べるだけで、まだ体例は整っていなかった」。史官が国史を編纂する際の体例としては、これは草創段階の事例に過ぎず、後人はこれを長編と呼び、今人はこれを未定稿と称する。劉知幾《りゅうちき》〔『史通』の著者〕の言に、「出来事を書きとめ発言を記録するには、同時代の資料からこれを行う。これを取舎・整理するのは、後世の人間の仕事である。それならば前者に携わる者は、博識・実録に依るのであり、董狐[52]・南史[53]のごときがこれに相当する。後者に携わる者は、俊識・通才を尊ぶのであり、班固《はんこ》〔『漢書』の著者〕・陳寿《ちんじゅ》〔『三国志』の著者〕のごときがこれに相当する（書事記言、出自当時之簡。勒成删定、帰於後来之筆。然則当時草創者、資乎博聞実録、若董狐、南史是也。後来経始者、貴乎俊識通才、若班固・陳寿是也）」とある。鄧淵の書は、明らかに史実が並べられただけの「実録（事実をありのままに記録すること）」に過ぎず、後の「俊識・通才」が「取舎・整理（勒成删定）」するのを待ったものであり、一般的には評論されることはなかった。いわゆる「当時之簡」すらも、臨時に鮮卑語より翻訳されて成立したものであり、既成の、使用できる史料があったわけではない。もしこの中に口実が出現したのであれば、それは翻訳作業における、事実の取舎選択にあったに過ぎないであろう。鄧淵が主宰して成立した訳文の中に、いわゆる「春秋の筆法《ひっぽう》」があった可能性はほとんどなく、さきに述べたように、鄧淵は「清廉で公務に有能であり」、「旨にさからったことはなく」、また権勢の背景がなく、敏感な問題に遭遇すれば、必ず丁寧に処理し、「上は王言を奉」ることを是とし、嫌疑の回避につとめたのであろう。また、『代記』は太祖記と称されたが、拓跋の先世の事跡をも含んでおり、これは魏収『魏書』の序紀に相当する。真の太祖記の部分は、せいぜい天賜四年（四〇七）までを記しただけであり、未完成であった。もし鄧淵の書が問題ありと見なされたのであれば、それは拓跋の先世と、道武帝本人の天賜四年までという、この時期にあるのであって、この時期の道武帝の歴史とは同時代のことであり、道武帝自ら関与していたので、嫌疑を生むことは難しかったと思われる。道武の先人の事跡は、魏収『魏書』序紀に相当するもので、その事跡、その言葉は既に長い時間を経過しており、嫌疑を引き起こす可能性は高くなるが、今はかすかでも手掛かりを見つけ出し得るか否かを見ていきたい。

多くの研究者は、崔浩の国史の獄のいわゆる「備わってはいるが（道義的に）正しくはない（備而不典）」、「国悪を暴露した（暴揚国悪）」を、国史が収録したいくつかの拓跋の故事を指すものとし、このようなことは昔の風習で、モラルとは関係がないが、当時の常道には合わず、人倫に悖《もと》ると見なされていたとする。史臣の直書は災禍を招来し、この方面において最も発生しやすかった。周一良《しゅういつりょう》氏の「崔浩国史之獄」(54)は、献明帝の死後に、賀《が》皇后《こうごう》がその父である昭成帝に嫁いだため、賀皇后がその前後に生んだ子には、献明帝の子だけでなく、昭成帝の子もいたのであり、諸人は兄弟であるだけでなく、おじ・甥の関係でもあったとする。乱倫の行為について、もし本来鮮卑語を用いて歌われていた『代歌』の中に、こうした内容があったのであれば、必ずしも注目を受けることではなかったが、漢字を用いて書写された『代記』に取り込まれれば、諸人の関係の混乱が影響する後継者の系譜と、関連する人倫問題とは、朝野に暴露されることとなる。私自身は北魏後宮の「子貴母死（子貴《とうと》ければ母死す）」制の考察時に、この現象についても検討・議論を行った。国史が記した、当時にあっては別に驚くに値しなかった拓跋の旧事は、道武帝が専制君主となった後、とりわけ君位継承順序を考慮する際には、罪を決定する口実となりやすく、崔浩の国史における「不典」、「国悪」は、疑いなくここから解釈することができるのである。

しかし、乱倫の習俗は、北族は多くこれを有しており、拓跋だけに見られることではなかった。北族は比較的原始状態であり、部族の生存・発展のために、乱倫の習俗を保ったことにはある種の合理性があった。人に理解されやすく、必ずしも大きな問題を形成したわけではなく、全てを覆い尽くさなければならないというわけでは

(52)（訳注）董狐（生没年不明）は春秋時代の晋の史官。晋の霊公《れいこう》が趙穿《ちょうせん》に殺害され、従兄弟で正卿の趙盾《ちょうとん》は、成公《せいこう》を新たに立てたが、董狐は、趙盾が正卿として逆賊の趙穿を討たなかったことを批判し、史に「趙盾、其の君を弑す」と記した。

(53)（訳注）南史（生没年不明）は春秋時代の斉の史官。斉の崔杼《さいちょ》が荘公を殺害し、斉の大史（史官）が「崔杼、其の君を弑す」と記すと、崔杼はこれを殺害した。大史の弟が同じく記録すると、死者が二人増えたが、その弟がこれを記録すると、崔杼はそのままにした。南史が「崔杼、其の君を弑す」と書かれた簡策をもって朝廷に出かけたが、その通りに記録されたと聞いて帰還した。

(54)周一良『魏晋南北朝史札記』（中華書局、一九八五年）三四一―三五〇頁。

なかった。北魏の建国後、皇室の婚姻はなおも兄弟、おじ・甥等の関係をあまり意に介してはおらず、この点は前掲の周一良氏の著作にも論及されたことがある。また、漢から唐に至るまで、上層の漢人の結婚ではこうした関係が問題とされておらず、近親の乱倫さえも、しばしば史書に見られる。当時もこれら全てが非難されていたわけではない。この推理にしたがい、乱倫の一事のみを崔浩の国史の獄の原因とすることについては、私は理由が薄弱であり、さらに考察を行う余地があると考えている。

乱倫の諸事と比較して、君位を奪い権力を固めるために出現した妻・母の殺害という慣習は、道武帝期の拓跋人にとっては、さらに敏感な問題であり、よりいっそう覆い隠さなければならないことであったようである。〔本書第一章で論じたように〕詰汾に妻の家がなかったとすることは、半ばが隠蔽されて編み出されたストーリーであった。力微が妻を殺害したことは、隠蔽できなかった故事であった。父子の殺し合い・兄弟の殺し合いについては、現在に至るまで史書中にて忌み隠そうとして不徹底に終わった、多くの痕跡が確認できる。『資治通鑑』は崔浩の獄を記し、その編纂した国史は「北魏の先世を記し、ことは皆詳細・確実であり、……北人で憤怒しない者はなかった」云々と言っている。崔浩の国史の記載が、崔浩が新たに入手した史料によるものであった可能性はあまりなく、道武帝初年に『代歌』の伝えた内容は、鄧淵らの翻訳を経て『代記』に入ったものが多かったと思われる。そのため私は、崔浩の獄は鄧淵の獄に淵源を発すると考えている。二つの獄に関連して、結局どのように具体的な問題が、道武帝あるいは太武帝にとって最大の急所となったか、それぞれの獄にさらに政治的な需要があったのかどうかについては、史料の喪失により、検討することができなくなっている。『魏書』高允伝は崔浩の獄の案件等を述べ、最後に「もしさらに余罪があっても、臣はあえて知りませんでした」と言っている。この一文の意味は、一つは自身が知らなかったということであり、もう一つは、あえて知らなかったということである。あえて知らなかったとは、知ってはいるがあえて直言はしなかったということである。以後の崔鴻《さいこう》『十《じゅう》六国春秋《ろっこくしゅんじゅう》』も流布させる時期を遅らせたが、これも内容が国初に関係したためである(55)。

歴史の、どれを残すべきか、どれを隠すべきかには、当時の権力者には求めるところがあり、古今のいずれもこのようであった。しかし願いがかなうかどうかを完全にコントロールすることはできない。拓跋の国史の獄は多くの史実を隠蔽したが、君位を奪い権力を固め、父を弑して親族を滅ぼすというような残酷さ・醜悪さも、残されたわずかな痕跡からその事実と原因を探り出し、真相に近い解釈を行うことができてしまうのである。

さらに、太武帝が史館を復活させた後、史書編纂が以前の鄧淵のケースと比較して、進展が非常に緩慢となり、ある種の障害が存在していたという、もう一つの考察に値する現象がある。鄧淵は天賜四年（四〇七）に死去し、太武帝は史館を神䴥二年（四二九）に再び設置したが、その間の二〇年余りにおいて、国史は「廃れて述べられず」、そして太平真君《たいへいしんくん》一一年（四五〇）に崔浩の書が完成し、大獄が発生した。史館の再設置と崔浩の獄の間には、さらに二〇年余りの時間があった。新たに編纂されたのは補足の道武記を除いて、明元記・太武記（未完）だけであった。こうした引き延ばしは長すぎ、人を疑わせることとなった。その原因について、我々はしばらくは太武帝の国史編纂の二つの詔から分析を試みることとしよう。

太武帝期の国史編纂に際しては、二つの詔書が出された。崔浩伝によれば、太武帝は事業を成功させ、神䴥二年（四二九）に「詔により諸々の文人を集めて国書の編纂を命じ、浩やその弟の覧《らん》・高讜《こうとう》・鄧穎《とうえい》・晁継《ちょうけい》・范亨《はんきょう》・黄輔《こうほ》らが共同で著作に参与し、『国書』三十巻を完成させるようにした」。これを本章では前詔とする。太延《たいえん》五年（四三九）に太武帝が涼州を平定し、華北統一という大功業を完成させ、崔浩に詔して監修国史《かんしゅうこくし》としたが、詔の大

（55）〔訳注〕崔鴻（四七八～五二五）は北魏の歴史家・政治家。官僚として要職を歴任した他、国史編纂にも携わり、また五胡十六国の史書である『十六国春秋』を著した。しかしこれについて『魏書』巻六七の本伝には、「この書が国初のことに及び、その文言が体例を失すること多く、かつまだ完成していないことを理由に、奏上しなかった」とある。

意は、神麍年間には戦争がしきりに起こり、「史にはその職を欠き、典籍は著されず、常にこのことが失われることを恐れた」というものであった。そのため特別な措置をとり、「浩〔崔浩を指す〕に留台にて史書編纂を総轄し、この書を完成させ、実録につとめるよう命じた」のである。これは特に崔浩にあてた詔であり、私はこれを後詔と呼ぶこととする。

この二つの詔の異なる点は、一つは崔浩に詔して〔後詔〕、留台《りゅうだい》(56)にて秘書のことを監させ、史書関連の業務を総轄させ、あわせて中書侍郎《ちゅうしょじろう》高允・散騎侍郎《さんきじろう》張偉《ちょうい》に著作に参与させたことであり、このことは専門家による専門業務であり、史臣の等級を高めることで、必ず成功するように仕向けたのである。前詔のように、諸人が共同で著作に参与し、崔浩も参与者の一人に過ぎず、その間に列せられただけというわけではなかった。二つ目は後詔が特別に提起した編纂要求であり、「実録につとめる」は、前詔にはなかった点である。前詔に言う「『国書』三十巻を完成させるようにした」は、あるいは単なる期待の文言であったかもしれず、実際には当時は完成せずに後詔発令の後に完成したのであり、ゆえに後詔はこの前に「史にはその職を欠き、典籍は著されず」と言ったのである。

二つの詔についてよく考察すると、私は史書編纂が完成しがたかったのは、史臣が躊躇《ちゅうちょ》して進まなかったという支障があったためであると考えている。太武帝の前詔は一般事務として史書編纂を見ており、特に重視していたわけではなく、障害についても見積られていなかった。躊躇して進まなかった原因を、私は鄧淵の史獄がマイナスの影響をもたらしたのであり、またその鍵は史臣が忌諱に触れ、禍を被り命を失うことを非常に恐れ、直書・実録をあえて行わなかったことにあったと考えている。そのため後詔にてようやく「実録につとめる」ことを強調したのであり、実際には太武帝自らが鄧淵の史獄を再び演じないことを確約し、史臣を安心させたのである。

鄧淵について「その罪はでたらめであり」、きっと史書編纂の際に何か忌諱に触れたのであろうと皆が思ったが、誰もあえて明言はしなかった。このことは史臣の心を寒からしめることであり、これこそが明元帝期の史事に関して「廃れて述べられず」、太武帝期に至ってもなお「典籍は著され」なかった真の原因であった。太武帝の前詔で命じられた史官は、鄧淵の子の鄧穎がその中に含まれており、これによって太武帝にわざと何事もなかったかのような態度を示したが、実際にはさらに大きなマイナスの影響を生み出し得た。太武帝の後詔は、まさしくこの問題に焦点をあて、史臣の、口を塞ぎ足を縛って前に進まず、ミスを犯すことを非常に恐れる心理状態に対して発されたものであった。後詔によって特に地位があり、責任感が強く、能力のある大臣である崔浩にそのことを総監させたことも、ことあるときに崔浩により責任を負わせ、史臣に累を及ぼさせなかったことをあらわしている。一般的には、史書編纂中の史事の得失の評価について、戦々兢々としていた文士は口を緘して言を少なくし、隠すことを求めて暴露をひかえることにつとめられたかもしれないが、史実に基づいて文を収録し、文士が責任を回避する余地はかえって小さくなった。そのため「実録につとめるよう命じた」の一語に加えて、崔浩が総監したことは、史臣の重責を解き、彼らに安心して著述させることを可能にさせたのである。

崔浩は本来太武帝に貸しがあった。太武帝が早くに皇太子となり、撫軍《ぶぐん》・監国《かんこく》(57)を行い、国の副主となるに至ったのは、崔浩が彼を明元帝に熱心に推薦したことによる。崔浩は極めて軍国の智謀に富み、しばしば大功があり、

(56)〔訳注〕留台とは、皇帝が巡幸・外征などで首都を空ける際に置かれた留守政府のこと。牟発松「魏晋南朝的行台」(『魏晋南北朝隋唐史資料』第九・十巻、一九八八年)参照。

(57)〔訳注〕『春秋左氏伝』閔公二年に、晋の里克《りこく》の発言として、「大子(太子)は宗廟の冢祀《ちょうし》や社稷の祭祀に穀物を捧げ、国君の食事に朝夕心を配るのが役目。ゆえに冢子《ちょうし》とも呼ばれます。国君が出征されれば大子は留守し、留守する者がいれば国君に随行する。随行すれば撫軍といい、留守すれば監国と呼ぶのが古よりの定め……」(小倉芳彦訳『春秋左氏伝』上、岩波書店、一九八八年、一七二―一七四頁)とある。

ゆえに太武帝が歌工に群臣を顕彰させた折のこととして、「聡明さは崔浩のようであり」という言葉があった。また崔浩は朝廷においては謹敬にして嫌疑を避け、「あえて国を犯さないことを示し」、さらに早くも道武帝が際限なく殺戮を行い、側近ができるだけ逃亡しようとしていた、早くもそのときに、崔浩は逆に左右に侍し、「ひとりだけ勤勉で怠ることなく、あるいは終日帰らないこともあった」。彼は鄧淵の獄の目撃者であった。そのため彼に史書のことをまとめて管理させたのは、最もふさわしい人選であり、史臣が著述に尽力するために重要な一歩を進めたには違いない。彼本人は太武帝の自身に対する知遇の恩と、附託された重みとを、深く認識していたと思われる。

崔浩はその信頼を裏切らず、命を受けて一〇年して、国史は完成した。道武記や拓跋の先人の事跡を遡って記した部分は、鄧淵『代記』を底本として加工がなされ、いわゆる「取舎・整理（勒成刪定）」は、崔浩からなされたはずである。鄧淵の死後、道武記（太祖記）の欠けた部分は、自然に崔浩によって編纂が受け継がれることとなり、そしてそれは完成した。明元帝記と太武帝記は崔浩・高允により編纂された。高允は自ら「しかし崔浩は総務が多く、主宰するだけでした。注疏に至っては、臣（高允）は浩よりも多く担当しました」と言っており、この台詞は『魏書』高允伝にて見られる。この「注疏」の二字は、「著述」に作るのが妥当である[58]。後に崔浩が大獄を被りながら、高允が無罪となった経緯からは、景穆太子が極力高允を保護したこと以外に、もしかしたらさらに別の原因があり、例えばいわゆる「備わってはいるが（道義的に）正しくはない（備而不典）」という問題が、明元・太武の二記からは出ず、崔浩が完成させた道武記から出、あるいは道武記に附された前記から出、あるいは各記の「著述」ではなく、史料の選択と整理の方面から出たからかもしれない、等々が察せられる。さきに鄧淵の獄があって、崔浩が前轍を踏んだことについては、私には崔浩が真に「実録につとめ」たのか、という点からしか解釈できないように思われる。

史書編纂にあたっては、当局には標榜するところもあれば、避けてもらうところもあり、史臣にも迎合するところがあり得たし、また執行者も史臣に迎合することがあった。崔浩が史書編纂を主宰したことは、まずは鄧淵の獄の後に、史臣が尻込みをしていた局面を打開し、全てにおいて「実録につとめ」ることだけを重んじており、自己が太武帝からの附託に忠実であることを顕示するものであった。そして競って赴いた人士は、さらに崔浩に迎合するために、国史を石碑に彫って大通りに立て、「浩の直書《ちょくしょ》の跡を明らかにしようとした」。古来君主から寵愛された者が、君主との関係がよいときに、うっかりして一線を越え、トラブルを引き起こし、自ら災いを招くこともあった。聡明な崔浩が、自分の立場を考えず、君主につきあうことはすなわち虎とつきあうことと同じである、という諺をすっかり忘れてしまっていた。そのため高允は崔浩の国史を石に彫ったという諸事を議論し、最後には「度合いの問題のために、恐らく崔浩一族は万世の災いを被ることとなろう」という耳障りな話を言ったのである。崔浩は君主の指示を受け、実録を原則とし、直書を標榜し、遂には直書の下に倒れたのである。彼は死に至っても、君主の求めたものがどのような直書であったのかを理解していなかった可能性がある。君主の複雑な心理状態は、その意志に迎合する者の禍福を絶えず変わらせ、史学に害を及ぼしたが、結局は「度合いの問題」から出たのではなかったか。

古い文献にあらわれるように、幾人かの智者は「揣摩《しま》〔相手の心を忖度する〕の才能」に長《た》けていた。趙国の虞《ぐ》卿《けい》は『虞氏春秋《ぐししゅんじゅう》』[59]八篇を執筆して「国家の得失を諷刺した」が、その中に「揣摩」の一篇があった。隋代の楊素《ようそ》[60]

(58)『北史』巻三一　高允伝には「注疏」の字はないが、当時に完成された各記に注疏はなかったため、これは正しい。『資治通鑑』巻一二五　宋文帝元嘉二七年条に高允のこの発言を載せ、「注疏」を「著述」としている。さらに、高允とともに著作に参与した張偉について、その本伝は、張偉が処罰されなかったとするだけでなく、史書編纂に参与したことにも言及しなかった。張偉は後詔に名前があるが、実際には参与しなかったのであろう。

は封倫《ほうりん》を[61]揣摩に善いと称賛し、史臣は封倫を「揣摩の才に富む[62]」と讃えた。揣摩が的中した者はもちろん出世するが、的中しなかった者の結果については推測するしかない。崔浩も恐らく封倫と同類の者であり、君主の実録・直書の意を「揣摩」して逆襲に遭い、千古の史壇の話題となった。崔浩は直書・実録を行ったことにより罪を得たが、もとより史徳に背いたのではなかった。しかし彼は太武帝の言う「実録につとめ」ることの意を、鄧淵の獄事を戒めとした以外に、さらに太武帝自身の理解や要求があったことを理解してはいなかった。誠に『史通』序伝が「もし自身の短所を隠し、長所を称揚することができ、その言に誤りがなければ、実録となる」と言うように、これこそが太武帝の求めた実録であった。国史編纂においてもし何かを隠すと同時に、何かを称賛することができなければ、こうした実録は当局者の許容し得ないものとなった。「盛んに当世を誇ってむやみに祖先をおとしめれば」、災いを被らないことはないであろう。拓跋の君主がなおも礼教の外にて生活していたとき、先人の事跡は栄辱と関わりがなく、大した忌諱もなかった。しかし皇帝権を掌握し、礼法・人倫が利害に関係し、評価基準となったとき、いわゆる実録にも別に度合いが必要となった。さもなければ、皇帝権は史法を裁断し、歴史家を束縛する必要が生じ、しばしば歴史家を迫害・殺戮するという大惨事を出現させるに至ったであろう。歴代の歴史家は、学をなすことと、身を処することの二つを全うする道を思考・追求する必要があったのであり、これも中国史学史研究の注目に値する問題の一つである。

　実録の説は、劉向《りゅうきょう》等[63]の人々が太史公書〔『史記《しき》』〕を「その文章は直截、その内容は的確で、善美を空しくせず、醜悪を隠さない〔其文直、其事核、不虚美、不隠悪〕」と称賛したことから始まったのであり、これより実録は史徳の首と尊崇された。史書編纂に実録の名が冠され、唐宋にて〔歴史書の一ジャンルとしての〕実録の制が定まり、明清《みんしん》にて実録編纂の館が開かれ、これが歴代踏襲されたのであり、これらは史料保存の功績があったが、必ずしも全てが太史公〔司馬遷〕のそれにしたがったわけではなかった。劉知幾は張儼《ちょうげん》の『黙記《もくき》』・孫盛《そんせい》の『晋陽秋《しんようしゅう》』を例として、「俗世の道の多難さから、実録の得がたいことが分かるであろう(64)」と言っている。彼は「古来より直書を理由に誅殺されることだけは聞くが、曲筆《きょくひつ》によって罪を得たということは聞かない(65)」と歎じたが、これは崔浩の獄事を指しているのかもしれない。

崔浩の獄以後、北魏は長期にわたって史官を設けなかったが、これは政府の国史編纂に対する躊躇した心理状態を反映している。史館が再開するに及んでも、直書への恐れは依然として国史編纂において回避することができない大問題であった。孝文帝はかつて史官に「史実を直書し、国悪を諱《はばか》ることがないようにせよ(66)」と言ったが、明らかに鄧淵・崔浩の獄事を指している。しかし史官は、国悪を諱らないことがあり得ないことを理解していた。彼らは自ら忖度し、避けるところをはっきり知り、再び鄧淵や、さらには崔浩の、あのようなことは出現しないだろうと思っていた。韓顕宗《かんけんそう》(67)は孝文帝の問いに答え、自ら「直書して恐れません(68)」と誇ったが、実際にはごくわずかの進歩すらもなかった。この一世紀近くの間に史官は職を設けるだけで、さほど著述することもなく、崔光《さいこう》

(59)『史記』巻七六 虞卿列伝。『漢書』芸文志は『虞氏春秋』一五篇を著録しているが、別に『虞氏微伝』二篇もある。
(60)〔訳注〕楊素（?～六〇六）は隋の武将・政治家。隋による南朝陳滅亡の戦役にも従軍するなど、多くの功績を挙げた。アーサー・F・ライト著、布目潮渢・中川努訳『隋代史』（法律文化社、一九八二年）参照。
(61)〔訳注〕封倫（五六八～六二八）は隋の政治家。楊素の幕僚をつとめ、唐では宰相にまでのぼった。
(62)『旧唐書』巻六三 封倫伝。
(63)〔訳注〕劉向（前七七～前六）は前漢の学者。『戦国策』など多数の著作があり、また目録学を創出した。
(64)『史通』直書。
(65)『史通』曲筆。同書疑古篇所引『孟子』及び漢の景帝・魏の文帝の言を参照。
(66)『魏書』巻七 高祖紀下。
(67)〔訳注〕韓顕宗（四六六～四九九）は北魏の武将・政治家・学者。南斉との戦いに功績を挙げ、また『馮氏燕志』などを著した。
(68)『魏書』巻六〇 韓麒麟伝附顕宗伝。

は直接的に「ただ時事のみを記録し、後人の解釈をまたなければならない」と言い、崔鴻は『十六国春秋』を著したが、国初のことに関わるため、その言が多く忌諱に触れることを恐れ、あえて流布を遅らせた(69)。歴史家は「内容が国初に及」ぶことを危惧しており、これは本章でさきに検討・判断した国初の史獄の原因と符合する。鄧淵・崔浩の事件の陰影は消しがたく、国史の学は振るいにくかった。爾朱栄《じしゅえい》が洛陽に入った後、山偉《さんい》(70)・綦儁《きしゅん》ら(71)は「国の史書は代人が編纂するべきであり、これをその他の人間に委ねない方がよいでしょう」と提案し、二〇年余り代人が史事をつかさどることとなったが、一つも完成しなかった。東魏の魏収が史書編纂の命を受けるときになって、執政者は関心を注いで議論したが、心配の種は依然として直書問題であった。彼らは自然と、直書を許さなければ言うべき史がなくなり、直書を許せば褒貶《ほうへん》の宣揚を恐れるであろうことを知るようになっていた。高歓《こうかん》(72)は戯れて魏収に「私の後世における声望は卿《あなた》の手にかかっている」と語り、魏収は志を言うに際し、故意に「臣は東観《とうかん》〔後漢雒陽城《らくようじょう》の図書館兼史書編纂所〕にて直書できることを願っております」と標榜した(73)。高洋《こうよう》(74)は孝文帝の意を見習い、「直書を好み、私は遂に北魏太武帝のような史官誅殺を行わなかった」と直接的に述べた。史官誅殺という先例を初めて作り出したのは、実際には道武帝であったが、このとき既にそのことは忘れ去られていた。これらいくつかの史料は、陳識仁氏の論文に全て引用されているので、私には繋ぎ合わせ、流れをよくし、鄧淵・崔浩の獄の後遺症を際立たせるしかできなかった。国史編纂はこのように混乱しており、根を探り源に遡ると、やはり北魏の史風の壊乱が生み出したものであり、こうした史風はまさしく国史の獄事を不可避としたことがわかる。

魏収の史書著述については、時が移り事情が変化して、拓跋の先人の行いが既に敏感性を喪失していたため、魏収『魏書』には序紀が残されたのであり、その分量は多くはないが、現在に至るまで拓跋の先人の歴史を研究するに際しての唯一の重要史料となり、また基本的には検証にたえ得る史料でもあった。「内容が国初に及」ぶことにより、鄧淵・崔浩の両事件の後、序紀中の史料は少なからず刪《けず》られ、既に鮮卑語から翻訳されたときの、原始的な生き生きとした容貌が相当程度失われていた。ただし例えば『晋書』の五胡の諸載記において、序紀のように系統的に「二十八君」を遡って記述したというような、先人の歴史資料がしっかり保存されているということはうかがえない。しかし鄧淵・崔浩以来の百年余りにおける史風の汚染は、権力者が貪欲に国史の栄誉を求めると同時に、国史の誹謗を深く恐れさせた。直書・実録を標榜せざるを得なかった一方で、直書・実録の範囲内であら探しが行われた。風気は長い間に蓄えられ、これを洗い流すことはいよいよ困難となった。帝王が史書編纂に干渉するだけでなく、権勢の輩までもが国史を利用して家族の地位を強化し、多くが史官を求めて先祖のために佳伝を作ろうとした。このことはすなわち『史通』直書に言われるように、史臣も「さからって災いを受けるより、したがって利益を得た方がよい」ということしかできなかった。魏収の『魏書』は、その是非はともかくとして、清廉で公正であるとは言いがたく、まだ流布していない段階で既にしばしば批判を被っており、発

---

(69)『魏書』巻六七　崔光伝附崔鴻伝。

(70)〔訳注〕山偉（生没年不詳）は北魏の政治家。北魏の元叉政権のもとで台頭し、爾朱氏政権においては著作郎として国史編纂にあたった。

(71)〔訳注〕綦儁（生没年不詳）は北魏の政治家。主として地方官を歴任した。

(72)〔訳注〕高歓（四九六〜五四七）は東魏の建国者。懐朔鎮《かいさくちん》（六鎮《りくちん》の一つ）出身。北魏に対する杜洛周《とらくしゅう》・葛栄《かつえい》などの叛乱勢力に身を投じたが、やがて爾朱栄《じしゅえい》の部下となる。爾朱栄が孝荘帝《こうそうてい》元子攸《げんしゆう》に殺害され、爾朱氏一族が北魏の実権を掌握するとこれに離叛し、爾朱氏を滅ぼして北魏の実権を掌握した。その後、自ら擁立した孝武帝《こうぶてい》元脩《げんしゅう》が長安の宇文泰《うぶんたい》のもとに逃亡すると、新たに元善見《げんぜんけん》を皇帝に擁立し（孝静帝《こうせいてい》）、東魏を建国した。

(73)『北史』巻五六　魏収伝。

(74)〔訳注〕高洋（五二六〜五五九）は北斉初代皇帝（文宣帝《ぶんせんてい》）。高歓の子。東魏の実権者であった兄高澄《こうちょう》が蘭京に殺害されるとその地位を継ぎ、東魏の孝静帝元善見に禅譲を迫り、皇帝となって北斉を建国した。後には政治に関心を示さなくなり、漢人の虐殺も行った。

布された後にはさらに責められて「穢史《わいし》」とされた。宋人の劉恕《りゅうじょ》らはその校定した魏収『魏書』を進呈したときにこの書の取舎が当を失し、「その文章は直截ではなく、その内容は的確ではない（其文不直、其事不核）」と評した[75]。そのため、歴代の研究者の中にはしばしば魏収のための「弁解」を行う人がいたものの、なかなかそれが行いにくかった。私は、これも北魏史風の汚染の必然的な結果であったと考えている。

(75)　現行（今本）『魏書』附録参照。

第六章　文献にあらわれる代北東部の若干の拓跋史跡の検討

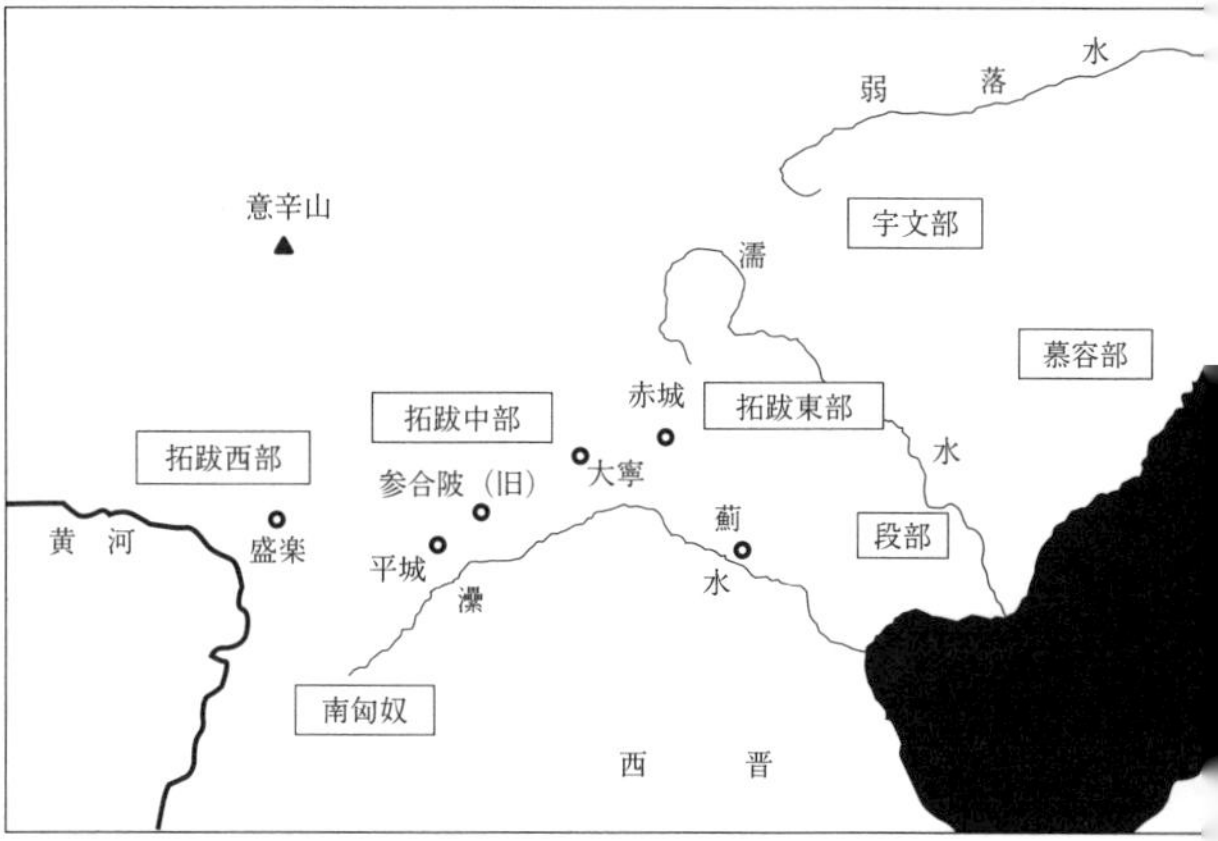

現在山西省大同市の北には、「祁皇墓《きこうぼ》」という地名がある。著者はこれを拓跋部の桓帝猗㐌《いた》の皇后祁氏（祁皇后）と関連するものと見、遊牧部族の風習と関連づけながら、様々な考察を行った。図は拓跋部三部分立時代（295～307）地図。

譚其驤主編『中国歴史地図集』第3冊（中国地図出版社、1982 年）より製図。

私はかつて桓帝《かんてい》〔猗㐌《いた》〕の祁皇后《きこうごう》の出身部族問題に関心を持ち、いくつかの史料を収集したが、その狙いは祁氏が代北東部の民族出身であり、これが烏桓《うがん》である可能性を証明することにあった〔本書第四章〕。近年大同市《だいどうし》の北に祁皇墓《きこうぼ》という地名があることを知り、そこで文献からその跡を追い、また桓帝・穆帝《ぼくてい》の事跡に関係するいくつかの場所が、全て代北東部にあることを知った。私はこれらを繋ぎ合わせて本章を執筆し、拓跋《たくばつ》史跡の名を冠し、さらなる検討に供することとした。説明を要するのは、この章は考古学・考証学ではなく、また文物・遺跡そのものの考察でもないということである。本章において言及する拓跋の史跡は、大体において既知の歴史的背景と符合しており、故意の捏造ではなかったが、それらを一つ一つ明らかにすることは不可能である。これらの史跡の関係する拓跋の人物は、今よりも一六〇〇年も前の人々であるが、逆に史跡によって長らく当地の住民の意識の中に保存され、たびたび後人の歴史的思考を引き起こし得たことを考慮すると、いささかは追究の価値があり、おまけにいくつかの史跡は、拓跋部のいくつかの真実の歴史的情報を承けていた可能性があると思われる。

一　方山西麓の祁皇墓

市販の大同市の地図の中には、市の北二五キロのところの、方山《ほうざん》の北魏文明太后《ぶんめいたいこう》〔馮氏《ふうし》〕の永固陵《えいこりょう》を祁皇墓とするものがあり、一説によれば桓帝祁皇后墓の訛伝であるとする。方山附近は、現在に至るまで確かに祁皇墓村という名の村落があるが、永固陵にあるわけではない。その正確な位置は方山西麓の如渾水《じょこんすい》の西岸である。祁皇墓がどれほど信じるに足るかは別として、祁皇本人はこの一帯の住民の言い伝えの人物であって、その生前の主な活動もこの一帯でなされたに違いなかろう。

『正徳大同府志《せいとくだいどうふし》』（マイクロフィルム）・『順治雲中郡志《じゅんちうんちゅうぐんし》』・『乾隆大同府志《けんりゅうだいどうふし》』・『道光大同県志《どうこうだいどうけんし》』を調べると、『正徳大同府志』を除いては、このことについて記載があることが分かる。『順治雲中郡志』によれば郡城北五十里に拓跋の二陵があり、俗に岐皇墓と称されたという。ここで言われている拓跋の二陵とは、方山の馮太后陵と孝文《こうぶん》帝《てい》の虚陵《きょりょう》を指すのであろう。『順治雲中郡志』はこの二陵を誤って祁皇墓としており、さらにそれを岐皇墓と誤写している。『乾隆大同府志』の記載は比較的詳細である。その巻六 古跡門には祁皇墓について「府の北東三十里の孤山《こざん》の北にあり、陵墓の頂点は険峻で山のようである。……北魏の桓帝皇后祁氏はかつて国事を掌握し、当時の人は彼女を女国の后と称したが、その墓所については語らなかった。……恐らく道武帝以前にしばしば移住を経ており、史料の記載に欠落が生じ、雲中・盛楽《せいがく》の二陵の他は、当時既に往々にしてこれを失していたのであろう。祁皇はすなわち祁皇后であって、女国君といわれたようであり、ゆえに後人はただ祁皇と称したのであり、理屈としてはあるいはこのようなものであったろう（在府東北三十里孤山之北、冢頭峻絶如山。……北魏桓帝皇后祁氏嘗摂国事、時人謂女国后、不言其葬所。……蓋道武以前屡経播遷、記載闕略、雲中・盛楽二陵[1]外、当時已往往失之。疑祁皇即祁皇后、猶言女国君、故後人直謂之祁皇、理或如此）」とある。『乾隆大同府志』はさらに「北魏の文明太后墓は、府の北五十里の方山にあり、……旧志のいわゆる北魏二陵であり、今は不詳である。あるいは俗に祁皇墓と称されるという」と言う。『乾隆大同府志』巻二 彊域附村堡条は、県治の北境に祁皇墓村があり、城と五、六里離れているとする。府志が言及する地名とその位置は、大体全てが現在の名称と似ているが、祁皇墓の具体的な場所については異説が列挙されている。府志の編纂に際しては、もとより実地考察は行われておらず、方山の二陵の所在地と祁皇墓址とを混淆して不分明にしてしまっている。現在知られる状況からこれを推測すれば、祁皇后が死去して方山の近くに葬られ、拓跋の旧俗に基づいて埋葬されただけとなり、(2)真の墓は存在しなかったようである。以後拓跋の系統は変わり、祁皇后の後嗣は北魏の皇統にはならず、(3)祁皇后の墓所の標識は（もし本当にあればの話ではあるが）混乱した闘争の中で跡形もなく消え去った。百年余りの後、ようやく馮太后が方山の地勢によって墓を建てたのである。

桓帝祁皇后は、拓跋部の野蛮から文明へ駆け上がる過程において、重要な役割を演じたことがあり、それは拓跋の歴史に急激な起伏を添えることとなった。祁氏の死は、『魏書』序紀にある三一四年に祁氏がその子の恵帝《けいてい》に政権を返した、その後のある年に起こったはずであり、そのときは（本書第四章で論じた）二九五年に昭帝《しょうてい》・桓帝・穆帝による拓跋の国の三分から、少なくとも三〇年が経過していた。桓帝・祁皇后の事跡が顕示するように、祁皇后は平城《へいじょう》一帯を含む、拓跋中部の国の「代郡の参合陂《さんごうは》の北（代郡之参合陂北）」の地域を離れたことはなく、その墓所もこの範囲にあったろう。現在は祁皇墓村が確かに大同方山の西にある。これによって「代郡之参合陂

(1)「雲中・盛楽二陵」は下文の方山の「北魏二陵」を指しており、盛楽の金陵とは関係がないと思われる。その当時も方山の二陵が馮太后陵と孝文帝虚陵の所在地であったことを確認してはいなかった。

(2)『宋書』巻九五 索虜伝には、拓跋について「死すれば潜埋し、墳墓はなく、葬送にあたっては、全て棺柩を虚設し、冢槨を立て、生前の車馬・器用は全て焼いて死者を送る」とある。この説を私は事実と考えている。初期の拓跋の陵墓は、盛楽の金陵を含め、現在に至るまでその所在が判明していない。本章で扱う洛陽遷都以前の拓跋の各陵墓の所在は、全て附近の某所に埋葬されたと見なされており、墓穴が具体的な地点にあったことを指しているわけではない。また、『晋書』石勒載記には、「勒の母王氏が死ぬと、山谷に潜埋したが、その場所は分からなくした。終わると九命の礼を備え、襄国城の南に虚葬した」とある。私は王氏が烏桓人で、死去して烏桓の習俗にしたがい山谷に埋葬されたのではないかと疑っている。烏桓・鮮卑は習俗を同じくする。いわゆる祁皇墓がもし実在すれば、おおむねこのようなものであったろう。

(3)『魏書』巻一四 神元子孫列伝には曲陽侯素延・順陽公郁・宜都王目辰がおり、全て「桓帝の後裔であった」が、その世系に関しては不詳である。

北」の場所は、大同の方山とはそれほど遠くはないことになる。しかし参合陂がいったいどこにあったのか、さらに位置の特定を行いたい。

「代郡之参合陂北」の所在地について、歴史家の多くは『魏書』地形志《ちけいし》に基づき、現在の涼城《りょうじょう》の西に比定している〔前掲図1-1の「参合陂（新）」〕。地形志上の梁城（涼城）郡条は、東魏《とうぎ》の天平《てんぺい》二年（五三五）に初めて郡が置かれ、参合・裋鴻《じゅこう》（旋鴻《せんこう》）の二県を領したとする。涼城郡の参合県の西には参合陘《けい》があるが、その地は拓跋西部の国の盛楽に接しており、拓跋がその国を三分したときの地理形勢と合わない。厳耕望《げんこうぼう》氏の考証によれば、北魏の比較的早い時期の参合は、前漢《ぜんかん》の参合県の故地にあり、前漢代郡西部都尉《せいぶとい》の治所である高柳《こうりゅう》〔現在の大同北東の陽高県《ようこうけん》〕に近いという(4)〔前掲図1-1の「参合陂（旧）」〕。この後参合がいつ再び県となり、いつ現在の陽高県から現在の涼城に移ったのか、よるべき確たる史料はない。『魏書《ぎしょ》』・『水経注《すいけいちゅう》』といった史料には異同が非常に多いが、私は慕容宝《ぼようほう》の参合陂の戦いにおける地理的状況から、厳氏の説が比較的道理に合っていると考えており、このときの参合陂が依然として大同北東の陽高にあったとする説に賛同する。その地の大同との距離は、涼城の参合陘から大同に至るまでの距離といくらか近い。序紀の「代郡の参合陂の北にいた〔居代郡之参合陂北〕」という記述は、さらに高柳説と符合する。前漢の高柳が当時の代郡内にあったことから、これが代郡の最西界となり、さらに西に行けば当時の雁門郡に入ることとなり、代郡と称することはできなくなる。厳氏の考証の以前においても、北魏の参合は前漢参合故城を指すと見る人がいた(5)。

序紀における桓帝在位の一一年間について、記事は簡略さを極めており、征討などの軍事行動を除いて、他の記述は多くはないが、逆に参合陂のことは二回も見られるのであり、このことは「桓帝が代郡の参合陂の北にいた〔桓帝居代郡之参合陂北〕」ことの証拠となろう。序紀は桓帝が母を葬ったことを記しているが、もし母の葬儀が平城でなされたのであれば、平城も桓帝の平常の活動範囲内に入ることとなり、「代郡之参合陂北」の高柳との距離は遠くはなくなる。ここでは桓帝による母の葬儀の場所とその関連問題についていくつか考察し、史書の記す参合陂の北にいた桓帝の、生前における実際の活動の多くが確実に平城でなされていたことを説明したい。

　桓帝による母の葬儀について、『魏書』には三点の史料がある。第一に、『魏書』皇后伝の「文帝《ぶんてい》皇后封氏《ほうし》は、桓帝・穆帝の二帝を生んだが、早くに崩じ、桓帝が立ち、ようやく葬られた。高宗〔文成帝《ぶんせいてい》〕の初め、天淵池《てんえんち》を開鑿し、一つの石銘を得、そこには桓帝が母封氏を葬り、遠近の会に赴く者二十余万人であったと称されていた。有司《やくにん》は上奏し、帝はこれを太廟に蔵するよう命じた（文帝皇后封氏、生桓・穆二帝、早崩。桓帝立、乃葬焉。高宗初、穿天淵池、獲一石銘、称桓帝葬母封氏、遠近赴会二十余万人。有司以聞、命蔵之太廟）」である。第二に、同書序紀桓帝の二年条（二九六）の「文帝及び皇后封氏を葬った。初め、思帝《してい》は改葬しようとしたが、果たさずして崩じた（二九四年のこと）。ここに至って、思帝の意を実現した。晋の成都王司馬穎《せいとおうしばえい》は従事中郎田思《じゅうじちゅうろうでんし》を、河間王司馬顒《かかんおうしばぎょう》は司馬靳利《きんり》を、幷州《へいしゅう》刺史司馬騰《しばとう》は主簿梁天《しゅぼりょうてん》をそれぞれ派遣し、皆葬儀に来、遠近より赴く者は二十万人であった」である。第三に、同書高宗紀興安《こうあん》二年（四五三）二月乙丑条の「京師《けいし》〔首都〕の五千人を徴発して天淵池を開鑿した」である。これら三点の関連史料は、桓帝が中部の君位に即き、すぐに母封氏の葬儀を行ったことを物語っており、このうちの最初の二点の史料には、二九六年の葬儀の記述についての考察に資し得る、微妙な区別がある。

　二九六年の葬儀において、葬られたのは文帝とその妻封氏（すなわち桓帝の生父・生母）であり、石銘が語る「桓帝葬母」だけではなかった。しかし、母を葬るのが主であって、父を葬るのは祔葬〔合葬〕であった。母を葬ったときには盛大な政治活動があり、簡単な埋葬ではなかったが、しかしいったいどこに葬ったのか、明言が

（4）厳耕望「北魏参合陂地理考辨」（同氏著『唐代交通図考』第五巻附篇八、台北版、一九八六年）。

（5）『読史方輿紀要』巻四 歴代州域形勢条の「猗㐌は代郡の参合陂の北にいた（猗㐌居代郡参合陂之北）」の自注に、「参合陂について、今の大同府の東百余里のところに、参合城がある」とある。

ない。封氏は早くも拓跋三分の前には死去しており、遺体は処置されたはずであるが、理屈から言えばそれは盛楽にあったことになる。文帝も早くに拓跋の諸部大人に陰館《いんかん》にて殺害され、その地にていい加減に死体を歛《れん》し、埋めただけであって、盛楽には還っていない。ここに至って、桓帝はその父母を天淵池の附近で葬り、石銘を立てて記念としたのである。このことを序紀は「改葬」と言っており、いくらか曖昧となっている。石銘は母を葬ったことにのみ触れ、父を葬ったことには言及していないが、確かではない。しかしその生母を葬ったことをことさらに強調したのは注目に値しよう。

改葬は最初文帝蘭妃《らんひ》の子である思帝から発議された。思帝は文帝の少子であり、かつ嫡出ではなかったが、君位の継承時期は嫡長子である桓帝よりも早かった。拓跋の皇位継承の一般的な事情を踏まえると、このことには裏があったように見える。その一般的な事情をもって論ずるならば、思帝のこの発議について、初志としては父を葬ることに重点があったはずであって、その生母ではない封氏を安葬することに重点があったはずはなく、序紀の「思帝欲改葬」は、本来一人を葬るか、あるいは二人を葬るかのどちらであったかを説明していない。思帝は在位わずか一年で死去し、国は三つに分かれた。桓帝は中部の君位に即き、そこで勢いに乗じて「思帝の意を実現し」たが、実際には思帝による父の葬儀という初志を薄れさせ、中部の国境内においてその父母をあわせて葬ったのであり、史書には「文帝及び皇后封氏を葬った」とある。桓帝は父を葬るという名目であわせてその母を葬り、一挙両得となったが、もともと筋の通ることではあり、また直接的に思帝の初志に背いたわけではない。しかし石銘の記載は、ただ母を葬ると言うだけで、その父に言及せず、主客転倒しているのであり、これは石銘の曲筆《きょくひつ》、桓帝の私意と見るほかにない。このことが封氏の部族、すなわち桓帝の外戚の利益があって、無理やり重点を移したかどうかについては、判断しがたい。官氏志《かんしし》によれば、封氏は北姓の是賁《ぜほんし》氏を改めたものであったといい、是賁氏は内入諸姓の中でも、東方から来た一部族であった(6)。これと桓帝の妻である祁氏は、東方の部族をもって拓跋の運営に介入したという点において、類似したところがあったのではないかと疑える。

とりわけ注目に値するのは、桓帝が母の葬儀を利用して大いに気勢をあげ、広範に連絡し、そして葬儀に参加した者が「二十余万」に達し、またその中に草原の諸部族以外に、代北周辺の西晋の王公牧守の派遣した使者が含まれていたことであり、こうしたことは拓跋の歴史において唯一のことである。私は桓帝本人が、故意に母の葬儀という機会を利用して、自己、あるいは同母弟である穆帝を含む、自己の属する拓跋の系統のために気勢をあげ、その力量を顕示し、また母の葬儀を強調して自分の外戚の実力を示し、蘭妃の生んだ思帝の後裔の影響を圧しようとしたものと考えている。このことと思帝の「改葬しようとした」初志とは一致しない。桓帝・穆帝以降の拓跋の歴史が、まさに蘭妃の後裔と封皇后の後裔の長期にわたり繰り返される、権力をめぐる闘争であったことを見ると、上述の推理は根拠のないことではなくなる。桓帝が母の葬儀という機会を利用して気勢をあげ、勢力を拡張したことについては、次節にてさらに論ずることとしたい。

封皇后の墓所については、銘を立てたことに注目して分析を加えよう。

文成帝期に天淵池が開鑿され、石銘が出土したところは、文帝と封皇后の墓地からはそれほど遠くはなかったと思われる。池の開鑿は平城の民を徴発してなされたものであり、その地が平城附近にあったことは、間違いなかろう。池の開鑿に五千もの民が徴発されたことは、工事の規模が小さくはなかったことを物語っている。(7)『魏

(6)『元和郡県図志』巻四によれば、什賁（是賁）城は漢の朔方県の故城であったという。封氏は恐らく東方から西に移り朔方に至った部族であろう。

(7) 平城の天淵池について、『北史』皇后伝は天泉池に作っており、唐の避諱《ひき》（高祖李淵）により改められている。平城には別に神淵池があり、その名称と所在地は天淵池に近いか、あるいは天淵池の別名であったかもしれない。高祖紀太和元年（四七七）七月条に、「永楽遊観殿を北苑に建て、神淵池を開鑿した」とあり、太和七年七月条に、「帝・太皇太后は神淵池に行幸した」とある。しかしこれらは文成帝が天淵池を開鑿してから二、三〇年後のことであり、天淵池に泥が堆積し、再び開鑿したのかもしれない。また建康にも天

書』において、序紀・文成帝紀・皇后伝の天淵池に関する同一事の記載以外の天淵池の資料は、全て平城の天淵池ではなく、洛陽《らくよう》の天淵池を指している。例えば巻二二 廃太子恂伝《はいたいしじゅんでん》の「高祖は船を天淵池に浮かべた」や、巻八 世宗紀永平四年（五一一）条の「代京の銅龍を移して天淵池に置いた」、巻九三 恩倖伝の、茹皓《じょこう》が華林諸作を領し、「山を天淵池の西に作った」など、これらの指すところは全て洛陽のことである。

ちなみに、洛陽の天淵池の位置には確たる記載があり、その地は洛陽城内の宮城の北にあったという。『水経注』穀水《こくすい》によれば、穀水は西から洛陽宮城に流入し、天淵池を貫いたが、それは華林園（原名芳林園《ほうりんえん》）(8)の中にあり、王公や貴人の娯楽と休息の場であったという。天淵の名は曹魏《そうぎ》時代に既に見られ、明帝太和《めいていたいわ》元年（二二七）に王朗《おうろう》が「華林園・天淵池は宴を開くに足ります(9)」と上疏している。北魏文成帝が民を発して開鑿した平城の天淵池は、後には文献にあらわれなくなるが、これは池が完成されなかったことを示すのか、あるいは建築したとたんに廃れたことを示すのであろうか。それとも一時は故意に洛陽の景勝の旧名を踏襲しながら、後には廃れて用いられなくなったのであろうか。あるいは天淵の名は廃されなかったが、別に霊泉池《れいせんち》のような慣用された名称を用いたのであろうか。私は霊泉池が平城の天淵池であり、平城の城内において、帝王・貴人の娯楽に供された天淵池に相当するのは霊泉池しかなかったと考えている。さきに注にて言及した神淵池・天泉池は、全て霊泉池である。

『水経注』灅水《るいすい》によれば、如渾水は霊泉池を経、その地は「南は旧京（平城）に面し、北は方嶺（方山）を背にし、山原を左右にし、亭観は美しくそびえ立っていた」とあり、これが平城と方山の間の貴族たちの名勝であったことは明らかである。高祖紀と皇后伝　文明太后条によれば、太和三年（四七九）に方山に霊泉殿を建てたといい、このことは霊泉池・霊泉殿と方山の景観が一体化し、独自の景観の組み合わせとなり、平城にはこれと比肩するものがなかったことを示す。方山に霊泉殿を建てたことは、おおよそ馮太后が方山を気に入り、墓としたことの遠因となる。その後の数年間に、馮太后と孝文帝が頻繁に方山に行幸したときには、あわせて霊泉池にも行幸している。太和五年（四八一）、馮太后は墓作りの工程を開始し、太和一五年（四九一）、馮太后はここに永眠した。孝文帝もここにて寿宮《じゅきゅう》を経営し、洛陽遷都後にはここを虚陵とした。これらに力を入れたことから、私は文成帝期に開鑿された天淵池が、以後の馮太后と孝文帝が常に行幸していた霊泉池であり、平城と方山の間の如渾水の流れるところにあって、当時桓帝が作ったその父文帝とその母封皇后の墓はこの附近にあり、以後の桓帝の祁皇后の墓もここから遠くないところにあったと判断する。この一帯は拓跋皇室の代北東部における陵墓地区であったと言えよう。「雲中名都」（『魏書』衛操伝所引桓帝碑）に死去した桓帝の、埋葬されたところもこの一帯にあったかもしれないが、現在はまだ直接の証拠がない(10)。

淵池はあり、南朝の諸史には例証が非常に多く存在する。『芸文類聚』巻九の水部池条には、梁武帝泛天池詩があり、「天淵池に浮かぶ（泛漾天淵池）」という句がある。歴代に見られる天淵池は、全て帝都にあり、帝王の游幸と関係があった。

(8)〔訳注〕華林園は曹魏・西晋の首都洛陽城の北部にある園林をさす。はじめ芳林園といったが、曹魏第三代皇帝の廃帝曹芳の諱《いみな》を避け、以後は華林園と改名された。

(9)『三国志』魏志王朗伝。

(10)（補注）霊泉池の所在地について、『水経注』㶟水は「南は旧京（平城）に面し、北は方嶺（方山）を背にし」と言うのみで、具体的な地点については、なおもはっきりしておらず、霊泉池が天淵池の異名であったことを私は推測したに過ぎない。大同大学教授殷憲《いんけん》氏は、二〇〇六年に山河の地形や建築部材の遺物などの諸方面から、霊泉池の中心を方山永固陵の真南四・七五キロに、霊泉宮の中心を永固陵の南東四・五キロの地点に、それぞれ比定し、宮・池の西には如渾水があり、北に如渾水の支流である万泉河があったとした（「北魏霊泉宮池訪尋記」、『中国文物報』二〇〇七・二・二三）。これを根拠とすると、私の桓帝による母の葬儀の場所についての考察や、天淵池が霊泉池であったとする推測は、ようやく裏づけられたことになる。拓跋中部の国の主要活動地域を探究するに際しては、「代郡之参合陂北」の一地点に拘泥するべきではなく、平城地域（方山を含む）にも着眼するべきようである。序紀は中部の国が代郡参合陂の北にあったとしており、これは三部が初めて分かれたときの桓帝が暫時駐留していた地域であろう。やや西に偏る平城の旧地は、前漢時代には早くも開発され、多くの便利な条件があり、桓帝としては利用しないわけにいかなかった。そのため桓帝（及び三部を統轄して以降の穆帝）の諸事は、多くが平城にて発生しており、方山附近も拓跋王室の墓葬地区となったのである。

以上の論述が関係するところは、全て「代郡之参合陂北」から平城に至るまでの一帯のことであり、拓跋三分時の桓帝・祁皇后はこの一帯にいたのである。明らかにここの参合陂は、遠く西部にあって盛楽の近くにあった参合陂（参合陘）ではあり得ず、平城に近い高柳の参合陂となる。

桓帝猗㐌は三〇五年に死去し、もと盛楽にいた拓跋西部の君主である穆帝猗盧《いろ》は三〇八年に拓跋三部を統一したが、桓帝・穆帝はかつて前後西晋の司馬騰・劉琨《りゅうこん》の并州南征を支援し、陘北《けいほく》・陘南《けいなん》の地を出入りしており、この地は拓跋部のもう一つの重要な地域となっていた。三一三年に穆帝が盛楽を北都とし、故平城（漢の平城）を修築して南都とし、平城のさらに南の㶟源の地に新平城《しんへいじょう》（南平城・小平城とも称する）を築いており、このように拓跋三都の形勢が形作られたが、それについては本章第三節にて検討したい。

二　草原部族の大会と平城西部の郊天壇

『魏書』巻二三 衛操伝《えいそうでん》によれば、操は桓帝の輔相となり、桓帝の死後、操は桓帝碑を大邗城《だいかんじょう》南に立てて「功徳を顕彰した」というが、立碑の時期は西晋光熙《せいしんこうき》元年（三〇六）となっている。碑を立てて記録することは、文字を持たない拓跋部が漢族士人に頼って作った一種の記述方法である。今日読むことのできる比較的整った早期の碑文は桓帝碑だけであり[11]、この碑の文章は史伝（『魏書』）に収録されたときに多少改竄されたとはいえ、基本的な内容はなおもはっきり理解できる。

桓帝碑の文には「期に応じて会合し、王は北方を有した（応期順会、王有北方）」という文言があり、熟考に値する。「応期順会」云々は、既に知られる桓帝猗㐌の事跡から関連する内容を探すと、桓帝が母を葬り、それに参加した者「二十余万」ということだけが相当する。各部の大人は「期に応じて会合し（応期順会）」、桓帝の部族連合における権威的地位を承認したことを意味する。西晋における、関連する王公牧守が招待に応じて使者を派遣し、会に参加したことは、桓帝の意図が晋室の衰微に乗じ、代北から出て、并州を駆け回り、中原《ちゅうげん》の西晋が目を側《そばだ》てるほどの強大な勢力となり、代北の王となることにあったことをはっきりさせている。これがすなわち「王有北方」の指すところである。衛操による立碑の二年前に、桓帝は司馬騰の并州における戦勝を助けており、立碑の一年前には、西晋は桓帝を大単于に任命し、金印紫綬《きんいんしじゅ》を授けたが、これは西晋朝廷の封君となったことを示す。

桓帝による母の葬儀は、拓跋三分の翌年に行われた。この年の部族大会は中部の桓帝の国にて挙行されたが、これは中部の国が三国において特殊な地位を占めていたことを意味している。西部の国は拓跋の根本の所在地であったとはいえ、僻地に存在していたため、交通に不便であった。東部の国は烏桓やその他の東方民族の後裔が多く、代北拓跋とは遊離しやすかった。加えて桓帝は神元帝《しんげんてい》の嫡孫であり、その母族封氏と妻族祁氏が情勢に影響を与えた可能性がある。これらは桓帝の国が三国において特殊な地位にあったそもそもの原因であろう。拓跋が西晋の封を受けるのは、桓帝から始まる。しかし桓帝は受封の年に死去し、続いて晋室は拓跋のために、封を加え爵を進めたが、これを受けたのは三部を統一した穆帝であった。穆帝は三部を統轄した後、実際にはもとの中部の国に移り、大体は平城をその活動の中心としたようである。

草原の部族大人の集会は、往々にして歴史の重大時期に挙行され、それを主催するのは部族連合中最も影響力

（11）桓帝時代には少なくとももう一点があり、三〇四年に桓帝が并州刺史司馬騰による劉淵軍撃破を支援した後、帰る途中で、参合陂の西に石を積み重ねて亭を作り、石碑を立てて紀行文とした。碑文は残っていない。

を備えた人物であり、祭天以外は重大事件か、あるいは重要な後続行動を伴っている。序紀によれば、二五八年に神元帝力微《りょくび》が長川《ちょうせん》より西に向かい、南のかた陰山《いんざん》を越え、盛楽に移ったという。「夏四月、天を祭り、諸部の君長は皆来て祭りを助け」、傍観して至らなかった白部《はくぶ》大人を誅殺したが、すると「遠近は粛然とし、恐れない者はなく」なり、これによって力微は新地にて駐留し、その権威的地位を強化することができた。これは拓跋の史書にあらわれる最初の部族の大集会である。力微の死後、拓跋は衰微し、部族の集会は挙行されなかった。二九六年に至り、ようやく桓帝が母の葬儀を利用し諸部に「期に応じて会合（応期順会）」させた。この後拓跋は勢いのよい発展の二〇年を経た後、再び頻繁な内乱に陥った。三三九年、勢いを得た昭成帝什翼犍《しょうせいていじゅうよくけん》は拓跋を復興させ、軍威の及ぶところは、「東は濊貊《わいばく》より、西は破洛那《はらくだ》に及ぶまで」であり、そこでは「依附しないものはなくなり」、「諸大人と参合陂にて朝し、会議により灅《るい》〔㶟〕源川《げんせん》に都を置こうとしたが、連日決することなく、太后の計により沙汰止みとなった」。このことは拓跋が南に向かって開拓することをはかった空前の大事であった。王太后の慎重な態度により、遷都は果たされなかったが、三四二年より、毎年「秋七月七日に諸部が皆集まり、壇埒《だんれつ》を設け、講武馳射し、よって常例とした（秋七月七日諸部畢集、設壇埒、講武馳射、因以為常）」。この後、拓跋の歴史上最も著名な草原部族の集会が、登国元年（三九六）に挙行されたが、これはすなわち道武帝拓跋珪による代国復興の年のことである。この年の正月「帝は代王の位に即き、郊天し、元号を定め、牛川にて大会した」。拓跋の領袖としての地位は、草原の諸部の承認を得られ、拓跋の帝業は次第に実現していった。牛川は即位の地であり、この後一定の時間のうちに、拓跋部人から「牛都」と呼ばれ、拓跋の復国後における最初の「都城」所在地と見なされたようである。

　草原部族大会は、そのほとんど全てが拓跋部の興隆の目安となり、また往々にして拓跋部がさらに隆盛となるのを促進した。この法則にしたがい、桓帝による母の葬儀を観察すると、諸部の「応期順会」が、まさしく拓跋部が二〇年の衰微を経た後に復興に向かった時期に発生したことが分かる。このとき桓帝自身は壮年であり[12]、神元帝の嫡孫・文帝の嫡子という有利な地位をもって、拓跋三国の中部におり、西には同母弟があって藩屏となり、東には強敵がなく、まさに拓跋復興の大好機であった。そのため彼は母の葬儀の会という大事を利用して言いふらし、自己の能力と権威を顕示し、草原各部の忠誠を要求し、また西晋政府の承認をとりつけ、一挙に成功を獲得した。母の葬儀の大会の翌年より、桓帝は絶えず「北巡」・「西略」を続けるようになり、序紀は桓帝三年から七年にかけて（二九七〜三〇一）の五年間のことを記載し、「諸々の降附した者は二十余国であり」、続いてまた西晋の并州の情勢に介入し、屠各劉淵を大いに破り、それによって西晋より大単于《だいぜんう》号を獲得したとする。これを基盤とすることで、桓帝の弟である穆帝はさらに并州への介入を行うことが可能となり、西晋から大単于号に進められる他に、代公・代王の封を得た。穆帝は三一六年に死去し、その基盤は桓帝皇后祁氏に継承された。諸々の証拠が顕示するように、穆帝あるいは祁皇后は、かつて草原部族大会を挙行して、事業を切り開く準備をしていたようであるが、実現しなかった。

台湾の康楽《こうがく》氏は日本の江上波夫《えがみなみお》氏の東北アジア草原遊牧部族（胡族）の儀礼研究を参考とし、拓跋は部族連合時代には胡族の伝統的な儀礼、西向祭天を遵奉し、以後国家を建て、中原に進入した際、次第に漢俗に改め、南北郊の制度を実行するようになったと主張される。習俗の改変は比較的緩慢であった。おおよそ道武帝が平城に都を置いた時期には、祭天の儀礼には胡俗・漢俗が併存していたようであり、洛陽遷都以降、南北郊の制度がようやく完全に西郊祭天の胡俗に取って代わることとなった[13]。祭天の儀式は諸部大会に不可欠の手順であり、序紀

（12）『魏書』衛操伝の桓帝碑は、桓帝は死去したとき三九歳であったと言うが、これは桓帝在位の一一年にあたり、桓帝が中部の君主となったのは二八歳のときであり、母を葬ったのは二九歳のこととなる。

（13）康楽『従西郊到南郊――国家祭典与北魏政治』（台北稲郷出版社、一九九五年）第五章。道武帝以降の拓跋の郊天の制の胡制と漢制

の昭成帝五年（三四二）条の諸部大会の箇所に、「設壇埒」の説があるが、これは主に祭天のためであった。礼志一によれば、道武帝は「牛川にて代王に即位し、西向して祭りを設け、天帝に告げて礼を行った」というが、儀式は非常に盛大であって、また完全に胡俗にしたがっていた。穆帝あるいは祁皇后が、草原諸部大会を挙行するため、あらかじめ準備を行っていたとさきに述べたが、それは類似した郊天の資料から情報を得られるのである。『水経注』瀔水によれば、如渾水は「また平城の西郭内を通るが、これは北魏の泰常七年（四四二）に築城された。城壁の西郊の外に郊天壇があり、壇の東側に郊天碑があるが、これは建興《けんこう》四年に立てられた」という。これ以前の拓跋部には、会場と時期を固定した、盛大な西郊祭天の儀礼は見られないため、平城の西郊の郊天壇が、時を選んで部族大会を召集するために設けられたものであり、また碑を彫って記念したらしいことが分かる。

平城址は、如渾水を基準とし、漢～西晋及び拓跋の時代を経ているが、その輪郭に顕著な変化はなかった。平城の西界には郭を築いたことがあり、例えば『水経注』瀔水によれば、北魏泰常《たいじょう》七年（四二二）に平城の西郭を築いたといい、太宗紀によればこの年に平城の外郭を築き、周囲三二里であったという。しかしこれらは全て平城西郊の郊天壇の所在地の方位には影響せず、穆帝・祁皇后の時代か、もしくは『水経注』が完成したときかにかかわらず、郊天壇は終始平城西部の位置にあった(14)。

郊天壇構築の時期は注目に値する。建興四年は穆帝が三部を統一してから九年目（三一六）にあたり、この年には穆帝が拓跋の内乱により、その子である六脩《りくしゅう》の手にかかって殺害されている。桓帝の皇后祁氏はこれを継いで平城の情勢を掌握し、立て続けにその子の普根《ふこん》や普根が生んだ子を君主に立てた。この行為は盛楽にいた諸部大人の承認を得られず、彼らは別に思帝の子、すなわち平文帝鬱律《へいぶんていうつりつ》を立て、平城にいた祁氏に対抗した。祁氏は支配者としての法的な地位を失ったが、代北東部における実力はなおも存在しており、したがって代北地域において盛楽と平城の東西対立の局面が形成された。平城の郊天壇はこの年の、拓跋の情勢が絶えず変化していた時期に建てられたものである。この郊天壇について、獲得した代王の地位の、草原における無上の権威を確立するために、穆帝によって建てられたのか、それとも祁皇后が諸部大人に、桓帝の子孫を拓跋の君に立てたことに対する承認を求めるために、穆帝の死後に祁皇后によって建てられたのか、今は判断しがたい。『晋書《しんじょ》』愍帝紀《びんていき》によれば、この年「春三月に代王猗盧が薨去し、その衆は劉琨に帰属し」たといい、平城は自然に祁皇后の手に入った。この点からは、祁氏が郊天壇を構築したと思われる時間が比較的長いことがうかがえるが、しかしこれは結局判断し得る確たる基準とはならない。また、穆帝・祁皇后のいずれが築いたかにかかわらず、ともに西向設祭・告天成礼のためであり、その目的は完全に同じであったろう。

もし『水経注』の記す建興四年に誤りがなければ、上述の推測は成立し得る。しかし『水経注疏』の熊会貞《ゆうかいてい》は「北魏には建興という年号はなく、建の字は延の字の誤りである。『魏書』礼志一の延興《えんこう》四年（四七四）条に、『顕祖〔献文帝《けんぶんてい》〕は西郊の旧事において、毎年木主七を増やし、代替わりすればさらに兆祀するのは、神明に無益であると考えた。初めて礼制を改め、木主七を定置し、郊所に石碑を立てることとした』とあるのは、すなわち『水経注』の指すところであり、ならば建興は延興に作るはずである（魏無建興之号、建字乃延字之誤。『魏書』礼志延興四年六月、『顕祖以西郊旧事、歳増木主七、易世則更兆、其事無益於神明。初革前儀、定置主七、立碑於郊所』、即『注』所指之事、則建興当作延興）」と主張する。熊氏の説は筋は通っているが、しかし「顕祖以西郊旧事……」の語気に基づいて熟考すると、新たに郊天壇を建てたのではなく、逆に既にあった郊天壇を改め、碑を立てて記したよ

の反復に関しては、何徳章「北魏初年的漢化制度与天賜二年的倒退」（『中国史研究』二〇〇一年第二期）がある。

（14）この一〇年余り後に、初めて『南斉書』魏虜伝に「仏狸《ふつり》（北魏太武帝）は梁州（涼州の誤りか）・黄龍を破り、その居民を徙し、大いに郭邑を築き、平城の西側を分割して宮城とした」とあるような諸事があったが、郊天壇の所在地は依然として平城西部であった。魏虜伝の記す北魏平城の「城西に祠天壇あり」は、『水経注』の言う郊天壇であるが、修繕された可能性がある。

うに解釈できる。熊氏は直接的な根拠があって字を改めて解釈したわけではない。早くも建興元年（三一三）には、代王猗盧は「故平城を修築して南都とし」ており、この後続けて修築がなされたはずであるが、これは故平城にて郊天壇を建て、建興四年に完成したという、猗盧の故平城の修築の一工程に属するのであろうか。実のところ平城西郭の郊天壇は、確実に文成帝以前に設置されている。『魏書』崔浩伝《さいこうでん》によれば閔湛《びんたん》・郄標《げきひょう》は石碑を立てて崔浩らの撰した国史を刻することを要請し、「遂に天郊の東三里に作り、百三十歩四方で、工人三百万人を用いて完了した（遂営於天郊東三里、方百三十歩、用功三百万乃訖）」という。『北史』《ほくし》の記述もおおよそ同じである。このことを『資治通鑑』《しじつがん》巻一二五は「崔浩は閔湛・郄標の議を採用し、碑石を郊壇の東に立て、百歩四方で、工人三百万人を用いた（浩竟用湛・標議、刊石立於郊壇東、方百歩、用功三百万）」とし、胡三省注には、「『水経注』によれば、平城の西郊の外に郊天壇があったという」とある。平城の建設は多く西郭で行われ、崔浩伝の「天郊東三里」の説は、国史の碑刻が西郭の外にあり、さらに西三里の西郊祭天の壇に至り、国人の祭天は必ずここを経由していたことを指すのであろう。これが『通鑑』の言う「郊壇東」である。これも平城の郊天壇が、延興四年をまたずして立てられた証拠である。さらに、「魏無建興」も理由にはならず、北魏建元の前に拓跋が西晋から封ぜられた代王をもってことを行ったため、史臣は自然に西晋の正朔（年号）を用いて拓跋のことを記したのである。

しかし、郊天壇がもし建興四年に建てられたのであれば、おおよそ天然の樹木を利用する他なく、あるいは堅い木で形を作り、塁石で壇を作って形成された程度の、簡単なものであったろう。『漢書』《かんじょ》匈奴伝《きょうどでん》の「蹛林《たいりん》」の顔師古《がんしこ》注に、「蹛とは、林木を繞《めぐ》って祭ることである。鮮卑《せんぴ》の習俗は、古《いにしえ》より伝承されており、秋の祭において、林木がない場合は、柳の枝を立てて、多くの騎馬が周回し、三周して終わる」とある。北魏の太武帝《たいぶてい》は李敞《りしょう》を派遣して幽都の石室に至って天地祖宗に告祭したが、「祭りが終わると、樺《かば》の木を切ってこれを立て、……後に立てた樺の木は生長して林となった」とあるが、ことは『魏書』礼志一に見られる。北族が楡《にれ》や柳を立てて祭所としたことは、史書に多くあらわれており、日本の江上波夫氏の「匈奴の祭祀」の例証が非常に詳しく(15)、その風俗は今なお残っている。そのため建興四年の郊天壇を建てた云々は、立派な建築ではあり得ず、たとえ延興四年に建てられたとしても、粗末な施設に過ぎなかった可能性が高く、『南斉書《なんせいじょ》』魏虜伝《ぎりょでん》に述べられているような平城の宮殿の建築水準を見れば、それは明らかとなろう。

三　新平城附近の拓跋史跡

さきの検討により、この時期における代北東部の情勢の若干部分をかすかながら見た。今私の言ったいわゆる代北東部とは、実際には拓跋東・中・西に三分した時の中部の国の範囲内であり、元来上谷の北、濡源以西にあった、昭帝の東部の国については、このとき既に代国の後進地となっており、拓跋の歴史においてあまり言及されなかった。

代北東部地域は三一〇年に代国が成立して以来の政治情勢の変化により、自然に南北部という区分が出現するようになった。北部は平城地域、㶟水の北部地域及びその支流の如渾水流域、于延水《うえんすい》流域を含み、南部は穆帝が西晋から取得した陘北五県の新地域であり、住民は主として穆帝が旧地域から徙《うつ》してきた者たちであった。穆帝

(15)　江上波夫「匈奴の祭祀」（同氏著『ユウラシア古代北方文化——匈奴文化論考』、全国書房、一九四八年、二二五—二七九頁、中国語訳は『日本学者研究中国史論著選訳』第九巻、中華書局、一九九三年に所収）。

は三一三年に南部の灅源地域に新平城を築き、その子の六脩に鎮させ、「南部を統治させた」。拓跋のここの境外における相手は幷州の屠各《とかく》と羯《けつ》であり、新平城は自然に拓跋部南境の攻防の要衝となった。三一六年に拓跋内部に矛盾が発生し、穆帝は六脩《りくしゅう》を召喚し、六脩が至らなかったために、これを攻撃したが、失敗し、そのまま民間に逃れ、六脩に殺害された。桓帝の子である普根は「外境」（幷州北境のどこか）から難に赴き、六脩を殺害する。一連の殺害は、史書に詳細な記載がないが、理屈から言えば、全て新平城及びその周囲で発生しており、したがってこの地域に、考察に供しうる若干の史跡が残っていることとなる。

『太平寰宇記《たいへいかんうき》』巻四九 代州雁門県（現在の山西代県）条には「拓跋陵」の一項があるが、具体的な説明はない。『嘉慶重修一統志《かけいじゅうしゅういっとうし》』巻一五一には代州について、「拓跋猗盧墓は、州の北西の雁門山中にある。『太平寰宇記』雁門郡条に拓跋陵がある（拓跋猗盧墓、在州西北雁門山中。『寰宇記』雁門県有拓跋陵）」とある。『嘉慶重修一統志』は清朝の官修地方志であり、各地の学者が参与し、嘉慶年間（一七九六～一八二〇）に重修したときには、さらに若干の地方志の資料が追加された。『嘉慶重修一統志』は『太平寰宇記』の「拓跋陵」を具体的に「拓跋猗盧墓」と書いており、あわせてその方位・所在地を述べている。代州は北に向かっては、雁門山を隔て拓跋新平城と接している。当時の穆帝猗盧が平城より南下して六脩を攻め、新平城地域にて敗れ、雁門山中に逃れ、そのままその地で死去し、その場で死体を斂し、後人がこれを拓跋陵あるいは拓跋猗盧墓と称したと想像することは、全く合理的な推測となろう。しかし、いわゆる「墓」、いわゆる「陵」は、烏桓・鮮卑の土葬の旧俗に基づけば、存在しないこととなるが、墓所の附近の表記と理解することはできる。「陵」と言い「墓」と言うのは、全て後人が加えた称謂である。猗盧には伝世の残碑があり、これは埋葬された場所の附近に石碑を立てて記すものであり、十分に注目に値する。

羅振玉《らしんぎょく》『石交録《せっこうろく》』巻二に拓跋猗盧碑残石が載せられ、これについての説明が付されているが、そこでは柯昌泗《かしょうし》

[16]がこれを山西で入手し、碑陰には狩猟図があり、「残石には六つの大きな字を存し、そこには『王猗盧之碑』とあ」り、書体は隷書・楷書の間であると言われている。残石は碑額の末行であり、王の字の前行の末に代の字があったはずだとも羅氏は言う。[17]周一良《しゅういつりょう》氏は『魏書札記』にてこれをとりあげ、あわせて衛操《えいそう》の桓帝碑が「石に刻んで功を記し、図像は形を存する」と言っているので、桓帝碑の上に図像があったらしいとされ、そしてこの猗盧の碑には狩猟図があり、両者は非常に類似していると言われる。周氏のその他の説明はあまりない。周氏は羅・柯の両者がともに金石の鑑定に優れており、この残碑は偽造ではなく、真の「代王猗盧之碑」であるとされた。[18]

桓帝猗㐌と穆帝猗盧の兄弟は、ともに後世に碑を残したことで話題となっており、これは滅多にないことであった。衛操伝と序紀によれば、桓帝碑が初めて立ち、そして発見された地は、ともに大邗城であったという。地形志《ちけいし》上によれば、大邗城は肆州秀容郡肆盧県《ししゅうしゅうようぐんしろけん》にあり、その地は新平城のさらに南一〇〇キロ余りのところにあり、現在の山西の原平《げんぺい》と忻州《きんしゅう》の西寄りのところにあったという。桓帝碑は桓帝が「永興《えいこう》二年（三〇五）六月二十四」日に「雲中という名都で亡くなられた（背棄華殿、雲中名都）」と明言しており、このことは雲中にて死んだのであって、秀容にて死んだのではなく、その墓所が「雲中名都」附近にあったことを物語っている。衛操が桓帝の死去した場所の南の、このように遠く、しかも拓跋が通常支配していたわけではない大邗城にて碑を立てた、その碑とは、功徳碑であったとしか考えられず、墓碑ではあり得ない。官氏志《かんしし》の内入諸姓（東部）には「祕邘《ひつう》氏

（16）〔訳注〕柯昌泗（一八九九〜一九五二）は清末・中華民国期の学者。

（17）『羅雪堂先生全集』続編冊三『貞松老人遺稿甲集続』（台北、文華出版公司、一九六九年）九六三頁。羅氏は金石を好み、晩年には遼寧に住み、「旧蔵を隅々まで見ること、旧雨〔古い友人〕に逢うがごとく、たまたま新得があれば、新交〔新しい友人〕を見つけたようであった（展対旧蔵、如逢旧雨、偶有新得、如締新交）」といい、ゆえに書題を『石交録』とした。

（18）周一良『魏晋南北朝史札記』（中華書局、一九八五年）三三二―三三三頁。

は後に邗氏と改めた」とあり、標点本の校勘記は『広韻《こういん》』・『元和姓纂《げんなせいさん》』・『通志《つうし》』氏族略等の書に基づき、邗を邗の誤写と判断している。まさか大邗城が邗氏から名を得、そして邗氏と桓帝には我々の知らない特殊な関係があったため、衛操が碑をここに置き、記念したとでもいうのであろうか。まさか谿邗部族が桓帝が劉淵《りゅうえん》を幷州にて破ったのにしたがい、地を選んで駐留し、衛操が故意にこの地にて碑を立て、功徳を頌したというのであろうか。まさか穆帝のときに桓帝の子である普根が長らく外境に駐留し、その駐留地は桓帝の立碑の場所あるいはその附近であったとでもいうのであろうか。これらは想像に過ぎず、確証はない。谿邗氏が邗氏に改めたのは孝文《こうぶん》帝《てい》期のことであり、『魏書』は桓帝碑を収録するのに大邗の名を使用しており、通例に基づくならば史書編纂者によって改められたと認められよう。

上述の諸事からは、新平城及びその南方の地が、桓帝・穆帝の活動との密接な関係を有していたことがうかがえる。穆帝が三一三年に新平城を築いた後は、新平城は盛楽・平城と鼎立する戦略的地位を備えることとなった。三一六年の拓跋の内乱時に、衛雄・姫澹《きたん》らは多数の烏桓人や晋人[19]を率いて南の幷州の劉琨《りゅうこん》に投じ、劉琨は「数百騎を率いて平城に馳せ、これを慰撫して受け入れた[20]」。姫澹らの領した烏桓はもともと強大な部隊であり、またその多くは幷州にまで南下して戦闘に従事したが、このときは拓跋の内乱によって消耗され、戦闘力はにわかに損なわれた。劉琨は姫澹らに命じて衆を率いて石勒を攻撃し楽平の包囲を解かせようとしたが、大敗し、「澹は代郡に逃れた[21]」。石勒は部将の孔萇《こうちょう》を派遣して姫澹を桑乾《そうけん》にて攻撃させ、これを滅ぼした。桑乾河とはすなわち㶟水である。ここにある関連各地は、楽平《がくへい》がやや遠いのを除いては、全て新平城の南方一帯の附近にあった。劉琨は衛雄・姫澹を平城にて迎えたが、これは代北の平城ではなく、西晋の雁門郡《がんもんぐん》の平城（現在の山西代県[22]）であり、雁門山を隔てて穆帝の築いた新平城に相対しており、衛雄・姫澹ら軍が南に逃れる途中で必ず通るところである。劉琨のいた幷州から言えば、西晋の平城の地名を使用したことは理屈に合っている。劉琨の質子は衛雄・姫澹が南に逃れた軍の中にいたため、劉琨が途中の平城にまで迎えに行ったのも理にかなっている。姫澹が楽平での敗戦の後に逃げ込んだ代郡は、五台山《ごだいさん》の東麓を出てはいなかったと私は考えている。敗戦後の姫澹らが代北の平城に逃れたということはあり得ない。彼らは最初代郡西部に入り、また㶟源地域の桑乾県に帰ったこととなる。姫澹はもともと代人であり、その領する烏桓・晋人の多くは、近場で招いた者たちであったため、敗戦後にまっすぐ新平城南方の五台山地域に逃れ、さらに桑乾地域に逃れて活路を求めたのであり、遂には孔萇に追いつかれてここで滅ぼされたのであるが、恐らくは故郷にこだわったがためであろう。

さきに言及したように、いわゆる拓跋猗盧《たくばついろ》墓は新平城以南の雁門山中にあった。羅振玉『石交録』の猗盧残碑の考察においては、『太平寰宇記』・『嘉慶重修一統志』に載せられている猗盧の墓址に言及しておらず、したがってその地理的位置に着眼して論述しているわけではない。羅氏は時間の点から考察し、「この碑は恐らく猗盧が薨去した後、劉琨がその衆を統治したときに立てられたのであろう」と判断するが、その主張は理にかなっている。『晋書』愍帝紀によれば、猗盧の死後にその衆が劉琨に帰属したのは、建興四年（三一六）三月のことであり、石勒が楽平沾城《ちょうじょう》を包囲し、劉琨により派遣された姫澹の援軍が代郡の桑乾にて敗走したのは、この年の一

(19)　その人数を序紀は三百余家としているが、誤りである。衛雄伝は数万衆とし、劉琨伝は三万人とし、『資治通鑑』は三万家とする。
(20)　『魏書』巻二三　衛操伝附衛雄伝。
(21)　『晋書』巻一〇四　石勒載記上。これは西晋の代郡であり、雁門郡の東隣である。
(22)　建安・黄初年間（一九六～二二六）には郡の廃止・県の設置が行われ、もとの雁門郡平城県（現在の大同）は陘南すなわち現在の山西代県に徙されたが、なおも一貫して平城の旧名を持ち続けており、晋代に至っても変わることがなかった。三一三年の穆帝による「故平城を修築して南都とした」の後において、平城の名は事実上二つ存在していた。序紀は平城の名に故の字を加えているが、前漢の平城を指し、西晋雁門郡の平城と区別していたようである。姚斌「大同歴史建置沿革」（『北朝研究』第一輯、北京燕山出版社、一九九九年）三八〇頁を参照。

一月であり、一二月には、姫澹は桑乾にて死に、劉琨本人も薊にて段匹磾《だんひつてい》(23)に投降したという。時期について言えば、猗盧の墓と碑は建興四年三月から一一月にかけて建てられた以外にあり得ない。羅氏が推測した猗盧の碑の立碑時期は、現在確認されるそのときの猗盧碑、墓所の所在地の人の流動・変遷状況とも、相互に符合し、まさにこのタイミングであったために、劉琨の軍は頻繁に雁門山・新平城の一帯に出入し、したがって猗盧の死後の諸事をついでに処置することができたのである。

新平城南方の拓跋の史跡については、他に『魏書』地形志上の肆州永安郡《えいあんぐん》驢夷県《ろいけん》の「代王神祠」という、疑いの残る事例がある。この永安郡が建安《けんあん》・黄初《こうしょ》年間（一九六〜二二六）に置かれた新興郡であったことに基づくならば、驢夷県は新興郡慮虒県《しんこうぐんりょしけん》（現在の山西五台県）となり、その地は両漢においては太原郡《たいげんぐん》に属し、代北《だいほく》とは大山により隔てられていることとなる。「代王神祠」にて祭られた代王とは結局誰なのか。これについては二つの可能性が想定される。

一、前漢《ぜんかん》の代王を指す可能性　前漢の文帝《ぶんてい》(24)がまだ皇帝ではなかったときに、「代王となり、晋陽《しんよう》を都とし」（『漢書《かんじょ》』高帝紀《こうていき》十一年条）、文帝の子の参《しん》は初め太原王に立てられ、後に「代王に徙り、代とあわせて再び太原を得たが、もとの通り晋陽を都とした」（『漢書』文三王伝）。彼らはともに代・太原の地を有していた。地方志を調べてみると、『康熙五台県志《こうきごだいけんし》』巻三 村屯（古迹古墓附）条は、県の南に皇図塪があり、「漢の文帝が游猟したところである」とし、巻八『重修南神廟碑記《じゅうしゅうなんしんびょうひき》』には、「邑の南十里に……古祠があり、俗にこれを南神塪と呼び、恐らくは漢の文帝の祠であろう」とあり、『光緒五台新志《こうしょごだいしんし》』は基本的に『康熙五台県志』と同じであり、その巻二山水条に、「南神塪は県治の南八里のところにあり、……上に漢の文帝の祠があり、文帝が代王であったときに狩猟のためここに至ったと伝えられている」とある。しかし自注が附されており、その出所を説明して、「『魏書』地形志に代王神祠があるが、すなわちこれである」とある。いわゆる漢文帝説について、その出処は魏収の

『魏書』に過ぎなかったことが分かる。漢の文帝の游猟のところという説は、後人が附会した可能性があるが、確言はしがたい。

二、拓跋の代王を指す可能性　拓跋部の代王猗盧は何回も兵を率いて劉琨の戦闘を助けており、雁門南北の境界を出入りすることが多かった。猗盧が死去し、雁門山に葬られ、墓と碑が作られており、羅振玉はこれを劉琨の部衆が立てたものと疑っているが、ならば驢夷の「代王神祠」も猗盧墓・猗盧碑と同様に、劉琨の部衆によって立てられた可能性が出てくる。もしそうであるならば、代王猗盧の墓・碑・祠等の史跡は、同じ背景、近い年月から作られ、場所もそれほど遠くはなく、代王の史跡のシリーズとなる。前掲の『光緒五台新志』は魏収『魏書』を引用して「代王神祠」を解釈しているが、蓋然というニュアンスがあるようである。『乾隆直隷代州志《けんりゅうちょくれいだいしゅうし》』巻一の古跡「代王神祠」条には、「『魏書』地形志永安郡驢夷県条に代王神祠がある」とあるが、漢の文帝のことをもって説を立てておらず、また「陵墓」の項で「北魏の拓跋陵は、すなわち拓跋猗盧が代公に封ぜられ、卒《しゅっ》して雁門山中に葬られたものであるが、今はその所在が分からない」と述べている。編纂者はここでは明らかに客観的に魏収『魏書』や『太平寰宇記』といった史料を出しているだけで、自分の見解を述べているわけではなく、人に神祠が本当に猗盧のものであったかどうかという疑問を抱かせる。

この問題について、私は猗盧説と漢の文帝説はともに合理的な推測であると考えている。しかし地方志の編纂

---

(23)〔訳注〕段匹磾（?〜三二一）は鮮卑段部の大人。漢（五胡十六国の一つ）に敗れ、穆帝拓跋猗盧が死亡したことにより、拠点と拓跋部からの支援を失った劉琨を薊にてかくまい、石勒らと戦ったが、劉琨を殺害し、自身は後趙に敗れて降服した。その後は後趙の部将となったが、謀反が発覚して殺害された。

(24)〔訳注〕文帝劉恒（前二〇三〜前一五七）は前漢第五代皇帝。高祖劉邦の庶子。初め代王に封ぜられたが、当時実権を掌握していた外戚呂氏を誅殺した周勃《しゅうぼつ》・陳平《ちんぺい》らに迎えられて皇帝に即位した。

者には漢の文帝説をとって拓跋猗盧説を重視しない者が多数を占めているため、猗盧説は地方志においては優勢を占めてはいない。私はここでは他の傍証ももちあわせていないため、疑いをはさむことしかできない。

四　祁皇后の事跡に関する二つの疑問点

第一の疑問点は、祁皇という名称の問題である。本章は祁皇墓から論述を始め、先人は祁皇を祁皇后の訛伝《かでん》と疑ったが、逆に祁皇の名称は、あるいはそれ自体に来歴があったかもしれないと私は考えている。穆帝は難に死し、穆帝の長子六脩もまた死去し、穆帝の少子である比延《ひえん》はこれ以前に既に六脩に殺害されていた。『魏書』は穆帝が他に子を有していたとは言っていない。桓帝の子の普根が継いで代王に立ったことは、情勢の要求と拓跋の旧俗に符合しており(25)、不思議ではない。普根は立って月余にして死去し、桓帝皇后祁氏は孫の赤子、すなわち普根が初めて生んだ子を擁して政権を掌握し、彼女自身は拓跋部族連合を統治し、事実上代王の地位についた。こうした状況は、拓跋部族大人の容認できるものではなかった。おまけにこの赤子も年内に死去した。盛楽《せいがく》を中心とする拓跋諸部大人は思帝の子の鬱律を君主に擁立し（平文帝）、盛楽と平城の対立は不可避となった。後に平文帝は西から来て、東木根山《とうぼくこんざん》に徙ったが、このことは祁皇后に権力を手放すよう迫ったためであった。祁皇后は平文帝を殺害し(26)、自分の子である賀傉《がじょく》を君主に擁立し（恵帝《けいてい》）、彼女自身はさらに臨朝して政権を掌握し、隣国から女国と呼ばれたが、これは女王の国という意味である。これによるならば祁氏が実際に君主を称した可能性が高くなろう。さらに、普根が初めて生んだ子は三一六年の冬に死去し、平文帝元年は三一七年であり、もし正常な権力交替があったのであれば、平文帝元年は記すべきいくつかの旧弊を一掃し、新秩序を整頓する事例があったはずであるが、序紀はこの年について一字も記してはおらず、全くの空白であり、人々の疑いを招いている。この時期における情勢は極度に混乱しており、平文帝は真に統治を実行しがたくなり、桓帝皇后祁氏も国君としての権力を放棄していなかったことは明らかである。このことはすなわち、祁皇后が確実に簒奪を実現させたことを示している。序紀は祁氏の簒奪をタブーとして隠すために、思うままに塗りつぶし、結果としてこうした歴史の空白を出現させてしまっている。こうした背景を考慮すると、私は祁皇墓の祁皇の称は、必ずしも歴史的事実を反映していないわけではなく、平城地域の言い伝えに一貫してあった名称、祁皇あるいは祁王を使用したのであり、後人が祁皇后の后の字を落としたわけではないと考える。前掲の『乾隆大同府志』の編纂者も似たような推測を行っており、そこでは、祁氏が女国の君という意味で女国后と称され、「ゆえに後人はただ祁皇と称した」云々と言っている。いわゆる女国の君主の正式な名称は、大単于・代王であったろう。

私は祁皇后が君位に即いたことがあり、したがって拓跋国人に容れられなかったのではないかと疑っている。このこと自体についての史料的根拠はあまりないが、しかしもしこの疑いが事実に属するのであれば、『代歌《だいか》』・『代記《だいき》』には必ず反映するところがあり、道武帝《どうぶてい》には皇統の強化を考慮していたときに、必然的に有効な応対措置を模索する必要があったことになる。そのため祁皇后による、度重なる専権の深刻な性質や、以後これを如何

(25)　拓跋の習俗に基づくならば、桓帝が死去すれば、祁皇后は引き続き穆帝の妻となるはずであり、穆帝が死去すれば、祁皇后はその故夫である桓帝に戻ったことになる。普根は桓帝の子であり、兵を掌握して戦功が多く、彼が君位を継承することは、合法的・合理的であったために、拓跋部には信服しない理由がなかった。

(26)　本書第四章「代北地域における拓跋と烏桓の共生関係――『魏書』序紀関連史実の解析」の「六　東木根山の地名の由来と拓跋建都問題」を参照。

に避けるかといった問題は、道武帝が「子貴母死（子貴《とうと》ければ母死す）」の制を実行したときに、その思考が及んだ要素であった。

第二の疑問点は、祁皇后と穆帝の関係である。桓帝が三〇五年に死去し、穆帝がすぐに拓跋西部の盛楽から拓跋中部の国に進出したことにより、元来の中部・西部の二国は一つとなった。三〇七年に昭帝《しょうてい》が死去することで、元来の東部の国はそのまま拓跋の支配から離脱した。いわゆる穆帝による三部統一は、実際には元来の中部・西部の二部の統一に過ぎなかった。穆帝は西晋を支援して戦闘を継続し、桓帝の子普根と穆帝の長子六脩はともに穆帝の麾下にいて活躍しており、それぞれ左賢王・右賢王と称された(27)。盛楽にとどまった思帝《してい》の子鬱律も穆帝の指揮を受け、西部及びその南の幷州地域にて戦闘を行った。桓帝・穆帝の時代に新たに組織された代国では、各種勢力がしばらくは平和に共存しており、穆帝が盛楽・平城・新平城を建設するという戦略の方策の出現に至って、拓跋は日増しに強大化した。私はこの調和の局面が、穆帝が北俗のレヴィレート婚に基づき、寡婦の祁氏を妻に娶《めと》り、しばらくの間多くのわだかまりを取り除き、中部・西部の勢力を凝集した結果であったのではないかと疑っている。祁氏はもとより強い女であったが、穆帝の死以前の平穏な時期においては、彼女が歴史の表舞台に出る機会はなかった。もし真にレヴィレート婚問題があったならば、穆帝の死後に後嗣は存在しなくなり、祁氏は故夫の桓帝のもとに帰り、それによって表舞台に立ち、（正式に称したかどうかは別として）自ら大単于・代王となったことになるが、これは自然の成り行きであったように見える。しかし、このことは拓跋君長の権力に対する侵奪を意味した。

盛楽にいた諸部の大人は、平城の情勢に対して全く影響を与えられないわけではなかったが、『魏書』は故意に多くの事実を隠蔽しており、こうした歴史を非常に曖昧にしている。例えば穆帝の皇后が誰であったか、穆帝の長子六脩の外戚がどのような部族であったかについて、『魏書』は一字も記していない。穆帝の少子比延の母の姓や、その出身部族についても考察はできなくなっている。拓跋の外戚部族が君や后、諸子を支え、権力分配と君位継承に影響を与えたことは、しばしば見られて珍しくもないことであり、こうした矛盾は穆帝が兄嫁を妻にしても完全に解決するわけではなく、さらに激化する可能性さえあった。これにより陸続と以下の各種の衝突事件が発生することになる。穆帝は少子比延を立て、長子六脩を新平城に追いやりその母をしりぞけようとした。穆帝は六脩を召喚したが、六脩は来なかった。穆帝は六脩を征伐したが、六脩は弟を殺し父を弑《しい》した。普根は六脩を殺害し大単于《だいぜんう》・代王となった。普根の死後、祁氏は普根の生んだ子を胸に抱えて大単于・代王の位を占めた。衛雄《えいゆう》らは恐れて頼るところがなく、烏桓等の新人を率いて出奔し、羯《けつ》人〔石勒〕に殺害されて滅んだ。盛楽の諸部大人は鬱律を擁立して平文帝とした――などである。これら多くのことは、全て桓帝・穆帝の二系統が、穆帝が祁皇后を娶ったことにより一体となったことや、また盛楽・平城の新旧勢力〔各外戚を含む〕が利害衝突により突然崩壊したという、総体的な背景から観察して解答を求めることができるが、個々の事件の細部について、一つ一つをはっきりさせることはできない。

『三国志《さんごくし》』魏志《ぎし》注に引く王沈《おうちん》『魏書』や『後漢書《ごかんじょ》』烏桓伝は、ともに烏桓に后母・寡婦の兄嫁を妻とするという習俗があったと言い、続けて「死去すればその前夫のもとに帰る」、「謀《はかりごと》は婦人の意見を採用する」と言っている。私は三〇五年に祁皇后が穆帝に嫁いだ後、なお出産能力があり〔桓帝は年三九にして死去しており、祁皇后はその年よりも若かったはずである〕、したがって祁皇后の生んだ恵帝賀傉・煬帝《ようてい》紇那《こつだ》は穆帝の子であったのではないかと考えている。序紀はこれを桓帝の子としているが、史諱《しき》〔歴史のタブーをはばかる〕の表現であろう。三一六年に穆帝が死去し、祁皇后は習俗によってその故夫である桓帝のところに戻らなければならず、このとき君主に

（27）『魏書』巻九五　徒何慕容廆伝は普根を左賢王と称し、『資治通鑑』西晋建興元年（三一三）条は六脩を右賢王と称しているが、これは穆帝を大単于に任命したためである。

選ばれ、穆帝を継いだのは、自然に桓帝の子の普根となった。もし賀傉が桓帝の子であったならば、普根の死後に賀傉は普根を継いで君主となるべきであり、普根の子が立つことで国人の強烈な反対を招くには至らなかったろう。もし祁皇后が赤子を立てることを目論んだのであれば、話が通じなくなるが、賀傉もこのとき幼年であったために、祁皇后の専制を阻まなかったのである。桓帝の子孫が既に尽き、三二一年に祁皇后と穆帝が生んだ恵帝賀傉を立てざるを得なかったとき、賀傉は政治を行うことができず、太后が臨朝せねばならなかった（普根の赤子が立てられたとき、既に祁皇后は臨朝していたが、その時期は極めて短かった）。年齢に基づいて言うならば、恵帝・煬帝は穆帝の子であったと断定してもおかしくはないであろう。

そのため、私は情勢の変遷は次のようであったと考えている。一、穆帝が死去し、平城の局面は、すぐに（表に出てはいなかった）祁皇后により接収管理された。二、祁皇后はさらにその故夫である桓帝の系統に戻り、また祁皇后は計略で権力を掌握し、桓帝の子普根を君主に立てた。普根が死去すると、その赤子を立て、その赤子まで もが死去すると、結局祁皇后自身が君位を占める他になくなった。三、平文帝が殺害された後、祁皇后はさらに全力で自身の子（穆帝との子）賀傉・紇那を支えて君主としたが、権力を掌握したのは依然として祁皇后であった。四、こうした多くの筋が通らない事態を、盛楽にいた拓跋国人は容認できなかったため、盛楽にて平文帝を擁立し、祁皇后が平文帝を殺害するといったことがあり、後にはさらに煬帝─烈帝─煬帝─烈帝という復《ふく》辟《へき》・反復辟の闘争が生じた。各種の曖昧な事例から、私は賀傉・紇那が穆帝の子であったと推定した。これらの事情が連続して歴史に出現したのは、鮮卑・烏桓の寡婦の兄嫁を妻とするという習俗と、夫が死去すれば「その前夫のもとに帰る」という習俗のためであり、最終的には女主専制という茶番劇に至ったのである。

序紀にあらわれるこうした歴史の曖昧さ（の一部あるいは全部）は天興年間（三九八～四〇四）に鄧淵《とうえん》が『代記』を編纂した〔本書第五章〕ときには存在せず、当時はその時代からそれほど時間が経過しておらず、『代歌』からいくつかの真実の内容がうかがえたと思われる。しかしことは「干名犯義（礼教と道義に反すること）」に属し、権力を掌握した者は「備わってはいるが（道義的に）正しくはな（備而不典）」く、「国悪を暴露し（暴揚国悪）」ていると見なし、後の史臣により繰り返し削除し尽くされた。今日拓跋の史跡を検討する機会を利用して、こうした疑問点を提起したが、もしかしたらこのような疑問を持ち、証拠を探求している同好者がいて、それについての肯定あるいは否定の結論が出される日が来るかもしれない。

第七章　拓跋猗盧残碑及び拓本に関する題辞二篇

——残碑出土地点についての疑問解明を兼ねて

北京大学図書館には、猗盧残碑《いろざんぴ》の拓本があり、そこには柯昌泗《かしょうし》の題辞が付されている。この碑が拓跋部の穆帝猗盧と関係するのは間違いなかろうが、では一体どのような趣旨の碑であったのか。この碑の背景にあるものは何か。写真は雲岡石窟。

https://commons.wikimedia.org/wiki/File:云冈石窟05--CNSX-352-001.jpg?uselang=ja より転載。

猗盧残碑《いろざんぴ》の拓本には柯昌泗《かしょうし》の題辞一篇が附され、北京大学《ぺきんだいがく》図書館に所蔵されており、もとは目録に収録されていなかったが、二〇〇二年春に胡海帆《こかいはん》氏の助力を得て、初めて見ることができた。拓本の表は四九×三〇センチで文字は縦に一行彫られ、「王猗盧之碑也」の六字が残っており、字には罫線がある（図7-1）。「王」字は最初の一画が欠けているが、その上に「代」字が欠けていたことは疑いない。羅振玉《らしんぎょく》は柯昌泗の提供した情報に基づき、この残石を『石交録《せっこうろく》』に著録しており、『羅雪堂全集《らせつどうぜんしゅう》』続編（台北、文華出版公司、一九六九年）に見られる。『石交録』の録文には「王猗盧之碑也」の「也」字が書かれておらず、図像もなく、羅氏が拓本の現物を見ていなかったことがうかがえる。残石の碑陰は五四×二一センチであり、狩猟の図像が彫られ、柯氏の直筆の題辞が碑陰の右上方にある（図7-2）。羅・柯の両氏はともに金石の鑑定に秀でており、この残碑は二人の斟酌を経て、偽物ではないことが確認された。私は「文献にあらわれる代北東部の若干の拓跋史跡の検討（文献所見代北東部若干拓跋史跡的探討）」（本書第六章）を執筆していたとき、既に「拓跋陵」・「猗盧墓」の文献資料を調べ、『石交録』に猗盧残碑が著録されていることを知り、そのままこれに基づいて説をなし、文章にあらわし、上述の論文に含めた。そのときは猗盧残碑の拓本が現存していることを知らず、拓本の図像や柯氏の題辞も見ていなかった。二〇〇三年に上述の論文を『拓跋史探』（初版本）に収録したとき、知ったばかりの猗盧残碑の拓本と題辞の資料を簡単に紹介し、該書の附録としておいた。

猗盧残碑の柯昌泗の直筆の題辞には次のようにある（図7-3）。

丁丑三月、綏遠《すいえん》の商人がこの残碑碑額の拓本を売り込みに来たが、いつのものであるか分からなかった。私は一見して、記録にない珍品ではないかと訝《いぶか》り、すぐに廉価で買い取り、大事に包んで車で持ち帰ったが、これはチャハル赴任時のコレクションの逸品である。長城以北で、六朝《りくちょう》以前の石刻があらわれたとは聞いた

図 7-1　拓跋猗盧碑碑陽

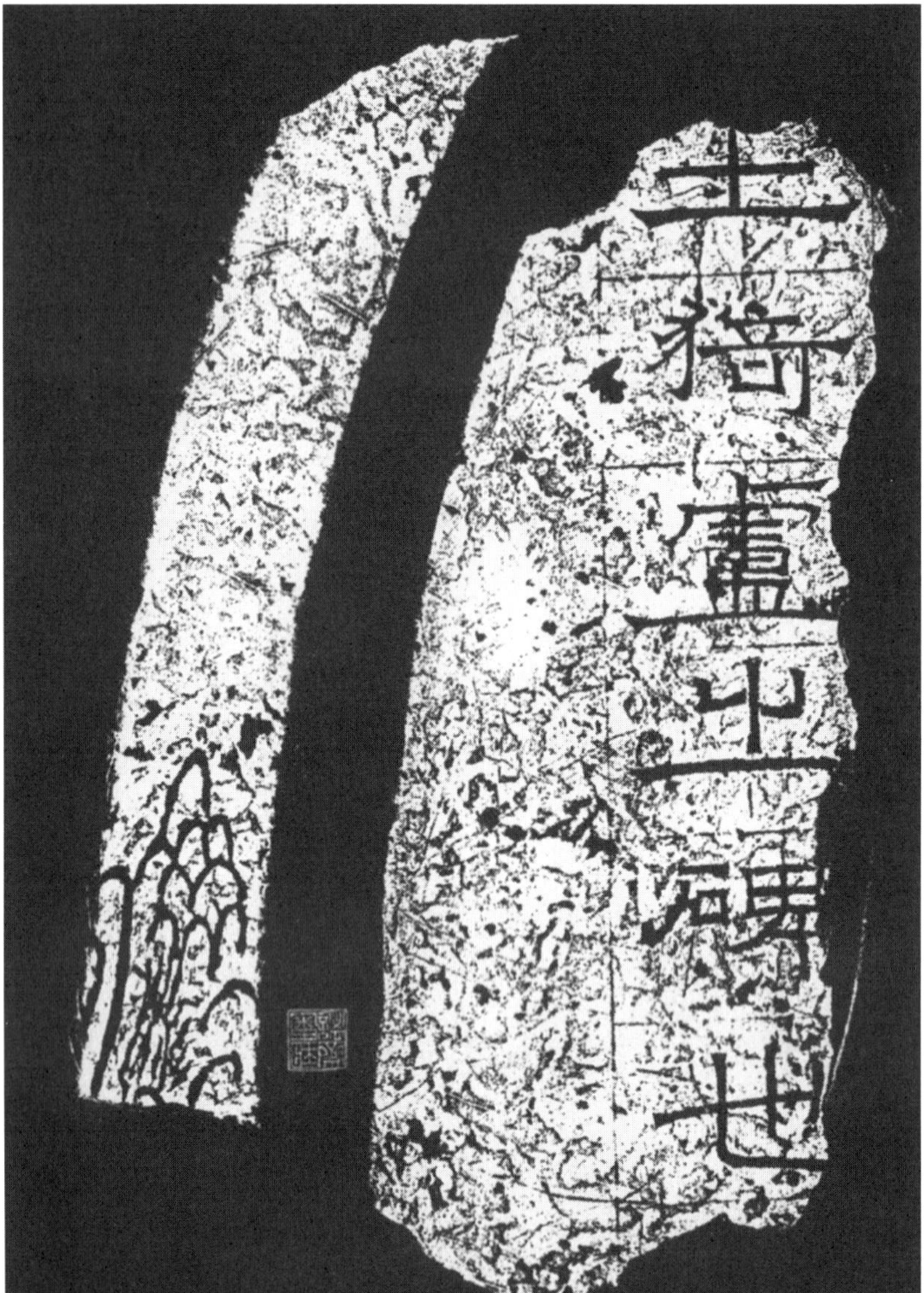

図 7-2 拓跋猗盧碑碑陰

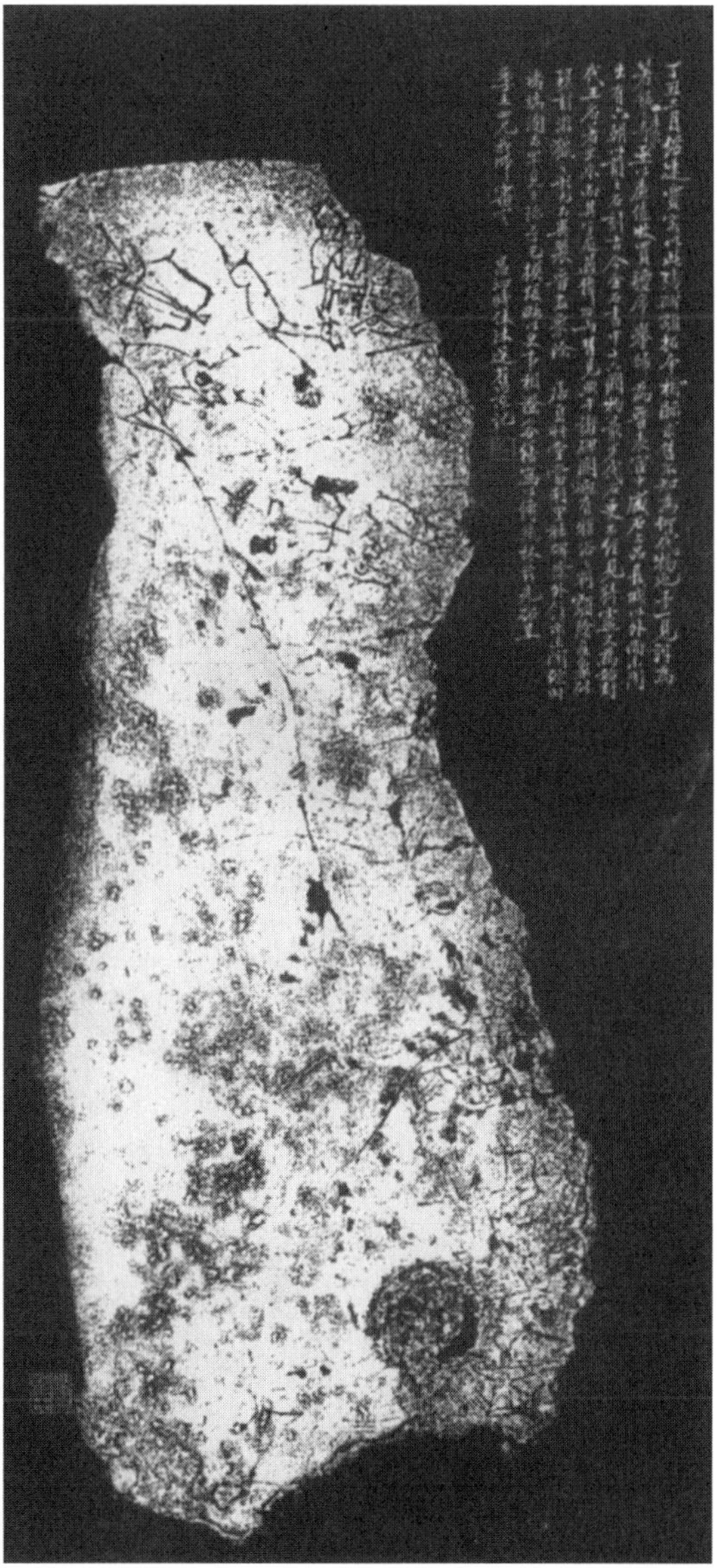

ことがない。古今の金石書においては、十六国のものが最も少なく、代の石刻はいっそう見当たらない。猗盧は初めて代王に封ぜられた人物で、史書に著名である。そしてその字体は力強くしっかりとしており、また見慣れた晋朝の諸碑闕と比べれば、雅か俗かという差は歴然である。額陰の画像は狩猟の様子を字の周囲に彫刻したようであり、とりわけ他のものと異なっている。晋の画像は居貞草堂《きょていそうどう》所蔵の『当利里社碑《とうりりしゃひ》』(1)碑陰

(1) 〔訳注〕『当利里社碑』は一九二五年に洛陽にて出土した石碑。

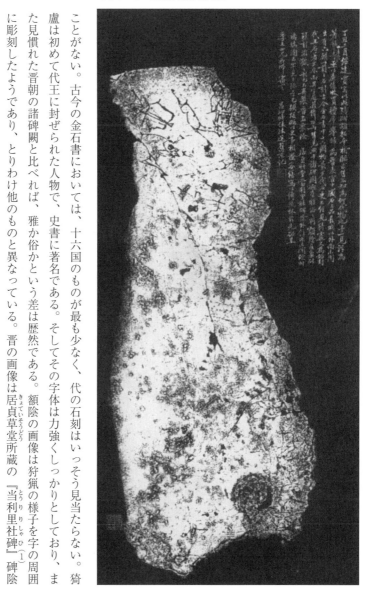

図 7-3 柯昌泗題辞（前件）

以外では、私も聞いたことがない（図7-4）。様々な点を綜合すると、滅多にない珍品である。私は既に跋《ばつ》文《ぶん》を撰し、おおよその史事をもって考証し、謄写して芸林に伝えるつもりで、ここではとりあえず我が師である季木《きぼく》四兄に呈し、確認してもらうこととする。昌泗《わたし》はこのとき休暇をとっており北平《ほくへい》にかえって記

図 7-4　当利里社碑

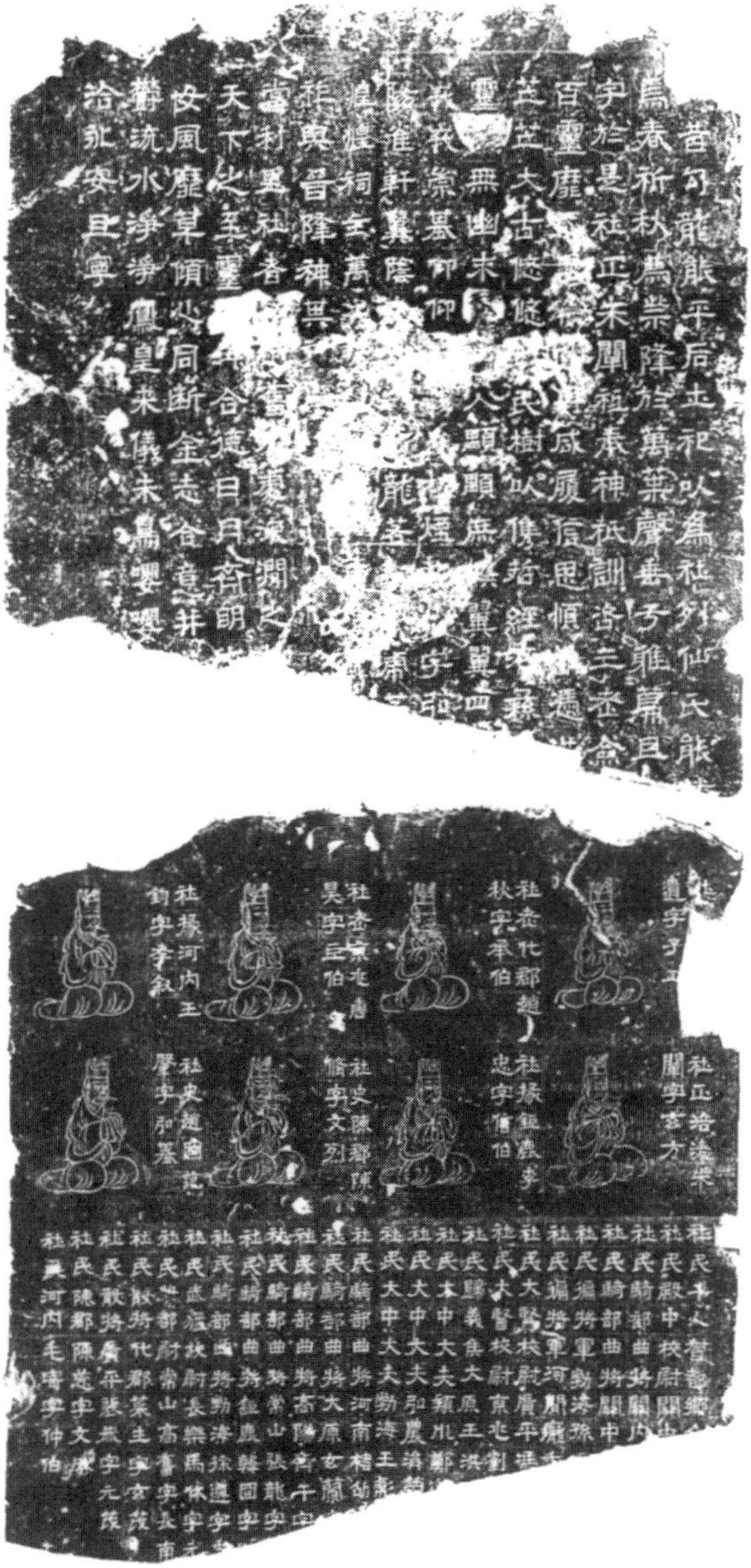

した。

丁丑三月、綏遠賈客以此残碑額拓本相眎求售、不知為何代物也。予一見、訝為著録未有之奇、亟以廉値収買、毡席輿帰、為晋表宧中臧石上品。長城以外、尚未聞出有六朝以前之石刻。古今金石書中、十六国物最少、代石更不経見。猗盧又為始封代王、名著史乗。而其字書遒偉、亦与習見典午諸碑闕、迥有雅俗之判。額陰画

象似環刻游猟之形、尤為異制。晋画象除

居貞草堂『当利里社碑』陰外、余亦未聞。綜此諸端、洵為罕見之珍。予已撰跋、略以史事相証、容繕写以伝芸林。茲先拓呈

季木四兄我師審定。昌泗時休沐還旧京記。

残碑の陰陽両面の拓本には「謐斎審蔵」・「燕舲」・「膠西柯氏」等の印章が押されていた。

叙述の便のため、本章では柯氏のこの題辞を前件と称することとする。前件中には「私は既に跋文を撰し、およその史事をもって考証し、謄写して芸林に伝えるつもり（予已撰跋、略以史事相証、容繕写以伝芸林）」云々とあり、柯氏がなおも正式な跋文を持ち、世間に広め、同好の士と相互に切磋していたことが分かる。代の石刻は珍しく貴重な文物である。関心を注ぐ者は柯氏の跋文が早くあらわれ、共同で分析・研究することを期待していた。

二〇〇六年秋、柯昌泗がこの猗盧残碑とは別の拓本に手書きした題辞の写本を見る機会を得た。内容は比較的豊富であり、文章も比較的長いが、少数ながら判別が難しい字があった。二〇〇七年春、さらに幸いにもこの写本のコピーを見ることとなったが、文字ははっきりしており、その全部が判別できる。柯氏の前件の題辞と対比しても、その真実性に疑うべき点はない。本章ではこのコピーの題辞を後件と称することとする。ここでこの後件の題辞の文章を書き写すと次のようになる（図7-5）。

この碑額残石は、乙亥の秋に綏遠城の南三十里の達頼営村古城遺跡より出土し、現在は私の書斎にある。碑石には「王猗盧之碑也」の六字一行が残っているが、その全文は「晋故大単于代王猗盧之碑也」の十二字両行であったはずである。この形式によれば、見当がつくであろう。猗盧は拓跋の先祖で初めて代王に封ぜ

図 7-5　柯昌泗題辞（後件）

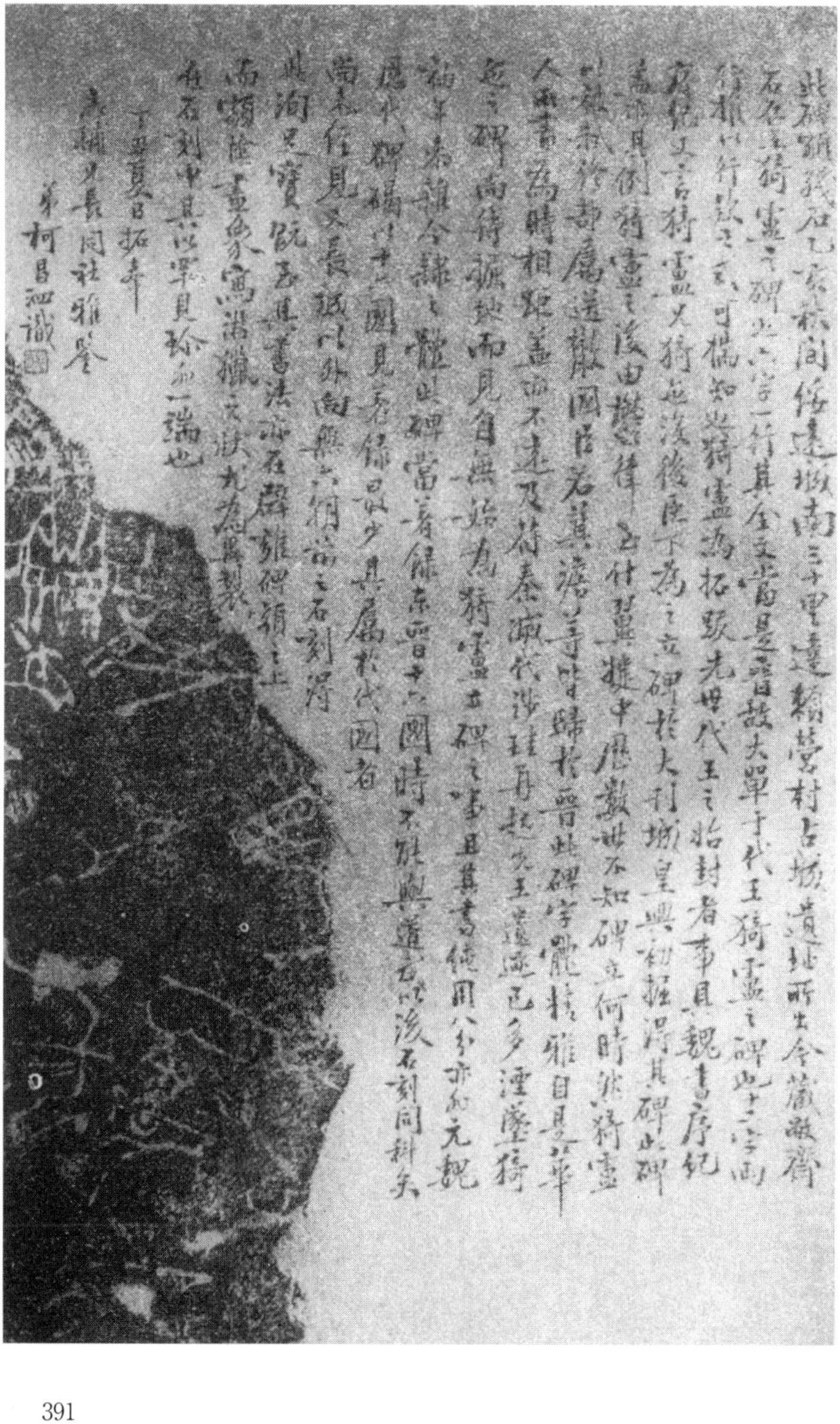

られた者であり、ことは『魏書《ぎしょ》』序紀《じょき》に詳しい〔本書第四章〕。序紀は猗盧の兄である猗㐌の没後に、臣下がこのために大刊城（刊は邗に作るべきであり、柯氏の誤写である）に石碑を立て、皇興《こうこう》（四六七～四七〇）の初め

にこの碑は発掘された。この碑もそうした例に沿うものであろう。猗盧の後、鬱律から什翼犍に至るまで、数世代を経ているが、石碑がいつ立てられたかは分からない。しかし猗盧は弑殺《しいさつ》され、部族は四散した。姫《き》澹《たん》らのごとき国臣は皆晋に帰属した。この碑の字体は精雅であるから自ずから華人が書いたものとなり、そのときと遠く離れているというわけではないであろう。前秦が代を滅ぼし、拓跋珪《たくばつけい》の再起を経たとき、先王の事跡は、既に多くが埋もれており、猗㐌《いた》の碑は発掘によってようやく出てきたが、自然と最初から猗盧のために石碑を立てたということはなくなるであろう。またその書体は純粋に八分体を用いており、北魏初年に今隷の書体が混じり合っていたのとは異なる。この碑は東晋《とうしん》十六国時代のものとするべきであり、道武帝《どうぶてい》以後の石刻と同一種にすることはできない。歴代の碑碣《ひけつ》で十六国時代のものとされるのは最も少なく、代国に属するものはなおも見当たらない。また長城以北においては、六朝以前の石刻はなおも見つかっていない。これを得たことは珍宝とするに足るものである。その書法についても、『晋辟雍碑《しんへきようひ》』[2]碑額以上のものであったことは間違いない（図7-6）。そして額陰の画像は狩猟の様子を描いており、とりわけ形式が異なり、石刻中で様々な意味からその珍しさで貴重とされよう。

丁丑の夏に拓本をとり、学兄志輔《しほ》に進呈する。同社雅鑑。

弟柯昌泗識《しる》す（下の印の文字は識別できない）

此碑額残石、乙亥秋間綏遠城南三十里達頼営村古城遺址所出、今蔵敝斎。石存「王猗盧之碑也」六字一行、其全文当是「晋故大単于代王猗盧之碑也」十二字両行。推以行款之式、可揣知也。猗盧為拓跋先世代王之始封者、事具『魏書』序紀。序紀又言猗盧兄猗㐌没後、臣下為之立碑於大刊城、皇興初、掘得其碑。此碑蓋亦其例。猗盧之後、由鬱律至什翼犍、中歴数世、不知碑立何時。然猗盧以被弑終、部属迸散。国臣若箕澹等皆帰於晋。此碑字体精雅、自是華人所書、為時相距蓋亦不遠。及苻秦滅代、渉珪再起、先王遺迹、已多湮墜、猗㐌之碑尚待掘地而見、自無始為猗盧立碑之事。且其書純用八分、亦非元魏初年参雑今隷之体。此碑当著録東晋十六国時、不能与道武以後石刻同科矣。歴代碑碣以十六国見著録最少、其属於代国者尚未経見。又長城以外、尚無六朝前之石刻。得此洵足宝翫。至其書法、亦在辟雍碑額之上。而額陰画象写游猟之状、尤為異制、在石刻中其以罕見珍、非一端也。

図 7-6 晋辟雍碑

（2）〔訳注〕『晋辟雍碑』は一九三一年に洛陽にて出土した石碑。立碑年は西晋咸寧四年（二七八）。西晋武帝《ぶてい》司馬炎《しばえん》が皇太子司馬衷《しばちゅう》（後の恵帝《けいてい》）のために挙行した、洛陽南郊の辟雍における礼の様子を讃えたもの。

丁丑夏日拓奉

志輔兄長同社雅鑑

弟柯昌泗識

前件と後件の筆跡は一致しており、内容は相互に裏づけ・補足ができ、相互に呼応する点が非常に多い。後件も残石碑陰の拓本右上角の空白のところに書かれている。二つはともに一九三七年丁丑夏に記された。前件がやや早いが、十日ほどの隔たりに過ぎなかったはずである。前件が簡単に書かれ、残石の由来を紹介している一方で、後件は史実を考証し、判断・推測がなされており、一見してこれが前件に称される「私は既に跋文を撰し……謄写して芸林に伝えるつもり（予已撰跋……容繕写以伝芸林）」の跋語であることはすぐに判明する。歴史学界が関心を注いだ、柯氏の手による猗盧残碑の跋語は、意外にもこのように早く世にあらわれることとなったのである。

柯昌泗のこの二つの題辞の寄贈対象については、たまたまこの二人であったのだろうか。前件は「季木四兄」に贈られ、使われる言葉は「茲先拓呈」であり、落款には「昌泗はこのとき休暇をとっており北平にかえって記した（昌泗時休沐還旧京記）」とあり、柯氏がチャハルの任地から北平（北京《ぺきん》）に帰ってきたその日に相当する。後件には「拓奉志輔兄長」とあり、落款には「弟柯昌泗識」とある。前件の称する「季木四兄」が建徳周氏《けんとくしゅうし》の周季木（周叔弢《しゅうしゅくとう》の弟）(3)であることが分かる。後件に称される「志輔兄長」も、建徳周氏出身者（周叔弢の従弟）であった。柯・周両氏には家ぐるみの付き合いがあったのだろう。前件には「拓呈」、「我師審定」等の敬語が用いられているが、後件には「拓奉」、「兄長同社雅鑑」としか言われていない。周季木・周志輔と柯昌泗は、もともと同輩として交際していたが、昌泗から見れば、季木は年上で、その学芸は先んじており、昌泗に尊重され、一方の志輔はやや年少であったが、昌泗とは親しく交際していたと私は推測する。ゆえに二つの題辞の用語と称謂に差が生じたのである。後件に「同社」を称謂に冠していることについては、前件に言われている、撰跋して「芸林」の同好の士に伝えるという意と対応させるために用いられたものである。柯・周両氏の友人たちの多くは文史金石の学を嗜み、同好の士の間では頻繁に情報が交わされ、ときには相互に交際し、社という組織を作り、雅事を切磋したのであって、「同社」の称はこうした事情によったはずである。陳冠華《ちんかんか》氏は『季木蔵陶』の周明泰《しゅうめいたい》（志輔）の一九四二年に書かれた序言を見つけ出し、その序言には、一九二九～三〇年の間に、周氏の季木・明泰・叔迦《しゅくか》兄弟と柯昌泗とは、ともに北平に寓居し、学芸を切磋し、玨社を設立したとあるが、これは四人が各々の分野を専攻し、互いに鍛え合い、高め合うという意味である。序言は『新編全本季木蔵陶《しんぺんぜんぽんきぼくぞうとう》』（中華書局、一九九八年）附録に見られる。玨は、『説文解字《せつもんかいじ》』段玉裁《だんぎょくさい》注に引く『玉編《ぎょくへん》』には「今は展に作る（今作展）」とある。

柯昌泗の前件の題辞を見ると、柯氏が「休暇をとっており北京にかえ（休沐還旧京）」ったとたんに、猗盧の碑を周季木に「拓呈」したことが分かり、題辞の中にて「居貞草堂」の資料を引用してその参考とした。これは周氏が蔵石の名家であり、所蔵品が豊富で、識見が精緻を極めており、柯氏がすぐに彼の猗盧の碑石に対する意見を欲しがったためである。周季木は、その室を「居貞草堂」と称しており、『居貞草堂漢晋石影《きょていそうどうかんしんせきえい》』と『季木蔵陶』以外は、その所蔵する銅器は商承祚《しょうしょうそ》『十二家吉金図録《じゅうにかきっきんずろく》』に収録されている。柯氏が季木を「我師」と尊んだのは、すなわちこのためである。

前件の題辞の末尾にて、柯氏はこの残碑を「滅多にない珍品である（洵為罕見之珍）」と評価している。後件に

（3）〔訳注〕周叔弢（一八九一～一九八四）は中国の実業家・蔵書家。名は暹《せん》であり、叔弢は字《あざな》。様々な会社の経営に携わり、一九四九年の中華人民共和国建国以降は、天津市副市長・中国人民政治協商会議副主席等を歴任した。本書で度々研究・論文が引用される周一良氏は周叔弢の子である。周一良著・藤家禮之助監訳『つまりは書生——周一良自伝』（東海大学出版会、一九九五年）参照。

引かれている史書の文章は、もとより前件の題辞の補足説明であり、末尾にて特別に「石刻中で様々な意味からその珍しさで貴重とされよう（其以罕見珍、非一端也）」と記しているのは、まさしく前件の「滅多にない珍品である（洵為罕見之珍）」に対応する。前後両件の文言が合致していることは明らかであろう。後件にて残碑の全文を「晋故大単于代王猗盧之碑也」の一二字二行であったと「見当（揣知）」をつけたことについては、残碑にこうした痕跡が全然ないため、単なる推測に過ぎず、必ずしも当を得ていないであろう。以下は残碑の性質や出土地の問題、特に後者の問題について少し自分の意見を述べ、読者の意見を求めることとする。

いわゆる猗盧残碑の性質とは、この残碑が一体何物であったか、碑の全体なのか、碑額なのか、紀事碑であるのか、または紀功碑であるのか、墓碑であるのか、それとも別の功能を持つ碑刻なのかという諸問題に関わる。これについて、柯・羅の両氏はともに気にとめ、疑問を抱き、斟酌したようであるが、深く追究することはなかった。私は正史・地方志といった資料に基づき、猗盧の死の具体的な経緯や、鮮卑の葬俗を考察し、この残碑が紀功碑・紀事碑ではなく、埋葬制度と関係があって、墓碑と称することは不可能ではないものの、通常の意味での墓碑ではなく、墓碑の残りの碑額でもなかったと推測している。これは猗盧が新平城《しんへいじょう》一帯にて殺害された後、劉琨《りゅうこん》が鮮卑《せんぴ》の「密かに埋葬する（潜埋）」という習俗にしたがい、しばらくそこに置いて立てた標示物であり、その後の識別のために使われたものである。これは西暦三一六年（西晋愍帝建興《びんていけんこう》四年）における拓跋の歴史の盛衰の大転換についての、珍しく貴重な物証である。文物としては、代石の標本であり、書法の珍品である。

柯氏は前後二件の題辞において、これを碑額と称している。羅氏は碑額の称を踏襲し、墓碑の額と認定している。碑額とするならば、これには繋がった碑身があったこととなるが、現在は存在しておらず、かつそれと識別できる痕跡がなく、にわかには確定しがたい。普通は碑額の文は全て簡明であり、碑主の姓名、爵位、本貫などの諸項をあらわすのであり、無駄な文字が出現し、他意をあらわすことはあり得ない。この残碑は「王猗盧之碑也」に作っており、末尾に語気助詞である「也《なり》」字を繋いでいるが、偶然に添えられた無駄な字ではなかったはずである。「也」字は通常はある種の認定・判断の意向を標示するものである。碑額に「也」字が添えられることは滅多にない。柯氏はそれはおかしいと気づきながらも、当時は解釈を行う暇がなかったようであるが、問題はなおも彼の思慮の中にて存在していたであろう。

柯氏は後に石刻の文字を論じ、わざわざこの問題に答えており、彼は、「『新羅新興王巡狩碑《しらぎしんこうおうじゅんしゅひ》』は、咸豊《かんぽう》壬子（一八五二）に尹定鉉《いんていげん》が中嶺鎮《ちゅうれいちん》の官庁の壁間に移して嵌《は》めたもので、跋文には、『旧拓をもって調べると、第一行の王の字の下に、「巡狩管境刊石銘記也」の九字があった』とある。この旧拓については、中国人は知らないものである。標題に『也』の字を用いることも、漢～西晋時代の旧習である。魯市東安漢里画像題字・代王猗盧碑はともにこうである。現在の日本にはなおもこうした形式がある」（葉昌熾《ようしょうし》撰・柯昌泗評『語石 語石異同評』、中華書局、一九九四年）と言っている[4]（図7-7）。柯氏が評したもののうち、原物の実証があるものは、新羅真興王碑の一例しかない。その中にて「也」字が添えられた文は、該碑が管轄地を巡狩したことを記録するために立てられた紀事碑であったことを物語る。「也」字は語気助詞として、立碑記事の目的を定めるために使われた。これは

（4）〔訳注〕『新羅真興王巡狩碑』は、新羅の真興王（五三四～五七四、在位五四〇～五七四）の巡狩の様を述べた、五点の石碑の総称。五点はそれぞれ丹陽赤城碑（一九七八年出土）・昌寧碑・北漢山碑・黄草嶺碑・摩雲嶺碑と呼ばれる。ここで言及されているのは黄草嶺碑であり、元来は黄草嶺（現在の朝鮮民主主義人民共和国咸鏡南道長津郡）の崖に立てられていたが、李氏朝鮮哲宗三年（一八五二）に観察使の尹定鉉によって咸州郡下岐川面真興里（現在の朝鮮民主主義人民共和国咸鏡南道栄光郡）の碑閣に移された。このとき、尹定鉉は碑石を破損させてしまい、上部と右下部が欠けてしまったという。前間恭作「真興碑につきて――青丘学叢第二号崔南善氏真興王碑論文につき同氏に寄せたる書翰」（『東洋学報』第一九巻第二号、一九三一年）、辛澄恵「『黄草嶺新羅真興王巡狩碑』碑文の字形研究」（『朝鮮学報』第一一二輯、一九八四年）参照。

図 7-7 新羅真興王巡狩碑（黄草嶺碑）

碑文中の叙述字句であり、碑額の標題としてわざわざ用いたことを証明することはできない。柯氏はこの例と「王猗盧之碑也」の六字の碑文を相互に証明し、一方を碑額と認定すれば、もう一方も碑額とするべきであるとし、推理してこれを広げ、これをもって「標題（碑額）に『也』の字を用いることも、漢～西晋時代の旧習である」ことを証明しようと企図したのである。こうした方法は周到であるわけではなく、論理的にも通用するものではなく、私には根拠とするには足りないと感じられる。

羅振玉『石交録』はこの碑文を著録したが、「残石には六つの大きな字を存し、そこには『王猗盧之碑』とある（残石存六大字、文曰『王猗盧之碑』）」とし、碑文が両行であり、前行の末尾に「代」字があったはずであると主張する。いわゆる「六大字」は、代王の「代」の字をも数えたものであろう。いわゆる碑文の両行とは、柯氏の説を襲用し、推測しただけではなかったかと疑える。羅氏は碑文中の「也」字には言及していないが、この字が残石の性質という難題に関係することや、無駄な問題を生み出すことを避けたのであろう。私は柯氏が一九三七年夏に北平に帰還した頃、ちょうど日中戦争が勃発し、羅氏は遼東にいて、一九三九年春に『石交録』を編纂したときに、柯昌泗のところからこの残石の情報を知ったが、必ずしも原拓を見たわけではなく、残石に記された文字を確認することができず、慌ただしく著録したのではないかと考えられる。このように彼は碑文に語気詞「也」が附せられた理由を考察することができず、解読に欠陥を残したのである。

しかし羅振玉は、この石と猗盧の死葬に関係があるという、重要なヒントを提供している。猗盧が死去すると雁門山中にて葬られ、劉琨がその葬儀を取り仕切ったが、この残石はすなわち劉琨が立てた墓碑の額であるとされる。これは歴史の実際に近いが、碑額と断定するには、なおも少しばかり足りず、検討の余地がある。

『太平寰宇記《たいへいかんうき》』巻四九 雁門県《がんもんけん》（現在の山西代県）条は、県に「拓跋陵」があったとするが、他の説明はない。『嘉慶重修一統志《かけいじゅうしゅういっとうし》』巻一五一 代州条には、「拓跋猗盧墓は、州の北西の雁門山中にある。『寰宇記』雁門県条に拓跋陵がある」とある。『嘉慶重修一統志』に記されている字句は「陵」を「墓」に置き換え、雁門山中にあると断じているが、それには文中の『太平寰宇記』のみならず、その他の文献、あるいは口碑資料の根拠があったようである。当時の猗盧が南下して六脩《りくしゅう》を攻撃し、新平城地域にて敗れ、雁門山中に逃れ込み、そのままその地で死去したと想定すると、劉琨は南に逃れた拓跋の衆を迎えるために、ちょうど近くに駐留しており、猗盧の埋葬に携わり、善後策を講じることができ、その地にて遺体を斂《れん》し、碑を立てて標識としたことになる。大体においては、羅氏は極めて合理的な推測を行っている。不足の点としては、第一に羅氏が「拓跋陵」・「拓跋墓」の文献を見ておらず、残碑の実物と文献を照合し、その論断の信憑性についての補強をしていないことであり、第二に鮮卑に「潜埋」の旧俗があって、理屈からは陵墓を立てないこととなり、通常見られるような比較的詳細な文面を備えた墓碑ではあり得ず、碑額だけを残し、碑文が残されていないという説が成り立たなくなることを、羅氏が考慮しなかった点である。このため、碑額に語気詞「也」があることについて、羅氏はやはり解釈できなかったのである。実際には、「王猗盧之碑也」は碑体そのものであり、それには猗盧がここに葬られていることを標示するという意味があった。これは「潜埋」の習俗においてしばらく置いたところの標示物に近く、他日の識別に備えたものである。この問題について、以下にて引き続き検討していきたい。

メディアの報道によれば、張自忠《ちょうじちゅう》将軍(5)の襄樊《じょうはん》での殉国の地点にて石碑が立てられ、それは六九×三三×九センチであり、碑体はきめが粗く、「張上将軍初葬処」の七字が彫られており、日付は一九四〇年五月一六日となっていたという。石碑は襄陽《じょうよう》の一農家の手にわたり、五五年を経ていたのである。私はこの報道を読み、すぐに猗盧碑問題を連想した。張将軍の碑文について、その意図は切迫していた時期において、葬儀を行う暇も方法もなく、しばらくここに置き、他日を待つことを示すことにあった。私は、張碑はその功能・作用についてのみ言うならば、猗盧の碑文が示すところと極めて類似しており、ともに初葬地点を表示していたと考えている。張碑は場所の標識という作用を及ぼしただけであったが、猗盧碑もまたそうであった。張碑は七字の碑石が碑の本体であり、碑額というだけではなかった。猗盧碑の現在六字の残石も碑の本体であり、該碑の碑額というだけではなかった。柯氏・羅氏が主張した碑額の説は、根拠のないものであったのである。これらは全て猗盧碑問題についての思考を促進するものである。

柯氏の後件の題辞（跋文）は残碑が綏遠から出土したとしているが、前件にはこの説がない。仮に綏遠出土説が事実に属するものであったとすれば、私が前件の検討において残碑に対して行った各所の判断や、羅振玉の残碑を劉琨が立てたものとする見解は、一切成立し得なくなる。既に同業の友人たちはこれについて私に質問してきているが、私には別の見方がある。ここで簡単に説明を行い、専門家の意見をまちたいと思う。

柯氏の説によれば、猗盧残碑は一九三五年乙亥秋において綏遠城（現在のフフホト市）の南三〇里の達頼営村古城遺址から「出土（所出）」したとし、柯氏は二年後、一九三七年に商人から買い取ったとする。現在知られているように、猗盧残碑は偽物ではないが、その入手ルートについてははっきりと説明できない。残碑は結局のところ確かに商人が言ったような時期・場所で「出土（所出）」したものなのか、それとも商人が市場で入手し、綏遠附近の古城遺址で近年新たに出土したと言い、買い手の信用を得て価値を増加させようとしたのであろうか。この経緯は残碑の性質・用途の考察において、非常に重要であったが、柯氏は必ずしもこの点に注意してはいなかった。柯氏は商人の説によるだけで、細かく検証することなく、本当と信じ込み、「すぐに廉価で買い取り（亟以廉値収買）」、あわせて軽率に題辞・跋語に書き記したのである。調べたところ、現在のフフホト市の近郊には確かに達頼営村があり、漢末から北朝までの城の遺跡が保存されており、遺跡の東側の大きな土盛りは、古い建物の崩落した堆積物であり、昔はたまに拾えるほどの残石の類があり、当地の人々の知るところとなったのである。商人はあるいはこれによって出任せに猗盧残碑がこの地にて最近「出土（所出）」したと言ったのかもしれないが、他に証拠を出したわけではなかった。

私が「文献にあらわれる代北東部の若干の拓跋史跡の検討（文献所見代北東部若干拓跋史跡的探討）」（本書第六章）

（5）〔訳注〕張自忠（一八九一～一九四〇）は中華民国期の軍人。清末に中国同盟会に入会し、馮玉祥《ふうぎょくしょう》の配下で軍人として活躍する。馮玉祥の軍が国民革命軍に吸収されたことにより国民革命軍の軍人となり、日中戦争時には李宗仁《りそうじん》の配下に組み込まれ日本軍と戦ったが、一九四〇年の日本軍の宜昌作戦（棗宜会戦）で戦死した。

を執筆したのは、二〇〇一年の夏であり、この論文では猗盧残碑が雁門山中から出土したと断定したが、そのときには残碑の図像や柯氏の前件を見てはおらず、さらには碑が達頼営村から出土したとする、柯氏の跋語の説も知らなかった。『魏書《ぎしょ》』の記載によれば、猗盧は新平城地域にて混戦を引き起こし、猗盧・六脩・普根はそれぞれ部を擁し、相継いで巻き込まれ、殺し合いや追いかけを繰り返したが、その舞台はいずれも雁門やその隣接地域であった。猗盧の兵が敗れたときに部衆は散り、一人だけとなり、微服を着て民間に紛れ込むというように、情勢は非常に混乱していた。これは確実な史実であるが、詳細さを欠くものである。猗盧の死後の、猗盧の碑の建立者・建立の目的・建立された時期・建立された地点や碑の功能・性質について、上述の基本的な史実に基づき、傍証を補い、道理に合する判断を行うべきであろう。文献からは雁門山中に「拓跋陵」・「拓跋墓」があったことがうかがえる。これは遅くに出た資料であり、先人が気にとめることはなかったが、かえって重要な傍証となり得る。猗盧残碑が世に出ることで、前述の文献によるだけで判断を行うという方向に傾くこととなった。これはもともと乱雑な史実であり、どうでもよいことのようではあったが、もし猗盧残碑や柯昌泗の題辞が世に出なかったのであれば、人々のこの歴史の一段に対する関心を引き起こすことは全くあり得なかったため、長らくこの問題に言及した論文は見られなかったのであろう。

羅振玉は正確に猗盧碑を劉琨が猗盧の善後策を処理するときに立てたものであると判断したが、根拠としたのは『晋書』・『魏書』等の関連史料や残碑の情報に過ぎず、雁門山中の拓跋陵等のその他の資料には言及してはいなかった。劉琨は猗盧の部将箕《き》〔姫〕澹《たん》の代北から南に逃れた軍を支援し、平城に駐留した。ここで注目すべきは、劉琨が応援した、拓跋の南に逃れた軍に、劉琨の子の劉遵《りゅうじゅん》がいたことである。彼はもともと劉琨が派遣した質子であって、長らく代北に居留していた。劉遵の救出は、劉琨が非常に関心を注いでいたことであったに違いない。さらに注意すべきなのは、西晋にて称された平城は、現在の大同市《だいどうし》にある、拓跋が駐留した代北平城ではなく、西晋にて置かれた幷州《へいしゅう》雁門郡に属する平城県（現在の山西代県）であったことである。このとき雁門平城に身を置いていた劉琨が、劉遵を救出した後、最寄りのところで顔を出し、雁門山中にて猗盧の遺体を埋め碑を立てることを含めた、猗盧の善後策を処理したことは、理にかなったものであった。猗盧はしばしば幷州において、劉琨による劉淵《りゅうえん》・石勒《せきろく》〔十六国の漢〕討伐を支援しており、劉琨のそのときの勢力には、もともと猗盧の下にいた衆が多かったため、琨はその善後策を処理する任を辞するわけにはいかなかった。雁門の山域は猗盧・劉琨がともに知悉していた地であり、やや前に劉琨は、併呑した箕澹の衆に石勒討伐を命じたが、箕澹は大敗し、代郡と桑乾河《そうけんが》源の間にて逃げ回るも、雁門山域を離れたことはなかった。劉琨が猗盧のために雁門山中にて彼の遺体を埋め碑を立てたことは、猗盧に対する一種の適切な報いであった。劉琨が猗盧の余衆を収めたのは、建興四年（三一六）三月のことであり、同年一二月に劉琨は石勒に迫られ、東の薊城《けいじょう》の段匹磾《だんひつてい》に投じたのである。立碑の時期が一二月を下ることはなかろう。ついでに言及すると、ちょうどこの月には、西晋の愍帝《びんてい》(6)が長安《ちょうあん》にて劉曜《りゅうよう》(7)に投降したのであり、歴史家はこれを西晋・東晋の国祚が転移した標識の時期としている。猗盧の死と劉琨の幷州放棄とは、あたかも両晋の交替という歴史的な標識となっている。なぜなら劉琨の幷州刺史という名義は、西晋勢

（6）〔訳注〕愍帝司馬鄴（三〇〇～三一七）は西晋第四代皇帝。初代皇帝武帝司馬炎の孫。永嘉五年（三一一）に漢（五胡十六国の一つ）の攻撃により首都洛陽が陥落し、懐帝司馬熾（第三代皇帝、恵帝司馬衷の弟）が捕縛される直前に脱出し、漢の勢力を駆逐した関中の賈疋らに保護され、長安を拠点として永嘉七年（三一三）に皇帝に即位した。しかしその政権は弱体であり、建興四年（三一六）に漢の部将劉曜の攻撃により長安が陥落し（西晋の滅亡）、愍帝自身も平陽（漢の首都）に連行され、翌年に処刑された。板橋暁子「西晋愍帝政権再攷——長安からの『中興』と秩序形成」（『東方学』第一三二輯、二〇一六年）参照。

（7）〔訳注〕劉曜（?～三二九）は前趙（五胡十六国の一つ）皇帝。漢の皇帝劉淵の族子。漢の部将となり、三一六年には長安を陥落させ、西晋を滅ぼすなどの功績を挙げた。三一八年に首都平陽にて外戚靳準《きんじゅん》が皇帝劉粲《りゅうさん》を殺害すると、長安から平陽に向かって軍を進め、自らの皇帝即位を宣言した。靳氏一党を滅ぼすと、国号を趙に変更し（前趙）、首都を長安に遷し、東方の後趙石勒と争った。三二八年に石勒の攻撃により長安が陥落して降服し、後に殺害された。

力が北方において実際に存在していたという象徴であり、劉琨が并州を放棄したことは、西晋の滅亡を意味していたからである。

羅振玉が猗盧残碑の情報を知り、これを収録し、碑が劉琨によって立てられたと判断したことは、正確である。もし劉琨がいなければ、猗盧は拓跋の族人により密かに埋葬され、埋葬の地点はあるいは拓跋が常に用いた方式で、その他の標識を作ったろうが、必ずしも漢字で碑を彫って記したわけではなかろうし、したがって後世の人々には知ることが難しくなっていたであろう。羅氏は猗盧残石の情報を獲得したが、「拓跋陵」・「拓跋墓」の資料を検出しておらず、これを残碑と関連させて考察し、相互に実証することもできなかった。「拓跋陵」・「拓跋墓」の資料は、一旦猗盧残碑という証拠を有すると、遅れてできたとは言っても必ず基づくところがあり、その史料的価値は増大するように見える。私は、「拓跋陵」が人に知られ、あるいは残石の所在により、後人が誤って猗盧の陵墓とし、千年の伝承となり、遂には名を得て史籍にとどまったのではないかとも推測している。

猗盧残碑が雁門山中ではなく、綏遠城南の達頼営村から出土したとする説について、私はほとんど作り話であったと見ているが、それを他人に納得させるのは困難である。猗盧は西晋永興《えいこう》二年（三〇五）に拓跋三部を統轄し、代王に封じられ、五県の封邑を得て以来、実際には既に盛楽《せいがく》からその同母兄猗㐌がもともと駐留していた土地に移り、その活動は全く平城と新平城を中心とする代北《だいほく》地域の東部と南部にて行われ、盛楽とは相当に距離があった。このときの盛楽は文帝《ぶんてい》の蘭妃《らんひ》の孫、すなわち思帝《してい》の子、後の平文帝鬱律《へいぶんていうつりつ》の支配下にあったが、猗㐌・猗盧兄弟は文帝の皇后封氏《ほうし》の子であった。拓跋史において、封皇后の子孫と蘭妃の子孫とは、一系統ではなく、矛盾は非常に深かった。猗盧の死後、史書はその子孫について記載しておらず、鬱律は猗㐌・猗盧の残党勢力を消滅させることをはかり、拓跋の君位争奪でとても忙しく、猗盧を記念するために盛楽の近くに碑を立てたことはなかった。鬱律以後、封皇后の後裔が東におり、蘭妃の後裔が西にいて、交代で君位にいた十数年の混乱の歳月を除いては、北魏の建国と滅亡に至るまで、君位は一貫して蘭妃の系統の後裔に握られており、猗盧のために盛楽地域にて碑を立てるという説は、全く話にならないのである。猗盧碑の後件題辞において、柯氏はもともと衛操《えいそう》らが立てた猗㐌碑を例に擬え、猗㐌碑が大邗《だいかん》に立てられ、大邗より発掘されたのであり、猗盧碑が達頼営村より「出土（所出）」した以上、当初から達頼営村に立てられていたと認識している。これが後件題辞に言う「この碑もそうした例に沿うものであろう（此碑蓋亦其例）」の意味である。しかし柯氏は鬱律以降の歴史において、結局猗盧碑を立てた可能性のある人物を一人も見つけることができなかったのである。また理屈からは、最初に雁門山中で立てた猗盧碑を、盛楽の北の、現在の達頼営村に移し置いた人がいたなどということはあり得ないと断言できる。そのため後件題辞において、柯氏は猗盧碑が結局はいつ誰によって立てられたものであるのかということについて、実際には疑惑の態度を持するにとどまったのである。柯氏の思慮の及ばなかったところとは、商人の発言にどのような根拠があったのかという問題である。

鮮卑人は習俗により「潜埋」の制を行ったが、理屈の上では関係者に後に場所を識別するための標識を残していたはずである。沙漠汗《さばくかん》は陰館《いんかん》附近にて殺害されたが、その地にて密かに埋葬されたはずである。二〇年近くの後、その子の猗㐌が初めて平城にてその父を改葬したが、明らかにもともと葬られた正確な地点を認識しており、それでようやく実行できたのである。しかしこの識別の「暗号」は外部の人間にはさらけ出されず、後の人々はいっそう知ることができなくなっていた。拓跋は代北に百年余りおり、皇帝一家の陵墓ではもともと漢人であった馮太后の墓を除いては、現在に至るまで一つも発見されず、これはあるいは「潜埋」の習俗と関係があるかもしれない。この習俗は拓跋だけでなく、烏桓にもあり、石勒とその母は襄国城《じょうこくじょう》の南に葬られたが、ともに「潜窆」・「夜瘞」であり、その地点に関して詳しくは分からなくなっている。石勒の母である王氏は、あるいは烏桓から改めた姓であり、死去して烏桓の本俗にしたがったのかもしれない。しかし石勒がこの習俗を用いたことは不可解である。

要するに、現在に至るまで、私は依然として、猗盧碑が雁門山中にて猗盧が「潜埋」されたところの近くで、臨時に立てられたものと見ているのである。これは一種の特殊な性質を帯びた墓碑であり、立碑の目的は埋葬された地域を表示し、後人の処理を待つことにあったと言うことができよう。拓跋の習俗にしたがって「潜埋」し、また漢人の習俗にしたがって碑を立てて標識としたことについては、それをつかさどった者が漢人劉琨であったことによる。史書に記される雁門山中の拓跋陵については、全く根拠のないことではなく、少なくとも依拠すべき後世の伝承はあったと見られる。史料の信憑性から評価するならば、『太平寰宇記』に初めて「拓跋陵」の説が見られ、同時代のことではないにしても、結局は遅すぎると見ることもなく、北宋《ほくそう》初期に見られた十六国北朝の史料は後世に残るそれよりずっと豊富であったことになる。

我々は、『唐書《とうじょ》』・『宋史《そうし》』及び『崇文総目《すうぶんそうもく》』が全て『劉琨集』十巻を著録し、別に『劉琨詩集』十巻があり、北宋時代の劉琨の書が、なおも完全なものであったと証明し得ることを知っている。『直斎書録解題《ちょくさいしょろくかいだい》』は『劉司《りゅうし》空集《くうしゅう》』十巻について、前五巻は完全に近いが、後五巻には欠落や誤りが非常に多いと言う。今厳可均《げんかきん》『全晋文《ぜんしんぶん》』が輯録した該書のわずかの遺文について見れば、直接的に猗盧に言及した資料が若干ながらある。逯欽立《りょくきんりつ》『先秦《せんしん》漢魏晋南北朝詩《かんぎしんなんぼくちょうし》』が輯《あつ》めた劉琨の詩は多くはなく、その句は多く政治的な内容を含んでいる。ここから、劉琨の詩文にはあるいは劉琨が猗盧の葬事を切り盛りしたという資料があって、楽史《がくし》『太平寰宇記』に引用され、雁門山中の拓跋陵の説は、あるいはここに由来するのかもしれないと推測されよう。また、『十六国春秋《じゅうろっこくしゅんじゅう》』はその散佚過程が比較的長く、少なくとも北宋中期には比較的多い残篇がなおも見出されたため、『資治通鑑考異《しじつがんこうい》』の引用した書には『十六国春秋鈔《じゅうろっこくしゅんじゅうしょう》』があった。楽史の『太平寰宇記』の成書は『資治通鑑』よりも一世紀近く早く、そのときには見出せる十六国関係の資料は比較的多く、劉琨・猗盧の一般に知られていない史実で『資治通鑑』

が見ておらず、採択していないものを含んでいた可能性がある。十六国には拓跋の代国は含まれていないが、拓跋の事跡の中には他国の記録から見出せるものもたまにある。楽史の書は収集が豊富であり、考証はとりわけ正確であり、これが採択した「拓跋陵」の説には、十六国史の来源があったかもしれない。さらに後の「拓跋墓」の説については、「拓跋陵」の説が変化して来たものであったかもしれず、あるいは別にある種のよるべき口碑資料があったのかもしれないが、これは確認はできない。

上述の考えは、私の歴史故事に対する思考であり、探究という性質のものである。結局、歴史の細部や各種の偶然の要素について、後人が知悉するのは難しいのである。例えば猗㐌の功徳碑のあった大邗城について、これは猗㐌の嫡子である左賢王普根《ふこん》が守った「外境」であったのであろうか、その遺跡は果たしてどこにあったのであろうか――こうした拓跋の発展情勢に関係する問題は、現在に至るまで明確には言及できない。このため、猗盧の残碑に関連する問題は、目下のところ完全に話す余地がなくなるほどにしない方がよく、以後は新たに発見されるであろう証拠に関心を注がなければならないのである。(8)

（8）（補注）本章が完成した後、殷憲《いんけん》氏の新作「北斉張漠墓誌与北新城」（待刊）を見る機会を得た。この論文は墓誌の出土地点や地面の調査に基づいて、現在の山西朔州市《さくしゅうし》の南西の梵王寺村附近に、「王城」・「太子墳」等の地があったとし、これは穆帝猗盧の時代の新平城（小平城）建設やその後における拓跋の内戦の諸事の遺物・物証であろうと指摘した。この一帯はまさしく灅水《るいすい》の水源であり、雁門山域を出るものではない。殷氏は現存の猗盧残碑の出土地問題についても、新たな糸口を発見する可能性があるとされている。殷氏の論文は人を嘱目《しょくもく》させるものであり、発見は続いており、現有の成果を充実させることが期待される。

修訂本後記

『拓跋史探《たくばつしたん》』（初版本、生活・読書・新知三聯書店、二〇〇三年）が出版されて既に数年が経った。この書には「先天的欠陥」があって、どうにも気になり落ち着かなかったので、普段自分の調査や読書によって得られた知見や、読者から賜る指正と反論の意見を、ついつい本の余白に書き込んでしまった。こうして少しずつ積み重ねられた資料によりながら、推敲や増減を何度も行い、整理したのが、本書（修訂本、生活・読書・新知三聯書店、二〇一一年）である。修訂本は初版本と比べて多くの部分に手を入れ、史料の使用や理解の不足箇所を訂正した他、若干見解そのものを改めた部分もある。初版本には猗盧《いろ》残碑《ざんぴ》拓本の資料を附録したが、近年いろいろと判明し、考察の余地がかなりあったため、文章化し、今回の修訂作業にあたって、短編ではあるが、一章として組み込んだ。このように、原書の構成をあちこち調整し、新出資料を補充した結果、修訂本は初版本に比べてすっきりしてかつ精緻な仕立てとなり、少なくとも目立つミスや不適切な箇所は少なくなったと思っている。なおも初版本ではまだ傍証を要する段階で完全には一件落着といかなかった問題について、多少の進展があったことも、私にとっては慰めである。

とはいえ、私としてはまじめにこつこつと編集した後に修訂本を世に出したが、これとても総じて言えばまだ探りを入れた段階であるということは、繰り返し説明する必要がある。私の初志は、なおも「学術は公共の器」という理念を堅持しつつ、自分の収穫や現在有している認識を総動員し、研究の筋道をつけることであって、定見をなすことではなかった。同好の読者に献上することによって、ともにさらなる考察を行うのに役立てば、との気持ちであった。私は歴史の新知見の獲得には学界が長きにわたって積み重ねる努力が必要だ、という一種の願望にも似た信念を持っており、功を焦る気は毛頭なかった。拓跋史という、史料が極めて少なく漠然としている研究領域に対しては、なおさらのことである。今もなおこの気持ちに変わりはない。初版本にて提起した各々の問題や論証について、修訂の過程において、ところどころその充実と正確さを期し、あるいは別に大いなる開拓を行おうとしたが、無力であった。そのためこの修訂本は、全体の内容・枠組みという面においては、初版本と比べると、「基本的には同一、多少違う」と言えるだけで、新規巻き直しの箇所はさほどない。

ここまで来て、私は顧頡剛《こけつごう》氏がかつて始動させた古代史研究の巨大な学術プロジェクトに思い当たった。氏は『古史辨自序《こしべんじじょ》』において真摯な願望を示され、「自己の考えに忠実で、恐れず自ら発展に向かって進みゆく諫言の友を得ること」を強く希望されていた。顧氏はそのときちょうど中年にさしかかったばかりで、気力旺盛、学問はまさしく百花繚乱の時期であった。その学術の着想における偏向の有無、討論者の賛同がどの程度であったかはさておき、氏は学問に励むために友人を求めたのであり、その様たるや痛切であり、その気持ちは深かった。誠に顧氏がその生涯においての学術の実践が示されたごとく、歴史上の重大問題を究明しようとすれば、たとえ思想の脈絡において最も一般的な共通の認識を得るだけのことでも、広く同好の士が集まって、互いに諫言の友となり、個々が自力で探究することが肝要で、それによって初めて成功を求めることができるのである。顧氏はその学術上の抱負をもって古代史研究の自由・独立や異彩の出現、恒久な継続を推進された。こうしたことに関心をもつ学者なら、自分の志と合おうが違おうが、全て顧氏の、先駆者としての功績を否定することはできないであろう。今、私は先学を仰ぎ見て、もとより同じ土俵で話せないのは承知の上だが、私自身も似たような心境は抱いており、その上若干の「恐れず自ら発展に向かって進みゆく諫言の友」を確かにもっていて、内から外から、賛同なり反対なり、反響を出してくれる。これについては本当にありがたく思っている。

既に述べたように、この数年来、私が知り得た初版本に対する評価、とりわけ誤謬の指摘、賜った新情報は、極力本書の修訂のよりどころとして引用させていただいたが、遺漏は免れないであろう。実は、本書に対し、かなり高い要求を出してきた熱心な友人もいた。たとえば書中に見える各地点の正確な位置、ある制度の遙かなる淵源、歴史上に残された問題の再整理などである。こうしたテーマは非常に重要だが、どれも専門性が強い一方で関連分野は広大である。必要とされる知識にとうてい足りないことは、私自身がよく分かっており、もとよりそれに耐える力もなく、逐一希望通りにするというわけにはいかなかった。今後、気力・体力に満ちた同業の友人たちが考察を進め、拓跋史上のより多くの問題を解明し、さらに多くの新知見を得て、拓跋史研究の水準を高めていただければ、と願っている。そのような、まさに深く鍬を入れ耕している最中の同業の研究者たちが、それぞれに精進し、いつの日か必ずや大成することを、謹んで刮目《かつもく》し待ちたい。

学者の人生は、一般に言われてきたところでは、皆青年時代に耕作に励み、中年時代に収穫し、老いては落ち穂を拾うものとされている。これはもちろん「青年からは収穫が見込めず、中年・老人は耕作・草取りにつとめる必要はない」ということではない。私自身は目下、落ち穂拾いを楽しんでおり、またこのようでしかあり得ないのである。宋人の沈作喆《しんさくてつ》『寓簡《ぐうかん》』にあげられた故事に、「欧陽脩《おうようしゅう》が〔(晩年に)〕、常々綴ってきた文章を竄定する際、神経を苛む甚だ苦しい作業に自嘲して、『先達の怒りは畏れぬが、後生の嘲笑が恐ろしい』と言った」とあった。ここまで読んだとき、思わずどきっとした。これぞ、まさしく我が心の声に他ならなかったからである。

しかしよくよく考えてみると、「後生の嘲笑」は、しかるべき理由と根拠があって笑うなら、それはとりもなおさず学術上の止揚、学術上の超越を意味するものであって、当然学界の福音と見なすべきである。教鞭をとる者としての立場から言うならば、新陳代謝はまさにかねてからまちこがれてきたところであり、それどころか額に手をかざして敬意を表するべきものであろう。

田　余　慶

二〇一一年三月記

補論　「子貴母死」制度研究の構想について

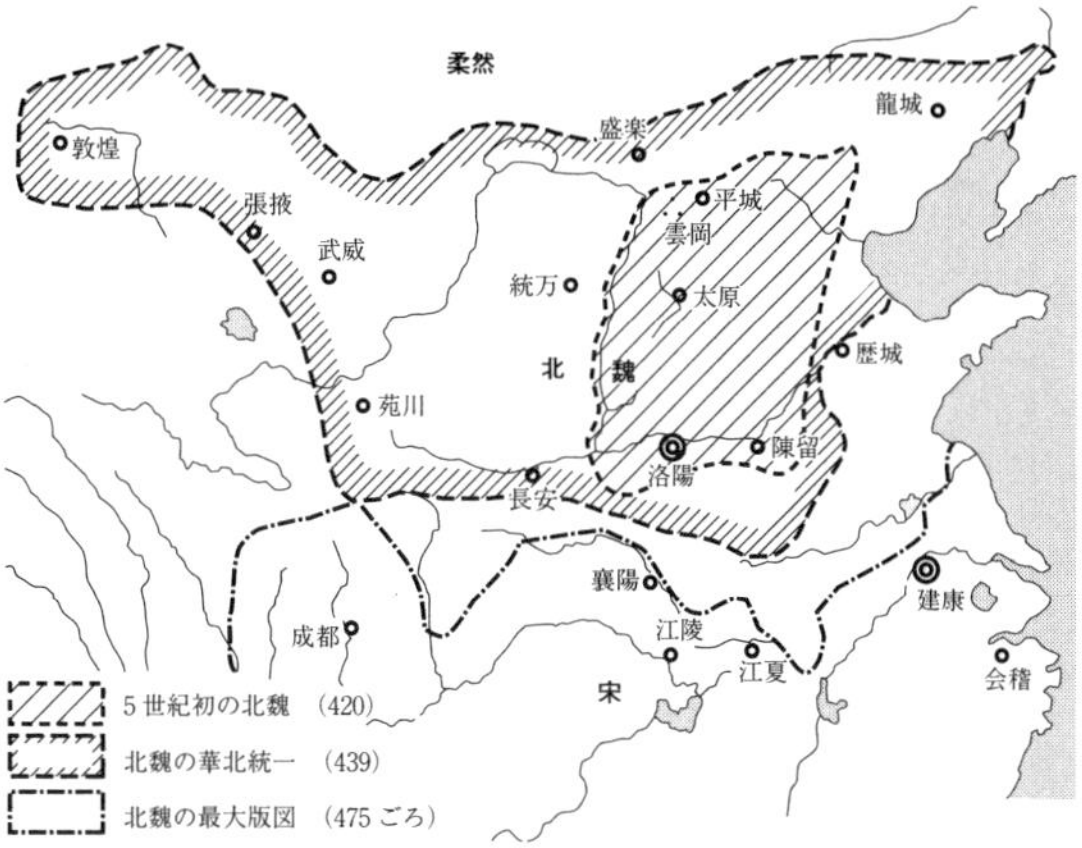

本章は著者による拓跋史研究のプロセスを回顧した、一種の自叙伝であり、本書のアイディアがどのような過程をたどりながら生み出されていったのかが記されている。図は北魏時代（386～534）地図。

川勝義雄『魏晋南北朝』（講談社、2003 年）347 頁より製図。

本章は、第一章の思考方法を整理し、読者の理解の便とするものであるが、同時に、古希を過ぎてこの新領域に足を踏み入れた、研究者としての心得を記したもの、という性格も持つ。私がなぜ拓跋史を研究することになったか。さかのぼって言うと、四〇年近く前、翦伯賛《せんはくさん》氏の指導のもと『中国史綱要』のために秦漢史綱要と魏晋南北朝史綱要の二部を撰写していたときのことになる。過去に積み重ねられてきた教材を新たに整理・調査・訂補・加工し、完成した八〇〇年を扱ったその歴史概説書において、最も薄弱であった部分として、後漢《ごかん》と北魏《ほくぎ》以上のものはないと感じたためである。これらは一〇〇年、二〇〇年続いた重要な王朝であり、本来書くべき内容がないはずはない。しかし、一つには歴史学界のこの二王朝についての研究成果が比較的少なく、二つには私自身の学問の基礎が浅いため、これら二つの歴史の深層領域に進み入って探究を進めることができなかったのである。中国通史には相当多くの王朝、相当多くの分野において、類似の状況が存在し、歴史学界の同人一代一代が引き継いでの、補填・充実が待たれていることを私は知っている。補填・充実の根本的な方法としては、先行研究の基礎の上に一回また一回と通史を改編するのではその目的は果たせず、特定のテーマを扱った研究を数多く行い、徐々に成果を積み重ねていく他にない。上述の『中国史綱要』撰写時に、私には「人が棄てて自分が取る」という思考法が萌芽し、歴代の歴史家が捨て置いてきた北魏史（均田・士族・府兵等の注目されているテーマは一貫して重視する者が多く、ここには含まれない）を拾い、努力し、歴史の空白を補填する作用を起こし得るか否かを考えてきた。しかし時が移り事情が変わり、二〇年以上この方面においては、かえって何らの仕事も進まなかったのである。

八〇年代中期から九〇年代に至るまでの若干年において、私のもとで勉強する幾人かの博士課程の大学院生が、期せずして一致するように博士論文のテーマを北朝時代としており、その人数は前後八名もの多きに達した。彼らは各々一つのテーマを定め、私との討論を要する問題を抱いており、その中には私が一切既成の答案を持たない問題も多くあり、このことは私に彼らと一緒に読書・思考する必要に迫らせた。彼らの論文には、着想・史料調査、範囲やテーマの設定、段落や章節の区分等々全ての点で、繰り返し修正を行い、場合によっては、全てを否定して一からやり直すことさえもあった。私がもし彼らのテーマに関心を持たなければ、疑惑を解釈することへの導入の作用は引き起こしがたくなっていたであろう。このように、私自身もいくつか彼らの研究範囲外の問題を発見し、これらの問題が頭の中で蓄積されて久しく、それらをはっきりさせることに時間を費やそうとした。そこで三、四年前から、私は思い切って手近の仕事の計画を放棄し、気力を集中させて北魏問題の研究を始めることになった。こうして私は知らず識らずのうちにこの領域に進み入ったのである。

教師は私の天職であり、私も教師という仕事を好み、青年たちとつき合うことを好んだ。私は教師と学生がともに成長する道理を理解し、また常にその中から利益を被ってきた。私は特定のテーマの研究という教育課程を多く開こうと思った。これは一つには歴史学系〔歴史学部〕の教学の需要からであり、もう一つには、自分がいくつかの問題について多く研究し、研究成果を出すことに迫られたためであった。私には、自分が所詮午後三、四時の「太陽」であり、老残を自覚しながら自分自身を哀れんで黄昏《たそが》れているという感が否めなかった。自分が秋のイナゴのように、今のうちに飛ばないと、もう飛ぶ機会はないと分かっていた。八〇年代以降、私は慌ただしく魏晋史研究・秦漢史研究・東晋門閥政治研究・呉史講読等の課程を開き、さらに『顔氏家訓《がんしかくん》』講読の課程を準備していた。しかし九〇年代初め、病のために計画が中断され、以後の仕事のリズムを調整せざるを得なくなった。

特定のテーマの研究授業を開くことは苦しいことではあったが、楽しいことでもあった。もし一つの新課程を開くとするならば、まず多くのテーマを準備し、基本的な史料・基本的な見解・基本的な結論を持たなければならず、言い換えればまずいくつかの論文の素材をもってようやく行えるということである。課程では一回講義するごとに、どうしても多かれ少なかれ、新たな見解がなければならず、大体においては自説とのつじつまを合わせ、学生たちの聴講・思考・質問に耐え、彼らに収穫ありと思わせる必要がある。これはまず自分が自分に迫ることであり、苦しい点はここにあった。ある問題について、講義した後に手抜かりが多いと感じ、あるいは史料が非常に少なく、新意に乏しく、成功せず、思い悩みから免れず、思い切ってあきらめてしまうこともある（またある問題では、放棄して数年の後に、振り返って再び調べ、思いがけなくも成果を手にすることもあった）。ある状況では比較的順調にことが運び、自信満々で教室で講義し、学生も聴講に興味津々で、授業外でも私と討論するほどであった。このことは、私にとって言うならば、答弁を通じて、自信を高めていったのである。こうした状況では、再び一定時間の緻密な思考、論点の完備、資料の充実を行い、その上各種の反証を排除し、各種の出現する可能性のある異なる観点、ひいては反論の視点に回答することができれば、すぐに自分が満足できる論文が書けるのである。しかし実際に論文ができあがるのは一年後のことである。なぜなら、私はすぐに論文にしたてることはできないからである。これは楽しい点であった。後にまとめて出版した『秦漢魏晋史探微』の大半は、これらの特定のテーマの研究授業の成果であった。『東晋門閥政治』の内容の一部も、出版以前に開いた課程で講義したものである。そのとき周一良《しゅういつりょう》・祝総斌《しゅくそうひん》の両氏と私とは、研究領域が近かった。私と祝氏は周氏に、研究の指導を頼もうとしたところ、周氏から「緩やかな同盟でいきましょう」とのお返事をいただいた。周氏の決定にしたがい、我々は各自執筆した論文をそれぞれ他の二人に読んでもらうようお願いした。我々は相互に真面目に取り組み、私に寄せられた意見には、総体的な評価と、考証と分析の的確さに対する見方や、史料の交換・増補があり、非常に有意義であった。私はしばしばこれらの意見を参考にしつつ最後の修正をし、心の中では成算を抱きながら、論文投稿に踏み切った。古人の言に「三人で一緒に行動すれば、そこには必ず自分の手本となる人がいるものだ（三人行、必有我師）」とあるが、私に言わせれば、三人が行えば、全員がすなわちそれぞれの師にある。この、お互いに学問を磨き合う貴重な時期は、約一〇年間続いた。私は本当に、学恩を受けたあの頃を、とても懐かしく思っている。

八〇年代になって、私は新たなテーマ・新たな発想を持つようになり、いくつか新しい授業を開くことができると思った。私の自分自身に対する要求は、なるべく新しい見解を出すことであった。この頃は成果は多いとは言えなかったが、比較的充実した時間を過ごしていた。しかし、研究の内容を授業での検証を経て発表した後に、これを授業で繰り返し講義することは、以前ほど心持ちのよいものではなく、教える側も聞く側もともによいものとは感じなかった。このことは私に再び新たな試みを行うよう迫らせることとなる。そのときはこうした方法を用いて過去数十年を浪費した時間を取り戻したいと本気で考えていた。もし二、三〇年早くこうした条件を有し、取り組むための精力を有していたならば、積み重ねを通じて、私の先生・同輩たちが中年時代での努力によって多数の成果をあげたように、私の成果ももっとあがっていたかもしれない。しかし歳月は人を許してはくれず、既に老境に入っていた年齢でやり直し、夜を日に継いで勉強に励み、忙しく駆けずり回り、「天上から地下まで、手足を動かしてあらゆるところへ史料を探し尽くす（上窮碧落下黄泉、動手動脚找東西）」のは、ほとんど不可能であった。もしかしたら私には、二次的に、あるいは他の作業を行うなど、別の道に方向転換する道があったかもしれないが、結局はそれが自分の興味のあるところではないと悟るに至った。数年悩んだ後、私は最終的に学生の学位論文の執筆につきしたがい、ともに北朝史の探索という道を歩むこととなった。しかしそれは歩行がふらつき、想像力を欠いていたときであり、さらなる作業リズムの調整を必要とするときのことであった。

前置きを述べ立ててしまったが、本題に戻ることとしよう。拓跋史の研究においては、誰もが史料の欠如に悩み、そして史料がないことは、学問を追究する同好の士を自ずから少なくさせるのであり、研究の蓄積は別の時代に比してもちろん豊富にはならず、ここで新たなテーマをとらえることは困難であった。あるとき本を読んでいてたまたま収穫を得、論文を書くことができるだろうと思ったが、検索を繰り返すと、往々にして博学の先人が既に同じ史料を使用し、同じ問題に取り組んでおり、自分が容喙《ようかい》する余地はないことを見つけてしまうこともあった。模索すること一年、私はようやく北魏の後宮の「子貴母死（子貴《とうと》ければ母死す）」制度というテーマをとらえ、その疑うべき点を分析し、詳細に研究した先人がいないことを確認し、一旦かかわってみると、わずかではあるが価値があることが分かり、これを追究することとなった。実はこの問題も新鮮なものというわけではなく、一人の野蛮人が突然皇帝となり、人間性を滅ぼすほどの野蛮な手段をとって皇統を固め、また非常に効果があったという、ただそれだけのことに他ならなかった。まさしくこうした原因により、これまでの史家は、拓跋《たくばつ》珪《けい》に対しては道義的な譴責《けんせき》を加えるだけにとどまり、一部始終を探究することに時間を費やしたがらなかったのである。しかし、私は逆に自分がかすかに感じたいくつかの疑問に固執し、軽々しく投げ捨てなかった。私は「漁師が川に沿って行く（捕魚人沿渓而行）」という陶淵明《とうえんめい》『桃花源記《とうかげんき》』の故事を思い起こし、忽然と桃の花の林があらわれ、私を「目の前ががらりと開けた（豁然開朗）」境地につれていったのかと思った。当然、この領域の問題に関わるに必要な人類学の素養や知識の蓄積を欠き、視野に限りもあったが、これは私が終始不安で気が気でなかった点である。

　拓跋史は明らかに薄弱であり、史料の残存は少なく、何よりもまずそれ自体の文化的な内包が豊富ではないことに原因がある。我々には鋭い眼光を有し、史料の間隙から手掛かりを探し出し、合理的な分析・判断を行うことが要求される。史料が少なく混乱した年代こそ、普段注意を払わず、捨て置いて用いなかったこまごまとした史料に十分注意することが求められ、これらの零細煩瑣《はんさ》なものの中では、たとえ片言隻句であっても得がたい史料を見逃してはならなかった。歴史は結局発展するもので、全てに原因・結果があり、全てに同時代への影響がある以上、問題はかすかな手掛かりを探し出して識別することにある。たとえ西洋史家が称するところの暗黒時代でさえ、その存在する理由、存在する状態、特に先を承けて後を開くような、歴史的地位をはっきり見分けるであろうことを私は思い出した。

この方面における手本として、最も私を引きつけたものとしては、陳寅恪《ちんいんかく》氏が、混乱した周隋交替期の歴史過程において、関隴《かんろう》本位政策という大きな手掛かりを見出され、この歴史に理論的な説明を可能にさせ、かつこれを深く掘り下げ、北朝から隋唐にかけての歴史変遷の系統を構築されたことである(1)。これは実に疑いなく優れた見解であり、これまで意味がないと思われていたものを貴重なものに変えた大学問であった。後人による数十年の運用・推敲を経たものの、関隴本位政策という見解にはなおも完備されず、議論・修正すべき点があるように感じられるが、これはまさしく学術が絶えず発展していく正常な状況であり、この理論の価値に影響するものではなく、これが中国中古史研究の推進に対して前人未踏の役割を果たしたことに影響するものでもない。私はかつて陳氏の説を全面的に否定する論文を読んだことがあるが、しかしその行論については、この説の影響から完全に脱することはできなかったようにも思われた。陳氏の学問は総体から言えば、現在に至るまで追いつくことが不可能と言えるほどの性質を依然として備えているが、私は拓跋史の研究において、周隋交替期の歴史の手掛かりの大発見というような過度の望みを抱いているわけではない。当面の学界にはこのような見通しをまだ見出せてはいないのである。しかし我々は、史学には新たな見解が非常に重要だということを宣伝することに責任があり、それは全力で取り組み、繰り返し実践して初めて成るのである。もし学界の力、とりわけ中年・青年歴史家の力を刷新に集中し、重複する仕事を減少させ、オリジナリティのある研究を増加させ、若干年の積み重ねを経て、比較的多くの突破を獲得し、拓跋史を含む古史における空白点、薄弱な点を多く補填・充実させ、いっそう中身のあるものとすれば、それは一つの学問に対する貢献であるのみならず、中華民族の文化に対する貢献ともなろう。こうした、地道に新機軸を打ち出すことは、抽象的に各種の歴史方式を考え、各種の空論や、不毛な論争をするより、ずっと価値があると私は考えている。

私が「子貴母死」制度問題をつかんで研究するのは、この問題から必ず拓跋史に対する認識の重大な手掛かりを発見できると確信したためではなく、この奇妙で特殊な制度の経緯を見つけ出し、それによって拓跋の歴史に対する認識に新たな啓発を得られるか否かということを試みるためである。私がこうした考えを抱くようになったのは、この制度が行われるようになったばかりのときの道武帝《どうぶてい》が、相当の考慮を経て、その得失を理解し、また多かれ少なかれ不測の事態に対処するための心の準備を行っていたのであり、これが一種の臨時的で思いつきの、結果を顧みない措置ではなかったと考えたためである。道武帝のような「文字を識らない野蛮出身であり、典誥《てんこう》を学んだことはなかった（出自結縄、未師典誥）」人が、思いがけなくも漢代の典故を見つけて口実とし、「太子」の強烈な反抗を押し切って改心せず、また以後代々因襲される北魏の定制を形作ったのであり、このことは明らかに一個人の残酷な習性だけでスムーズに解釈できるものではない。もしかしたらかくも巨大な代価を必要としたこの制度には、まだ人の探究が及んでいない、ある種の深い背景があるのかもしれない。

この問題が君位継承から生まれたものである以上、私は道武帝拓跋珪を基準として、一代一代上に向かって追跡することになった。結果と予想はあたかも相反するようであり、旧君が妻を殺して新君を立て、また新君に血の繋がった母后がなかったという事実を見出せなかった。見出せたのは、逆に数代の君主には強力な母后がおり、新君は母后の保護により、ようやく君位を得、それを固めることができたことである。少なくとも桓帝《かんてい》祁皇后《きこうごう》以来、拓跋部では才能の秀でた女性が輩出され、代々出現した。道武帝本人の母である賀太后は大変優れた女性であり、道武帝にもしこのような母親がいなかったならば、もとより彼が君位に即《つ》くことは不可能であったろう。

（1）〔訳注〕陳寅恪『唐代政治史述論稿』（中央研究院歴史語言研究所、一九四四年）参照。

これらの事実は拓跋部にて既に「母強立子（母強くして子を立つ）」の歴史的伝統が形成されていたことを証明しているが、「子貴母死」を引き起こす歴史的背景は見当たらなかった。そうである以上、私は別に新たな道を探さざるを得なかった。しかし私は角度を変えてこの問題を考え、「母強立子」の伝統が確たる事実でありながら、「子貴母死」制度も遂には実行されたのであり、両者の間では内容が相反しており、そのコントラストはかくも強烈であって、これがまさしく探索すべき問題点のありかではないかと予想した。

角度を変えて見れば、果たして納得がいくものとなった。道武帝本人は、北魏を建国する前は部族連合の酋長に過ぎず、この後には逆に君主専制国家の皇帝となったのであり、彼の地位の突然の変化は、まさしく極めて強烈なコントラストではなかったか。さきに君位継承に見られるコントラストについて述べたが、これはここで言う道武帝の地位変化という、同様に強烈なコントラストに従属し、前者がまさに後者の必要条件であったのではないだろうか。私は事実がこのようであったとはっきりと認識した。このように、私の研究はこの一つの環で目標を探し出すことができ、「目の前ががらりと開けた（豁然開朗）」という感覚があった。まさしく俗語に言う、「一歩さがれば、道が見えてくる（退一歩、海闊天空）」であった。

拓跋の旧制では、「七族」・「十姓」の血縁は相互に近く、「百代にわたって通婚せず」、拓跋の婚姻には必ず拓跋以外の部族から后妃が迎えられた。拓跋は部族連合の領袖的地位におり、その皇后や母后の部族は、一般に相当の実力を有していたはずである。彼らの習俗に基づくならば、これは一種の政略結婚となり、姻戚関係を結んだ部族に有利で、また部族連合の維持と強化に有利であった。実際に、多くの部族が、拓跋と、后を娶ることや娘を嫁がせることを含めて、数世代にわたって通婚していた。君后は強大な部族的背景を有し、部族も君后を通じて影響力を増加させた。これは多くの資料から証明できる。道武帝の母后の出身部族である賀蘭部《がらんぶ》と道武帝の母后本人とは、自然にこのような関係を有しており、また道武帝自身も同様に強大な后族〔皇后の出身部族〕、すなわち独孤部《どっこぶ》を有していた。道武帝がもしこうした伝統を踏襲したのであれば、母族〔母后の出身部族〕・后族に頼って自身の部族連合の領袖の地位を支えることができたであろうし、当初の彼は確かにこのようにした。しかしもしこうした伝統的手段に頼って一切を超越する専制君権を樹立しようとするならば、それは成功しなかったであろう。道武帝は権力を集中させる過程を経験しなければならなかったが、そこには母后と母族の権力、皇后と后族の権力、特に母族・后族が拓跋に干渉する権力の奪取が含まれていた。権力の奪取は必ず現実的な利益に影響し、強烈な抗争を引き起こすため、非常に手を焼く問題であった。私は「子貴母死」制度の実質と淵源を探索するにあたり、鍵はここにあるものと考えた。

この道理を理解すると、多くの疑問点を全てこの思考法に入れて一つ一つ磨きかけることができた。まずは『魏書《ぎしょ》』太宗紀の次の一文が正確に解釈できる。「初め、帝の母の劉貴人〔独孤部出身〕が死を賜り、太祖は明元《めいげん》帝《てい》に、『昔漢の武帝《ぶてい》はその子を立てようとしてその母を殺し、婦人に国政に参与させず、外戚に政治の壊乱を起こさせなかった。汝《なんじ》は皇統を継ぐべきであり、ゆえに私は遠く漢の武帝と同じく、長久の計をなしたのである』と告げた〔初、帝母劉貴人賜死、太祖告帝曰、『昔漢武帝将立其子而殺其母、不令婦人後与国政、使外家為乱。汝当継統、故吾遠同漢武、為長久之計』〕」。一人の野蛮人の皇帝がかくも重大な決定を行うに際して「漢典」を根拠としており、表面上語られているのは漢の武帝の故事であるが、実際には全く拓跋宮廷の内情によるものであった。いわゆる「婦人与政」とは、道武帝以前の各代の後宮における「母強立子」の慣例を指し、いわゆる「外家為乱」は、数代以来の各外戚部族が、拓跋の君位継承に干渉したことを指す。拓跋自身のことを言うのに「漢典」を粉飾に使ったことについては、道武帝本人に歴史という視座から物事を考える傾向があったことによるのであり、彼の身辺にいたいくつかの漢族士人も、『史記《しき》』・『漢書《かんじょ》』の故事を用いて、彼が歴史の強引な対比を行うのを助けたのである。

私は力微《りょくび》以後の拓跋部の君位継承における后妃の役割を一つ一つはっきりさせ、また君位継承における后妃の部族的背景を一つ一つはっきりさせた。資料は完備してはいないが、少なからず確実な記録はあり、また大体においては輩行・系統が明らかであり、相当信憑性が高く、分析・利用に供し得るものである。私は特に『魏書』序紀《じょき》にある拓跋詰汾《きつふん》と天女が交わって力微を生み、拓跋部の後裔の言い伝えに「詰汾皇帝に妻の家はなく、力微皇帝に母方のおじの家はない」という諺が残されたことに注目した。古史における、玄鳥が卵を生んだことや、巨人の足跡を踏んだこと、朱果が瑞祥を発したことなどの各族の先祖の伝説（感生帝）が、全て、その母を知って父を知らないという主張であったことを我々は知っている。これは古史の一般的な道理に符合する。鮮卑《せんぴ》の檀《だん》石槐《せきかい》の出生譚さえも、母を知って父を知らないというものであり、しかもそのエピソードは拓跋力微の時代と数十年しか離れていない。力微のように父を知って母を知らないというものについては、かえって滅多に見られないものである。また我々は、詰汾の長子である匹孤《ひっこ》が、塞北（長城以北）より河西に遷り禿髪部《とくはつぶ》の祖となったことを知っているが、これは力微に長兄がいたことを物語り、力微に「母方のおじの家はない」とする説はいっそう信じがたくなる。力微本人は妻族（妻の部族）である没鹿回部《ぼつろくかいぶ》（没鹿回はすなわち後の竇氏《とうし》）に庇護され、その妻と妻の兄である没鹿回部の大人を自らの手で殺害し、ようやく拓跋部を復興させたが、その妻である竇氏は後に罪人として扱われたのではなく、北魏の始祖皇后と追尊され、始祖力微とともに天地にそれぞれ配饗されたのであり、竇氏が生んだ子（すなわち没鹿回部の甥）は後に文帝《ぶんてい》と追尊された沙漠汗《さばくかん》である。これはすなわち、妻を殺して子を立てることが後人（道武帝本人を含む）からは理解できることであり、道武帝の行為が全く歴史の影響を受けないものではなかったことを物語っている。力微時代の拓跋部は早くも神話時代を脱し、力微以前の若干代の先人は大体全てが名前と遷徙《せんし》の方向を有し、また拓跋部が最も早く居留した地は現在では既に調査・解明されている。そのため、力微を天女の子とするのは、明らかに捏造されたものであり、その目的はある種の不都合な内容を覆い隠すことにあったのである。

力微に母がなく力微が妻を殺したという一組の故事について、その内容はこの後の数代における拓跋部の「母強立子」の事実と完全に相反しており、また道武帝が打ち立てた「子貴母死」の制と、非常に相通じている。力微としては、妻や妻族の大人を殺害する以外には、拓跋部を復興させ、拓跋部の部族連合において失われた地位を回復し得なかったのである。この確たる事実は、力微の父である詰汾がその妻と妻族大人を殺害することで、拓跋部の部族連合の領袖という地位を継続させつつ、その子の力微にその地位を継承させたという、歴史上の情報を含んでいる可能性がある。この事実は残酷に過ぎ、後人は可能な限りこれを隠さざるを得ず、ここで詰汾に妻の家がなく、力微に母方のおじの家がないという伝説や、力微が天女の子であるという説が捏造されたのである。力微も同様の手段で権力を獲得したが、彼が妻を殺した事実は隠すことはできず、我々を連想に導く事例を残してしまったのである。この推測は、理屈においては成立し得るものであるが、具体的な内容としては正確には説明しがたい。

拓跋の歴史においては、鮮卑人自身が知ることができながらも、外向けにはかえって粉飾される少なからざる事情、特に政府が公開する史書に記入できない事情が確実にあった。崔浩《さいこう》の死は拓跋国史編纂においていくつかの「(道義的に)正しくはない(不典)」ことを書き記し、「国悪を暴露した(暴揚国悪)」と見なされ、極刑を受けたことによるのであろうか。拓跋の歴史において、以後急激に外戚が強大化し、「母強立子」の局面に転じた、その転機について、我々は目下のところまだはっきりと説明することができない。例えば、神元帝《しんげんてい》力微は母の家がなく、さらに竇皇后を殺したが、その諸子はかえって大体順番に君主となったのであり、このことが結局どのような力を借りてなされたものであったか、今はまだ解明できない。「母強立子」の具体的な事例について、提示できるもののうち、最も早いものとしては桓帝祁皇后の例がある。

さきに述べたように、道武帝本人は歴史という視座から物事を考える傾向のあった人であり、まさしく彼が建国・創業していたときに、拓跋部においては、豊富な部族の故事を含む口伝の歌謡が集められ、「代歌《だいか》」、すなわち「燕魏之際鮮卑歌」に編集され、北魏楽府に入れられ、「真人代歌《しんじんだいか》」と呼ばれ、掖庭《えきてい》〔後宮〕にて朝晩歌われた。歌詞の内容は「上は祖宗の建国の道のりを述べ、下は君臣の興廃の跡に及」んだのであり、合計一五〇章であった。これは当然絶好の拓跋史詩であり、極めて史料的価値が高いものである。これは漢字で鮮卑音を書き記したものであり、歌われた内容は鮮卑人には理解できたが、その他の人間には理解できなかった。「真人代歌」は拓跋部の伝説時代の歴史の伝達手段であり、『魏書』序紀ができるだけ多く、その中の、直接的に忌諱に触れない拓跋史料を使用していたことが推測される。そのため、序紀の記事は簡略ではあるが、比較的系統立ち、正確なものであり、その遠古部分でさえ、いくつかのことは今日知られる考古資料を用いて大体証明できる。鮮卑の史詩は唐代に至り、楽府において理解できる人間が少なくなったため、次第に散佚し、今日見つけられるのは漢訳された歌詞だけで、それも大体において史詩の元来の内容ではなくなっていた。『魏書』楽志に紹介される「上は祖宗の建国の道のりを述べ、下は君臣の興廃の跡に及び」は、崔玄伯伝《さいげんぱくでん》に言われる、道武帝が常に関心を注いでいた祖宗の事例と相互に符合したはずである。道武帝は崔玄伯〔崔宏《さいこう》〕との対話において「常に古今の旧事、王者の制度、治世の法則を引いた。玄伯は古人の制度の体裁を述べ、明君・賢臣や、古代の興廃の理由に及ぶまで、甚だ太祖〔道武帝〕の意に合していた」。帝国を作り上げたこの野蛮人は、統治を強固なものとするための多くの困難な問題に直面し、これらの問題は長期にわたって彼の頭の中に付きまとっていた。彼は鮮卑の先人の行動から、また歴代の漢人王朝の経験・教訓からもヒントを得たがった。君位継承制度はその中でも一番手を焼く問題であった。後に形成された後宮の「子貴母死」の制は、こうした胡漢のプラスとマイナスの歴史経験が混じり合った制度であった。これも一種の文化現象と見なし得る。道武帝はその野蛮さを極めた手段をもって、意外にも高度に文明的な問題を効果的に解決したが、苦痛を極めた代償がこれには伴うこととなった。それは拓跋部族が急速に進化していく過程において受けた巨大な精神的苦痛であった。

「子貴母死」という制度の起源の研究について、私の考えの筋道や論点は、大体において以上の通りである。考えの筋道は既にはっきりしたが、具体的な史実を用いてこれを証明する必要があった。具体的な史実は豊富ではあり得ないものの、基本的には問題を説明することができた。このように、さらに視野を広げ、さらに高いところから資料収集・推敲し、再びいくつかの問題を発見・解決することで、こうした課題の内容をさらに豊富にすることができるのである。予想通り、私はいくつかの新たな連想を見つけ出した。その中の一つが、拓跋の諸后族の影響と支配力がかくも強大であり、特に道武帝本人について言うならば、彼はまず独孤部（すなわち後の妻族）の庇護を受けて成長し、後には賀蘭部（彼の母族）の庇護・支持を受けたのであるが、道武帝本人はどうやって伝統や、部族連合の、幾重にも重なり合った障害を突き破り、一二年（三八六～三九八）にもわたる奮闘によって、北魏の帝業を樹立し、これを強化できたのか、という疑問である。個人の才幹や武功に長ずるなどといった一般的な理由をもって、こうした深く、戦略的意義を有する問題に根本から回答することはできない。私は繰り返し太祖紀等の史料を読み、（主要史料もこれらの簡略な記載から見つけ出すことしかできなかったため）かつ繰り返し思考し、結果として「子貴母死」制度に比していっそう重要であり、さらに歴史学界に重視された話題を発見したが、それこそが道武帝の「部族解散」問題である。「部族解散」という挙は「子貴母死」制度と少しも関係しないように見えるが、実際には完全に同じ背景を有していたのであり、リンクさせて検討することができる。

道武帝は一二年間の創業においては、全く戦争に明け暮れていた。重要な戦争は、まず独孤部劉顕《りゅうけん》が道武帝の叔父である窟咄《くっとつ》を迎えて道武帝と君位を争わせ、道武帝が困難な状況で幽州《ゆうしゅう》の慕容部《ぼようぶ》と連絡して窟咄の部を消滅させたことである。続いて独孤部劉氏の各部と繰り返しの戦争が行われた。道武帝は劉羅辰《りゅうらしん》の部族を味方に引き入れ、羅辰の妹を妻に娶り、残りの独孤部族を別々に征服し、強制移住させ、再び叛乱を起こしては再び遷徙されていった。これと交差して進められたものとして賀蘭部との戦争があり、繰り返されることが独孤部に比して多かったが、その結果は独孤のケースと同様であり、その一部分が帰附し、大部分は征服・強制移住を被った。賀蘭・独孤を問わず、帰附した勢力は全てその部族組織を解散され、部族の大人は編戸斉民と同じくされた。征服・強制移住を被った部族は、自ずから部族の特権を失うこととなった。その過程において、いくつかの他部族と戦争を交えたが、多くは賀蘭部・独孤部への攻撃と関連していた。例えば高車《こうしゃ》の撃破について、高車の遊牧地が賀蘭と交錯し、ともに陰山《いんざん》の北にあったことから、拓跋による賀蘭の撃破の影響が、高車に及ぶはずであったが、この高車に対しては、一般的には戦った後すぐ講和し、繰り返しの戦争といういざこざを引き起こすことはなかったようである。部族解散の過程において、拓跋部は同盟していた慕容部の軍事力を利用していた。しかし慕容も同様に拓跋の外戚部族であり、あらかじめ処置しておかなければならなかった。そのため代北《だいほく》を平定した後、拓跋は東の慕容部を征服し、幷州《へいしゅう》・幽州・冀州《きしゅう》を奪取し、また山東の徒何《とか》（慕容部）やその他の部族を移して代北を充実させた。拓跋部は大体において北方を統一するという願望を実現し、北魏も帝国としての規模を備えるようになった。あとには独孤部と起源を同じくする鉄弗部が残されたが、駐留地は朔方であり、代北とは黄河を隔てているのであって、しばらくは大きな害とはならず、ゆえに拓跋は放置していたのである。

道武帝の創業時の戦争における、主要な対戦相手を細かく調べると、叔父の窟咄以外は、ほとんど全てが拓跋と代々通婚していた外戚部族、すなわち道武帝の妻族独孤劉氏諸部、母族賀蘭賀氏諸部、祖母族慕容諸部であり、その中には拓跋部の宿敵は一つもなかった。このことは道武帝の創業における主要な障害が赤の他人ではなく、拓跋部の外戚部族であったことをまさしく証明するものとはならないであろうか。このことは道武帝が「子貴母死」の制を打ち立て、妻の殺害を北魏の帝業強化の代価とすることを惜しまず、拓跋の数代において強い皇后や后族の干渉を受け動乱が発生したという、痛恨の教訓を戒めとしたことを証明するものとはならないであろうか。

私はこうした認識に基づき、「部族解散」問題の考察に立ち返ることとした。かくも史家に重視された大問題については、合計で三条の、明確だが言葉が簡単すぎて意を尽くさない資料しかなく、その中には、高車が征服されたが、粗野で立ち後《おく》れ、労役にたえないため、部族が保全され、強制解散を被らなかったとする、逆説的な内容のものがあった。部族解散は登国《とうこく》年間（三八六〜三九五）のことであり、まさしく拓跋が独孤・賀蘭諸部族と繰り返し戦闘していた期間にあたる。部族解散は一定段階にまで部族が発展していることを前提としていた。もし強制的に実行すれば、部族大人の利益に関わるに違いなく、必然的に繰り返しの対抗という過程が生じ、これは決して一度の号令だけで成功するものではなかった。しかし登国年間においては、かえって別の大規模な部族解散が行われた痕跡を、少しも見出すことができない。このため私は次第に部族解散を一回の法令でなされた行動と理解しては、歴史の実際と必ずしも符合しないと考えるようになった。いわゆる部族解散は、特に道武帝が帝業を創建した中で、元来最も拓跋に親しいながらも、拓跋の発展と道武帝の帝業に明らかに障害となる部族、主として拓跋の外戚であるいくつかの部族に対して、打ち破った後に分割・強制移住を行い、定住させ、部族大人の特権を取り消したことを指すと私は考えている。部族解散という行動は、実質的にはこのようであった。これに続いて解散されたのは、駐留地が隣り合い、発展水準が比較的高く、また特に強大というわけではなく、本来は部族連合内部にいたいくつかの部族であった可能性が高い。しかしはじめにその衝撃に当たったのは彼らではなく、独孤諸部・賀蘭諸部であった。登国年間の史料に記載された拓跋と彼らとの闘争は、実際には独孤・賀蘭諸部を強制解散することによって必然的に招来される対抗の過程であった。やや遅れて征服された慕容部も同様であったろう。ただし慕容部は何度も国を建てており、長らく中原にいて、発展水準は拓跋部よりも高く、既に定住・農耕生活に慣れ、血縁に基づく部族組織は存在しなくなっていたため、史書にあらわれる代北に遷徙された山東徒何〔慕容〕は、全て直接的に計口授田され、ことさらに部族解散を被ることはなかったのであり、この点が賀蘭・独孤とは異なっている。

道武帝が帝業の必要のため、強力に外戚部族を支配していったという角度から、部族解散を理解することは、部族解散についての新解釈を行うに等しく、私には滞る点がなくなり、また「子貴母死」制度と関係させることができ、二つのことが奥深くで相通じているように思われた。太祖紀の登国年間の記事は、まさしく我々が部族解散問題を読み込むための、最も基本的な資料に見える。着実にこの説を実証するため、私はそれぞれ賀蘭部・独孤部の部族解散問題について一本ずつ論文を執筆し、先頃それぞれ発表しておいた。

ここまで来て、私はさらに道武帝が明元帝に向かって、その生母を殺害することについて解釈して見せた二つの理由、すなわちその一つ目は婦人の国政参与の防止であり、二つ目は外戚による乱政の防止であるが、これらが完全に直接的に拓跋の以前のことに対して発された、歴史的な含みを深く備えた説明であり、「子貴母死」と部族解散の二事に結びついており、前者が実質的に後者の延長であり、ともに拓跋の帝業を強固なものとし、彼が信頼し得ると認識する継承順序を、帝業に獲得させるためであったと考えるようになった。万事の中でもこれこそが一番重要であり、北魏一代を通じて、皇位継承は確実に順序立てて行われており、特に大きな動乱を引き起こすこともなく、問題が起こっても有効に対応できる制度と手段があった。この二事、とりわけ「子貴母死」は、道武帝の野蛮な行為であったが、野蛮な行為はかえって文明的な効果を生み、野蛮が文明を育むこととなった。千年余りにわたって歴史家は「子貴母死」制度を譴責したが、これは結局人間性の要求という立場から来るものであり、道武帝の罪は、この制度の客観的な効果によって、歴史の赦免を得られたわけではなかったのである。

道武帝時代までのこれらの問題について、私の論点と根拠は基本的にはこのようである。さらに私が当時は思いがけなかったことがあり、すなわち拓跋の歴史上にこのような母族に対する関係が出現したが、これに深い文化・習俗面の背景があったかどうかという問題がそれである。この問題について今その解答を補充してみたい。『三国志《さんごくし》』魏志烏丸伝《うがんでん》注所引王沈《おうちん》『魏書』及び『後漢書《ごかんじょ》』烏桓伝はともに烏桓の習俗を記しており、「怒れば父兄を殺害するものの、その母は殺害せず、これは母に族類があり、父兄が復讐しないためである」とある。これは烏桓についての記述である。しかし二書の鮮卑伝はともに鮮卑の言語・習俗は烏桓と同じであると言っており、であれば鮮卑拓跋部も「怒れば父兄を殺害するものの、その母は殺害せず」という習俗があったことになる。まさしくここから、母后の専権や母族による拓跋の君位継承への介入の可能性が容易に出現するのである。

序紀及び諸帝の本紀においては、拓跋の君父を弑殺《しいさつ》して拓跋の母后が専権するという事例が少なくはなく、いくつかの事例は、本紀においては忌諱という理由から曖昧に処理されたが、後人は『資治通鑑《しじつがん》』やその注〔胡三省注〕のように、史書編纂に際してその一つ一つを指摘した。類似する事例は多く、まさに烏桓・鮮卑部族の「怒れば父兄を殺害する」という習俗と符合した。これはほとんど力微以降の一〇〇年余りにおける拓跋部族連合の慣例的な現象となった。道武帝による復国は、拓跋の歴史に激烈な変化を出現させた。道武帝が専制君権を強化し、帝国を樹立したことは、部族連合に対する「革命」であり、需要に符合せず、ひいては発展の障害となる各種の部族習俗に対する大掃除であった。これにより后族の解散と「子貴母死」の制の樹立という大行動が出現したのである。これはすなわち私が論証する問題が、部族の文化・習俗方面においてかすかに見せた別の背景である。

ところがさらに新しい問題が大量に出現した。帝業の需要のために、母后の部族が強いという局面や、これによって来たった「母強子立」の局面を転換することが、「子貴母死」を実行する直接的な原因となった以上、道武帝時代に実力のあった外戚部族が既に解散され、以後北魏後宮において漢族女性が日に日に増加し、彼女らには朝廷に影響を及ぼすほどの強大な外戚がなく、倫理に悖《もと》る「子貴母死」制度は既にその存在理由を喪失し、次第に消失していくべきものであったことになる。どうしてこれが廃止されることなく、以後百年もの間ずっと存続していたのであろうか。さらに、道武帝は妻を殺すことで婦人の国政参与を杜絶することを惜しまなかったのに、どうして北魏中期において実際に朝政を二〇年余りも掌握し続けた文明馮太后《ぶんめいふうたいこう》が出現したのかというもう一つ問題がある。周一良氏はその著作においてこの問題について言及され、不思議であると言われた。

この二つの問題は、実のところ単一のものであり、前者の解答は後者の事実の中に含まれているのである。馮太后は苦心して既に存在理由を失った「子貴母死」制度を利用し、これを硬直化させ、後宮において自分に有利な条件を作り出し、それによって絶えず自己の地位を維持して自己の権力を強化し、自己の家族のために便宜をはかったのである。ここではそれ以外の原因は見つからない。このことは些細であったから、歴史家に立ち止まって探究する気がなかっただけである。

元来北魏には性質の異なる三種の皇太后が存在していた。第一種は皇帝の生母であるが、皇帝が即位する以前は制度によって死を賜り、皇太后の称号は彼女本人の死後に追贈されたものであって、太廟に配饗され、一般的には全て雲中の金陵に葬られたのであり、道武帝の劉（独孤）皇后以来、太和《たいわ》年間（四七七～四九九）の洛陽《らくよう》遷都に至るまで、全てこの通りであった。第二種の皇太后は、もともと皇帝の生母ではなく、したがって死を賜るという災厄にはかからなかった。彼女らは一般に宮人の中から選ばれ、拓跋の「旧法」に基づき金人の鋳造に成功することで皇后に立てられた者たちであり、もし次の皇帝の代にて生き延びることができれば、当然皇太后と尊称される。しかし、彼女らはしょせん皇帝の生母ではなく、皇帝とは養育関係にもないため、一般的には実権の掌握とは無縁であったと言える。さらに第三種の皇太后はいっそう特殊な状況、すなわち「子貴母死」制度のもとで、新君が幼くして母もなく、往々にして保母により授乳・養育され、保母には保護に苦労した恩があり、新帝とは特殊な感情を有し、したがって新帝が立った後に保太后とされ、以後直接的に皇太后と尊ばれるケースである。太武帝《たいぶてい》の竇太后《とうたいこう》や文成帝《ぶんせいてい》の常太后《じょうたいこう》は、この類に属する。彼女らは皇帝とは血縁関係になく、またもともとは身分が高くはなかったので、外朝の権力を掌握することは不可能であったが、かえって皇帝とは個人的に親密な関係を有し、将来皇帝が後宮〔皇后〕を選び、儲君《ちょくん》〔皇太子〕を立てるといったケースにおいては影響力を発揮しやすかった。しかし我々は竇太后が死後に崞山《かくざん》に、常太后が死後に広寧《こうねい》磨《ま》笄山《けいざん》に葬られ、ともに金陵《きんりょう》〔北魏皇族の陵墓〕に陪葬されなかったことに注意する必要がある。これは彼女らが「先代においてはもとより官位がなく、礼にそむいて園陵に陪葬されることはできない」〔竇太后の語〕ためである。

文明馮太后は前述の第二種に属する。彼女は文成帝の皇后であり、献文帝《けんぶんてい》が即位した後に皇太后と尊称されたが、献文帝とは血縁関係になく、また献文帝を養育し、これを皇儲《こうちょ》〔皇太子〕に立てるということに関与してはいなかった。しかし彼女は献文帝が即位したばかりのとき、太后の身分で乙渾《いつこん》の乱の平定に参与し、献文帝の皇位強化に功績を有し、しばらく臨朝聴政を行うことができた。これは彼女が一時的に獲得したチャンスであり、北魏の中朝・外朝の正常な秩序にしたがったわけではなかった。そのため献文帝の喪が明けると、馮太后は臨朝しなくなった。

馮太后はもとより漢人であり、北燕《ほくえん》〔十六国の一つ〕の皇族出身で、北魏に組み込まれた後に父の誅殺に坐して掖庭〔後宮〕に入れられ、ある機会を通じて皇后・皇太后となり、さらに特殊なチャンスによって権力を独占することができたが、これを支えるに足る外戚勢力があったわけではなかった。彼女は「智略が多く、猜疑心が強く、残忍であるが、大事を行うことができ」、権力欲は極めて強かった。一時的に政治を取り仕切っていたとき、自身の長久の計のために謀略を進めた。彼女は保太后が尊重された事例から啓発され、最も頼れる手段が、母として皇儲を養育し、これによって将来の新皇帝をコントロールすること、またこれが未来の政局を掌握するに等しいことを洞察していた。あたかもこのときに皇子宏《こう》（後の孝文帝《こうぶんてい》）が生まれ、馮太后は「自ら養育し」たのであり、この母親のいない幼少の皇子は、馮太后の手中の「奇貨」となった。彼女は工夫を凝らして「子貴母死」の制を利用し、儲君の母に死を賜る以外に、儲君の母族の誅戮をも行うこととなる。孝文帝が即位し、馮氏は太皇太后となり、彼女は孝文帝への支配を強め、またさらに謀略を進めていった。以後、孝文帝が子を生み、そして子が「生まれて〔すぐに〕母が死去した（生而母死）」が、これは立太子の日をまたず、母の林氏《りんし》が制度にしたがって死を賜ったことを言っているのである。孝文帝はこの制度の廃止を考えたことがあり、妻である林氏の生命を救おうとしたが、馮太后の意に逆らうことができなかったため、成功はしなかった。馮太后は自身が二代の儲君を掌握していたのみならず、馮氏一族の娘を後宮に引き入れ、その中の二人は後に、相継いで孝文帝の皇后に立てられた。また、これら馮氏一族の娘は権力を掌握した後に、そのおばの使い古された手法をまねることで、新たに生まれた皇子を奪って母としてこれを養い、その生母に死を賜った。これにより、文明太后を発端として、諸々の姪が悪事をまね、「子貴母死」の制は廃止されなかっただけでなく、さらに強固なものとなり、強い者が争い抜くための残酷な手段に進化し、陰険で悪辣な恐怖の雰囲気が洛陽遷都以後の北魏後宮に充満するに至った。孝文帝は死に臨んでようやく馮氏の内外の勢力を取り除くことを決意したが、正式な「子貴母死」の制の廃止の宣布にまでは及ばなかった。宣武帝《せんぶてい》の後宮胡氏《こし》が生んだ子は各種の陰謀から逃れ、三歳のときに儲君に立てられたが、これがすなわち後の孝明帝である。儲君の母である胡氏も死を免れた。彼女こそは後の霊胡太后である。霊胡太后は北魏で唯一の、皇帝との血縁関係に基づいて権力を掌握した母后であった。ここに至って、一〇〇年にわたり実行された「子貴母死」の制は事実上廃止されたが、北魏の国運も事実上ここに終わったのである。

私が突破口を探し出すために行ったこの研究は、おおよそ二年という時間を費やし、期待した目的は基本的には達成された〔本書第一章〕。研究成果は北京大学《ぺきんだいがく》の『国学研究』第五巻に発表したが、この雑誌は発行量が少なく、これを見たことのある同業者は多くはないかもしれない。私がその中で説明しようとしたのは、「子貴母死」の制は突然に出現したものではなく、道武帝個人の残虐な性格によって作られたものでもなく、拓跋部の長期の発展において形成された特殊な背景があったということである。その出現は、まず拓跋部の部族連合の盟主という地位から専制国家の皇帝という地位に上昇するという需要に符合し、次には拓跋部が君位継承の無秩序状態から離脱し、長子継承制度を強化するという需要に符合し、さらには強大な外戚が拓跋の運営に干渉するのをさらに消滅・防止するという需要に符合したのであり、これらの目的は全て達成された。そして「子貴母死」制度の検討から、新たに二つの問題が発生した。発生した第一の問題は、部族解散という行動が「子貴母死」制と少しも関係がなかったように見えるが、細かく突き詰めると、かえってそれらが共通の歴史的背景を有していたことが発見され、ひいては強大な外戚部族を解散したことによって、ようやく大きな障害もなく「子貴母死」制度を実行できたと言えることである。第二の問題は、文明馮太后による長期にわたる政治の独占が、「子貴母死」制の初志と矛盾するかのように見えるものの、史料を並べて照合した後に、かえって馮氏の政治独占が、まさしく工夫を凝らして存在理由を喪失していた「子貴母死」制度を利用したためであったことが発見されたことである。これら二つの問題は、ともに北魏の歴史における最も重要な大事であり、一つは前にあり、一つは後にあって、二つの事柄は同様の歴史の手掛かり、歴史的背景から出たものなのである。

振り返ってみると、この研究の過程は一つ一つはがし、一つ一つ結び目を解き、様子を見ながら進めていったようであり、先に基本的な着想があって、一気に吹きかけたものではなかった。これが探究したのは宮中制度の淵源と変遷であるが、全て拓跋部が専制国家に向かって発展した、主たる手掛かりの上に附着したものであり、その影響は北魏中・晩期の歴史にまで延びていったのである。これは制度史のみならず、社会史・政治史の範囲にまで進み込むものである。この制度には部族の伝統・習俗という背景があり、また文化史にも関係したのであり、拓跋部の重い精神的負担となった。このような研究は実証的方法に頼るだけでは不足なのであり、いくつかの重要部分においては実証のための材料は完備されてはおらず、例えば母族による拓跋の大局への干渉についてを論証するには、各君主全てにこの方面の記録が備わっているわけではなく、材料においてはただ一側面から全体を説明するしかない。部族解散という行動は、この制度の淵源と関連する方面について論を進めることができるだけで、この行動の各方面にまで論じ通すことはできない。私は、この研究は拓跋史に対して、何か重要な見解を出したというより、むしろいくつかの構想と方法を提供し、さらに多くの関心を抱く同業者に、一緒に北魏史の新問題を探究させると言った方がよいと考えている。私の仕事はそれにとどまる。さらに多くの開拓精神に富む中青年学者が、時間を、既に注目されている問題に集中しすぎないようにして（当然、もし注目されている問題に創造的な見解がなされるのであれば、いっそう価値のあるものとなるが）、同時に新構想・新課題の開拓に力を入れ、歴史研究の空白点を補填し、できるだけ重複する作業から免れることを私は特に期待する。中青年の史学者が精力旺盛の時期を利用して「天上から地下まで（上窮碧落下黄泉）」、至るところで新史料を探し出すということの重要性については多言するまでもないであろう。発見できる新史料さえあれば、たとえ個人の研究が遠回りし、多くの時間を費やし、成果が出るのが遅れたとしても、価値はあるのである。

私自身については、体と頭脳が許すのであれば、この方面においてもっと何かをやってみたいと思っている。私個人ができることには極めて限りがあり、小さな突破口を探し出したが、その正確さについてはなおも検証し続ける必要があり、またこの小さい突破口についても、さらに広げてもっと成果を得ることも難しいのである。しかし私は歴史をおさめることは果てのない事業であり、したがって不朽の事業となる可能性もあり、単に歴史家個人だけのことではないと深く信じている。歴史家個々人は、特徴の発揮や、刷新を重んずる。地道に刷新することを堅持し、絶えず新問題・新構想や新論点を探し出すことは、次第に歴史の真実を認識し、次第に真理に近づくことを可能にする。さらに重要なのは、この道においていずれ新たな後継者があらわれ、彼らが知恵を出し、努力を行い、新たな成果を獲得し、研究を新たな境地に到達させるであろうことである。これこそがすなわち果てがなく、不朽となることである。目下私は代北地域の拓跋と烏桓の関係という問題を探索し、いくつかの新たな「糸口」を見つけ出し、いくつかの構想を生んでおり、見通しは立ったばかりであるが、来年には完成させ、これを同業の友人たちに渡せるようになることを切に願っている。

訳者あとがき

中国における五胡十六国時代は、内徙異民族（胡族）が、華北各地において国を建て、相互に争い合った時代であり、その混乱した状況は、鮮卑拓跋部の建てた、北朝最初の王朝である北魏が、華北を統一することで収束した。ゆえに近代以降の歴史研究者の関心は、華北を舞台としたいわゆる民族問題に集中したのであり、今日までに多くの研究が発表された。とりわけ日中両国の学界は、この方面の研究を常にリードしてきたのであるが、しかし両国それぞれの五胡十六国・北朝史や民族史の研究には、次のような相違がある。

まず日本における代表的研究として、谷川道雄『隋唐帝国形成史論』（筑摩書房、一九七一年）がある。谷川氏は、華北における五胡十六国・北朝の政治・軍事制度（宗室的軍事封建制など）の基礎となった部族共同体と、漢人名士を主体とする郷党共同体の対立から、当該時代の政治・社会を観察し、続く隋唐帝国を生んだのは胡漢（胡族と漢族）民衆の自由への志向であり、彼らの求めたその「自由な世界」の本源は、それぞれの生きた共同体社会にあったとする。谷川氏の研究に立脚しつつ、民族問題という視点から北魏史を扱ったのが、川本芳昭『魏晋南北朝時代の民族問題』（汲古書院、一九九八年）である。川本氏は、五胡十六国・北朝時代の華北における、支配者たる胡族と、被支配者である漢族の接触を民族問題ととらえ、両者の抗争・融合の軌跡を主軸に当該時代の歴史を観察した。松下憲一『北魏胡族体制論』(北海道大学国書刊行会、二〇〇七年)は、北魏国家構造を胡族による支配体制(胡族体制)とし、支配者集団である「代人集団」やその統合原理である「代人意識」の実態解明を目指した。

一方の中国における研究は、現在となっては数多くなったが、本書に引用・言及されているものとしては、唐長孺「魏晋雑胡考」(同氏著『魏晋南北朝史論叢』、生活・読書・新知三聯書店、一九五五年、三八二~四五〇頁)、馬長寿『烏桓与鮮卑』(上海人民出版社、一九六二年)、周一良「北朝的民族問題与民族政策」(同氏著『魏晋南北朝史論集』、中華書局、一九六三年、一一七~一七六頁)などがある。まず唐長孺氏は、屠各・盧水胡・羯胡・烏丸(烏桓)・乞伏・稽胡のそれぞれについて詳細に論じた。馬長寿氏の研究は烏桓と鮮卑それぞれの実態について検討したものであり、烏桓に関しては、鮮卑・漢族などと融合する傾向があったことを指摘しており、また鮮卑については、これを東部鮮卑と拓跋鮮卑に区分し、それぞれの辿った歴史について論じている。周一良氏の研究は、北魏・北斉・北周のそれぞれにおける胡漢問題を扱った他に、丁零・勅勒・「四種胡」・羌などの所謂少数民族の詳細を論じたものである。本書の著者田余慶氏の視点や手法も、これら諸研究の延長線上に位置する。氏は、賀蘭部・独狐部・烏桓(烏丸)などの諸部族それぞれの相違点や特徴を厳密に把握しつつ、彼らと拓跋部の関係――代々の通婚と后妃・外戚の政治干渉――の実態と、道武帝拓跋珪の「子貴母死」と「部族解散」の歴史的意義を解明した。

両国の研究を比較すると、胡族や民族というものに対するとらえ方に、根本的な相違があることが分かる。日本の場合、五胡十六国・北朝史の総体的な流れの解明を主要課題としており、それだけに言わば「大きな話」がなされている点が評価できる。一方中国の研究は、日本の研究において「胡族」とひとくくりにされがちな人々・集団の相違に着目しており、部族などの社会構造の把握を目指す姿勢が明確である。

こうした相違は、まずは両国学界の関心の相違に由来するものと評価すべきであり、安易に優劣をつけるべきではなかろうが、総体的な流れを重視する日本の研究と、民族の実態解明に重きをおく中国の研究の、それぞれの視点や手法を融合させるならば、より充実した歴史研究が可能となろう。しかしながら、『拓跋史探』初版本（二〇〇三年）が刊行されてから今日に至るまでに、日本においても五胡十六国・北朝史の研究論文が数多く発表されてきたものの、『拓跋史探』の手法や視点が応用される例はあまり見られなかった。日本においても、中国史研究者が中国語の論文・研究を参照・引用することは当然のことであるが、その際も、日本の研究史を主とし、それを補強する、言わば従の役割としてしか中国の研究は参照されてこなかったとの印象が禁じ得ず、こうした姿勢が日中両国学界の融合を妨げている要因になってはいないだろうか。

日中両国の各研究の良質な部分を相互に吸収し合い、研究のクオリティを向上させることが、今後の魏晋南北朝史学界の課題となろう。今回の邦訳により、中国における五胡十六国・北朝史研究の代表的成果である『拓跋史探』が、日本の研究者により多く参照されることを期待している。

本書の翻訳は、二〇一二年五月、当時京都大学大学院文学研究科に外国人研究員として来日されていた王鏗副教授よりお話をいただいて開始した。当時の私は、同年三月に博士学位を取得したばかりであり、中国書の邦訳は初めての経験であったが、王副教授と協力して作業を進めた。最初の私の翻訳原稿が拙い出来であり、王副教授には多大なお手数とご迷惑をおかけしたことをお詫び申し上げなければならず、作業が大幅に遅れてしまったのは、ひとえに私の責任である。

翻訳に際しては、リーダビリティを優先した。そのため引用漢文は原則として現代日本語訳とし、固有名詞・

難読漢字にルビをなるべく多く附し、また人名・専門用語に訳注を加え、原書にない図を作成・掲載した他、原書の重複部分を削除し、構成・タイトルも変更した。原書の内容・構成の変更に関しては、著作権者である李克珍氏（著者夫人）の許諾を得た。記して謝したい。また冒頭の著者紹介文をお書きいただいた北京大学中国古代史研究中心の閻歩克教授、今回の出版について様々な形でご支援いただいた京都大学大学院文学研究科の杉山正明・吉本道雅両教授、また訳書出版に際して補助金を下さった北京大学歴史学系（「北京大学歴史学系出版経費」）、京都大学学術出版会の鈴木哲也氏にも、この場をお借りしてあらためて御礼申し上げたい。

二〇一五年一月、王副教授より田氏の訃報を聞いた。氏の生前に訳書を公刊し、お届けできなかったことが悔やまれてならない。あたらめて田氏とご遺族にお悔やみを申し上げるとともに、ご迷惑をおかけしたことをお詫びしたいと思う。

田中一輝

二〇一八年五月二四日

挿図出典一覧

口　絵　華北地図：船木勝馬『古代遊牧騎馬民の国草原から中原へ』（誠文堂新光社、一九八九年）一七四頁、譚其驤主編『中国歴史地図集』第四冊（中国地図出版社、一九八二年）より製図

図1-1　代北地域地図：張継昊『従拓跋到洛陽——北魏王朝創建歴史的考察』（稲郷出版社、二〇〇三年）附図6、譚其驤主編『中国歴史地図集』第二冊・第四冊（中国地図出版社、一九八二年）より製図

図1-2　文成帝南巡碑：山西省考古研究所・霊丘県文物局「山西霊丘北魏文成帝『南巡碑』」（『文物』一九九七年第一二期）図7・図8

図4-1　後漢烏桓配置図（後漢并州・幽州図）：譚其驤主編『中国歴史地図集』第二冊（中国地図出版社、一九八二年）より製図

図4-2　新平城と陘北五県：譚其驤主編『中国歴史地図集』第二冊・第三冊（中国地図出版社、一九八二年）より製図

図4-3-1　ホリンゴール壁画居庸関図：蓋山林『和林格爾漢墓壁画』（文物出版社、一九七九年）図6

図4-3-2　ホリンゴール壁画寧城図：蓋山林『和林格爾漢墓壁画』（文物出版社、一九七九年）図7

図4-3-3　ホリンゴール壁画農耕図：蓋山林『和林格爾漢墓壁画』（文物出版社、一九七九年）図1

図4-4-1　涼城出土四獣形金飾牌：張景明「内蒙古涼城県小壩子灘金銀器窖蔵」（『文物』二〇〇二年第八期）図1

図4-4-2　涼城出土四獣形金飾牌「猗㐌金」字：張景明「内蒙古涼城県小坝子灘金銀器窖蔵」（『文物』二〇〇二年第八期）図5
図4-4-3　涼城出土官印：李逸友「内蒙古出土古代官印的新史料」（『文物』一九六一年第九期）1・2・3、張景明「内蒙古涼城県小坝子灘金銀器窖蔵」（『文物』二〇〇二年第八期）図8
図7-1　拓跋猗盧碑碑陽：田余慶『拓跋史探』（初版、生活・読書・新知三聯書店、二〇〇三年）
図7-2　拓跋猗盧碑碑陰：田余慶『拓跋史探』（初版、生活・読書・新知三聯書店、二〇〇三年）
図7-3　柯昌泗題辞（前件）：田余慶「関于猗盧残碑及題記二則――兼釈出土地点之疑」（『中華文史論叢』第八二輯、二〇〇八年）附図2
図7-4　当利里社碑：井波陵一編『魏晋石刻資料選注』（京都大学人文科学研究所、二〇〇五年）「晋祀后土碑」
図7-5　柯昌泗題辞（後件）：田余慶「関于猗盧残碑及題記二則――兼釈出土地点之疑」（『中華文史論叢』第八九輯、二〇〇八年）附図3
図7-6　晋辟雍碑：井波陵一編『魏晋石刻資料選注』（京都大学人文科学研究所、二〇〇五年）「大晋龍興辟雍碑」
図7-7　新羅真興王巡狩碑（黄草嶺碑）：辛澄恵「『黄草嶺新羅真興王巡狩碑』碑文の字形研究」（『朝鮮学報』第一一二輯、一九八四年）「黄草嶺碑」

索　引（資料名／事項／人名／地名）

■資料名索引

■事項索引

■人名索引

■地名

著者・訳者プロフィール

著　　者

田　余慶（でん　よけい、Tian Yuqing）
1924 年　陝西省南鄭県生まれ（原籍：湖南省湘陰県）
湘雅医学院、西南連合大学で学んだ後、1950 年、北京大学歴史系卒業
北京大学文科研究所助教、北京大学歴史系助教・講師・教授、歴史系主任、系学術委員会主席、校学術委員会・学位等委員会委員、国務院学位委員会歴史学科評議組成員等を歴任
2014 年 12 月逝去、享年 90

訳　　者

田中　一輝（たなか　かずき）
1983 年　愛知県瀬戸市生まれ
2006 年　立命館大学文学部卒業
2012 年　京都大学大学院文学研究科博士後期課程修了、博士（文学）
現在、立命館大学衣笠総合研究機構専門研究員

王　鏗（おう　こう、Wang Keng）
1964 年　浙江省杭州市生まれ
1985 年　北京大学中国語文学系卒業
2012 年　京都大学博士（文学）
現在、北京大学歴史学系副教授

北魏道武帝の憂鬱―皇后・外戚・部族

2018年12月25日　第1刷発行

著　者　田　　余　　慶
訳　者　田　中　一　輝
　　　　王　　　　　鏗
発行所　京都大学学術出版会
京都市左京区吉田近衛町69
京都大学吉田南構内（〒606-8315）
電　話（075）761-6182
ＦＡＸ（075）761-6190
ＵＲＬ　http://www.kyoto-up.or.jp/
振　替　01000-8-64677
印刷・製本　亜細亜印刷株式会社
装　幀　野田和浩

Printed in Japan
ISBN978-4-8140-0191-0 C3022
定価はカバーに表示してあります